Borderlinebetroffene sind in erster Linie auch „nur" Menschen. Und ich bin einer von ihnen.

Ich habe die Diagnosen Borderline, Magersucht und Bulimie – aber trotzdem kann ich (zumindest heute) behaupten, dass ich gerne lebe und jeden neuen Tag auf dieser Erde zu schätzen weiß.

In meinem bisherigen Leben musste ich schon mehr als einen Schicksalsschlag einstecken. Ich lag mehrfach am Boden und war auch einige Male kurz davor aufzugeben, doch trotzdem habe ich mich jedes Mal wieder nach oben gekämpft. Fast 10 Jahre lang war mein Leben die reinste Achterbahnfahrt. Ich habe mich fast zu Tode gehungert, mir den Finger in den Hals gesteckt, die Arme zerschnitten, war unzählige Male in Psychiatrien und wurde von Ärzten bereits als hoffnungsloser Fall abgestempelt. Ununterbrochen ging es mit meiner Psyche auf und ab. Jedes Mal, wenn ich mich aus meinem dunklen Loch heraus gekämpft hatte, stürzte ich kurz darauf erneut in die Tiefe... Doch trotz der vielen Rückschläge und der unzähligen negativen Erfahrungen, die ich in dieser Zeit machen musste, habe ich es geschafft, mich zurück ins Leben zu kämpfen. Dieses Buch ist meine Geschichte!

(M)eine Geschichte von Magersucht, Bulimie, Borderline, Depressionen, Psychiatrie, Wohngruppe ... Oder kurz zusammengefasst: Die Geschichte eines jungen Mädchens, das unerbittlich um ein lebenswertes Leben kämpft.

Laura Adrian

(K)ein Leben mit Borderline und Essstörung

Merlin´s Bookshop

ISBN: 978-3-96248-018-9

Copyright © Merlins Bookshop
Korrektorat & Lektorat: Klarissa Klein & Merlins Bookshop
Verlag: Merlins Bookshop, Inh. Dietmar Noss, Waldstr. 22, 65626 Birlenbach
Alle Rechte liegen bei Merlins Bookshop, Inh. Dietmar Noss, Waldstr. 22, 65626 Birlenbach

Coverfoto: Peter Zell - https://www.facebook.com/peter.zell.96
Coverbearbeitung: Bernd Held - https://www.facebook.com/bernd.held.10

Inhalt

Vorwort

Februar 2012

Alle denken, dass ich mit dem Essen gut klarkomme, dass ich auf dem Weg der Besserung bin. Aber von meinem innerlichen Kampf, den ich bei jeder Mahlzeit tagtäglich gegen das Essen und vor allem gegen mich selbst führe, bekommt niemand etwas mit.

Ich weiß selbst nicht, warum ich an meinem viel zu mageren Körper hänge, der viel zu schwach ist, um ein lebenswertes Leben zu führen. Warum ich mich freue, wenn ich abgenommen habe, und sich meine Rippen und Beckenknochen unter der Haut abzeichnen. Warum ich Angst habe, zuzunehmen und gesund zu werden, obwohl es mein allergrößter Traum ist, ein normales Gewicht zu haben; dass zu essen, worauf ich gerade Lust habe und vor allem auch, so viel ich davon essen möchte. Eine Ausbildung zu machen. Nicht mehr ununterbrochen an Essen, Kalorien und Gewicht denken. Kurz: Ein normales, geregeltes Leben zu führen und nicht ständig eine Achterbahnfahrt der Gefühle und Gedanken erleben zu müssen.

Aber irgendetwas in meinem Gehirn blockiert mich dabei.

Im Grunde genommen sind es ja auch nur irgendwelche Zahlen, die die Waage anzeigt. Stinknormale Zahlen, die mir das Leben zur Hölle machen. Ich kann mir allerdings auch nicht vorstellen, ohne diese Zahlen zu leben, obwohl ich es gerne möchte.

Ich hasse meinen vernarbten Körper. Es gibt niemanden, den ich mehr hasse als mich selbst. Und doch mag ich keine Narbe missen, denn jeder Schnitt hat seine eigene Geschichte. Er ist wie eine Erinnerung und gleichzeitig der Spiegel zu meiner Seele, die mindestens genauso viele Narben hat.

Kein Mensch, der kein Borderliner ist, kann nachvollziehen, warum sich jemand freiwillig mit einer Rasierklinge oder einem anderen scharfen Gegenstand so tief ins eigene Fleisch schneidet, dass es genäht werden muss.

Genauso wenig wie nur ein Essgestörter verstehen kann, dass man vor einem vollen Kühlschrank verhungert oder sich erst den Magen vollfrisst (von Essen kann da keine Rede mehr sein) und anschließend alles wieder auskotzt. Deshalb will ich mit diesem Buch versuchen, diese Verhaltensweisen verständlicher zu machen.

Mein Ziel ist es, Betroffenen mit meiner Geschichte zu zeigen, dass es Wege aus der Krankheit gibt, bzw. man lernen kann, damit zu leben. Angehörigen und Interessierten möchte ich einen kleinen Einblick in das Denken eines Borderliners und/oder Essgestörten geben. Ich hoffe, dass mir das auf den kommenden Seiten gelingt. Vielleicht kann ich dem einen oder anderen ein wenig Hoffnung schenken, Mut weiterzukämpfen oder Menschen zum Nachdenken anregen. Was auch immer dieses Buch mit dir macht: Ich wünsche mir, dass es auf positive Weise deinen Alltag bereichert.

Freundliche Grüße
Laura

Allgemeines über Borderline und Essstörung

Borderline

„Borderline" oder auch „emotional instabile Persönlichkeitsstörung des Borderline-Typs" genannt, ist eine Persönlichkeitsstörung, die durch Impulsivität und Instabilität der Stimmung, des Selbstbildes und innerhalb zwischenmenschlicher Beziehungen gekennzeichnet ist. In Deutschland sind rund 1,5 Millionen Menschen davon betroffen. Meistens sind es Frauen.

Ursachen der Erkrankung können genetische Veranlagungen und/oder Umwelteinflüsse wie sexueller Missbrauch, Gewalt in der Familie oder andere traumatische Erlebnisse sein.

Viele Forscher gehen inzwischen davon aus, dass der Grundbaustein für ein Borderlinesyndrom meist schon im Kindesalter gelegt wird. Die häufigste Ursache hierfür ist ein Trauma in der Kindheit oder Jugend. Aber einen genauen Auslöser, der zu 100 Prozent zu der Diagnose führt, ist noch nicht gefunden, denn es gibt auch Menschen, die ein Trauma erlebt haben und nicht an Borderline erkranken oder umgekehrt, die noch nie ein Trauma durchlebt haben und trotzdem Borderline-Symptome entwickelt haben.

Die endgültige Diagnose kann erst mit Erreichen des 18. Lebensjahres gestellt werden, da erst zu diesem Zeitpunkt die Persönlichkeit vollständig entwickelt und gefestigt ist. Zuvor ist es lediglich ein Verdacht.

Typische Merkmale der Diagnose sind die Art, wie Betroffene ihre Gefühle wahrnehmen (Betroffene nehmen ihre Gefühle um ein Vielfaches stärker wahr als Nicht-Betroffene) und das für Borderline typische „Schwarz-weiß-Denken".

Das heißt, dass Betroffene meist ihre komplette Lebenswelt in zwei Extreme (zum Beispiel gut oder schlecht, ganz oder gar nicht – eben schwarz oder weiß) unterteilen. Die bunten Farben, die zwischen diesen Extremen liegen, sind für sie nur schwer bis gar nicht erkennbar.

Um die Diagnose Borderline zu stellen, müssen mindestens fünf der neun für die Diagnose festgelegten Kriterien über einen längeren Zeitraum auf die Person zutreffen. Diese neun Diagnosekriterien lauten:

1. Starkes Bemühen tatsächliches oder vermutetes Verlassenwerden zu vermeiden (Betroffene zeigen starke Verlassensängste und können nur schwer alleine bleiben),
2. Ein Muster instabiler, aber intensiver zwischenmenschlicher Beziehungen, das durch einen Wechsel zwischen den Extremen der Idealisierung und der Entwertung gekennzeichnet ist (Unfähigkeit eine Beziehung konstant aufrecht zu erhalten),
3. Identitätsstörung: Ausgeprägte und anhaltende Instabilität des Selbstbildes oder der Selbstwahrnehmung (Betroffene wissen nicht, wer sie sind und haben meist ein sehr negatives, von Selbsthass geprägtes Selbstbild),
4. Impulsivität in mindestens zwei potenziell selbstschädigenden Bereichen z.B. Geldausgeben, Sexualität, rücksichtsloses Fahren, Substanzmissbrauch, zu viel beziehungsweise zu wenig essen (Betroffene leben ohne Rücksicht auf Verluste und handeln impulsiv – ohne großartig über mögliche Folgen nachzudenken),
5. Wiederholte suizidale Handlungen, Selbstmordandeutungen oder -drohungen oder Selbstverletzungsverhalten

6. Affektive Instabilität infolge einer ausgeprägten Reaktivität der Stimmung (Betroffene reagieren äußerst sensibel auf innere und äußere Reize, deshalb ist ihre Stimmung oft unausgeglichen. Eine Kleinigkeit kann eine regelrechte Kette von Gefühlen auslösen),
7. Chronisches Gefühl von Leere,
8. Unangemessene, heftige Wut oder Schwierigkeiten, die eigene Wut zu kontrollieren,
9. Vorübergehende durch Belastung ausgelöste paranoide Vorstellungen oder schwere dissoziative Symptome (Besonders in Stresssituationen haben einige Betroffene das Gefühl, nicht in ihrem eigenen Körper zu sein und dissoziieren).

Unabhängig von diesen Diagnosekriterien können noch weitere Symptome beziehungsweise Krankheitsbilder auftreten. Zum Beispiel lassen sich bei ca. 80 Prozent der von Borderline-Betroffenen, Depressionen feststellen, ca. 14 Prozent leiden an einer Essstörung und nach neuesten Studien gehen Forscher davon aus, dass knapp 50 Prozent ADHS, also eine Aufmerksamkeitsdefizit / Hyperaktivitätsstörung haben. Das heißt, sie sind leicht abzulenken, besitzen nur eine kurze Aufmerksamkeitsspanne, haben Probleme, sich lange auf eine einzelne Sache zu konzentrieren und einen hohen Bewegungsdrang. Außerdem sind häufig Suchtverhalten und oder Substanzmittelmissbrauch, Ängste, Zwänge, gestörtes Sozialverhalten, Schlafstörungen oder Kontaktarmut beziehungsweise Abbruch sämtlicher Kontakte zu beobachten.

Hinweis: Auch wenn es durch Medien häufig so verbreitet wird: Borderline ist nicht gleichzusetzen mit Selbstverletzung. Zwar verletzen sich viele Betroffene selbst – aber bei Weitem nicht alle. Genauso wenig, wie es bedeutet, dass jeder, der sich selbst verletzt, zwangsläufig die Diagnose Borderline haben muss. Selbstverletzung kann bei vielen unterschiedlichen

Krankheitsbildern oder unter anderem auch in der Pubertät vorkommen. Dementsprechend ist es kein eindeutiges Merkmal der Diagnose!

Magersucht

„Anorexia nervosa" ist der Fachbegriff für Magersucht. Rund 0,7 Prozent der Deutschen leiden an Magersucht. Der größte Teil der Betroffenen ist weiblich, allerdings erkranken auch immer mehr Männer daran.

Die Erkrankten weisen meist eine Körperschemastörung auf. Sie haben Untergewicht und nehmen sich trotzdem als zu dick wahr. Sie sind sehr leistungsorientiert und haben oft ein niedriges Selbstwertgefühl. Ihre Gedanken kreisen häufig um Ernährung, Gewicht und Körperschema. Ein weiteres Zeichen der Diagnose ist die selbst herbeigeführte Gewichtsabnahme durch Verminderung der Nahrungsaufnahme, Erbrechen, Missbrauch von Abführmitteln oder extremem Sport. Magersüchtige meiden hochkalorische Nahrungsmittel. Die Krankheit hat schwere körperliche Folgen, wie niedrigen Blutdruck, verlangsamten Herzschlag, Herzrhythmusstörungen, Blutarmut, fehlende Elektrolyte im Blut, Hormonstörungen, Unfruchtbarkeit, Osteoporose, Verstopfung oder Nierenversagen, um nur die häufigsten Auswirkungen zu nennen. 15 Prozent der Erkrankten sterben an den Folgen, fast die Hälfte kann geheilt werden und bei dem Rest wird die Krankheit chronisch. Die Rückfallquote ist hoch.

Auslöser können familiäre Probleme, mangelndes Selbstwertgefühl und/oder Selbstbewusstsein, gesellschaftliche und/oder kulturelle Aspekte, wie das heutige Schlankheitsideal, ein Trauma oder genetische Faktoren sein.

Bulimie

An „Bulimia nervosa" (Ess-Brechsucht) leiden in Deutschland rund 600.000 Menschen. Ca. 90 Prozent der Betroffenen sind weiblich. Meistens sind sie normalgewichtig. Sie können allerdings auch Unter- oder Übergewicht haben. Das typische Merkmal der Krankheit sind Heißhungerattacken, bei denen Unmengen von Lebensmitteln gegessen werden. Anschließend werden Maßnahmen ergriffen, um die Gewichtszunahme zu vermeiden. Diese können sein: Selbst induziertes Erbrechen, Missbrauch von Abführ- und/oder Brechmitteln, exzessiver Sport, Hungern oder Diäten. Die Heißhungerattacken können unterschiedlich oft auftauchen. Es kann sein, dass sie mehrmals täglich oder wochenlang gar nicht auftreten. Viele Betroffene litten zuvor an Magersucht. Bulimiker haben meist eine gestörte Selbstwahrnehmung und/oder eine Körperschemastörung. Anders als bei der Magersucht, nehmen sich Betroffene meist nur mit Normalgewicht als zu dick wahr, nicht im Untergewicht.

Auch die Bulimie hat schwere körperliche Folgen. Die Magensäure beim Erbrechen greift den Zahnschmelz an und es kommt zu Karies, Störung des Elektrolyt-Haushaltes (Bsp.: Kaliummangel), Anschwellen und Entzündung der Speicheldrüsen, Entzündung der Speiseröhre, Herzrhythmusstörungen, Nierenversagen, Osteoporose, Magenerweiterung und Magenruptur. Auch hier nenne ich nur die häufigsten Folgen.

Auf lange Sicht können nur gut ein Drittel der Betroffenen langfristig komplett geheilt werden. Bei vielen tritt eine Verbesserung auf, aber bei einigen wird die Krankheit chronisch.

Achtung: **Dies sind nur die wichtigsten Fakten zu den Krankheiten. Eine ausführliche Beschreibung würde den Rahmen des Buches sprengen. Weitere, detailliertere Informationen finden Sie in Fachbüchern oder im Internet.**

1. Was bedeuten die Diagnosen für mich

Was bedeutet Borderline für mich?

Borderline bedeutet für mich, täglich eine Achterbahnfahrt der Gefühle zu erleben. Es ist, als würde ich in einem außer Kontrolle geratenem Zug sitzen, bei dem die Notbremse defekt ist. Mit Borderline zu leben, ist wie sterben und trotzdem weiterleben, aufgeben und gleichzeitig weiterkämpfen, ein Leben voller Gegensätze. Meine Gefühle widersprechen sich ständig.

Ich hasse die Menschen, die ich am meisten liebe. Wenn ich jemanden mag, möchte ich mit ihm zusammen sein, aber ich halte seine Nähe häufig nicht lange aus. Ich möchte in den Arm genommen, doch gleichzeitig nicht angefasst werden. Ständig lebe ich mit der Angst, die Menschen zu verlieren, die ich am meisten liebe. Obwohl ich sie über alles mag, verletze ich sie oft grundlos mit meinen Worten, weil ich ihre Nähe nicht ertragen kann. Es gibt sogar Momente, in denen ich sie hasse, doch gleichzeitig könnte ich es nicht aushalten, wenn sie mich alleine lassen würden. Ich habe Angst vor Nähe, aber gleichzeitig mindestens genauso große Angst, verlassen zu werden. Es kann passieren, dass ich in einem Raum voller Menschen stehe und ich mich trotzdem völlig einsam fühle. Also ein komplettes Gefühlschaos!

Des Weiteren kommt hinzu, dass ich als Borderliner alle Gefühle um ein Vielfaches stärker wahrnehme als Nicht-Betroffene. Das heißt, ich bin nicht nur glücklich, sondern überglücklich, nicht nur traurig, sondern direkt zu Tode betrübt. Etwas dazwischen gibt es für mich nicht.

Dank Borderline wird mein Leben nie langweilig. Es gibt immer Action! Nie weiß ich, was mich in den nächsten fünf Minuten erwartet.

Es gibt Tage, da verfluche ich mein Leben, die Diagnose, meine Persönlichkeit und alles, was sich in einem Umkreis von 50 Kilometern um mich herum befindet, wird direkt als „Scheiße" abgestempelt und verflucht (ohne dass ich es mir vorher überhaupt angeschaut habe). Und es gibt Tage, an denen ich das Leben mit Borderline wirklich genieße. Ich genieße es dann nicht nur glücklich (so wie „normale" Menschen) zu sein, sondern überglücklich. Ich sehe es nicht als „Strafe" an, hyperempfindlich auf jegliche Emotionen zu reagieren, sondern als Begabung.

Also kurz zusammengefasst: Leben mit Borderline heißt für mich, auf eine ganz spezielle Art besonders zu sein. Jeder Tag ist ein neues Abenteuer. So etwas wie Routine oder normaler Alltag ist mit der Diagnose nicht oder nur bedingt möglich.

Auf gewisse Weise bedeutet Borderline auch manchmal für mich, im eigenen Körper gefangen zu sein. Es gibt Momente, in denen ich das Gefühl habe, innerlich zu explodieren. Ich habe dann so eine wahnsinnige Wut in mir und weiß nicht, wie ich sie wieder loswerden kann. Ich werde unruhig und angespannt und das löst den Druck zur Selbstverletzung in mir aus. Jeder Schnitt in die eigene Haut ist dann wie eine Art Befreiung für mich.

Borderline bedeutet für mich, einen täglichen Kampf zu führen, um ein bisschen Halt im Leben zu finden und mich im Alltag zurechtzufinden.

Borderline bedeutet, ständig an mir zu arbeiten. Ich muss vieles (wieder) erlernen, was für andere Menschen selbstverständlich ist, wie zum Beispiel sich selbst zu lieben und vor allem sich, selbst zu verzeihen. Jeder Tag ist harte Arbeit. Es geht immer auf und ab, nie ist ein Tag wie der andere.

Außerdem heißt es, dass ich selbst im Sommer lange Kleidung tragen muss, wenn ich nicht von allen Leuten angestarrt werden will. Mein gesamter Körper ist übersäht mit tiefen Narben und viele Menschen schreckt dieses Bild ab. Sie wissen nicht, wie sie sich verhalten sollen, deshalb reagieren sie oft mit Ablehnung.

Borderline ist eine tägliche Gratwanderung auf einem schmalen Drahtseil. Jeder Windstoß oder jeder Fehltritt kann ein Absturz in die Tiefe bedeuten.

Was bedeuten die Essstörungen für mich?

Magersüchtig zu sein, bedeutet für mich, in den Spiegel zu schauen und mich auch dann noch zu dick zu fühlen, wenn ich bereits starkes Untergewicht habe und eigentlich nur noch aus Haut und Knochen bestehe. Selbst dann sehe ich an meinem abgemagerten Körper noch Fettpolster.

Magersüchtig zu sein, bedeutet, immer noch dünner sein zu wollen. Ich setze mir ein Zielgewicht, und wenn ich es erreicht habe, setze ich mir ein noch niedrigeres Zielgewicht und so weiter. Es ist nie zu wenig, sondern immer zu viel.

Begonnen hat die Magersucht bei mir mit einer harmlosen Diät, doch recht bald wurde diese harmlose Diät zu einer schweren Erkrankung. Eine Krankheit, die mir das Leben zur Hölle machte. Ich hatte die vollkommene Kontrolle über mich und meine Gedanken verloren.

Magersüchtig zu sein, bedeutet jedoch nicht, gar nichts zu essen. Ganz im Gegenteil: Jeder Magersüchtige kann riesige Mengen verzehren.

Das heißt, solange es sich um fett- und kalorienarme Rohkost handelt wie zum Beispiel ein Kilo Karotten (300 Kalorien), ein Kilo Tomaten (200 Kalorien) oder einen Salatkopf ohne Dressing (ca. 60 bis 80 Kalorien).

Die Waage ist der Mittelpunkt meines Lebens. Jeden Tag wiege ich mich, manchmal auch mehrmals. Habe ich zugenommen, fühle ich mich schlecht. Habe ich abgenommen, fühle ich mich leicht und gut.

Magersucht zu haben bedeutet für mich mit starken Bauchschmerzen, die vom ständigen Hunger kommen, abends einzuschlafen und morgens aufzuwachen.

Ich erlaube mir, immer weniger zu essen, bis nur noch Salat ohne Dressing übrig war. Ich entwickelte eine gigantische Angst vor Fett und Kalorien. Zeitweise fürchtete ich, dass ich von einem Brötchen oder sonst einer Kleinigkeit, die ich essen würde, sofort drei Kilo mehr auf der Waage hätte.

Doch durch den ständigen Verzicht entstand recht schnell ein fürchterlicher Heißhunger auf genau die Lebensmittel, die ich mir eigentlich verbot. Irgendwann verliere ich die Kontrolle über mich selbst und stopfe alles in mich hinein, was ich mir sonst verwehre. Aber nicht nur ein bisschen, sondern tütenweise, bis ich das Gefühl habe, das mein Magen gleich platzt. Mit einem kugelrunden Bauch, der aussieht wie ein Schwangerschaftsbauch im fünften Monat, wanke ich nach dem Fressanfall zur Toilette und übergebe mich. Ich stecke mir nicht nur den Finger in den Hals, sondern die gesamte Hand, bis nur noch Galle herauskommt. Anschließend fühle ich mich extrem schlecht und ich habe einen fürchterlichen Hass auf mich selbst. Ich schäme mich dafür, dass ich nicht stark geblieben bin, sondern die Kontrolle über meinen Körper verloren habe.

Zusätzlich bedeutet die Essstörung für mich, Sport bis zur völligen Erschöpfung und darüber hinaus zu treiben. Nur damit ich noch mehr Kalorien als sowieso schon verbrenne.

Selbst wenn man die Kontrolle schon längst verloren hat, glaubt man, sie noch zu haben. Man denkt, dass man jederzeit mit dem Hungern und Erbrechen aufhören kann, wenn man wirklich will, was aber nicht der Fall ist. Man belügt sich selbst.

Eine Essstörung zu haben ist wie Selbstmord auf Raten. Man führt einen erbitterten Kampf gegen den eigenen Körper.

Auf der anderen Seite gibt die Essstörung allerdings auch Sicherheit und Halt.

Alles ist berechenbar und überschaubar.

Ich habe Regeln, an die ich mich halte. Wenn ich sie breche, weiß ich auch, was passiert. Esse ich zu viel, bestraft mich die Waage am nächsten Tag. Halte ich mich jedoch an die Gesetze, erreiche ich meine Ziele. Die reale Welt ist viel komplizierter und sprunghafter. In meiner essgestörten Welt habe ich die Kontrolle über das, was passiert. In der realen Welt ist es fast unmöglich, alles zu kontrollieren.

Magersüchtig zu sein, heißt für mich, dass ich jeden Tag einen Kampf gegen das Essen und vor allem gegen mich selbst führe. Durch das Untergewicht war ich zeitweise sehr schnell erschöpft und dauernd müde. Ich konnte mich nicht konzentrieren und auch ansonsten fehlten mir der Antrieb und die Motivation.

Im Endeffekt bedeutete die Essstörung für mich, eine lange Therapie zu machen.

Mit mühseliger Kleinarbeit muss ich nicht nur das Essen wieder erlernen, sondern auch das Hunger- und Sättigungsgefühl. Mehrere Klinikaufenthalte sind bei einer Essstörung „normal".

Durch das starke Untergewicht der Magersucht friert man extrem. Selbst im Sommer. Gleichgültig wie warm und dick man sich anzieht oder wie hoch die Außentemperatur ist: Man friert trotzdem weiter. Denn die Kälte kommt von innen heraus.

2. Mein Leben vor der Krankheit

An mein Leben vor der Krankheit kann ich mich nur noch schemenhaft erinnern.

Zu lange ist es her, dass mein Leben (halbwegs) „normal" verlaufen ist und ich nicht ständig das Gefühl hatte, dass mir der Boden unter den Füßen weggerissen wird.

Mittlerweile erlebe ich bereits seit fast 10 Jahren ein ewiges Auf und Ab. Tagtäglich fahren meine Emotionen Achterbahn und immer, wenn ich das Gefühl habe, dass es „gut" läuft, ich zufrieden bin und denke, dass es so bleiben kann, kommt irgendein Idiot und macht mir alles wieder kaputt ... (Manchmal – oder eigentlich meistens, bin ich selbst dieser Idiot).

Wie mein Leben ohne das ständige Gefühlschaos, meinen (größtenteils unbegründeten) Selbsthass, die gefühlten 1000 Probleme und Sorgen und dem restlichen „Wahnsinn" in meinem Kopf ausgesehen hat, weiß ich nicht mehr. Manchmal kommt es mir so vor, als wenn ich schon immer „anders" als alle anderen Menschen auf dieser Welt gewesen wäre. Ich habe mich noch nie „normal" gefühlt. Seitdem ich denken kann, fühle ich mich wie ein Fremdkörper. Ich bin zwar da, sehe so aus wie alle anderen Menschen auf diesen Planeten, aber bin trotzdem „anders". Ich passe nicht in das „übliche Menschenbild". Irgendetwas stimmt mit mir nicht. Was genau mit mir nicht richtig ist, kann ich nicht sagen, aber ich spüre es. Schon im Kindergarten war ich nicht so, wie die restlichen Kinder in meinem Alter und auch heute noch unterscheide ich mich von anderen Menschen. Der einzige Unterschied zu früher ist, dass ich gelernt habe, dass „anders sein" nicht zwangsläufig negativ ist. Manchmal hat es auch Vorteile, nicht so zu sein wie der Rest der Menschheit.

Einfach hatte ich es noch nie im Leben. Schon in der Grundschule wurde ich gemobbt. Ich gehörte nie zu den Menschen, die besonders beliebt waren, 100.000 Freunde hatten, von jedem zur Begrüßung umarmt und/oder geküsst wurden etc. – aber ich hatte immer zwei oder drei engere Freundinnen, mit denen ich mich sehr gut verstanden habe, die Pausen verbracht und manchmal auch nach der Schule getroffen habe. Doch wenn mich meine Mitschüler mobbten, hatte ich plötzlich keine Freunde mehr. Dann war ich vollkommen auf mich alleine gestellt. Alle standen um mich herum, schauten zu und niemand kam auf die Idee, für mich Partei zu ergreifen. Selbst meine (angeblichen) Freundinnen standen in solchen Situationen nicht mehr zu mir ... Und auch die Lehrer schauten gekonnt in die andere Richtung, wenn ich von meinen Mitschülern (mal wieder) beleidigt, beschimpft, gehänselt und/oder gedemütigt wurde. Es interessierte niemanden, wie es mir dabei ging, ob mich die Worte verletzten, ob ich geschlagen, getreten oder sonstiges wurde.

Ich glaube, dass bereits zu dieser Zeit mein Wunsch, zu verschwinden, entstand. Ich wollte mich einfach in Luft auflösen, nicht mehr da sein und aus der „Hölle" namens Leben entfliehen. Ich hatte das Gefühl, das egal, was ich machte, sowieso alles falsch war. Ich fühlte mich zu nichts zu gebrauchen, wertlos, nutzlos und vollkommen fehl am Platz. Ich gehörte nicht dazu und war ein Außenseiter. Tagtäglich wurde mir von meinen Mitschülern aufs Neue das Gefühl vermittelt, dass ich unerwünscht und wertlos wäre. Das war eine sehr schmerzhafte Erfahrung und damit meine ich nicht nur die blauen Flecken. Denn Worte können oftmals viel verletzender sein als körperliche Gewalt.

Doch egal, was passierte – ob ich geschlagen, getreten, gehänselt, beleidigt oder ausgelacht wurde – ich suchte schon damals - wie auch heute noch) jedes Mal die Schuld bei mir und nie bei anderen. Selbstvertrauen besaß ich nicht und Selbstwertgefühl war ebenfalls ein Fremdwort für mich.

Nach der Grundschule wechselte ich auf die Realschule. Anfangs hatte ich die Hoffnung, dass es dort mit dem Mobbing besser werden würde – doch diese Erwartung wurde bereits nach wenigen Wochen zerschlagen. Es verbesserte sich nicht, sondern wurde schlimmer. Wann immer es eine Schlägerei gab – ich war mittendrin.

Manchmal hatte ich das Gefühl, dass ich einen Stempel mit der Aufschrift „OPFER" auf die Stirn gestempelt hätte. Ich war so etwas wie ein Antistressball für die gesamten Schüler meiner Altersstufe. Wenn jemand schlechte Laune hatte, frustriert und/oder gestresst war oder einfach mal „Bock" hatte, seine Aggressionen rauszulassen und jemand anderes niederzumachen, kam er zu mir. Mit mir konnte man es schließlich machen.

Warum ich ständig der Sündenbock für alle und jeden war und gemobbt wurde, weiß ich nicht genau. Aber wahrscheinlich lag es daran, dass ich mich nie gewehrt habe. Ich war ein perfektes Opfer. Nie habe ich zurückgeschlagen oder bin zu einem Lehrer/ einer Lehrerin gerannt und habe irgendjemanden verpetzt. Ich schwieg immerzu.

Selbst zu Hause erzählte ich kaum etwas von dem Mobbing in der Schule. Ich wollte weder meine Eltern noch irgendwelche anderen Personen mit meinen Problemen und Sorgen belasten. Stattdessen versuchte ich, alleine damit fertig zu werden. Ich wollte „stark" sein und nicht als Feigling dastehen.

Mit der Zeit legte ich mir eine Art Schutzpanzer zu, der Beleidigungen, Schimpfworte und doofe Kommentare einfach abprallen ließ. Niemand sollte mich beziehungsweise meine Gefühle mehr verletzen können. Zusätzlich stürzte ich mich ins Lernen, um mich abzulenken. Jede freie Sekunde verbrachte ich damit, für die Schule zu pauken. Ich wollte Klassenbeste werden und hoffte dadurch (endlich) die Anerkennung von meinen Mitschülern zu bekommen, nach der ich mich sehnte. Ich wollte nicht länger die Rolle der Außenseiterin oder des Sündenbocks in der Klasse spielen, sondern endlich (!!!) dazugehören. Ich wollte auch beliebt sein, anerkannt und akzeptiert werden, Aufmerksamkeit bekommen, viele Freunde haben und jeden Morgen von der gesamten Klasse freudestrahlend begrüßt werden.

Ich dachte, dass ich mir durch gute Noten die Anerkennung meiner Mitmenschen „erarbeiten" könnte, und bildete mir ein, dass wenn ich Klassenbeste wäre, nicht mehr gemobbt werden würde, sondern alle meine Freunde sein wollten. Doch leider war dem nicht so.

Egal, wie sehr ich mich anstrengte, wie sehr ich mich bemühte und wie gut meine Noten waren – ich wurde weiterhin gemobbt, ausgegrenzt und nun sogar noch als Streberin beschimpft. Lediglich zum Hausaufgabenabschreiben war ich gut genug.

Trotzdem tat das meinem Streben nach guten Noten und den besten Klausuren der Klasse keinen Abbruch. Vielleicht ging mein Plan, mir die Anerkennung meiner Mitschüler durch gute Noten zu „erarbeiten", nicht ganz auf, aber dafür wurde ich nun regelmäßig von den Lehrern und meinen Eltern für meine guten schulischen Leistungen gelobt. Das war für mich auch eine Art von Anerkennung und Bestätigung. Zwar bekam ich das Lob und die Aufmerksamkeit nicht von den Leuten, von denen ich sie gerne gewünscht hätte – aber immerhin wurde ich nun wenigsten von irgendwem beachtet und gelobt!

Ich genoss das Gefühl „auf die Schulter geklopft zu bekommen", gelobt zu werden und gesagt zu bekommen, dass ich intelligent sei, viel gelernt hätte und (mal wieder) die beste Klausur der Klasse geschrieben hätte. Es tat gut, beachtet zu werden und von den Lehrern mitgeteilt zu bekommen, dass ich eine gute Schülerin sei, super Leistungen erbringe und es Freude mache, mich zu unterrichten. Das gab mir das Gefühl, dass ich doch nicht ganz so doof und unnütz war, wie ich die gesamte Zeit von mir selbst gedacht hatte, sondern auch zu etwas fähig war. Ich war nicht länger ein „niemand", der die gesamten Schulstunden über still und regungslos in der hintersten Ecke saß, nie beachtet wurde, eigentlich gar nicht auffallen würde, wenn nicht regelmäßig sein Name beim Aufrufen der Klassenliste zur Anwesenheitskontrolle fallen würde – sondern ich war jetzt Klassenbeste!

Außerdem war das Lernen für mich wie eine Flucht aus der realen Welt. Wenn ich für die Schule gelernt habe, dann musste ich mich auf den Unterrichtsstoff konzentrieren und hatte somit keine Zeit, mir über mein (beschissenes, sinnloses) Leben Gedanken zu machen. So konnte ich (zumindest für eine Weile) meine Probleme und Sorgen vergessen beziehungsweise verdrängen. Es war für mich, wie wenn ich gedanklich in eine andere, bessere Welt abtauchen würde, in der die einzigen „Probleme" binomische Formeln, Rechtschreibung, Englischvokabeln etc. waren.

Allerdings bargen dieses extreme Streben nach guten Noten und exzessive Lernen auch dunkle Schattenseiten.

Schon nach kurzer Zeit fing ich an, mich selbst einem immensen Leistungsdruck auszusetzen. Ich war nur noch mit den Noten Eins und Zwei zufrieden. Bereits die Note Drei war für mich eine schlechte Note und die Note Vier war für mich so schlecht, wie für andere Schüler die Note Sechs.

Sobald ich nicht die beste Klausur der Klasse geschrieben hatte oder schlechter als zwei war, fühlte ich mich als absolute Versagerin und begann mich in Gedanken selbst niederzumachen. Ausschließlich, wenn ich die Beste war und/oder für meine gute Leistung gelobt wurde, war ich halbwegs zufrieden mit mir und konnte so etwas wie ein Hauch von Stolz verspüren. Jedoch hielt dieses Gefühl meist nicht lange an … Denn ich war der Auffassung, dass Anerkennung, Lob und gute Leistungen nichts Beständiges waren, sondern ständig neu verdient werden mussten.

Ich hatte das Gefühl, mich jeden Tag aufs Neue frisch beweisen zu müssen. Ich konnte, wollte und durfte nicht nachlassen!

Ich durfte mir keinen „Ausrutscher" leisten und eine Klausur in den Sand setzen, denn dann wäre ich wieder – so meine Gedanken – das unscheinbare Mädchen, das in der hintersten Ecke des Klassensaales sitzt und von niemandem (nicht einmal von den Lehrern) beachtet werden würde.

Schon damals hatte ich große Angst zu versagen, Fehler zu machen, Anforderungen nicht standzuhalten und die Vorstellungen anderer nicht erfüllen zu können.

Obwohl ich vom Verstand her wusste, dass es keinen „perfekten Menschen" gibt, der nie Fehler begeht, alles beherrscht und bei jeden beliebt ist – strebte ich trotzdem (bereits zu dieser Zeit schon) nach extremem Perfektionismus. Egal was ich machte: Ich wollte es nicht nur gut, sondern sehr gut – nahezu perfekt - machen.

Fehler wollte und durfte (!) ich mir nicht (mehr) erlauben.

Meine Angst ging sogar so weit, dass ich eigene Wünsche und Bedürfnisse zurücksteckte und mich verbog, um es anderen Menschen recht zu machen beziehungsweise keinen Fehler zu begehen.

Wenn mich zum Beispiel jemand um etwas gebeten hatte, konnte ich nur schwer „Nein" sagen, weil ich Angst hatte, die Person zu verletzen oder ihre Vorstellungen von mir nicht zu erfüllen. Ich hatte panische Angst davor, meine Mitmenschen zu enttäuschen und fürchtete, dass – falls ich doch Mal einen Fehler machte - jeder merken, würde wie dumm und unfähig ich in Wirklichkeit war.

Ich tat alles dafür, dass niemand mitbekam, dass ich gar nicht so „perfekt" war, wie ich nach außen hin immer tat, sondern das alles nur Schein war und ich eigentlich gar nichts richtig konnte und „schlecht" war.

Wenn ich trotz aller Vorsicht doch einmal einen Fehler machte, war das für mich wie ein Faustschlag ins Gesicht. Ein klitzekleiner Ausrutscher oder ein falsches Wort, worüber sich im Normalfall kein Mensch Gedanken macht, konnte mich komplett aus der Bahn werfen und tagelang im Geiste verfolgen. Außerdem entschuldigte ich mich für jeden

Fehltritt – egal wie winzig und unbedeutend er auch war – mehrfach.

Solange ich denken kann, habe ich mich nur dann gut und wertvoll gefühlt, wenn ich in meinem Handeln von anderen, Außenstehenden, bestätigt wurde. Ich konnte weder mich selbst wertschätzen noch anerkennen oder meinen Fähigkeiten vertrauen. Das Einzige, was ich konnte, war mich selbst noch mehr niederzumachen, als es meine Mitschüler es nicht ohnehin schon taten ... Meine Einstellung war: „Wenn mich alle niedermachen, dann kann ich mich auch noch weiter niedermachen. Wenn schon am Boden – dann ganz tief am Boden." Deshalb waren mir Lob und Anerkennung von außen sehr, sehr wichtig. Sie gaben mir wenigstens ein paar Sekunden lang einen Hauch von Selbstvertrauen und Selbstwertgefühl.

Mein Essverhalten würde ich zu dem Zeitpunkt (noch) als durchschnittlich bezeichnen. Ich aß das, worauf ich Appetit hatte und davon so viel, wie ich wollte. Egal ob Schokolade, Chips, Nudeln und so weiter, alles aß ich, ohne über Fett und Kalorien nachzudenken. Gewogen hab ich mich so gut wie nie. Mir war mein Gewicht relativ egal. Ich war zwar alles andere als glücklich darüber, dass ich etwas mollig war, aber sah auch nicht ein, etwas daran zu ändern, denn dafür liebte ich das Essen viel zu sehr. Ich konnte mir nicht vorstellen, auf Süßigkeiten, Chips und Co zu verzichten. Außerdem behauptete meine Mutter immer, dass ich nicht dick sei, sondern lediglich viele Muskeln und schwere Knochen hätte. Allerdings war ich nicht doof und wusste sehr wohl, dass mein Körpergewicht nicht ausschließlich aus Knochen und Muskelmasse bestand, sondern auch eine Menge (überschüssiges) Fett zu meinem Gewicht beigetragen hat. Doch das störte mich – wie gesagt – recht wenig. Schließlich war ich nicht so dick, dass ich nicht mehr durch die Tür passte oder durch die Gegend rollte.

Ganz im Gegenteil: Ich war während meiner Schulzeit sehr sportlich und aktiv. Mindestens einmal pro Woche ging ich regelmäßig zum Judotraining und Reiten und war auch sonst kein Bewegungsmuffel. Judo machte ich sogar schon seit meinem 5. Lebensjahr und bestritt in regelmäßigen Abständen – sehr erfolgreich – Wettkämpfe.

Was eigentlich ziemlich paradox war ... Denn Judo ist ein Kampfsport, bei dem man mit seinem Gegner – besonders bei Wettkämpfen – nicht gerade zimperlich umgeht.

Also rein theoretisch hätte ich mich gegen die Schläge meiner Klassenkameraden wehren können, was ich jedoch nie tat. Meine Angst, dadurch jemand zu verletzen, oder alles noch viel schlimmer zu machen, war zu groß. Stattdessen litt ich jedes Mal stumm und hoffte, dass die Mobbingattacke schnell vorbei sein würde.

Selbstverletzung war zu dieser Zeit noch kein Thema in meinem Leben. Ich wusste nicht einmal, dass beziehungsweise in welchem Ausmaß es so etwas gibt. Ich kannte nur die sogenannten „Emos", die sich die oberste Hautschicht aufritzen, weil sie Aufmerksamkeit wollen und es „cool" finden. Mit Borderline hat das allerdings rein gar nichts zu tun!

3. Wie alles begann

Im Alter von 13 Jahren sollte sich mein Leben für immer verändern.

Heute erinnere ich mich noch genau an den Tag und an jede Einzelheit. Doch direkt nach dem Ereignis hatte ich das Erlebnis mehrere Monate lang verdrängt. Ich wusste zwar, dass etwas Schlimmes passiert war, aber konnte nicht sagen was. In meinen Kopf war die Erinnerung wie in einen dicken, undurchsichtigen Nebel eingehüllt. Sie war da, aber ich konnte nicht darauf zugreifen. Erst nach und nach lichtete sich dieser dichte Nebel und mir wurde bewusst, was geschehen war.

Von diesem Zeitpunkt an war nichts mehr so wie früher. Innerhalb weniger Minuten hatte sich mein Leben komplett verändert. Alles um mich herum schien in sich zusammenzustürzen. Nichts mehr gab mir Halt oder Sicherheit. Es war, als wenn mir jemand – ohne Vorwarnung – den Boden unter den Füßen weggerissen hätte und ich nun in ein endlos tiefes, dunkles Loch stürzen würde.

Mit einem Schlag wurde an diesem (eigentlich schönen) warmen Sommerabend meine Kindheit zerstört. Wenige Sekunden reichten aus, um mich zu einem anderen (gebrochenen?) Menschen zu machen.

Damals hatte ich das Gefühl, dass mir an diesem Tag mein Lachen, meine Fröhlichkeit, meine Hoffnung, mein Glaube an mich und den Rest der Welt ... - eigentlich mein gesamtes Leben – unwiderruflich genommen wurde – doch heute weiß ich, dass es nicht so war. Ich hatte das alles nicht „verloren" und es war auch nie komplett verschwunden, sondern ich hatte durch dieses traumatische Erlebnis lediglich vergessen, wie es sich anfühlte, glücklich zu sein.

Selbst heute noch (fast 10 Jahre danach) verfolgen mich die Bilder von der Tat. Die Erinnerung an das, was passiert ist, der Schmerz, die Wut, die Verzweiflung und der Scham haben sich in meinem Gehirn eingebrannt. Ich werde diesen schrecklichen Tag und alles, was damit verbunden ist, wohl nie vergessen ... Aber mit der Zeit habe ich gelernt, mit der Erinnerung zu leben. Ich weiß, was passiert ist, wie es sich angefühlt hat und was dieses Ereignis in mir ausgelöst hat – aber ich weiß auch, dass es Vergangenheit ist, ich es nicht rückgängig machen und erst recht nicht ändern kann. Ich muss es als (negativen) Teil meiner Vergangenheit akzeptieren und lernen mit den Erinnerungen umzugehen. Und das gelingt mir inzwischen relativ gut!

Doch leider war das nicht immer so. Zeitweise haben mich die Bilder in meinem Kopf fast umgebracht! Über Jahre hinweg hatte ich heftige Flashbacks, starke Schuldgefühle und jede Nacht schreckliche Albträume. Ich war deshalb sogar mehrmals kurz davor, mein Leben zu beenden ...

Mein Leben war für mich nur noch eine einzige Hölle! Egal, was ich machte, die Erinnerung an diesen schrecklichen Tag verfolgte mich auf Schritt und Tritt. Wie ein Schatten hatte sie sich über mein Leben gelegt und nahm mir jegliche Freude und Lebensmut. Alles um mich herum war dunkel, trostlos und ohne irgendwelche Hoffnung. Deshalb bin ich umso glücklicher, dass ich jetzt, heute, sagen kann: „Ja, ich lebe (noch)! Und ja, ich lebe sogar inzwischen gerne! Und nein, diese „Monster" haben mein Leben nicht für immer zerstört!"

Für mich sind diese „Menschen", die mich an diesem Abend angefasst, ausgezogen und vergewaltigt haben, nämlich gar keine Menschen. Für mich sind es lediglich Monster! Ein Mensch hätte so etwas nicht getan! Denn ein „normaler" Mensch besitzt Gefühle und Empathie und würde sich nicht an einem wehrlosen Kind vergreifen! Diese drei Männer, die an dem Abend über mich herfielen, hatten das eindeutig nicht!

Deshalb sind SIE in meinen Augen einfach nur Monster, die keinerlei (Mit-)Gefühl und/oder menschlichen Verstand besitzen!

Ein Abend, ein Erlebnis – ja, eigentlich ein Moment – hatte ausgereicht, um mein gesamtes Leben nachhaltig zum Negativen zu verändern.

Nach der Vergewaltigung war ich nicht mehr ich selbst. Ich weiß nicht, wie ich es beschreiben soll, aber diese Tat hat einen Teil von meinem Inneren zerstört. Ich war danach nicht mehr ich. Es war, als wenn ich nur noch ein namenloser Schatten meiner selbst gewesen wäre. Ich war da, aber ich fühlte nichts. Ich wusste nicht, ob ich lebe, ob ich tot bin, ob es mir gut geht, ob es mir schlecht geht, ob ich glücklich oder traurig bin. Alles in mir fühlte sich einfach nur noch kalt, leer und hohl an. Da war nichts mehr in mir, was man hätte „Leben" nennen können.

Heute kann ich mehr oder weniger offen über das, was ich erlebt habe, reden/schreiben. Aber bis vor ca. 8 Jahren fehlten mir dafür einfach die Worte. Ich schaffte es nicht, dass, was ich gesehen, gefühlt und gedacht hatte, in Worte fassen. Irgendetwas in mir schrie zwar, dass ich darüber reden müsste, um das Erlebte zu verarbeiten – doch sobald ich den Mund öffnete, legte sich eine schwere, enge Eisenkette um meinen Brustkorb und nahm mir die Luft zum Atmen. Ich wollte reden, doch brachte kein Wort über die Lippen.

Fast zehn Jahre hat es gedauert, bis ich die Kette und somit auch mein Schweigen über diesen Abend durchbrechen und (endlich!) darüber reden konnte.

Ich war an dem besagten Abend alleine unterwegs und SIE waren zu dritt. SIE gingen mit mir auf dieselbe Schule, doch bis zu diesem Abend kannte ich SIE lediglich vom Sehen auf dem Schulhof in den Pausen. Ich war zu diesem Zeitpunkt erst 13 und SIE waren um einiges älter und somit auch stärker als ich.

Nie hätte ich gedacht, dass mir so etwas passieren könnte ... Nie hätte ich damit gerechnet, dass ich auf der Damentoilette abgefangen, von drei Männern überrumpelt, ausgezogen und vergewaltigt werden könnte. Nicht einmal in meinen schlimmsten Albträumen hätte ich mir so etwas Grausames vorstellen können! Doch genau das passierte mir an diesem Abend ...

Ich war gerade auf Toilette gewesen und wollte mir meine Hände waschen, als DIE plötzlich hinter mir standen und mir den Weg zur Tür versperrten.

(Auf das, was genau passiert ist, möchte ich nicht im Detail eingehen, denn meiner Meinung nach ist das kein Thema, das man besonders detailreich beschreiben und ausschmücken muss.)

Allein der Gedanke an das, was damals passiert ist, lässt mir einen kalten Schauer über den Rücken laufen und alle Haare an meinem Körper zu Berge stehen. Noch immer löst der Gedanke an die Tat Panik und Angstzustände bei mir aus. Obwohl ES schon Jahre her ist, ist die Erinnerung daran noch so frisch, als wäre es erst gestern gewesen. Noch immer spüre ich den heißen Atem, der an meinen Hals dringt, die eiskalten Hände, die mich überall anfassen und den extremen Schmerz. Mit einem Schlag sind alle Erinnerungen, Gedanken und Gefühle von damals wieder präsent. Sofort läuft der „Film" von der besagten Nacht in Form von Erinnerungsbildern in meinen Kopf ab. Immer wieder und wieder sehe ich die Bilder und durchlebe die Erinnerungen. Ich bin unfähig, den Film auszublenden oder anzuhalten. Es ist wie damals: Ich bin in der Situation gefangen und machtlos, mich zu wehren oder etwas zu verändern. Wie damals lasse ich es einfach über mich ergehen und hoffe und bete, dass es schnell vorbeigeht ...

Während SIE über mich herfielen, hatte ich Todesangst. Ich dachte, dass ich gleich sterben würde ...

Ich glaube, für einen Außenstehenden ist es kaum begreiflich und/oder nachvollziehbar, was ein Mädchen/eine Frau in solch einer Situation fühlt. Denn das ist unmöglich, in Worte zu fassen.

Man möchte sich gegen SIE wehren, will das ES aufhört, wünscht sich, dass ES endlich vorüber ist, will fliehen, weglaufen, schreien, um sich schlagen – aber das Einzige, was man macht, ist regungslos am Boden liegen, die Augen schließen und beten, dass ES schnell vorbei geht. Oder man schweißgebadet aufwacht und feststellt, dass das alles nur ein schrecklicher Albtraum war ... Es ist so gut wie unmöglich, sich als Betroffener in solch einer Situation zu wehren. Man ist wie erstarrt vor Angst und Scham.

SIE sprachen von Liebe. Felsenfest behaupteten SIE, dass ich ES doch auch wollen würde und ES mir genauso Spaß machen würde wie ihnen. Eine Stimme in meinem Kopf sagte mir zwar, dass Liebe nicht wehtun sollte und dass DAS, was DIE mit mir machten, auf gar keinen Fall etwas mit Liebe zu tun hatte, aber diese Stimme war nur sehr, sehr leise und unsicher. Die Worte der Täter und meine Scham waren viel größer und lauter. Sie verdrängten die leise, unsichere Stimme in meinem Kopf. Zwangsläufig ließ ich die Aussagen der Täter zu meiner Wahrheit werden und redete mir ein, dass ich DAS tatsächlich wollen würde und dass alles meine alleinige Schuld war. Zeitweise gingen meine Schuldgefühle sogar so weit, dass ich mich nicht mehr als Opfer, sondern selbst als „Täterin" fühlte ... Ich fühlte mich dafür verantwortlich und glaubte, dass ich es nicht anders verdient hätte.

Außerdem trichterten SIE mir ununterbrochen ein, dass mir sowieso niemand glauben würde, wenn ich mit jemandem DARÜBER reden würde. Alle würden mir die Schuld darangeben, keiner würde mir glauben und ich würde dadurch alles nur noch schlimmer machen. Denn dann müssten SIE mich noch weiter „bestrafen". Und das glaubte ich ihnen ebenfalls.

Die Worte der Täter waren so schwer und mächtig, dass sie sich in mein Gehirn wie ein Bandwurm hineinfraßen und dort festsetzten. Alle anderen „vernünftigen" Gedanken, mein Selbstvertrauen und meine Selbstsicherheit, die versuchten, gegen diese mächtigen Worte anzukämpfen, wurden von dem Bandwurm gefressen und somit vernichtet. Ich war wie ein „Sklave", der alles machte, was SIE sagten und wollten. Mein eigener Wille war verschwunden.

Nachdem SIE dann endlich von mir abgelassen hatten, sich anzogen und aus dem Staub gemacht hatten, lag ich noch gefühlte zwei Stunden regungslos auf dem kalten Boden und starrte ins Leere. In Wirklichkeit dauerte ES zwar nur wenige Minuten, doch mir kam es um ein Vielfaches länger vor. Die Zeit schien für mich in diesem Moment still zu stehen. Ich fühlte mich wie tot, obwohl mein Herz weiterhin schlug ... Es fühlte sich an, als wenn DIE irgendetwas in mir mit Gewalt zerstört oder herausgerissen hätten und an dieser Stelle nun ein riesiges Loch klaffen würde. In mir war einfach nur alles leer. Keine Gefühle, kein Nichts waren mehr da. Ich schaffte es nicht einmal mehr, zu weinen. Ich kam mir vor wie ein Haufen Dreck. Ich wurde benutzt, zu Boden geschmissen, durch den Matsch gezogen und anschließend wie unbrauchbarer, wertloser Müll am Boden liegen gelassen ... Ich fühlte mich nicht mehr als Mensch.

Allgemein passierte an diesem Abend etwas äußerst Merkwürdiges mit mir und meiner Gefühlswelt. Als SIE über mich herfielen, hatte ich plötzlich das Gefühl, nicht mehr in meinem Körper zu sein. Ich sah das Geschehen wie eine dritte Person von außen. Es kam mir vor, als wenn ich über dem Szenario schweben und alles aus der Vogelperspektive beobachten würde. Ich sah ein verängstigtes Mädchen am Boden liegen und drei Männer, die wie wilde Tiere über sie herfielen. SIE zogen das Mädchen aus und vergewaltigten sie. Das Mädchen weinte und hatte panische Angst.

Ich wusste zwar, dass ich das Mädchen am Boden war, aber es fühlte sich nicht so an.

Heute weiß ich, dass meine Seele an diesem Abend dissoziiert ist. Das heißt, sie hat sich vom Körper abgespalten, um sich vor schlimmeren Verletzungen und Schäden zu schützen. Sie musste das tun, um zu überleben. Inzwischen bin ich meiner Seele für diese Reaktion sehr dankbar, doch an dem Abend fand ich diesen Vorgang einfach nur beängstigend, merkwürdig, sonderlich und verstörend.

Wenn ich diesen schrecklichen Tag in meinem Leben mit vier Sätzen beschreiben müsste, würde ich sagen: An diesem Tag sind drei Monster mit einer Dampfwalze über mein Leben gefahren. SIE haben alles zerstört, was ich mir in dreizehn Jahren mühsam aufgebaut hatte und haben nur noch ein einziges Schlachtfeld zurückgelassen. Meine Seele bekam lebenslänglich und die Täter blieben weiterhin frei und lebten weiter wie zuvor. Mein Leben war nach dem Übergriff nur noch ein einziger Scherbenhaufen.

4. Geprägt

Immer mehr und mehr zog ich mich von meiner Umwelt zurück. Ich konnte die Gesellschaft von anderen Menschen einfach nicht mehr ertragen. In jeder freien Minute suchte ich die Einsamkeit, aber gleichzeitig schien mich dieses ständige Alleinsein nur noch tiefer in meine Traurigkeit zu ziehen.

Ich war einfach mit allem unzufrieden und unglücklich. Meine Gefühlswelt und Gedanken spielten verrückt! Es fühlte sich an, als ob eine vollkommen fremde Macht die Kontrolle in meinem Gehirn übernommen hätte, um mein altes Ich als Geisel an einen Stuhl zu fesseln. Ich war mir selbst auf einmal völlig fremd. Ich konnte oder wollte nicht verstehen, was mit mir los war. Für meine Gedanken und Gefühle gab es keine Worte mehr. Ich schien den Verstand zu verlieren und geisteskrank zu werden!

Die drei Monate nach der Tat, in denen ich mich nicht an das Geschehene erinnern konnte, waren schrecklich für mich. Ich kam mir vor wie in einem falschen Film. Alles um mich herum wirkte merkwürdig fremd.

Das Einzige, womit ich mich in dieser Zeit „trösten" konnte, war Essen. Egal ob aus Frust, Langeweile, Angst, um Anspannung abzubauen, mich aufzuheitern oder um die endlose Leere in mir zu füllen – Essen schien ein Trostpflaster für alles zu sein. Egal bei welcher Gelegenheit, um welche Uhrzeit und ob Hunger oder nicht – ich aß den gesamten Tag, um die Leere in mir (vergeblich) zu füllen.

Pausenlos stopfte ich sämtliche Süßigkeiten in mich hinein. Das spiegelte sich natürlicherweise recht schnell in meinem Gewicht wieder. Innerhalb kürzester Zeit nahm ich von 65 Kilo auf 73 Kilo zu. Zwar waren mir das viele Essen und vor allem die Zunahme äußerst unangenehm – besonders, weil mich so gut wie jeder auf mein Gewicht ansprach – aber dennoch schaffte ich es nicht, damit aufzuhören. Es war wie eine Art Sucht für mich.

Essen gab mir (zumindest für einen kurzen Augenblick) das Gefühl von Zufriedenheit und lenkte mich von meinen negativen Emotionen ab.

Dann – ziemlich genau drei Monate nach der Tat – kam der Tag, an dem meine Erinnerung zurückkam. Mit wortwörtlich einem Schlag waren plötzlich alle Einzelheiten und jedes noch so kleinste Detail wieder präsent. Ich war an diesem Tag mit dem Reitstall, indem ich bereits seit Längerem ein Pflegepferd hatte, auf einem Hoffest, um dort Ponyreiten veranstalten. Den gesamten Tag über führten wir schon die Pferde und Ponys im Kreis, um so etwas Geld für die Stallkasse dazu zu verdienen. Bis zu diesem Zeitpunkt lief alles reibungslos und ohne größere Zwischenfälle ab. Alle waren rundum zufrieden und es hätte nicht besser laufen können. Doch gegen Ende der Veranstaltung zog ein Gewitter auf und die Pferde begannen nervös zu werden und zu scheuen.

Eigentlich hätten wir aufgrund des herannahenden Unwetters das Ponyreiten abbrechen und die Pferde verladen sollen, doch solange es noch nicht regnete, wollten wir noch ein paar Runden weiterführen. Schließlich brauchten wir das Geld.

Doch plötzlich ertönte aus dem Nichts heraus ein sehr lauter Donner, der die Stute vor mir in große Angst versetzte. Sie scheute, rannte ein paar Schritte rückwärts und trat nach hinten aus. Dabei erwischte sie mit ihrem Hinterhuf meinen Kopf ... Meine Lippe platzte auf und ich sank kurzzeitig zu Boden.

Allerdings war die Platzwunde an der Lippe noch harmlos im Vergleich zu dem, was der Tritt mit meiner Psyche anrichtete. Denn der Tritt „triggerte" mein Gehirn wieder an und lies die Amnesie in meinem Kopf verschwinden. Die Erinnerung an DIE und DAS, was sie mir angetan hatten, war von einer auf die andere Sekunde wieder komplett da. Und das war alles andere als positiv und angenehm für mich!

Nach dem Tritt kam ich mit einer schweren Gehirnerschütterung und einer tiefen Platzwunde an der Unterlippe ins Krankenhaus, wo ich acht Tage stationär bleiben musste. Diese acht Tage im Krankenhaus kamen mir unendlich lange vor und waren für mich die reinste Qual! Ich hatte extreme Kopfschmerzen und konnte wegen der Platzwunde an der Lippe kaum etwas ohne Schmerzen essen oder trinken – aber was noch viel, viel schlimmer für mich war – war, dass ich diese verdammten Bilder in meinem Kopf nicht mehr loswurde! Sobald ich meine Augen schloss, tauchte die Erinnerung an den Tatabend auf und spielte sich wie ein Endlosfilm vor meinem inneren Auge ab. Zeitweise hatte ich das Gefühl, deshalb fast durchzudrehen!

Auf der einen Seite hätte ich deswegen am liebsten die komplette Zeit im Krankenhaus verschlafen, denn so bekam ich erstens nicht so viel von meiner Umwelt mit und zweitens konnte ich im Schlaf nicht so viel grübeln. Doch so leicht konnte ich mein „Problem" dann leider doch nicht aus der Welt schaffen. Denn auf der anderen Seite hatte ich wiederum Angst, meine Augen zu zumachen und einzuschlafen. Sobald ich meine Augen schloss, tauchten nämlich die Bilder von DENEN und DEM, was sie mir angetan hatten, wieder auf und ich war erneut in den Erinnerungen gefangen. Und selbst wenn ich es schaffte einzuschlafen, dauerte es meistens keine zehn Minuten, bis ich erneut panisch aufschreckte, weil ich (mal wieder) einen Albtraum hatte ... Also egal, was ich machte, ich konnte den quälenden Erinnerungen und den Bildern nicht entkommen. Ich war darin wie gefangen.

Selbstverständlich merkten auch meine Eltern, dass zu diesem Zeitpunkt etwas mit mir gewaltig nicht stimmte. Ich war schließlich nicht mehr Ich selbst. Seit dem Unfall war ich depressiv, lachte kaum noch, wollte nicht mehr reden und zog mich von meiner kompletten Umwelt zurück. Solch eine Verhaltensänderung konnte nicht von einem einzelnen Pferdetritt kommen. Das wussten selbst sie. Deshalb fragten sie mich bereits im Krankenhaus des Öfteren, was mit mir los sei. Jedoch schob ich weiterhin jedes Mal mein merkwürdiges Verhalten erneut auf den Reitunfall beziehungsweise die daraus resultierende Gehirnerschütterung oder leugnete sogar komplett, dass ich mich in meinem Verhalten geändert hatte.

Innerlich hätte ich am liebsten rausgeschrien, was mich bedrückte, was passiert war und wie es mir nun damit ging – doch äußerlich blieb ich weiterhin regungslos und stumm. Zu groß waren die Angst und Scham, selbst als Täterin hingestellt zu werden oder dass mir niemand glaubte. Außerdem hatte ich regelrechte Panik davor, wie DIE reagieren würden, wenn SIE erfahren würden, dass ich über ES gesprochen hatte ...

Auch nach dem Krankenhausaufenthalt stabilisierte sich meine Psyche nicht wirklich. Zwar wurde es nicht schlimmer, aber es besserte sich leider auch keinesfalls. Deshalb empfahlen die Ärzte im Krankenhaus meinen Eltern, mit mir zu einem Kinder- und Jugendpsychologen zu gehen.

Anfangs war ich von diesem Vorschlag alles andere als begeistert und hatte überhaupt keine Lust, mit einer „Psychotante" über meine Probleme zu reden. Schließlich war es mein Leben, meine Probleme und somit auch MEINE Angelegenheit, wie ich damit umging und wie ich mich verhielt. Anderseits hatte ich jedoch auch genauso wenig Lust, darüber zu diskutieren, ob es jetzt nötig sei, dass ich zu einer Psychologin gehe oder nicht. Eigentlich hatte ich nämlich zu gar nichts Lust. Wenn es nach mir gegangen wäre, hätte ich mich den gesamten Tag in meinem Zimmer verkrochen, ins Bett gelegt, die Decke über den Kopf gezogen und Löcher in die Luft gestarrt. Doch das ging leider auch nicht. Deshalb erklärte ich mich ohne große Widerworte dazu bereit, mir die Psychologin wenigstens einmal anzuschauen.

Was allerdings nicht hieß, dass ich mich gleich mit ihr unterhalten würde!

Im Endeffekt führte die Psychologin den größten Teil der Therapiesitzung Selbstgespräche.

Ich antwortete nur in knappen Sätzen beziehungsweise gar nicht auf ihre Fragen. Aber dennoch diagnostizierte sie Depressionen bei mir. Zwar beteuerte ich ihr mindestens einhundert Mal, dass es mir allen Ernstes gut gehe, und versuchte dabei mein schönstes künstliches Lächeln aufzusetzen, das ich besaß, doch sie schien zu merken, dass ich nur schauspielerte und es mir in Wirklichkeit alles andere als gut ging. Sie besaß die Fähigkeit, hinter meine Fassade zu sehen.

Die kommenden zwei Wochen nach der Krankenhausentlassung blieb ich noch krankgeschrieben, um mich zu Hause noch etwas zu erholen und mein Leben wieder „ordnen" zu können. Keine Ahnung, was nach dem Unfall in meinem Kopf los war, aber es fühlte sich an, als ob irgendjemand sämtliche Schubladen im Gehirn aus den Fächern gezogen, ausgeleert und quer über den Boden verteilt hätte. Mein Schädel dröhnte, als wenn ein Panzer drübergefahren wäre und ich war zu nichts fähig. Selbst die einfachsten Aufgaben überforderten mich bereits. Für die Schule lernen, lesen oder Ähnliches war mir nicht möglich. Ich besaß null Konzentration und an Motivation mangelte es mir ebenfalls. Ich konnte mich zu nichts aufraffen. Nach zwei Wochen beschlossen meine Eltern, dass es so nicht weitergehen konnte. Ich sollte ab der nächsten Woche wieder in die Schule gehen und somit in einen normalen Alltag zurückkehren.

In der Schule kam dann jedoch noch ein neues Problem hinzu. Zwar hatte ich nach dem Unfall meine Erinnerung an den Tatabend zurück, doch im Gegenzug dazu hatte ich andere wichtige Erinnerungen verloren. Der gesamte Lernstoff der letzten zwei Schuljahre war weg. Ich konnte mich einfach nicht mehr daran erinnern. Das machte mich wahnsinnig!

Jeden Tag saß ich verzweifelt im Unterricht und verstand kein Wort davon, was die Lehrer vorne an der Tafel erklärten. Innerhalb weniger Tage wurde ich so von der Klassenbesten zur schlechtesten Schülerin der gesamten Jahrgangsstufe. Und das auch noch in der 9. Klasse, wo ich ein Jahr später, in der 10. Klasse den Realschulabschluss machen sollte! Also in meinem Leben ging bereits zu diesem Zeitpunkt schon so ziemlich alles schief, was schief gehen konnte.

Aber etwas Gutes hatte der Unfall dann doch: Als meine Erinnerung zurückkam, verschwand noch am selben Tag mein Appetit. Essen ekelte mich plötzlich an.

Zusätzlich gefiel mir das Gefühl, das ich verspürte, wenn ich dem Drang zu essen widerstand. Das gab mir das Gefühl von Stärke und zeigte mir, dass ich wenigstens eine Sache in meinem Leben halbwegs kontrollieren konnte: Nämlich ob ich dem Bedürfnis zu essen nachgab oder meinen Körper hungern lies. So nahm ich innerhalb kürzester Zeit an Gewicht ab.

Was ich zu diesem Zeitpunkt jedoch noch nicht wusste, war, dass das bereits der Anfang meiner Essstörung sein sollte.

5. Funktionieren statt leben

„Funktionieren statt leben" war das Motto, welches ich nach der Rückkehr der Erinnerung zu meinem täglichen Leitsatz machte.

Ich fühlte mich wie ein programmierter Roboter, der tagtäglich sein Programm abspielte, ohne dabei einen eigenen Willen zu haben. Alles lief irgendwie automatisch und ferngesteuert ab. Positive Emotionen, Lebensfreude oder Ziele im Leben gab es für mich nicht mehr. Ich funktionierte nur noch. Wie ein Schauspieler spielte ich jeden Tag meine „Rolle". Die Rolle eines glücklichen, zufriedenen Mädchens, das sich mit aller Kraft zurück ins Leben kämpfte. Nach außen hin schien ich nur so von Hoffnung und Kampfgeist zu sprühen, doch innerlich hatte ich die Hoffnung auf ein „normales" Leben schon längst aufgegeben und wollte eigentlich nur noch aus dem Leben verschwinden. Die eiserne Kette, die sich um meinen Brustkorb gelegt hatte, schien sich immer noch weiter zuzuziehen und mir zunehmend mehr die Luft zum Atmen zu nehmen. Es war, als ob ich in meiner eigenen Traurigkeit ertrinken würde. Daran änderten auch die Antidepressiva, die ich von der Psychologin verordnet bekommen hatte, nichts. Überhaupt fand ich die wöchentlichen Gespräche bei ihr komplett überflüssig. Denn in den 45 Minuten Gesprächstherapie machte ich alles, nur nicht über mich und meine Probleme reden. Doch dazu komme ich später noch.

Um den vergessenen Schulstoff aufzuarbeiten, ging ich die ersten Monate nach dem Unfall vier Mal die Woche nachmittags zur Nachhilfe. Selbstverständlich hätte ich auch einfach eine Klasse zurückgehen und somit den Lernstoff wiederholen und mir damit eine Menge Stress ersparen können, aber dafür war ich zu stolz. Denn wie sieht es denn aus, wenn die ehemals Klassenbeste Schülerin eine Ehrenrunde dreht? Das Schuljahr zu wiederholen stand für mich also völlig außer Frage! Gleichgültig, was meine Eltern und Lehrer mir rieten, ich wollte kämpfen und wenigstens eine Sache in meinem Leben nach Plan abschließen.

Durch meinen enormen Ehrgeiz und das positive Talent, das ich recht schnell lerne, schaffte ich tatsächlich bis zum Endjahreszeugnis das Unmögliche möglich zu machen: Ich wurde ins 10. Schuljahr versetzt! Zwar war mein Zeugnis weiterhin deutlich schlechter als die Jahre zuvor, doch zumindest hatte ich keine 5 mehr im Zeugnis stehen. Und solange ich versetzt wurde, waren mir meine Noten (zumindest weitestgehend) egal.

Nach außen hin schien ich mich wieder zu stabilisieren und langsam aber sicher in meinen Alltag zurückzukehren. Innerlich war das jedoch ganz und gar nicht der Fall. Allerdings hätte ich das nie und nimmer vor irgendwelchen Leuten zugegeben. Denn ich wollte auf keinen Fall, dass sich irgendjemand Sorgen oder Gedanken um mich machte. Ich wollte nicht der Grund sein, wieso andere Menschen nachts vor Sorge nicht schlafen konnten oder sich schlecht fühlten! Es reichte schon, dass ich traurig und unglücklich war. Da mussten nicht auch noch meine Mitmenschen wegen mir bedrückt sein! Außerdem war ich der Ansicht, dass wenn ich ganz viel arbeite und mich ablenke, ich gar keine Zeit mehr hätte, darüber nachzudenken, wie schlecht es mir zurzeit ging. Wenn ich mich den gesamten Tag mit anderen Dingen beschäftigte, würden die Bilder in meinem Kopf gar keine Gelegenheit mehr haben, so oft aufzutauchen. Also ich könnte mich sozusagen selbst therapieren. (Soweit die Theorie ... Die Praxis sah dann jedoch trotzdem etwas anders aus.)

Einmal pro Woche ging ich auf Anraten der Ärzte im Krankenhaus meiner Mutter zuliebe zu einer Kinder- und Jugendpsychologin. Allerdings waren die 45-minütigen Therapiesitzungen bei ihr, wie bereits oben kurz beschrieben, in meinen Augen völlige Zeitverschwendung. Denn meistens begann ich schon nach wenigen Minuten, mit meinen Gedanken weit abzudriften und an ihr vorbei zu starren.

Hinter ihr befand sich nämlich ein riesiges Regal, in dem unendlich viele Playmobilfiguren standen. Diese betrachtete ich dann die gesamte Stunde über, versuchte sie zu zählen oder lernte aus Langeweile die Reihenfolge der aufgestellten Figuren auswendig.

Ich tat mehr oder weniger alles dafür, um nicht mit ihr reden zu müssen. Obwohl meine Psychologin von ihrer Art sehr freundlich und hartnäckig war, schaffte sie es trotzdem nie, mehr als zwei bis drei zusammenhängende Sätze pro Sitzung aus mir herauszubekommen. Ich wollte mit ihr nicht reden und über DAS wollte ich mit ihr schon zweimal nicht reden! Irgendwann schaffte sie es allerdings doch, mein „Geheimnis" herauszufinden. Nachdem ich ca. 6 Wochen lediglich das Nötigste und zum Teil sogar noch weniger mit ihr geredet hatte, sprach sie mich offen DARAUF an. Da konnte ich dann nicht mehr schweigen. Doch auch als die Psychologin wusste, was mir passiert war, änderte sich in den kommenden Sitzungen an unserer Kommunikation recht wenig. Sie redete und ich schwieg.

Als meine Eltern von der Tat erfuhren, waren sie erst einmal geschockt und wollten mit mir DARÜBER reden. Allerdings hatte ich keine Lust mit ihnen zu reden, denn ich wollte mit niemand DARÜBER sprechen. Nach einer Weile akzeptierten sie das dann auch und ließen mich mit diesem Thema in Ruhe. Worüber ich ihnen sehr dankbar war! Außerdem glaubten meine Eltern, genauso wie meine Psychologin jahrelang, dass die Vergewaltigung eine einmalige Sache war, die sich nicht wiederholen wird. Zu diesem Zeitpunkt war ES zwar auch bis jetzt nur einmal passiert, aber das sollte (leider) nicht so bleiben.

6. Vergangenheit ist es erst, wenn es vorbei ist

Sowohl meine Eltern als auch meine Psychologin merkten erst sehr spät, dass die Vergewaltigung nicht nur in der Vergangenheit stattgefunden hatte, sondern noch bis in die Gegenwart andauerte. Ungefähr sechs Wochen, nachdem meine Erinnerung zurückgekommen war, wiederholte ES sich nämlich.

Ich war auf dem Nachhauseweg von der Schule und lief gerade durch das kleine Waldstück, das ich bei jedem Schulweg durchqueren musste, als DIE plötzlich hinter mir standen. Ohne Vorwarnung hielten SIE mir den Mund zu und zogen mich in einen kleinen, unscheinbaren Seitenweg.

Dass SIE mir den Mund zuhielten, war eigentlich vollkommen überflüssig, weil ich so geschockt war, dass ich gar nicht dazu in der Lage war zu schreien, geschweige denn mich zu wehren. Am liebsten hätte ich wild um mich getreten, geschlagen oder in die Hand vor meinem Mund gebissen, doch keiner meiner Muskeln wollte gehorchen. Ich war wie gelähmt vor Angst. Ohne Gegenwehr ließ ich ES über mich ergehen und litt stumm. Es tat weh ohne Ende und ich weinte. Ob meine Tränen aus Angst, Schmerz oder Verzweiflung liefen, kann ich nicht sagen. Vermutlich waren es alle drei Gründe.

An diesem Tag verschwand auch noch mein letztes Vertrauen in Männer. Selbst heute noch bin ich äußerst misstrauisch und ängstlich gegenüber fremden Männern.

Manchmal frage ich mich, ob DIE ihre Tat einfach vergessen haben oder ob DIE auch oft daran denken. Vergisst ein Mann, der so etwas tut, dass er ein Leben zerstört hat? Oder lebt er weiter wie zuvor? Ich weiß es nicht. Aber ich habe und werde DAS, was DIE mir angetan haben, nie vergessen!

Nachdem ES vorbei war, sind DIE einfach abgehauen und haben mich alleine im Wald zurückgelassen. Ich blieb noch eine Weile zitternd auf dem Boden liegen und versuchte das, was gerade vorgefallen war, zu realisieren. Ich konnte es nicht fassen, dass ES wieder geschehen war. Ich fühlte mich verzweifelt und wusste nicht, was ich tun sollte. Am liebsten wäre ich nach Hause gerannt und wäre weinend meiner Mutter in die Arme gefallen und hätte ihr alles erzählt. Aber meine Angst und die Scham waren zu groß. Ich gab mir selbst die Schuld dafür, dass ES passiert war, denn ich hätte mich wehren können. Also hatte ich meiner Ansicht nach zumindest eine Teilschuld an der Tat.

Nachdem ich mich wieder einigermaßen beruhigt hatte und nicht mehr so sehr zitterte, dass ich Angst hatte, meine Beine könnten mich nicht tragen, weil sie durch das Zittern einbrechen würden, stand ich auf.

Noch immer waren die Bilder in meinem Kopf und alles drehte sich. Mir war total schwindelig und ich war völlig verwirrt. Mein Verstand signalisierte mir, dass das, was passiert war, auf jeden Fall falsch war und meine Gefühle sagten mir, dass DAS unmöglich etwas mit Liebe zu tun hatte, aber was sollte ich tun? Ich hatte Angst, dass ES schlimmer wird, wenn ich es jemandem erzählte oder, dass mir niemand glaubte, was passiert war. Oder was wäre, wenn es tatsächlich alles meine Schuld war? Dann wäre es viel zu riskant darüber zu reden. Deshalb entschied ich mich dafür, besser weiterhin zu schweigen und so zu tun, als wenn nichts geschehen wäre.

Bevor ich nach Hause ging, machte ich noch einen kleinen Spaziergang, um meine Gedanken zu ordnen.

Zu Hause angekommen, mimte ich wieder das „glückliche" Mädchen. Ich erzählte meiner Mutter, dass ich mit einer Freundin nach Hause gelaufen war und noch kurz bei ihr zu Hause gewesen war und dadurch zu spät gekommen sei. Meine Mutter glaubte mir. Ich spielte weiter mein „perfektes" Spiel. Gleichzeitig war mein größter Wunsch zu diesem Zeitpunkt jedoch, dass irgendjemand hinter meine

Maske schaute, mein Spiel durchschaute und das verletzte, traurige, verzweifelte Mädchen sah und es in den Arm nahm und sagte, dass alles wieder gut werden würde. Doch dafür spielte ich meine Rolle anscheinend zu gut.

Nach diesem Vorfall verschlechterte sich mein Essverhalten nochmals. Morgens ging ich nun jeden Tag ohne Frühstück aus dem Haus und in der Schule aß ich lediglich nur noch einen Apfel in der großen Pause. Mein belegtes Brot oder Brötchen, dass mir meine Mutter jeden Morgen ebenfalls als Pausenbrot mitgab, verschenkte ich an Klassenkameraden. Später aß ich dann noch nicht einmal den Apfel. Dann war erst das Mittagessen zu Hause sozusagen mein „Frühstück".

Mittags aß ich dann nach der Schule eine kleine Portion von dem frisch gekochten Essen meiner Mutter. Da ich zu diesem Zeitpunkt noch keinerlei Ahnung von Kalorien und Nahrungsfetten hatte, wusste ich noch nicht, was dick machte und was ich bedenkenlos auch in Massen essen konnte. Deshalb aß ich von allem, was auf dem Tisch stand, ein bisschen. Und abends aß ich zum Abendessen meistens noch eine Scheibe Brot mit Wurst oder Käse. Das Streichfett ließ ich bereits damals schon gezielt weg. Denn das wusste ich auch ohne Kalorientabelle: Butter und Margarine haben viele Kalorien und machen somit dick. Dass es wichtige Fettsäuren enthält, war mir egal! Süßigkeiten, Knabberzeug und sonstige Sachen zwischendurch waren für mich ebenfalls absolut tabu!

Anfangs sagte meine Mutter nie etwas, wenn ich nur wenig oder sogar gar nichts essen wollte. Sie dachte, dass ich eine normale Diät machen würde, um wieder auf Normalgewicht zu kommen. Dass aus dieser Diät irgendwann Magersucht werden könnte, dachte sie genauso wenig wie ich. Schließlich hatte ich nie das Ziel gehabt, essgestört zu werden oder mein Gewicht gleich zu halbieren! Mein Ziel war es lediglich, meinen Körper zu „kontrollieren". Die Gewichtsabnahme dabei war anfangs nur ein positiver Nebeneffekt.

Wann genau ich mich das erste Mal selbst verletzt habe, kann ich nicht genau sagen, doch es muss auch ungefähr in diesem Zeitraum gewesen sein. Den Tag weiß ich zwar nicht mehr, aber dafür kann ich mich noch genau an die Situation, meine Gedanken und Gefühle in diesem unschönen Moment erinnern.

Ich saß in meinem Zimmer am Schreibtisch und versuchte Hausaufgaben zu machen. Doch wie in den meisten Fällen saß ich mit rauchendem Kopf vor meinem Schulbuch und hatte trotzdem keinen Plan davon, was von mir verlangt wurde. Ich verstand rein gar nichts. Tränen kullerten bereits über meine Wangen, weil ich so verzweifelt war und ich spürte, wie der Selbsthass in mir hochkochte. Ich hasste mich dafür, dass ich mich nicht an den Schulstoff erinnern konnte und anscheinend zu doof war, um solch eine einfache Mathematikaufgabe zu lösen.

Mein Hass auf mich und meinen Körper war gar nicht mehr in Worte zu fassen. Es war ein abgrundtiefer Hass. Dazu kam noch die Wut, dass mein Kopf mir nicht gehorchte und meine Anweisungen nicht befolgte. Es funktionierte nichts so, wie es sollte. Ich fühlte mich als Versager. Das wiederum machte mich wütend, traurig, aggressiv und hasserfüllt. Ich hatte keine Ahnung, wie ich mit diesen vielen negativen Gefühlen in meinem Innern umgehen sollte.

Es fühlte sich an, als wenn ich gleich explodieren würde. Doch dann sah ich die Schere auf dem Schreibtisch liegen. Ohne großartig nachzudenken und mir darüber bewusst zu sein, was ich da gerade tat, zog ich den Pullover-Ärmel nach oben, sodass mein Unterarm herausschaute, drückte die Klinge auf meine Haut und zog sie mit Druck über den Unterarm. Im ersten Moment war ich von meiner Handlung selbst geschockt, doch gleichzeitig spürte ich, dass der innerliche Druck und die vielen negativen Gefühle plötzlich verschwunden waren. Ich fühlte mich irgendwie „gut" und zufrieden. Der Schnitt blutete zwar nicht einmal, aber trotzdem schien mich der Schmerz zu beruhigen und meine Gedanken klarer zu machen. Ich fühlte mich „befreit".

Das war das erste Mal, dass ich mich selbst verletzte. Und eigentlich schwor ich mir direkt danach, dass ich es nie wieder tun würde. Denn mein Verstand sagte mir, dass das, was ich da gerade getan hatte, nicht normal und alles andere, als eine gesunde Verhaltensweise war. Doch mein Gefühl war stärker.

Jemand, der nicht diese Probleme hat, kann sich sehr wahrscheinlich nicht vorstellen, dass Schmerz einen das Gefühl von Freiheit, Zufriedenheit und Glück geben kann. Doch so war es bei mir. Der Schnitt auf der Haut war eine Art Befreiungsschlag für mich, der allen Druck von mir nahm und mich für einen kurzen Augenblick meine Probleme und Sorgen vergessen ließ. Dieses Gefühl wollte ich natürlich wieder spüren. Deshalb dauerte es nicht lang, bis ich erneut zur Schere griff.

Um das positive Gefühl in seiner Intensität beizubehalten und anschließend „zufrieden" zu sein, musste ich jedoch von Mal zu Mal mehr und tiefer schneiden.

Anfangs bluteten die Schnitte noch nicht einmal, sondern waren lediglich rote Striche auf der Haut, die nach ein paar Tagen spurlos verschwunden waren. Ohne Narben. Doch in meiner „Spitzenzeit" wurde ich teilweise mit über 100 Stichen im Krankenhaus genäht.

7. Die schlimmste Zeit meines Lebens

Von nun an geschah ES mehrmals die Woche. Regelmäßig lauerten SIE mir auf, wenn ich auf dem Weg von der Schule nach Hause war. ES wurde für mich zu einer Art Routine. ES gehörte fest zu meinem Leben dazu und wurde somit für mich „normal". Irgendwann weinte ich nicht einmal mehr. Meine Gefühle waren wie tot. Ich fühlte nichts mehr. Ich nahm mein Leben wie einen Film wahr. Es war, als ob ich nicht ich selbst sei, sondern fremdgesteuert wurde. Ich hatte die Kontrolle über mein Leben verloren. In mir lebten nur noch Angst, Verzweiflung und Selbsthass. In dieser Zeit habe ich jeden Abend gehofft, dass ich am nächsten Morgen nicht mehr aufwachen würde. Ich hatte keine Angst vor dem Tod, nur vor dem Leben.

Leute, die behaupteten, dass Zeit alle Wunden heilen würde, hätte ich zu dieser Zeit verprügeln können! Denn Zeit heilt keine Wunden, sondern man gewöhnt sich lediglich an den Schmerz! Außerdem lernt man im Laufe der Zeit, gewisse Dinge zu ignorieren und mit Tränen in den Augen zu lachen.

Wenn ich (mal wieder) zu spät von der Schule nach Hause kam, weil SIE mich (mal wieder) „benutzt" hatten, erzählte ich meiner Mutter, dass ich nach der Schule noch bei einer Freundin gewesen sei und deshalb so spät kam. Ab und zu stellte meine Mutter zwar ungläubige Rückfragen, aber dennoch durchschaute sie mein „Spiel" nicht.

Meine Eltern und meine Psychologin kamen erst sehr, sehr spät dahinter, warum ich tatsächlich andauernd so spät von der Schule nach Hause kam. Eventuell wollten sie es auch gar nicht sehen und haben bewusst ihre Augen vor der Wahrheit verschlossen, weil sie die Realität einfach nicht wahrhaben wollten. Menschen machen in solchen schwierigen Lebensphasen oftmals verrückte Dinge und wollen mit aller

Kraft die Wahrheit verleugnen und sich stattdessen die Situation schönreden. Vielleicht war das auch bei meinen Eltern so. Ich kann es nicht sagen und möchte nicht falsch urteilen. Denn was passiert ist, ist passiert und man kann es nicht mehr ändern. Jemanden Schuld zuzuweisen oder anzuklagen, hilft da auch nicht weiter. Es ist eben passiert und somit Vergangenheit. Ich muss lernen, damit zu leben!

Überhaupt dachten alle in meinem Umfeld, dass es mir gut geht. Alle meinten zu wissen, wie es mir geht und wie ich mich fühle. Doch in Wirklichkeit kannte mich niemand. Nicht einmal ich wusste, was in mir vorging.

Einerseits hatte ich Angst vor dem Alleinsein und hielt es nur schwer aus, wenn keine weitere Person in der Nähe war und anderseits hatte ich Angst vor Nähe. Ich konnte es nicht ertragen, wenn mir jemand zu nahekam. Meine Gefühle verwirrten selbst mich. Also wie hätte mich jemand Fremdes verstehen können?! Wie umarmt man jemanden, der nicht angefasst werden möchte?!

Die einzige „Vertrauensperson", die ich damals hatte, war meine Labradorhündin „Tanja". Mir ihr konnte ich über alles reden und sie gab mir das Gefühl von Sicherheit und Geborgenheit. Sie durfte zeitweise sogar in meinem Zimmer neben dem Bett übernachten, obwohl sie eigentlich im Hof eine Hütte zum Schlafen hatte.

Um mich selbst und vor allem meine Seele, vor weiteren und schlimmeren Verletzungen zu bewahren, begann ich mir meine eigene kleine Parallelwelt aufzubauen. Wann immer es mir in der realen Welt zu stressig wurde und/oder ich mich bedroht fühlte, zog ich mich in diese Parallelwelt zurück. Sie war sozusagen mein „innerer sicherer Ort".

Am Anfang hat mir diese Fähigkeit, mich in meine innere Welt zurückziehen zu können, Angst gemacht, doch bald genoss ich es einfach, abzuschalten. Psychologen nennen diese Fähigkeit „dissoziieren", doch ich sage dazu immer „zurückziehen, abschalten und erholen von der chaotischen Welt der Normalos". In dieser Parallelwelt ist es immer still und man bekommt überhaupt nichts von der chaotischen Umwelt mit. Es fühlt sich fast so an, als wenn man schlafen würde. Man ist körperlich anwesend, aber der Geist ist komplett woanders.

Heute mache ich von dieser Fähigkeit kaum noch Gebrauch, denn ich muss nicht mehr dissoziieren, um zu überleben. Aber in diesem schrecklichen Lebensabschnitt hat mir diese Rückzugsmöglichkeit in meine Parallelwelt vermutlich das Leben gerettet! Ohne sie hätte ich sehr wahrscheinlich nicht überlebt!

Eine weitere Technik, mit der ich versuchte, mir das Leben angenehmer zu machen, war mich selbst und meinen Körper zu kontrollieren. Allerdings war diese „Technik" eher ein Zwang als ein Hilfsmittel. Mein Kontrollwahn hätte mich am Ende nämlich fast das Leben gekostet!

Es war wie ein innerer Zwang, alles an mir und meinem Körper zu kontrollieren. Was in meinem Umfeld abging, was DIE mit mir machten und was zurzeit in meinem Leben geschah, konnte ich nicht mehr beherrschen. Darüber hatte ich schon längst die Kontrolle verloren. Aber mich selbst, meine Gefühle und meine körperlichen Bedürfnisse wie zum Beispiel Hunger und Schlaf konnte ich sehr wohl noch kontrollieren und das tat ich auch! Ich war vielleicht ein Sklave von DENEN, aber ich würde nie ein Sklave meines eigenen Körpers werden!

Wenn er Hunger hatte, gab ich ihm zum Beispiel bewusst nichts zu essen, denn ich wollte mich nicht seinen Bedürfnissen beugen. Ich wollte „stark" sein und Kontrolle über ihn behalten. Falls ich dann doch einmal kurzzeitig den Einfluss über ihn verlor und schwach wurde, „bestrafte" ich ihn, indem ich mich selbst verletzte, Sport bis zur völligen Erschöpfung trieb oder noch länger hungerte. Ich nutzte meinen Körper, um Dinge auszudrücken, für die ich keine Worte fand.

Zum Frühstück aß ich nun dasselbe wie in der Schule. Nämlich nichts. Und mittags versuchte ich mich ebenfalls um das Mittagessen herum zu mogeln. Bei meinen Eltern erzählte ich, dass ich bereits bei einer Freundin gegessen hätte und bei meiner Freundin behauptete ich, dass ich später zuhause essen würde. Diese einfache Ausrede half mir recht lange, mich vor dem Mittagessen zu drücken. Später durchschaute meine Mutter jedoch diesen Trick.

Abends aß ich dann meistens noch etwas Obst oder Salat ohne Dressing, nur mit Gewürzen (ja kein Öl!). Manchmal aß ich aber auch gar nichts zu Abend.

Ich genoss das Gefühl von Kontrolle. Endlich hatte ich auch Mal die Chance „Macht" auszuüben und musste mich nicht ständig den Willen anderer beugen. Mein Körper hatte Hunger und ich verbot ihm zu essen. Ich widerstand meinem natürlichen Bedürfnis. Das machte mich stolz! Endlich hatte ich etwas gefunden, worin ich gut war. Nämlich Hungern. Alle anderen Menschen waren „schwach" und gaben ihren Körper nach, sobald er die kleinsten Zeichen von Hunger zeigte. Doch ich blieb stark und beugte mich nicht! Für diesen eisernen Willen wurde ich dann jeden Morgen von der Waage belohnt.

Zu Beginn verlor ich recht schnell an Gewicht. Schon nach wenigen Wochen war ein deutliches Ergebnis sichtbar und ich wurde für meine tolle Leistung von Freunden und Verwandten gelobt. Zwar war es nie mein Ziel, durch das Hungern irgendwann auf Modellmaße zu kommen und somit der Idealfigur zu entsprechen, aber gegen das viele Lob hatte ich auch nichts einzuwenden. Es bestätigte mich nur darin, noch weiter abzunehmen. Ich sah das Lob als Bewunderung für meinen starken Willen, auf Nahrung zu verzichten an.

Auf mich wirkte es, als seien meine Mitmenschen fast schon „neidisch" darauf, dass ich etwas konnte, was sie nicht schafften. Immer häufiger bekam ich zu hören, dass ich mit meinem aktuellen Gewicht gut aussehen würde. Doch irgendwann hörte dieses positive Lob auf. Nun bekam ich nämlich immer öfters zu hören, dass ich aufhören sollte, weiter abzunehmen, da ich ansonsten zu dünn werden würde. Doch davon ließ ich mich nicht beirren. Zu dünn gab es in meinen Augen nicht!

Außerdem war ich der Meinung, dass ich auch jederzeit mit dem Hungern aufhören könnte, wenn ich tatsächlich wollte. Schließlich war ich ja der Herr über meinen Körper! Dass bereits zu diesem Zeitpunkt Ana (Anaroxia nervosa = Magersucht) das Sagen in meinem Kopf hatte und ich auf dem besten Weg in eine Essstörung war, konnte und wollte ich mir nicht vorstellen! Ich schlug alle Warnungen in den Wind und hungerte weiter.

Also wie man bereits jetzt schon merkt, kamen in meinem Leben viele verschiedene Umstände zusammen, die mich „krank" machten. Es war ein Prozess, der durch viele Aspekte geprägt wurde. Und auch wenn für viele Außenstehende manche meiner Verhaltensweisen unlogisch, verwirrend oder paradox wirken, haben sie doch alle für mich in dieser Zeit meines Lebens einen Sinn ergeben. Alles, was ich tat, war mehr oder weniger gut durchdacht und hatte ein festes Ziel. Die wenigsten Verhaltensweisen beruhten auf absoluten Kurzschlussreaktionen.

Zum Beispiel gab mir die Essstörung das, wonach ich mich zu diesem Zeitpunkt sehnte: Überschaubarkeit und Sicherheit. Es gab ganz einfache klare Gesetze, an die ich mich halten musste, um mein Ziel zu erreichen. Wenn ich diese Gesetze nicht befolgte, dann erreichte ich mein Ziel eben nicht. Ganz einfach. Ich hatte die Wahl und somit auch die Kontrolle darüber, was ich machte und was passierte. Es war alles ganz einfach strukturiert und planbar. Vollkommen anders wie im chaotischen Leben, bei dem man nicht weiß, was als Nächstes passiert. Das machte die Essstörung zu meiner Freundin, der ich lange Zeit bedingungslos vertraute.

Bevor ich anfing, meine Nahrungsaufnahme gezielt zu kontrollieren (nach der Rückkehr der Erinnerung), wog ich noch 73 Kilo. Nun waren es bereits 8 Kilo weniger und das Gewicht sollte noch deutlich weiter nach unten sinken. Ein

Zielgewicht hatte ich zwar (noch) nicht, aber 65 Kilo waren eindeutig zu viel! Wenn ich absolute Macht und Kontrolle auf meinen Körper ausüben wollte, musste ich noch ein bisschen auf Nahrung verzichten und meinen Körper weiter hungern lassen.

Was genau ich mir durch einen noch weiteren Gewichtsverlust erhoffte, weiß ich nicht. Aber es tat auf jeden Fall gut, zu sehen, dass ich von Tag zu Tag weniger wurde. Jeden Morgen waren wieder ein paar weitere hundert Gramm von mir verschwunden.

Doch nicht nur der Zwang nichts zu essen verstärkte sich, nachdem ES wieder und immer wieder passierte, sondern auch die Selbstverletzungen nahmen in diesem Zeitraum massiv zu. Mehrmals die Woche griff nun zur Klinge und die Schnitte wurden von Mal zu Mal tiefer. Längst reichte es nicht mehr aus, die paar Blutstropfen mit einem einfachen Taschentuch abzuwischen. Dafür bluteten die Schnitte nun eindeutig zu viel. Heftpflaster gehörten ab sofort zu meiner Basisausstattung. Es verging kaum eine Woche, in der ich nicht im Drogeriemarkt war, um Nachschub an Verbandsmaterial zu kaufen. Außerdem reichte es mir nicht länger aus, mich mit einer stumpfen Schere zu ritzen, sondern ich benutzte stattdessen spitze Glasscherben. Das hatte allerdings zur Folge, dass die tieferen Schnitte nun nicht mehr narbenlos innerhalb weniger Tage verheilten, sondern meist über eine Woche lang deutlich sichtbar waren und selbst danach noch weiterhin als weiße Striche auf meinen Unterarmen erkennbar blieben.

Jeder Schnitt war für mich ein stummer Hilfeschrei. Das Schneiden war für mich die einzige Möglichkeit, um meine Gefühle zum Ausdruck zu bringen. Manchmal fühlte ich mich in meinem eigenen Körper eingesperrt. Es fühlte sich an, als wenn meine Haut ein Käfig wäre und ich darin gefangen wäre. Wenn ich mir dann die Haut mit einem scharfen Gegenstand aufritzte, war es, als wenn mich jeder Schnitt ein kleines bisschen mehr aus diesem Käfig befreite. Außerdem war selbstverletzendes Verhalten für mich eine Methode, um meinen innerlichen Schmerz nach außen zu tragen. Innerlich war ich durch den Missbrauch und die sexuelle Gewalt schwer verletzt und tief verwundet worden. Diese schwere Verletzung schmerzte selbstverständlich. Jedoch konnte ich diese Wunde in meinem Innern nicht sehen.

Verletzte ich dann meine Haut und es blutete, konnte ich sehen, was den Schmerz verursachte und woher er kam. Das erleichterte es mir, mit dem tiefen Schmerz in meinem Innern umzugehen. Durch die Selbstverletzung an meinen Armen reflektierte ich sozusagen den innerlichen Schmerz nach außen. Allerdings sitzt der wahre Schmerz viel tiefer, als man je mit einer Klinge schneiden kann.

Machte ich einen Fehler, hatte das Gefühl, etwas falsch gemacht zu haben oder einfach nur unfähig zu sein, dann nutzte ich die Klinge ebenfalls, um mich für meine „Dummheit" zu „bestrafen". Genauso nutze ich aber auch selbstverletzendes Verhalten, um mich zurück in die reale Welt zu holen. Wenn ich zum Beispiel in einem Flashback gefangen war, ständig Bilder von DENEN und DEM, WAS SIE MIR ANGETAN HATTEN, vor meinem inneren Auge sah und mich nicht daraus befreien konnte, fügte ich mir Schmerzen zu, um aus dieser endlosen, negativen Gedankenspirale zu entkommen. Der Schmerz zeigte mir dann, dass ich noch lebte und dass ich mich im Hier und Jetzt befand und nicht irgendwo anders. Er holte mich wortwörtlich mit einem Schnitt aus meinem Flashback heraus.

Wieso Menschen sich selbst verletzen, kann man, glaube ich nicht mit einer pauschalen Antwort beantworten. Dafür gibt es wohl eindeutig zu viele und vor allem zu unterschiedliche Gründe. Aber eines kann man trotzdem allgemein sagen: Jeder Mensch, der sich selbst verletzt, spürt lieber den Schmerz als das Gefühl, das er ohne den Schmerz spüren würde oder als gar nichts zu fühlen. Denn das schlimmste Gefühl, das es gibt, ist meiner Meinung nach, gar nichts wahrzunehmen und sich wie tot zu fühlen.

Wenn man die Wahl hat zwischen innerer Leere und Schmerz, dann wählt man den Schmerz.

Das Gefühl von innerer Leere und Kälte ist kaum auszuhalten! Man spürt, dass das Herz in einem schlägt, aber ansonsten fühlt sich alles unwirklich und „tot" an. Kaum ein Reiz von der Außenwelt dringt zu einem durch. Der Körper ist lediglich noch eine leblose Hülle und die Seele mitsamt Gefühlen befindet sich komplett woanders (vielleicht in einer Parallelwelt?).

Ich glaube, selbst wenn ich mir in solchen Momenten einen ganzen Topf kochendes Wasser übergeschüttet hätte, hätte ich in den ersten paar Minuten keine Miene verzogen. Erst nach und nach wäre der Schmerz zu mir durchgedrungen und nach einer halben Stunde hätte ich eventuell Mal „aua" gesagt.

In dem Augenblick, in dem ich die Klinge ansetzte oder mich auf eine andere Weise selbst verletzte, war das Schmerzempfinden meines Körpers so weit runtergefahren, dass ich entweder gar keinen oder nur einen sehr geringen Schmerz wahrgenommen habe. Erst, wenn Blut floss oder ich die Verletzung sah, drang der Schmerz langsam zu mir durch und holte mich zurück in die Wirklichkeit. Verletzte ich mich allerdings „aus Versehen", zum Beispiel an einem Blatt Papier, nahm ich den Schmerz genauso wahr, wie alle anderen Menschen auch. Mein Schmerzempfinden war also nur situationsbedingt eingeschränkt/ausgeschaltet und nicht den gesamten Tag lang.

Genauso kam ich an einem „normalen" Tag, an dem es keine besonderen Zwischenfälle gab, nie auf die Idee, mir beabsichtigt die Arme aufzuschneiden. Das war für mich eine völlig absurde Vorstellung! Doch wenn ich diesen unaushaltbaren Druck in meinem Innern verspürte oder in einem Flashback oder negativen Gedanken gefangen war – sah das anders aus. Dann war Selbstverletzung das Einzige, was mir in diesem Moment „logisch" erschien. Es war wie ein

Zwang. Mein gesamter Körper zitterte vor Anspannung und ich konnte keinen klaren Gedanken mehr fassen. Zeitweise kam ich mir vor wie ein Drogenabhängiger auf Entzug. Die Selbstverletzung war sozusagen meine „Droge". Ohne Selbstverletzung war ein Leben für mich nicht mehr denkbar. Selbstverletzung war so etwas wie ein „Wunderheilmittel" für sämtliche Probleme und Sorgen. Anschließend war mein Kopf wieder frei und ich konnte mich wieder auf andere Sachen konzentrieren. Außerdem war ich danach total reflektiert und konnte genau jedes noch so kleine Detail analysieren und wiedergeben, was zuvor falsch gelaufen war.

Zu Beginn der Essstörung und des Borderlinesyndroms bekam niemand etwas von meinen „Problemen" mit. Ich lebte in den Tag hinein, funktionierte und versuchte einfach nur zu „überleben" und dabei noch halbwegs glücklich zu erscheinen.

Von meiner inneren Einstellung hatte ich mich komplett verändert, doch nach außen hin dauerte es mehrere Monate, bis meine Umwelt bemerkte, dass ich nicht einfach nur in einer pubertären Phase feststeckte. Erst als ich knapp 20 Kilo abgenommen hatte, wurde ich auf den übertriebenen Gewichtsverlust angesprochen und zunehmend häufiger darauf hingewiesen, dass mein aktuelles Gewicht (52 Kilo) an Untergewicht grenzte. Allerdings war mir das relativ gleichgültig. Über die Aussage, dass ich auf dem besten Weg in Richtung Magersucht war, konnte ich nur lachen. Schließlich hatte mein Essverhalten nichts mit Sucht zu tun, sondern mit Kontrolle. Ich kontrollierte meine Nahrungsaufnahme – mehr nicht. Und von Magersucht war ich meiner Ansicht nach noch meilenweit entfernt! Außerdem war es mein Leben, mein Körper und somit auch meine Entscheidung, was ich machte, beziehungsweise nicht machte. Deshalb hasste ich es auch, wenn jemand meinte, mir Ratschläge geben zu müssen!

Schließlich wusste niemand, wieso ich so war, wie ich war, deshalb sollte sich auch niemand beschweren, wieso ich mich verändert hatte. Ich hatte meine Gründe dafür (über die ich jedoch nicht reden wollte)!!!

Meine Psychologin merkte ebenfalls, dass ich von Woche zu Woche weniger wurde. Auch sie wies mich einige Male darauf hin, dass ich doch bitte aufpassen sollte, dass ich nicht ins Untergewicht abrutschte. Doch auch ihre Warnungen konnte/wollte ich nicht ernst nehmen und schlug sie direkt in den Wind.

Mehr unternahm sie zu dem Zeitpunkt noch nicht gegen meinen ständigen und andauernden Gewichtsverlust, denn was ihr damals viel mehr Sorgen bereitete, waren meine Selbstverletzungen, die ich irgendwann nicht mehr geheim halten konnte.

Meine Sportlehrerin war damals die erste Person, die merkte, dass ich mich ritzte. Denn sie war mehr oder weniger die einzige Person, die mich in diesem Zeitraum mit kurzen Ärmeln sah. Normalerweise trug ich nämlich immer lange Kleidung, um meine frischen Wunden und alten Narben zu verdecken. Im Herbst, im Winter und auch im Frühling war das kein größeres Problem gewesen, denn wenn mich jemand darauf ansprach, wieso ich mit langen Ärmeln Sport machte, antwortete ich, dass ich verfroren sei und mir mit kurzen Ärmeln zu kalt wäre. Doch im Hochsommer konnte ich diese Ausrede nicht mehr anwenden. Die Außentemperaturen waren eindeutig zu heiß, um mit langen Ärmeln Sport zu machen. Deshalb war ich mehr oder weniger dazu gezwungen (zumindest im Sportunterricht) ein T-Shirt anzuziehen.

Damit meine Wunden nicht sofort ins Auge stechen würden, klebte ich extra am Morgen vor der Schule noch hautfarbene Pflaster über die frischen Wunden. Doch mein Hoffen, niemand würde meine Schnitte bemerken, waren vergebens. Zwar sprachen mich während des Unterrichts weder meine Mitschüler noch die Lehrerin auf die Pflaster an, doch nach dem Unterricht wollte meine Lehrerin noch ein Vieraugengespräch mit mir führen. Ohne groß überlegen zu müssen, wusste ich sofort, um was es in diesem Gespräch gehen würde.

Nachdem alle anderen Schülerinnen und Schüler aus meiner Klasse die Sporthalle verlassen hatten, bat mich meine Lehrerin, dass ich mich neben sie auf die Bank setzte und fragte mich, was ich an den Armen gemacht hätte. Als Erstes versuchte ich, mich herauszureden, indem ich erklärte, dass ich zu Hause eine kleine Babykatze hätte, die mich andauernd kratzen würde. Doch meine Lehrerin zog nur die Augenbrauen hoch und meinte: „Das muss dann wohl ein Baby-Tiger sein." Sie glaubte mir nicht. Stattdessen teilte sie mir ihre Sicht der Dinge mit und sagte knallhart: „Du ritzt dich. Stimmts?!" Auf diese Frage antwortete ich nun gar nicht mehr. Ich bestätigte weder ihre Aussage, noch verneinte ich sie. Ich wich lediglich ihrem Blick aus und versuchte zwanghaft die Tränen in meinen Augen zurückzuhalten. Weinen wäre nämlich jetzt das Schlimmste, was mir in dieser Situation passieren konnte. Ich musste stark bleiben und so tun, als wenn in meinem Leben alles bestens lief! Auf jede weitere Frage von ihr antwortete ich ebenfalls mit Schweigen. Jeden Annäherungsversuch blockte ich ab. Deshalb beendete meine Lehrerin das Gespräch. Bevor ich die Sporthalle jedoch in eiligen Schritten verließ, bot sie mir an, dass ich jederzeit zu ihr kommen könnte, wenn ich reden wollte.

In der Umkleide angekommen, schloss ich mich direkt in die Toilette ein und heulte. Ich war stinksauer auf meine Unfähigkeit! Jetzt hätte ich einmal die Chance gehabt zu reden und was tat ich?! Schweigen! Ich war einfach nur doof! Anderseits machte ich mir gleichzeitig auch selbst Vorwürfe, dass ich meine „Rolle" anscheinend zu schlecht gespielt hatte. Hätte ich besser geschauspielert, dann hätte niemand gemerkt, dass ich gar nicht so lebensfroh bin, wie ich immer scheine! Egal, was ich machte; ich schien alles falsch zu machen! Ich fühlte mich wie der unfähigste Mensch auf der ganzen Erde.

Als ich dann nach dem Gespräch mit der Sportlehrerin nachmittags nach Hause kam, wartete bereits meine Mutter auf mich. Die Sportlehrerin hatte unmittelbar nach ihrer Entdeckung meiner Klassenlehrerin von den Selbstverletzungen erzählt und die hatte dann direkt bei meiner Mutter daheim angerufen.

Nun war meine Mutter außer sich vor Sorge. Sie fragte mich, warum ich meinem Körper so etwas antue, was ich mir dabei denken würde, wieso ich das machte etc. Aber ich konnte ihr auf keine ihrer Fragen antworten. Denn auf einen Großteil der Fragen wusste ich selbst keine genaue Antwort. Mir war klar, dass das, was ich tat, kein normales Verhalten war, aber dennoch hatte ich (meiner Meinung nach) kaum eine andere Wahl, als so zu reagieren. Selbstverletzung war schließlich das Einzige, was in meinen Augen gegen meine Probleme half. Doch das konnte ich meiner Mutter natürlich nicht sagen! Denn kein Mensch, der noch nie in solch einer Lage gefangen war, kann sich vorstellen, dass es „gut" tut, wenn man sich selbst Schmerzen zufügt. Das ist unmöglich und jenseits jeglicher gesunden Vorstellungskraft!

Als mein Vater dann abends von der Arbeit heimkam, ging es direkt weiter mit der Fragerei. Für meine Eltern war es vollkommen unverständlich, wieso ausgerechnet ihre Tochter so einen Unsinn trieb. Schließlich fehlte es mir doch an nichts?! Irgendwann kamen meine Eltern jedoch glücklicherweise zu dem Entschluss, dass sie mit Vorwürfen, Tadeln und ständigen Fragen nicht weiterkamen. Egal, was sie machten oder was sie mir androhten: Ich wollte mit ihnen nicht reden. Deshalb blieb ihnen nichts anderes übrig, als hinzunehmen, dass ich mich geritzt hatte. Ändern oder rückgängig machen konnten sie es sowieso nicht mehr.

Auch meine Mitschüler bekamen im Laufe der Zeit mit, dass ich mich selbst verletzte. Zwar sprach mich niemand offen auf meine Schnitte an, aber dennoch spürte ich die Ablehnung gegen mich. Außerdem bekam ich mit, dass mich einige Mitschüler als „Emo" bezeichneten. Was ich jedoch keinesfalls war! Denn „Emos" (eine bestimmte Personengruppe, die zu diesem Zeitpunkt aktuell war) sind Menschen, die sich oberflächlich die Haut aufritzen und darauf stolz sind. Sie geben mit ihren Kratzern (anders kann man das nicht nennen) an und wollen damit Aufmerksamkeit erregen.

Doch das war bei mir nicht der Fall! Ganz im Gegenteil: Mein Ziel war es, dass niemand bemerkte, dass ich mich selbst verletzte. Außerdem zog ich nicht aus Spaß an der Freude die Klinge über meinen Arm, sondern aus ganz anderen Gründen. Doch das schien niemand zu verstehen. Denn selbst meine wenigen Freunde (oder nennen wir sie „Leute, mit denen ich in den Pausen redete"), wanden sich von mir ab, weil sie mein Verhalten nicht nachvollziehen konnten. Sie waren mit mir, beziehungsweise mit meinen Verhaltensweisen, schlichtweg überfordert und wussten nicht, wie sie mit mir umgehen sollten.

Ich verletzte mich selbst, wurde von Woche zu Woche dünner, zog mich immer weiter zurück, konnte keine Nähe mehr ertragen etc., das war ihnen eindeutig zu kompliziert. Ich wurde zur absoluten Außenseiterin und Einzelgängerin.

Also wer beim letzten Kapitel meines Buches gedacht hat: „Schlimmer kann es nicht werden; jetzt muss es doch endlich mal bergauf gehen", dem habe ich hier gezeigt, dass es immer noch schlimmer geht. Und leider haben wir hier, an diesem Punkt, noch immer nicht den absoluten Tiefpunkt erreicht. Denn schlimmer geht leider immer.

Denn auch DIE bekamen mit, dass meine Sportlehrerin Verdacht geschöpft hatte und ich nun ständig von Leuten angesprochen und gefragt wurde, was denn los sei. Das gefiel IHNEN ganz und gar nicht und das bekam ich wenige Tage darauf auch schmerzhaft zu spüren. Nach der Tat ließen SIE mich nämlich nicht wie sonst liegen, sondern einer von IHNEN brach einen Ast von einem Baum ab und begann damit, auf meinen Rücken einzuschlagen. Anschließend war mein gesamter Rücken von Blutergüssen und Abschürfungen

61

übersät und ich konnte mich kaum noch ohne Schmerzen bewegen. DIE sagten mir, dass das ein Denkzettel dafür sei, dass ich nicht reden solle und falls ich doch etwas sagen würde, wäre das eben erst der Anfang gewesen.

An diesem Tag verlor ich selbst noch den letzten Funken Hoffnung, dass ich mich irgendwann überwinden könnte und mit jemandem DARÜBER reden würde. Sobald ich SIE sah oder auch nur, wenn ich an SIE dachte, hatte ich Todesangst!

Das Einzige, was sich nach dem Gespräch zwischen der Lehrerin und meinen Eltern langfristig geändert hatte, war, dass sie mich auf jeden blauen Flecken, den sie an meinem Körper entdeckten, ansprachen und wissen wollten, woher er kam. Doch die Wahrheit erzählte ich ihnen nie. Stattdessen erfand ich jedes Mal eine neue Geschichte, weshalb ich schon wieder einen neuen Bluterguss an Armen oder Beinen hatte. Zwar merkte ich, dass meine Eltern mir nicht mehr glaubten, wenn ich erzählte, dass ich wieder hingefallen wäre oder mich an einer Schranktür, einem Stuhl oder sonstigen Möbeln gestoßen hätte, aber dennoch hielt ich an meiner Geschichte fest und beteuerte, dass es genauso passiert sei, wie ich es berichtet hätte.

Mein Leben war in dieser Zeit die reinste Hölle! Ich ekelte mich vor meinem eigenen Körper und es gab keinen Menschen, den ich mehr hasste als mich selbst. Mein Selbstbewusstsein und Selbstwertgefühl waren gleich null. Beziehungsweise es war gar nicht mehr vorhanden. Alles in meinem Leben wirkte sinnlos. Am liebsten wäre ich von einer Brücke gesprungen, hätte mich erhängt oder mir Pulsadern durchgeschnitten, doch dafür war ich zu feige. Stattdessen zog ich es vor, mich in Raten umzubringen. Denn was anderes als Selbstmord in Raten ist Magersucht nicht.

Nachdem meine Eltern nun wussten, dass ich mir die Arme aufritzte und merkten, dass ständig neue blaue Flecken an meinem Körper auftauchten, suchten sie anscheinend vermehrt das Gespräch mit meiner Psychologin. Denn auch sie wollte plötzlich so gut wie jede Stunde mit mir über das Thema Selbstverletzung reden. Was ich jedoch nicht nachvollziehen konnte. Denn wieso wollten plötzlich alle mit mir reden? Ich hatte doch gar kein Redebedarf!

Außerdem war ich der Auffassung, dass mir sowieso niemand helfen konnte. Also reden stand bei mir absolut nicht auf meiner To-do Liste! Trotzdem fragte meine Psychologin mich jede Woche aufs Neue, ob ich mich in der vergangenen Woche selbst verletzt hätte und wenn ja, warum.

Die erste Frage beantwortete ich ihr dann so gut wie immer mit ja. Aber eine Begründung wieso, gab ich ihr nie ab. Damit war das Thema dann auch für diese Stunde geklärt. So richtig helfen konnte sie nämlich nicht. Vermutlich hatte sie noch nicht allzu viel Erfahrung auf diesem Gebiet.

Überhaupt liefen all unsere Gespräche eher suboptimal ab. Sie stellte eine Frage und ich antwortete darauf das, was sie hören wollte oder schwieg und ließ sie Selbstgespräche führen. Der wöchentliche Termin bei ihr war für mich mehr Zeitvertreib als irgendetwas anderes. Ich ging eigentlich nur hin, um meine Eltern zufriedenzustellen und Diskussionen zu vermeiden. Aber direkt geholfen haben mir die Therapiesitzungen nicht. Denn ich machte weiter wie zuvor. Egal, was meine Umwelt mir versuchte mitzuteilen; ich hungerte weiter, schnitt mir weiterhin regelmäßig die Arme auf und redete mit niemandem über meine Probleme.

8. Meine Freundin, die Magersucht

Von Woche zu Woche wurde ich zunehmend dünner und dünner. Selbst in meiner Freizeit beschäftigte ich mich inzwischen fast ausschließlich mit Essen beziehungsweise mit eben nicht essen. So wie andere ihre Englischvokabeln im Vokabelheft auswendig lernten, lernte ich die Kalorienangaben aus Nährwerttabellen auswendig.

Alles in meinem Leben drehte sich nur noch um Essen und die Kontrolle der eigenen Nahrungszufuhr. Ich begann sogar in einem kleinen Heft alle möglichen Lebensmittel in zwei Listen zu unterteilen. Eine Liste bestand aus „erlaubten Nahrungsmitteln" und die andere Liste beinhaltete „verbotene Nahrungsmittel". (Erlaubt waren die Nahrungsmittel, die kaum oder nur wenig Kalorien haben wie zum Beispiel Obst, Gemüse und Knäckebrot. Verbotene Nahrungsmittel waren Lebensmittel mit vielen Kalorien und/oder einem hohen Fettanteil wie zum Beispiel Schokolade, Sahne, Chips und Pommes.)

Mit der Zeit strich ich dann immer mehr Lebensmittel aus der Spalte der erlaubten Nahrungsmittel raus und sortierte sie bei den verbotenen Nahrungsmitteln ein. Das ging so weit, bis irgendwann die Liste der erlaubten Nahrungsmittel nur noch aus Gemüse und Cola light bestand. Selbst Obst hatte mir am Ende zu viele Kalorien und zu viel Zucker!

Abends überlegte ich mir schon, was ich am nächsten Tag essen wollte und welche Ausreden ich benutzen würde, um mich um die eigentlichen Hauptmahlzeiten herum zu mogeln. Stundenlang beschäftigte ich mich damit auszurechnen, wie viel ich wovon essen konnte, um nicht über meine Tageskaloriengrenze zu kommen. Kalorien waren dementsprechend der Mittelpunkt meines Lebens. Alles in meinem Kopf drehte sich um diese kleinen, nervigen Dinger.

Mal ein Eis zwischendurch zu essen, am Geburtstag ein Stück Kuchen zu probieren etc., wurde für mich unmöglich. Nie hätte ich etwas gegessen, was nicht auf meinem Plan stand! Absolute Kontrolle war Pflicht für mich! Schließlich hatte ich es in den letzten neun Monaten geschafft, 13 Kilo abzunehmen, und das sollte auch so bleiben. Jedes Gramm mehr auf der Waage war ein halber Weltuntergang für mich. Nahm ich zu, war das ein Zeichen für mich, dass ich schwach war und am vorherigen Tag nicht die Kontrolle über meinen Essenszwang und meinen Körper hatte. UND das war eine Schande für mich, denn in meinen Augen hatte ich dann versagt.

Meine Wahrnehmung zu diesem Zeitpunkt war vollkommen verzerrt und gestört. Selbst mit 50 Kilo Körpergewicht fühlte ich mich bei einer Körpergröße von 1,67 m zu dick. Überall sah ich noch Fettpolster, obwohl ich mich bereits mit diesem Gewicht im Bereich des Untergewichtes befand.

Heute frage ich mich selbst, wie ich nur so durcheinander im Kopf sein konnte, dass so ein paar doofe Zahlen auf der Waage mein Selbstbewusstsein und mein Selbstwertgefühl vorgaben und mein Leben regierten. Es ist mir selbst ein Rätsel, wie ich zu dem Zeitpunkt mein Denken und Essverhalten noch als „gesund" bezeichnen konnte. Doch genau das tat ich zu dieser Zeit.

Obwohl das Abnehmen bei mir bereits zur Sucht geworden war, behauptete ich weiterhin strickt und fest, dass ich es war, der die Kontrolle über meinen Körper, meine Gedanken und mein Essverhalten hatte. Ich konnte und wollte nicht glauben, dass ich bereits mitten in einer Essstörung steckte. Wenn mir jemand sagte, dass ich magersüchtig sei, lachte ich ihn aus und sagte: „Magersüchtige essen gar nichts und wollen abnehmen, weil sie nach einer Modelfigur streben. UND das ist bei mir beides nicht der Fall. Also bin ich 100 prozentig nicht magersüchtig!" Außerdem konnte ich auch gar keine Essstörung haben, denn erstens ernährte ich mich gesund, aß viel Obst und Gemüse, trank ausschließlich zuckerfreie Getränke, mied Süßigkeiten etc. und zweitens konnte mein Essverhalten gar nicht gestört sein. Denn wie kann man ein Problem mit dem Essen haben, wenn man gar nichts isst? Also, was ich damit verdeutlichen möchte, ist, dass ich mich selbst belog. Mit sämtlichen Ausreden und Erklärungen (die zum Teil völlig unlogisch waren) versuchte ich, mir selbst einzureden, dass ich nicht krank, sondern vollkommen gesund wäre. Ich redete mir und meiner Umwelt ein, dass ich lediglich auf eine bewusste Ernährung achtete und mehr nicht.

Ob ich tatsächlich nicht spürte, dass irgendetwas in meinem Kopf nicht so ablief, wie es sollte und die Waage so etwas wie ein halber „Gott" für mich war, der mir vorschrieb, was und wie viel ich zu essen hatte, wage ich selbst zu bezweifeln. Ich kann mich zwar nicht mehr an meine genauen Gedanken erinnern, aber ich weiß, dass ich mich zu diesem Zeitpunkt doch recht intensiv mit dem Thema Magersucht beschäftigt hatte. Ich las sämtliche Bücher zu dem Thema, recherchierte im Internet und las auch einige Fachartikel darüber. Also ich wusste, was Magersucht ist, welche Symptome, Denkweisen und Verhaltensweisen bei dieser Krankheit auftreten und auch welche Folgen, zu starkes Untergewicht haben konnte. Ich wusste so gut wie alles darüber.

Allerdings schreckten mich solche Berichte über Risiken und Nebenwirkung dieser Essstörung nicht ab, sondern sie waren mir gleichgültig. Ich las auch die Artikel und Bücher nicht, um mir „Tipps" zu holen, um weiter abzunehmen, sondern weil ich mich darin verstanden fühlte. Die Hauptpersonen in den Texten waren ziemlich ähnlich und gaben mir das Gefühl, nicht alleine zu sein. Klar waren sie krank und ich (meiner Meinung nach) gesund, aber trotzdem hatten wir irgendwie dieselben beziehungsweise ähnliche Probleme. Wir alle fühlten uns unverstanden von unserer Umwelt, hatten etwas erlebt, was uns aus der Bahn geworfen hatte und haben unseren Trost im Hungern/in der Kontrolle über unseren Körper gefunden. UND uns allen ging es „gut" damit! Deshalb: Wieso sollte ich mit etwas aufhören, was mir offensichtlich guttat und Halt in meinem Leben gab?

Es machte mich stolz, etwas zu können, was nicht jeder konnte. Das strikte Hungern und die absolute Selbstkontrolle machten mich zu etwas „Besonderem". Nicht jeder Mensch schafft es, über einen so langen Zeitraum ohne Ausrutscher sein Hungergefühl so ausnahmslos unter Kontrolle zu behalte. Das gab mir wenigstens einen Hauch von Selbstvertrauen und Selbstwertgefühl. Jeden Morgen wurde ich von der Waage für meine gute Arbeit gelobt und belohnt. Mit jedem Kilo weniger fühlte ich mich besser und mein Stolz wuchs.

Das tägliche Wiegen wurde wie eine Sucht für mich. Anfangs wog ich mich nur einmal morgens nach dem Aufstehen vor dem Frühstück. Doch schon kurz darauf reichte mir das nicht mehr. Ich kontrollierte mein Gewicht nun auch mittags und am Abend, vor dem zu Bett gehen. Teilweise stieg ich sogar über zehn Mal pro Tag auf die Waage, um mein Gewicht zu kontrollieren! Nach jedem Schluck Wasser musste ich „kontrollieren", wie viel ich zugenommen hatte.

(Man bemerke: Wasser besitzt keine Kalorien, aber trotzdem Gewicht. Das heißt: Ein Glas Wasser wiegt ungefähr 200 g. 200 g mehr auf der Waage = Weltuntergang!!!) Inzwischen ist es für mich unglaublich, wie die Zahlen auf der Waage mein Leben so stark beeinflussen konnten, doch damals entschied das morgendliche Wiegen sogar über meine Stimmung. Wachte ich morgens auf und das angezeigte Gewicht auf der Waage, war weniger wie am Vortag, ging es mir gut. War es mehr, hatte ich den restlichen Tag schlechte Laune. Denn mehr Gewicht zeigte mir, dass ich am vorherigen Tag zu viel gegessen und zu wenig Selbstkontrolle hatte. UND das war schlecht!

Zusätzlich zu dem wenigen Essen trieb ich noch extrem viel Sport, um mein Gewicht noch weiter zu reduzieren. Drei- bis viermal die Woche trainierte ich bis zu zwei Stunden am Stück. Dabei trug ich dann noch zusätzlich ein Thermounterhemd, dicke Kleidung und einen Fleecepulli darüber, um auch ja jede Fettzelle zum Schmelzen zu bringen. Egal, wie heiß es war oder wie sehr mein Körper um eine Pause bettelte, ich zog mein Programm durch und blieb hart. Jede 100 Gramm weniger auf der Waage musste ich mir hart erkämpfen. Zunehmen ist leicht, doch abnehmen ist ein harter Kampf. Aber wie bereits geschrieben: Ich hatte (angeblich) alles unter Kontrolle und war von einer Essstörung noch weit entfernt.

Wenn meine Mitmenschen sich Sorgen um mich machten und mir sagten, dass ich doch bitte wieder „normal" Essen sollte oder meine Mitschüler mein Pausenbrot nicht mehr wollten, weil ich die Kalorien viel nötiger hätte, sah ich das nicht als besorgtes Verhalten an. In meinen Augen waren diese Aussagen nämlich reiner Neid! Meine Mitmenschen waren meiner Ansicht nach lediglich neidisch auf mich und keinesfalls wirklich besorgt. Denn ich schaffte etwas, was sie nicht konnten. Nun wollten sie, dass ich wieder mehr esse, meine Kontrolle aufgab und wieder genauso fett wurde wie sie. Sie wollten, dass ich genauso bin wie sie und genauso wenig Selbstkontrolle besitze. Doch das wollte ich nicht! Ich lies mich nicht beirren und hielt an meinem strengen Essverhalten fest!

Wenn mich jemand fragte, ob ich hungrig war, antwortete ich prinzipiell mit „Nein!" Doch abends, wenn ich alleine im Bett lag und mich niemand sah, holte ich mir heimlich ein Kochbuch heraus und betrachtete die leckeren Gerichte und sehnte mich danach, das zu essen, worauf ich Appetit hatte und davon so viel zu essen, wie ich wollte.

Wie bereits bei der Selbstverletzung zuvor, dauerte es nicht lange, bis meine Klassenlehrerin mitbekam, dass ich mein Pausenbrot an meine Mitschüler verschenkte oder, wenn sie es nicht wollten, in den Müll warf. Und wie bereits zuvor, dauerte es ebenfalls nicht lange, bis sie erneut meine Mutter anrief, um ihr mein „auffälliges" Verhalten mitzuteilen.

Was genau in diesem Gespräch besprochen wurde, weiß ich nicht, aber ich weiß, dass meine Mutter ziemlich verzweifelt und ratlos war. Erst schneidet sich ihre Tochter ins eigene Fleisch und dann wird sie immer dünner und dünner. Ich glaube, das ist der absolute Albtraum jeder Mutter! Ich denke, sie hat sich in dieser Zeit relativ machtlos gefühlt. Sie hatte keine Ahnung, was mit mir los war, geschweige denn, wie sie mir helfen konnte. Das muss schrecklich gewesen sein. Und ganz ehrlich: Ich wüsste selbst nicht, wie ich in solch einer Situation als Mutter reagieren würde. Vermutlich würde ich aus reinem Reflex mein Kind nehmen und solange schütteln, bis im Kopf wieder alles an der richtigen Stelle sitzt (bildlich gesehen!!!!).

Ich glaube, in solch einer Situation kann man nicht „richtig" reagieren. Man kann lediglich sein Bestes versuchen, um seiner Tochter die Augen zu öffnen und zu zeigen, dass das Essverhalten nicht in Ordnung ist. Aber mehr kann man nicht machen. Zwingen, mehr zu essen, ist vergebens. Denn Druck erzeugt in den meisten Fällen nur Gegendruck. Und das ist bei der Lösung eines Problems weniger ratsam.

Da meine Eltern damals noch keinerlei Ahnung von Kalorien und Nährwerten hatten, konnte ich mit ihnen recht schnell einen Kompromiss finden, der uns beide zufriedenstellte. Um sie zu beruhigen und zu zeigen, dass ich dazu bereit war, etwas zu essen, erklärte ich mich damit einverstanden, jeden Morgen vor der Schule eine Scheibe Knäckebrot zum Frühstück zu essen. Was meine Eltern jedoch nicht wussten, war, dass dieses Angebot von mir eine reine Lüge war. Denn eine Scheibe Knäckebrot hatte gerade einmal 30 Kalorien; also weniger als 100 ml Cola. Doch sie waren mit diesem

Angebot zufrieden und glücklich, dass ich wenigstens eine Kleinigkeit morgens aß und nicht mit komplett leeren Magen in die Schule ging. Und mit 30 Kalorien zum Frühstück konnte ich ebenfalls leben! In die Schule nahm ich dann einen Apfel mit, der jedoch bereits vor dem Unterricht schon im Müll landete.

Mittags aß ich dann eine Kleinigkeit von dem Mittagessen meiner Mutter (meist nur das Gemüse) und zum Abendessen aß ich eine Schüssel Salat mit meinem „Spezialdressing" (das bestand aus Maggi und Wasser und hatte somit null Kalorien). Meiner Mutter erzählte ich allerdings, dass das Dressing aus Essig und Öl bestand. Wenn es um Essen und Kalorien ging, log und betrog ich, wo ich nur konnte.

Ich dachte, ich würde meine Mitmenschen austricksen und hinters Licht führen, aber in Wirklichkeit verarschte ich mich noch viel mehr. Ich stand auf einer Rolltreppe, die sich konstant abwärts bewegte und tat nichts dagegen, um von dieser Rolltreppe abzuspringen.

Meine Psychologin nahm meine extreme Gewichtsveränderung ebenfalls wahr. Da ihr gutes Zureden, dass ich mein Gewicht wenigstens halten und nicht weiter abnehmen sollte, offensichtlich nichts brachte, beschloss sie, mich ab sofort jede Woche zu Beginn der Therapiestunde zu wiegen (was eigentlich völlig überflüssig war, denn wenn sie mich gefragt hätte, hätte ich ihr mein Gewicht auf 100 Gramm genau sagen können). Außerdem schien sie noch nicht allzu viel Erfahrung in Richtung Magersucht zu haben. Denn sie stellte mich jede Woche mitsamt Kleidung auf die Waage. Lediglich meine Schuhe musste ich ausziehen. Dass mein Gewicht dadurch nicht aussagekräftig war, erklärt sich wohl von selbst. Denn alleine eine Jeans mit Gürtel wiegt um die 600 g.

Außerdem einigten wir uns darauf, dass ich jeden Tag eine gewisse Mindestmenge an Kalorien zu mir nehmen sollte.

Allerdings dachte ich nicht einmal im Traum daran, mich an diese Vorgaben zu halten. Ich akzeptierte lediglich die Vereinbarung der Psychologin, weil ich keine Lust hatte zu diskutieren und wusste, dass ich sowieso alle wegen der Kalorien betrügen konnte. Schließlich hatte (bis jetzt) niemand in meinem Umfeld so viel Wissen über Kalorien und Nährwerte wie ich.

Eine ganze Weile hungerte ich also weiter und log und betrog meine Eltern und Familie, wenn es um das Thema Essen und Kalorien ging. Mein Gewicht sank nun zwar nicht mehr ganz so schnell wie zu Beginn, doch trotzdem wurde ich kontinuierlich weniger. Irgendwann sagte dann meine Mutter zu mir, dass ich mit meinem Gewicht nicht mehr schön aussehen würde. Es wäre hässlich, wenn ich so dünn sei, dass man jeden Knochen am Körper sehen könnte. Eigentlich wollte meine Mutter mit diesem Kommentar bezwecken, dass ich aufhörte zu hungern und endlich wieder normal essen würde, doch in mir lösten diese Sätze genau das Gegenteil aus. Sie bestärkten mich nur noch weiter. Ich hatte nun nämlich die Idee, dass wenn ich noch mehr abnehmen würde, noch unattraktiver aussehen und dadurch auch einen Teil meiner Weiblichkeit verlieren würde. Das hätte dann bestenfalls die Folge, dass DIE mich nicht länger anfassen und vergewaltigen würden.

In meinen Augen war das ein perfekter Plan, um aus der Hölle in meinem Leben zu entkommen. Was ich dabei jedoch nicht berücksichtigte, war, dass ich dadurch zwar aus der Hölle der fast täglichen Übergriffe entkam, aber gleichzeitig ohne Zwischenstopp direkt in der nächsten Hölle, in der Hölle der Essstörung, landete.

Mit 48 Kilo war es endlich so weit. DIE hatten sich gerade (mal wieder) an mir vergriffen, als nach der Tat einer von DENEN zu mir sagte: „Das ist nicht schön, dass du so dünn bist. Da hat man gar nichts mehr zum Anfassen. Da sind nur noch Haut und Knochen."

Ab diesem Tag war mit den sexuellen Übergriffen eine ganze Weile Ruhe. SIE vergewaltigten mich nicht mehr, sondern schlugen und beschimpften mich nur noch in regelmäßigen Abständen und setzten mich unter Druck, dass ich ja nicht meinen Mund aufmachte und jemanden von IHNEN erzählte.

Doch auch wenn die Vergewaltigungen ein Ende hatten, änderte sich an meiner Aggression gegen meinen eigenen Körper und meinem schlechten Essverhalten nichts. Ich ritzte mir weiterhin mit Glasscherben meine Unterarme auf und fand sogar noch weitere Methoden, wie ich meiner Wut und meiner Aggression gegen mein eigenes Ich Luft machen konnte. Zum Beispiel nutzte ich Streichhölzer, um meine Haut zu verbrennen, zweckentfremdete Deos, um mir eine Kälteverbrennung zuzufügen, oder schlug meinen Kopf gegen die Wand. Und wenn ich mal gar nichts zur Hand hatte, womit ich mir selbst Verletzungen zufügen konnte, dann nutzte ich meine eigenen Fingernägel, um mir die Haut blutig zu kratzen.

Das wöchentliche Wiegen bei der Psychologin zeigte zwar, dass ich von Woche zu Woche weiterhin Gewicht verlor, doch ich fühlte mich noch immer nicht dünn. Wenn ich in den Spiegel schaute, sah ich immer noch ein kleines, dickes Mädchen, das viel zu übergewichtig für ihre Größe war. Überall an meinem Körper konnte ich noch hässliche Fettpolster entdecken, die es zu vernichten galt. Auch wenn mein BMI bereits sagte, dass ich Untergewicht hatte, fühlte ich mich trotzdem dick, fett und schwabbelig. Ich konnte und wollte den Aussagen dieser BMI Berechnung nicht trauen. Er hatte unrecht, denn zu dünn war ich meiner Meinung nach noch lange nicht. Wahrscheinlich traf die Rechnung auf meinen Körper nicht zu (redete ich mir ein) und ein BMI von unter 16,5 bedeutete bei mir kein Untergewicht, sondern Übergewicht.

Mein Körper war schon immer „anders", also warum sollte dann die Aussage des BMI bei mir stimmen?

46 Kilo waren schließlich ein (fast) ideales Gewicht für meine Größe.

(Dieses Phänomen, dass stark untergewichtige Menschen sich selbst als zu dick sehen, nennt man „Körperschemastörung")

Selbst mit 46 Kilo, einem BMI von 16,5, fühlte ich mich zu fett!!

Meine Mutter und mein Opa versuchten, anders als mein Vater, der alles stumm hinnahm und seine Sorge nur selten mit Worten mitteilte, alles, um mich zum Essen zu bewegen. Sie kauften an Lebensmitteln alles, was ich haben wollte und sie kochten mir meine Lieblingsgerichte. Sie gaben sich wirklich alle Mühe, um mich dazu zu bringen, doch etwas zu essen. Aber ich blieb jedes Mal hart und aß, wenn überhaupt nur eine kleine Portion. Mir tat es zwar dann selbst leid, wenn sie extra für mich kochten und ich am Ende trotzdem nichts essen wollte, aber ich konnte zu dieser Zeit nicht anders. Ich hatte Angst davor, zuzunehmen und wieder weiblich auszusehen, weil ES dann wieder von vorne losgehen könnte.

Essen und Kalorien machten mir Angst. Ich fürchtete, dass wenn ich auch nur einen Löffel Essen zu mir nähme, ich gleich zwei Kilo mehr auf der Waage haben würde. Eigentlich ist diese Vorstellung verrückt und tief in mir wusste ich auch, dass dem nicht so sein würde, aber die Angst war trotzdem da. Ich konnte sie nicht abstellen oder überwinden.

Sobald ich etwas zu Essen in der Hand hielt, schrie eine Stimme in meinem Kopf: „Nein! Iss das nicht! Wenn du das isst, wirst du wieder dick, fett und alles schwabbelt an dir! Dieser eine Bissen macht deine gesamte Arbeit von den letzten Monaten zunichte! Wenn du das in dich reinstopfst, bist du ein schwacher Versager, der nichts auf die Reihe bekommt usw. ...". Es war schrecklich. Ich hatte eine Blockade in meinen Kopf, die mir verbot zu essen. Außerdem hatte ich Angst, dass wenn ich einmal dem Hungergefühl nachgeben würde, ich so lange essen würde, bis ich kurz vorm Platzen wäre. Also sobald ich meine Kontrolle auch nur für einen kleinen Augenblick aus der Hand geben würde, ich sie nie wieder zurückerlangen könnte.

Für Außenstehende muss es unvorstellbar sein, was ab und zu in den Köpfen von essgestörten Menschen abgeht. Und ganz ehrlich, manchmal ist das selbst für mich schockierend gewesen, was ich zum Teil gedacht habe. Wenn ich heute daran denke, schlage ich die Hände über meinen Augen zusammen und bekomme einen knallroten Kopf, weil ich denke: „Wie gestört muss meine Wahrnehmung damals gewesen sein, dass ich nicht gemerkt habe, dass mein Verhalten nicht normal, sondern krankhaft war?"

Wieso ich an meinem extrem mageren Körper so sehr hing und nicht zunehmen wollte, wurde mir erst später im Laufe der Therapie richtig bewusst. Denn es war nicht nur der Wunsch, durch das Untergewicht unattraktiv auf Männer zu wirken, und meinen Körper zu kontrollieren, der mich hungern ließ, sondern es war viel mehr: Ich wollte „Kind" bleiben. Ich wollte nicht erwachsen werden, Verantwortung für mich und mein Leben übernehmen, weiblich aussehen etc. Als Kind hat man es viel leichter im Leben. Man wird von allen beschützt, andere übernehmen Verantwortung für einen, und als Kind „darf" man Fehler machen und niemand nimmt es einem übel. Ich fühlte mich den Aufgaben und den Herausforderungen einer erwachsenen Frau einfach nicht gewachsen. Deshalb wollte ich meinen Kindskörper behalten und hoffte so, von meiner Umwelt nicht als vollständige Erwachsene angesehen zu werden. Die Verantwortung, die mich als erwachsene Frau erwartete, war schlichtweg zu viel und allein die Vorstellung, erwachsen zu sein, überforderte mich bereits.

__Kleine Anmerkung:__ Auch wenn ich zu dieser Zeit ein Riesenproblem mit Kalorien, Essen, Fett und Gewicht hatte, hatte ich trotzdem kein Problem, wenn ein Mensch in meiner Umgebung ein paar Kilo zu viel auf die Waage brachte. Also ich ekelte mich nicht vor ihm oder so was. Für mich waren diese Menschen weiterhin genauso wertvoll und liebenswert, wie wenn sie Normalgewicht gehabt hätten. Bei anderen Leuten war mir das Gewicht egal. Es drehte sich rein um mein Gewicht. Damit hatte ich ein Problem.

9. Von der Magersucht in die Bulimie

Wer behauptet, Magersüchtige hätten keinen Hunger, den muss ich leider enttäuschen, denn jeder so stark untergewichtige Körper hat Hunger. Schließlich kämpft er um sein Überleben!

So gut wie jede Nacht weinte ich mich in den Schlaf, weil ich vor Hunger nicht einschlafen konnte und mein Bauch so sehr schmerzte. Auf der anderen Seite machte mich dieses Hungergefühl jedoch auch wiederum stolz. Denn mein Körper schrie nach Essen und ich gab es ihm nicht. Endlich konnte ich kontrollieren, was mit ihm geschah und nicht mehr DIE hatten die Kontrolle über meinen Körper! Außerdem zeigte mir der Schmerz, dass mein Körper in diesem Moment nichts mehr zu verbrennen hatte und sich deshalb an meine Fettzellen heranmachen musste, um daraus Energie zu gewinnen. Also genau das, was ich wollte! Das waren mir die Schmerzen eindeutig wert. Wie heißt es schließlich: „Wer schön sein will, muss leiden."

Später umging ich dann diesen Schmerz, indem ich entweder literweise Mineralwasser trank, um meinen Magen zu füllen, oder Watte aß, um ein Sättigungsgefühl vorzutäuschen. Watte hat nämlich keine Kalorien und quillt im Magen auf. Dadurch hat der Körper das Gefühl, dass der Magen (mit etwas Essbarem) gefüllt ist. (ACHTUNG! Nicht zu empfehlen, das ist lebensgefährlich und kann unter anderem zu einem Darmverschluss führen!!!)

Als ich dann nur noch 47 Kilo wog, sagte meine Mutter, dass es so nicht weitergehen konnte. Schließlich würde ich vor ihren Augen am lebendigen Leibe verhungern! Und die Termine bei der Psychologin und die neuen Essensregeln würden anscheinend auch nichts bewirken, denn mein Gewicht ging offensichtlich weiter nach unten. Ich konnte ihre Panik jedoch überhaupt nicht verstehen.

Die Waage der Psychologin zeigte ja immerhin noch 49 Kilo an. (O.k. ... Meine Kleidung hatte einiges an Gewicht und davor habe ich zudem jedes Mal noch ein paar Gläser Wasser getrunken, die ebenfalls Gewicht in den Magen brachten. Das Verfälschte dieses Ergebnis natürlich.) Aufgrund der (in meinen Augen) vollkommenen Überreaktion meiner Mutter entschied ich mich allerdings dazu, dieses Geheimnis vorerst für mich zu behalten und ihr den Glauben zu lassen, dass ich noch 49 Kilo wog.

Von einem auf den anderen Tag wurde meine Mutter extrem streng, wenn es um das Thema Essen ging. Ich durfte zum Beispiel nicht mehr bei Freunden oder unterwegs essen, sondern musste alle Mahlzeiten zu Hause vor ihren Augen zu mir nehmen. Anscheinend hatte sie nämlich durchschaut, dass ich nie wirklich bei Freunden zu Mittag oder zu Abend aß, sondern es nur als Ausrede benutzte, um mich vor dem Essen zu drücken. Außerdem durfte ich morgens kein Knäckebrot mehr zum Frühstück essen, sondern musste ab sofort eine Scheibe richtiges Brot mit Belag essen. Also auch den Kalorientrick schien meine Mutter durchschaut zu haben. Deshalb gab sie sich auch nicht länger damit zufrieden, dass ich mittags nur Gemüse und abends ausschließlich Salat aß. Falls ich mich nicht an diese Vereinbarung halten würde und/oder mein Gewicht noch weiter absacken würde, wäre der nächste Schritt eine Einweisung in eine Klinik und das wollte ich auf keinen Fall!

Im ersten Moment war ich von diesen neuen, sehr strengen Regeln so geschockt, dass ich sie widerstandslos akzeptierte. Für mich gab es kaum noch Schlupflöcher, die es mir ermöglichten, Kalorien zu vermeiden oder Mahlzeiten ausfallen zu lassen. Und drei Wochen schaffte ich es tatsächlich ohne größere Diskussionen halbwegs normal zu essen.

Jeder Bissen war für mich wie ein Faustschlag ins Gesicht. Jedes Gramm, das ich zunahm, eine Demütigung. Es war für mich ein schreckliches Gefühl, wenn mein Magen gefüllt war. Ich hasste das Sättigungsgefühl! Jedes Essen war ein einziger Kampf, den ich gegen das Essen und mich selbst führte!

Nach drei Wochen „normal" Essen, konnte ich jedoch nicht mehr. Innerhalb von drei Wochen hatte ich wieder ganze drei Kilo zugenommen! Meine monatelange Arbeit wurde in diesen drei Wochen zerstört! Ich fühlte mich belogen und betrogen von meinem Körper, von meinen Eltern, von der Psychologin und ja, eigentlich von der gesamten Welt! Schließlich wurde mir versprochen, dass wenn ich wieder normal essen würde, ich maximal ein Kilo zunehmen und ansonsten mein Gewicht halten würde! Ein Kilo mehr auf der Waage wäre schon schrecklich genug gewesen, aber drei Kilo und somit 50 Kilo Körpergewicht gingen gar nicht!

Ich aß immer noch weniger als andere Leute mit meiner Größe und meinem Alter und nahm trotzdem zu. Da konnte irgendetwas nicht stimmen!

Jeden Morgen hätte ich auf der Waage in Tränen ausbrechen können, weil kaum ein Tag verging, an dem mein Gewicht nicht nach oben ging. Der Selbsthass und somit auch der Selbstverletzungsdruck stiegen von Tag zu Tag. Zwar besserte sich mein Essverhalten, aber dadurch verschlechterte sich die Beziehung zu meinem Körper. Die Klinge wurde wieder zu meiner besten Freundin, die für mich da war, wenn ich sie brauchte. Sie tröstete mich, wenn ich traurig war, und machte meinem Ärger Luft. Anschließend versteckte ich dann die frischen Schnitte unter langer Kleidung oder Armstulpen. Oder ich verletzte mich direkt an Stellen, wo niemand Schnitte vermutete. Zum Beispiel an meinen Oberschenkeln oder am Bauch. Ich wurde Meister darin, Pflaster und Verbände so zu kleben, dass sie nicht unter der Kleidung auffielen oder hervorschauten. Kaum jemand bemerkte, wie häufig ich mich tatsächlich selbst verletzte.

Ich war mit meinem Gewicht todunglücklich und fühlte mich absolut nicht mehr wohl. Mir kam es nicht so vor, als wenn ich drei Kilo zugenommen hätte, sondern als ob es 10 Kilo wären. Alles fühlte sich so schwabbelig und fett an. Allerdings war die Gewichtszunahme in dieser Situation das kleinere Übel. Hätten mich meine Eltern tatsächlich in eine Klinik einweisen lassen, dann hätte ich mich nicht einmal mehr mit meiner Klinge trösten gekonnt.

Nach drei Wochen mehr oder weniger halbwegs normalem Essverhalten änderte sich mein Essverhalten erneut zum Negativen. Es passierte das, wovor ich schon lange Angst hatte: Ich verlor die Kontrolle beim Essen und konnte nicht mehr aufhören, mir massenweise Lebensmittel in den Mund zu schaufeln.

Ich war an diesem Tag mit meiner Familie unterwegs, und da wir noch nichts gegessen hatten, beschlossen wir, abends auf dem Rückweg in ein Fast-Food-Restaurant zu gehen. Am liebsten hätte ich aus Kaloriengründen nur einen Salat bestellt, aber damit hätte sich meine Mutter vermutlich nicht zufriedengegeben. Außerdem hatte ich schon so lange keinen Burger mehr gegessen, dass ich richtig Appetit darauf hatte. Also wenn ich schon etwas essen musste, dann wollte ich auch das essen, was mir am besten schmeckte und worauf ich Lust hatte. Deshalb bestellte ich mir einen Burger. Ich genoss es richtig, in ihn hineinzubeißen. Der Geschmack war einzigartig. Burger standen schon so lange auf meiner Liste der verbotenen Lebensmittel, dass ich gar nicht mehr wusste, wie lecker so etwas sein konnte. Wahrscheinlich wäre es nicht einmal so schlimm gewesen, wenn ich nur den Burger und nichts anderes mehr gegessen hätte, aber als ich fertig war, bot mir mein Vater noch den Rest von seinen Pommes an. Erst sagte ich „Nein", doch als er erneut fragte, nahm ich mir eine.

Anfangs hatte ich die feste Absicht, nur diese eine Pommes zu probieren, um den Geschmack im Mund zu haben. Doch aus dieser einen Pommes wurden sehr schnell zwei, dann drei und zum Schluss fast die gesamte Portion. Ich wollte zwar aufhören, aber ich konnte nicht. Ich hatte meinen ersten Essanfall und somit keinerlei Kontrolle mehr über die Massen und die Geschwindigkeit, in der ich aß. Ich kaute die einzelnen Pommes nicht einmal mehr, sondern schluckte sie einfach herunter. Es war, als ob meine Hand sich selbstständig machte und immer wieder nach den Pommes griff. Ich konnte sie nicht mehr steuern. Die Pommes waren so lecker und erst jetzt wurde mir bewusst, dass ich den Geschmack vermisst hatte.

Das Problem bei einer Essstörung (oder auch bei einer Diät) ist, dass man meistens auf die Sachen Heißhunger bekommt, die man sich selbst verbietet. Wird man dann doch einmal schwach und probiert ein kleines Stück dieses verbotenen Lebensmittels, passiert es häufig, dass man nicht mehr aufhören kann zu essen.

Das wusste mein Vater sicherlich nicht und er wollte mir garantiert nichts Böses, aber er hat in diesem Moment (unwillkürlich) eine durchweg negative Kettenreaktion in Gang gesetzt. Jedoch ist er (wenn überhaupt) lediglich der Auslöser für diese Kettenreaktion, doch auf keinen Fall der Grund oder der Schuldige. Nie würde ich meinen Vater für mein Fehlverhalten verantwortlich machen!

Meine Eltern waren in diesem Moment sichtlich stolz auf mich, dass ich endlich mal wieder ohne auf Kalorien zu achten „normal" gegessen hatte. Doch ich hingegen fühlte mich schlecht. Ich hatte die Kontrolle verloren und hunderte von sinnlosen Kalorien und ekligem Fett in mich hineingestopft! Morgen würde mich die Waage vermutlich für diesen „Ausrutscher" bestrafen und mindestens zwei Kilo mehr anzeigen! Allein der Gedanke daran, dass mein Körper sich auf jede noch so kleinste Kalorie in meinem Magen stürzen, sie aufsaugen und in Fettpolster umwandeln würde, löste in mir Übelkeit aus.

Den gesamten Fahrtweg nach Hause überlegte ich deshalb, wie ich diese verdammten Kalorien wieder loswerden könnte, um genau das zu verhindern. Um diese unendlich vielen Kalorien mit Sport abzutrainieren, müsste ich mindestens die halbe Nacht durchtrainieren und darauf hatte ich eindeutig keine Lust. Durch das viele Essen im Bauch fühlte ich mich sowieso schon so träge und müde. Mein Bauch kam mir so dick vor, als wäre ich im neunten Monat schwanger. Sicherlich konnten mir alle Leute ansehen, wie viel ich gefressen hatte. Jetzt wussten es alle: Ich war nicht so stark, wie ich immer tat. Ich war genauso schwach, wie alle anderen Menschen auch. Ich konnte dem Essen nicht widerstehen.

Meine negativen Gedanken schienen mich zu zermürben. Jede Minute ging es mir schlechter.

Zu Hause angekommen war mir immer noch übel. Mein Magen war es eindeutig nicht mehr gewöhnt, so viel zu essen und vor allem nichts so Fettiges in sich zu haben. Mir war kotzübel. Diese Übelkeit brachte mich auf eine Idee. Wie ferngesteuert und ohne großartig Gedanken darüber zu machen, was ich da gerade tat, ging ich ins Bad, kniete mich vor die Kloschüssel und steckte mir meinen Finger in den Hals. Dadurch, dass ich auf einer eigenen Etage im Haus wohnte und somit auch ein eigenes Badezimmer besaß, musste ich nicht einmal Angst haben, dass ich dabei erwischt werden könnte. Zuerst musste ich nur würgen und Tränen stiegen mir von dem unangenehmen Gefühl in die Augen. Daraufhin versuchte ich es beim nächsten Mal fester und steckte mir meinen Finger noch tiefer in den Hals, bis mit einem Schwung der Burger und die Pommes in der Kloschüssel landeten. Jetzt konnten sich die Kalorien eindeutig nicht mehr in schwabbelige, ekelige Fettzellen verwandeln und der morgige Schock auf der Waage würde ebenfalls ausbleiben! Nun hatte ich (endlich) einen Weg gefunden, bei dem ich essen konnte, was und wie viel ich wollte, aber trotzdem nicht dick wurde.

Der Akt des Kotzens erschien mir völlig logisch: In mir sind Kalorien, die ich nicht haben will, deshalb hole ich sie wieder raus. So hatte ich auch eine Möglichkeit gefunden, wie ich vor meinen Mitmenschen essen konnte, sie somit zufriedenstellte und trotzdem nicht zunahm.

Am nächsten Tag hatte ich tatsächlich nicht mehr Gewicht auf der Waage, sondern das Gegenteil war der Fall: Ich hatte sogar abgenommen! Das machte mich mächtig stolz und das Gewicht entschädigte mich sogar für den ekeligen Geschmack im Mund, den ich nach dem Kotzen verspürte.

Ich nenne das, was ich getan habe gezielt „kotzen" und nicht „erbrechen". Denn „erbrechen" tut man, wenn man krank ist und „kotzen" ist ein bewusst hervorgerufenes Verhalten. Außerdem ist „erbrechen" viel zu milde ausgedrückt, denn auch wenn man es nicht vermutet, hat es viel mit Gewalt zu tun, sich den Finger so weit in den Hals zu stecken, dass sich der Magen entleert.

An diesem, und auch an den kommenden Abenden, merkten meine Eltern nicht, dass ich das Essen in die Kanalisation heruntergespült hatte. Denn das Kotzen war für mich keine einmalige Sache, sondern es wurde zu einer Art Routine. Wann immer ich das Gefühl hatte, zu viel gegessen zu haben, ich einen Fressanfall hatte oder von meinen Mitmenschen zu einer größeren Portion Essen überredet wurde, nutzte ich das Kotzen, um diese überhöhte Kalorienzufuhr rückgängig zu machen.

Mein Ziel war es zu verschwinden. Sich Stück für Stück aus dem Staub zu machen und das Kotzen war mir hierbei eine große Hilfe! Es erleichterte mir nicht nur meinen geheimen Plan verdeckt zu halten (schließlich aß ich am Tisch eine normale Portion), sondern war gleichzeitig auch eine Methode, um meinen Hass gegen mich selbst und meinen eigenen Körper auszudrücken.

10. Leben für die Krankheit

In den kommenden Tagen, Wochen und Monaten drehte sich eigentlich mein gesamtes Leben um die Essstörung. Am Tisch versuchte ich weiterhin so wenig wie möglich zu mir zu nehmen und so viele Kalorien wie möglich zu vermeiden. Musste ich aber trotzdem einmal mehr essen, weil Geburtstag war, ich eingeladen wurde oder meine Eltern sonst Stress machten, aß ich allerdings, ohne zu meckern mehr. Schließlich wusste ich ja, wie ich die Kalorien nach der Mahlzeit schnell wieder loswerden konnte!

Mit der Zeit lernte ich, dass, wenn ich anschließend kotzen gehen wollte, ich während dem Essen mehr als normal trinken und deutlich gründlicher kauen musste als sonst, um dem Speisebrei den Weg nach oben zu erleichtern. Je mehr ich trank, desto angenehmer wurde das Gefühl im Hals und Rachenraum beim Hervorwürgen. Wobei ich offen dazu sagen muss: Kotzen ist und bleibt ekelig und unangenehm!

Es gibt keinen Menschen, der mir sagen kann: „Ich kotze gerne." Selbst Bulimie-Kranke, die sich mehrmals pro Tag über der Toilette entleeren, empfinden das Kotzen weiterhin als unangenehm und anstrengend. Anschließend ist man total erschöpft und zittert am gesamten Leib. Außerdem hört es sich einfacher an, sich zum Kotzen zu bringen, als es tatsächlich ist.

Denn in den wenigsten Fällen reicht es aus, sich lediglich den Finger in den Mund zu stecken, um seine Mahlzeit komplett in der Kloschüssel wieder zu finden. Das schafft kaum jemand. Und erst recht kein Anfänger. Meist braucht man dafür die gesamte Hand und auch mehrere Anläufe. Erst mit der Zeit weiß man, wie man sich hinstellen muss und welche Stelle im Hals die Finger berühren müssen, um den Würgereiz hervorzurufen.

Irgendwann schafft man es dann, innerhalb von 10 Minuten oder kürzer, seinen Magen komplett zu entleeren und dabei noch nicht einmal auffällige Geräusche von sich zu geben. (Das ist aber nichts, worauf man stolz sein muss!)

Als ich anfing zu kotzen, hatte ich noch keine richtigen Essanfälle. Wenn ich wusste, dass ich anschließend auf Toilette gehen würde, aß ich zwar schon mehr als normal, aber nichts im Vergleich zu dem, was ich zu einem späteren Zeitpunkt verschlang. (Von essen konnte zu dieser Zeit keine Rede mehr sein.)

Durch die regelmäßige „Magenspülung", wie ich es nannte (ich spülte meinen Magen jedes Mal so lange mit Leitungswasser aus, bis nur noch klares Wasser oder Gallenflüssigkeit herauskam), schaffte ich es, wieder relativ schnell abzunehmen. Nach zwei Wochen lag mein Gewicht erneut bei 47 Kilo.

Zunächst merkten meine Eltern nichts beziehungsweise sprachen mich nicht darauf an, dass ich wieder dünner zu werden schien. Ich denke zwar schon, dass sie es mir ansahen, aber sie hatten keine „Beweise" dafür. Schließlich zeigte die Waage der Psychologin weiterhin dasselbe Gewicht wie vor zwei Wochen an. Was sie und die Psychologin jedoch nicht mitbekamen, war, dass ich vor dem Wiegen einen Liter Leitungswasser (besitzt keine Kohlensäure) trank und mehrere Schichten Kleidung übereinander zog. So wog ich deutlich mehr und sah fülliger aus. Außerdem hielt die dicke Klamottenschicht mich warm, denn ich fror zu diesem Zeitpunkt durch das Untergewicht ununterbrochen.

Nach noch nicht einmal einem Monat reichte mir allerdings dieses bisschen mehr essen nicht länger aus. Ich wollte immer mehr und mehr essen, denn es schmeckte so gut und mein Heißhunger auf Süßigkeiten, Pommes, Chips und Co waren kaum noch zu bändigen. Des Weiteren entdeckte ich, dass essen auch eine tröstende Wirkung auf mich hatte. Wenn ich mich alleine und/oder innerlich leer fühlte, schienen die Lebensmittel dieses Loch zu stopfen, mich zu trösten und zu beruhigen. So wurden aus ein bisschen mehr Essen recht schnell Massen.

Anfangs hielt ich meine Fressanfälle noch geheim. Ich aß am Tisch (meistens beim Abendessen, weil ich danach in mein Zimmer verschwinden konnte und sich niemand etwas dabei dachte) eine normale Portion. Doch anschließend stopfte ich mir in meinem Zimmer noch tütenweise Chips, Kekse, Schokolade und anderen Süßkram, den ich mir sonst nicht zu essen erlaubte, hinterher. Ich dachte, wenn ich mich schon vor der Toilette erniedrige und demütige, dann soll es sich wenigstens lohnen.

Teilweise verbrachte ich eine gesamte Stunde damit, mir sämtliche Lebensmittel „einzuflößen", nur um danach 30 Minuten über der Kloschüssel zu hängen.

Ich stopfte die Lebensmittel so schnell in mich hinein, dass ich vom Geschmack gar nichts mehr wahrnahm. Während eines Essanfalls hatte ich kaum noch Kontrolle über meinen Körper. Es war ein absoluter Kontrollverlust. Ich schämte mich für meine mangelnde Selbstkontrolle und nach dem Kotzen bereute ich es jedes Mal, dass ich es schon wieder getan hatte, aber trotzdem konnte ich es nicht lassen. Ich fühlte mich gedemütigt und hassenswert. Ich bekam das nicht hin, was jedes Kleinkind bereits im Kindergarten lernt: Ein gesundes Maß an Nahrungsmenge finden.

Pausenlos stopfte ich mir den Magen so voll, dass mein Bauch sich wie bei einer schwangeren Frau nach außen wölbte. Die Haut schmerzte wegen der Spannung und mein Magen tat von der Überfüllung weh. Doch wäre auch noch ein Stück Schokolade hineingegangen, dann hätte ich es hinterher geschoben. Erst wenn mein Magen wirklich randvoll war und ich schon fürchten musste, dass er demnächst platzen könnte, wankte ich ins Bad, um mich über die Kloschüssel zu beugen.

Doch trotz der vielen negativen Seiten war das Kotzen, beziehungsweise das übermäßig viele Essen davor, für mich wichtig. Denn das Essen beruhigte mich, und wenn ich mir den Magen vollstopfte, konnte ich wenigstens für einen kurzen Augenblick alle negativen Gefühle und Gedanken vergessen beziehungsweise ausblenden. Es war für mich wie eine Art Zuflucht in eine andere Welt. Außerdem verlieh das Kotzen meinem inneren Selbsthass und meiner Einstellung noch mehr Ausdruck. So in dem Sinne: „Wenn dich das Leben ankotzt, dann kotze zurück."

Meine Mutter merkte schon recht früh, dass irgendetwas mit meinem Essverhalten nicht in Ordnung war und eventuell wusste sie auch, dass ich kotzte, aber sie hatte keine handfesten Beweise dafür. Das Einzige, was ihr mehrfach auffiel, war, dass immer mal wieder Lebensmittel auf mysteriöse Art und Weise aus der Vorratskammer verschwanden und verdächtige Dreckreste an der Innenseite meiner Kloschüssel hingen. Doch sie konnte mir nichts davon beweisen und ich stritt mit aller Kraft ab, dass ich mit diesen beiden Dingen etwas zu tun hatte. Deshalb blieb ihr nichts anderes übrig, als mir zu glauben, die Vorratskammer abzuschließen und abzuwarten, wie sich die Situation weiter entwickeln würde. Und darauf musste sie leider nicht allzu lange warten.

Eines Abends hatte ich nämlich das Pech, dass mein Vater nach dem Abendessen in mein Zimmer kam, die aufgerissenen Süßigkeiten-Verpackungen sah und mich auf der Toilette erwischte. Ohne groß zu überlegen, zählte er eins und eins zusammen und wusste sofort, was da gerade abging. Glücklicherweise war ich zu diesem Zeitpunkt bereits fertig mit meiner Magenspülung, denn es gibt nichts Schlimmeres, als nach einem Fressanfall am Kotzen gehindert zu werden! Nichtsdestotrotz war die Situation immer noch unangenehm genug für mich!

Nun wussten meine Eltern also, dass ich meine Mahlzeiten nicht dort ließ, wo sie hingehörten, sondern sie nach dem Essen in der Kanalisation versenkte. Anfangs versuchten sie noch, mich davon abzuhalten, indem sie nach den Hauptmahlzeiten meine Badezimmertür zuschlossen. Doch bald darauf merkten sie, dass das zwecklos war. Denn ich ließ mich zu diesem Zeitpunkt nicht mehr vom Kotzen abbringen. Wenn mein Bad zugeschlossen war, kotze ich entweder in den Garten und vergrub es anschließend oder ich wich auf öffentliche Toiletten aus.

Einmal kotzte ich sogar in eine alte Plastiktüte, und da es so spät war und ich zu müde, um diese Tüte zu entsorgen, versteckte ich sie im Schrank. Das roch meine Mutter dann am nächsten Morgen noch. Natürlich war sie vollkommen angewidert und wütend und fragte mich, wie krank ich denn sein konnte? Heute frage ich mich auch, wie verrückt ich zu dieser Zeit gewesen sein muss, um so zu denken und zu handeln. Doch damals waren solche Aktionen für mich „normal". Die Essstörung ließ mich Dinge tun, die ein gesunder Mensch nie tun würde. Eine natürliche Hemmschwelle besaß ich kaum noch. Mir war es egal, was andere Menschen sagten, über mich dachten oder taten – solange ich meine Essstörung ausleben konnte und mich niemand ernsthaft daran hinderte, war mir alles egal!

Meine Psychologin hatte mich, glaube ich, bereits jetzt schon aufgegeben. Zwar hatte ich weiterhin jede Woche Therapiesitzung bei ihr und ich wurde weiterhin jede Woche von ihr gewogen, aber mehr auch nicht.

Jeden Versuch von ihr, mich zu bekehren und zu einem normalen, gesunden Essverhalten zurückzubringen, blockte ich ab. Ich wollte keine Hilfe und konnte auch nicht verstehen, warum alle in meinem Umfeld so ein Stress schoben wegen meinem Gewicht. Schließlich war es mein Körper und somit auch meine Entscheidung, wie ich mit ihm umging. Zusätzlich war ich der festen Überzeugung, dass ich jederzeit mit dem Hungern und Kotzen aufhören könnte, wenn ich irgendwann aufwachen und feststellen würde, dass es falsch ist, sich das Essen zu verbieten und/oder nach einem Fressanfall zu kotzen. Wenn ich wirklich wollte, könnte ich von heute auf morgen wieder „normal" essen – aber wie gesagt, das wollte ich nicht. Ich war mit dem zufrieden, was ich hatte und sah nicht ein, irgendetwas daran zu ändern.

In der Schule waren meine Noten inzwischen wieder besser geworden und mein Abschluss stand bevor. Zwar war ich nicht die Klassenbeste, gehörte aber dennoch zu den guten Schülern des Jahrgangs.

Im Sommer 2008 machte ich meinen Realschulabschluss mit einem Notendurchschnitt von 2,1. Wie ich das hinbekommen habe, ist mir ein Rätsel, denn mit 45 Kilo ist ein Gehirn eigentlich kaum leistungsfähig. Mein Körper kämpfte bereits um sein Überleben und zum Überlebenskampf gegen den Hungertot gehört es eindeutig nicht, sich Vokabeln und Mathematikformeln zu merken. Trotzdem gelang es mir während der Prüfungszeit, mein Gehirn so weit zu motivieren, dass ich einen guten Abschluss machte, wofür ich sehr dankbar bin!

Nach dem Realschulabschluss begann ich meine Ausbildung zur Erzieherin. Mein damaliger Traumberuf war es, als Erzieherin in einem Heim für schwer erziehbare Kinder und Jugendliche zu arbeiten. Allerdings sollte ich die Ausbildung nicht zu Ende machen, denn nach Ausbildungsstart ging es in meinem Leben noch weiter bergab.

Im September wog ich noch 45 Kilo, 8 Monate später, im März 2009, waren es nur 35 Kilo.

Zu Beginn der Ausbildung lief alles noch super. Ich hatte an drei Tagen der Woche Schule und an zwei Tagen absolvierte ich ein Praktikum in einem Kindergarten. Mir machte die Ausbildung Spaß und ich war froh, endlich aus dem tristen Schulalltag der Realschule herauszukommen. Außerdem hatte ich durch die Ausbildung immer einen guten Grund, mich vor dem Essen zu drücken. Morgens frühstückte ich ein Brot, in der Schule warf ich mein Pausenbrot in den Müll und mittags war ich mit Klassenkameraden in der Stadt essen, denn ich kam erst spät nachmittags von der Berufsschule nach Hause.

Anfangs aß ich in meiner Mittagspause meistens noch einen kleinen Salat, doch bereits nach kurzer Zeit aß ich gar nichts mehr, da ja sowieso niemand kontrollierte, ob und was ich zu mir nahm. Und wieso sollte ich sinnlose Kalorien in mich hineinschieben, wenn ich auch gar nichts essen konnte?

Abends aß ich zu Hause dann eine überdurchschnittlich große Portion von dem, was meine Mutter mittags gekocht hatte. Wenn meine Eltern beide Arbeiten waren und ich somit „sturmfrei" hatte, kotze ich direkt nach dem Essen alles in die Kloschüssel oder anders erzählte ich meinen Eltern, dass ich noch eine Verabredung in der Stadt hätte und ging auf eine öffentliche Toilette zum Kotzen.

Mein abendliches Programm war jeden Tag gleich. Ich machte kein Geheimnis mehr um meine Essanfälle. Mir war es egal, was mein Umfeld über mich dachte. Schon beim Abendessen begann ich mit meiner Fresserei und stopfte mir das Doppelte oder Dreifache einer normalen Portion in den Bauch. Anschließend verschwand ich in meinem Zimmer und aß dort noch weiter. Oft ging ich sogar abends zusätzlich noch einkaufen, um meinen Heißhunger zu stillen und meinen Drang, mir den Magen vollzustopfen, zu befriedigen. Bereits zu diesem Zeitpunkt spülte ich pro Fressanfall rund 20 Euro wortwörtlich die Toilette runter (das passierte meist drei Mal pro Woche).

Bei einem Fressanfall nahm ich mir das, was ich mir die restliche Zeit versagte. Und das dann nicht einfach, sondern gleich doppelt und dreifach.

Eigentlich sind diese Fressanfälle eine normale Reaktion auf ein abnormales Essverhalten. Für einen so stark unterernährten Körper geht es schließlich ums Überleben! Er will überleben und das kann er nur, wenn er genug Energie in Form von Nahrung zugeführt bekommt. Logische Schlussfolgerung daraus sind Essanfälle, bei denen so viel Energie wie möglich aufgenommen wird. (Nicht logisch, ungesund und auch krankhaft ist allerdings das anschließende Kotzen.)

Meine Eltern und meine Psychologin durchschauten zwar mein „Spiel", mussten aber dennoch ohnmächtig zusehen, wie ich mich weiter selbst zugrunde richtete. Bei jedem Gespräch mit ihnen blockte ich ab und verteidigte meine Krankheit, denn sie gab mir das, was mir im wirklichen Leben fehlte: Sicherheit und Überschaubarkeit.

Immer häufiger drängte sich nun das Gesprächsthema Klinik in den Vordergrund. Davon war ich allerdings überhaupt nicht begeistert. Nie wäre ich freiwillig in eine Klinik gegangen! Meine Eltern akzeptierten diese Meinung und unterstützten mich. Ob es gut oder schlecht war, weiter zu hoffen, dass ich ohne stationäre Therapie wieder zu einem normalen Essverhalten zurückfinden würde, kann man nicht sagen. Denn zu diesem Zeitpunkt konnte noch niemand wissen, was die Zukunft bereithielt. Außerdem hatte ich es den gesamten Herbst bis zum Winteranfang geschafft, mein Gewicht einigermaßen stabil bei 44 Kilo zu halten. Das gab Hoffnung.

11. Winter 2008 – Magersuchtswinter

Der Winter 2008 war die schlimmste Zeit meiner Krankheit. Es fing Ende Oktober an. Normalerweise aß ich, wenn ich im Kindergarten arbeitete, über Mittag nichts. Ich hätte zwar die Möglichkeit gehabt, dort zu essen, doch ich zog es lieber vor zu fasten. Ende Oktober hatte ich jedoch meistens so großen Hunger, dass ich es nicht mehr schaffte, stark zu bleiben und „Nein" zu sagen. Deshalb aß ich dort das Mittagessen mit und nutzte die anschließende Mittagspause, um eine öffentliche Toilette aufzusuchen und das Essen wieder hervorzuwürgen. An den Schultagen war es dann ähnlich. Ich ging nicht mehr mit meinen Klassenkameraden in die Stadt, um ihnen beim Essen zuzuschauen, sondern zog alleine los. Denn alleine brauchte ich keine Angst zu haben, dass mich jemand darauf ansprach und nachfragte, wieso ich so viele Lebensmittel in mich hineinstopfte. Alleine konnte ich das essen, was ich wollte und vor allem soviel ich wünschte, ohne dass mich jemand dabei störte. UND ganz wichtig: Ich konnte so viel Zeit auf Toilette verbringen, wie ich brauchte und es kam niemand, der nach fünf Minuten an die Tür klopfte und fragte, wann ich denn endlich wieder rauskommen würde.

Meine Schamgrenze war zwar zu diesem Zeitpunkt schon so tief gesunken, dass es mir gleichgültig war, ob die Toilette neben mir besetzt war oder nicht, aber wenn mir bekannte Menschen mitbekamen, was ich auf Toilette machte, war mir das nicht egal. Denn bei ihnen war die Gefahr, dass sie mich von meinem Ritual abhalten könnten, deutlich höher als das Risiko, das von fremden Menschen ausging. Und nach dem Essen nicht kotzen zu können, wäre die Hölle für mich gewesen!

Abends kotzte ich zu Hause weiter. Also mein gesamter Tag bestand damals so gut wie ausschließlich aus Fressen und Kotzen. Andere Hobbys, mit Freunden treffen etc. waren für mich uninteressant. Meine gesamte Welt drehte sich um die Essstörung und mein Gewicht.

Durch das viele Erbrechen nahm ich weiter an Gewicht ab, was meine Psychologin jedoch nicht merkte, weil ich mittlerweile fast zwei Liter Tee trank, bevor ich bei ihr auf die Waage stieg. Ab und zu fragte ich mich zwar, ob sie sich nur so doof stellte und in Wirklichkeit genau wusste, dass ich sie von vorne bis hinten anlog und betrog – oder ob sie tatsächlich nichts mitbekam. Ich weiß es nicht ... Aber ich glaube, sie wusste es wahrhaftig nicht. Denn selbst als ich mehrmals die Stunde auf Toilette rannte, weil meine Blase durch das viele Trinken so voll war, äußerte sie kein Misstrauen.

Mitte November wog ich nur noch 42 Kilo.

Meine Mutter konnte ich nicht ganz so gut hintergehen wie die Psychologin. Sie traute dem Gewicht auf der Waage nicht, sondern vertraute nur dem, was sie sah und das war, dass ich innerhalb der letzten Wochen sichtlich magerer geworden war. Außerdem wusste sie, dass ich mich mehrmals am Tag zwanghaft wog. Sie wusste, dass die Waage eine große Wichtigkeit für mich hatte und mich in meiner Essstörung noch weiter bestärkte.

Um das zu unterbinden, tat sie das, was für sie am logischsten erschien: Sie nahm mir meine Waage weg. Was sie dabei allerdings nicht wusste, war, dass das ein sehr großer Fehler war! (Dazu später mehr) Auf der einen Seite ist es natürlich richtig, einem „Süchtigen" sein „Suchtmittel" wegzunehmen, und auf der anderen Seite brach dadurch für mich eine Welt zusammen. Einer Magersüchtigen die Waage wegzunehmen ist für die Person der schlimmste Albtraum, den sie sich vorstellen kann!

Ich war verzweifelt. Wie sollte ich nun wissen, ob mein Gewicht aktuell gut oder schlecht war? Ich hatte keinerlei Kontrollmöglichkeiten mehr. Doch damit nicht genug. Auf den ersten Schock packte meine Mutter direkt noch eine zweite Schocknachricht drauf.

Sie wollte mich nämlich höchstpersönlich jeden zweiten Tag wiegen, um mein Gewicht zu kontrollieren.

In meinem Kopf schwirrten gefühlte 1000 Gedanken gleichzeitig umher. Wie sollte ich mein aktuelles Gewicht jetzt noch geheim halten? Beziehungsweise wie sollte ich es überhaupt wissen? Ich musste einen Trick finden, wie ich ein paar Kilos mehr auf die Waage schummeln konnte. Wenn meine Mutter mein tatsächliches Gewicht sehen würde, wäre ich vermutlich morgen schon in einer Klinik! Was sollte ich bloß tun?! Ich hatte keine Ahnung und spürte, wie sich Panik in mir breitmachte.

Nach ausgiebigem Grübeln entschied ich mich jedoch, meine Taktik des Lügens und Betrügens beizubehalten. An Tagen, an denen ich gewogen wurde, stand ich deshalb extra zwei Stunden früher auf. Diese Vorlaufzeit brauchte ich, um genügend Tee zu trinken. (Lauwarmer Tee trinkt sich leichter in Massen als Leitungswasser. Wasser mit Kohlensäure funktioniert wegen der Kohlensäure gar nicht).

Am Anfang trank ich vor jedem Wiegen einen Liter, doch dadurch, dass ich weiter abnahm, reichte dieser eine Liter nicht lange aus, um mein fehlendes Gewicht „aufzufüllen".

Deshalb musste ich von Woche zu Woche mehr Flüssigkeit im Magen haben. Glücklicherweise kann man es trainieren, in relativ kurzer Zeit viel Flüssigkeit aufzunehmen. Irgendwann ließ ich das Wasser einfach so in meinen Mund hineinlaufen und musste dabei kaum noch aufstoßen oder zwischendurch absetzen. In meiner Spitzenzeit kam ich so auf vier Liter Tee in zwei Stunden! Gesund war das bestimmt nicht, aber es erfüllte seinen Zweck. Außerdem musste ich mit so viel Flüssigkeit im Magen extrem aufpassen, dass ich mich nicht bückte oder eine schnelle Bewegung machte. Denn jeder noch so kleinste Druck auf den Magen konnte dazu führen, dass der Tee aus dem Mund oder noch schlimmer aus der Nase wieder herausläuft.

Zusätzlich zog ich dann vor dem Wiegen noch zahlreiche Schichten Kleidung übereinander an, um noch mehr Gewicht auf die Waage zu bekommen. Allerdings war meine Mutter nicht doof. Das mit dem Trinken bekam sie zwar nicht mit, aber dass ich unter dem Schlafanzug noch bis zu vier T-Shirts und Langarmhemden trug, entdeckte sie sofort. Zwar musste ich nicht alle Klamotten vor ihr ausziehen, aber sie schrieb jedes Mal auf einen kleinen Zettel, wie viel ich wog und wie viele Schichten Kleidung ich bei diesem Gewicht anhatte.

Obwohl ich jedes Mal mehr trank, sank mein Gewicht trotzdem langsam, aber kontinuierlich weiter nach unten.

Meine Kleidung kaufte ich inzwischen in der Kinderabteilung, da mir Damengrößen viel zu groß waren und auch sonst bestand mein Körper nur noch aus Haut und Knochen. Dadurch, dass ich nicht mehr über eine eigene Waage verfügte und so mein Gewicht regelmäßig kontrollieren konnte, hatte ich das Gefühl, jeden Tag zugenommen zu haben.

In Wirklichkeit nahm ich zwar weiter ab, aber mein Körperempfinden sagte mir, dass ich von Tag zu Tag fetter wurde. Jeden Morgen hatte ich den Eindruck, neue Fettpolster an meinen Bauch, Oberschenkeln und Hüfte im Spiegel zu entdecken. Mir fehlte die Kontrolle der Waage, die sagte: „Alles o. k. Dein Gewicht befindet sich im grünen Bereich. Kein Grund zur Sorge.“

Auf mein eigenes Körpergefühl und das Bild im Spiegel konnte und wollte ich mich schließlich schon lange nicht mehr verlassen. Dadurch, dass mir aber genau diese Kontrolle fehlte, musste ich wohl oder übel auf mein eigenes Gewichtempfinden vertrauen. Und das sagte mir, dass ich zu viel aß und gerade dabei war, wieder fetter zu werden.

Deshalb beschloss ich, sicherheitshalber komplett auf Nahrung zu verzichten, beziehungsweise das, was ich aß, kotzte ich sofort wieder aus. So konnte ich zumindest halbwegs darauf vertrauen, dass ich nicht weiter zunahm, sondern mein aktuelles Gewicht hielt oder eventuell sogar noch weiter reduzierte. (Das meinte ich vorhin mit „einen Fehler, mir die Waage wegzunehmen")

Das Schlimmste in dieser Zeit war das ewige Frieren. Ich trug bereits vier bis fünf Schichten Kleidung (Langarmunterhemd, Kurzarmunterhemd, T-Shirt, Pulli, Fleece- oder Strickpulli) und darüber meistens noch eine ärmellose Weste und unter der Jeans trug ich Strumpfhose und Leggins, aber ich fror immer noch. Das Frieren bei so starkem Untergewicht ist ein ekelhaftes Frieren. Es kommt nämlich von innen heraus.

Da kann man sich so warm anziehen, wie man möchte, und friert trotzdem weiter. Es ist unmöglich, dieser eisigen, unangenehmen Kälte zu entkommen. Der einzige Ort, an dem mir wenigstens etwas warm war, war, wenn ich in der heißen Badewanne lag. Jedem anderen Menschen wäre die Wassertemperatur bereits zu heiß gewesen, doch ich fand sie geradewegs angenehm. Meine Wohlfühltemperatur lag bei 44 Grad (jeder gesunde Mensch würde vor Schmerz aufschreien, wenn das Badewasser so heiß wäre). Beim Duschen passierte es mir sogar manchmal, dass ich mich, ohne dass ich es spürte, mit heißem Wasser verbrühte. Mein gesamter Körper war anschließend krebsrot von der Hitze und ich nahm die Wassertemperatur weiterhin nur als lauwarm wahr.

Auf Kälte reagierte ich sehr schnell und empfindlich, aber Hitze nahm ich erst verzögert und stark gedämpft wahr.

Wenn ich mal nicht unter der heißen Dusche stand oder in der Badewanne lag, waren weiterer Lieblingsplätze von mir, neben der voll aufgedrehten Heizung zu sitzen oder mit einer Wärmflasche und einer dicken Decke eingehüllt auf dem Sofa oder im Bett zu liegen. So oft es ging, suchte ich die Wärme von Heizung, Sonne und Co.

Meine Finger waren regelmäßig (selbst bei warmem Wetter und in geheizten Räumen) vor Kälte blau und ich war dauermüde und ständig erschöpft. Jede noch so kleinste Bewegung war für mich eine immense Anstrengung.

12. Erste Einsicht? Oder wie tief kann ein Mensch sinken ...

Anfang Januar wog ich schätzungsweise nur noch 40 Kilo. Genau kann ich das nicht sagen, weil das Gewicht auf der Waage meiner Mutter genauso wenig aussagekräftig war, wie das bei der Psychologin.

Bei meiner Psychologin trieb ich es mit den Schummeleien echt auf die Spitze. Um mein Gewicht auf der Waage zu halten, versteckte ich sogar Steine in meinen Hosentaschen und sie merkte es nicht!

Zu diesem Zeitpunkt war mir bewusst, dass ich krank war, und dass ich keine Kontrolle mehr über mich und mein Essverhalten hatte. Die Krankheit bestimmte mein Leben und ich war nur noch eine Marionette von ihr. Theoretisch wäre das der Punkt gewesen, an dem ich hätte anfangen sollen zu kämpfen, doch ich war schon zu schwach dafür. Ich hatte mein Leben und vor allem mich selbst bereits aufgegeben. Ich hatte keine Angst mehr vor dem Tod, nur noch vor dem Leben. Ich wollte nicht so weiterleben und machte doch jeden Tag genauso weiter. Beziehungsweise mein Verhalten wurde mit der Zeit sogar noch extremer.

Da mein Gewicht so niedrig war und ich dringend zunehmen musste, um nicht in einen lebensgefährlichen Gewichtsbereich abzurutschen, beschlossen meine Eltern mit der Psychologin zusammen, dass ich jeden Morgen eine Flasche Fresubin© (hochkalorische Aufbaukost) trinken sollte. Fresubin© ist sozusagen flüssiges Fett und besitzt auf 100 ml 200 Kalorien (viermal so viel wie Cola!). Zwar soll es angeblich gesund sein, weil in dem Getränk alle lebenswichtigen Vitamine und Mineralstoffe vorhanden sind, aber dafür enthält eine Flasche mit 200 ml ganze 400 Kalorien! Dieses Zeug sollte ich jetzt also jeden Morgen zusätzlich zum Frühstück trinken, wenn ich nicht in eine Klinik wollte.

Indirekt wusste ich, dass eine Klinik für mich im Moment nicht unbedingt die schlechteste Option gewesen wäre und mir eventuell sogar geholfen hätte – doch meine Krankheit war dagegen. Sie sagte mir, dass in einer Klinik unsere „Freundschaft" zerstört werde und ich anschließend alleine dastehen würde. Ja, die Essstörung war zu dieser Zeit zu einer mir vertrauten Freundin geworden, die mir Halt gab, mich tröstete und immer zu mir stand.

Außerdem hatte ich Angst vor einer Klinik. Wer geht schon gerne und vor allem freiwillig in die Psychiatrie?! Ich bestimmt nicht!

Wobei tägliche Fresubin© zu trinken, auch nicht viel angenehmer war. Das Zeug schmeckte widerlich und 400 Kalorien waren eindeutig zu viel! Das konnte ich mir nicht erlauben. Deshalb versuchte ich hier (wie eigentlich überall) so gut es ging, zu schummeln und zu manipulieren.

Das Fresubin© stand bei uns zu Hause in der Küche im Kühlschrank und war somit für mich offen zugänglich. Wenn niemand in der Küche war, ging ich zum Kühlschrank, nahm eine Flasche heraus, öffnete den Deckel einen Spalt und leerte ungefähr 75 Prozent der ekligen Brühe in die Spüle.

Damit der fehlende Inhalt nicht direkt auffiel, ersetzte ich die fehlende Menge einfach mit Leitungswasser. So wurden ganz schnell aus 400 Kalorien nur noch 100 Kalorien.

Ich denke, dass meine Mutter wusste, was ich tat, aber sie erwischte mich bei meiner Umfüll- und Austauschaktion nie und sprach mich nicht darauf an, deshalb konnte mir es egal sein, ob sie es wusste oder nicht. Außerdem blieb das Fresubin© ja sowieso nicht lange in meinem Körper. Bei der nächsten Gelegenheit landete es in der Toilettenschüssel.

Mein gesamtes Leben bestand in dieser Zeit aus Fressen und Kotzen. Schon morgens nach dem Frühstück erniedrigte ich mich das erste Mal vor der Toilettenschüssel und aufhören damit tat ich erst abends, wenn ich zum Schlafen ins Bett ging. Mein Lebenswille

war bei null angekommen. Jeden Abend hoffte ich, dass ich am nächsten Tag entweder gar nicht oder komplett gesund aufwachen würde. Wobei Letzteres sehr, sehr unwahrscheinlich war.

Auf dem Weg zum Bus machte ich einen Zwischenstopp beim Bäcker, kaufte mir Teilchen und aß sie auf der Busfahrt. Während der 30 Minuten langen Zugfahrt kotzte ich sie anschließend auf der Zugtoilette wieder aus. In der Schule oder auf der Arbeit war ich zwei bis drei Stunden körperlich anwesend. Geistig war ich jedoch komplett woanders. Konzentration war ein Fremdwort für mich. Meine Erinnerung zwischen Mitte Januar und der Einweisung am 21. März 2009 besteht nur aus Fressattacken und Kotzen. Ich kann mich an nichts anderes mehr erinnern. Habe ich überhaupt etwas anderes gemacht?

Spätestens in der großen Pause in der Schule und der Frühstückspause im Kindergarten habe ich mit meinem nächsten Essanfall begonnen. Ich entschuldigte mich immer mit Kopfschmerzen, Bauchschmerzen, Arzt- oder anderen wichtigen Terminen. Die Ausreden gingen mir nie aus und jedes Mal wurde ich aus der Schule, beziehungsweise den Betrieb entlassen.

Meine kognitiven Fähigkeiten reichten nicht mehr aus, um zu verstehen, dass meine Mitmenschen sehr wohl durchschauten, dass ich keinen Arzttermin, Kopfschmerzen, Bauchschmerzen oder sonstiges hatte, sondern kotzen ging. Obwohl meine Essstörung inzwischen mehr als offensichtlich war und ich über 20 Kilo Untergewicht hatte, hielt ich an dem Glauben fest, dass mir niemand mein Problem mit dem Essen ansehen konnte. Ich war fest davon überzeugt, dass man mir nicht anmerkte, dass ich nur noch aus Haut und Knochen bestand und dass auch niemand mitbekam, dass ich nach jedem Essen für längere Zeit auf der Toilette verschwand und es danach dort sauer roch und Essensreste unterm Rand hingen. Ich dachte, dass niemand mein „perfektes" Spiel durchschauen würde und ich alle Menschen in meinem Umfeld für dumm verkaufen und anlügen konnte. Heute weiß ich, dass dem nicht so war. Viele Menschen in meinem Umfeld waren einfach nur hilflos und wussten nicht, wie sie reagieren sollten. Ich tat ihnen vermutlich leid, denn ich sah zu diesem Zeitpunkt wirklich schrecklich aus! Wenn ich mir heute Fotos von damals anschaue, muss selbst ich schlucken UND ich kenne die Bilder! Also wie habe ich wohl damals auf Fremde gewirkt?! Ich sah aus wie ein Zombie. Nichts an mir erinnerte an einen lebendigen Menschen. Mein Gesicht war eingefallen, meine Augen glanzlos und unter den Augen hatte ich dunkle, schwarze Ringe. Meine Speicheldrüsen in den Wangen waren durch das viele Kotzen so sehr angeschwollen, dass ich aussah, als hätte ich Hamsterbacken und an sämtlichen Gelenken hatte ich Blutergüsse in allen möglichen Farben, weil dort die Knochen vom Gelenk direkt auf der Haut rieben. Die Fettschicht dazwischen hatte ich mir ja weggehungert.

Nachdem ich die Schule beziehungsweise meine Arbeitsstelle verlassen hatte, ging ich in die Stadt, um mir weiteres Essen zu beschaffen. Pro Tag gab ich bis zu 50 Euro allein für Essen aus. Mein gesamtes Erspartes, das eigentlich für den Führerschein gedacht war, ging dabei drauf.

Den restlichen Tag verbrachte ich nun damit, mir Essen zu kaufen, in den Magen zu stopfen und anschließend auf der nächsten öffentlichen Toilette wieder hervorzuwürgen. Es war ein ewiger Kreislauf von Essen kaufen, Essen verschlingen, Toilette suchen und kotzen, den ich tagtäglich ausübte. Erst spät nachmittags oder abends, wenn ich nach Hause ging, hörte ich damit auf.

Meine Eltern hatten mittlerweile eingesehen, dass es nichts brachte, mich zum Abendessen zu zwingen, da die Lebensmittel sowieso in der Kloschüssel landeten und dafür war ihnen ihr Geld eindeutig zu schade. Deshalb konnte ich zu Hause ohne Probleme und Diskussionen auf ein Abendessen und somit auf das anschließende Kotzen verzichten.

Allgemein hatten meine Eltern den Kampf gegen die Krankheit bereits aufgegeben und hofften nur noch auf ein Wunder oder einen Zusammenbruch von mir, um mich endlich in eine Klinik einweisen lassen zu können. Die Zeit meiner extremen Magersucht/Bulimie war nicht ausschließlich für mich anstrengend und sehr belastend, sondern auch - oder sogar besonders - für meine Familie.

Der einzige „Vorteil", der momentan so starken Essstörung war, dass dadurch mein selbstverletzendes Verhalten eingedämmt wurde. Wenn man Kotzen nicht als Selbstverletzung ansieht, verletzte ich mich maximal alle zwei Wochen einmal selbst.

Mitte Februar passierte dann das, was nicht zu verhindern war. Der Kindergarten, in dem ich arbeitete, kündigte mir mit der Begründung, ich sei krank und eine Weiterbeschäftigung wäre nicht mehr zu verantworten. Ich sollte eine Therapie machen und danach könne ich gerne meine Ausbildung dort fortsetzen. Aber momentan nicht!

Eigentlich hatte ich schon länger damit gerechnet, trotzdem traf mich die plötzliche Kündigung wie ein Blitz. Gleichzeitig bin ich dadurch aber auch aufgewacht. Mir wurde bewusst, dass ich gerade dabei war, mein Leben zu zerstören und das meiner Familie gleich mit. Ständig gab es wegen mir Streit.

Mein Bruder sagte mal zu mir, als er mich beim Kotzen erwischte: „Ich will lieber gar keine Schwester haben, als eine kranke." Das kam mir jetzt alles wieder ins Gedächtnis.

Überhaupt kamen mir unendlich viele Bilder aus der Vergangenheit wieder in den Sinn. Wie oft hatte meine Mutter in letzter Zeit wegen mir geweint? Welche Sorgen hatte sich meine Familie um mich gemacht? Mir wurde bewusst, dass ich etwas ändern musste. An diesem Tag beschloss ich, eine Therapie zu machen. Bis zur tatsächlichen Aufnahme waren es allerdings noch fast vier Wochen.

Doch schon am nächsten Tag war meine gestrige Einsicht bereits wieder vergessen. Ich machte weiter wie zuvor mit einem einzigen Unterschied: Ich ging nicht mehr zur Schule oder Arbeit, sondern schlief morgens aus. Das hieß, ich begann nicht schon um 6 Uhr mit Kotzen, sondern erst um 10 Uhr.

Nach dem Frühstück erzählte ich meinen Eltern, dass ich mich mit Freunden in der Stadt treffen würde und ging aus dem Haus. Jedoch hatte ich keinesfalls vor, etwas mit Freunden zu unternehmen, sondern hatte allein das Ziel, mir Lebensmittel für meine Fressanfälle zu beschaffen. Das ahnten vermutlich auch meine Eltern, aber sie verboten es mir nicht. Denn sie wussten, dass spätestens in vier Wochen alles vorbei sein würde, denn dann würde ich endlich in eine Klinik aufgenommen werden.

Mittlerweile hatte ich schon mein gesamtes Erspartes für Essen ausgegeben. Es verging kein Tag, an dem ich nicht über der Kloschüssel hing. Um meine Fressattacken zu finanzieren, erfand ich Geschichten wie Kinobesuche, Schulausflüge etc., um von meinen Eltern noch zusätzliches Geld zu meinem eigentlichen Taschengeld dazu zu bekommen, und auch meinen Opa fragte ich des Öfteren nach ein bisschen Kleingeld. Ob sie wussten, wofür ich es wirklich ausgab, weiß ich nicht. Aber trotz des vielen zusätzlichen Geldes reichte es für meine Fressattacken irgendwann nicht mehr aus. Deshalb begann ich zu stehlen.

Die Krankheit beherrschte mich. Ich hatte null Kontrolle mehr über meinen Körper. Ich tat Sachen, die ich sonst nie getan hätte. Mein Gehirn war völlig fehlgesteuert. Zum Beispiel hatte ich Angst, meinen Körper einzucremen, weil ich dachte, das Fett könnte in meine Haut einziehen und ich werde dadurch dick.

Das Stehlen ging eine ganze Weile gut und ich wurde nicht erwischt, doch dann kam der Tag, an dem ich aufflog. Ich wurde dabei ertappt und von der Polizei aufs Polizeipräsidium gebracht. Dort ging ich als Erstes zur Toilette und entleerte meinen Magen. Denn das war meiner Meinung nach das Wichtigste in dieser Situation!!! Der Polizist bekam das mit. Er wollte mit mir reden und er war seit langer Zeit der Erste, dem ich wieder zuhörte. Er meinte, dass ich mir mein Leben zerstören würde. Ich würde nicht mehr richtig leben. In mir wäre nur die Krankheit, die mich Dinge tun ließ, die ich gar nicht wollte. Laut ihm wäre ich keine gewöhnliche Ladendiebin, ich wäre dafür viel zu sensibel, denn ich weinte von der Festnahme an, bis meine Mutter mich abholte.

Als meine Mutter auf der Polizeidienststelle erschien, nahm sie mich seit einer gefühlten Ewigkeit Mal wieder in den Arm und ich merkte, wie sehr ich das vermisst hatte. Außerdem wurde mir bewusst, dass ich nicht nur mein Gewicht weg gehungert hatte, sondern auch meine Gefühle. Ich fühlte nichts mehr. Mir war in letzter Zeit alles egal geworden. Nichts war mehr für mich wichtig. Selbst mein Hund, der mir ursprünglich alles bedeutet hatte, war mir gleichgültig geworden. Das wurde mir alles an diesem einen Tag bewusst.

Bevor ich ging, ermutigte mich der Polizist, eine Therapie zu machen. Ich solle mein Leben in die Hand nehmen und es ändern, bevor es zu spät ist. Und wie es der Zufall so wollte, kam noch am selben Tag der Anruf von der Klinik, dass ich am nächsten Tag, den 23. März 2009, aufgenommen werden konnte.

Das war einerseits erleichternd für mich, weil ich wusste, dass sich mein Leben Morgen um 180 Grad zum Positiven drehen würde und anderseits war da auch eine große Angst in mir. Mir war klar, dass ich in der Klinik zunehmen musste, ob ich wollte oder nicht und dass ich dort mit meinen Tricks nicht lange durchkommen würde. Außerdem hatte ich Angst vor der Station an sich. Psychiatrien kannte ich bis jetzt nur vom Fernsehen und Erzählungen. Und dort wurden sie selten positiv dargelegt! Ich stellte mir die Klinik wie ein Haus für Irre vor, wo nur verwirrte Leute sind, die um Hilfe schreien, randalieren und was man sonst so aus Filmen kennt. Diese Vorstellung machte mir Angst!

Am Abend vor der Einweisung kam meine Mutter noch zu mir, als ich schon im Bett lag. Sie setzte sich an den Bettrand und wir schauten uns schweigend an. Dann nahm sie mich in den Arm und fing an zu weinen. Ich weinte ebenfalls. Dann sagte sie zu mir: „Du bist so dünn. Was ist bloß passiert? Rede endlich und lass dir helfen!"

Wir lagen uns noch eine ganze Weile weinend in den Armen, bevor sie wieder ging. Warum ich weinte, konnte ich nicht sagen, denn ich war nicht traurig oder verzweifelt, wie ich es eigentlich hätte sein müssen. Ich spürte gar nichts. Meine Gefühle waren tot. Gefühle kosten schließlich Energie. Energie, die mein Körper nicht hatte. Da Gefühle nicht überlebenswichtig sind, stellt der Körper sie ab. Sie schleichen sich langsam aus. Mein Körper nutzte die wenige Energie, die er noch hatte, für überlebenswichtige Funktionen wie Atmung und Herzschlag. Deshalb konnte ich zu dieser Zeit nichts fühlen. Ich weinte, hatte jedoch keine Gefühle dabei.

Der Abschied von meinem Vater fiel recht kühl aus. Er meinte nur, dass ich meine Chance nutzen sollte.

Die Nacht schlief ich äußerst unruhig und wachte ständig auf. Meine Gedanken kreisten ununterbrochen um die Aufnahme und den kommenden Klinikaufenthalt.

13. Mein erster Klinikaufenthalt

Am kommenden Morgen, am 23. März 2009, war es dann soweit. Die Aufnahme in der Klinik stand kurz bevor. Doch bevor es losgehen konnte, musste ich erst einmal die erste Herausforderung des Tages meistern: das Frühstück. Das konnte ich heute nämlich nicht wie gewohnt direkt im Anschluss wieder hervorwürgen, sondern musste es in mir behalten, weil meine Mutter und ich unmittelbar nach dem Frühstück zum Aufnahmegespräch in die Klinik losfahren mussten.

Eigentlich sollte man denken, dass es in meinem Kopf „klick" gemacht hätte und ich mein Leben ändern und gesund werden wollte, doch das war nicht der Fall. Die Krankheit in mir war stark und würde mit aller Kraft um ihr Überleben kämpfen. Schon jetzt zweifelte ich am Erfolg der Therapie und überlegte mir, wie ich die Betreuer und die Therapeuten in der Klinik anlügen konnte, um Kalorien zu vermeiden. Ich war lieber dünn und krank, als gesund und dick.

Am liebsten hätte ich das Frühstück heute komplett ausfallen gelassen, denn später in der Klinik würde ich sicherlich noch genug Kalorien zu mir nehmen müssen. Also war ich auf das Frühstück zu Hause rein kalorientechnisch nicht angewiesen.

Hätte ich das jedoch meiner Mutter erzählt, dann wäre es vermutlich wieder zu einer Diskussion gekommen und das wäre so kurz vor der Einweisung ziemlich doof gewesen. Deshalb entschloss ich mich dazu, einfach so zu tun, als wenn ich was essen würde. Ich nahm mir eine kleine Scheibe Brot und eine Scheibe Schinken. Von dem Schinken entfernte ich den Fettrand und legte ihn auf das Brot. Anschließend schnitt ich das Brot in vier ungefähr gleichgroße Teile. Jedes Mal, wenn meine Mutter nun unachtsam war und nicht in meine Richtung schaute, ließ ich eines dieser Teile in meinen Socken verschwinden. Diese Idee war genial und es ist erstaunlich, wie viel Platz man in seinen Socken noch hat!

Meine Mutter traute mir natürlich nicht zu, dass ich das Brot so schnell und vor allem ohne zu murren gegessen hatte. Sie kontrollierte meine Hosentaschen und die Taschen der Weste, weil sie das Brot dort vermutete. Selbstverständlich fand sie dort aber nichts. Auf die Idee, in meinen Strümpfen nachzuschauen, kam sie nicht. Sie konnte mir also nicht nachweisen, dass ich mein Frühstück irgendwo versteckt hatte. Deshalb musste sie mich gehen lassen.

Das Brot mit samt dem Schinken versenkte ich später, bevor wir abfuhren, im Bad in der Toilette.

Da mein Vater arbeiten musste, fuhr meine Mutter alleine mit mir in die Klinik und meine Oma begleitete uns als „Unterstützung".

Von außen sah das Gebäude der Psychiatrie komplett anders aus, als ich erwartet hätte. Es sah aus wie ein gewöhnliches Krankenhaus und nicht wie eine Irrenanstalt. Man hörte keine Schreie und alles wirkte friedlich. In einem Nebengebäude befand sich sogar eine Cafeteria mit einem kleinen Garten, in dem Tische und Stühle standen.

Wir gingen jedoch zum Empfang, der sich im Eingangsbereich des Haupteinganges befand. Dort stand ein Pförtner, den wir nach dem Weg zu der Station, auf der ich aufgenommen werden sollte, fragten.

Die Stationen der Kinder- und Jugendpsychiatrien befanden sich alle im dritten Stock. Deshalb nahmen wir den Aufzug. Langsam merkte ich, wie sich ein unbehagliches Gefühl in meiner Magengegend breitmachte und ich fragte mich, ob der Schritt in eine Klinik zu gehen tatsächlich richtig war.

Die Flure wirkten kalt und steril. Ab und zu liefen uns Ärzte in weißen Kitteln über den Weg. Alles kam mir unheimlich und Angst einflößend vor. Auf dem Schild an der Eingangstür der Station stand „Offene Kinder- und Jugendpsychiatrie Station 3d". Die Tür sah aus wie die Tür von einem Gefängnis.

Sie war aus dickem Metall und besaß ein großes, massives Schloss. Und dann kam der nächste Schock: Die Tür war abgeschlossen! Ich war also auch eingesperrt wie in einem Knast. Mir wurde zwar von einem Pfleger erklärt, dass die Tür nur wegen weglaufgefährdeter Patienten verschlossen war und ansonsten unverschlossen wäre, aber das machte es nicht besser. Fakt war: Die Tür war zu und ich kam nicht raus! Flucht war somit unmöglich! Also war mein Plan, falls es auf Station doch zu schlimm werden würde, abzuhauen, zerstört.

Die Station an sich bestand aus einem einzigen langen Flur. Es gab einige Patientenzimmer, die sich jeweils drei Patienten teilten und ein Beobachtungszimmer für maximal zwei Patienten. Im Beobachtungszimmer befand sich ein Glasfenster zum Schwesternzimmer in der Wand, sodass die Schwestern und Pfleger die Patienten im Beobachtungszimmer unter Aufsicht hatten. Dann gab es noch zwei Aufenthaltsräume. Der eine war ein reiner Essensraum und der andere hatte noch einen separaten Teil, in dem ein Sofa und ein Fernseher standen. Dieser Aufenthaltsraum war direkt vor dem Schwesternzimmer, das sich am Ende des Flurs befand.

Vom Schwesternzimmer aus konnte man auf das Sofa im Aufenthaltsraum blicken. Warum, sollte ich später noch erfahren. Vor dem Schwesternzimmer befand sich die sogenannte „Spielfläche", die ebenfalls vom Schwesternzimmer überblickt werden konnte. Dort standen ein Tischkicker und ein riesiges Salzwasseraquarium mit kunterbunten Fischen. Außerdem gab es noch ein Arztzimmer, in dem auch das Aufnahmegespräch stattfand.

Außer mir, meiner Mutter und der Ärztin war noch eine Betreuerin bei dem Aufnahmegespräch dabei. Diese Betreuerin sollte für die Zeit in der Psychiatrie meine Bezugsbetreuerin sein. An sie konnte ich mich wenden, wenn ich Probleme, Ängste, Sorgen, Fragen oder einfach nur Redebedarf hatte. Außerdem würde sie mir in den ersten Tagen die Station und das Gebäude zeigen, die Regeln erläutern und mir helfen, mich in dem Klinikalltag zurechtzufinden.

Die Ärztin des Aufnahmegesprächs war zugleich auch meine Psychologin. Mit ihr hatte ich einmal die Woche ein Einzelgespräch. Des Weiteren kümmerte sie sich um alles, was mit meiner Gesundheit zu tun hatte. Auf den ersten Eindruck wirkten beide recht nett und freundlich. Allerdings wollte ich ihnen nicht mehr vertrauen und erzählen, als tatsächlich nötig war. Denn jedes Wort zu viel könnte mir irgendwann zum Verhängnis werden. Ich traute den beiden lediglich so weit, wie ich einen Jumbojet mit einer Hand schieben konnte.

Die Ärztin fragte meine Mutter und mich, was mir derzeit Probleme und Schwierigkeiten bereitete, was ich alles aß, ob und wie oft ich erbrach, und ob ich mich selbst verletzte. Sie wollte alles von meiner Geburt an bis zum jetzigen Zeitpunkt haarklein wissen. Dass sie nicht nach meiner Schuhgröße gefragt hat, war alles!

Ich fand diese ganze Fragerei ziemlich anstrengend und ließ deshalb hauptsächlich meine Mutter reden. Überhaupt interessierte mich das Gespräch kaum. Mir war egal, was geredet wurde, Hauptsache ich musste nicht so viel und nicht so ausführlich antworten. Das Einzige, was ich ab und zu freiwillig sagte, war „Ja" und „Nein" oder „keine Ahnung".

Ich war noch nicht einmal zwei Stunden hier und wollte schon nach Hause. Das konnte also noch was werden!

Am Ende des Gespräches wurde ich noch gemessen und gewogen. Mit Kleidung hatte ich 40 Kilo. Ich fand das Gewicht super und musste grinsen. So wenig hatte ich noch nie gewogen, außer als ich noch kleiner und jünger war. Ich war stolz auf mich. Die anderen im Raum waren davon jedoch nicht so begeistert. Sie schätzen mein Gewicht als bedenklich und kritisch ein. Die Ärztin meinte sogar, dass es ein Wunder sei, dass ich hier noch so fit stehe. Normalerweise wäre man mit dem Gewicht so schwach, dass jede Bewegung eine zu große Anstrengung wäre. Das Gewicht wäre lebensgefährlich!

Ich fand diese Aussage sehr verwunderlich, denn schließlich empfand ich mein Aussehen alles andere als dünn und magersüchtig! Außerdem ging es mir gut. Ich war in letzter Zeit zwar öfters müde und schnell erschöpft, aber ich schob diese Schlappheit aufs Wetter und nicht auf mein Gewicht. Also wieso stellten sich alle anderen so an? Ich war fit und mir ging es gut, also konnte es gar nicht so schlimm sein, wie alle sagten!

Nach dem Wiegen wurden noch mein Puls und mein Blutdruck gemessen. Mein Puls lag bei 55 und mein Blutdruck bei 70/40. Normale Werte sind beim Puls eigentlich zwischen 60 und 80 und beim Blutdruck 120/80. Beide Werte waren bei mir deutlich zu niedrig.

Die Ärztin erklärte mir, dass mein Puls und mein Blutdruck so niedrig wären, weil meinem Körper durch das starke Untergewicht die Energie fehlen würde, um meinen Kreislauf bei Normalwerten aufrecht zu halten. Doch das interessierte mich recht wenig.

Was ich viel „interessanter" fand, war, dass mein Blutdruck mit einer Kindermanschette mit Giraffen und Elefanten gemessen wurde. Die andere Manschette war nämlich viel zu groß für meinen dünnen Oberarm. Das ließ ein Gefühl der Zufriedenheit in mir aufkommen. Es zeigte mir, dass ich doch dünner war, als ich mich selbst einschätze.

Bevor das Aufnahmegespräch nun komplett zu Ende war, ich mich von meiner Mutter und Oma verabschieden musste und ich mein „neues" Zimmer beziehen durfte, stellte ich der Ärztin noch die in meinen Augen wichtigste Frage des gesamten Tages: „Wie lange muss ich bleiben?"

Eine genaue Antwort konnte/wollte mir die Ärztin jedoch auf diese Frage nicht geben. Sie meinte, dass man erst morgen früh mein reales Gewicht abwarten müsste, um eine ungefähre Dauer zu nennen. Aber ich könnte mich schon mal auf ca. sechs Monate einstellen.

Diese Antwort traf mich wie ein Schock. Ich hatte zwar damit gerechnet, dass zwei Wochen vermutlich nicht ausreichen würden, doch mit sechs Monaten hatte ich ebenfalls nicht gerechnet. Das war schließlich ein halbes Jahr!

Nach dem Aufnahmegespräch musste ich mich von meiner Mutter und meiner Oma verabschieden. Der Abschied fiel auf beiden Seiten tränenreich aus. Doch obwohl ich weinte, ließ mich der Abschied trotzdem eiskalt. Das fand ich gruselig, dass selbst so ein Abschied keinerlei Gefühle in mir weckte und mich nicht berührte,

Bevor meine Mutter zur Tür raus ging, versprach sie mir noch, in kommenden Tagen während der Besuchszeit, die unter der Woche von 17 bis 19 Uhr und an Wochenenden von 14 bis 19 Uhr war, vorbeizukommen. Und dann war sie weg. Ab jetzt war ich alleine in dieser „Irrenanstalt" voller bekloppter Leute, die mich mästen wollten.

Doch viel Zeit, um über meine aktuelle Situation nachzudenken, blieb mir nicht. Denn kaum war die Tür hinter meiner Mutter geschlossen, stand auch schon meine Bezugsbetreuerin neben mir und wollte mir mein Zimmer zeigen.

Das Patientenzimmer befand sich direkt gegenüber vom Schwesternzimmer. Im Zimmer standen ein Hochbett, ein Einzelbett, drei Kleiderschränke und mehrere Regale. Der Raum und die Einrichtung erinnerten kaum an übliche Patientenzimmer im Krankenhaus. Es sah eher aus wie das Zimmer einer Jugendherberge. Alles war bunt und freundlich und was mir am besten gefiel: Das Zimmer hatte ein eigenes Bad mit Toilette und Dusche!

Diese Freude über das eigene Bad wurde mir jedoch recht schnell genommen. Denn meine Bezugsbetreuerin schloss die Badezimmertür vor meinen Augen von außen ab und erklärte mir, dass ich die ersten Wochen auf Station Dusch- und Toilettenbegleitung hätte. Das hieße, dass jedes Mal, wenn ich auf Toilette musste oder duschen wollte, ich einer Betreuerin Bescheid geben musste, dass sie aufschloss und zuschaute. Das sollte verhindern, dass ich mich übergäbe, Wasser tränke, um mehr Gewicht auf der Waage zu haben, dort Sport triebe oder kalt duschte. (Duschen, mit kaltem Wasser sorgt für Frieren und Frieren verbrennt viele Kalorien. Es gibt eine Menge Magersüchtige, die das Frieren nutzen, um abzunehmen. Ich tat das aber nie, denn ich hasste Frieren. Für mich gab es nichts Schlimmeres als Kälte.).

Ich war geschockt und erst einmal sprachlos. Ich wusste nicht, was mich mehr störte: Dass mir jemand beim Toilettengang und Duschen zuschaute oder, ob es die fehlende Möglichkeit war, überschüssigen Kalorien auszukotzen. Die Vorstellung, dass eine Betreuerin bei allem, was ich im Bad machte, zuschaute, war schrecklich! Ich fühlte mich wie ein Schwerverbrecher! Mir wurde meine komplette Privatsphäre genommen! Doch wie ich im Laufe des Tages erfahren musste, war das nicht die einzige strenge Regel, die es hier gab.

Bevor ich meine Reisetasche auspacken durfte, wurde sie von zwei weiblichen Betreuern durchsucht. Alle spitzen Gegenstände, wie Schere, Nagelschere etc., wurden mir abgenommen sowie mein Sprühdeo, mein Parfüm und alles, was aus Glas war. Ich sollte während dem Aufenthalt nichts besitzen, mit dem ich mich auf irgendeine Weise selbst verletzen gekonnt hätte. Nach der Taschendurchsuchung blieb mir dann eine Stunde Zeit, meine Tasche in Ruhe auszuräumen und anzukommen.

Kurz vor dem Mittagessen lernte ich meine zwei Mitbewohnerinnen kennen. Eine Mitbewohnerin war wegen Drogenproblemen hier und die andere hatte Bulimie. Allerdings war sie jetzt schon zwei Monate in der Klinik und kotzte seit einer ganzen Weile nicht mehr. Sie war auf dem besten Weg, gesund zu werden. Deshalb war sie alles andere als begeistert, als sie erfuhr, weshalb ich hier war. Sie meinte, dass ich sie mit sämtlichen Themen über Essen, Gewicht, Kalorien und Kotzen in Ruhe lassen sollte.

Dann bekam ich mein erstes Mittagessen in der Klinik. Ich wusste nicht, wie lange es her war, dass ich das letzte Mal etwas Warmes gegessen und auch in mir behalten hatte. Es war auf jeden Fall schon etwas länger her. Die Vorstellung, gleich eine „normale" Portion warmes Essen zu verspeisen und anschließend nicht auskotzen zu können, löste Panik in mir aus. Ich wollte fliehen und alles in mir schrie „Hau ab!" Aber erstens war die Tür verschlossen -also ich würde nicht weit kommen - und zweitens war das erst der erste Tag für mich. Da konnte ich so etwas noch nicht bringen. Ich musste wenigstens in der ersten Woche so tun, als wenn ich halbwegs mitarbeite und die Motivation besitzen würde, gesund zu werden.

Beim Mittagessen erfuhr ich von den Betreuern, dass ich vorportioniertes Essen bekam. Das hieß, dass meine Mahlzeiten (drei Hauptmahlzeiten, zwei Zwischenmahlzeiten) von einer Diätassistentin in der Klinikküche zusammengestellt und vorportioniert wurden. Die entsprechende Tageskalorienmenge wurde vorher mit den Ärzten abgesprochen. Im Normalfall war die Kalorienmenge so eingestellt, dass man zwischen 700 und 1000 Gramm in der Woche zunahm. Wenn die Kalorien irgendwann nicht mehr ausreichten und man weniger als 700 Gramm in der Woche zunahm, wurden die Kalorien erhöht. Nahm man zu viel zu, wurde sie gesenkt. Also laut der Aussage der Betreuer hatte ich nichts zu befürchten. Außerdem würde bei mir gaaaannzz laaaangsam mit 1800 Kalorien pro Tag angefangen. Davon würde ich die ersten Tage bestimmt nicht zunehmen.

Am liebsten wäre ich in Tränen ausgebrochen. 1800 Kalorien waren für mich extrem viel! Nach einer Woche Klinik würde ich bestimmt fünf Kilo mehr wiegen! Das war hier die reinste Schweinemastanlage! Was dachten die sich bloß dabei? Ich bereute es so dermaßen, mich „freiwillig" in diese Mastanlage begeben zu haben!!!

Für die Zwischenmahlzeiten hatte ich 15 Minuten und für die Hauptmahlzeiten 30 Minuten Zeit. Würde ich in dieser Zeit nicht fertig werden, musste zusätzlich Fresubin© getrunken werden. Also die Aussicht, das Essen schlichtweg zu verweigern, war ebenfalls nicht besonders prickelnd. Ob ich wollte oder nicht, ich saß in einer Falle. Die Kalorien würden in mir landen und ich konnte es nicht verhindern.

Gleichzeitig war mir aber auch klar, dass das hier meine letzte Chance war. Würde ich jetzt nicht anfangen zu essen, dann würde ich es vermutlich nie tun. Mein Gewicht war schon im lebensgefährlichen Bereich und jedes Gramm weniger konnte meinen Tod bedeuten. Es war nur noch eine Frage der Zeit, wann mein Körper seinen Dienst endgültig einstellte. Also ich hatte nichts zu verlieren. Vielleicht waren diese extrem strengen Regeln und Vorschriften tatsächlich der einzige Ausweg aus dieser Essens- und Kalorienhölle.

In mir kämpften zwei „Dämonen". Der eine wollte an der Essstörung festhalten und lieber sterben, als dick zu werden, und der andere wollte sich zurück ins Leben kämpfen und war dazu bereit, wieder mit dem Essen anzufangen. Auch auf die Gefahr hin, ein paar Kilos zuzunehmen.

Zu essen gab es fünf Kartoffeln mit einem (in meinen Augen) gigantischem Schnitzel und dazu Soße. Ich wusste zwar, dass ich den Sinn für eine normale Portionsgröße verloren hatte, aber das erschien mir doch etwas viel. So viel isst kein normaler Mensch! Aber diskutieren, ob das jetzt eine „normale" Portion sei, oder nicht, half nichts. Es blieb bei den zwei Wahlmöglichkeiten: Essen oder Fresubin© trinken. Ich entschied mich für das kleinere Übel, fürs Essen.

Mein Magen wehrte sich gegen jeden Bissen. Er war nicht gewohnt, Essen aufzunehmen und bei sich zu behalten. Die letzten Monate hatte ich ihn darauf trainiert, Nahrung so schnell wie möglich wieder hervorzuwürgen.

Und das wollte er jetzt auch machen. Bereits nach der Hälfte des Essens wurde mir übel und mein Magen begann zu schmerzen. Trotzdem aß ich tapfer weiter und schaffte es am Ende tatsächlich, die gesamte Portion, ohne großartig zu meckern, aufzuessen.

Nach dem Mittagessen war sogenannte „Sitz-Zeit". Nach Hauptmahlzeiten musste ich eine Stunde und nach Zwischenmahlzeiten 30 Minuten auf dem Sofa im Aufenthaltsraum unter Aufsicht der Betreuer sitzen. Sinn dieser Sitz-Zeit war es, dass ich die gerade gegessenen Kalorien nicht sofort wieder mit Bewegung abtrainierte, sondern die Kalorien Zeit hatten, sich anzusetzen. Während dieser Sitz-Zeit wurde mir sogar vorgeschrieben, wie ich sitzen sollte. Ich musste mich entspannt anlehnen und meine Beine durfte ich nicht anwinkeln, sodass auf keinen Fall mehr Kalorien als nötig verbrannt wurden.

Obwohl Stillsitzen eigentlich das leichteste der Welt ist, fiel es mir trotzdem in diesem Moment extrem schwer, einfach nur ruhig dazusitzen. Ich wollte die eben aufgenommenen Kalorien so schnell wie möglich wieder loswerden und da Kotzen ausschied, blieb mir nur Sport. Von Minute zu Minute machte sich mehr Unruhe in mir breit. Ich wollte mich bewegen und nicht länger faul auf dem Sofa herumsitzen und warten, bis sich die Fettzellen in meinem Körper vermehrten. Doch sobald ich mich auch nur ein bisschen bewegte, stand sofort ein Betreuer neben mir und ermahnte mich, still zu sitzen. Ansonsten würde aus der einen Stunde Sitz-Zeit ganz schnell zwei werden. Obwohl ich noch nicht einmal 12 Stunden hier war, nervte mich schon jetzt diese ewige und ständige Kontrolle!

Nach der Stunde Sitz-Zeit verschwand ich sofort auf dem kürzesten Weg in mein Zimmer. Glücklicherweise waren meine Mitbewohner gerade in Therapie, sodass ich ungestört Sport treiben konnte, ohne dass es jemand mitbekam oder mich verpetzte. Ich machte Kniebeugen, Sit-ups und joggte auf der Stelle, bis ich anfing zu schwitzen. Doch leider wurde ich dann trotzdem erwischt.

Mir wurde nämlich stündlich der Blutdruck gemessen und dabei fiel auf, dass mein Blutdruck und Puls im Vergleich zur vorherigen Messung deutlich erhöht waren. Und da die Betreuer nicht blöd waren und schon viel Erfahrung mit Essgestörten hatten, wussten sie sofort, dass ich offensichtlich Sport gemacht hatte. Daraufhin wurde mir angedroht, dass, falls das noch mal vorkäme, ich mich tagsüber nicht mehr im Zimmer aufhalten dürfte, sondern im stetigen Sichtkontakt der Betreuer bleiben müsste. Um das zu verhindern, beendete ich meine Sportstunde. Zumindest für diesen Tag.

Am Abend lag ich schon um 20 Uhr im Bett, weil ich so erschöpft war. Konnte aber noch nicht einschlafen, weil noch zu viele Gedanken in meinem Kopf umher kreisten. Mir kam es vor, als ob ich den gesamten Tag nur gegessen und auf dem Sofa gesessen hätte. Nach dem Mittagessen gab es noch eine Zwischenmahlzeit (Müsliriegel und Birne) und zum Abendessen zwei Scheiben Brot mit 20 Gramm Margarine und Käse. Besonders das Abendessen war noch eine Herausforderung für mich. Die Margarine und der Käse waren Fett pur! Morgen hatte ich bestimmt zwei Kilo mehr auf der Waage! So viel, wie ich heute gegessen hatte, aß ich sonst nicht einmal in einer Woche! Vor allem so viel überschüssiges Fett. Speziell die Margarine am Abend fand ich total eklig. Anfangs wollte ich sie einfach auf meinem Teller liegen lassen und das Brot nur mit Käse und ohne Streichfett essen. Doch dann wurde mir gesagt, wenn ich sie nicht aufs Brot schmiere, müsste ich sie anschließend ohne Brot essen. Und das wäre eindeutig noch ekliger!

Ich fühlte mich hier nicht wie in einer Klinik, sondern wie in einer Sicherheitsverwahrungsanstalt für absolute Schwerverbrecher.

Nichts durfte ich. Ich durfte keine spitzen oder aus Glas bestehenden Gegenstände im Zimmer haben, keine Gefäße, in denen ich Wasser sammeln könnte, um es vor dem Wiegen zu trinken, kein Sport treiben (sogar Tischtennis fiel darunter) und keine Treppen steigen. Keine Therapien besuchen und nicht in die Schule gehen, weil mein Gewicht dafür ebenfalls zu niedrig war. Dafür musste ich aber alles essen, was mir vorgesetzt wurde. Ob ich es mochte oder nicht. Selbst wenn es mir nicht schmeckte, musste ich aufessen und anschließend noch eine Stunde unter Sichtkontakt die Sitz-Zeit aussitzen. Wenn ich auf Toilette musste oder duschen wollte, musste ich erst um „Erlaubnis" fragen und wurde dabei ebenfalls auf Schritt und Tritt beobachtet. Außerdem war die Eingangstür verschlossen und ich hatte keinen Ausgang. Selbst die Fenster konnte man hier auf Station nicht öffnen! Mittlerweile war ich der festen Überzeugung, dass selbst ein normaler Sträfling im Knast mehr Rechte hatte als ich in der Psychiatrie!

Dieses unendliche Gedankenkarussell machte mir das Schlafen unmöglich. Und wenn ich es dann doch einmal schaffte, meine Augen kurz zuzumachen, weckte mich kurz darauf die Nachtschwester, um meinen Blutdruck zu messen. Der wurde nämlich auch in der Nacht jede Stunde kontrolliert. Also kurz gesagt: Meine erste Nacht in der Klinik war die reinste Hölle! Schlafen war Fehlanzeige. Stattdessen stand stundenlanges Grübeln auf dem Stundenplan.

Um 6.45 Uhr wurde ich schließlich endgültig von einer Betreuerin aus dem Frühdienst geweckt. Wie ein Schwein, das man zur Schlachtbank führt, wurde ich von ihr nach dem morgendlichen Toilettengang ins Arztzimmer zur Waage begleitet.

Schon auf dem Weg dorthin schlug mein Herz wie wild. Ich war so nervös, wie schon lange nicht mehr. Vor der Waage musste ich mich bis auf die Unterhose ausziehen. Dann schaltete die Betreuerin die Waage ein. Mittlerweile zitterte ich am Körper vor Aufregung. Ich war sehr gespannt, welches Gewicht die Waage anzeigen würde. Ich hoffte, dass es noch unter 40 Kilo waren. 39 Kilo wären perfekt gewesen. Doch die Zahl, die die Waage anzeigte, waren keine 39 Kilo. Es waren bedeutend weniger. Ich musste weinen. Das Gewicht schockte selbst mich und auch die Betreuerin schluckte erst einmal, als sie das Gewicht sah.

Ich wog nur noch 35 Kilo!

Ohne, dass mir jemand was dazu erklärte, wusste ich genau, was dieses Gewicht bedeutete: Ich war zu der Zeit dem Tod näher als dem Leben, und wenn ich nicht möglichst schnell an meinem Essverhalten und somit an meinem Gewicht etwas ändern würde, könnten mich meine Eltern bald auf dem Friedhof besuchen. Das machte selbst mir jetzt Angst! Gestern hätte ich noch gesagt: „Lieber dünn und tot als lebendig und dick." Doch jetzt hatte sich meine Einstellung von einer auf die andere Sekunde schlagartig geändert. Ich wollte nicht sterben! Ich wollte leben!

Beim Frühstück strengte ich mich deshalb besonders an und aß sogar die Margarine ohne Protest auf, was für mich bei zwei Brötchen Grundmenge nicht gerade einfach war. Aber ich versuchte, so gut es ging, die Kalorien auszublenden. Denn wenn ich leben wollte, musste ich essen. Egal, wie hart es werden würde, ich würde für mein Leben mit aller Kraft kämpfen!

Beim Mittagessen rebellierte allerdings schon mein Magen und meine Motivation begann erneut zu schwinden. Ich hatte den Tag über schon so viel gegessen, dass er bereits jetzt schon bis zum Platzen gefüllt war und nun sollte da noch das gesamte Mittagessen mit dazu. Mir war übel und ich hatte das Gefühl, bei jedem weiteren Bissen, den ich noch essen musste, mich übergeben zu müssen. Doch den Betreuern war das egal. Sie blieben hart.

Nicht einmal eine Nudel durfte ich auf dem Teller zurücklassen. Ich musste alles aufessen. Zu gerne hätte ich in diesem Moment meine guten Vorsätze über den Haufen geschmissen und gekotzt.

Das Spannungsgefühl im Bauch war äußerst unangenehm bis hin zu schmerzhaft. Ich hatte keine Chance, meinen Magen zu entlasten. Das Einzige, was ich von den Betreuern immer und immer wieder zu hören bekam, war, dass ich da durchmusste. Wenn mein Magen wieder auf normale Größe gedehnt wäre, dann würde dieses Spannungsgefühl nach dem Essen auch irgendwann nachlassen.

Nachmittags durfte ich zur Belohnung für meine gute Mitarbeit mit meiner Bezugsbetreuerin ein paar Minuten auf das Luftgeschoss. Das Luftgeschoss war eine Etage tiefer und eine Art Dachterrasse nur eben nicht auf dem Dach des Hauses, sondern mitten im Hochhaus selbst.

Auf diesem Geschoss gab es keine Außenwände. Somit hatte man das Gefühl, fast im Freien zu sein. Lediglich die Gitter an den Außenseiten erinnerten an eine Psychiatrie. Neben einem Fußballfeld, einer Tischtennisplatte, einer Schaukel und einer Rutsche gab es auf diesem Freigeschoss auch noch einen Kraftraum in der Mitte und einen kleinen Garten auf der Rückseite. In diesem kleinen Garten durfte ich mich mit meiner Betreuerin zehn Minuten auf die Bank in der Sonne setzen. Ab sofort dürfte ich das jetzt jeden Tag. Vorausgesetzt, ich arbeitete weiterhin aktiv mit, nahm nicht ab und hielt mich an die Regeln. Diese lauteten: Aufzug nehmen und keine Treppen laufen, auf der Bank sitzen und nicht stehen oder umherlaufen; kurz: Keine kostbaren Kalorien verschwenden.

Die nächsten Tage aß ich brav alles auf und nahm dadurch langsam zu. Mit der Zeit gewöhnte sich mein Magen tatsächlich an die regelmäßigen Mahlzeiten und die Portionsgrößen und das unangenehme Spannungsgefühl nach jedem Essen ließ nach. Das Essen begann mir sogar wieder Spaß zu machen. Ich konnte es endlich wieder genießen. Allerdings hatte ich immer noch panische Angst, zu schnell zu viel zuzunehmen. Deshalb trieb ich weiterhin nach jeder Mahlzeit Sport, um die Gewichtszunahme möglichst gering zu halten. Was ich dabei jedoch ausblendete, war, dass ich mir dadurch nur ins eigene Fleisch schnitt. Nach drei Tagen hatte ich nämlich noch immer nicht wirklich zugenommen und mein EKG war ebenfalls auffällig. Deshalb beschloss meine Ärztin, dass meine Sitz-Zeit nach den Mahlzeiten in Liegezeit umgewandelt werden sollte. Das hieß, ich musste nicht länger auf dem Sofa sitzen, sondern bekam ein Bett vor das Schwesternzimmer gestellt und musste darauf jetzt flach liegen. Nicht einmal die Beine durfte ich anwinkeln. Das machte mich wahnsinnig, denn dadurch verbrannte ich erstens noch weniger Kalorien und zweitens war es stinklangweilig einfach nur dazuliegen. Auf dem Sofa konnte ich mich wenigstens noch mit anderen Patienten unterhalten oder lesen, aber hier im Bett konnte und durfte ich gar nichts mehr. Das Einzige, was mir blieb, war die Fische im Aquarium zu beobachten oder Löcher in die Luft zu starren.

Um nicht komplett verrückt zu werden und mich wenigstens ein bisschen am Tag bewegt zu haben, begann ich zwischen den Mahlzeiten wie ein aufgescheuchtes Huhn durch mein Zimmer zu rennen. Doch spätestens um 20 Uhr war auch damit Schluss. Nachts schlief ich nämlich vorübergehend auf dem Gang, weil ich über Nacht an einen Monitor angeschlossen wurde, der meine Vitalfunktionen überwachte. Da mein Blutdruck teilweise auf die Werte 60/45 absank, wollte das Personal besonders nachts lieber auf Nummer sicher gehen. Denn solch ein niedriger Blutdruck war alles andere als gesund!

Glücklicherweise wurde ich aber nach bereits drei Tagen schon wieder von diesem nervigen Piepsding erlöst und durfte wieder in meinem Zimmer schlafen. Das Piepsen des Monitors war nämlich echt schrecklich und nervtötend!

Zu Hause stand ich ständig unter Stress und Anspannung, deshalb nahm ich nicht wahr, wie schlecht es mir ging. Ich hatte keine Zeit gehabt zum Nachdenken und um zur Ruhe zu kommen, das war hier in der Klinik anders. Hier hatte ich mehr als genug Zeit, um runterzukommen. Dadurch wurde mir erst richtig bewusst, wie schlecht es meinem Körper wirklich ging. Mein Gesundheitszustand war mehr als schlecht. Ich fühlte mich unentwegt müde, antriebslos, schwach und krank. Egal, wie lange ich schlief, ich war immer noch müde. Manchmal hatte ich beim Laufen Angst, dass meine Beine mein Gewicht nicht mehr tragen könnten und ich hinfalle. Alles tat weh und selbst die kleinste Anstrengung war bereits eine riesige Herausforderung für mich. Erst jetzt wurde mir bewusst, wie hilflos ich war. Ich fühlte mich schlecht. Ich hatte in meinem Leben alles falsch gemacht, was falsch zu machen ging. Nichts hatte ich so hinbekommen, wie ich sollte. Ich fühlte mich mal wieder als absolute Versagerin!

Der Weg bis zur Genesung kam mir unendlich weit vor. Ich sollte bei der Entlassung ein Zielgewicht von 50 Kilo haben. Das hieß, ich musste 15 Kilo zunehmen! Das war fast die Hälfte meines Ausgangsgewichts! Wie sollte ich das bloß schaffen?! Ich würde die 50 Kilo nie erreichen. Da half auch der Gewichtsverstärkerplan, der mich motivieren sollte, nichts.

Der Gewichtsverstärkerplan war ein Plan, auf denen Vergütungen aufgelistet waren, die ich mir mit einem gewissen Gewicht „verdienen" konnte. Zum Beispiel Therapien, Ausgang, Besuch, Schule und ab 48 Kilo Körpergewicht dürfte ich dann sogar selbst bestimmen, was und wie viel ich essen wollte! Nahm ich zu, „verdiente" ich mir die Belohnungen, nahm ich ab, wurden sie gestrichen. Also ein recht einfaches Prinzip. Doch irgendwie motivierte mich selbst das nicht. Ich war in einem absolut tiefen Loch gefangen und machtlos, mich daraus zu befreien. Alles schien über mir zusammenzustürzen und ich in meinem eigenen Selbstmitleid zu ertrinken.

Nach fünf Tagen Klinik kam dann der endgültige Tiefpunkt. Morgens zeigte die Waage mein Ausgangsgewicht von 35 Kilo an! Alles, was ich innerhalb der letzten Tage mühselig zugenommen hatte, war plötzlich weg! 900 Gramm waren über Nacht einfach so verschwunden. Ich verzweifelt. Wie konnte so etwas bloß passieren? Zu Hause musste ich mich anstrengen, 100 Gramm abzunehmen, und jetzt nahm ich

900 Gramm einfach mal so über Nacht ab? Wo blieb da die Gerechtigkeit? Wenn ich abnehmen wollte, nahm ich zu und wenn ich zunehmen wollte, nahm ich ab. Das war alles andere als fair! Ich hätte vor Wut an die Decke gehen können. Doch das war noch nicht alles.

Wie inzwischen bekannt sein sollte, kommt bei mir nämlich ein negatives Ereignis selten alleine. Meistens bekomme ich in solchen schwierigen Situationen vom Leben immer direkt noch einen zweiten Schlag ins Gesicht hinterher, damit ich es mir auch ja merke und nicht so schnell wieder vergesse und aufstehe. So wie auch dieses Mal.

Ich war gerade noch dabei, mich über meine urplötzliche, ungeplante Gewichtsabnahme aufzuregen, als die Betreuerin beiläufig erwähnte, dass meine Kalorienmenge heute sowieso von 1800 auf 2200 erhöht wurde.

Nun war es mit meiner Selbstbeherrschung vollkommen aus. Ich schrie die gesamte Station zusammen. 400 Kalorien mehr pro Tag! Damit kam ich nicht klar! 1800 Kalorien waren bereits schwer mit meinem Gewissen zu vereinbaren, da waren 2200 unmöglich! Selbst ein normaler Mensch hat einen Tagesbedarf von um die 2000 Kalorien, also waren 2200 Kalorien für mich eindeutig zu viel!

Ja, ich wollte zwar zunehmen, aber ich wollte auf keinen Fall aufgehen wie ein Hefekloß! Und das würde ich mit dieser Kalorienzahl bestimmt! Doch die Ärztin ließ sich von meinem Wut- und Schreianfall nicht wesentlich beeindrucken. Ihr Entschluss stand fest: Meine aktuelle Kalorienmenge betrug ab heute 2200 Kalorien. Außerdem sollte ich eine Tablette bekommen, die mich laut ihrer Aussage „ein bisschen entspannter" werden lassen sollte. Schließlich würde die Aufregung über mein Gewicht und die neue Kalorienmenge meine Gesundheit nicht fördern.

Keine Ahnung, was die Ärztin unter „ein bisschen entspannter" verstand. Ich nahm die Tablette nach dem Frühstück und schlief bis zum nächsten Tag durch. Lediglich zu den Mahlzeiten war ich kurz wach. Ich war so sediert, dass ich nicht einmal die Kraft besaß, über die Mengen der Mahlzeit zu diskutieren. Ich nahm gar nichts wahr. Selbst als ich wach war, fühlte sich alles an wie in einem Traum. Ich sah alles wie durch einen dicken Nebel, nichts schien zu mir durchzudringen und ich hatte das Gefühl, dass ich mich nur in Zeitlupe bewegen konnte.

Am nächsten Tag war ich zwar wieder wach, doch die Waage rächte sich für den vergangenen Tag. Innerhalb der letzten 24 Stunden hatte ich 1,1 Kilo zugenommen! Schrecklich! Ich wurde hier drinnen gemästet und würde die Klinik in einem halben Jahr vermutlich rollend verlassen, weil ich durch das viele Fett unfähig wäre zu laufen. Ich fühlte mich wie ein Mastschwein beim Schlachter. Es war eine Katastrophe! Allerdings hatte ich einen entscheidenden Vorteil gegenüber den Mastschweinen: Ich war intelligent und konnte beim Essen mogeln. So konnte ich im Laufe des Tages eine Menge Kalorien einsparen. Ich beschloss, wenn die Ärztin meine Kalorienzahl nicht senken wollte, dann musste ich es eben selbst machen. In Essen verschwinden lassen war ich schließlich Meisterin!

Morgens verschwand ein halbes Brötchen in meiner Tasche der Sweatshirtjacke, ein Teil der Margarine klebte unter dem Messer und ein weiterer Teil pappte an meinen Fingern, die ich an der Innenseite meines Ärmels abstrich. Das gab zwar Flecken, aber lieber Fettflecken an der Kleidung als Fettpolster am Körper!

Bei der Zwischenmahlzeit schüttelte ich meinen Joghurt erst, sodass viel Inhalt am Deckel klebte. Danach ließ ich den voll geklebten Deckel im Mülleimer verschwinden. Somit hatte ich wieder Kalorien gespart. Beim Mittagessen verschmierte ich die Soße schön dünn über den Teller und ließ einen Rest unter der Gabel versteckt liegen. Beim Abendessen verteilte ich wieder die Margarine überall dort, wo sie eigentlich nicht hinsollte.

In der Freizeit, die ich zwischen Essen, Liegezeit und wieder Essen hatte, trieb ich Sport und lief rastlos im Zimmer auf und ab. Inzwischen wussten zwar die Betreuer, dass ich mich in meiner „Freizeit" nahezu pausenlos auf den Beinen hielt, aber mehr als mir mitteilen, dass das nicht gut für mich sei, taten sie trotzdem nicht. Und die Mitteilung, dass das nicht gut ist, hielt mich nicht von meinem Sportprogramm ab. Überhaupt fand ich diese Regel völlig paradox: Ich durfte keine einzige Treppe laufen oder Tischtennis spielen: ABER wenn ich den gesamten Tag in meinem Zimmer auf und ab lief, sagte niemand etwas. Das fand ich seltsam.

Doch trotz der vielen Bewegung und der Mogelei beim Essen nahm ich weiterhin äußerst schnell zu. Nach einer Woche zeigte die Waage bereits zwei Kilo mehr an!

Ein Albtraum für mich. Ich fühlte mich mal wieder belogen und betrogen. Zu Beginn wurde mir von den Ärzten versprochen, dass darauf geachtet werden würde, dass ich nicht zu schnell zu viel an Gewicht zunehmen würde und was war jetzt? Keinen kümmerte es, dass ich zunehmend fetter wurde!

Zusätzlich fühlte ich mich von meinem eigenen Körper ebenfalls hintergangen. Wie ein hungriges Tier schien er sich auf die Kalorien zu stürzen und innerhalb von wenigen Sekunden in Fettpolster zu verwandeln. Ich hatte versucht, mit meinem Körper Frieden zu schließen, und gab ihm regelmäßig Essen und was tat er? Er hinterging mich einfach!

Er schien nur darauf gewartet zu haben, es mir endlich heimzahlen zu können. Ich hatte keinerlei Kontrolle mehr. Überhaupt kam es mir vor, als wenn sich die ganze Welt gegen mich verschworen hätte. Mir ging es miserabel. Ich kam mit meinem Gewicht und meinem Körper nicht mehr klar. Es war zum Heulen. Aber mit jemandem darüber reden konnte ich auch nicht. Niemand hätte mich verstanden. Schließlich sagte ich ja, dass ich gesund werden wollte und da gehört die Gewichtszunahme nun mal zwangsläufig dazu. Und je schneller ich zunahm, desto schneller würde ich entlassen werden. Also war mein aktuelles Gewicht (in den Augen anderer) mehr als positiv. Niemand würde verstehen, dass mir die schnelle Gewichtszunahme Angst machte. Wie auch? Ich verstand mich, meine Gefühle, Gedanken und Ängste schließlich selbst nicht!

Innerhalb von kürzester Zeit hatten sich ein immenser Selbsthass und eine enorme Wut auf allen und jeden in mir aufgebaut. Ich hasste meine Eltern dafür, dass sie mich in die Klinik gebracht hatten, ich hasste die Ärzte, weil sie mich hier mästeten, und ich hasste die Betreuer, weil sie mich ständig und überall kontrollierten. Plötzlich waren alle meine Gefühle, die vorher verschwunden waren, wieder da. Wochenlang war ich gefühlstot und jetzt schien mich ohne Vorwarnung eine Welle von Gefühlen zu überrollen. Jedoch kamen sie nicht langsam zurück, so wie sie zuvor verschwunden waren – sondern sie kamen alle auf einmal zurück. Wie ein Blitz trafen sie mich mit voller Wucht und ich war nun maßlos mit ihnen überfordert. Ich war angespannt ohne Ende und fühlte mich, als wenn ich gleich explodieren würde.

Als dann eine Betreuerin zum Blutdruckmessen kam, brannten bei mir die Sicherungen durch und ich konnte meine Wut nicht mehr zurückhalten. Ich schrie sie an, dass ich hier gemästet werde und niemand sich dabei um meine Gefühle kümmert, dass ich versprochen bekommen habe, dass ich nicht so schnell zunehmen werde, dass mich die ständige Kontrolle nervte und dass ich mich dadurch wie ein Schwerverbrecher fühle.

Während ich schrie, heulte ich dabei Rotz und Wasser und machte keine einzige Sprechpause. Nicht einmal zum Durchatmen oder Luftholen. Als ich fertig war, rechnete ich damit, dass die Betreuerin mich ebenfalls anschreien, oder zumindest fragen würde, was das solle und was ich mir hier erlauben würde. Doch sie schaute mich nur an, nahm mich in den Arm und tröstete mich. Sie erklärte mir, dass diese Rebellion gegen alles und jeden die Magersucht in mir wäre. Sie würde merken, dass es ihr jetzt an den Kragen ginge und sie wollte um ihr Überleben kämpfen. Das wäre völlig normal. Ich dürfte ruhig fluchen, schreien und weinen. Das wäre nicht schlimm, solange ich danach wieder aufstehen und weiterkämpfen würde.

In dem Moment, als ich so austickte, schrie, fluchte und dabei weinte, fühlte ich mich wie ein kleines Kind, das gerade mitten in einer Trotzphase steckte. Doch ich nahm dieses Gefühl in der Situation nicht als schlimm wahr. Ganz im Gegenteil: Es tat gut, alles rauszulassen und anschließend getröstet zu werden. Es war befreiend und irgendwie loslösend. Danach war ich zwar total müde und erschöpft, aber mir ging es deutlich besser als zuvor.

Beim Abendessen gab es das erste Mal Konsequenzen für meine ständigen Schummeleien. Diesmal hatte ich die komplette Margarine im Mülleimer, der zufällig neben mir stand, verschwinden lassen und das war wohl eindeutig zu auffällig.

Eine Betreuerin merkte das nämlich und daraufhin gab es mächtig Ärger. Es hieß, ich würde mit meinem Verhalten die Therapie behindern und es wäre bekannt, dass ich schon länger versuchen würde, Kalorien zu umgehen. Auch andere Betreuer hätten bereits vermerkt, dass meine Margarine überall landete, nur nicht auf dem Brot. Anfangs hätte mich nur niemand darauf angesprochen, weil ich noch neu war und man mir ansah, dass es mir schwerfiel, die Portionen komplett aufzuessen. Man hoffte, dass ich noch irgendwann von alleine dahinterkommen würde, dass Schummeln die falsche Lösung war und dann alles freiwillig ordnungsgemäß aufessen würde. Doch das heute ging eindeutig zu weit!

Ich musste die 20 Gramm Margarine trotzdem essen. Es gab nur ein „Problem": Meine zwei Scheiben Brot hatte ich bereits verspeist. Das hieß, entweder aß ich noch eine weitere Scheibe Brot und schmierte die Margarine da drauf oder ich aß sie pur. Ich entschied mich für die ekligere, jedoch kalorienärmere Variante: Ich aß sie pur.

Am nächsten Tag hatte ich meine wöchentliche Einzeltherapiesitzung bei meiner Ärztin. Auch ihr war bekannt, dass ich derzeit rebellierte und immer wieder versuchte, Kalorien durch Schummeln zu umgehen. Anders als sämtliche Betreuer machte sie mir jedoch keine Vorwürfe deshalb, sondern fragte mich nach dem Grund, wieso ich ständig Essen am Tisch verschwinden ließ und unaufhörlich in meinem Zimmer Sport trieb.

Anfangs hatte ich recht wenig Lust, mit ihr darüber zu reden. Ich war der Meinung, dass sie mich sowieso nicht verstehen würde, und wollte deshalb lieber schweigen. Doch nach einer Weile begann ich mich zu öffnen und erzählte ihr von meinen Ängsten, Bedenken und Gefühlen.

Ich redete mir alles, was mich die letzten Tage belastet hatte, von der Seele und entgegen meiner Erwartung hörte sie geduldig zu. Lediglich ab und zu stellte sie kurze Zwischenfragen, um mich besser verstehen zu können. Als ich fertig war, erklärte sie mir, dass die Magersucht im Kopf ganz verrückte Dinge anstellte. Die Essstörung kämpfte um ihr Überleben und da versuchte sie, alle Registerkarten zu ziehen. Außerdem war es laut ihr völlig normal, dass ich Angst hatte, gesund zu werden. Schließlich war die Krankheit für mich eine vertraute Hölle geworden und vertraute Hölle ist einer unbekannten Hölle immer vorzuziehen.

Während des Gesprächs fühlte ich mich das erste Mal seit Langem verstanden.

Des Weiteren erklärte mir die Ärztin, dass sie „verstehe", dass ich so an der Krankheit hänge. Sie verstehe, dass ich Angst vor den ganzen Anforderungen im normalen Leben hätte und die Magersucht als „Ausrede" benutzen würde. So in dem Sinne: „Ich kann das nicht, ich bin krank". Aber gleichzeitig erklärte sie mir auch, dass es nicht der richtige

Weg war, sich hinter einer Krankheit zu verstecken. Ich müsste lernen, mit Verantwortung umzugehen und Verantwortung zu übernehmen. Ich könnte mich nicht mein gesamtes Leben vor Entscheidungen drücken und darauf hoffen, dass andere Menschen für mich entschieden.

Ich musste lernen, mir selbst zu vertrauen und vor allem mich selbst zu akzeptieren, so wie ich war und mich auch so selbst zu lieben. Es kam mir vor, als würde die Ärztin in meinen Gedanken lesen und dass in Worte fassen, wofür ich keine Worte fand. Es tat gut, darüber zu reden. Durch das Gespräch wurde mir einiges klarer und das gab mir neue Kraft, um weiterzukämpfen.

Außerdem erfuhr ich in dem Gespräch, dass ich vermutlich Borderlinerin bin. Das würde nämlich unter anderem meine tägliche Achterbahnfahrt der Gefühle erklären. Wer oder was dieses „Borderline" war, wusste ich zu diesem Zeitpunkt noch nicht. Aber laut der Ärztin war dieser Borderline dafür zuständig, dass ich mich häufig mit allem und jedem und erst recht mit mir selbst überfordert fühlte und meine Stimmung von einer auf die andere Sekunde von himmelhochjauchzend zu Tode betrübt wechselte. Sie erklärte mir noch einige andere Dinge zu diesem komischen Borderline. Aber das verstand ich nicht. Das Einzige, was ich mir merken konnte, war, dass ich so eine unaussprechliche Therapie machen sollte, die abgekürzt DBT hieß. In dieser Therapie würde ich lernen, mit Borderline zurechtzukommen.

Am Ende der Stunde kamen wir dann kurz wieder auf mein aktuelles Hauptproblemthema zu sprechen: mein Essverhalten. Die Ärztin sagte mir, dass sie zwar nachvollziehen könnte, dass die Krankheit in mir sehr stark war und sich gegen jede Kalorie und jedes kleinste Gramm Fett am Körper wehrte, aber wenn ich gesund werden wollte, müsste ich das ausblenden. Außerdem sollte ich mir bis zum nächsten Einzelgespräch über folgende zwei Fragen Gedanken machen: „Schummle ich, weil ich es will oder weil es mir die Krankheit sagt? Möchte ich mich tatsächlich so viel bewegen oder ist es die Krankheit, die mir vorschreibt, dass ich Sport treiben muss?"

Diese zwei Fragen brachten mich echt zum Nachdenken! Den Rest des Tages verbrachte ich damit, mir über die Antwort den Kopf zu zerbrechen, und je länger ich überlegte, desto klarer wurde mir, dass ich nicht die Kontrolle über meinen Körper hatte, sondern die Krankheit mein ganzes Denken und Handeln kontrollierte. Ich war ihr Sklave. Diese Einsicht war bitter. Mir wurde klar, dass ich momentan kein lebenswertes, selbstständiges Leben führte, sondern mich und mein Leben von der Essstörung kontrollieren ließ. Diese Feststellung tat weh. Gleichzeitig ließ sie aber auch einen Kampfgeist in mir erwachen. Ich wollte das ändern. Ich wollte endlich wieder selbst entscheiden, wie ich meinen Tag gestalte, was ich tue und was ich esse und nicht mehr ausschließlich das machen, was die Krankheit von mir verlangte. Ich wollte „frei" sein.

Am kommenden Tag hatte ich nochmals ein außerplanmäßiges Gespräch mit meiner Ärztin. Sie meinte, dass sie sich über das gestrige Gespräch noch mal ausführliche Gedanken gemacht hätte und nun einen „Versuch" starten würde. Sie würde mir „unverdiente" Privilegien geben und dafür sollte ich mich an die gegebenen Regeln halten. Ich bekäme sozusagen einen Belohnungsvorschuss von ihr. Breche ich den Vertrag, schummle oder nehme ab, verschwinden diese Privilegien.

Das hieß im Klartext: Ab sofort musste ich meine Mahlzeiten komplett aufessen. Wenn ich etwas verschwinden ließ oder irgendwo verschmierte und dabei aufflog, musste ich nun anschließend die doppelte Menge davon essen. Außerdem durfte ich keine Westen oder Pullover mit Taschen mehr am Tisch tragen, musste meine Haare zu einem Zopf zusammenbinden und lange Ärmel hochkrempeln. So sollte verhindert werden, dass ich weiterhin unbemerkt mogeln konnte. Im Gegenzug dazu durfte ich als Belohnung für jede geschaffte Mahlzeit, bei der ich nicht geschummelt hatte, drei Minuten Tischtennis spielen. Das waren also, wenn es gut lief, 15 Minuten am Tag. Des Weiteren durfte ich einmal die Woche in eine spezielle Sportstunde für Magersüchtige. In dieser Therapie wurden 20 Minuten unter Anleitung Sport zum Auspowern gemacht und mit 20 Minuten Entspannung mithilfe von Traumreisen abgeschlossen. Dort sollte ich lernen, dass man auch entspannen kann. Es ist wichtig, einen Ausgleich zwischen Bewegung und Entspannung einzuhalten. Allerdings durfte ich nur an dieser Therapie teilnehmen, wenn ich mich auf Station wenig bewegen würde und mein Gewicht trotzdem weiter nach oben ging. Ansonsten würden mir meine Privilegien wieder gestrichen werden.

Zusätzlich bekam ich eine sogenannte „obere Linie". Diese obere Linie sollte meine Angst vor dem zu schnellen Zunehmen minimieren. Das hieß, dass ich ab sofort mindestens 700 Gramm pro Woche zunehmen musste, aber nicht mehr als 1,2 Kilo. Würde ich die 1,2 Kilo pro Woche übersteigen, dann würde spätestens am zweiten Tag meine Kalorienmenge reduziert werden.

Nach dem Gespräch fühlte ich mich überglücklich und mir ging es deutlich besser. Der Vertrag war in meinen Augen ein Geschenk und gab mir einen unwahrscheinlichen Motivationsschub!

Meine Eltern besuchten mich während der gesamten Zeit zweimal in der Woche und am Wochenende. Ich genoss die Zeit mit ihnen und bin ihnen sehr dankbar dafür, dass sie in dieser schweren Zeit zu mir standen. Mittlerweile verstand ich mich mit ihnen auch langsam wieder besser. Seitdem ich in der Klinik war, gab es viel weniger Streit zwischen uns und wir freuten uns, wenn wir uns sahen. Meine Großeltern besuchten mich ebenfalls. Zwar seltener als meine Eltern, aber dennoch regelmäßig.

14. Es geht bergauf

Zu Beginn fiel es mir noch schwer, mich an die neuen Regeln zu halten. Die ersten Tage nach der neuen Vereinbarung musste ich mindestens zweimal pro Tag die doppelte Menge Soße, Margarine, Brötchen oder Joghurt essen. Eigentlich wollte ich nicht mogeln, aber ich konnte es manchmal trotzdem nicht unterlassen. Die Krankheit in mir ließ es ab und zu einfach nicht zu, dass ich alles ohne Schummel-Versuche aufaß. Die Magersucht in mir kämpfte weiterhin gegen jede noch so kleinste Kalorie an und wollte sie vermeiden. Doch in 90 Prozent der Fälle wurde ich von einem Betreuer erwischt und musste anschließend eine Extraportion essen.

Nach wenigen Tagen änderte sich das jedoch. Ich lernte daraus und begann alles freiwillig aufzuessen. Denn das hatte den Vorteil, dass ich die Portion nur einmal komplett und nicht anderthalb Mal essen musste. So sparte ich deutlich Kalorien und hatte im Endeffekt weniger gegessen, als wenn ich es mit Mogeln probierte und erwischt wurde. Außerdem hatte ich so die Chance, Tischtennis spielen zu dürfen.

Doch obwohl ich mich nun dosiert bewegen und ein bisschen Sport treiben dufte, änderte das an meinen überdurchschnittlichen Bewegungsdrang recht wenig. Stillsitzen oder gar entspannen fiel mir extrem schwer. Selbst in der Entspannungstherapie kam ich die ersten Male überhaupt nicht zur Ruhe.

Ununterbrochen wälzte ich mich auf der Isomatte hin und her und schaffte es nicht abzuschalten. Doch nach ein paar Therapieeinheiten merkte ich, dass es gar nicht so schlimm war, wie ich es mir vorstellte, einen Augenblick einfach nur faul dazuliegen und nichts zu tun. Ich begriff, dass Nichtstun und entspannen auch ab und zu guttun kann und begann es zu genießen, ein paar Minuten „faul" zu sein zu dürfen und sich fallen zu lassen.

Nach der Therapie fühlte ich mich jedes Mal besser, ausgeruhter, ausgeglichener und voller neuer Energie.

Trotzdem begann ich meistens direkt nach der Entspannung wieder hektisch in meinem Zimmer auf und ab zu rennen. Also entspannen und faul sein dürfen, waren während der Therapie o. k. für mich, aber nach der Therapie musste ich weiter Kalorien abtrainieren.

Dann kam der 19. April, mein 17. Geburtstag. In meinen Augen war dieser Tag ein wichtiges Schlüsselerlebnis für mich und meinem Umgang mit der Essstörung.

Bereits zwei Tage vorher wurde meine Liegezeit wieder in Sitz-Zeit zurückverwandelt, weil mein Gewicht nun seit einer ganzen Weile in die richtige Richtung ging und ich auch ansonsten gut mitarbeitete. Deshalb durfte an meinem Geburtstag meine Familie auch den gesamten Tag zu Besuch bleiben. Sie kamen vormittags und blieben dann bis zum Abendessen. Eigentlich hätte ich dieses „Geschenk" schön finden müssen, doch ich konnte mich leider nicht zu 100 Prozent darüber freuen. In meinem Hinterkopf war nämlich die Angst, dass ich an diesem Tag unbeschreiblich viel an Gewicht zunehmen würde, da mir durch den langen Besuch die Möglichkeit genommen wurde, mein tägliches Sportpensum abzuleisten. Trotzdem versuchte ich, den Tag so gut es ging zu genießen und mir vor meinen Gästen meine innerliche Anspannung und Unruhe nicht anmerken zu lassen.

Da mein Geburtstag ein besonderer Tag war, bekam ich auch von meiner Ärztin ein kleines Geschenk. Ich durfte heute anstatt 10 Minuten auf das Luftgeschoss, 45 Minuten mit meiner Familie die Station verlassen und mich in den Garten vom Klinikcafé setzen.

Das war das erste Mal, dass ich seit meiner Einweisung vor einem Monat das Klinikgebäude verlassen durfte. Ich freute mich schon darauf, endlich wieder ein Stückchen spazieren gehen zu dürfen, doch diese Vorfreude wurde direkt von der Ärztin zerschlagen.

Meine Eltern durften nämlich nur mit mir raus, wenn ich die gesamte Zeit draußen sitzen würde.

Also mit spazieren gehen, Schaufenster anschauen etc., war nichts. Da half auch kein Betteln und Flehen, meine Eltern hielten sich an mein Laufverbot.

Die einzige Ausnahme, die meine Eltern im Klinikcafé machten, war, dass ich ausnahmsweise eine Cola light trinken durfte. Normalerweise waren alle „Light-Produkte" und vor allem Süßstoff auf der Station verboten. Erst recht für Essgestörte. Überhaupt war Wasser und Tee das Einzige, was ich außerhalb der Essenszeiten zu mir nehmen durfte. Ich durfte nichts außerhalb der vorportionierten Mahlzeiten essen, weil das die Kalorienmenge des Tages verfälscht hätte. Noch nicht mal einen Apfel durfte ich zusätzlich essen. Selbst dann nicht, wenn ich Hunger hatte. Das war eine Regel, die ich nie verstand. Aber zu diesem Zeitpunkt war mir die Regel egal, denn ich hätte selbst kein zuckerfreies Bonbon gegessen. Jede noch so kleine zusätzliche Kalorie war mir eine zu viel. (So dachte ich zumindest zu meiner Anfangszeit in der Psychiatrie). Deshalb lehnte ich auch ab, als mir meine Mutter anbot, ein Stück Geburtstagskuchen zu essen. Da kam mir nämlich die Ausrede, dass ich außerhalb der vorportionierten Mahlzeiten nichts essen durfte gerade recht.

Nachmittags machte mich das ununterbrochene Sitzen an diesem Tag schier verrückt! Ich hatte das Gefühl, Ameisen im Hintern zu haben. Immer öfter stand ich nun auf, um wenigstens ein bisschen Bewegung zu haben und nicht ganz so untätig herum zu sitzen. Jedoch merkte mein Vater sofort, was ich da tat und ermahnte mich, still zu sitzen. Selbst mit den Beinen auf und ab wippen durfte ich nicht. Es war zum Durchdrehen! In Gedanken malte ich mir aus, wie mein Körper gerade die Ruhe nutzte, um die Kalorien ungestört in Fettpolster umzuwandeln, und ich konnte ihn nicht daran hindern oder es ihm zumindest erschweren!

Meine Familie und auch andere Außenstehende verstanden nicht, dass ich so panische Angst hatte zuzunehmen oder mehr zu essen. Schließlich war ich ja genau deswegen in der Klinik! Hier sollte ich lernen, wieder normal und gesund zu essen, also wieso sträubte ich mich so dagegen? Das konnten sie nicht nachvollziehen. Ihrer Ansicht nach war es eine vollkommen übertriebene Vorstellung, dass ich Angst hatte, dick zu werden. Schließlich hatte ich aktuell noch 20 Kilo Untergewicht! Und so schnell würde ich bestimmt keine 30 Kilo oder noch mehr zunehmen! Meine Befürchtung war jedoch, dass ich nach der Entlassung nicht mehr mit dem vielen essen aufhören könnte und immer weiter zunehmen würde.

Mittlerweile nervten mich die doofen Sprüche von „gesunden" Menschen, die mir immer wieder eintrichterten: „Kind du musst essen, dann bist du ganz schnell wieder raus der Klinik!" Klar, hätte ich jetzt (so, wie es jeder nicht-essgestörte Mensch getan hätte) jeden Tag hochkalorische Kost zu mir nehmen und so viel Süßigkeiten essen können, bis mir übel gewesen wäre, aber ich war ja auch nicht umsonst in der Klinik. Natürlich wollte ich möglichst schnell wieder entlassen werden, doch ich wollte nicht aufgehen, wie ein Hefekloß und bei der Entlassung 100 Kilo wiegen!

Für mein Umfeld war klar: Um entlassen zu werden, musste ich auf 50 Kilo kommen. Egal wie. Je schneller, desto früher würde ich entlassen werden. Deshalb war es für sie völlig absurd, dass ich mich vor jeder Kalorie drückte.

Selbst heute noch begleitet mich diese Angst „fett" zu werden. Zurzeit ist mein Gewicht im oberen Bereich des Normalgewichtes. Also ich bin nicht mehr unbedingt schlank. Aber ja, ich komme mit meinem aktuellen Gewicht klar. Dennoch habe ich Angst (obwohl mein Gewicht seit knapp einem Jahr stabil ist) noch weiter zuzunehmen. Noch immer kenne ich sämtliche Nährwerte von Lebensmitteln auswendig und bekomme ein schlechtes Gewissen, wenn ich Süßigkeiten, Eis oder sonstige Lebensmittel mit einem hohen Kaloriengehalt esse.

Kurz vor dem Abendessen verabschiedeten sich meine Eltern und Großeltern. Eigentlich hatte ich noch fest vor, nach dem Abendessen und der Sitz-Zeit Sport zu treiben, um wenigstens noch ein paar Kalorien abzutrainieren. Doch dazu sollte ich nicht kommen. Nach dem Essen war ich nämlich so erschöpft, dass ich schon während der Sitz-Zeit einschlief. Der Besuch war zwar sehr schön für mich gewesen, doch gleichzeitig auch sehr anstrengend. So kam es, dass ich bereits nach der Sitz-Zeit in mein Bett ging und bis zum nächsten Morgen durchschlief.

Am nächsten Morgen wachte ich mit Herzklopfen und einem unguten Gefühl in der Magengegend auf. Am Vortag hatte ich keine einzige Minute Sport gemacht, und als ich nach dem Aufwachen meine Hand auf den Bauch legte, spürte ich eine deutliche Wölbung, die gestern noch nicht da gewesen war. Also ein eindeutiger Beweis, dass ich zugenommen hatte! Ich hätte heulen können. Wie konnte mein Körper mir so etwas antun?

Mit zittrigen Knien stieg ich auf die Waage und rechnete mit dem Schlimmsten. Doch mit dem, was jetzt geschah, hatte ich nicht gerechnet. Die Waage zeigte 200 Gramm weniger als am Vortag an! Ich war erleichtert und verwirrt zugleich. Es gab Tage, an denen ich nichts anderes außer Sport in meiner Freizeit machte und zunahm und am gestrigen Tag war ich faul ohne Ende und habe abgenommen? Das soll mal einer verstehen. Ich verstand es zumindest nicht!

Trotzdem lernte ich dadurch an diesem Tag etwas Wichtiges: Auch wenn ich mich nicht den gesamten Tag bewegte oder Sport machte, nahm ich dadurch nicht gleich fünf Kilo zu. Mein Körper zog sich lediglich die Kalorien aus dem Essen raus, die er tatsächlich brauchte. Ob ich mich nun mehr oder weniger bewegte, war dabei völlig egal. Die Bewegung machte, wenn überhaupt, 100 Gramm aus und wahrscheinlich noch nicht einmal das. Wenn ich weiter so viel Sport trieb, würde ich zwar weniger schnell zunehmen, was aber zur Folge hätte, dass meine Kalorienzahl hochgesetzt werden würde. Dann müsste ich mich noch mehr bewegen, um nicht zu schnell zuzunehmen. Ein ewiger Teufelskreis, aus dem es keinen Ausweg gäbe. Also könnte oder besser gesagt sollte ich auf den Sport verzichten.

Denn selbst, wenn ich dann davon zu schnell zunehmen würde, würden die Ärzte gegensteuern und meine Kalorienzahl pro Tag senken. In dieser Angelegenheit musste ich meine Bedenken beiseitelegen und ihnen und zugleich auch meinem eigenen Körper vertrauen. Das war zwar alles andere als einfach für mich, denn ich vertraute schon lange niemandem mehr und am wenigsten mir selbst und meinem eigenen Körper. Doch das musste ich jetzt. Ich musste den Ärzten vertrauen, dass sie auf mein Gewicht achteten und gegebenenfalls einschritten und ich musste meinem Körper vertrauen. Ich musste darauf vertrauen, dass er nicht gleich ein Kilo zunahm, wenn ich mich mal nicht bewegte, sondern sich ausschließlich die Kalorienmenge aus der Nahrung herauszog, die er tatsächlich benötigte, um zu überleben und langsam, aber kontinuierlich zuzunehmen. Außerdem musste ich lernen zu akzeptieren, dass tägliche Gewichtsschwankungen etwas völlig Normales waren. Wenn ich einen Tag 500 Gramm zunahm, hieß das nicht, dass ich in den kommenden Tagen auch an jedem Morgen 500 Gramm mehr hätte. Mein Gewicht ging ständig hoch und runter. Eine Gewichtszunahme verlief immer EKG-mäßig und nie gradlinig.

Es hatte zwar eine ganze Weile gedauert und eine Menge Tränen gekostet, doch nun war es so weit: An diesem Tag machte ich meinen ersten Schritt zum Waffenstillstand mit meinem Körper und sagte stattdessen dem Diktat der Essstörung den Kampf an! Ich wollte leben und Leben hatte Gewicht!

Mein extremer Bewegungsdrang wurde von diesem Tag an deutlich geringer und ich hatte keine Panik mehr, wenn Besuch kam und ich längere Zeit sitzen musste. An manchen Tagen schaffte ich es sogar, mich tagsüber ins Bett zu legen und ein Buch zu lesen oder zu entspannen. Was zuvor undenkbar gewesen wäre, wurde für mich plötzlich zum Alltag. Vor einer Woche noch hätte mir das die Magersucht nie erlaubt. Sie hätte mir erzählt, dass ich durch untätiges Herumliegen fett und schwabbelig werden würde. Doch jetzt lachte ich sie aus und sagte: „Das viele Sporttreiben ist vergeudete Lebenszeit, die ich bedeutend besser nutzen kann. Sport ist o.k., aber sollte nicht zum Zwang oder zur Sucht werden. Ich entscheide, wann ich mich bewegen möchte und nicht du!"

Gleichzeitig verbesserte sich mein Essverhalten ebenfalls nochmals enorm. Ich ließ kaum noch Lebensmittel verschwinden und freute mich mittlerweile zunehmend häufiger auf die Mahlzeiten. An guten Tagen konnte ich das Essen sogar genießen. Auf der anderen Seite machte mir dieses gute Gefühl jedoch auch ein bisschen Angst. Ich fühlte eine gewisse Abhängigkeit vom Essen. Das gefiel mir ganz und gar nicht. Trotzdem würde ich im Großen und Ganzen behaupten, dass ich in dieser Zeit durchaus stolz auf mich und meine Fortschritte war.

Zwischendurch gab es aber leider auch schlechte Tage. Tage, an denen ich mich zum Essen zwingen musste und meine Gedanken in den Kreisen der Essstörung gefangen waren. An solchen Tagen hatte ich einen enormen Hass auf mich selbst und eigentlich auch auf die ganze Welt. Ich kam mit meinen eigenen Gefühlen nicht klar und wäre am liebsten vor mir selbst abgehauen. Glücklicherweise stand aber auch an solchen miesen Tagen meine Familie immer hinter mir. Ich konnte mich auf sie verlassen und sie haben mich unterstützt, wo sie nur konnten. Selbst wenn ich meine Eltern anschrie, dass sie verschwinden und mich nie wieder besuchen sollten, weil ich sie für die Einweisung oder etwas anders verantwortlich machte und hasste, kamen sie danach trotzdem wieder. Dieser Rückhalt von ihnen half mir, die Zeit in der Psychiatrie durchzustehen.

Ebenfalls eine große Unterstützung, sowohl an guten als auch an schlechten Tagen, war für mich die Spiegeltherapie. In dieser wöchentlichen Einzeltherapie lernte ich Schritt für Schritt, mich selbst wieder im Spiegel anschauen zu können, und meinen Körper in realen Maßen zu sehen. Ziel dieser Therapie war es, dass ich lernen sollte, dass ich meiner eigenen Körperwahrnehmung zurzeit nicht trauen konnte und das Bild, dass ich im Spiegel sah, nicht der Realität entsprach. Das, was ich derzeit im Spiegel sah, war das, was die Magersucht mich sehen lassen wollte.

Zu Beginn war die Therapie noch sehr schwierig für mich. Ich wollte gar nicht in den Spiegel schauen. Ich wollte nicht das fette, schwabbelige Monster, das ich meiner Ansicht nach war, sehen. Am liebsten hätte ich alle Spiegel aus meinem Umkreis verbannt und nie wieder in einen hineingeschaut, doch leider war das unmöglich. Denn Spiegel sind überall. In jedem Haushalt, in so gut wie jedem Geschäft, in Kaufhäusern, auf jeder Toilette und ja, manchmal sogar in Krankenhäusern oder Schulen. Also Spiegel aus meinem Leben zu verbannen, war nicht möglich. Deshalb ließ ich mich gezwungenermaßen, zögerlich und sehr misstrauisch auf die Therapie ein. Was im Nachhinein eindeutig die richtige Entscheidung war!

Zunächst sollte ich beschreiben, was ich im Spiegel sah. Ich war ehrlich und beschrieb mich so, wie ich mich selbst wahrnahm. Als hässliches, übergewichtiges und ekelerregendes Etwas. Da konnte meine Therapeutin noch so oft das Gegenteil behaupten: Ich war der festen Überzeugung, dass ich genau so aussah. Ich war dick und fett. Überall schwabbelte es an meinem Körper und die Fettpolster waren unübersehbar. Egal, was andere Leute meinten: Ich war ein fettes, hässliches Monster!

Um mir zu beweisen, dass ich doch dünner war, wie ich dachte, bat mich die Therapeutin mit einem Seil meinen gefühlten Bauchumfang auf den Boden legen. Dann sollte ich ein weiteres Seil nehmen und meinen tatsächlichen Bauchumfang abmessen und anschließend die beiden Seillängen vergleichen. Und tatsächlich: Zu meinem großem Erstaunen war mein realer Bauchumfang nur halb so groß, wie ich anfangs geschätzt hatte. Das stimmte mich nachdenklich. Hatte ich also wirklich ein vollkommen falsches Selbstbild? War doch ich es, die eine „Lüge" im Spiegel sah? Hatten meine Mitmenschen doch recht und ich war nur noch Haut und Knochen? Ich wusste es nicht. Ich war vollkommen verwirrt und wusste nicht mehr, wem und was ich glauben sollte.

Laut meiner Therapeutin war diese Verwirrung im Kopf zu Beginn bei allen Patienten da. Geduldig und mit viel Feingefühl machte sie in den kommenden Wochen noch weitere solche und ähnliche Übungen mit mir. Nach fünf Wochen sah ich mich im Spiegel zwar weiterhin als dick, aber ich wusste inzwischen, dass das Spiegelbild eine „Lüge" war, die mir die Magersucht vorspielte. Meine Selbstwahrnehmung war durch die Krankheit verzerrt und ich durfte mich nicht auf meine Augen verlassen, sondern musste dem vertrauen, was ich beweisen konnte. Zum Beispiel meinen mit dem Seil abgemessenen Bauchumfang.

Außerdem wurden in der Therapie mehrmals Fotos von mir in Unterwäsche gemacht, um den Therapieverlauf für mich anschaulich zu dokumentieren und mir zu zeigen, wie ich wirklich aussah. Denn auf Fotos war meine Selbstwahrnehmung deutlich weniger verzerrt, als im Spiegel. Ja, das klingt nicht nur verrückt, sondern ist es auch. Auf Fotos sah ich mich annähernd so, wie ich in der Realität aussah und im Spiegel sah ich mich als fett. Anders wie ein Foto war das Bild im Spiegel vollkommen von meiner Essstörung bestimmt.

Warum und wieso das so war, weiß ich nicht, doch angeblich soll dieses Foto- / Spiegel-Phänomen bei magersüchtigen Patienten keine Seltenheit sein.

Die Therapeutin fotografierte bei dem ersten „Fotoshooting" die Stellen an meinem Körper, an denen die Knochen besonders hervorragten oder ich extrem dünn war. Anschließend schauten wir uns gemeinsam die fotografierten Bilder auf dem PC an. Das war ein Schock für mich. Ich hatte zwar schon von vielen Leuten gehört, dass ich sehr, sehr dünn sei, aber ich selbst habe das nie so wahrgenommen. Doch jetzt, durch die Fotos, sah auch ich mich, wie mein Umfeld mich sah.

Es war schrecklich! Meine Wirbelsäule und mein Becken standen weit hervor und sogar auf den Bildern hätte man meine Rippen zählen können. Meine Arme und Beine waren lediglich noch dünne Striche. Nur die Gelenke waren noch dicke Beulen. An meinen Knien, meinem Hintern und meiner Wirbelsäule hatte ich Blutergüsse, weil dort beim Sitzen beziehungsweise Liegen die Knochen rieben und Druckstellen verursacht hatten. Mein Bauch war weit eingefallen und auf meinem Rücken ragten die Schulterblätter so weit hervor, dass sie wie abgebrochene Engelsflügel aussahen. Überhaupt konnte man jeden Knochen an meinen Körper sehen. Ich sah aus wie ein lebendiges Skelett. Wobei der Begriff „lebendig" eigentlich übertrieben war. Meine Haut war nämlich totenbleich, mein Gesicht eingefallen und unter den Augen hatte ich tiefe, schwarze Ringe. Nichts erinnerte mehr an Leben an mir. Ich war eine wandelnde Tote!

Als ich die Bilder sah, musste ich erst einmal schlucken. Und das hat etwas zu heißen, wenn selbst eine magersüchtige Person sagt, dass sie viel zu dünn aussieht!

Durch die Bilder habe ich das erste Mal gesehen, wie dünn ich tatsächlich war. Zuvor kannte ich nur die „Fälschung" aus dem Spiegel. Doch die Fotos zeigten mir die unschöne Realität. Fassungslos starrte ich auf den Bildschirm des Computers. Was hatte ich meinem Körper bloß angetan? Kein Wunder, dass meine Mutter geweint hatte, als sie mich das letzte Mal in Unterwäsche gesehen hatte. Selbst ich fand es schrecklich und beängstigend, wie ich aussah!

Tränen kullerten über meine Wangen. Doch die Therapeutin tröstete mich. Sie erklärte mir, dass es wichtig war, dass ich erkannte, dass ich viel zu dünn war und dringend zunehmen musste. Nun lag es an mir, etwas daran zu ändern. Ich hatte die Zügel in der Hand und entschied selbst, ob die Therapie anschlug oder nicht. Weigerte ich mich, würde sich mein Leben nicht verändern und ich würde vermutlich bald sterben. Aber wenn ich weiterhin so gut mitarbeitete, wie ich es zurzeit tat, dann wäre das starke Untergewicht bald Geschichte und ich könnte wieder am normalen Leben teilnehmen.

Meinem Empfinden nach war die Spiegeltherapie die beste Therapie, die ich in der Psychiatrie hatte. Sie brachte mir von allen Therapien am meisten und ich kam super mit der Therapeutin klar. Sie war einfühlsam, aber sagte immer direkt, was sie dachte. Das gefiel mir und gab mir die Überschaubarkeit, die ich derzeit brauchte. Bei ihr brauchte ich nicht zu befürchten, dass sie mich anlog, mir was Falsches versprach, oder falsche Hoffnungen machte. Sie war immer ehrlich und direkt. Das fand ich gut.

15. Leben wie im Knast

Nun war ich bereits sieben Wochen in der Klinik und hatte immer noch keinen Ausgang. Das Einzige, was sich geändert hatte, war, dass ich nun 30 Minuten anstatt nur 10 Minuten auf das Luftgeschoss durfte.

Es machte mich traurig, zu sehen, wie meine Mitpatienten jeden Tag mit oder teilweise sogar ohne Begleitung in die Stadt gehen durften und ich mehr oder weniger alleine auf Station zurückbleiben musste.

Draußen war es mittlerweile schon warm und es wurde endlich Sommer und ich konnte beziehungsweise durfte nicht raus gehen. Das frustrierte. Luftgeschoss war zwar besser, als gar nicht an die frische Luft zu dürfen, aber es war auch nicht dasselbe, wie komplett außerhalb der Klinik zu sein. Auf dem Luftgeschoss fühlte man sich durch die Gitter irgendwie trotzdem noch eingesperrt. Die letzten Wochen hatte ich zwar meiner Meinung nach ordentlich zugenommen, doch den Ärzten waren vier Kilo immer noch zu wenig, um mich raus zu lassen. Schließlich war ich weiterhin unter dem Gewicht, das ich zu diesem Zeitpunkt eigentlich haben sollte. Laut den Berechnungen der Ärzte sollte ich mittlerweile die 40 Kilo Marke geknackt haben. Ich wog bis jetzt jedoch nur 39 Kilo. Und unter 40 Kilo dürfte ich auf keinen Fall die Station ohne Erlaubnis meiner Ärztin verlassen.

Dann kam allerdings ein Tag, an dem so ziemlich alles schief ging, was irgendwie schieflaufen konnte. Es war Wochenende und wie jedes Wochenende war es auf Station total langweilig.

Fast alle Mitpatienten fuhren von Samstagmorgen bis Sonntagabend in Wochenendurlaub nach Hause und die anderen waren zumindest tagsüber zu Hause oder bekamen wenigstens Besuch. Ich durfte aber weder nach Hause, noch kam mich irgendjemand besuchen. Also die Langeweile war für mich absolut vorprogrammiert. Dazu kam, dass ich morgens beim Wiegen ganze 600 Gramm mehr auf der Waage hatte. Inzwischen sollte ich eigentlich begriffen haben, dass solche urplötzlichen und unbegründeten Gewichtszunahmen normale Gewichtsschwankungen waren und nichts zu bedeuten hatten. Wenn ich heute 600 Gramm mehr wog, konnte das morgen schon ganz anders aussehen.

Aber trotzdem traf mich jede Gewichtszunahme immer noch wie ein Faustschlag ins Gesicht. Besonders, wenn es so viel war. Also Langeweile war an diesem Tag nicht mein einziges Problem. Zu der Langweile kamen noch Frustration, Wut und allgemeine schlechte Laune. Und mittags kam dann noch das endgültige Tüpfelchen auf dem I hinzu, dass den Tag schlussendlich unter der Kategorie „Besser-im-Bett-geblieben-Tage" einordnen ließ: Ich erfuhr, dass meine Kalorien ein weiteres Mal erhöht wurden. Meine tägliche Kalorienmenge war mittlerweile bei 2400 pro Tag! Das hieß, dass ich ab heute noch schneller und mehr zunehmen würde, als sonst schon! Es war ja nicht so, dass ein Kilo pro Woche nicht schon genug wäre!

Kurz gesagt: An diesem Tag war gefühlsmäßig Weltuntergangsstimmung bei mir.

Meine Gedanken und Gefühle fuhren sowieso schon tagtäglich Achterbahn mit mir. Mal war ich voll motiviert und wollte essen, zunehmen und gesund werden und ein anderes Mal hätte ich am liebsten alle Mahlzeiten wieder herausgekotzt oder erst gar nicht gegessen. Meine Stimmung wechselte die letzten Tage schneller wie das Wetter im April. In ganz dunklen Momenten dachte ich sogar: „35 Kilo Gewicht waren nicht schlecht, aber würde ich eventuell auch 34 Kilo schaffen?" Ich betrachtete die Essstörung als eine Art Spiel und übersah dabei die Gefahren der Krankheit.

Ich wollte meine Grenzen austesten und sehen, wie weit ich gehen konnte.

Keine Minute später dachte ich aber wieder: „Was für einen Blödsinn denke ich da? Ich will gesund werden!"

Die Krankheit und mein innerer Wille gesund zu werden, lieferten sich einen unerbittlichen Machtkampf. Dieser Machtkampf kostete mich eine Menge Kraft. Und an diesem Tag wurde mir das alles schlichtweg zu viel. An diesen Tag war meine kranke Seite eindeutig stärker, als mein Wille gesund zu werden. Mich kotzte wortwörtlich alles an. Die ewige Kontrolle, das Essen, mein Gewicht, mein Körper, dass ich in der Klinik war, überhaupt alles ging mir auf die Nerven. Am liebsten wäre ich wieder in alte Verhaltensmuster zurückgefallen und hätte gekotzt oder mich selbst verletzt, um meiner negativen, zum Teil sogar aggressiven Stimmung Luft zu machen.

Die Probleme waren nur, dass ich für Selbstverletzung keine scharfen oder spitzen Gegenstände hatte und ich nicht kotzen konnte, weil die Badezimmertür ja noch immer aufgrund der Dusch- und Toilettenbegleitung zugeschlossen war. Selbst wenn ich alternativ in den Mülleimer gekotzt hätte, wo hätte ich es entsorgen sollen? Außerdem stand nirgends Wasser herum und ohne ausreichend Flüssigkeit im Magen konnte ich nicht kotzen. Auf die Zimmer durften keine Getränke oder Getränkebehälter mitgenommen werden und da waren die Betreuer sehr wachsam. Zudem hatte ich auch keine Lebensmittel, die ich für den Essanfall davor hätte verschlingen können und ohne Essanfall im Vorfeld brachte das Erbrechen für mich keine Erleichterung. Deshalb versuchte ich mich zunächst abzulenken und an etwas anderes zu denken, was mir jedoch nicht wirklich gelingen wollte. Meine negativen, selbstzerstörerischen Gedanken hatten mich fest im Griff.

In der Hoffnung meinen negativen Gedanken und Gefühlen „davonzulaufen", begann ich nach einiger Zeit Selbstmitleid und Trübsal blasend im Zimmer und auf dem Gang auf und ab zu laufen. Als ich dann über den Gang schlenderte, fiel mein Blick auf die Tür, die seit zwei Tagen unverschlossen war. Da nun niemand mehr von den aktuellen Patienten weglaufgefährdet war, sahen es die Ärzte und Betreuer nicht länger als nötig an, die Tür ununterbrochen abgeschlossen zu halten. Da hatten sie allerdings ihre Rechnung ohne mich gemacht. Ohne lange zu überlegen oder über mögliche Konsequenzen nachzudenken, ergriff ich nämlich durch die offen stehende Tür die Flucht und verschwand in Richtung Freiheit.

Mein Herz schlug wie wild, als ich durch die Tür in das Treppenhaus stürmte, die Treppe hinunterrannte und aus der Eingangspforte herausstürzte. Ich rannte, als ob es um mein Leben ginge. Im Nachhinein erfuhr ich, dass das jedoch völlig überflüssig war, denn vorerst bemerkte niemand auf Station, dass ich nicht mehr da war. Das wusste ich aber zu diesem Zeitpunkt nicht. Ich rechnete damit, dass mir jeden Moment ein Betreuer der Station oder ein anderer Pfleger einer anderen Station hinterherrennen und mich festhalten würde. Als ich dann feststellte, dass dem nicht so war, fiel mir ein Stein von Herzen und ich war erleichtert, dass meine Flucht geglückt war.

Doch nun stand ich vor dem nächsten Problem: Ich wusste nicht, wo ich mich befand. Durch meine Kurzschlusshandlung, Hals über Kopf aus der Klinik zu fliehen, bin ich, ohne zu überlegen, einfach in irgendeine Richtung gerannt. Da ich mich in diesem Stadtteil sowieso nicht besonders gut auskannte, reichte diese kurze, kopf- und planlose Flucht aus, damit ich die Orientierung komplett verlor. Ich kannte zwar die Innenstadt, aber hier war ich irgendwie in einem völlig anderen Stadtteil. Hier waren keine Geschäfte oder sonstiges zu sehen. Wo auch immer ich war, hier war ich falsch!

Was genau ich mir von meinem „kleinen Ausflug" erhoffte, wusste ich nicht. Mein Ziel war es keinesfalls, tagelang auf der Flucht zu sein, im Freien zu übernachten und mich vor jeder Polizeistreife zu verstecken. Aber einfach nach ein paar Stunden zurückzugehen, zu klingeln und zu sagen, dass ich wieder da sei, kam mir mindestens genauso bescheuert vor. Ich hatte keine Ahnung, wie mein Ausflug enden sollte. Doch das war mir zumindest momentan auch relativ egal. Dafür hätte ich später garantiert noch genug Zeit, um mir darüber Gedanken zu machen. Jetzt wollte ich erst einmal meine frisch gewonnene Freiheit genießen. In meiner Hosentasche fand ich 10 Euro, die mir mein Opa bei seinem letzten Besuch gegeben hatte.

Mein erster Gedanke war, davon Rasierklingen zu kaufen, um mich selbst zu verletzen. Wieso mein Druck, mich selbst zu verletzen, heute so extrem stark war, wusste ich nicht. Schließlich hatte ich mich in der Klinik und auch die Zeit davor relativ wenig verletzt. Ab und zu hatte ich meinen Kopf gegen die Wand geschlagen oder mich mit meinen eigenen Fingernägeln an meinen Unterarmen blutig gekratzt, aber mehr nicht. Die Phasen, in denen ich mir mit Glasscherben, Messern und Scheren die Arme aufritze, waren schon etwas länger her. Seitdem die Essstörung so stark war, hatte ich kaum noch das Bedürfnis gehabt, mir selbst Schmerzen zuzufügen, um mich zu spüren. Doch heute war der Selbstverletzungsdrang kaum noch auszuhalten. Es fühlte sich an, als würde meine innerliche Anspannung dafür sorgen, dass mein Blutdruck bei 200 zu irgendwas lag. Das Gefühl war echt unangenehm. Ich fühlte mich wie eine tickende Zeitbombe.

Bei meinem ziellosen durch die Gegend irren auf der Suche nach einen Drogeriemarkt, kam ich schließlich an einem kleinen Kiosk vorbei. Rasierklingen wurden dort zwar nicht verkauft, dafür aber jede Menge Süßigkeiten. Also schmiss ich meinen Plan, mich mit einer Rasierklinge zu verletzen, um meine Anspannung zu senken, über den Haufen und kaufte stattdessen für 10 Euro Süßigkeiten, die ich innerhalb weniger Minuten verschlang. Anschließend ging ich zu dem Café an der nächsten Straßenecke und verschwand dort auf Toilette, um die gerade aufgenommenen Kalorien schnellstmöglich wieder zu entsorgen. Allerdings brachten der Fressanfall und das Kotzen nicht die Erleichterung, die ich mir erhoffte. Ganz im Gegenteil: Sie ließen meinen Selbsthass nur noch größer werden. Kaum war die Kontrolle der Klinik weg, fiel ich erneut in alte Verhaltensmuster zurück!

Das konnte doch nicht wahr sein! Ich war einfach unfähig, Selbstverantwortung zu übernehmen! Die letzten zwei Monate in der Klinik hatten rein gar nichts bei mir bewirkt! Ich war und blieb die bescheuerte Essgestörte, die sich bei jeder Gelegenheit den Finger in den Hals rammte! Ich würde niemals gesund werden. Von wegen Selbstkontrolle, die Krankheit war es, die meine Gedanken, Gefühle und mein Handeln kontrollierte! Ich war schwach und eine Versagerin auf ganzer Linie. Andere Menschen rissen sich für mich den Hintern auf und ich bekam mein Leben immer noch nicht auf die Reihe! Ich hatte den Therapieplatz in der Klinik gar nicht verdient. Eigentlich hatte ich es noch nicht einmal verdient, überhaupt zu leben!

Nach dem Erbrechen streunte ich erneut plan- und ziellos durch die Gegend. Bis ich an einem Glascontainer vorbeikam. Dort lagen außerhalb des Containers Glasscherben auf dem Boden. Wie in Trance ging ich dort hin, bückte mich, nahm eine Scherbe und versteckte mich damit zwischen den Containern.

Ich zog meinen Pullover-Ärmel hoch und führte die Scherbe mehrfach mit sanftem Druck über meine Haut. Erst als ich das Blut sah, meine beiden Arme von Schnittwunden übersät waren und ich den Schmerz spürte, wurde mir bewusst, was ich da gerade getan hatte. Ich fing an zu weinen, weil ich von mir selbst enttäuscht war. Es war traurig, dass ich es ohne die strikte Kontrolle der Klinik nicht schaffte, ein „normales" Leben zu führen.

Ohne Aufsicht wurde ich sofort rückfällig. Und das nicht nur einfach, sondern gleich doppelt. Wie doof konnte ich nur sein? Die Ärzte der Klinik hatten recht: Ich war noch nicht stabil genug für das Leben da draußen. Der einzige Punkt, bei dem sie unrecht hatten, war, dass mein angeblich so geschädigter und geschwächter Körper gar nicht so schwach war, wie sie behaupteten. Wenn es darauf ankam, konnte ich meinem Körper sehr wohl Höchstleistungen abverlangen. Wie man an meiner Flucht und meiner Wanderung durch das Stadtgebiet sah! Weiter brachte mich das in meiner momentanen Lage allerdings nicht. Schließlich saß ich noch immer orientierungslos und ohne Plan, was ich machen sollte, auf der Straße und hatte dazu jetzt auch noch zwei blutende Unterarme.

Nachdem ich wieder einigermaßen klar denken konnte, kam mir die Idee, einen sehr guten Bekannten anzurufen und ihm von meiner Flucht aus der Klinik und der Selbstverletzung zu erzählen. Vielleicht hatte er ja einen Rat, wie ich weiter verfahren sollte. Meine Eltern traute ich mich nämlich nicht anzurufen. Bei ihnen hatte ich zu große Angst, dass sie zu verärgert sein könnten, weil ich ausgerissen war und mir deshalb zu viele Vorwürfe machen würden. Dass sie sich in Wirklichkeit nur große Sorgen um mich machten, daran dachte ich nicht.

Mein Bekannter war zunächst von meinem Anruf und meiner Schilderung etwas geschockt und leicht ratlos. Er befand sich derzeit 20 Kilometer entfernt und hatte genauso viel Ahnung wie ich, wie man sich in solch einer Situation am besten verhielt. Er riet mir, am besten selbstständig wieder zurück in die Klinik zu gehen, um die Konsequenzen möglichst gering zu halten. Dafür fehlte mir jedoch der Mut.

Daraufhin versprach er mir, so schnell wie möglich vorbeizukommen, mich abzuholen und mit mir zusammen zurück in die Klinik zu gehen. Für diese Aktion war ich ihm unbeschreiblich dankbar! Es gibt nur sehr wenige Menschen, die man anrufen kann, wenn man bis zum Hals in der Scheiße steckte und die dann ohne zu zögern sofort fragen „Wo bist du?" und vorbeikommen. Mein Bekannter gehört Gott sei Dank zu diesen Menschen!

Nach einer gefühlten dreiviertel Stunde, in der ich keinen weiteren Unsinn verzapfte, sondern brav wartete, holte er mich mit seinem Auto ab und wir fuhren gemeinsam zurück in die Psychiatrie.

Glücklicherweise kannte sich mein Bekannter recht gut in M. aus, sodass er meinen beschriebenen Standpunkt direkt finden, und mich einsammeln konnte. In der Klinik angekommen, traf ich schon im Flur auf meine verzweifelten Großeltern, die mich ursprünglich heute besuchen wollten (was ich vor meiner Flucht ausgeblendet, vergessen oder verdrängt hatte) und dann aber vom Pflegepersonal mitgeteilt bekamen, dass ich derzeit abgängig wäre.

Die Gefühle und die Gedanken, die sie in dem Zeitraum, in dem ich weg war, aushalten mussten, hatte ich während meiner Flucht ausgeblendet. Doch nun, als ich sie sah, konnte ich das nicht mehr. Ich schämte mich so für meine Tat. Ich konnte ihnen nicht in die Augen blicken und als meine Oma mich vor Freude, dass ich nun endlich wieder da war und das Bangen um mich ein Ende hatte, umarmen wollte, konnte ich auch das nicht zulassen. So schwer es mir fiel, ich konnte ihre Nähe und ihren sorgenvollen Blick nicht ertragen.

Allein der Gedanke daran, was für Ängste meine Großeltern ausgestanden haben mussten, war die schlimmste Strafe, die es in diesem Moment für mich gab. Mehrfach waren sie in den letzten Stunden die näheren Straßen abgelaufen, um mich zu suchen, und auch die Polizei und meine Eltern waren bereits informiert worden. Überall wurde nach mir Ausschau gehalten. Selbst meine Eltern, die heute mit meinem Bruder einen Ausflug in einen Freizeitpark machten, hatten ihren Ausflug wegen meiner Flucht abgebrochen. Das tat mir im Nachhinein so unendlich leid, dass sich mein gesamtes Umfeld so um mich sorgte.

Dass mein kurzer Spontanausflug so gravierende Wellen innerhalb kürzester Zeit schlug, damit hatte ich nicht gerechnet. Inzwischen bereute ich mein Ausreißen, doch kurz vor meiner Flucht war Abhauen die einzige Lösung, die ich in diesen Augenblick gesehen hatte. Ich wollte einfach weg. Weg von der Klinik, weg von meinen Problemen und vor allem ganz weit weg von mir selbst. Doch leider musste ich jetzt verbittert feststellen, dass man vor vielen weglaufen konnte, nur nicht vor seinen Problemen und seinem eigenen Ich.

Ohne einen Kommentar abzugeben, verschwand ich unverzüglich nach meiner Rückkehr auf mein Zimmer und ließ meine Großeltern und die Betreuer eiskalt auf dem Flur stehen. Ich konnte und wollte niemanden sehen und erst recht mit niemandem reden. Ich wollte schlichtweg meine Ruhe haben.

Zu gerne hätte ich mich in mein Bett verkrochen, die Bettdecke über meinen Kopf gezogen und gewartet, bis morgen war und sich alle abgeregt hatten. Doch diese Ruhe wurde mir nicht gegönnt.

Ich hatte noch nicht lange die Türe hinter mir geschlossen, als der erste Betreuer bei mir sturmklopfte und meinte, dass die diensthabende Ärztin mit mir reden wollte. Widerwillig folgte ich ihm also ins Ärztezimmer.

Zuerst musste ich mir von der Ärztin meine Wunden an meinen Armen versorgen lassen und danach sollte ich ihr in allen Einzelheiten erklären, warum ich ausgerissen war und was ich alles draußen gemacht hatte. Jedes noch so kleinste Detail wollte sie wissen. Nach einer vollen Stunde, die mir ewig lang vorkam, war sie endlich zufrieden und ich durfte gehen. Jedoch sollte ich jetzt, direkt im Anschluss zu dem Gespräch, noch zwei Verhaltensanalysen schreiben. Eine wegen der Selbstverletzung und eine wegen des Ausreißens.

Eine Verhaltensanalyse ist eine siebenseitige Befragung zu einem bestimmten Verhalten, beispielsweise einer Selbstverletzung, bei der man den genauen Hergang und seine Gefühle und Gedanken dabei beschreiben muss. Außerdem soll man sich eine Wiedergutmachung und andere Strategien für die Zukunft überlegen. Das waren meine ersten Verhaltensanalysen. Zu diesem Zeitpunkt wusste ich noch nicht, dass unzählige weitere bald folgen würden und ich irgendwann die Fragen sogar auswendig wissen würde.

Als ich aus dem Ärztezimmer rauskam, musste ich mit Entsetzen feststellen, dass meine Großeltern immer noch da waren und auf mich warteten. Ich hatte nun aber wirklich keine Lust mehr auf Besuch. Deshalb erklärte ich ihnen, dass es zwar sehr lieb von ihnen war, dass sie gewartet hatten, aber dass ich heute meine Ruhe brauchte. Das akzeptierten sie und gingen.

Am Abend musste ich noch mit meiner Mutter telefonieren, die mein Ausreißen überhaupt nicht verstand und als „Machtspielchen" bezeichnete. Trotzdem war sie überaus froh, dass ich ohne größere Verletzungen wiederaufgetaucht war.

16. Das Ziel ist (fast) erreicht

An diesem Tag begriff ich, dass ich meiner Familie nicht so egal war, wie ich häufig dachte. Ich war für sie wichtig und sie liebten mich. Wenn ich einfach so verschwand und sie nicht wussten, wo ich war und was ich machte, hatten sie Angst um mich. Normalerweise sollte das ein positives Gefühl sein, wenn sich jemand um einen sorgt, doch für mich war es das nicht. Ich fühlte mich dadurch nämlich als Belastung für sie und das wollte ich auf gar keinen Fall sein. Ich wollte niemandem Kummer bereiten und niemanden belasten, doch genau das tat ich schon seit über einem Jahr. Ich war krank und belastete durch meine Krankheit meine gesamte Familie. Ich war die schlimmste Tochter, die man sich vorstellen konnte.

Ich hasste mich, ich hasste meine Krankheit, ich hasste meine Gefühle und ich hasste meine Gedanken. Überhaupt alles an mir war widerlich und hassenswert! Besonders meine Vergangenheit. Das, was mir beziehungsweise meinem Körper angetan wurde, war einfach nur ekelig und machte mich in meinen Augen nicht mehr liebenswert.

Dies war der Moment, an dem ich das erste Mal wirklich ernsthaft überlegte, ob meine Familie und auch der Rest der Welt nicht besser dran wären, wenn es mich nicht mehr gäbe. Ich hatte zwar schon früher an Selbstmord gedacht, aber damals war das nur ein Gedanke. Ich hätte es mich nie getraut durchzuziehen. Doch jetzt war alles so klar in meinem Kopf, dass ich selbst Angst vor mir und meinen Gedanken bekam. Wenn ich vorher behauptet hatte, dass ich mich selbst nicht ausstehen konnte und hasste, war das noch harmlos gegen das, was ich jetzt verspürte. Es war ein abgrundtiefer Hass, der gar nicht mehr in Worte zu fassen war, den ich gegen mich selbst verspürte.

Selbst meinen schlimmsten Feind mochte ich noch mehr, als mich selbst ...

Wenn ich gerade die Chance gehabt hätte, mich selbst zu verletzen, hätte ich nicht dafür garantieren können, dass ich nicht „aus Versehen" zu tief geschnitten hätte. Aber leider hatte ich auf meinem Zimmer nichts, womit ich mich halbwegs zufriedenstellend hätte verletzen können. Bereits bei der Aufnahme wurden mir ja sämtliche „gefährliche" Gegenstände abgenommen und in Sicherheitsverwahrung gelegt. Aus lauter Verzweiflung blieb mir deshalb nichts anderes übrig, als meine Fingernägel zu benutzen. Mit ihnen kratzte ich so lange über mein Schienbein, bis es blutete und noch weiter. Der Schmerz ließ mich wieder etwas ruhiger werden. Das Blut hatte eine Art beruhigende Wirkung auf mich. Den Betreuern erzählte ich beim Abendessen selbstverständlich nichts von meinen Gedanken und meiner erneuten Selbstverletzung. Beim morgendlichen Wiegen am nächsten Tag flog ich allerdings auf. Eine solch große offene Hautstelle konnte ich einfach nicht geheim halten.

Die Betreuerin teilte dann noch vor dem Frühstück meiner Ärztin mit, dass ich mich in weniger als 24 Stunden nun bereits zum zweiten Mal selbst verletzt hatte.

Nach dem Frühstück wurde die Wunde desinfiziert und verbunden. Außerdem bekam ich als „Belohnung" eine dritte Verhaltensanalyse.

Ich hatte gerade die Blätter hierfür ausgehändigt bekommen und wollte mich auf mein Zimmer zurückziehen, als mir mitgeteilt wurde, dass ich noch einen weiteren „Hauptpreis" gewonnen hätte. Ab sofort hätte ich nämlich Sichtkontakt. Das hieß für mich, dass ich zu jeder Zeit im Sichtbereich der Betreuer bleiben musste, was wiederum bedeutete, dass ich in meiner Bewegungsfreiheit sehr stark eingeschränkt war. Ich konnte nicht mehr in mein Zimmer, mich nicht mehr ohne Betreuer im zweiten Aufenthaltsraum aufhalten oder wie gewohnt den Gang entlang schlendern.

Ab sofort durfte ich mich nur noch auf der Spielfläche vor dem Schwesternzimmer und in dem Aufenthaltsraum, den man vom Schwesternzimmer aus überblicken konnte, frei bewegen.

Zu Beginn war das Gefühl und das Wissen, dass man zu jeder Zeit, bei egal, was man tut, beobachtet wurde, nur unangenehm, doch schon bald war es einfach nur noch nervig! Sobald ich auch nur 5 Sekunden außerhalb des Sichtkontaktes war, stand unverzüglich ein Betreuer neben mir, der mich ermahnte, keinen „Unsinn" zu machen. Das nervte! Ich fühlte mich wie ein seltenes Tier im Zoo, auf das jeder freie Sicht haben wollte und das zu jeder Sekunde von den Besuchern beobachtet wird, damit man ja nichts verpasst.

Nach dem Mittagessen hatte ich dann endlich ein Gespräch mit meiner Ärztin, um das weitere Vorgehen zu besprechen. Anfangs hoffte ich, dass sie mir jetzt sagen würde, dass die Anordnung des Sichtkontakts bei mir ein Versehen war und ich natürlich nicht unter Dauerbeobachtung stehen musste, doch die Hoffnung wurde mir direkt zu Beginn des Gespräches genommen.

Denn ich sollte mit einem Betreuer zusammen in mein Zimmer gehen, dort meine Sachen zusammenpacken und ins Beobachtungszimmer ziehen. Dort hätten die Betreuer nämlich bessere Möglichkeiten, mich zu überwachen und ich weniger Chancen, mich selbst zu verletzen. Außerdem müsste ich mich so nicht ununterbrochen im Gang aufhalten, sondern könnte mich bei Bedarf in mein Zimmer zurückziehen, ohne mich aus dem Sichtkontakt zu entfernen.

Im Gang dürfte ich mich ebenfalls weiterhin ausschließlich im Sichtbereich der Betreuer aufhalten. Des Weiteren erklärte sie mir, dass ich dieses „Setting", wie sie es nannte, nicht als Bestrafung, sondern als Schutzmaßnahme ansehen sollte. Die 24-Stunden-Überwachung sei zu meiner eigenen Sicherheit. Zwei Mal Selbstverletzung innerhalb von einem Tag wäre eindeutig zu viel gewesen und alle im Team hätten

Angst, dass ich in nächster Zeit wieder zur Klinge oder einem anderen spitzen Gegenstand greifen könnte. Außerdem wäre dem Team aufgefallen, dass ich innerhalb der letzten Tage sehr depressiv gewesen wäre, sodass auch ausgeschlossen werden musste, dass ich mir, wenn ich alleine war, etwas antat. Also, laut der Ärztin hatte der Einzug ins Überwachungszimmer und der Sichtkontakt nur Vorteile. Ich war jedoch alles andere als begeistert davon. Aber großartige Alternativen hatte ich nicht. Deshalb musste ich mich mit der Entscheidung abfinden. Widerstand war zwecklos. Die Ärztin saß am längeren Hebel.

Gezwungener Maßen begann ich nach dem Gespräch mit einer Betreuerin gemeinsam meine Sachen im alten Zimmer zusammenzuräumen. Im Beobachtungszimmer durfte ich noch weniger Gegenstände als auf der restlichen Station haben. Mir wurden meine Schuhe mit Schnürsenkeln und meine Gürtel abgenommen, weil ich mich mit den Schnürsenkeln oder Gürtel eventuell selbst strangulieren könnte und auch sonstige Kabel und Bänder aus Kleidung wurden entfernt. Dass meine Hose ohne Gürtel rutschte, war dem Personal egal. Ich durfte nichts behalten, womit ich mich auch nur im Entferntesten selbst verletzen könnte. Sogar meine Ohrringe und Kette musste ich ausziehen.

Ursprünglich war das Beobachtungszimmer ein Zweibettzimmer, aber momentan war ich die einzig „Verrückte", die unter Dauerbeobachtung stehen musste.

Vom Aufbau her war das Zimmer etwas anders als die restlichen Zimmer der Station. Die anderen Zimmer erinnerten von der Einrichtung und vom Aufbau her kaum an Krankenhaus oder gar Psychiatrie, aber dieses hier schon.

Die Betten waren keine Hochbetten, sondern Krankenhausbetten, der Kleiderschrank sah aus wie die Kleiderschränke in Krankenhäusern, die Möbel waren viel schlichter und farbloser und an der Frontseite des Zimmers befand sich ein großes Fenster, das zum Schwesternzimmer ging. Kurz gesagt: Das Zimmer sah so aus wie die typischen

Psychiatriezimmer, die immer in den Filmen im Fernsehen gezeigt werden.

Durch das Fenster an der Frontscheibe konnten mich die Betreuer Tag und Nacht beobachten und nachschauen, was ich gerade tat. Selbst beim Schlafen wurde ich beobachtet. Damit mich die Nachtwache auch im Dunklen gut sehen konnte, musste ich jede Nacht das Nachtlicht in meinem Zimmer anlassen. Das war zwar deutlich dunkler als das normale Licht, aber dennoch um einiges heller als ein Nachtlicht für die Steckdose. Besonders die ersten Nächte war das Schlafen bei diesem Licht etwas gewöhnungsbedürftig.

Die nächsten Tage liefen alle gleich ab. Ich durfte zu keiner Therapie gehen, hatte keinen Ausgang und wurde 24 Stunden am Tag überwacht, was mich allerdings nicht von weiteren Selbstverletzungen abhielt. Mehrmals kratzte ich mir meine Arme beziehungsweise Beine blutig. Die Betreuer konnten zwar zu jeder Zeit in mein Zimmer schauen, aber ich konnte genauso gut auch zu ihnen ins Schwesternzimmer blicken. Also musste ich nur warten, bis niemand in meine Richtung schaute und dann konnte ich tun, was ich wollte, ohne dass sich jemand daran störte.

Ich weiß nicht, wie viele Verhaltensanalysen ich innerhalb dieser Woche schrieb, aber es waren auf jeden Fall eine Menge. Fast jeden Tag verletzte ich mich mehrmals und meine depressive Stimmung schien sich ebenfalls festgesetzt zuhaben. Nicht einmal mein Opa schaffte es, mich aufheitern.

Das Einzige, was weiterhin nach Plan verlief, war mein Gewicht. Ich nahm langsam, aber trotzdem kontinuierlich zu. Mittlerweile war es mir sogar egal, ob ich jetzt 100 oder 300 Gramm an einem Tag zunahm. Ich akzeptierte die Gewichtsschwankungen meines Körpers.

Bei mir war es schon immer so, dass entweder die Magersucht oder Borderline die dominierende Krankheit war. Das wechselt sich in Phasen ab. Entweder stand die Essstörung im Vordergrund und Borderline im Hintergrund oder umgekehrt. Es war nie beides gleichstark. Zu diesem Zeitpunkt stand zur Abwechslung mal wieder die Borderline-Störung bei mir im Mittelpunkt und die Essstörung war eher Nebensache.

Nach fast einer Woche tiefen, schwarzen Lochs, Depressionen und ununterbrochenen Selbstverletzungen, besserte sich mein Zustand schlagartig. Ich kann nicht sagen, woran es lag, aber meine Lebensunlust, meine Demotivation und mein Therapie schädigendes Verhalten verschwanden mehr oder weniger über Nacht. Aus irgendeinem Grund hatte ich neuen Lebenswillen geschöpft und wollte mich nun wieder zurück ins Leben kämpfen.

Dieses „Phänomen" war allerdings nichts Neues bei mir und wird im Laufe des Buches noch mehrfach auftauchen. Immer, wenn man denkt „jetzt ist es vorbei", kommt irgendwo ein Lichtlein her und gibt mir neue Kraft. Egal, wie tief die Tiefpunkte in meinem Leben waren, irgendwann wachte ich jedes Mal auf, sagte mir „so kann es nicht weitergehen" und riss das Ruder um 180 Grad rum. So wie auch dieses Mal.

Innerhalb weniger Tage schaffte ich es, mich so weit zu stabilisieren, dass ich mich wieder frei auf Station bewegen und nachts ohne Licht (somit ohne Dauerüberwachung) schlafen durfte. Zwei Wochen später durfte ich dann auch wieder zurück auf ein normales Zimmer ziehen. Ich schien das Schlimmste überstanden zu haben und von Tag zu Tag ging es weiter bergauf in meinem Leben.

Ich hatte die Erinnerung an meine Vergangenheit und somit meine negativen Gefühle verdrängt und damit ging es mir sehr gut. Mein Selbsthass minimierte sich und Stück für Stück lernte ich, meinen Körper so zu akzeptieren, wie er war. Eine bedeutsame Hilfe dabei war mal wieder das wöchentliche Spiegeltraining. Inzwischen schaffte ich es sogar, meinen Körper auch im Spiegel so zu sehen, wie er war und nicht mehr als stark übergewichtig.

Zusätzlich zu meinen bisherigen Therapien bekam ich außerdem noch DBT dazu. Diese Therapie war eine Gruppentherapie. In dieser Therapie, die speziell und relativ häufig bei Menschen mit der Diagnose Borderline eingesetzt wird, sollte ich unter anderem lernen, mit meiner inneren Anspannung umzugehen, achtsam mit meinem Körper zu sein und mit sogenannten „Skills" meine Anspannung und meinen Selbstverletzungsdruck zu kontrollieren und gegebenenfalls zu senken.

Skills ist das englische Wort für Fähigkeiten/Fertigkeiten. In der DBT werden mit Skills, Methoden, die zum Regulieren der inneren Anspannung dienen, ohne dabei den Körper schaden, bezeichnet. Das kann zum Beispiel das Beißen in eine Chillischote sein, wenn man starken Selbstverletzungsdruck hat oder seinen Körper nicht mehr spürt.

Nach weiteren zwei Wochen ohne Selbstverletzung, stabiler Stimmung und stabiler Gewichtszunahme, durfte ich morgens mit den anderen Jugendlichen aus dem Bereich der Kinder- und Jugend-Psychiatrie für vier Stunden in die Klinikschule und nachmittags dufte ich (endlich!!!) mit Begleitung in die Stadt gehen.

Nochmals drei Wochen später durfte ich dann auch ohne Begleitung von Betreuern oder meinen Eltern/Großeltern nach draußen. Es reichte aus, wenn ich mit einem Mitpatienten oder einer Mitpatientin zusammen unterwegs war. Das war bereits eine riesen Erleichterung für mich. Die ewige Langeweile war nun Vergangenheit. Zudem wurde zu meiner großen Freude bald darauf auch die Dusch- und Toilettenbegleitung abgesetzt. Das Gefühl, nach über drei Monaten alleine im Bad zu sein, solange duschen zu können, wie man wollte, ohne dass jemand meckert und nicht ständig fragen zu müssen, wenn man mal auf Toilette musste, war unbeschreiblich! Doch manche der neuen Freiheiten bargen leider auch Gefahren. Zum Beispiel kaufte ich im Ausgang mit meinen Mitpatienten häufiger Süßigkeiten, aß diese und kotzte sie anschließend auf der Zimmertoilette wieder aus. Überhaupt war in den ersten Tagen die Versuchung nach dem Essen zu kotzen groß. Manchmal zu groß.

Anfangs widerstand ich noch der Stimme in meinem Kopf, die sagte: „Warum weiter fett werden, wenn du doch jetzt die Möglichkeit hast, die überschüssigen Kalorien ganz schnell wieder loszuwerden. Jetzt kannst du mit Genuss alles essen, was du möchtest und musst dir keine Gedanken um dein Gewicht machen, weil du direkt danach unbemerkt auf Toilette verschwinden kannst – also nutze es aus!"

Doch mit der Zeit kotzte ich immer häufiger. Das Kotzen nach jeder Mahlzeit wurde für mich wieder zu einer Art Routine. Ich konnte es einfach nicht lassen. Das fand ich enttäuschend. Schließlich hatte ich es schon so lange ohne geschafft und zum Schluss nicht einmal mehr daran gedacht und nun fing ich trotzdem wieder damit an.

Das frustrierte und natürlich spiegelte sich dieser ungesunde, abnormal hohe Kalorienverbrauch sehr bald in meinem Gewicht wieder. Es stagnierte. Das wiederum hieß, dass meine Kalorien hochgesetzt wurden. Erst auf 2600 und dann auf 2800 Kalorien täglich. Als dann 3000 Kalorien täglich im Gespräch waren, merkte ich, dass ich einen Schlussstrich ziehen musste. Das Spiel mit den Kalorienerhöhungen wäre ansonsten immer so weiter gegangen.

Die Ärztin hätte meine Kalorien erhöht, ich hätte noch mehr gekotzt, dadurch nicht zugenommen und folglich hätte eine weitere Kalorienerhöhung gefolgt. Also ein ewiger Kreislauf, den nur ich durchbrechen konnte oder besser gesagt musste, bevor es zu spät war. Bis jetzt war das Kotzen noch nicht wieder zur Sucht geworden. Das hieß, ich konnte noch aufhören, wenn ich wirklich wollte und mein Wille, gesund zu werden, standhaft blieb.

Und das schaffte ich dann auch aus eigener Kraft. Selbstverständlich gab es besonders in der Anfangszeit noch einige Rückschläge, aber nichts im Vergleich zu vorher. Wenn ich einmal in zehn Tagen nach dem Essen auf Toilette verschwand, war das schon viel.

Während dieser guten Phase kehrte auch mein Lachen zurück, das ich durch das Trauma und die Krankheit verloren hatte. Ich konnte mich wieder, sogar über Kleinigkeiten, freuen und richtig glücklich sein. Nicht nur gespielt. Ich begann das Leben zu genießen und es zu lieben.

Mein Körper war nicht länger mein Feind, sondern wir wurden langsam vertraut miteinander. Ich hatte inzwischen sogar wieder Zukunftspläne. Mein Ziel war es, so schnell wie möglich aus der Klinik entlassen zu werden und dann erneut meine Ausbildung zu beginnen. Ich zog mich nicht länger in mein Schneckenhaus zurück, sondern suchte Kontakt mit anderen Menschen. Ich verstand mich mit allen Jugendlichen auf Station und hatte das erste Mal das Gefühl, so akzeptiert und gemocht zu werden, wie ich tatsächlich bin. Das war für mich ein unbeschreiblich schönes, doch zugleich auch ungewohntes Gefühl.

Früher hatte ich immer gedacht, dass ich mich verstellen muss, um akzeptiert zu werden, weil mein wahres Ich „schlecht" war, doch jetzt wurde mir das Gegenteil bewiesen. Ich war gut, so wie ich war. Ich musste mich nicht verstellen und für jemand anderen ausgeben, um „beliebt" zu sein.

Diese Einsicht tat gut und erleichterte mir mein Leben ungemein. Und auch mit meinen Eltern war die Beziehung so gut, wie lange nicht mehr. Ich konnte inzwischen sogar wieder zulassen, dass meine Mutter mich umarmte, ohne ein negatives Gefühl dabei zu haben.

Besonders stolz war ich jedoch auf meine neu erworbene innerliche Ruhe. Mein Bewegungsdrang war fast komplett verschwunden und ich genoss es inzwischen, nachmittags, in der Mittagspause, faul im Bett oder auf der Couch zu liegen und zu lesen oder zu dösen. Allgemein drehte sich in meinem

Kopf im Vergleich zu früher kaum noch etwas um Kalorien und Gewicht. Lediglich ab und zu drifteten meine Gedanken zu diesem Thema ab und natürlich beim morgendlichen Wiegen beschäftigte ich mich zwangsläufig damit. Aber wenn man diese paar Minuten mit den früher stundenlangen Gedanken vergleicht, war das nichts.

Zwar war jedes Gramm, das ich zunahm, weiterhin ein riesiger Kampf für mich und nach dem Wiegen kämpfte ich oft mit den Tränen, aber ich wusste, dass jede 100 g mehr ein Schritt in die richtige Richtung waren. Nämlich Richtung Entlassung und normalem Leben, ohne Klinik und ohne Krankheit, die mein Leben bestimmte. Das half mir, mein Gewicht zu akzeptieren und mich auch ein bisschen über die Zunahme zu freuen.

Mittlerweile hatte ich meine Freude am Essen wiedergefunden. Ab und zu verspürte ich vor den Mahlzeiten sogar ein leichtes Kribbeln im Bauch, so als wenn ich aufgeregt wäre. Nur mit dem anschließenden Völlegefühl konnte ich mich nach wie vor noch nicht anfreunden. Ich nahm es weiterhin als unangenehm und beängstigend wahr.

Mit vollen Magen fühlte ich mich jedes Mal gleich fünf Kilo schwerer und hatte Angst, dass andere Leute meinen dicken Bauch vom Essen sehen könnten. Das war natürlich nicht der Fall, aber auch wenn mein Verstand mir sagte, dass mein Empfinden falsch war, blieb das unangenehme Gefühl. Doch inzwischen hatte ich gelernt, damit umzugehen. Wenn ich mich direkt nach den Mahlzeiten mit Lesen oder Brettspielen ablenkte, war das Gefühl zum Beispiel leichter zu ertragen.

Außerdem half es mir, mir meine Vergütungen, die ich mir durch mein Gewicht erarbeitet hatte, vor Augen zu halten.

Glücklicherweise wurden zudem noch meine Kalorien, nachdem ich mit dem Kotzen aufgehört hatte, recht schnell wieder auf 2600 und dann auf 2400 Kalorien zurückgesetzt, weil ich zu schnell zunahm. Das war eine große Erleichterung für mich und meinen Magen, weil bei 2800 Kalorien täglich ist man so gut wie den gesamten Tag mit Essen beschäftigt.

Nach vier Monaten Klinik hatte ich mein Zielgewicht fast erreicht. Inzwischen hatte ich schon über 10 Kilo zugenommen und wog etwas über 45 Kilo. Um mich für meine guten Fortschritte zu belohnen und mich langsam wieder an eine selbstständige Essensauswahl heranzuführen, beschloss meine Ärztin, mir die Sitz-Zeiten nach den Mahlzeiten zu erlassen und die vorportionierten Zwischenmahlzeiten aufzuheben.

Das hieß, ich durfte ab sofort selbst entscheiden, was ich zu den Zwischenmahlzeiten vormittags und nachmittags essen wollte. Als ich das hörte, hätte ich am liebsten vor Freude einen Luftsprung gemacht. Endlich konnte ich wieder, zumindest zwei Mal am Tag, selbstständig entscheiden, was ich essen wollte und musste nicht das essen, was mir vorgeschrieben wurde.

Als es jedoch das erste Mal soweit war, dass ich meine Zwischenmahlzeit frei auswählen durfte, wechselte diese Freude jedoch ganz schnell in Überforderung. Wenn mir vorgeschrieben wurde, was und wie viel ich zu essen hatte, musste ich mir nämlich keinerlei Gedanken um Fette und Kalorien machen. Ich konnte sowieso nichts daran ändern. Ich hatte keine Wahl, sondern musste das essen, was mir aufgetischt wurde.

Außerdem hatte ich durch die vorportionierten Mahlzeiten die Möglichkeit, anderen die Schuld daran zu geben, dass ich durch das Essen zunahm. Schließlich wollte ich das Essen nicht essen, sondern musste es essen. Wenn ich jetzt aber selbst die Möglichkeit hatte, zu entscheiden was und wie viel ich esse, war ich allein daran „schuld", wenn ich an Gewicht zunahm. Das bedeutete, durch die freie Lebensmittelauswahl musste ich jetzt Verantwortung übernehmen, die vorher dritte für mich übernahmen. Und ich wusste nicht, ob ich das tatsächlich wollte ...

Als ich mit dem Betreuer in der Küche stand, war ich noch mehr überfordert. Der Kühlschrank war voll mit Joghurts und Puddings. Es gab Müsli, Kakao, Obst, Schokoriegel ... Fast alles, was man sich vorstellen konnte, aber nichts, was in meinen Augen „perfekt" erschien.

Auf einer Seite wollte ich etwas Gesundes, denn gesunde Ernährung war schon immer mein Ziel (auch in der Zeit, in der ich krank war). Auf der anderen Seite sollte es auch schmecken und sättigen. Und vor allem sollte es nicht allzu viele Kalorien enthalten. Unter diesen Gesichtspunkten war die Auswahl bereits stark eingeschränkt.

Normalerweise hätte ich mir eigentlich gar keine Gedanken über Kalorien oder sonstiges machen sollen, sondern nach meinem Hungergefühl und Appetit entscheiden. Doch das war leichter gesagt als getan. Das Gefühl für eine normale, gesunde Zwischenmahlzeit hatte ich nämlich schon lange verloren und noch nicht wiedergefunden. Deshalb vertraute ich dem, was ich kannte: Den Anweisungen der Essstörungen in meinem Kopf. Und die sagte mir, dass ein Stück Obst und ein kleiner Joghurt als Zwischenmahlzeit vollkommen ausreichten. Die Waage war an den kommenden Tagen jedoch anderer Meinung. Zuerst stagnierte mein Gewicht und danach nahm ich sogar langsam wieder ab.

Nach außen hin versuchte ich vor den Betreuern und der Ärztin so zu tun, als wenn mich die Gewichtsabnahme traurig machte, doch in meinem Inneren war ich mir bezüglich meiner Gefühle nicht ganz so sicher. Teilweise machte mich die Gewichtsabnahme nämlich auch irgendwie stolz. Das täglich weniger werdende Gewicht bewies mir schließlich, dass ich das Abnehmen noch immer beherrschte. Also falls ich irgendwann mit meinem zu hohen Gewicht unzufrieden sein würde, könnte ich jederzeit wieder abnehmen. Dieses Wissen beruhigte.

Eine Woche lang schaute meine Ärztin meinem stetig sinkenden Gewichtsverlauf tatenlos zu. Ihrer Aussage nach sei es völlig normal, dass ich zu Beginn der freien Mahlzeiten erst einmal leicht abnehmen würde. Schließlich hätte ich, wie ich bereits erkannt hatte, das Gefühl für eine normale Menge verloren. Ich musste erst wieder lernen, wie viel Energie mein Körper brauchte, um sein Gewicht zu halten beziehungsweise momentan noch um zuzunehmen. Wenn ich das Gefühl von Anfang an schon gehabt hätte, wäre ich ja auch nie krank geworden. Deshalb sollte ich mir aktuell keine zu großen Gedanken, um die leichte Gewichtsabnahme machen. Allerdings sollte ich darauf achten, dass ich nicht zu viel abnahm, denn sonst müsste ich wieder vorportionierte Zwischenmahlzeiten bekommen.

Als ich nach einer Woche jedoch bereits über ein Kilo Gewicht verloren hatte und mein Gewicht noch weiter nach unten sank, stellte mir die Ärztin ein Ultimatum. Sie sagte, dass sie zwar nachvollziehen könne, dass jede Mahlzeit ein Kampf für mich sei und ich jeden Bissen und jede Kalorie vor der Magersucht rechtfertigen müsse, aber trotzdem wäre das keine Entschuldigung für meine weiterhin andauernde Gewichtsabnahme. So könne es nicht weitergehen. Zu der Zeit wog ich 43,8 Kilo, wenn mein Gewicht unter 43,5 Kilo sinken würde, müsste ich wieder vorgefertigte Zwischenmahlzeiten essen.

Ich hatte es nun selbst in der Hand. Wollte ich die Verantwortung über meine freien Zwischenmahlzeiten abgeben und würde ich über meinen Schatten springen und auf die Stimme der Magersucht in meinem Kopf pfeifen und kalorienreichere Nahrungsmittel zu den Zwischenmahlzeiten essen?

Ich beschloss, über meinen Schatten zu springen und der Stimme der Magersucht den Kampf anzusagen. Zur ersten Zwischenmahlzeit aß ich weiterhin nur ein Stück Obst und einen kleinen Joghurt. Damit wollte ich mein Gewissen beruhigen, denn so war zumindest die erste Zwischenmahlzeit gesund und kalorienarm.

Zur zweiten Zwischenmahlzeit wollte ich jedoch etwas mit mehr Kalorien essen. Zumindest ging ich mit diesem Vorsatz in die Küche. Dort angekommen meldete sich allerdings sofort mein schlechtes Gewissen und ich war mir meiner Entscheidung nicht mehr so sicher.

Die Betreuerin, die mit mir in der Küche stand, schien mir diese innerlichen Zweifel anzusehen. Deshalb sagte sie zu mir: „Du darfst essen, was du willst. Ich erlaube es dir." Für einen Außenstehenden mag diese „Erlaubnis" merkwürdig klingen, aber für mich war sie eine große Hilfe und eine Unterstützung. Denn dadurch traute ich mich, eine Tasse Kakao zu trinken, anstatt nur einem kleinen Apfel zu essen.

Ich konnte mich gar nicht mehr daran erinnern, wie gut Kakao schmeckte, solange hatte ich keinen mehr getrunken. Die Überwindung, dieses hochkalorische Mixgetränk aus 3,5-prozentiger Milch und zuckerhaltigem Kakaopulver zu trinken, war extrem hoch.

Denn in meinen Augen war Kakao eine Kalorienbombe hoch zehn, die es eigentlich zu vermeiden galt! Hätte mich gestern jemand gefragt, ob ich einen Kakao trinken möchte, hätte ich geantwortet, dass mir dieses Getränk nicht schmeckte.

Das ist genauso wie mit der Margarine auf dem Brot. Beides hat viel Kalorien und viel Fett. Um diesen unnützen, übertrieben vielen Kalorien zu entgehen, behauptete ich, dass es mir nicht schmeckte. So belog ich mich und unterband meinen Heißhunger auf diese Lebensmittel und von Außenstehenden wurden sie mir nicht mehr angeboten. So schlug ich zwei Fliegen mit einer Klappe. Wurde ich aber, so wie hier in der Klinik, mehr oder weniger dazu gezwungen, davon zu essen, musste ich leider feststellen, dass zum Beispiel Brot mit Margarine deutlich besser schmeckt, als ohne. So war es mit dem Kakao ebenfalls. Erst war die Überwindung hoch und die Gedanken, dass es mir sowieso nicht schmecken würde, präsent, doch als ich den ersten Schluck probiert hatte, merkte ich, dass es schlichtweg genial schmeckte!

Nachdem das Glas leer war, war ich mächtig stolz auf mich, denn ich hatte erfolgreich die essgestörten Gedanken in mir besiegt! Gleichzeitig war jedoch auch wieder die Angst in mir, dass ich durch diesen einen Kakao morgen gleich zwei Kilo mehr auf der Waage hätte.

Obwohl ich inzwischen aus zahlreichen Selbstversuchen weiß, dass ich nicht von ein bisschen mehr Essen am nächsten Tag sofort zwei Kilo mehr auf der Waage habe, begleitet mich diese Angst vor dem schnellen Zunehmen selbst heute noch.

Am nächsten Morgen zeigte die Waage jedoch ein Gewicht an, mit dem ich überhaupt nicht gerechnet hätte. Anstatt mehr Gewicht, hatte ich 300 Gramm weniger auf der Waage. Das hieß: Falls ich noch weitere 100 Gramm abnehmen würde, dann müsste ich wieder die vorgefertigten Zwischenmahlzeiten essen!

Ich verstand die Welt nicht mehr. Gestern hatte ich schon mehr und kalorienreicher gegessen und nahm dadurch trotzdem ab? Wie konnte so etwas passieren? Und sagten nicht alle, ich solle meinem Körper vertrauen, dass er sich die Kalorien aus der Nahrung zieht, die er braucht? Von wegen Vertrauen! Wenn ich ihm vertraute, dann sah man ja, wo ich landete! Erst nahm ich auf unerklärliche Weise zu, ohne mehr zu essen, und jetzt nahm ich ab, obwohl ich mehr Kalorien als die Vortage gegessen hatte. Wo war da die Logik?! Den Gewichtsverlust der vorigen Woche konnte ich ja noch nachvollziehen: Ich aß weniger und verlor dadurch an Gewicht. O.k., logisch. Aber jetzt, das konnte ich nicht verstehen!

Normalerweise hätte ich mich in jeder anderen Situation über 300 Gramm weniger gefreut, doch momentan war das ganz und gar nicht gut! 100 Gramm weniger und ich hätte wieder vorportionierte Zwischenmahlzeiten. Das wollte ich nicht! Ich wollte weiterhin selbst entscheiden, was ich zu den Zwischenmahlzeiten aß und somit wenigstens eine kleine Menge meiner täglichen Nahrungsmittelzufuhr selbst gestalten und kontrollieren.

Ich musste etwas tun. Und zwar schnell! Am Nachmittag kamen meine Eltern zu Besuch und ich ging wie immer mit ihnen in die Innenstadt. Dort angekommen teilte ich ihnen mit, dass ich gerne in ein Café gehen und ein Stück Kuchen essen würde. Denn wenn ich schon zunehmen musste, wollte ich etwas essen, was mir wirklich schmeckte.

Zunächst schauten mich meine Eltern verwundert und leicht überrascht an. Ich und freiwillig Kuchen essen? Das war für sie was komplett Neues! Ansonsten wollte ich nicht einmal einen Bissen von ihrem Kuchen probieren, weil mir bereits dieser Bissen zu viele Kalorien hatte und jetzt wollte ich gleich ein ganzes Stück? Das verwunderte sie, aber kurz danach konnte man ihnen ihre Freude über meinen Wunsch ansehen. Für sie war das ein klares Indiz dafür, dass ich auf dem richtigen Weg war und schon sehr bald zu einem normalen, gesunden Essverhalten zurückfand.

Ich hatte schon jahrelang keinen Kuchen mehr gegessen. Zumindest nicht genussvoll. Bei Fressanfällen aß ich zwar Kuchen und Torten, doch da bekam ich kaum etwas von dem Geschmack mit. Ich wusste gar nicht, welche Kuchensorte ich wählen sollte. Am liebsten hätte ich alle durchprobiert. Alle sahen gleich verführerisch aus. Am Ende entschied ich mich jedoch für ein kleines Stück schlichten Käsekuchen. Es schmeckte hervorragend und ich musste mal wieder feststellen, dass ausgerechnet die Lebensmittel, die auf meiner Verboten-Liste ganz weit oben standen, die leckersten waren.

Nach dem Essen bäumte sich jedoch die Magersucht in mir auf. Sie wollte, dass ich sofort, am besten noch hier im Café, auf Toilette verschwand und den Kuchen schnellstmöglich wieder auskotzte. Sie konnte es nicht ertragen, dass ich gerade so eine Kalorienbombe gegessen hatte, UND das noch mit Genuss. Sie prophezeite mir, dass ich morgen mindestens fünf Kilo mehr auf der Waage hätte, wenn das Essen in meinem Magen blieb.

Sie sagte, ich solle mir vorstellen, wie jede einzelne Kalorie in eine schwabbelige, ekelerregende Fettzelle verwandelt werden würde. Mit aller Kraft kämpfte ich gegen diese Stimme an, weil ich wusste, wenn ich jetzt kotzte, dann hätte ich ab morgen wieder vorgefertigte Zwischenmahlzeiten. Also musste ich standhaft bleiben und durfte nicht nachgeben!

Doch die Stimme in meinem Kopf ließ nicht locker und wurde zunehmend lauter. Bis ich es irgendwann nicht mehr aushielt und auf Toilette ging. Ich schaffte es nicht mehr, mich gegen die Krankheit zu behaupten, und wollte ihr nachgeben. Ich war zu schwach.

Aber da hatte ich nicht mit meiner Mutter gerechnet, die mir auf die Toilette folgte. Sie ahnte schon, was ich vorhatte und wollte mich deshalb nicht alleine auflassen. Dadurch durchkreuzte sie meinen Plan. Das ließ mich allerdings noch unruhiger werden. Ich hatte jetzt schon das Gefühl zu spüren, wie sich die gerade aufgenommenen Kalorien bereits in Fettpolster verwandelten. Ein ekelhaftes Gefühl.

Ein Plan B musste her. Eilig erklärte ich meinen Eltern, dass ich müde sei, zurück in die Klinik wolle, um dort vor dem Abendessen noch ein bisschen zu schlafen. So hoffte ich, sie zum Gehen bewegen zu können, um anschließend auf der Toilette in meinem Zimmer den Kuchen loszuwerden. Doch meine Mutter durchschaute diesen Plan ebenfalls. Sie meinte, dass sie bis zum Abendessen, das in 1,5 Stunden war, bei mir bleiben würde. Wenn ich wollte, könne ich gerne schlafen, das würde ihr nichts ausmachen, sie würde trotzdem bei mir bleiben.

Ich hatte also keine Chance, den Kuchen vor dem Abendessen auszukotzen. Und nach dem Abendessen wäre er sowieso schon halb verdaut. Da machte es auch keinen Unterschied mehr, ob ich ihn nun komplett drinnen ließ oder ob ich noch versuchte, die unverdauten Reste, falls es dann überhaupt noch welche gäbe, hervorzuwürgen. Diesen Kampf gegen die Kalorien hatte ich eindeutig verloren.

Ich spürte, wie die Anspannung bei mir in den roten Bereich hochkochte. Ich musste mich jetzt dringendst irgendwie ablenken, um nicht ununterbrochen an meinen vollen Magen und die darin enthaltenen Kalorien zu denken, sonst hätte ich gleich ein riesiges Problem! Glücklicherweise erkannte meine Mutter recht schnell, dass ich extrem angespannt war und nun eine Ablenkung brauchte. Ohne lange zu zögern, schlug sie vor, dass wir vor dem Abendessen noch ein kleines Stückchen am Ufer vom Neckar entlanglaufen können. Und tatsächlich war Bewegung und frische Luft das, was ich gerade brauchte. Bewegung soll ja bekanntlich Stress abbauen und auch bei innerer Anspannung hilft es meiner Meinung nach super. Nach nicht einmal 10 Minuten Fußmarsch war meine Anspannung durch den Wind am Wasser wie fortgeblasen und ich war meiner Mutter dankbar dafür, dass sie mich vom Kotzen abgehalten hatte.

Die letzte dreiviertel Stunde vor dem Abendessen verbrachte ich mit meinen Eltern auf einer Parkbank am Flussufer. Wir redeten über meine Zukunft und was ich in der Vergangenheit alles erreicht hatte. Durch dieses Gespräch wurde mir das erste Mal richtig bewusst, dass ich in der Zeit, als ich so extrem krank war, gar kein richtiges Leben hatte. Als ich so starkes Untergewicht hatte, war mein Leben eigentlich die Hölle auf Erden gewesen.

Durch die Essstörung war ich, wie in einem stockdunklen Tunnel gefangen gewesen, in dem es kein Lichtblick gab. Und wenn doch ein Licht aufgetaucht war, kam das Licht von einem Zug, der mich kurz darauf überrollte. Je mehr mir das bewusst wurde, desto glücklicher war ich darüber, dass die Zeit in meinem Leben zur Vergangenheit gehörte. Und auch meine Eltern bekundeten, dass sie mächtig stolz auf meine aktuellen Fortschritte seien. Das gab mir neue Kraft und bestärkte mich darin weiter zu kämpfen und meinem Weg treu zu bleiben. Ich war meinen Eltern dankbar dafür, dass sie immer hinter mir standen und den Rücken stärkten. Schließlich hätten sie mich auch schon längst aufgeben gekonnt. Aber das taten sie nicht. Stattdessen kämpften sie gemeinsam mit mir an vorderster Front gegen die Essstörung in mir.

Am folgenden Tag wachte ich auf und tastete sofort nach meinem Bauch. Glücklicherweise war er aber noch genauso flach beziehungsweise leicht nach innen gewölbt wie an den Tagen zuvor. Das gestrige Kuchenstück hatte also nicht dafür gesorgt, dass mein Bauch über Nacht dick und schwabbelig wurde. Das beruhigte mich vorerst. Die große „Prüfung" stand jedoch noch aus.

Bevor ich die Waage betrat, betete ich, dass ich bitte nicht mehr als ein Kilo zugenommen hätte. Vor lauter Angst und Aufregung traute ich mich gar nicht, auf die rot leuchtenden Zahlen der Waage zu blicken. Doch dann nahm ich all meinen Mut zusammen und schaute doch hin. Ich wog 43, 8 Kilo. Erleichterung machte sich in mir breit. Dieses Gewicht war ein weiterer eindeutiger Beweis dafür, dass 200 oder 300 Kalorien mehr am Tag nicht dafür sorgten, dass ich direkt in die Breite ging, wie ein Hefeteig, den man neben eine Heizung legte.

Die kranke Stimme in mir, die mir bei jedem Essen damit drohte, dass ich durch jede Kalorie zu viel direkt fett werden würde, hatte also unrecht! Meine Angst, von der Magersucht ohne Zwischenstopp in die Fettsucht zu rutschen, war völlig unbegründet. Die Waage hatte es bewiesen und ich hatte eine weitere wichtige Erkenntnis dazugewonnen.

Ich lernte, dass ich mir ab und zu auch etwas Hochkalorisches gönnen konnte, ohne dabei fürchten zu müssen, dass ich dadurch direkt fünf Kilo zunahm. Diese Erkenntnis war für den kommenden Therapieverlauf überaus wichtig!

Innerhalb des kommenden Monats nahm ich weiterhin zu. Zwar langsam, aber es ging bergauf. Beim nächsten Therapiegespräch sprach meine Ärztin mit mir eine wöchentliche Gewichtszunahme von 600 Gramm ab. Solang ich dieses Mindestgewicht zunahm, hatte ich weiterhin meine Freiheiten, wie zum Beispiel Therapien, Ausgang, Besuch und die freie Wahl der Zwischenmahlzeiten. Schaffte ich das Gewicht nicht, würden mir meine Vergütungen so lange gestrichen, bis ich das Gewicht erreicht hätte. Doch dazu kam es vorerst nicht, denn ich schaffte es jede Woche, das Mindestgewicht zu erreichen. Meistens nahm ich sogar 100 oder 200 Gramm mehr, zu als ich eigentlich gemusst hätte. Außerdem traute ich mich häufiger, Lebensmittel zu essen, die eigentlich auf meiner Verboten-Liste standen. Je häufiger ich die Erfahrung machte, dass die Waage durch ein Stück Kuchen, Schokolade, ein paar Chips etc. nicht direkt am nächsten Tag explodierte, desto geringer wurde meine Angst mir etwas zu gönnen.

Nach vier Wochen wog ich 47 Kilo und war ehrlich gesagt zufrieden mit meinem Gewicht. Ich fühlte mich seit Langem wieder wohl in meinem Körper und das Essen wurde für mich mehr und mehr zum Genuss. Meine Liste mit den verbotenen Lebensmitteln wurde stetig kürzer. Ich genoss es, das zu essen, was ich wollte und wenn ich davon zunahm, war es mir zu dieser Zeit ganz Recht. Denn je schneller ich mein Zielgewicht von 50 Kilo hätte, desto schneller würde ich entlassen werden.

Ich versuchte die Zahlen auf der Waage zu verdrängen und gar nicht erst an mich ran zu lassen. Wenn ich angefangen hätte, darüber nachzudenken, wie viel ich wog, dann hätte ich sehr wahrscheinlich nicht weiter zugenommen. Ich versuchte, die Gewichtszunahme als nötig anzusehen und als eine Art

Start in ein neues Leben, das frei von Essstörungen und Kalorienzählen wäre. Der Anfang hierfür war schon gemacht.

Meine Selbstverletzungen wurden ebenfalls seltener und ich erbrach auch nur noch zwei bis drei Mal im Monat. Das sah ich persönlich als riesigen Erfolg an. Ein weiterer Fortschritt auf dem Weg in Richtung Genesung war, dass inzwischen auch mein natürliches Hungergefühl zurückgekehrt war. Zuerst konnte ich dieses merkwürdige fremde Gefühl in meiner Magengegend nicht einordnen und wusste nicht, was es bedeutete. Doch dann wurde mir nach gründlichem Grübeln klar, dass dieses ungewohnt flaue Gefühl in meinem Magen Hunger sein musste. Zuvor kannte ich nur das Gefühl, völlig ausgehungert zu sein (also Schmerz) oder überfüllt (ebenfalls Bauchschmerzen). Das „normale" Hungergefühl, das jeder Mensch vor den Mahlzeiten verspüren sollte, war mir bis jetzt allerdings völlig fremd.

Die ersten Male, als ich dieses Gefühl von Hunger verspürte, wusste ich jedoch nicht, ob ich mich über dieses neue Gefühl freuen sollte, oder ob es doch nur nervig und ein Zeichen von Schwäche war. In meinen Augen war es nämlich schwierig, dieses Gefühl als positiv anzusehen, weil mein Körper dadurch ein Bedürfnis äußerte und ich, anstatt ihm die Befriedigung zu versagen, Schwäche zeigte und nachgab. Meine Eltern und Ärztin sahen es jedoch, genauso wie alle anderen, denen ich von diesem für mich neuem Gefühl erzählte, als positiv an, dass ich wieder Appetit verspürte. Sie konnten meine Sorge um einen Kontrollverlust nicht verstehen.

Mit der Zeit lernte ich, mein neues Gefühl zu akzeptieren und mich damit anzufreunden. Ich akzeptierte, dass das Hungergefühl ein Hilfsmittel meines Körpers war, um mir zu signalisieren, dass es Zeit für die nächste Nahrungsaufnahme war und keine Bedrohung.

Ich war nun schon sechs Monate in der Klinik und wog mittlerweile 48 Kilo. Ich hatte mir inzwischen fast alle Privilegien verdient, die ich laut meinem Gewichtsverstärkerplan erreichen konnte. Neben Klinikschule, Therapien, Ausgang mit Mitpatienten und freien Zwischenmahlzeiten, durfte ich jetzt auch unter Aufsicht Sport im Kraftraum treiben und mir meine Hauptmahlzeiten selbst portionieren.

Zu Beginn war das selbst portionieren der Hauptmahlzeiten genauso schwierig für mich, wie zuvor die freie Auswahl bei der Zwischenmahlzeit. Ich hatte keine Ahnung, was eine normale, angemessene Portion war und was zu wenig. Lediglich über zu viel musste ich mir keine Gedanken machen. Wenn ich rein nach meinem Gefühl gegangen wäre, hätte ich gesagt, dass bereits zwei Kartoffeln und etwas Gemüse deutlich zu viel wären.

Doch auf mein Gefühl konnte und durfte ich mich bei der Nahrungsmenge nicht mehr verlassen. Meine Einschätzung über große und kleine Portionsgrößen war weiterhin verzerrt. Wenn ich zum Beispiel sagte, dass ich mir eine große Portion Mittagessen auf meinen Teller geladen hatte, grinste mich der Betreuer, der die Mahlzeit begleitete, meistens an und meinte: „Das ist keine große Portion, das ist lediglich eine Kinderportion." Das war dann ziemlich deprimierend. Mit der Zeit lernte ich allerdings, die Vorteile, die ich mir in den vergangenen Monaten erarbeitet hatte, zu nutzen. Ich wusste, dass meine Wahrnehmung verzerrt war und ich ihr nicht trauen konnte.

Des Weiteren lernte ich recht schnell, dass ich eine in meinen Augen angemessene Portion einfach mal zwei nehmen musste, um eine wirklich angemessene Portion zu bekommen. Mithilfe dieser „Tricks" schaffte ich es, bei allen Mahlzeiten auch ohne Vorgaben ein gesundes Maß zu finden und mein Gewicht stabil zu halten. Zwar aß ich meistens weniger, als die vorportionierten Mahlzeiten waren, aber solange ich dadurch nicht den mir vorgegebenen Gewichtskorridor verließ, war das gleichgültig. Und solange mein Gewicht in

Ordnung war, durfte ich auch unter Aufsicht im Kraftraum auf dem Luftgeschoss Sport treiben. Und das war mir sehr wichtig! Sport war für mich mein gesamtes Leben schon immer eine Stütze gewesen und hat mir in jeder Lebenslage Kraft gegeben.

Beim Training konnte ich all die überschüssige Energie, die ich hatte, loswerden und Aggressionen abbauen. Das tat gut und war befreiend. Deshalb war ich überglücklich, als ich erfuhr, dass ich zweimal in der Woche gemeinsam mit einer Physiotherapeutin in den Kraftraum durfte.

Gleichzeitig hatte ich aber auch Angst, wie die ersten Trainings verlaufen würden. Früher konnte ich ohne Probleme eine Stunde am Stück joggen, das würde ich jetzt vermutlich nicht mehr schaffen. Meine Leistungen hätten bestimmt abgebaut. Ich müsste sehr wahrscheinlich bei dem Training wieder bei null anfangen. Das war eine frustrierende Aussicht.

Doch beim ersten Training wurde ich von meinem Körper positiv überrascht! Zum Aufwärmen durfte ich zehn Minuten auf den Stepper und diese 10 Minuten hielt ich direkt ohne Pause durch. Danach war ich zwar etwas außer Atem, aber schwitzte dennoch kaum. Anschließend sollte ich ein paar Übungen an den Geräten machen. Da kam ich aber sehr schnell an meine Grenzen. Schon fünf Kilo kamen mir vor wie eine Tonne. Ich hatte kaum Kraft in den Armen und genauso wenig in den Beinen. Das zu sehen, deprimierte mich.

Die Physiotherapeutin, die mich anleitete, erklärte mir jedoch, dass das für mein Krankheitsbild typisch sei. Wenn man zu wenig Nahrung zu sich nimmt, zum Beispiel bei einer Diät, baut der Körper zuerst die Fettreserven ab und verwandelt die Fettzellen in Energie. Irgendwann ist jedoch dieses Fett abgebaut und der Körper braucht aber immer noch Energie, um seine Funktionen aufrecht zu erhalten. Da er keine Fettreserven mehr besitzt, beginnt er nun, die Muskeln abzubauen. Denn erstens benötigt er die Energie von den Muskeln und zweitens sind Muskeln während einer Hungerperiode nur unnötige Kalorienschlucker, die viel zu viele Kalorien verbrauchen. Mein Körper hatte also die Muskeln in meinen Armen und Beinen abgebaut, um zu überleben.

Aber ich solle mir keine Sorgen machen. Wenn ich weiterhin so zunahm wie jetzt, würden die abgebauten Muskeln durch regelmäßiges Training wieder zurückkommen. Bis ich jedoch wieder sportlich gute Leistungen erbringen konnte, wären noch viele Trainingseinheiten nötig.

Nach dem Sport kam ich vollkommen erschöpft und ausgepowert, aber dennoch überglücklich, zurück auf Station. Den Muskelkater, den ich morgen von dem Training haben würde, spürte ich heute schon, doch das war mir in dem Moment egal. Ich durfte endlich wieder Sport machen; das war das einzige, was für mich zählte!

Überhaupt ging es in meinem Leben zurzeit so steil bergauf, dass ich ab und zu das Gefühl hatte, es sei alles nur ein Traum. Alles lief nahezu perfekt. Die einzigen Vergütungen, die jetzt noch bei meinem Gewichtsverstärkerplan ausstanden, waren ein Tagesurlaub, an dem ich nach dem Frühstück bis zum Abendessen nach Hause durfte und ein Wochenendurlaub, an dem ich von Samstagmorgen bis Sonntagabend nach Hause fahren durfte.

Doch ich war der festen Überzeugung, dass ich das in spätestens zwei Wochen auch schaffen würde, schließlich nahm ich stetig an Gewicht zu, verletzte mich nicht mehr allzu oft selbst, kotzte nur selten und arbeitete auch sonst gut mit. Also es konnte gar nicht besser sein. Bald hätte ich mein Zielgewicht von 50 Kilo erreicht und würde nach einmonatigem Halten des Gewichtes dann als „geheilt" entlassen werden. So war zumindest mein Plan. Dass schon bald darauf alles anders kommen würde, konnte ich zu diesem Zeitpunkt noch nicht ahnen.

Hätte mir in diesen Tagen jemand gesagt, dass ich in ein paar Tagen am Boden liegen würde, hätte ich ihn für verrückt erklärt.

Niemand hatte mit einem Tiefschlag gerechnet, der mich so extrem aus der Bahn werfen würde, dass ich wieder komplett abstürzte. Aber genau solch ein Tiefschlag sollte mich in den kommenden Tagen mit voller Wucht treffen.

17. Ein falscher Satz verändert alles

Ich war mittlerweile nun fast sieben Monate in der Klinik und hatte, wie im letzten Kapitel bereits beschrieben, schon jede Menge große Fortschritte gemacht. Doch dann kam ein Tag, an dem eine eigentlich vollkommen normale Alltagssituation all diese Fortschritte zunichtemachte und mich erneut komplett aus der Bahn warf.

Ich saß nach der Spätmahlzeit, wie jeden Abend, mit ein paar anderen Mitpatienten auf der großen Couch im Aufenthaltsraum und schaute fern. In einer Werbepause blickte mich ein Junge, der erst seit ein paar Tagen auf der Station war, an und begann mir Komplimente zu machen. Er meinte, dass ich wunderhübsch aussehe und eine sehr schöne Figur hätte. Er könne gar nicht verstehen, wieso ich magersüchtig gewesen sei. Schließlich hätte ich doch eine perfekte Figur und müsse nicht noch dünner sein.

Für jedes andere Mädchen wäre diese Aussage wahrscheinlich ein aufbauendes Kompliment gewesen, aber für mich war es das nicht. Bei mir ließ dieser, garantiert nicht böse gemeinte, Kommentar nämlich alte Wunden aufreißen. Das, was ich die letzten Monate perfekt verdrängt hatte, war nun mit einem Schlag wieder da. Die gesamte Erinnerung, die Gedanken, die Gefühle und die Angst, dass ES wieder passieren könnte, stürzte wie eine Sintflut über mich ein.

In diesem Moment begriff ich, dass ich noch keinesfalls über die Erlebnisse in der Vergangenheit hinweg war. Ich hatte noch nichts davon verarbeitet. Ich hatte es lediglich in einer hinteren Schublade in meinem Gehirn versteckt und gehofft, dass diese Schublade nie wieder geöffnet werden würde. Aber genau das war jetzt passiert. Die Schublade war wieder offen und somit meine Erinnerung wieder präsent.

Als mir das bewusst wurde, verschwand ich, ohne mich zu verabschieden oder etwas zu sagen, schnurstracks auf direktem Weg in mein Zimmer. Ich war nervlich komplett am Ende, zitterte am gesamten Körper und Tränen liefen in einem geschlossenen Bach meine Wangen hinunter.

Der Junge wollte mir sicherlich nichts Böses, er konnte schließlich nicht wissen, was seine Worte in mir anrichteten, trotzdem verfluchte ich ihn in diesem Augenblick. Ich war so stolz auf mich gewesen, dass ich die Erlebnisse und die Bilder von der Tat „vergessen" hatte und wieder glücklich sein konnte und nun schien das alles erneut zu zerbrechen.

Ich war gerade dabei gewesen, den Scherbenhaufen namens Leben zusammenzukehren, die Scherben aufzuheben und Stück für Stück wieder zusammenzusetzen, und nun fiel alles erneut auseinander. Es fühlte sich an, als wenn man es endlich geschafft hätte, ein 10.000 Teile Puzzle zu Ende zu puzzeln und dann ein anderer dieses Puzzle mit seinen Füßen kaputt treten würde. Das frustrierende Gefühl, das ich in diesem Moment verspürte, war gar nicht mehr in Worte zu fassen!

Immer wieder und wieder spielte sich der Film von der Tat in meinem Kopf ab. Ich konnte kaum noch zwischen Erinnerung und Realität unterscheiden. Ich war in meiner Erinnerung gefangen und konnte keinen Ausweg aus dem Flashback finden. Ich wollte, dass es aufhörte. Der Film in meinem Kopf sollte verschwinden! Ich wollte DIE nicht mehr sehen! Doch egal, was ich versuchte, und wie sehr ich mich zwang, in das Hier und Jetzt zurückzukehren, ich schaffte es nicht, den Flashback zu unterbinden. Die Gedanken waren zu stark und ich zu schwach. Aus lauter Verzweiflung und als letzten Ausweg, mich daraus zu befreien und die Gedanken zu besiegen, sah ich nur noch den Schmerz. Ich musste mir selbst Schmerzen zufügen, um mich wieder zu spüren. Denn nur allein der Schmerz konnte mir jetzt noch helfen, mich von meiner Erinnerung loszureißen, den Flashback zu verlassen und in die Realität zurückzufinden.

Panisch suchte ich in meinen Sachen nach einem spitzen beziehungsweise scharfen Gegenstand, mit dem ich mich verletzen konnte. Doch das einzige, was ich fand, war eine Mensch-ärgere-dich-nicht-Figur aus Kunststoff, die noch vom Spielen im Zimmer lag.

Wie heißt es so schön: In der Not frisst der Teufel auch Fliegen? Wie ferngesteuert, legte ich die Spielfigur auf den Boden und trat so lange mit meinen Schuhen darauf, bis sie in mehrere spitze Einzelteile zerbrach. Dann suchte ich mir den schärfsten Splitter heraus und begann ihn mit all meiner Kraft über meinen Unterarm zu ziehen.

Da das Plastikteil so stumpf war, dauerte es eine Weile, bis die Kratzer tief genug waren, damit Blut floss. Erst, als das warme Blut meinen Arm hinunterlief und auf den Boden tropfte, begann ich mich zu beruhigen. Mit wortwörtlich einem Schnitt war der Gedankenkreislauf in meinem Kopf durchschnitten, mein Herzschlag wurde ruhiger und meine Atmung regelmäßiger. Das Zittern hörte auf und ich verspürte ein Gefühl der Erleichterung. Der körperliche Schmerz durch die Verletzung war der Beweis dafür, dass DIE nicht hier waren und ES gerade geschah, sondern dass sich die Tat nur in meiner Erinnerung abgespielt hatte. Ich lebte und alles war „in Ordnung".

Auch wenn sich die Bilder von der Tat nur in meinem Kopf abgespielt hatten, und die Situation somit nicht real war, waren der Schmerz und die Angst in mir trotzdem reell.

Eine ganze Weile betrachtete ich das Blut, wie es meinen Arm langsam tropfenweise hinunter kullerte. Es war erstaunlich, welche beruhigende und faszinierende Wirkung diese rote Körperflüssigkeit auf mich hatte. Es gab kein Beruhigungsmittel, das mich so schnell und so zuverlässig aus meinem Gedanken- und Gefühlskreislauf herausholte wie die Selbstverletzung.

Nach einer Weile gedankenverlorenen Beobachtens kam ich jedoch zu dem Entschluss, dass ich Wohl oder übel ein Problem hatte. Die zwei Taschentücherpackungen, die ich auf meinem Zimmer hatte, waren verbraucht und das Klopapier aus der Toilette war ebenfalls leer, aber der eine Schnitt blutete weiterhin.

Die Blutung ließ sich nicht wie gewohnt mit sanftem Druck auf die Wunde stillen. Deshalb musste ich gezwungenermaßen reumütig zum Schwesternzimmer gehen und mich somit bei den Betreuern selbst verraten. Das war mir eine Lehre. Seitdem hatte ich immer genügend Taschentücher auf meinem Zimmer. Zeitweise hatte ich so viele, dass ich einen ganzen Handel damit hätte aufmachen können. Nie wieder wollte ich so „doof" sein und mich selbst verpetzen müssen!

Im Schwesternzimmer war bereits nur noch eine Betreuerin anwesend. Als Nachtwache war jede Nacht nur eine Person auf den offenen Stationen eingeteilt, da es im Normalfall nachts auf Station relativ ruhig war.

Da die Tür zu war, klopfte ich. Als die Tür aufging, brauchte ich gar nicht zu sagen, was los war. Die Betreuerin bat mich, unverzüglich einzutreten und mich auf den Stuhl zu setzen.

Ohne großartig die Wunde zu begutachten, rief sie sofort die diensthabende Ärztin an. Ich konnte diesen großen Aufwand überhaupt nicht verstehen. Wieso gab mir die Betreuerin nicht einfach nur ein Pflaster oder machte mir einen Verband? Es reichte schließlich auch noch, wenn morgen jemand auf die Kratzer schaute. Das war zumindest meine Einschätzung. Die Ärztin sah das leicht anders. Ihrer Meinung nach waren die „Kratzer", wie ich es nannte, hart an der Grenze. Wären sie nur ein oder zwei Millimeter tiefer, dann hätten sie genäht gehört.

Diese Aussage war ein Schock für mich. In meinen Augen hatte ich nämlich gar nicht so tief geschnitten. Mit einem schärferen Gegenstand wären die Schnitte deutlich tiefer ausgefallen! Also hatte ich mehr oder weniger noch mal Glück gehabt? Ich wusste es nicht. Ich konnte nicht einordnen, ob die Ärztin wegen der Schnitttiefe die Wahrheit sagte oder ob sie mich nur schockieren und davon überzeugen wollte, dass ich mit den Selbstverletzungen aufhören sollte.

Nachdem die Wunden geklammert und verbunden waren, gab mir die Ärztin erst noch etwas zur Beruhigung und anschließend sollte ich ihr die Gründe für meinen enormen Selbsthass nennen. Ich verweigerte jedoch das Gespräch. Ich wollte das Geschehene einfach nur vergessen und nicht mehr daran erinnert werden. Die Ärztin ließ allerdings nicht locker. Sie kaufte mir nicht ab, dass ich diese extreme Selbstverletzung rein aus Spaß an der Freude gemacht hatte. Laut ihr müsse es einen triftigen Grund gegeben haben, warum ich so enorm aggressiv gegen meinen eigenen Körper wurde. Als sie nach dem fünften Mal fragen immer noch nicht lockerließ, entschied ich mich, ihr doch in groben Zügen zu erzählen, was passiert war. Daraufhin sagte sie, dass sie nun verstehen könne, wieso ich so gehandelt hätte. Allerdings solle ich mich jetzt am besten ins Bett legen und schlafen. Das, was passiert war, könne man nicht mehr ändern und morgen wäre ein neuer Tag. Da würde die Welt bestimmt schon wieder anders aussehen. Also, ein super Psychologenratschlag, den man immer dann zu hören bekam, wenn Psychologen nicht mehr weiterwussten. Diese Aussage war sehr hilfreich, wenn man gerade das Gefühl hat, dass einem der Boden unter den Füßen weggezogen wird!

Wer hoch fliegt, der fällt tief. Das sollte ich die nächsten Tage noch am eigenen Leib zu spüren bekommen.

Im Anschluss des Gesprächs durfte ich noch eine von meinen heiß geliebten Verhaltensanalysen schreiben. Ich liebte diese Dinger immer mehr! Hätte ich einen Kopierer in meinem Zimmer gehabt, dann hätte ich die vorherige Verhaltensanalyse schlichtweg hundert Mal kopieren und mir damit eine Menge Arbeit ersparen können, da ich sowieso jedes Mal mehr oder weniger dasselbe reinschrieb. Aber nein, laut der Therapeuten war dieses Schreiben eine superwichtige Therapiemaßnahme, die ich nicht oft genug wiederholen konnte. Denn durch das Schreiben einer Verhaltensanalyse würde ich reflektieren, was in der Situation schiefgelaufen war und könnte das dann beim nächsten Mal ändern.

Na ja, ich war mir da nicht so sicher, ob diese in meinen Augen „Strafarbeit" eine tatsächliche Verhaltensänderung bei mir bewirken konnte. Ich wusste schließlich, was schiefgelaufen war und wie ich mich hätte anders verhalten sollen, aber es ging eben nicht.

Wenn es für mich in dieser Situation eine andere, für mich durchführbare, Lösung außer Selbstverletzung gegeben hätte, dann hätte ich sie angewandt! Aber wie gesagt: Eine andere Lösung war für mich in diesem Moment nicht umsetzbar! Um darauf zu kommen, brauchte ich keine sieben Seiten Fragebogen zu beantworten. Das wusste ich auch so!

Also waren Verhaltensanalysen in meinen Augen einfach Papierverschwendung. Doch wenn ich das dem Personal in der Klinik sagte, wurde mir jedes Mal erzählt, wie wichtig diese Fragen wären, und dass ich die Verhaltensanalysen für mich und meinen Therapieerfolg schreiben würde, und nicht, weil ich es müsste.

Daraufhin nickte ich jedes Mal und dachte mir: „Ja, ja. Freiwillig mache ich das bestimmt nicht!" Nahm die Verhaltensanalyse, ging auf mein Zimmer und füllte die Fragen aus. Ich ging den Weg des geringsten Widerstandes und hob mir Kraft für wichtigere Dinge, als solch eine sinnlose Diskussion auf.

Bei dieser Verhaltensanalyse war es jedoch anders. Ich fragte nicht nach dem warum, sondern schrieb einfach drauf los. Und das erste Mal tat es wirklich gut, sich alles von der Seele zu schreiben. Alles, was ich zuvor bei dem Gespräch nicht in Worte fassen konnte, konnte ich jetzt verschriftlichen. Ich würde fast so weit gehen und sagen, dass ich mich dieses mal „freute", eine Verhaltensanalyse schreiben zu dürfen.

Nachdem ich die Fragen ausführlich, so wie es verlangt war, beantwortet hatte, fühlte ich mich befreit. Es war, als wenn ein riesiger Kloß Ballast von mir abgefallen wäre. Gleichzeitig war ich jedoch auch durch das viele Weinen und das Beruhigungsmittel inzwischen sehr müde geworden.

Da es jetzt sowieso schon recht spät war, beschloss ich, mich ins Bett zu legen und zu schlafen. So müde wie ich war, würde es bestimmt nicht lange dauern, bis ich im Land der Träume wäre und morgen war, wie die Ärztin bereits gesagt hatte, ein neuer Tag und somit eine neue Chance.

Zwei Stunden später lag ich jedoch immer noch wach im Bett. Ununterbrochen wälzte ich mich von einer Seite zur anderen und wieder zurück. Mein Kopf und meine Gedanken wollten einfach nicht abschalten. Mein Körper war hundemüde und versuchte schlafen und mein Gehirn hatte anscheinend vor, die gesamte Nacht durchzumachen.

In meinem Kopf kreisten so viele Gedanken, dass ich sie gar nicht mehr ordnen konnte. Da waren die Bilder von der Vergewaltigung, die Bilder von dem Tag, an dem SIE mich schlugen, die zahllosen Bilder, wo ich hilflos und ohne mich zu wehren, auf dem Boden lag und stumm alles über mich ergehen ließ. Und vor allem tauchte immer wieder die Frage „Wieso?" auf. Wieso passierten solche Dinge ausgerechnet mir? Wieso hatten DIE mich ausgewählt? Was hatte ich falsch gemacht?!

Irgendwann war ich jedoch so müde, dass mir aufgrund der Erschöpfung schlichtweg die Augen zufielen. Allerdings nicht besonders lange. Nach kurzer Zeit stand ich nämlich schon wieder senkrecht im Bett, weil ich einen fürchterlichen Albtraum hatte. Mein Herz raste und ich war von Kopf bis Fuß schweißgebadet.

Seit Längerem hatte ich wieder von IHNEN und dem, WAS SIE MIR ANGETAN HATTEN, geträumt. Doch im Gegensatz zu den letzten Malen, bei denen ich mich nie an den Traum an sich erinnern konnte, konnte ich mich dieses Mal an jedes noch so kleinste Detail erinnern. Und das Allerschlimmste daran war, dass ich das Gefühl hatte, dass es gleich wieder passieren würde. Ich wurde das unangenehme Gefühl nicht los, dass DIE sich hier im Raum befanden und nur darauf warteten, über mich herzufallen. Ich hatte panische Angst!

Voller Panik sprang ich aus meinem Bett, stürzte aus dem Zimmer und rannte zu der Nachtschwester, die im Stationszimmer saß. Mit aller Kraft und jeder Menge Geduld versuchte die Nachtschwester mich zu beruhigen. Mindestens 100 Mal versicherte sie mir, dass ganz sicher niemand in meinem Zimmer wäre und auch niemand mir hier auf Station zu nahekommen würde.

Nach einer Stunde war meine Panik soweit verschwunden, dass ich mich wieder alleine in mein Zimmer traute und weiterschlafen wollte. Davor hätten mich keine zehn Pferde zurück ins Zimmer gebracht!

Ich verspürte keine Angst, sondern es war regelrechte Panik!

Im Zimmer angekommen, dauerte es jedoch keine zwei Minuten, bis das ungute Gefühl, dass ich nicht alleine hier im Zimmer war, zurückkehrte. Kaum hatte ich die Tür hinter mir geschlossen und das Licht ausgemacht, wirkte sofort jeder Schatten erneut bedrohlich und jedes noch so kleinste Geräusch löste in mir Panik aus.

An Schlafen war diese Nacht eindeutig nicht mehr zu denken. Zu groß war meine Angst davor, wieder von IHNEN zu träumen. Lieber schlief ich gar nicht, als noch mal ALLES im Traum zu durchleben!

Als nach ca. fünf Minuten die Anspannung und die Angst in mir erneut unerträglich wurden, ging ich ein weiteres Mal zur Nachtschwester. Ich erklärte ihr, dass ich mich nicht traute, alleine zu schlafen und dass ich das Gefühl einfach nicht loswurde, dass DIE doch da waren. Daraufhin bot mir die Nachtschwester an, dass, falls ich möchte, im Aufenthaltsraum auf dem Sofa nächtigen könne. Dort könne ich die gesamte Nacht Licht anlassen und sie könne mich beim Schlafen „bewachen". Sobald ich unruhig schlief, weil ich schlecht träumte, könne sie mich wecken. So hätte ich die Möglichkeit, diese Nacht doch noch etwas zur Ruhe zu kommen. Weil gar nicht schlafen, wäre nicht unbedingt die beste Methode den Albträumen zu entgehen. Da würde es mir morgen nämlich vermutlich noch schlechter gehen, als jetzt gerade eh schon.

Ohne lange zu zögern, nahm ich dieses Angebot dankend an. Müde war ich schließlich immer noch und Schlafmangel würde, wie die Schwester bereits sagte, meine Lage wirklich nicht verbessern. Mit ihr zusammen holte ich deshalb mein Kopfkissen und meine Zudecke aus dem Zimmer und richtete mir mein Nachtlager auf dem Sofa im Aufenthaltsraum her.

Dadurch, dass das gesamte Zimmer durch die Deckenlampe ausgeleuchtet war, brauchte ich nun keine Angst mehr vor den unheimlichen Schatten zu haben. Ich konnte jeden Winkel des Zimmers genau überblicken und außerdem saß keine fünf Meter entfernt jemand, der mich, auch wenn ich schlief, nicht aus den Augen ließ. Das gab mir die nötige Sicherheit und Geborgenheit, die ich in diesem Augenblick brauchte. Nach wenigen Minuten war ich bereits eingeschlafen und konnte die restliche Nacht ohne Albträume, Panikattacken oder Angstzuständen durchschlafen, so, dass ich am nächsten Morgen relativ ausgeruht aufwachte. Aber dennoch hatte ich die Erlebnisse der letzten paar Stunden nicht vergessen.

Schon beim Frühstück stand ich nämlich vor dem nächsten Problem: Ich ekelte mich vor dem Essen. Ich hasste dieses schlabbrige Brötchen, die fette Margarine und die zuckerhaltige Marmelade, die dort vor mir auf dem Teller lagen. Lebensmittel waren in meinen Augen einfach nur ekelig!

Denn durch die Kalorien nahm ich an Gewicht zu und das führte zwangsläufig dazu, dass mein Körper wieder weiblicher aussah. Jedes Kilo mehr ließ neben meinen Bauch und Oberschenkel auch meinen Busen und meinen Po wachsen.

Das war einfach nur widerlich! Momentan passierte genau das, was ich die gesamte Zeit verhindern wollte: Ich sah wieder „gut" aus und wirkte mit meiner Figur attraktiv auf das männliche Geschlecht. Also genau das, was ich auf keinen Fall wollte!

Ich wollte nicht von anderen und erst recht nicht von Jungs oder Männern angeschaut oder sogar als attraktiv empfunden werden! Ich wollte nicht, dass mich jemand ansprach, weil er mich „süß" fand oder schlimmstenfalls anfasste! Denn dann würde der Albtraum, den ich die letzten Monate durchgemacht hatte, erneut von vorne beginnen und ich wusste nicht, ob ich das nochmals überstehen beziehungsweise überleben würde! Ich war froh, dass ES vorbei war, und wollte nie wieder mehr Kontakt als tatsächlich nötig zu einer männlichen Person haben.

Lieber lief ich als klapperdürres Skelett herum, als von Männern als attraktiv wahrgenommen zu werden!

In meinem Inneren wehrte sich alles gegen das Essen. Mein Wille, gesund zu werden, verschwand erneut und stattdessen kam ein weiteres Mal der Wille, verschwinden zu wollen in mir auf. Und dieser Wille war stark, sehr stark!

Am liebsten hätte ich gar nichts zum Frühstück gegessen. Überhaupt hätte ich am liebsten nie wieder irgendetwas mit Kalorien zu mir genommen. Doch, ohne gefragt zu haben, wusste ich bereits jetzt, dass das die Betreuer hier niemals zulassen würden. Sie wären damit hundertprozentig nicht einverstanden. Das wusste ich.

Da brauchte ich nicht mit ihnen zu diskutieren. Ich würde sowieso den Kürzeren bei dieser Diskussion ziehen. Solange ich hier in der Klinik war, konnte, oder besser gesagt, durfte ich gewisse Regeln nicht brechen.

Deshalb entschloss ich mich, wenigstens ein halbes Brötchen mit zaghaftem Belag zu essen. So waren die Betreuer zufrieden und ich na ja, zwangsläufig auch. Eine andere Wahl hatte ich schließlich nicht.

Direkt im Anschluss nach dem Frühstück hatte ich ein Gespräch mit meiner Ärztin bezüglich meiner tendenziellen absteigenden Entwicklung seit gestern Abend.

Sie fragte mich, was genau am Vorabend vorgefallen sei, und was dieser heftige Flashback mit meinen Gedanken und Gefühlen gemacht hätte, beziehungsweise noch machte. Bei diesem Gespräch schaffte ich es, das erste Mal über DAS, was SIE mir angetan hatten, zu reden und meine damaligen und jetzigen Gefühle dazu in Worte zu fassen.

Ich erzählte zwar nur einen kleinen Teil von diesem Abend, um genau zu sein, noch nicht einmal 50 Prozent, aber dennoch redete ich darüber. Das machte mich innerlich ein bisschen stolz und nach dem Gespräch fühlte es sich an, als wenn eine ganze Steinlawine von meinem Herzen abgefallen sei. Andererseits fühlte ich mich jedoch auch etwas unwohl dabei.

Ich schämte mich und es fühlte sich „merkwürdig" an, dass nun jemand wusste, was genau mir widerfahren war. Es war mir irgendwie peinlich. Ich hatte Angst, dass von der Ärztin so Kommentare wie: „Warum hast du dich nicht gewehrt" oder „Du warst selbst daran schuld. Du hast es herausgefordert" oder Ähnliches kämen, doch glücklicherweise blieben solche Sprüche aus.

Wie bei den anderen Malen zuvor auch, hörte sie mir lediglich zu und zeigte Verständnis. Das tat gut und war, glaube ich, genau das, was ich in diesem Moment brauchte.

Als ich ihr meine Geschichte erzählte, lief keine einzige Träne über meine Wange. Es war, als ob ich einfach eine alltägliche Alltagssituation aus meinem Leben erzählen würde. Es kam mir überhaupt nicht „schlimm" vor. Gefühlsmäßig war es so, als wenn ich beinah schon über eine andere Person reden würde. Ich war vollkommen gefasst und innerlich ausgeglichen. Selbst mein Puls schien seine halbwegs normale Frequenz beizubehalten. Doch kaum hatte ich den letzten Satz ausgesprochen, änderte sich das schlagartig.

Mein Herz schien plötzlich doppelt so schnell zu schlagen und ich spürte, wie ein Kloß langsam meinen Hals hinaufwanderte. Die ersten Male gelang es mir noch, diesen Kloß hinunterzuschlucken, und meine Tränen zu unterdrücken, doch bald waren meine Gefühle dafür zu stark. Wie bei einem gebrochenen Staudamm strömten die Tränen über meine Wangen. Ich war nervlich total am Ende.

Ich wusste nicht mehr, wo hinten und wo vorne war, was ich wollte, (so doof es klingt) wer ich war oder Sonstiges. Es war, als wenn ein schweres Erdbeben, das Haus, was ich mir in den letzten Monaten mühselig mit viel Kraft und Geduld aufgebaut hatte, mit einem Schlag zerstört hätte. Ich stand mitten auf einen Trümmerhaufen und blickte auf die vielen kleinen Bruchstücke, die noch vor wenigen Stunden (m)ein Leben war(en). Alles schien zerstört und hoffnungslos. Es gab nichts mehr, woran ich mich noch festhalten könnte.

Bildlich gesehen, befand ich mich seelenallein mitten auf hoher See im Wasser ohne Rettungsring oder sonstige Hilfsmittel. Mein Boot war soeben untergegangen und weit und breit war kein Land in Sicht. Noch konnte ich mich mit aller Kraft an der Wasseroberfläche halten. Doch wie lange würden meine Kräfte noch reichen, bis ich unterging???

Die Ärztin merkte ebenfalls, dass ich vornehm ausgedrückt „leicht durch den Wind war". Sie fragte mich, ob ich ihr versichern könnte, dass ich jetzt, wenn ich alleine auf mein Zimmer ginge, mich weder selbst verletzte noch irgendeinen anderen Unsinn verzapfte.

Einerseits wollte ich sie nicht anlügen und sagen, dass es mir „gut" ging und ich nichts machen würde, andererseits konnte ich ihr natürlich nicht die Wahrheit erzählen und zugeben, dass ich genau das vorhatte, um den Schmerz in mir halbwegs erträglich zu machen und mich wieder in das Hier und Jetzt zurückzuholen. Beide Optionen waren meiner Ansicht nach bescheiden.

Deshalb sagte ich einfach gar nichts. So konnte ich nichts Falsches behaupten, verriet mich nicht selbst und musste zudem nicht lügen. Jedoch bedeutete dieses Schweigen für die Ärztin, dass ich wieder auf das Beobachtungszimmer verlegt wurde und mich, wie beim letzten Mal, ausschließlich im Sichtkontakt der Betreuer aufhalten dufte. Sobald sich meine Lage in den nächsten Tagen stabilisiert hätte, dürfte ich aber direkt wieder zurück in ein normales Zimmer, wurde mir versprochen.

Mit der Verlegung ins Beobachtungszimmer hätte ich noch leben können, aber nicht mit der Dusch- und Toilettenbegleitung, die ich nun ebenfalls wieder dazu bekam!

Angeblich wären all diese Maßnahmen nur zu meiner eigenen Sicherheit, damit ich mich im Bad nicht selbst verletzten würde, aber das machte die Situation nicht besser. Mir schaute jemand bei allem, was ich im Bad machte, zu, und das war und blieb äußerst unangenehm! Egal, wie man es drehte!

Der einzige Trost, der mir weiterhin blieb, war mir die Zeit, die ich beim Ausgang in der Stadt oder am Neckarufer verbringen konnte. Zwar durfte ich nun erst einmal nicht alleine oder mit Mitpatienten nach draußen, aber immerhin durfte ich jeden Tag, solange ich wollte, mit meinen Eltern oder einem Betreuer das Gebäude verlassen.

Diese, wenn auch meist sehr kurzen Ausflüge, waren jeden Morgen ein kleiner Lichtblick, der mich dazu bewegte, aufzustehen und am Leben teilzunehmen. Ohne diesen Lichtblick hätte ich vermutlich jetzt schon alles hingeschmissen und mich komplett hängen lassen.

Die folgenden Tage besserte sich mein Allgemeinzustand, anders wie die Ärztin vorausgesagt hatte, nicht. Nachts konnte ich vor Angst erst nicht einschlafen und wenn ich dann doch schlief, hatte ich fürchterliche Albträume.

Tagsüber kratzte ich mir fast täglich Hautstellen blutig, hatte mehrmals heftige Flashbacks und war fast pausenlos am Weinen. Und das Schlimmste für mich war, dass es für diese durchaus sehr heftigen Flashbacks inzwischen nicht einmal einen Auslöser bedurfte.

Das hieß, ich brauchte nicht mal mehr von irgendetwas angetriggert zu werden, sondern sie kamen einfach so. Ohne Vorwarnung tauchten die Bilder von DENEN wie Blitze vor meinen Augen auf und warfen mich aus der Bahn. Ein normaler Alltag wurde für mich unmöglich. Ich war meiner Psyche machtlos ausgeliefert. Und genauso machtlos mussten die Ärzte, Therapeuten und meine Familie zuschauen, wie ich tagtäglich weiter in dem schwarzen Loch der Depressionen verschwand.

Mein Gewicht ging während dieser erneuten depressiven Phase ebenfalls nach unten. Ich schaffte es kaum noch, etwas zu essen, was ich persönlich als nicht sonderlich schlimm empfand. Jede 100 Gramm weniger freuten mich. Ich hatte derzeit nämlich nur ein Ziel: Stück für Stück zu verschwinden.

Um mir mit einer Rasierklinge die Pulsadern durchzuschneiden, dafür fehlte mir der Mut. Aber Selbstmord auf Raten, also Stück für Stück zu verschwinden, zu verhungern, das traute ich mich.

Ich genoss das schmerzende Gefühl, wenn mein Körper nach Essen schrie und ich es ihm versagte. Die Magersucht war wieder zu meiner besten Freundin geworden. Egal, was andere sagten, „Ana" war die beste Freundin, die ich mir vorstellen konnte. Ich hatte ihr zwar schon vor Wochen die Freundschaft gekündigt, doch gerade jetzt, wo es in meinem Leben schwierig wurde, war sie wieder für mich da. Ihr war gleichgültig, dass ich sie die letzten Wochen ignoriert und bekämpft hatte. Sie fing mich trotzdem auf und gab mir Halt. Dafür war ich ihr dankbar.

Als Gegenleistung dafür musste ich ihr aber nun auch wieder gehorchen. Das hieß: Ich musste alles dafür tun, dass mein Gewicht nach unten ging und ich nicht mehr weiter zunahm.

Doch das war gar nicht so einfach. Denn dadurch, dass ich stetig an Gewicht verlor, dauerte es nicht lange, bis ich meine Vergütungen gestrichen bekam und wieder vorportionierte Mahlzeiten essen musste. Und wie beim letzten Mal achteten die Betreuer haarklein darauf, dass ich wirklich keinen Tropfen Soße oder noch so kleinen Krümel Brot auf dem Teller liegen ließ.

Das wiederum sorgte dafür, dass mein Gewichtsverlauf ein weiteres Mal seine Richtung änderte. Ich nahm alles, was ich mir mühselige in knapp neun Tagen abgehungert hatte, in nicht einmal der Hälfte der Zeit wieder zu. Also alle Mühen waren vergebens.

Und als ob diese schnelle Gewichtszunahme nicht schon schlimm genug für mich gewesen wäre, flüsterte mir ab jetzt auch wieder die Magersucht nach jedem Wiegen und bei jeder Mahlzeit freundliche Beleidigungen ins Ohr.

Mein Selbsthass war gar nicht mehr in Worte zu fassen. Duschen wurde für mich zur Qual, denn dabei musste ich mich am intensivsten mit meinem gehassten Körper auseinandersetzen. Genauso wie beim anschließenden Eincremen musste ich ihn anfassen und „verwöhnen". Ich hasste das!!! Wer pflegt schon gerne seinen größten Feind?

Nach einer Woche ließen die Flashbacks glücklicherweise nach, sodass ich wenigstens etwas Entlastung bekam. Aber der extreme Hass auf meinen Körper blieb nach wie vor. Das Einzige, was sich daran änderte, war, dass ich mich nun seltener verletzte. Es kam nun nicht mehr täglich, sondern „nur" noch zwei bis drei Mal pro Woche vor, dass ich irgendeinen Gegenstand zweckentfremdete, um mich selbst zu bestrafen.

Deshalb entschied meine Ärztin, den Sichtkontakt vorerst abzusetzen. Denn wie die letzten Wochen zeigten, hielt mich Sichtkontakt nicht davon ab, mir selbst Schaden zuzufügen. Ich war in der Zwischenzeit so geübt darin, unauffällig aus dem Blickfeld der Betreuer zu verschwinden, um mich selbst zu verletzen, dass es kaum noch auffiel, wenn ich mal wieder weg war. Also war der Sichtkontakt bei mir mehr oder weniger überflüssig. Das Alleinige, was weiterhin an Dauerüberwachung blieb, war die Dusch- und Toilettenbegleitung.

18. Meine Liebe zur Klinge

Ich weiß nicht, ob es daran lag, dass mein Selbsthass zu diesem Zeitpunkt so extrem hoch war, oder ob ich mich inzwischen an den Schmerz so sehr gewöhnt hatte, dass mir „normale" Selbstverletzung nicht mehr ausreichte. Das einzige, was ich wusste, war, dass ich von Mal zu Mal das Gefühl hatte, tiefer schneiden zu müssen, um „zufrieden" zu sein. Meine Liebe zur Klinge wuchs und wuchs.

Erst wenn ich sehen konnte, dass der Schnitt so tief war, dass die Haut leicht auseinanderklaffte und (meiner Ansicht nach) genug Blut floss, konnte ich aufhören, mich selbst niederzumachen und der innerliche Druck in mir wurde erträglich und die extreme Anspannung ließ nach. Haut aufkratzen mit Fingernägeln brachte mir keine Erleichterung mehr. Ganz im Gegenteil: Wenn ich mich nicht tief genug verletzen konnte oder dabei gestört oder gar abgehalten wurde, machte mich das noch viel aggressiver, als ich es davor eh schon war!

Jeden Abend boten die diensthabenden Betreuer einen kleinen Abendspaziergang an, bei dem wir Patienten eigentlich etwas runterkommen und zur Ruhe kommen sollten. Ich allerdings nutzte diesen Spaziergang für das Gegenteil.

Zu Beginn hatte ich kaum Interesse daran, abends vor dem zu Bett gehen, noch mal eine Runde spazieren zu gehen, aber dann merkte ich, dass ich diesen allabendlichen Rundgang ganz praktisch zum Sammeln von Glasscherben nutzen konnte. Abends waren so viele Patienten mit draußen, dass es für den einen Betreuer unmöglich war, alle Jugendlichen gleichzeitig im Auge zu haben. Das nutzte ich aus. Ich ließ mich leicht von der Gruppe zurückfallen und suchte nach kleinen, spitzen Glasscherben, die am Neckarufer und in der Stadt zu genüge auf dem Boden lagen, und versteckte diese vorerst in meiner Hosentasche. Zurück in der Psychiatrie packte ich sie wieder aus und versteckte sie in meinem Zimmer in unterschiedlichen Verstecken.

Bei der Auswahl der Verstecke für Ritzwerkzeuge waren meiner Fantasie keine Grenzen gesetzt. Egal, ob im Batteriefach des Weckers, hinter einem Poster an die Wand geklebt oder in einer leeren Tempo-Box versteckt, alles war erlaubt, solange das Versteck nicht offensichtlich war. Auf gar keinen Fall durfte nämlich jemand meine Verstecke enttarnen und mir meine Glasscherben womöglich wegnehmen! Das wäre eine Katastrophe für mich gewesen! Die Glasscherben waren für mich nämlich inzwischen überlebenswichtig geworden. Ein Leben ohne Selbstverletzung konnte oder wollte ich mir nicht mehr vorstellen. Die Gefahren, die durch die Selbstverletzung entstanden, waren mir hierbei egal, denn dass Einzige, was für mich beim Schneiden zählte, war der Druck- und Stressabbau.

Wann immer meine innerliche Anspannung zu stark wurde, holte ich eine Scherbe hervor, verschwand in den Gemeinschaftsraum, den man vom Schwesternzimmer nicht überblicken konnte, setzte mich hinter den Fernseher und schnitt mir die Arme oder Beine auf. Anschließend versuchte ich dann die Blutung mit Taschentüchern zu stoppen.

An demselben Tag, an dem ich mich selbst verletzt hatte, merkte kaum jemand etwas von dem, was hinter dem Fernseher vorgefallen war. Denn sobald Blut floss, fiel alle Anspannung von mir ab und ich wurde wieder ruhig und ausgeglichen. Man könnte fast sagen, dass Selbstverletzung mich auf eine gewisse Art glücklich machte. Nach den Schnitten war mein Kopf frei und alle quälenden Gedanken waren zumindest kurzzeitig verschwunden. Doch spätestens am nächsten Tag war dieses „Glücksgefühl" vorbei. Denn beim Wiegen konnte ich meine frischen Schnitte nicht mehr geheim halten. Es war schon fast eine Ausnahme, wenn ich einen Tag nicht meine Wunden versorgen lassen und eine Verhaltensanalyse schreiben musste!

Nachdem dieses Prozedere von abends Glasscherben sammeln, Glasscherben verstecken, Selbstverletzung, Wundversorgung und Verhaltensanalysen schreiben, nach über zehn Tagen zu einer Art Routine für mich wurde, beschloss meine Ärztin erneut, dass es so nicht weitergehen konnte. Laut ihrer Aussage könne es nicht angehen, dass das Team mir dabei zuschaute, wie ich mich Schritt für Schritt weiter zugrunde richtete. Deshalb bekam ich ein weiteres Mal Sichtkontakt angesetzt und musste auch wieder meine gesamten „gefährlichen" Gegenstände aus meinem Zimmer abgeben. Des Weiteren sollte ich so lange keinen Ausgang mehr bekommen, bis ich mich stabilisiert hätte, und mich nicht mehr ununterbrochen selbst verletzen würde.

Allerdings änderten auch diese strengen Regeln nichts an meinem Verhalten. In den letzten Wochen hatte ich genügend Glasscherben angesammelt, um noch mindestens zwei Wochen damit zu überleben. Denn auch wenn einige Betreuer der Meinung waren, dass ich in meinem aktuellen Zustand nicht dazu in der Lage wäre, klar zu denken, war ich dennoch in der Lage, meine Situation zu erfassen. Und aus der Erfahrung heraus wusste ich, was der nächste Schritt der Mitarbeiter war, und deshalb hatte ich bereits frühzeitig vorgesorgt. So schnell würden mir meine Glasscherben nicht ausgehen! Meiner Ansicht nach war ich nämlich immer einen Schritt weiter als das Team der Psychiatrie.

Ich glaube, in dieser Zeit war ich ein Bilderbuchbeispiel für das, was sich therapieresistent nennt. Ich tat alles dafür beziehungsweise dagegen, mich nicht an die Regeln zu halten. Was genau mein Ziel zu diesem Zeitpunkt war, weiß ich nicht. Vermutlich hatte ich gar keines. Alles um mich herum war mir egal. Solange ich noch die Möglichkeit hatte, mich selbst zu verletzen, war mein Leben noch halbwegs erträglich.

Jeden Abend nutzte ich die Zeit, in der die Betreuer Dienstübergabe hatten, um aus dem Sichtkontakt zu verschwinden und mir die Arme und Beine aufzuschneiden. Wenn ich dabei von niemandem entdeckt wurde, fühlte ich mich gleich doppelt gut. Einerseits war ich meinen innerlichen Druck losgeworden und zusätzlich hatte ich dazu noch die Betreuer an der Nase herumgeführt. Manchmal kam mir der Alltag in der Psychiatrie wie ein Spiel vor. Tagtäglich testete ich meine Grenzen aus und überprüfte, wie weit ich gehen konnte. Strafen waren mir egal, denn ganz ehrlich: Was hatte ich noch zu verlieren?

19. Schlimmer geht immer

Nach zwei Wochen hatte ich immer noch keinen Ausgang. 14 Tage hatte ich jetzt Frischluft ausschließlich durch das gekippte Fenster eingeatmet, weil ich aufgrund meines Therapie schädigenden Verhaltens, die Station nicht mehr verlassen durfte. Und ein Ende war noch immer nicht in Sicht.

Ich fühlte mich wie ein Sträfling in einer Gefängniszelle. Jeder meiner Schritte wurde überwacht. Außerdem wurden mir alle meine Glasscherben bei einer Zimmerdurchsuchung abgenommen. Das hieß, ab sofort musste ich mit Tackernadeln, auseinandergebrochenen Mensch-ärgere-dich-nicht-Figuren oder sonstigen spitzen Gegenständen, die ich fand, vorliebnehmen, wenn ich mich selbst verletzen wollte. Doch diese Art der Selbstverletzung befriedigte mich nicht. Von Tag zu Tag stieg mein Selbsthass nun mehr an und ich hatte keine Möglichkeiten mehr, meinen Aggressionen Luft zu machen. Das machte mich schier wahnsinnig!

Ich hatte keine Lust mehr, in der Klinik zu sein. Ich war nun schon über acht Monate hier. Das waren mittlerweile schon fast zwei Monate länger, als mir zu Beginn gesagt wurde. Ich fühlte mich von dem Personal hier das gefühlte tausendste Mal belogen und hintergangen! Niemand schien sich hier an irgendwelche Absprachen zu halten. Von Woche zu Woche wurde ich auf ein anderes Datum für meine Entlassung vertröstet! Darauf hatte ich echt keinen Bock mehr! Anderseits konnte ich mir auch kein Leben mehr ohne Klinik vorstellen.

Ohne Klinik würde ich mich nämlich vermutlich nur noch den gesamten Tag selbst verletzen und das nicht mit stumpfen Gegenständen, sondern direkt mit scharfen Rasierklingen. Mir wäre es egal, wie tief ich schneiden würde. Außerdem würde ich zu Hause entweder gar nichts essen oder ganz viel und es anschließend wieder auskotzen. Also ohne großartig überlegen zu müssen, musste ich mir wohl oder übel eingestehen, dass mich die Klinik derzeit am Leben hielt. Ich selbst konnte und wollte keine Verantwortung für mich und mein Handeln übernehmen. Mir selbst war mein Leben egal. Wenn ich mit einer Scherbe oder einer Rasierklinge aus Versehen zu tief schneiden oder die Pulsader erwischen würde, wäre mir das gleichgültig gewesen.

Nichts bedeutete mir noch etwas. Mein Leben war nur noch eine einzige Qual. Jeden Abend hoffte ich, dass ich am nächsten Morgen nicht mehr aufwachen würde.

Die Ärzte versuchten, meine Stimmung mit Tabletten zu verbessern, doch vergeblich. Das Einzige, was passierte, war, dass ich vollkommen sediert war. Ich war ständig am Schlafen, was den Vorteil hatte, dass ich nur noch wenig von meinem gehassten Leben mitbekam. Außerdem war ich beim Essen so müde, dass ich es noch nicht einmal schaffte, darüber zu diskutieren, ob ich das jetzt esse oder nicht. Ich wollte nur meine Ruhe haben. Nicht angesprochen werden, nichts tun, sondern nur im Bett liegen, um Löcher in die Luft zu starren oder schlafen.

Für meine Eltern muss diese Zeit schwierig zu ertragen gewesen sein. Es ist für Eltern sicherlich sehr schlimm zu zusehen, wie das Kind das eigene Leben wegwirft und sich selbst verstümmelt. Aber ich war in diesem Moment nicht dazu in der Lage, das zu realisieren, geschweige denn, zu begreifen. Für mich zählte in dieser Situation nur meine Lage. Alles um mich herum war mir egal. Hauptsache ich konnte meine Aggressionen gegen mich selbst ausleben. Was andere dabei empfanden oder wie sie sich fühlten, war mir gleichgültig.

Eines Tages wurde dann das große, finstere schwarze Loch und die endlos kalte Leere in mir so unaushaltbar, dass ich beschloss, meinen lang gehegten Plan nun endlich in die Tat umzusetzen. Ich hatte weder die Kraft weiterzukämpfen, noch den Mut, ein weiteres Mal vom Boden aufzustehen. In meinen Augen war jeder weitere Kraftaufwand vergebens. Ich und mein Leben waren zum Scheitern verurteilt. Es war alles zwecklos. Der einzige Ausweg, der mir jetzt noch blieb, war der Freitod. Zwar dachte ich schon seit einiger Zeit darüber nach, mir das Leben zu nehmen, aber bis jetzt waren es lediglich Gedanken.

Doch heute sollten aus diesen Gedanken Taten werden. In den kommenden Tagen wollte ich sämtliche Medikamente, die ich jeden Tag nehmen musste, sammeln, um dann, wenn ich genügend zusammen hätte, eine Überdosis zu nehmen. Dieser Plan war meiner Ansicht nach „perfekt". Denn erstens wusste ich, dass kaum ein Betreuer darauf achtete, ob ich meine Tabletten wirklich zu 100 Prozent runterschluckte und zweitens war ich eigentlich nur für mein Entwenden von spitzen Gegenständen berühmt berüchtigt.

Also würde sehr wahrscheinlich niemand darauf kommen, dass ich ab sofort mein Selbstschädigungsmuster änderte. Ich fühlte mich mit meinem Plan in absoluter Sicherheit. Während der Tablettenausgabe sammelte ich die Tabletten in der Wangentasche, verschwand schnellstmöglich auf mein Zimmer und holte sie dort wieder heraus, um sie in einer leeren Brausetablettenrolle einzulagern. Es war so einfach, alle an der Nase herumzuführen. Und bis sie merken würden, welchen Plan ich verfolgte, wäre es eh zu spät, um noch etwas daran zu ändern.

Heute bin ich der Auffassung, dass zu diesem Zeitpunkt irgendwas in meinem Gehirn nicht so ganz richtig gelaufen ist, aber damals war tatsächlich Suizid, die einzige Lösung für mich. Ich bin wie mit Scheuklappen durchs Leben gelaufen und habe alles nur schwarz und trostlos gesehen. Ich war unfähig, Glück zu verspüren und schöne Dinge wahrzunehmen.

Wenn ich heute daran denke, kommen zum Teil alte Erinnerungen wieder hoch, und teilweise kann ich mein damaliges Verhalten auch nachvollziehen, aber im Großen und Ganzen fühlt es sich so an, als wenn ich damals eine andere, mir unbekannte Person gewesen bin. Ich kenne diese extrem depressive Person von damals nicht mehr, doch wenn ich ihr begegnen würde, würde ich sie in den Arm nehmen, ganz festdrücken und ihr sagen, dass alles wieder gut wird und wir gemeinsam einen Ausweg aus der Depressionshölle finden. Das ist nämlich das, was ich mir damals gewünscht hatte.

Jedoch kam nie jemand zu mir, der mich umarmte und mir Mut machte. Stattdessen versuchten die Betreuer der Psychiatrie mich mit „Bestrafungen" auf den rechten Weg zurückzubringen. Es mag zwar sein, dass viele Patienten auf diese Therapie ansprechen, aber ich habe es nicht getan.

Bei mir machte die „Therapie" alles nur noch viel, viel schlimmer. Ich passte noch nie in ein Schema F rein, aber das wollte mir damals in der Klinik niemand glauben. Ich möchte niemandem Vorwürfe machen oder so, sondern ich möchte lediglich sagen, dass man manchmal andere, neue Wege gehen muss, um jemandem zu helfen. Also das, was in der Klinik Fehlanzeige war. Immer wieder wurde dasselbe Setting bei mir angewandt und immer wieder kam es zu derselben Reaktion von meiner Seite her. Wie auch jetzt.

Dadurch, dass ich die sedierenden Medikamente nicht mehr nahm, wurde ich wieder wacher. Mit den Tabletten konnte ich nicht klar denken. Alle Gedanken waren irgendwo in einem dichten Nebel, der in meinem Kopf herrschte, verschwunden. Doch jetzt verschwand dieser Nebel nach und nach, und ich wurde wieder klar im Kopf.

Dadurch bekam ich dann zufällig mit, dass die Eingangstür nicht mehr verschlossen war, weil niemand damit rechnete, dass ich so sediert, wie ich war, in der Lage wäre zu fliehen. Außerdem hatte ich ja keine Straßenschuhe mehr zur Verfügung, sondern nur noch meine Hausschuhe. Dementsprechend glaubte niemand daran, dass ich abhauen könnte. Aber da hatten sie eindeutig meine Willenskraft nicht mit eingerechnet!

Wenn ich die Chance hatte zu fliehen, konnte ich Kräfte in mir wecken, die eigentlich gar nicht da waren. Wenn ich wollte, konnte ich Unmögliches möglich machen!

Ich wartete, bis mittags Übergabe und Mittagsruhe war, alle auf ihren Zimmern weilten und sich niemand im Gang aufhielt. Dann stellte ich mich schlafend, sodass die Betreuer nicht die ganze Zeit ins Zimmer schauten. Als sie nicht mehr auf mich achteten, weil sie annahmen, ich schliefe, verschwand ich erst aus dem Zimmer, schlich mich am Schwesternzimmer vorbei, rannte zur Tür und stürzte hinaus. Anschließend rannte ich so schnell, wie ich in Hausschuhen rennen konnte, davon. Die Richtung war mir vorerst egal. Hauptsache weg. Ich blieb erst stehen, als ich mir sicher war, dass mir niemand folgte.

Ich war erstaunt, wie leicht es doch, trotz der vielen Sicherheitsvorkehrungen, war zu fliehen. Niemand schien gemerkt zu haben, dass ich abgängig war. Das konnte doch nicht wahr sein? Eine Flucht aus dem Beobachtungszimmer konnte doch nicht so einfach sein! Doch als nach gefühlten fünf Minuten immer noch kein Sicherheitskommando hinter mir auftauchte, um mich erneut festzunehmen, begriff ich, dass ich es tatsächlich geschafft hatte. Ich war „frei"! Nun hatte ich allerdings das Problem, dass ich nicht wusste, was ich mit meiner neu gewonnenen Freiheit anfangen sollte. Ich hatte keinen Plan, wo ich hinsollte.

In der Stadt konnte und wollte ich nicht bleiben, denn schon bald würde sicherlich die Polizei nach mir suchen und nach Hause konnte ich ebenfalls nicht. Meine Eltern würden mich nämlich unverzüglich zurück in die Psychiatrie bringen. Also blieb nur noch ein Ort übrig: Der Stall, in dem mein Pflegepony stand. Mein Pflegepony war das Einzige, was mir in meinem Leben noch wenigstens ein bisschen was bedeutete. Wenn ich Geld gehabt hätte, hätte ich mir vermutlich Rasierklingen gekauft und mich geschnitten.

Aber so, hatte ich kein Geld, und bevor ich mich umbringen wollte, wollte ich noch einmal mein Pflegepony sehen und über sein weiches, warmes Fell streicheln.

Denn bei ihm konnte ich all meine Sorgen vergessen. Das Pony war für mich eine Art Wunderheilmittel. Sobald meine Hände sein Fell berührten, konnte ich alles um mich herum ausblenden. Häufig stellte ich mir vor, dass wenn ich ohne Sattel mit ihm über die Felder galoppierte, vor allen Problemen und Sorgen auf der Welt weg galoppierte. Dieses Gefühl war schlichtweg genial! Und genau dieses Gefühl wollte ich jetzt noch einmal verspüren und danach würde ich dann einen endgültigen Schlussstrich unter meinem Leben ziehen.

Sicherlich würde mich sowieso niemand vermissen. Ich war nur noch eine Belastung für alle und jeden in meiner Umgebung. Es war das Beste, wenn ich „verschwand". Es hielt mich nichts mehr am Leben.

Meiner Ansicht nach war alles positiver, als noch mehr Zeit in der Hölle zu verbringen. Wenn ich tot wäre, würde gewiss alles besser werden. (Davon abgesehen konnte es ja auch gar nicht mehr schlimmer werden.) Doch zuvor musste ich auf jeden Fall noch zu meinem Pony, um „Lebewohl" zu sagen. Ohne mich zu verabschieden, würde ich nicht gehen!

Das Problem war nur, dass mich rund 20 km von meinem Ziel trennten. 20 Kilometer, die ich in Hausschuhen laufen musste. Denn Zug- oder Busfahren war mir eindeutig zu riskant. Aber das Ziel, mein Pony zu sehen, war mir diesen langen Weg wert. Ohne zu zögern hielt ich mich an die Wegweiser und lief voller Motivation los.

Den gesamten Nachmittag stapfte ich über Feldwege und durch Städte hindurch. Es wurde bereits Abend und es fing an zu dämmern, als ich noch immer knapp sieben Kilometer vor mir hatte. Jeder normale Mensch hätte die Hände über den Kopf zusammengeschlagen, wenn ihm jemand vorgeschlagen hätte, 20 km in Hausschuhen zu laufen, aber ich hatte in diesem Moment nicht nachgedacht. Mir war es egal, wie weit der Weg war und wie verrückt die Idee. Ich hatte einen

Schlag. Ja, das war nicht zu leugnen. Aber ich hatte auch ein Ziel und dieses Ziel lies mich weiter einen Fuß vor den anderen setzen.

Ich wollte nach L. zu meinem Pony! Und ich wusste jetzt schon, dass ich dort ankommen würde. Nie würde ich unterwegs aufgeben! Da konnten meine Füße noch so schmerzen! Ich wollte es schaffen! Mein Wille war stärker als die Schmerzen und stärker als die Angst, die Nacht alleine im Wald zu verbringen. Die sieben Kilometer Waldstrecke würde ich auch noch schaffen!

Von Minute zu Minute schien es dunkler zu werden und laut Wegweiser waren es noch weitere fünf Kilometer Marsch bis zu meinem Ziel. Mein Hunger- und Durstgefühl wurden langsam unerträglich. Langsam aber sicher wünschte ich mich in die warmen, sicheren Wände der Klinik zurück und ich bereute meinen Entschluss. Ich fror bitterlich und konnte inzwischen kaum noch die Hand vor Augen erkennen. Geschweige denn den Weg vor mir.

Diese Nacht war ehrlich zu mir. Ich habe noch nie zuvor so viel über mein Leben nachgedacht, wie in dieser Nacht. Wenn man keine Ablenkung von außen hat, beginnt sich recht schnell das Gedankenkarussell im Gehirn zu drehen. Bilder, an die man sich eigentlich gar nicht mehr erinnern kann, tauchen vor den Augen auf und man merkt, dass man schon lange von dem Weg abgekommen ist, den man eigentlich gehen wollte.

Mir wurde bewusst, dass ich mittlerweile an einem Punkt im Leben angekommen war, an dem ich nie sein wollte. Gewiss hatte ich in meinen 17 Jahren auf der Erde relativ viel Scheiße erlebt, aber sollte ich deshalb gleich alles hinschmeißen? War das wirklich die richtige Entscheidung? Oder handelte ich hier etwas voreilig?

Schließlich gab es zwischen diesen Scheißmomenten in meinem Leben auch wenige kurze Augenblicke, in denen ich lachte und glücklich war. Es waren zwar wenige, aber es gab sie! Und genau diese Momente tauchten jetzt in meiner

Erinnerung auf. Die letzten Wochen, oder sogar schon Monate, war ich „blind". Ich sah lediglich die negativen Sachen und hielt an ihnen fest. Positives ließ ich überhaupt nicht mehr an mich heran oder verdrängte ich sofort. Ich war auf dem falschen Weg! Wie konnte ich nur so tief sinken? Ich habe in meiner Depression nicht nur mein Lachen, sondern vor allem mich selbst verloren!

Das erste Mal, seit einer gefühlten Ewigkeit, liefen „echte" Tränen über meine Wangen. Ich fühlte die Traurigkeit in mir. Ich nahm meine Gefühle wieder wahr und begriff, dass ich am Abgrund stand. Nun lag es an mir: Wollte ich einen Schritt weiter nach vorne (in den Tod) gehen oder zurück (Richtung Leben)?

Meine Eltern machten sich bestimmt große Sorgen um mich und ich wurde garantiert schon polizeilich gesucht. Früher oder später musste ich sowieso wieder zurück in die Psychiatrie. Also warum konnte nicht genau jetzt, also in diesem Moment, ein Streifenwagen um die Ecke kommen, um mich mitzunehmen?

Ich wollte nicht mehr alleine im Wald umherirren. Ich wollte zu meinen Eltern, sie in den Arm nehmen und zu ihnen sagen: „Ich liebe euch! Danke dafür, dass ihr immer da seid, wenn ich euch brauche. Es tut mir leid, wie fies ich in den letzten Wochen zu euch war."

Aber niemand kam. Ich blieb alleine und irgendwie verloren im großen, dunklen Wald. Das Einzige, was ich fand, war ein weiterer Wegweiser. Auf dem stand jedoch das Gleiche, wie auf dem Wegweiser zuvor! Ich war im Kreis gelaufen!!!

Frustriert, todmüde, verzweifelt und am Ende meiner Kräfte ließ ich mich auf den Boden fallen. Die acht Stunden, die ich bereits gelaufen war, hatten doch mehr an meinen Kräften gezehrt, als ich bis jetzt gemerkt hatte.

Zu gerne wäre ich auf dem Waldboden liegen geblieben und hätte geschlafen. Es war bereits nach 22 Uhr und ich konnte meine Augen nur noch mit Gewalt offenhalten. Aber um einzuschlafen, hatte ich eindeutig zu viel Angst. Alleine im dunklen Wald zu sein, war nämlich nicht gerade angenehm.

Ständig flogen Scharen von Fledermäusen über meinen Kopf hinweg oder es drangen andere unheimliche Geräusche aus dem Wald. Wäre ich nicht so extrem müde gewesen, hätte ich sicherlich Panik bekommen. Aber so blieb es „nur" bei großer Angst. Und diese Angst ließ mich unaufhörlich weiterlaufen.

Nach weiteren zwei Stunden, die mir wie eine Ewigkeit vorkamen, kam ich endlich an den Stadtrand von L. Ich war noch nie so froh gewesen, Lichter und Zivilisation zu sehen! Außerdem war es vom Stadtrand aus nur noch ein kleiner Katzensprung bis zum Stall! Ich war überglücklich!

Im Stall angekommen, machte ich mir zuerst einen heißen Tee, um meinen Durst zu stillen und um mich aufzuwärmen. Danach ging ich zu meinem Pflegepony und streichelte es. Die sanfte Berührung seines Fells tat unwahrscheinlich gut und ich spürte, wie ich dadurch innerlich ruhiger wurde. Seine Gegenwart vermittelte mir das Gefühl von Sicherheit und Geborgenheit.

Seit Langem fühlte ich mich wieder „zu Hause". Gleichzeitig liefen aber auch unendlich viele Tränen über mein Gesicht, weil ich wusste, dass das hier nur ein einziger kurzer Moment war und spätestens Morgen wieder alles vorbei sein würde. Schließlich konnte ich mich nicht mein gesamtes restliches Leben hier verstecken. Wenn mich die Polizei oder jemand anderes finden würde, müsste ich wieder zurück in die Klinik.

Egal, wie ich die Situation drehte, sie sah von allen Seiten beschissen aus.

Während ich nun dastand und die Gegenwart meines Pflegeponys genoss, begannen meine Gedanken im Kopf erneut zu rotieren und ich merkte, wie mit ihnen mein unendlicher Selbsthass wieder aufflammte. Warum konnte ich nicht so sein, wie alle anderen in meinem Alter auch? Wieso war ich so anders? Wieso? Wieso? Wieso?

Wieso konnte ich nicht diesen schönen Augenblick genießen? Wieso musste ich mich jetzt schon wieder selbst niedermachen? Mein Pony liebte mich schließlich auch und es akzeptierte mich, so wie ich war, also warum konnte ich das nicht? Was war denn daran so schwer, sich nicht selbst zu zerstören? Alle Menschen und sogar Tiere schafften es, sich selbst zumindest so weit zu akzeptieren, dass sie sich nicht tagtäglich am liebsten eine Kugel in den Kopf jagen würden, aber ich war zu doof dafür! Wie sollte ich es jemals schaffen, ein „normales" Leben zu führen, wenn ich bereits an den einfachsten Aufgaben scheiterte?!Ich war eine vollkommene Versagerin! Im Leben hatte ich wirklich auf ganzer Linie versagt.

Die Ärzte hatten recht: Ich war nicht dazu in der Lage, für mich selbst zu sorgen. Wie sollte das bloß weitergehen? Immer wenn ich dachte: Schlimmer geht's nicht, stürzte ich noch eine Stufe weiter nach unten! Freunde hatte ich wegen meiner Krankheit schon lange nicht mehr und für meine Eltern war ich nur noch eine Belastung.

Meine Familie hatte es nicht verdient, dass ich so „gestört" im Kopf war! Andere Menschen kämpften um ihr Überleben und waren für jeden weiteren Tag auf dieser Erde dankbar und ich? Ich schmiss alles weg und bekam nichts auf die Reihe. Was stimmte mit mir nicht?

Ich konnte es nicht sagen. Aber eines wusste ich: Dieser extreme Selbsthass und diese negativen Gedanken waren die Hölle! Es machte mich selbst traurig, was da in meinem Kopf abging. Doch das verbesserte meine Lage leider nicht, denn dadurch, dass mich diese Gedanken selbst so traurig und wütend machten, stieg mein Selbsthass nur noch weiter an. Meine Gedanken und Gefühle schienen in einem negativen Teufelskreis festzuhängen, und sich ständig immer weiter gegenseitig in die Höhe zu schaukeln.

Warum war ich nur so „krank" im Kopf? Warum ausgerechnet ich? Was hatte ich verbrochen?

Ehe ich mich noch weiter selbst niedermachen konnte, kam mein Pflegepony mit seinem Kopf ganz nah an mein Gesicht und schnaubte mir in regelmäßigen Abständen seinen warmen Atem gegen meine Haut. So, als ob es mir sagen wollte: „Hör auf damit! Ich mag dich so, wie du bist!" Dann nahm es seine Schnute und wischte mir meine Tränen weg. Auch wenn manche Leute behaupten, dass Tiere nicht dazu in der Lage sind, die Gefühle des Menschen zu deuten, bin ich dennoch der Meinung, dass es mich in diesem Moment trösten wollte. Und egal, ob sie es das absichtlich machte oder nicht – sie schaffte es, dass meine Tränen aufhörten und ich langsam ruhiger wurde.

Irgendwann überkam mich dann die Müdigkeit und ich holte mir eine Pferdedecke aus der Sattelkammer und legte mich damit direkt zu meinem Pflegepony in die Box, um zu schlafen. Ohne noch lange nachzudenken, schlief ich dann auch tatsächlich sofort ein.

Nach ungefähr zwei Stunden war ich jedoch wieder hellwach. Es dämmerte bereits, und als ich auf die Uhr schaute, erkannte ich, dass es bereits mehr als höchste Zeit war, um zu verschwinden. Es war schon 4.30 Uhr und um 5.00 Uhr würde die Stallbesitzerin in den Stall kommen, um die Pferde zu füttern. Also wenn ich nicht erwischt werden wollte, müsste ich mich schnellstens wieder auf dem Weg machen.

Nach einer kurzen Verabschiedung von meinem Pflegepony verließ ich ohne großen Lärm das Gelände und verschwand erneut Richtung Wald. Dort wollte ich mich verstecken, bis ich von irgendwem gefunden werden würde. Denn den Mut, mich alleine zu stellen und mich selbst zu verraten, hatte ich nicht. Und einfach im Stall zu warten, bis die Stallbesitzerin kam und mich entdeckte, fand ich ebenfalls irgendwie unpassend.

UND mein restliches Leben auf der Flucht zu sein, war ja auch keine Lösung! Also blieb mir nur die Möglichkeit mit dem Wald.

Im Wald angekommen, setzte ich mich mitten auf den erstbesten Kiesweg, der mir in die Quere kam. Dort wollte ich warten, bis jemand vorbeikam und mich ansprach und nachfragte, wieso ich denn so alleine mit Hausschuhen mitten im Wald auf einem Kiesweg sitzen würde. Das war zumindest mein Plan.

Die Realität sah jedoch leicht anders aus. Denn ich saß noch keine zwei Minuten, als ich auch schon merkte, wie mir langsam die Augen zufielen. Ohne dass ich es verhindern konnte, beziehungsweise ich dagegen ankämpfte, ließ ich mich langsam auf den Kiesweg nieder, rollte mich zusammen und war sofort im Land der Träume. Obwohl ich auf einem Kiesweg lag und der Untergrund aus kleinen, spitzen Steinen bestand, fühlte ich mich wie in einem Himmelbett. Ich war so übermüdet, dass mir einfach alles egal war. Vermutlich hätte ich in diesem Moment auch neben einer Bassbox auf einem Heavy-Metall- Konzert schlafen können.

Als ich das nächste Mal meine Augen öffnete, standen drei Joggerinnen neben mir. Ich hatte keine Ahnung, wie lange ich geschlafen hatte und wie lange die drei Frauen schon dastanden und mich betrachteten. Auf jeden Fall schienen sie schon eine Weile herumzurätseln, was denn mit mir los sei.

Als sie sahen, dass ich nun wach war, fragte mich eine von ihnen, warum ich denn hier im Wald auf dem Boden liegen und schlafen würde. Ich schluckte. Jetzt war es wohl so weit. Relativ nüchtern und mit gespielt ruhiger Stimme erklärte ich, dass ich aus der Psychiatrie abgehauen sei.

Obwohl ich mich in Gedanken schon mehrfach mit dieser Situation befasst hatte und mir klar war, dass es irgendwann so enden würde, kostete es mich trotzdem eine Menge Überwindung, diesen Satz zu sagen. Vom Verstand her wusste ich zwar, dass ich da gerade das Richtige tat, aber mein Gefühl schrie mich an, dass ich gefälligst meine Beine in die Hand nehmen und von hier abhauen sollte. Ich wusste, dass das erneute Ausreißen aus der Klinik falsch gewesen war und es bei meiner Rückkehr sehr wahrscheinlich eine gehörige Portion Ärger geben würde und davor hatte ich Angst.

Die Strafe, eventueller Zimmerarrest und auch die Verhaltensanalyse waren mir relativ egal, aber das viele Reden über die Gründe meiner Flucht, die Vorwürfe, die besorgten Gesichter meiner Eltern und die vielen Fragen, die über mir einbrechen würden, machten mir riesige Angst. Ich wollte nicht zurück in die Klinik! Aber weglaufen vor den Problemen war ja auch keine dauerhafte Lösung. Überhaupt schien es gar keine Lösung für meine Probleme zu geben. Jeder Weg, den ich ging, endete früher oder später in einer Sackgasse.

Eine der Joggerinnen schien zu spüren, dass ich mir noch unschlüssig war, ob ich stehen bleiben und abwarten, oder so schnell wie möglich fliehen wollte. Deshalb nahm sie mir die Entscheidung ab und hielt mich an einem Arm fest. Ohne Widerstand zu leisten oder zu diskutieren, folgte ich den Joggerinnen zu einer nahe gelegenen Raststätte, die nur wenige hundert Meter von meinem Fundort entfernt lag. Von dort aus wurde dann die Polizei verständigt und ich wurde als „gefunden" gemeldet.

Obwohl die Situation sowohl für mich, als auch für alle beteiligten Personen wohl relativ unangenehm und „seltsam" war, lief dennoch alles irgendwie „routiniert" und geordnet ab.

Während ich auf das Eintreffen der Polizei wartete, wurden mir von der Besitzerin der Raststätte ein belegtes Brötchen und ein heißer Tee spendiert. Keiner machte mir Vorwürfe, wieso ich abgehauen sei, oder fragte nach dem „warum?" Sondern die Situation wurde so hingenommen, wie sie nun mal war und jetzt versuchte man das Beste daraus zu machen.

Für mich war dieses Verhalten meiner Mitmenschen äußerst ungewohnt. Ich kannte es gar nicht mehr, dass ich als „Mensch in einer Notlage, der sich gerade nicht anders zu helfen weiß" gesehen wurde. Sonst folgten auf ein Fehlverhalten von mir, immer direkt eine Strafe, eine Konsequenz und eine Verhaltensanalyse. Aber das, was gerade geschah, war etwas völlig anderes. Etwas Neues. Etwas Guttuendes. Klar wurde ich nicht dafür gelobt, dass ich ausgerissen war, aber es wurde ohne Vorwürfe hingenommen. Und das war es, was für mich so „besonders" war.

Ja, ich hatte Scheiße gebaut und ja, ich hätte mich anders verhalten sollen; aber nein, ich habe es nicht geschafft, mir anders zu helfen. In dieser Situation war Flucht mein einziger, für mich greifbarer und umsetzbarer Ausweg. Wieso konnten das nicht alle so sehen? Wenn ich einen anderen Weg gewusst hätte, wäre ich garantiert nicht ausgerissen und 20 Kilometer nachts durch einen stockdunklen Wald in Hausschuhen gelaufen!

Von der Polizei wurde ich auf die nächste Polizeiwache gefahren, von wo aus mich dann meine Eltern abholten. Als meine Mutter den Raum betrat, rechnete ich mit einem riesigen Donnerwetter. Doch meine Mutter sagte gar nichts. Was es nicht unbedingt besser machte! Sie weinte lediglich und nahm mich ganz feste in die Arme. Schlagartig wurde mir bewusst, was sie die letzten 24 Stunden durchgemacht haben mussten. Sie wussten weder, wo ich war, noch was ich vorhatte oder wie es mir gerade ging. Sie wussten ja noch nicht einmal, ob sie mich überhaupt jemals wieder lebendig wiedersehen würden.

Was hatte ich ihnen bloß angetan? Wegen mir mussten sie extreme Ängste aushalten und konnten die gesamte Nacht nicht schlafen. Ich fühlte mich unwahrscheinlich schlecht und schuldig. Zu gerne hätte ich mich bei ihnen entschuldigt, doch ich bekam kein Wort heraus. Meine Lippen waren wie zugeschweißt. Das Einzige, was ich sagen konnte, war, dass ich so schnell wie möglich wieder zurück in die Klinik wollte. Nicht weil ich gerne in der Klinik war und ich mich dort wohlfühlte, sondern weil ich dort meine Ruhe hatte und meine Eltern nicht sehen musste. Ich konnte ihnen nicht mehr in die Augen schauen.

Auch wenn sie es nicht aussprachen, spürte ich dennoch ihre Vorwürfe. Es war schrecklich. Ich wollte weg von hier. Ich wollte niemanden mehr sehen und hören. Und reden wollte ich erst recht nicht. Ich wollte einfach nur noch meine Ruhe haben. Deshalb bat ich meine Eltern, mich unverzüglich zurück nach M. zu fahren.

Auf der Fahrt dorthin wurde ich natürlich trotzdem von ihnen mit Fragen bombardiert. Sie wollten einfach nicht akzeptieren, dass ich nicht reden wollte. Und da ich wusste, wie hartnäckig sie sein konnten, musste ich ihnen doch wohl oder übel kurz in groben Zügen erzählen, was ich die letzten 24 Stunden getrieben hatte.

Meine negativen Gedanken, die ich dabeihatte, verschwieg ich jedoch. Ich hatte meinen Eltern schon genug Kummer bereitet, da musste ich sie nicht noch mehr belasten, indem ich ihnen von meinen Suizidgedanken erzählte. Sie hatten schon genug Ballast zu tragen.

Später erfuhr ich von meinen Eltern, dass sie bereits von Anfang an den Verdacht hatten, dass ich auf dem Weg in den Stall sei und mich dort verstecken wollte. Zwei Mal wären sie sogar nachts extra dort gewesen, um nachzuschauen, ob ich in irgendeiner Pferdebox wäre. Allerdings war ich zu diesen Zeitpunkten noch irgendwo im Wald unterwegs, sodass sie doch ins Zweifeln gerieten.

In der Klinik angekommen, wurde ich direkt von einer Schwester nach spitzen Gegenständen, die ich eventuell mit einschmuggeln könnte, durchsucht und anschließend gewogen. Obwohl ich heute bereits schon etwas gegessen und getrunken hatte, wog ich trotzdem nur 46 Kilo. Das waren 1,5 Kilo weniger als am Vortag! Das war genial! So viel hatte ich schon lange nicht mehr in 24 Stunden abgenommen. Ich war mit meinem Gewicht mehr als zufrieden! Allerdings war ich da wohl die Einzige.

Meine Ärztin drohte mir nämlich damit, dass wenn ich die nächsten Tage nicht deutlich zunähme, eine Magensonde gelegt bekommen würde. Außerdem wollte sie in allen Einzelheiten wissen, wieso ich ausgerissen war, und wo ich die gesamte Zeit über gewesen war.

Also: Mein Empfang in der Psychiatrie war sehr herzlich und liebevoll. Anfangs versuchte ich die Ärztin ebenfalls mit der Sparversion, die ich zuvor auch meinen Eltern erzählt hatte, abzuspeisen. Aber leider ließ sie sich dadurch nicht zufriedenstellen. Sie wollte ALLES wissen.

Jeder noch so kleine Gedanke, jedes Gefühl, jeder Schritt und vor allem der Grund meiner Handlungen, waren in ihren Augen von größter Bedeutung. Ich merkte recht schnell, dass ich sie nicht so leicht hinters Licht führen konnte wie meine vorherige Psychologin.

Ihr konnte ich nicht weißmachen, dass es mir „gut" ging, obwohl ich innerlich in einem See aus Tränen der Verzweiflung zu ertrinken drohte. Sie würde nicht aufhören zu fragen, bis sie eine ehrliche Antwort von mir bekam. Dementsprechend blieben mir jetzt zwei Möglichkeiten: Erstens ich schwieg weiter und verweigerte weiterhin jegliche Zusammenarbeit und hoffte, dass sie irgendwann, vermutlich nach Stunden, ihre Fragerei aufgeben und mich gehen lassen würde, oder zweitens: Ich zeigte mich halbwegs kooperativ und erzählte ihr von meinem „Geheimnis".

Da ich inzwischen todmüde war, keine Lust auf endlos lange Gespräche hatte und eigentlich nur so schnell wie möglich ins Bett und schlafen wollte, entschied ich mich für Letzteres.

Unter Tränen berichtete ich ihr von meinem unendlichen Selbsthass und meinem extremen Selbstverletzungsdruck, die beide von Tag zu Tag mehr zunahmen. Dem innerlichen Gefühl, dass ich ein Versager sei, der nichts in seinem Leben auf die Reihe bekommt, dem Gefühl wertlos und nutzlos zu sein und schlussendlich auch von meinen Selbstmordgedanken. Ohne Punkt und Komma schien alles nur so aus mir herauszusprudeln. Am Ende des Gespräches seufzte die Ärztin und ihr Gesichtsausdruck wirkte nachdenklich und leicht angespannt. Sie erklärte mir, dass unter diesen Umständen mein aktuelles Setting geändert werden müsse. Außerdem bestärkte sie mich darin, dass es gut war, dass ich ihr all das erzählt hätte, denn so wüsste und könnte sie einschätzen, was in mir vorging. Man sah mir zwar an, dass ich in letzter Zeit nicht gut drauf und äußerst depressiv war und mich des Öfteren selbst verletzte, doch wie ernst meine Gedanken tatsächlich waren, wusste niemand.

Nach dem Gespräch fühlte ich mich erleichtert. Endlich konnte ich alles, was ich die letzte Zeit in mich reingeschwiegen hatte, ansprechen. Doch gleichzeitig bekam ich auch ein mulmiges Gefühl in der Magengegend, das beinah schon in Richtung Angst ging. Ich hatte Angst vor mir selbst und meinen vielen negativen Gedanken. Ständig dachte ich Dinge, die ich eigentlich überhaupt nicht denken wollte. Mein Gehirn spielte verrückt. Eine Stimme schrie mich immer wieder an, dass alles auf dieser Erde sinnlos war und ich nur überflüssig. Kein Mensch brauchte mich hier und alle wären froh, wenn ich endlich tot wäre. Und gleichzeitig flüsterte eine ganz leise und schüchterne Stimme dagegen, dass es doch einen Sinn gäbe. Irgendwann würde ich aus diesem tiefen schwarzen Loch herauskrabbeln, aufstehen und ein ganz „normales" Leben führen. Ich müsste nur an mich glauben und dann könnte ich aus dem Käfig der Depression und der Essstörung ausbrechen.

Das Licht der Hoffnung in mir war noch nicht erloschen. Es brannte zwar nicht mehr hell, sondern glühte nur noch – ABER es war da und das war es, was zählte!

Um mich selbst zu schützen, gab ich freiwillig meine gesamten gesammelten Tabletten ab. Sicher war sicher! Und anschließend legte ich mich bis zum Mittagessen hin und versuchte wenigstens einen Teil meines Schlafmangels abzubauen. Danach „durfte" ich noch die zwei Verhaltensanalysen für die letzten 24 Stunden schreiben. Eine Verhaltensanalyse musste ich wegen des Ausreißens schreiben und die andere wegen des unerlaubten Tablettensammelns.

Als ich diese dann im Schwesternzimmer abgeben wollte, wurde mir noch eine wunderschöne „Überraschung" mitgeteilt. Ab sofort hatte ich nämlich jetzt kein Zimmer mehr. Um für mehr Sicherheit zu garantieren, wurde mein Bett auf die freie Fläche vor dem Schwesternzimmer gestellt. So war ich jederzeit im Blickfeld der Schwestern. Auf der Freifläche und auf meinem Bett durfte ich mich weiterhin freibewegen, doch sobald ich die Fläche verlassen wollte, musste ich einer Schwester Bescheid geben.

Ohne Begleitung durfte ich nirgends mehr hin. Den einzigen Kontakt, den ich zu meinen Mitpatienten haben konnte/ durfte, war bei den gemeinsamen Mahlzeiten und bei der anschließenden Sitz-Zeit im Aufenthaltsraum. (Aufgrund meines niedrigen Gewichts wurde wieder Sitz-Zeit angesetzt). Blieben außerhalb dieser „Kontaktzeiten", Mitpatienten an meinem Bett stehen und redeten mit mir oder ich sprach eine vorbeilaufende Person an, gingen sofort Betreuer dazwischen und mir wurde der Kontakt untersagt.

Ab 20 Uhr hatte ich Bettruhe und durfte mein Bett nicht mehr verlassen. Schlafen musste ich ebenfalls vor dem Schwesternzimmer. Am Anfang war das relativ ungewohnt und unangenehm für mich. Denn jeder, der vorbeilief, konnte mich sehen, wie ich in meinem Bett lag und schlief, und zudem wurde ich jedes Mal wach, wenn die Nachtschwester in einer Mappe blätterte, auf Kontrollgang ging, die Tür am Schwesternzimmer öffnete oder schloss usw.

An Schlaf war da gar nicht zu denken. Doch dann wurde meine „Schlafstörung" von den Ärzten beseitigt. Ich bekam nun jeden Abend eine Nachtmedikation und spätestens 30 Minuten nach Einnahme, der Tabletten bekam ich nichts mehr mit. Egal was passierte, ich schlief. Ich glaube, selbst wenn eine Bombe neben mir hochgegangen und das Gebäude über mir zusammengestürzt wäre, wäre ich nicht aufgewacht. Das Zeug war echt ein Hammer!

Selbst am nächsten Tag hatte ich noch einen Überhang. Ich bekam eigentlich so gut wie gar nichts mehr von meiner Außenwelt mit. Alles war wie in einem dicken Nebel. Nichts schien zu mir durchzudringen. Ich war komplett benommen. Und auch heute noch kann ich mich kaum an irgendetwas erinnern, was damals passiert war.

Meine Erinnerung ist wie ausgelöscht. Wenn ich an diese Zeit denke, werde ich unwahrscheinlich wütend und traurig. Immer wieder frage ich mich, wie man einen Menschen so mit Tabletten abschießen und willenlos machen kann UND das dann noch mit seinem eigenen Gewissen vereinbaren kann. Wenn ich heute die Situation von damals von außen beurteilen müsste, würde ich sagen, dass ich damals in M. lediglich ein Versuchskaninchen war. Die Ärzte und Therapeuten waren ratlos und wussten nicht mehr weiter.

Sie hatten mich schon aufgegeben und dachten, dass ich nicht mehr zu retten sei. Ich war ihnen zu kompliziert und machte zu viel Arbeit. Deshalb stopften sie Höchstdosen von Tabletten in mich hinein, um mich ruhig zu stellen. Zum Teil bekam ich Tabletten, die gar nicht in der Dosis zugelassen waren, oder sich untereinander gar nicht vertrugen. Wenn ich es jetzt krass sagen würde, würde ich behaupten, dass die Ärzte testen wollten, wie viel Medikamente ein Körper vertragen kann, bevor er Schäden entwickelt oder stirbt. Ob das tatsächlich das Ziel der Ärzte war, das herauszufinden, möchte ich nicht behaupten, aber vieles spricht dafür.

Traurig, aber wahr: Was heutzutage noch in manchen Psychiatrien praktiziert wird, lässt einem alle Haare zu Berge stehen!

Bei der Medikamentenausgabe wurde penibel darauf geachtet, dass ich auch ja jede Tablette schluckte und nicht in irgendeiner Hosentasche verschwinden ließ. Schließlich sollte ich nicht zu wach werden.

Nach einer Woche konnten die Ärzte deutliche Erfolge bei mir feststellen. Ich hatte mich in dieser Woche kein einziges Mal selbst verletzt und mein Gewicht stieg ebenfalls kontinuierlich an. Außerdem hatte ich keinerlei Suizidgedanken, Selbstverletzungsdruck, Weglauftendenzen oder sonstige negative Gedanken. Also alles lief bestens. Die Therapie schien erste Früchte zu tragen.

Doch was sie dabei vergaßen, war, dass ich so sediert war, dass ich gar nicht dazu in der Lage war, irgendetwas zu tun! Selbst Gefühle und Gedanken wahrzunehmen, war für mich unmöglich. Ich war einfach nur noch eine leblose Hülle. Mein Körper war wach und konnte sich bewegen, aber nichts kam in meinem Geist an. Ich merkte nicht einmal, dass ich von Tag zu Tag dicker wurde. Und wenn ich zurückdenke, weiß ich noch nicht einmal, wie ich überhaupt zunehmen konnte. Es ist mir selbst ein Rätsel, wie ich unter all diesen Tabletten überhaupt noch in der Lage, war beim Essen meinen Mund zu treffen!

Nach etwas über einer Woche wurde dann die Dosis der sedierenden Medikamente langsam gesenkt, da die Gefahr von Organschäden zu hoch wurde. Das hieß, dass sich der Nebel in meinem Kopf langsam wieder verzog, und ich wieder etwas von meiner Außenwelt mitbekam. So musste ich zum Beispiel eines Morgens feststellen, dass ich „plötzlich" wieder 48 Kilo wog. Zwei Kilo in zwei Wochen! Ein Schock!

Doch bereits nach wenigen Tagen konnte ich dieses Gewicht merkwürdigerweise ohne Gegenwehr akzeptieren. Von heute auf morgen schien mein eiserner Überlebenswille wieder zurückgekommen zu sein. Aber leider nicht lange. Denn nur wenige Tage danach passierte etwas, das mich erneut ins Eis einbrechen ließ: Ich wurde krank.

Bereits vor dem Frühstück war mir schon übel und im Laufe des Tages musste ich mich zudem mehrfach übergeben. Am nächsten Tag war zwar der Brechreiz weg, aber die Übelkeit blieb. Und mit ihr noch etwas anderes. Ich hatte plötzlich „Angst", mich nach dem Essen oder Trinken zu übergeben.

Es war eine schreckliche und ekelhafte Vorstellung, mich erneut übergeben zu müssen. Das mag zwar paradox klingen, denn bei der Bulimie provozierte ich genau das, aber diese Angst vor dem Erbrechen war etwas anderes. Wenn ich bei der Bulimie kotzte, war das zwar auch ekelig und unangenehm, aber längst nicht so schlimm, wie wenn ich krank war.

Das waren für mich zwei völlig unterschiedliche paar Schuhe. An einem Tag musste ich mich zum Beispiel schon nach nur wenigen Schlucken Tee übergeben. Da kam der Tee unverzüglich direkt wieder mit Galle vermischt heraus. Das war äußerst schlimm und ekelhaft im Geschmack und tat auch ordentlich weh. Das hatte ich bei der Bulimie nie. Bulimiekotzen war unangenehm ja, aber nie auf diese Art und Weise schmerzhaft. Dieses Krankheitsbrechen mit Galle war echt übel und brannte sich dementsprechend in meinem Gedächtnis ein.

Wieso diese Angst sich direkt nach jedem Schluck trinken schlussendlich so stark wurde, dass allein der Anblick von Trinken regelrechte Panik in mir auslöste, kann ich jedoch nicht genau begründen. Ich glaube, dafür gab es mehrere Faktoren. Tief in meinem Inneren wusste ich zwar, dass es reiner Aberglaube war, dass ich mich nach einem Schluck trinken direkt wieder übergeben würde, aber das stimmte meinen Körper nicht um.

Sobald ich ein gefülltes Glas sah, bekam ich Herzrasen, mir wurde übel und ich schmeckte wieder diesen ekelhaften Geschmack von Galle in meinem Mund. Selbst wenn ich versuchte, das Glas zu meinem Mund zu führen, wollten mir meine Hände nicht gehorchen. Mein gesamter Körper schien sich gegen die Aufnahme von Flüssigkeit mit allen erdenklichen Mitteln zu sträuben. So kam es, dass ich den ganzen Tag keinen Schluck trank. Nur zu den Tabletten nahm ich einen winzig kleinen Schluck zu mir. Gerade genug, um die Tabletten herunterzuspülen. Ja nicht mehr! Denn jeder Schluck zu viel könnte ein erneutes Würgen erzeugen.

Zu dieser Angst vor dem Erbrechen kam, dass ich im Laufe des Tages merkte, dass mir dieses „Nichts trinken" auch ein Gefühl von Stärke verlieh. Meine Nahrungsaufnahme konnte ich nicht mehr kontrollieren. Ich musste essen, was mir vorgesetzt wurde und hatte anschließend auch keine Möglichkeit mehr, diese ganzen Massen an Kalorien wieder loszuwerden. Aber jetzt hatte ich etwas Neues, einen Art Ersatz, für die Nahrungsmittelaufnahmekontrolle gefunden. Ab sofort würde ich nämlich meine Flüssigkeitszufuhr stark kontrollieren!

Mein Körper hatte Durst. Ja und? Ich verweigerte es ihm! Jeder normale Mensch nimmt sich ein Glas, schüttet sich etwas zu trinken ein und löscht so seinen Durst, wenn er durstig ist. Aber ich würde das nicht mehr tun! Schließlich war ich kein Sklave meines Körpers! Ich bestimmte, wann er etwas zu trinken bekam und wann nicht. Indirekt war es also fast dasselbe wie mit der Magersucht. Ich genoss das Gefühl, meinen Körper zu kontrollieren. Das verlieh mir das Gefühl von Stärke. Je mehr Durst mein Körper hatte, desto „besser" fühlte ich mich.

Diese zwei Gründe, die Angst, sich nach dem Trinken zu übergeben und die Kontrolle des eigenen Körpers beziehungsweise ankämpfen gegen den eigenen Instinkt, waren glaube ich, die Hauptfaktoren, wieso ich mir dauerhaft das Trinken untersagte. Allerdings gab es neben diesen zwei Hauptfaktoren auch noch zwei weitere nicht ganz unwichtige Nebenfaktoren.

Der erste Nebenfaktor war, dass das Verweigern von Trinken eine Art unsichtbare Selbstverletzung und Selbstbestrafung für mich war. Nach außen hin war diese Verletzung nicht sichtbar, aber gesund war das Verweigern jeglicher Flüssigkeit für meinen Körper bestimmt nicht. Ich schadete ihm damit und das war in meinen Augen ein Triumph! Zumal meine Umwelt diese Selbstverletzung noch nicht einmal mitbekam. Es war einfach perfekt!

Der zweite Nebengrund für meine Trinkverweigerung war, dass ich ausprobieren wollte, wie weit ich gehen konnte. Wie zuvor mit dem Nicht-Essen, machte ich nun auch mit dem Nicht-Trinken eine Art Experiment. Wenn ich nicht ausreichend Flüssigkeit zu mir nahm, bekam ich Durst, aber was kam nach dem Durst? Wie lange hält ein menschlicher Körper tatsächlich ohne Wasser aus? Wann beginnt er zu streiken? Jeder „normale" Mensch würde diese Fragen niemals in einem Selbstversuch austesten, doch mich reizte das irgendwie. Ich wollte meine körperlichen und psychischen Grenzen austesten und am besten sogar noch darüber hinausgehen. Es war wie ein innerlicher Drang, dem ich nicht widersagen konnte. Egal, was passieren würde, ich würde nicht mehr trinken!

Mein innerer Wille war so stark, dass ich selbst, wenn ich gewollt hätte, es nicht mehr geschafft hätte, zu trinken. Wie zuvor die Magersucht verbot mir nun eine andere „Stimme" jegliche Flüssigkeitsaufnahme.

Die Betreuer der Station bekamen schon recht früh mit, dass ich bei den Mahlzeiten und auch zwischendurch regelmäßig das Trinken verweigerte. Zunächst nahmen sie es jedoch kommentarlos hin. Als ich dann aber nach zwei Tagen immer noch nichts trinken wollte, musste ich mit meiner Ärztin reden.

Sie wollte wissen, was mit mir los war und drohte mir damit, dass wenn ich weiter Flüssigkeit verweigern würde, Infusionen bekommen müsste. Schließlich würde mir hier niemand beim Sterben zuschauen.

Die Vorstellung, eine knapp vier Zentimeter lange Nadel in meinem Arm stecken zu haben und dadurch massenweise Flüssigkeit eingeflößt zu bekommen, schreckte mich kurzzeitig ab. Und meine Begründung, wieso ich nicht mehr trinken wollte, brauchte ich gar nicht auszusprechen, denn die hätte die Ärztin garantiert nicht gelten lassen.

Vermutlich hätte ich mir mit meiner Ehrlichkeit sogar noch mehr Probleme eingefangen, als ich bis jetzt eh schon hatte. Also wählte ich den Weg des geringsten Widerstandes und versuchte, vor der Ärztin ein Glas Wasser zu trinken, damit die Schreckschraube den restlichen Tag zufrieden war. Ein Glas Wasser am Tag konnte ich gerade noch so verkraften. Doch merkwürdigerweise gelang es mir nicht, das Glas zu meinem Mund zu führen. Ich wollte zwar trinken, aber meine Hand weigerte sich, nach dem Glas zu greifen. Es war ein echter Kampf, bis ich das Glas endlich fassen und zu meinen Lippen führen konnte.

Ganz langsam nahm ich den ersten Schluck und sofort stiegen mir Tränen in die Augen. Selbst dieser eine kleine Schluck fühlte sich wie eine riesen Niederlage für mich an. Ich musste meinem Körper nachgeben und ihm „was Gutes" tun. Doch das hatte er nicht verdient! Ich hasste ihn! Er war es nicht wert, dass ich ihm seine Bedürfnisse erfüllte! Alles wehrte sich in mir.

Ich konnte und wollte nicht mehr weiter trinken. Mir war kotzübel und es fühlte sich an, als wenn mein Magen randvoll mit Wasser gefüllt wäre.

Unter Tränen und fast schon panisch teilte ich meiner Ärztin, die mir lediglich schweigend zuschaute, mit, dass ich dieses Glas Wasser nie und nimmer leerbekommen würde.

Daraufhin setzte sie mir eine Frist. Wenn das Glas in einer Stunde nicht leer getrunken wäre, würde sie mir eine Infusion verabreichen.

Ich dachte aber weder daran, das Glas leer zu trinken, noch mich stechen und Flüssigkeit über eine Infusion in mich hineinfließen zu lassen. Da konnte sich die gesamte Klinik auf den Kopf stellen, ich gab nicht nach! Dementsprechend war dann auch nach einer Stunde das Glas mit Wasser weiterhin randvoll.

Auf die Minute genau nach Ablauf der Frist kam die Ärztin erneut zu mir. Diesmal hatte sie eine Nadel und eine Infusionsflasche mit dazugehörigem Infusionsständer dabei. Als ich das sah, verschränkte ich meine Arme vor der Brust und weigerte mich, ihr einen meiner Arme hinzustrecken. Zwingen konnte sie mich schließlich nicht. Dachte ich zumindest. Doch erstaunlicherweise ließ sich die Ärztin dadurch nicht aus dem Konzept bringen. Sie blieb ruhig und meinte relativ nüchtern, dass sie nun das KIT-Team (Kriseninterventionsteam) rufen müsste, um mich fixieren zu lassen, da ich ja anscheinend zu keiner freiwilligen Mitarbeit bereit wäre.

Das KIT-Team bestand immer aus fünf täglich wechselnden Betreuern, meistens Männern, die auf den verschiedenen psychiatrischen Stationen im Haus verteilt waren. Jeden Tag hatten also andere Mitarbeiter den „KIT-Piepser" bei sich.

Bis jetzt hatte ich nur mitbekommen, dass der Alarm gedrückt wurde, wenn auf einer anderen Station jemand aufmuckte und randalierte und dementsprechend fixiert werden musste, aber auf meiner Station war das noch nie der Fall gewesen. Bis jetzt konnten alle Konflikte und Streitereien ohne Einsatz des KIT-Teams gelöst werden. Das machte mir echt Angst, dass jetzt dieses „Kampf-Gorilla-Team" wegen MIR kommen sollte. Ich war eigentlich schon immer ein Mensch, der nicht viel von Gewalt hielt. Nie hätte ich jemand anderen angegriffen oder gar verletzt, also wieso sollte ich jetzt an ein Bett gefesselt werden?

Vom Gewicht her war ich eine halbe Portion und meine Kräfte sollten sich dadurch ebenfalls in einem händelbaren Bereich befunden haben. ALSO wieso muss man direkt mit fünf erwachsenen starken Männern auf ein 17-jähriges traumatisiertes Mädchen einstürmen? Eine Frage, die ich mir heute immer noch oder sogar teilweise noch häufiger als damals – stelle ...

Meine Ärztin schien das mit dem Fixieren tatsächlich ernst zu meinen. Durch die Sichtscheibe des Schwesternzimmers konnte ich sehen, wie sie die entsprechenden Betreuer über Telefon verständigte. Panik machte sich in mir breit. Ich war bis jetzt noch nie fixiert worden und ich stellte es mir fürchterlich vor, an einem Bett so festgebunden zu werden, dass ich keinerlei Bewegungsfreiheit mehr besaß!

Ohne mir der Aussichtslosigkeit bewusst zu sein, flüchtete ich Hals über Kopf in den Aufenthaltsraum und versteckte mich hinter dem Fernseher. Dass ich dort nicht im Sichtkontakt war und somit eigentlich etwas Verbotenes tat, war mir egal, und auch den anwesenden Betreuern schien das in diesem Moment relativ gleichgültig zu sein.

Sie wussten, wo ich war und Fluchtmöglichkeiten gab es für mich aus diesem Raum nicht. Ich saß in der Sackgasse. Sie würden mich finden. Daran änderte auch meine Idee, mich hinter dem Fernsehschrank zu verstecken, nichts.

Der einfachste Ausweg wäre gewesen, wenn ich das verdammte Glas Wasser getrunken hätte. Dann hätte ich mir dieses grauenvolle Erlebnis ersparen können. Doch ich schaffte es nicht zu trinken. Mein Selbsthass und der Drang, mich selbst zu bestrafen, waren zu groß. Hätte ich es nicht besser gewusst, hätte ich gesagt, dass ich das Trinken verlernt hatte.

Salzige Tränen liefen über mein Gesicht. Die Situation war todernst. Fünf Männer standen vor mir und kamen bedrohlich auf mich zu. Ich fühlte mich wie in einem falschen Film. Zu sehr erinnerte mich die aktuelle Situation an die Tat von damals.

Alle Sicherungen in meinem Kopf schienen durchzuknallen. Als die Männer nach meinen Armen und Beinen griffen, schlug ich wie wild um mich und trat mit meinen Füßen nach allem, was in meine Nähe kam. Ich wollte mir nicht eingestehen, dass ich alleine gegen fünf Männer machtlos war. Ich kämpfte bis zum Schluss.

Selbst als ich schon am Boden lag, versuchte ich mich aus den Haltegriffen der Männer zu befreien und biss nach den Händen, die mich festhielten. Ich kämpfte, als ob es um mein Leben ging. Doch vergeblich. Nach noch nicht einmal drei Minuten lag ich bewegungsunfähig auf dem Fixierbett.

Meine Arme, meine Beine und sogar mein Kopf wurden festgehalten und ich merkte, wie einer der Männer begann, die Gurte festzuziehen. Ein letztes Mal versuchte ich mich noch mit aller Kraft zu befreien und tatsächlich ließ die Person, die meinen Kopf festhielt, kurzzeitig los!

Allerdings nicht, weil ich mich befreit hatte, sondern weil sie umgriff. Mit einem Daumen wurde mir nun auf einen Punkt zwischen Oberlippe und Nase gedrückt. Dieser Punkt tat so dermaßen weh, dass ich mich nicht weiterbewegen konnte. Regungslos blieb ich liegen und ließ mich festketten. Denn nur so war der Schmerz wenigstens halbwegs zu ertragen.

Mit Gurten wurden meine Knöchel und meine Handgelenke direkt an die Matratze gefesselt und zusätzlich fixierte ein weiterer breiter Gurt meinen Bauch, sodass ich mich nicht mehr aufrichten konnte. Und als ob das nicht schon genügend Sicherungsmaßnahmen gewesen wären, wurde mir noch ein zusätzlicher Schultergurt angelegt, der meinen gesamten Oberkörper ans Bett band.

Dieses Gefühl, sich nicht bewegen zu können, wie man gerne möchte, war schrecklich. Ich wünsche es nicht einmal meinem schlimmsten Erzfeind, so „hilflos" dazuliegen. Es ist erniedrigend und einfach nicht in Worte zu fassen, wie es sich anfühlt, fixiert zu sein.

Nachdem das KIT-Team seine Arbeit verrichtet hatte, gingen die Betreuer wieder zurück auf ihre Station und meine Ärztin betrat mit einer Nadel und zwei Infusionsflaschen in der Hand das Zimmer.

Und als ob das noch nicht alles beschämend, herabwürdigend und schlimm genug für mich gewesen wäre, musste ich mit Entsetzen feststellen, dass die eine Flasche nicht nur isotonische Kochsalzlösung, also Wasser war, sondern Glucose-Lösung. Also reines Zuckerwasser und somit eine Kalorienbombe! Und dieses klebrige Zeug würde nun schön tropfenweise durch einen Schlauch direkt in meinen Körper tropfen! Eine Horrorvorstellung! Zumal ich mich nicht dagegen wehren konnte, sondern noch tatenlos dabei zusehen musste!

Es ist schon schwierig, wenn ich so viele Kalorien essen muss, aber wenn sie mir intravenös als „Zwangsmaßnahme" eingeflößt werden, ist das nur noch ein einziger Albtraum!!! Beim Essen hatte ich wenigstens noch einen guten Geschmack und mein Hunger wurde dadurch gestillt, doch durch die Infusion hatte ich weder das eine noch das andere.

Ich konnte mich durch die Fixierung zwar nicht mehr viel bewegen, aber es blieben mir immer noch ein paar Zentimeter zum „Herumzappeln" und diese paar Zentimeter reichten Gott sei Dank aus, um sich gegen die Nadel zu wehren.

Solange ich meinen Arm nicht voll durchstreckte und ihn ruhig hielt, hatte die Ärztin keine Chance, eine Nadel zu legen. Sie versuchte es zwar einige Male, stach jedoch jedes Mal daneben, weil ich zu sehr zappelte. Das war zwar schmerzhaft für mich, andauend gepikst zu werden, doch im Vergleich zu der Infusion, war das Piksen das kleinere Übel! Allerdings schien die Ärztin gegen jede Schwierigkeit gewappnet zu sein. Als sie es nach dem fünften Mal immer noch nicht schaffte zu treffen, ließ sie sich von einem anderen Betreuer eine Armschiene holen. Nun musste ich meinen Arm zwangsläufig durchgestreckt halten.

Ein Gefühl der vollkommenen Hilflosigkeit überkam mich. Ich hatte keine Chance mehr, mich zu wehren. Ich hatte keine Kontrolle mehr über die Situation. Die gesamte Kontrolle über mich und dass, was mit mir geschah, hatten jetzt andere.

Ich schrie, weinte und beleidigte die Ärztin, die Betreuer, die ganze Station und irgendwie zum Teil sogar die ganze Welt. Mir war alles egal. Ich hasste einfach jeden! Das erste Mal seit Langem richtete sich mein extremer Hass nicht ausschließlich auf mich, sondern auf einfach alles und jeden. Ich war so wütend und hasserfüllt, dass ich am liebsten alles kurz und klein geschlagen hätte.

Wäre ich nicht fixiert gewesen, wäre ich vermutlich auf die Ärztin, die jetzt seelenruhig ihre Nadel in meinen Arm legte und die Infusion anschloss, losgegangen.

Woher dieser immense Hass stammte, konnte ich nicht sagen, aber er war so stark wie noch nie. Normalerweise konnte ich nie jemanden (außer mir selbst) Schaden zufügen, aber gerade hätte ich für nichts garantieren können! Ich war außer Rand und Band. In meinem Kopf waren sämtliche Sicherungen rausgeknallt und auf gewisse Weise war ich dadurch nicht mehr ich.

Die Fixierung am Bett und diese Hunderte von Kalorien, die nun Tropfen für Tropfen durch meine Armvene direkt in meinen Blutkreislauf tropften, ließen in mir ungeahnte Kräfte und abgrundtiefen Hass in mir emporsteigen. Ich selbst und mein Verhalten waren mir völlig fremd.

Ich schämte mich für das, was ich tat, war aber unfähig, etwas daran zu ändern. Wie eine Rakete, deren Zündschnur man mit einem Feuerzeug bereits entflammt hatte, war ich nicht mehr zu stoppen. Ich explodierte und daran konnte man nichts ändern. Jetzt hieß es nur noch: „Rette sich, wer kann!"

Doch dann wurde ich plötzlich für einen Moment ganz ruhig. Ich hatte etwas gehört. Auf dem Flur waren die Stimmen meiner Eltern, die mich heute eigentlich besuchen kommen wollten. Sie waren meine Rettung! Wenn sie mich so sähen, würden sie bestimmt unverzüglich veranlassen, dass ich sofort losgebunden werde, und die Infusion nicht bekommen würde! Sie nahmen es sicherlich nicht hin, dass ihre Tochter so behandelt wurde!

Ich lauschte weiter. Ich hörte, wie meine Mutter zuerst mit einem Betreuer und dann mit der Ärztin diskutierte. Sie wollten meine Eltern nicht durchlassen. Meine Hoffnung auf Befreiung schien zu schwinden und mit ihr verschwand auch meine kurzzeitige Ruhe.

Erneut fing ich an, die gesamte Station zusammen zu schreien. Ich verfluchte weiterhin die Ärztin, die Betreuer und alle, die irgendwie, auch nur im entferntesten Sinne, etwas mit meiner aktuellen Lage zu tun hatten. Das Einzige, was sich an meinem Geschrei änderte, war, dass ich nun nicht nur fluchte, schimpfte und beleidigte, sondern nun auch ab und zu nach meinen Eltern rief. Ich wollte nicht, dass sie gingen! Sie durften nicht gehen! Sie mussten mir doch helfen. Sie waren schließlich meine Eltern!

Um mein Geschrei noch tatkräftig zu unterstützen und „richtig" Radau zu machen, strampelte ich zusätzlich noch mit meinen Beinen und schlug mit meinen Armen um mich.

Bewegen konnte ich mich durch die Fixierung zwar nicht großartig, aber dafür klapperte das ganze Bett und machte dadurch einen Höllenlärm. So konnte mich niemand mehr ignorieren. Jeder sollte wissen, wie sehr ich kämpfte.

Mir war, als ob ich um mein Überleben kämpfte. In Wirklichkeit aber kämpfte die Essstörung in mir um ihr Überleben. Doch das begriff ich erst Jahre später ...

Glücklicherweise widersetzten sich meine Eltern den Worten der Ärztin und kamen trotzdem zu mir. Als sie den Raum betraten, sah ich, dass meine Mutter weinte und auch mein Vater hatte Tränen in den Augen. Ich flehte sie an, dass sie mir helfen sollten, aber sie standen nur da, starrten mich an und weinten. Es muss für sie genauso schrecklich, wie für mich gewesen sein, dass ich fixiert war. Mein Anblick setzte ihnen merklich zu und ich sah die Vorwürfe gegenüber mir und meinen Verhalten in ihren Gesichtern. Sie verstanden nicht, dass ich es nicht schaffte zu trinken. Überhaupt niemand konnte mich verstehen. Wie auch? Wenn man so etwas noch nicht am eigenen Leib durchgemacht hat, kann man es auch gar nicht nachvollziehen. Das konnte ich niemanden vorwerfen.

Meine Mutter sagte mir, dass ich ruhig bleiben und mich abregen solle, denn dann wäre es schneller vorbei. Danach mussten sie auch schon wieder gehen. Die Ärztin wollte mit ihnen reden. Meine Wut wechselte in Verzweiflung. Meine letzte Hoffnung auf Befreiung ging gerade die Tür hinaus. Wie konnten sie mir das antun? Wieso konnten/wollten sie mir nicht helfen? Sie waren doch meine Eltern!

Ich war mit meinen Nerven am Ende. Von dem vielen Weinen und den ganzen Schreien bekam ich kaum noch Luft. Aber an Aufgeben konnte und wollte ich immer noch nicht denken. Nie würde ich dem Personal der Station den Gefallen tun und die Fixierung und die Infusionen wortlos und ohne Gegenwehr hinnehmen!

Bevor die Ärztin mit meinen Eltern redete, kam sie nochmals zu mir. In der einen Hand hielt sie einen kleinen Becher mit einer Flüssigkeit und in der anderen eine Spritze. Sie ließ mir die Wahl. Entweder den Saft zur Beruhigung oder die Spritze. Ich wollte gar nichts. Ich wollte mich gar nicht beruhigen.

Warum auch? Ich hatte allen Grund, mich aufzuregen, aber entschied mich trotzdem für den Saft, denn ich hatte einen Plan. Mit einem Schluck nahm ich den gesamten Saft in meinen Mund, schluckte ihn jedoch nicht runter, sondern spuckte ihn der Ärztin mit Schwung mitten ins Gesicht!

An ihrem Gesichtsausdruck konnte ich ihren Zorn erkennen. Das hatte gesessen! Doch die Gegenreaktion der Ärztin saß allerdings leider auch. Ohne Vorwarnung zog sie mir meine Hose ein Stück herunter und stach mit der Spritze in meinen Oberschenkel. Sofort spürte ich, wie sich an der Stelle des Einstichs ein leichtes Brennen breitmachte und wenige Sekunden später begannen meine Arme und Beine merkwürdig schwer zu werden. Ich konnte mich kaum noch bewegen. Meine gesamte Motorik war vollkommen unkontrolliert und meine Stimme versagte. In immer kürzer werdenden Abständen fielen meine Augen zu. Mit aller Gewalt versuchte ich gegen die Müdigkeit anzukämpfen, doch vergebens. Nicht einmal fünf Minuten nachdem mir das Beruhigungsmittel gespritzt wurde, fielen mir meine Augen zu und ich schlief.

Das Nächste, an das ich mich wieder erinnern kann, war, dass ich am nächsten Tag ohne Fixierung in meinem normalen Bett vor dem Stationszimmer aufwachte.

Ich hatte keine Ahnung, wie ich hierhergekommen war oder wer mich wann losgebunden hatte.

Meine Erinnerung an diesem Tag endete an dem Zeitpunkt, an dem ich von der Sedierungsspritze einschlief. Alles was danach passierte, war wie ausgelöscht.

20. Verlegung auf die geschlossene Station

Das Medikament vom Vortag hatte echt gesessen! Noch immer war mir extrem schwindelig und ich fühlte mich seltsam benommen.

Als ich versuchte, mich langsam aufzurichten, schien meine gesamte Umgebung um mich herum „Breakdance" zu fahren. Alles drehte sich und eine räumliche Orientierung war mir unmöglich. Ich glaube so, oder zumindest so ähnlich, muss es sich anfühlen, wenn man am vorherigen Tag ordentlich Alkohol getrunken hatte und am nächsten Tag mit einem gehörigen Kater aufwacht. Es war schrecklich! Am liebsten hätte ich mich wieder zurück ins Bett fallen lassen und mir die Decke über den Kopf gezogen. Aber leider ging das nicht, denn eine Betreuerin drängelte darauf, mich wiegen zu wollen.

Mit viel Mühe und unter murrenden Protestlauten setzte ich mich also doch auf und kämpfte mich aus dem Bett. Beim Aufstehen bemerkte ich dann, dass ich einen Verband um meinen linken Arm hatte. Zuerst konnte ich mit den weißen Wickeln gar nichts anfangen, aber dann spürte ich beim Bewegen des Armes, dass sich darunter wohl der Zugang von gestern befinden musste. Warum er noch nicht gezogen war, war mir unklar. Denn wie konnte die Ärztin annehmen, dass ich diese doofe Nadel auch eine Sekunde länger als wirklich nötig in meinem Arm akzeptieren könnte? Dachte die etwa, dass diese bescheuerte Sedierung von gestern meinen Willen gebrochen hätte? Bestimmt nicht! Sobald es der Moment zulassen und ich kurzzeitig unbeobachtet sein würde, würde ich die Nadel entfernen!

Aber jetzt musste ich erst einmal mit der Betreuerin zum Wiegen.

Der Weg zur Waage kam mir heute mindestens doppelt so lange vor wie sonst. Jeder Schritt war eine große Anstrengung und ich musste aufpassen, dass ich beim Laufen nicht das Gleichgewicht verlor.

Erfreulicherweise hatte ich auf die 100 Gramm genau dasselbe Gewicht wie gestern. Also die durch die Glucose-Infusion befürchtete Gewichtszunahme blieb glücklicherweise aus. Wenigstens etwas Positives an diesem ansonsten so miserablen Morgen! Allerdings war mir auch klar, dass ich durch meine extreme Gegenwehr sicherlich einige hundert Kalorien verbrannt hatte. Das musste ich mit einrechnen. Wäre das nicht gewesen, hätte ich bestimmt durch die Infusion zugenommen!

Direkt nach dem Wiegen wurde ich zum Frühstückstisch gebracht. Dort angekommen, fühlte ich mich so unwohl wie lange nicht mehr. Obwohl niemand etwas sagte, spürte ich trotzdem die vorwurfsvollen, tadelnden Blicke meiner Mitpatienten auf meinen Arm, in dem sich noch der Zugang befand. Vermutlich hätten sie alle gestern meine Fixierung und meinen dazugehörigen Ausraster mitbekommen. Zugegeben: Er war schließlich auch schwer zu überhören.

Ohne Frage war ich gestern Abend und heute Morgen bestimmt das Hauptgesprächsthema in den Fluren und Aufenthaltsräumen.

Die gesamten 30 Minuten Essenszeit saß ich schweigend vor meinem vorportionierten Essen (zwei Brötchen mit Belag) und starrte auf das Glas Wasser, dass mir die Betreuerin eingeschenkt und neben meinen Teller gestellt hatte.

Je länger ich das Glas anstarrte, desto größer und mächtiger schien der Kloß in meinem Hals zu werden. Das Wasser machte mir Angst! Ich wusste, wenn ich es nicht trinken würde, würde dasselbe wie gestern passieren. Ich würde erneut fixiert werden und Infusionen bekommen. Und das wollte ich eigentlich nicht noch mal erleben! Auf die Erfahrung einer Fixierung hätte ich gut und gerne verzichten können! Einmal fixiert zu werden, war mehr als genug! Doch trotzdem schaffte ich es nicht, das Glas Wasser anzurühren.

Die Angst vor dem Trinken war größer als die Angst vor einer erneuten Fixierung. Es war verrückt. Alles in mir sträubte sich. Es schien, als ob ich von einem auf den anderen Tag das normalste der Welt „verlernt" hätte. Mir wurde alleine von dem Anblick des gefüllten Glases übel. Mich ekelte Flüssigkeit genauso an, wie es bis vor Kurzem noch das Essen getan hatte. Die Magersucht in mir hatte sich einen „neuen" Weg gesucht, um mir Kontrolle beizubringen und mir das Leben schwer zu machen. Oder war ich es, der sich selbst bekriegte und einen anderen Verantwortlichen für seinen eigenen, überdimensionalen Selbsthass suchte? Ich weiß es nicht.

Ich weiß nur, dass meine Gedanken und mein innerer Wille, mich selbst zu schädigen beziehungsweise eigentlich schon mich zu zerstören, sich so stark auf meinen Körper auswirkte, dass es mir, selbst, wenn ich wollte, unmöglich war, das Glas in die Hand zu nehmen und zum Mund zu führen. Mein Selbsthass oder die Befehle der Magersucht oder vielleicht auch beides zusammen waren zu stark, als dass mein gesunder Menschenverstand dagegen ankämpfen gekonnt hätte. Es war also nicht so, dass nicht irgendeine leise Stimme der Vernunft in meinen Kopf gesagt hätte, dass ich gerade richtig dolle Scheiße baue und mein Leben nicht nur den Bach, sondern gerade einen steilen, kilometertiefen Wasserfall hinuntergeht, sondern sie war einfach zu schwach und zu leise. Sie hatte nicht die Kraft, um gegen meinen Selbsthass anzukämpfen. Ich war machtlos gegen mich selbst.

Wie bekämpft man sich selbst, ohne sich dabei selbst zu verletzen oder gar zu töten?

Wer es noch nie erlebt hat, dass die „Stimmen in einem Kopf" sich gegenseitig mit Panzern und Granaten gegenüberstehen, kann es vermutlich nicht nachvollziehen, wie unaushaltbar das Gefühl ist, wenn man sieht, wie man sich gerade das Leben ruiniert, aber machtlos ist, etwas daran zu ändern.

Mit den Stimmen im Kopf meine ich jetzt keine psychische Erkrankung oder Störung, sondern die eigenen Gedanken. Mein Selbsthass in mir hatte die Kontrolle über mich und mein Handeln gewonnen. Ich wusste, dass das alles andere als gut war, aber gleichzeitig sah ich es auch nicht ein, viel daran zu verändern. Ab und zu flüsterte mir zwar die Vernunft ins Ohr, dass ich mich zusammenreißen und gegen diese doofe Magersucht, gegen den Selbsthass und das Borderline in mir ankämpfen soll, aber gleichzeitig fragte ich mich dann sofort, wieso ich kämpfen sollte?

Kämpfen war nur anstrengend und ermüdend. Das hatte ich schon zu lange versucht. Ich hatte es sehr wahrscheinlich gar nicht anders verdient, als im Leben zu scheitern. Außerdem war Hungern, sich selbst bekriegen, sich Dinge zu verbieten, komplette Selbstkontrolle und Selbstbeherrschung das Einzige, was ich meiner Meinung nach konnte. Also wieso sollte ich das Einzige, was mich zu etwas Besonderem machte und worin ich talentiert war, über Bord schmeißen? In meinen Augen sah ich keinen Sinn darin, gegen etwas zu kämpfen, was mir Halt und Sicherheit versprach.

In meinem Kopf herrschte ein heilloses Chaos und ich stand mittendrin. Ich war hin und her gerissen. Den Boden und den Überblick in diesem (Gedanken-) Chaos hatte ich schon lange verloren. Meine Ziele und Überzeugungen, die ich hatte, waren meist schon in derselben Stunde, in der ich sie festlegte, wieder vergessen.

Irgendwann schaffte ich es dann, mein Gedankenchaos im Kopf kurz abzuschalten, mich aus der Starre zu lösen und wenigstens eines der beiden Brötchen zu essen. Das zweite ließ ich jedoch genauso wie das Glas Wasser unbeachtet liegen. Innerlich rechnete ich schon damit, dass mir eine Betreuerin jetzt verkünden würde, dass ich entweder das zweite Brötchen ebenfalls noch essen oder anstelle dessen die Kalorien in Form von Fresubin© zu mir nehmen müsste. Doch nichts dergleichen geschah.

Nachdem alle ihr Frühstück beendet hatten, durften alle, außer mir, wie gewohnt aufstehen und ihrem üblichen Tagesablauf nachgehen. Ich aber musste noch sitzen bleiben. Als dann alle den Raum verlassen hatten, wurde ich gefragt, ob ich mein Frühstück nicht zu Ende aufessen wollte. Ich verneinte. Daraufhin meinte die Betreuerin „gut". Was auch immer daran gut sein soll. „Und trinken willst du, wie ich sehe, ebenfalls nichts?" Erneut schüttelte ich den Kopf. Die Betreuerin seufzte, stand auf, schob ihren Stuhl zurück und teilte mir relativ erschreckend nüchtern mit, dass ich dann ja wüsste, was später passieren würde.

Sofort stiegen wieder Tränen in mir hoch. Ich war unfassbar wütend! Wie konnten die hier nur so eiskalt sein? Am liebsten hätte ich angefangen zu randalieren, so wütend war ich. Ich wollte nicht schon wieder fixiert werden! Gestern war schon schlimm genug. Das brauchte ich nicht täglich! Aber trinken wollte, beziehungsweise konnte ich ja auch nicht. Ach! Das war doch alles bescheuert!

Ohne einen Kommentar abzugeben, stand ich auf und wollte mich für die Sitz-Zeit auf das Sofa setzen. Doch das dufte ich nun auch nicht mehr. Denn ab sofort würden aufgrund meines „Fehlverhaltens" verschärfte Regeln für mich gelten. Das hieß, dass ich meine Sitz-Zeit nicht mehr auf dem Sofa bei den anderen ableisten „durfte", sondern auf meinem Bett vor dem Schwesternzimmer alleine absitzen musste. Außerdem durfte ich mich nicht mehr von der Freifläche vor dem Schwesternzimmer entfernen. Also nicht einmal mehr in Begleitung eines Betreuers in die Aufenthaltsräume, sondern gar nicht mehr. Ich hatte absolute Kontaktsperre zu allen anderen Patienten auf Station. Ich durfte mich mit niemandem mehr unterhalten und mich durfte auch keiner mehr ansprechen. Solange ich nicht wieder zur Vernunft kommen und ausreichend trinken würde, sollte ich keine

Chance bekommen, negativen Einfluss auf die anderen Patienten der Station auszuüben.

Die neuen Regeln schockierten mich. War ich hier in einer Psychiatrie oder in einem Knast für Massenmörder und andere schwere Fälle? Ich konnte mittlerweile keinen Unterschied mehr erkennen. Aber dennoch tat ich das, was die Betreuer von mir verlangten. Denn erstens hätten Widersprüche rein gar nichts gebracht und zweitens sollten sie nicht merken, wie sehr sie mich mit ihren „Strafen" verletzten. Wenn ich nämlich eines im Leben gelernt hatte, dann war es, dass man nie mehr Gefühl als wirklich nötig zeigen sollte, und man sich vor allem Verletzungen und Kränkungen nie anmerken lassen sollte! Weiß das Gegenüber nämlich, dass er eine Schwachstelle bei einem gefunden hat, wird er immer wieder und wieder auf diese Schwachstelle einschlagen und eintreten, bis man daran zerbricht. Und DAS wollte ich nicht zulassen! Lieber würde ich sterben, als dass ich so ein Mensch werden würde, wie die Ärzte und Betreuer es von mir verlangten!

Während meiner Sitz-Zeit setzte ich mich so auf mein Bett, dass man vom Schwesternzimmer aus lediglich meinen Rücken sehen konnte. Dann wickelte ich in aller Seelenruhe den Verband ab und zog mir die Nadel aus meinem Arm. Allerdings hatte ich nicht damit gerechnet, dass der kleine Einstich so stark bluten würde. Ich dachte nach zwei oder drei Blutstropfen würde die Blutung alleine aufhören, doch dem war leider nicht so. Mein Blut war zu dünn und tropfte immer weiter auf den Boden. Um nicht noch zusätzlich das gesamte Bettzeug voll zutropfen, musste ich also mal wieder reumütig zu den Betreuern gehen und nach einem Pflaster fragen.

Begeistert waren die Betreuer selbstverständlich nicht, als ich ihnen den von mir selbst gezogenen Zugang zeigte, aber wirklich entsetzt oder wütend waren sie auch nicht.

Ich glaube, sie hatten bereits damit gerechnet, dass ich den Zugang nicht lange dort lassen würde, wo er hingehörte.

Gegen Vormittag kam meine Ärztin zu mir und fragte mich, ob ich mir die Infusionen heute freiwillig geben ließe oder ob sie dasselbe Programm wie gestern abspulen müsste. In einem gespielt ruhigen und leicht provokanten Ton erklärte ich ihr, dass ich nie im Leben freiwillig pures Zuckerwasser, das garantiert hunderte von Kalorien enthält, in mich hineinlaufen lassen würde. Nie im Leben wäre ich so „doof" und würde so etwas ohne Gegenwehr akzeptieren.

Die Ärztin seufzte. Für sie war mit meiner Antwort klar, dass sie nun erneut das KIT-Team rufen und mich fixieren lassen müsste. Bevor sie ging, teilte sie mir noch mit, dass sie eigentlich dem KIT-Team gleich sagen könnte, dass die diensthabenden Mitarbeiter jeden Vormittag um 11 Uhr auf Station kommen sollten, um mich zu fixieren. So könnte sie sich eine Menge Arbeit und Stress ersparen und auch die Mitarbeiter im KIT-Team könnten sich den Termin, dann fest in ihren Tagesablauf mit einplanen. Ich fand diese Idee oberbescheuert, aber mit Protest hätte ich da auch nichts ausrichten gekonnt. Deshalb schwieg ich und tat so, als wenn mir das alles, was da gerade passierte, komplett egal wäre.

Ich musste überlegen. Wie konnte ich der Fixierung entkommen? Die gestrige Flucht in den Aufenthaltsraum war eine Sackgasse. Das hatte nicht funktioniert. Ich musste mir also etwas anderes, etwas Besseres überlegen.

Als ich sah, dass die Ärztin telefonierte und die restlichen Betreuer ebenfalls unachtsam waren, ergriff ich die Flucht. Allerdings nicht in Richtung Aufenthaltsräumen oder Toilette, sondern in Richtung Eingangstür. Mein Plan war es, den Moment abzupassen, in dem die Leute vom KIT-Team die Tür öffneten und dann mit Vollgas durch die offene Tür zu stürmen. Im besten Fall wäre das KIT-Team dann so überrascht, dass ich einfach weiterrennen konnte, ohne dass mich jemand an meiner Flucht hinderte. Aber auch, wenn einige Hände versucht hätten, nach mir zu greifen, und mich festhalten wollten, so hätte ich durch meinen Anlauf immer noch so viel Schwung drauf, dass sie es nicht schaffen würden. So war zumindest mein Plan. Und mein Plan war in meinen Augen perfekt! Es konnte und vor allem DURFTE einfach nichts schief gehen!

Als ich hörte, dass der Schlüssel von außen ins Schloss gesteckt wurde, machte ich mich bereit. Jeder noch so kleine Muskel in meinem Körper war bis aufs Äußerste angespannt. Niemand von der Station schien gemerkt zu haben, wo ich mich versteckt hatte und was ich vorhatte. Also es herrschten absolut geniale Bedingungen! Die Tür ging auf. Ein schlanker, noch recht junger Mann kam hinein. Ich ließ ihn eintreten. Wie bereits erwartet, zog er die Tür hinter sich nicht komplett zu, sondern ließ sie einfach zufallen. Das war meine Chance! Ich sprintete los. Bevor die Tür ins Schloss fallen konnte, fing ich sie ab, öffnete sie wieder und schlüpfte hindurch. Anschließend rannte ich so schnell, wie ich noch nie zuvor gerannt war, in Richtung Treppenhaus. Jetzt musste ich nur noch die Treppe hinunter und durch den Haupteingang hindurch. Ich konnte die Freiheit fast schon riechen. Doch unten angekommen, erwarteten mich nicht die Freiheit, sondern ein Mann und eine Frau vom heutigen KIT-Team. Ich lief ihnen genau in die Arme. Bevor ich überhaupt realisieren konnte, wer da vor mir stand, lag ich schon am Boden und wurde festgehalten. Ich versuchte mich zwar weiterhin mit aller Kraft zu wehren, aber das Gewicht, das auf meinem Rücken lag, war zu schwer. Mein Plan war zumindest für heute gescheitert.

Doch aufgeben wollte ich trotzdem nicht. Vielleicht, oder eigentlich relativ sicher, konnte ich heute nicht in die Freiheit entkommen, aber ich würde es bald schon wieder versuchen. Und irgendwann würde ich es schaffen! Ich wollte schließlich nicht den Rest meines Lebens hinter den dicken Mauern einer Psychiatrie verbringen. Denn das, was ich hier führte, war kein Leben!

Wenige Augenblicke später kamen auch schon das restliche KIT-Team und meine Ärztin die Treppe hinunter. Zwei Männer zogen mich vom Boden hoch und hielten meine Arme auf meinen Rücken in einem Hebel. Als ich versuchte, nach ihnen zu treten, und mich weigerte zu laufen, wurde ich getragen. Obwohl ich mich mit all meiner Kraft wehrte, konnte ich mich nicht befreien und lag nur wenig später wieder auf Station im Fixierbett.

Mein Arm wurde geschient und es wurde ein neuer Zugang gesetzt.

Wie beim letzten Mal schrie ich auch jetzt beim Anschließen der Infusionen die gesamte Station zusammen und beleidigte alles und jeden, der mir irgendwie in die Quere kam. Allerdings änderte sich das schlagartig, als die Ärztin mir drohte, eine erneute Beruhigungsspritze zu verpassen, wenn ich mich nicht sofort abregen würde. Da hörte ich auf zu schreien und weinte nur noch.

Wehrlos musste ich mit ansehen, wie dieses ekelhafte Zuckerwasser schön langsam tröpfchenweise in meinen Blutkreislauf tropfte. Ich hasste es, bewegungsunfähig zu sein! Fixierung ist meiner Meinung nach eines der schlimmsten Erlebnisse, die man einem Menschen antun kann. Diese Angst festgehalten zu werden, das demütigende Gefühl, die Angst oder fast schon Panik, die man dabei verspürt, bleibt selbst Jahre später noch erhalten.

Wer denkt, eine Fixierung ist damit zu Ende, wenn die Gurte gelöst werden, liegt falsch. Die Gedanken und Gefühle, die dabei entstehen, begleiten einen das Leben lang. Deshalb kann man sich auch nicht daran gewöhnen, fixiert zu werden. Zwar weiß man nach dem zweiten oder dritten Mal, wie eine Fixierung abläuft und was passiert, aber so etwas wie eine Routine entsteht nie. Jede weitere Fixierung ist genauso schlimm wie die Allererste. Die einzige Möglichkeit, eine Fixierung halbwegs „unbeschadet" zu überleben und keinen

„Knacks" davonzutragen ist, wenn man dabei dissoziiert oder die Erinnerungen daran verdrängt. Glücklicherweise bin ich eine Meisterin im Verdrängen!

Am Nachmittag kamen meine Eltern zu Besuch. Die Ärztin wollte mit ihnen reden. Erst führten die drei ein Gespräch zu dritt und später wurde ich dann noch dazu gerufen. In dem Gespräch ging es um die aktuelle Lage. Die Ärztin hatte etwas Unfassbares herausgefunden: So wie es momentan lief, konnte es nicht weitergehen. Ich arbeitete bei der Therapie nicht mit, sondern stäubte mich gegen alles.

Ich war begeistert! Die Ärztin war ein Genie! Wie hatte sie das bloß erkannt? Darauf wäre ich im Lebtag nicht gekommen! Aber gut, dass sie das genauso sah wie ich. Ich war nämlich ebenfalls mit der aktuellen Situation höchst unzufrieden!

Als sie merkte, dass ich nicht allzu viel Interesse und Begeisterung ihrem „neuem" Befund gegenüber aufbringen konnte, erklärte sie weiter, dass diese Station hier mir nicht mehr den richtigen Rahmen, den ich zurzeit benötigte, bieten konnte.

Erst die häufige und intensive Selbstverletzung und jetzt die dauerhafte Verweigerung von Flüssigkeit. Das war zu viel. Normalerweise würde auf der Station nur in äußersten Notfällen fixiert und keinesfalls täglich, so wie es bei mir inzwischen der Fall war.

Ich bräuchte einen engeren, geschützteren Rahmen mit einer Eins-zu-eins-Betreuung. Und das wäre auf dieser Station personell nicht leistbar. Kurz gesagt: Sie wollten mich schnellstmöglich auf die geschlossene Station der Kinder- und Jugendpsychiatrie verlegen.

Außerdem sollte heute noch ein richterlicher Beschluss beantragt werden, der verhindern sollte, dass ich mich selbst aus der Klinik entlassen konnte. Dieser Beschluss würde auch benötigt werden, um mich weiterhin täglich fixieren zu können. Vorerst sollte er über sechs Wochen gehen. Danach wollte man erst einmal sehen, wie es mir bis dahin ging, und ob er eventuell verlängert werden musste. Also hatte ich soeben den vollen Jackpot abgeräumt! In meinen Ohren hörte sich das an, als wenn die Ärztin mit mir und meinem Verhalten überfordert wäre und mich loswerden wollte. So in dem Sinne: Ich schiebe das „Problem" einfach auf eine andere Station. Dann haben die das „Problem" und ich bin es los. Das ist die einfachste Lösung.

Was das „Problem", also ich, davon hielt, war allen egal. Hauptsache, ich war aus dem Weg. Ob das tatsächlich die Hintergedanken der Ärztin waren, kann ich nicht zu einhundert Prozent sagen, aber bei mir kam es so an.

Mein Selbsthass hatte damit mal wieder ordentlich Futter bekommen und flammte erneut auf. Ich war ein „Problem" und ich musste beseitigt werden! Kein Mensch kam mit mir zurecht und ich war lediglich eine Belastung für alle und jeden. Mein Kopf war voll mit negativen Gedanken.

Nach dem Gespräch halfen mir meine Eltern beim Packen. Ich sollte noch heute auf die geschlossene Station umziehen.

Auf dem Weg zwischen der offenen und der geschlossenen Station wurde ich von zwei Betreuern und meinen Eltern festgehalten. Ich sollte auf keinen Fall die Möglichkeit bekommen, abhauen zu können.

Der Aufbau der geschlossenen Kinder- und Jugendstation war identisch mit dem der offenen Station. Es gab eine Küche, ein Beobachtungszimmer, das an das Schwesternzimmer grenzte, zwei Aufenthaltsräume und jede Menge Patientenzimmer. Der einzige Unterschied zwischen den beiden Stationen war die Inneneinrichtung der Aufenthaltsräume und die gläserne Tür am hinteren Ende des Flurs. Diese Tür gab es auf der offenen Station nicht. Aber aus Erzählungen wusste ich, dass das die Tür zum Luftgeschoss sein musste. Denn die geschlossene Kinder- und Jugendstation war die einzige Station, die das Privileg hatte, einen direkten Zugang zum

Luftgeschoss zu besitzen. Die anderen Stationen konnten ausschließlich über das Treppenhaus oder den Fahrstuhl auf das offene Stockwerk gelangen.

Nachdem mir kurz die Station gezeigt und das diensthabende Personal vorgestellt wurde, durfte ich mein neues Zimmer beziehen.

Wie nicht anders zu erwarten, kam ich auch hier erst einmal ins Beobachtungszimmer. Schließlich hatte ich noch immer ein suizidales Setting und brauchte somit Blickkontakt.

Als ich das Zimmer betrat, fühlte ich mich wie in einem falschen Film. Das konnte nicht denen ihr ernst sein! Neben meinem normalen Bett stand an der gegenüberliegenden Wand noch ein Fixierbett! Wie konnten sie mir das antun?

Die Betreuer konnten doch nicht ernsthaft von mir erwarten, dass ich den gesamten Tag dieses schreckliche Bett anstarrte! Alleine der Anblick der Fixiergurte löste ein Gefühlschaos und Gedankenkarussell bei mir aus. Ich hasste dieses Bett! Entweder musste das hier ein ganz übler Scherz sein oder die Betreuer wollten mich foltern!

Aber leider war es kein Scherz und nach Aussage meiner behandelnden Ärztin auch keine Foltermethode. Das Fixierbett sollte rein aus zweckdienlichen Gründen direkt in meinem Zimmer neben meinem normalen Bett stehen. Diskussionen über diesen Standpunkt waren zwecklos.

Und wie ich schon kurze Zeit darauf erfahren durfte, war das erst der Anfang der neuen Regeln.

Schon recht schnell merkte ich, dass auf der geschlossenen Station strengere Regeln herrschten, als zuvor auf der offenen Station.

Unmittelbar auf den ersten Schock folgte auch gleich schon der zweite:

Mir wurde mitgeteilt, dass ich auf dieser Station keine persönlichen Gegenstände mehr auf meinem Zimmer haben durfte.

Das hieß, dass ich alles, bis auf die Kleidung, die ich an meinem Körper trug, abgeben musste. Alles andere, also meine Bilder, Bücher, restlichen Klamotten und sogar mein Kuscheltier (ein kleines Pferd), wurde in die Abstellkammer der Station gestellt und eingeschlossen.

Falls ich mich also umziehen, etwas lesen oder einen Block zum Schreiben haben wollte, musste ich erst einen Betreuer darum bitten, mir die Abstellkammer aufzuschließen und anschließend, nach der Benutzung des Gegenstands, das Buch, den Stift, die Zeitschrift etc. dort unverzüglich wieder zurückgeben.

Den Sinn hinter dieser Regel verstand ich zwar nicht so ganz (wie sollte man sich mit einem Buch oder Kuscheltier selbst verletzen oder gar umbringen?!), aber mir drängte sich bereits jetzt schon der Verdacht auf, dass es für mich und meine Freiheit besser war, wenn ich keine Diskussion anfing. Und dieser Verdacht erhärtete sich von Regel zu Regel mehr.

Denn im weiteren Gesprächsverlauf wurde mir relativ deutlich mitgeteilt, dass mit solchen „schweren Fällen" wie mir, hier auf dieser Station nicht lange diskutiert wurde.

Bei Regelverstößen würden keine Verwarnungen oder „Bitte, bitte tu das nicht mehr-Gespräche" folgen, sondern direkt Konsequenzen. Das hieß im Klartext: Wenn ich mich bewusst und beabsichtigt dem Sichtkontakt entzog, mich Anordnungen widersetzte oder gegen ärztlich angesetzte Maßnahmen sträubte, würde das mit einer sofortigen Fixierung enden. Genauso wie selbst verletzendes Verhalten. Selbst der Versuch einer Selbstverletzung war „strafbar".

Zusätzlich hatte ich mich nirgendwo, ohne die Begleitung und Beaufsichtigung eines Mitarbeiters aufzuhalten. Also ich durfte mein Zimmer beziehungsweise die Fläche vor dem Stationszimmer nur mit „Begleitschutz" verlassen.

Ausgang hatte ich weiterhin keinen, aber dafür durfte ich, wenn ich mich an alle Regeln hielt, jeden Tag mit einem Betreuer 15 Minuten auf das Luftgeschoss.

Nach selbstverletzendem Verhalten oder sonstigen Therapie schädigenden Maßnahmen hatte ich innerhalb der nächsten drei Stunden eine vollständig ausgefüllte Verhaltensanalyse zu schreiben und abzugeben. Täte ich das nicht, würden erneute Konsequenzen folgen. Außerdem würde, solange ich weiterhin jegliche Flüssigkeit verweigerte oder weniger als 1,5 Liter am Tag trank, jeden Vormittag um 11 Uhr das KIT-Team auf die Station kommen, um mich zu fixieren, und ich bekäme Infusionen.

Diese Regeln waren echt abschreckend und ich wünschte mir noch eine zweite Chance auf der offenen Station zurück.

Der einzige Vorteil der neuen Regeln war, dass die Essensregeln hier deutlich lockerer als zuvor auf der offenen Station waren. Ich bekam zwar weiterhin die vorportionierten Mahlzeiten von der Küche geliefert, aber ich war nicht länger dazu verpflichtet, alles aufzuessen. Ich durfte frei entscheiden, was und wie viel ich essen wollte und durfte mir auch Lebensmittel von meinen Eltern und Großeltern von draußen mitbringen lassen. Das war zuvor nicht erlaubt.

Die einzigen Bedingungen, die ich zum Thema Essen gesetzt bekam, waren, dass ich drei Hauptmahlzeiten und zwei Zwischenmahlzeiten täglich zu mir nahm und mein Gewicht, das derzeit bei ca. 48 Kilo lag, nicht unter 47 Kilo sank. Denn dann würde ich als Konsequenz eine Magensonde bekommen.

Am Ende des Erstgespräches wurde mir dann noch die „Bezugspflege" erklärt. Das war die Eins-zu-eins-Betreuung, die auf der offenen Station personell nicht möglich war. Bezugspflege bedeutete, dass ich in jedem Dienst, Frühdienst und Spätdienst, einen festen Ansprechpartner unter den diensthabenden Betreuern hatte, an den ich mich jederzeit wenden konnte. Dieser Betreuer war dann den gesamten Dienst über für mich zuständig, würde mich regelmäßig nach meinem Befinden fragen und wäre dann auch meine erste Instanz, wenn ich merken würde, dass meine Stimmung kippte oder ich Redebedarf hätte. Da jeden Tag andere Betreuer Dienst haben, würde mein Bezugsbetreuer ebenfalls täglich wechseln.

Ziel dieser zugeteilten Bezugspflege war es, mir die Sicherheit zu geben, die ich momentan brauchte. Ich sollte lernen, zu vertrauen und mich zu melden, wenn es mir schlecht ging und mich nicht direkt selbst verletzten.

Mithilfe des Bezugsbetreuers sollte ich mir Alternativen erarbeiten, wie ich mit meinen negativen Gedanken und Gefühlen umgehen konnte, ohne mir selbst dabei zu schaden. Und dadurch, dass ich jeden Dienst eine fest zugeteilte Bezugsperson hatte, wurde mir auch das „Problem", dass ich nicht wusste, zu welchem Betreuer ich gehen sollte und die Furcht, dass ausgerechnet dieser Betreuer gerade keine Zeit hätte, genommen. Also die Idee, die hinter dieser Bezugspflege steckte, war gut durchdacht und durchaus sinnvoll!

Obwohl ich in dieser Zeit eigentlich so ziemlich gegen alles war, musste ich mir eingestehen, dass sich dieses Setting mit der zugeteilten Bezugsperson gar nicht ganz so schlecht anhörte, wie ich zuvor gedacht hatte. Außerdem hatte ich zusätzlich noch jeden Früh- und jeden Spätdienst jeweils 30 Minuten „Bezugszeit" mit meinem jeweiligen Bezugsbetreuer. In dieser Zeit hatte ich 30 Minuten lang die Chance, mit meinem Bezugsbetreuer das zu tun, worauf ich gerade Lust hatte. Es war mir freigestellt, ob ich mit ihm reden, etwas spielen oder gemeinsam fernsehschauen oder etwas anderes machen wollte.

21. Irgendwann ist alles egal

Die erste Nacht auf der neuen Station war schwierig für mich. Alles war so fremd und ich fühlte mich von den ganzen Vorschriften und Regeln eingeengt. Das ließ den Selbstverletzungsdruck in mir steigen. Ich hasste Veränderungen! Unbekanntes machte mir schon immer Angst! Und als mir dann auch noch erklärt wurde, dass extra für mich, nachts eine Aushilfskraft (meistens Studenten) auf die Station kam, die die gesamte Nacht nichts anderes tun würde, als mich beim Schlafen zu überwachen, explodierte meine Anspannung in mir förmlich. Ich hatte das Gefühl gleich zu platzen, wenn ich meine Aggressionen nicht ganz schnell irgendwie Luft machen würde. Allerdings hatte ich keine „Werkzeuge" dafür in meinem Zimmer. Mir blieben lediglich meine eigenen Fingernägel, die wenigstens halbwegs scharf waren.

Unter der Decke begann ich mir mit ihnen die Haut an meinem Schienbein blutig zu kratzen. Doch bevor ich überhaupt annähernd eine künstliche Schürfwunde erzeugen konnte, kam die Nachtwache in mein Zimmer gestürmt und drohte mir, dass wenn ich nicht sofort mit dem Kratzen aufhörte, ich die restliche Nacht in der Fixierung verbringen dürfte.

Unter Zwang dieser Ansage stoppte ich meinen Selbstverletzungsversuch. Doch mein innerlicher Druck war noch längst nicht befriedigt. Ganz im Gegenteil: Er stieg durch das Verbot nur noch weiter an!

Selbstverletzung ist genauso wie Kotzen. Wird man daran gehindert, steigt der Druck umso mehr.

Einerseits hatte ich wirklich alles andere als Lust, die gesamte Nacht in der Fixierung zu verbringen, andererseits konnte ich dem innerlichen Druck nicht standhalten. Ich musste den Schmerz und damit mich selbst spüren. Und zwar sofort!

Kurz nachdem die Nachtschwester das Zimmer verlassen hatte, zog ich mir meine Zudecke über den Kopf und biss mit aller Kraft in meine rechte Hand. Der Schmerz ließ mich wieder atmen. Das beklommene Gefühl in meinem Brustkorb und der Druck ließen langsam nach. Aber leider nicht lange, denn keine Sekunde später kam erneut die Nachtwache in mein Zimmer und befahl: „Kopf und Hände über die Zudecke, ansonsten wird die Decke weggenommen!"

Ohne zu zögern, streckte ich sofort meinen Kopf und meine Hände über die Decke. Jedoch konnte ich mit den Händen über der Zudecke nicht einschlafen. Im Halbschlaf zog ich sie deshalb unter die Decke. Nicht bewusst, sondern eher als eine Art Reflex. Aber das schien der Nachtschwester egal zu sein. Sie riss meine Zimmertür auf, stampfte zu mir, nahm mir ohne ein Wort zu verlieren die Decke ab und verließ das Zimmer wieder.

Nun hatte ich gar keine Decke mehr.

Mit einem Schlag war der zuvor halbwegs abgebaute Selbstverletzungsdruck wieder mit doppelter Stärke zurück. Allerdings hatte ich nun kein Schlupfloch mehr, in dem ich mich verstecken und selbstverletzen konnte. Ohne Decke war ich vollkommen „nackt" und so wie die Nachtschwester gelaunt war, hätte sie bestimmt nicht lange gezögert, mich in die Fixierung zu legen! Ich war aufgeschmissen. Aus lauter Verzweiflung weinte ich seit Tagen mal wieder richtig dolle. Nicht nur zwei, drei Tränchen, sondern ein ganzer Fluss lief meine Wange hinunter. Ich hasste mich selbst dafür, dass ich so war, wie ich war.

Warum konnte ich nicht normal sein? Eine Ausbildung machen, lachen, glücklich sein; essen, ohne an Kalorien zu denken, und ein eigenständiges Leben führen? Wieso war ich so unfähig und konnte nichts davon? Ich konnte keine Verantwortung übernehmen, nicht einmal für mich

selbst, war in einer Psychiatrie, verletzte mich selbst und war essgestört. Nichts an mir war normal!

Und das Schlimmste daran war, dass ich damit nicht nur mich belastete, sondern meine gesamte Familie. Sie richteten ihren Tagesplan nach mir. Sie mussten mich besuchen und selbst wenn ich nicht anwesend war, war ich trotzdem häufig das Gesprächsthema.

Am liebsten wäre ich verschwunden oder hätte mich in Luft aufgelöst. Oder noch besser: Ich wäre zu gerne nie geboren worden. Denn dann gäbe es die ganzen Probleme mit mir nicht!

Und da waren sie wieder: meine Suizidgedanken, mein abgrundtiefer Selbsthass und der Hass auf mein gesamtes verkacktes Leben.

Irgendwann, nach gefühlten Stunden, hatte ich mich endlich in den Schlaf geheult.

Ohne dass ich es mitbekam, kam die Nachtschwester in mein Zimmer, gab mir meine Decke zurück und deckte mich zu.

Zeitweise schien es wirklich so, als ob ich die erste Nacht fast überstanden hätte, doch leider schien es nur fast so.

Mitten in der Nacht wachte ich schweißgebadet auf. Ich hatte mal wieder, wie fast jede Nacht, einen heftigen Albtraum gehabt. Ich saß senkrecht im Bett und mein Herz raste. In meinem Kopf spielte sich immer wieder und wieder derselbe Film ab. Ich konnte die Realität kaum von meinen Erinnerungen unterscheiden. Es war, als ob ich wieder mitten in der Situation wäre. Ich hatte das Gefühl, dass DIE in meinem Zimmer standen und mich anfassten. Ich konnte ihre Hände „spüren". Es war unheimlich.

Glücklicherweise hatte die Aushilfe der Nachtwache direkt mitbekommen, dass ich schlecht geträumt hatte, und kam sofort in mein Zimmer. Sie schaltete das große Licht an und redete beruhigend auf mich ein. Allerdings war ich in meinem Kopf so neben der Spur, dass ich das kaum mitbekam.

Der Film in meinem Kopf drängte sich ununterbrochen in den Vordergrund und ließ die Realität um mich herum verblassen. Ich wollte diesen Film abschalten, unterbrechen, daraus ausbrechen, aber ich wusste nicht wie. Ich musste mich irgendwie wieder spüren. Sehen, dass alles lediglich ein Traum war, dass ich mich im Hier und Jetzt befand, doch wie sollte ich das machen? Ohne Selbstverletzung war ich machtlos. Selbstverletzung und Schmerz war die einzige „Medizin", die die Erinnerung und die Flashbacks zielsicher, zumindest kurzzeitig, beendeten.

In meinem Unterbewusstsein nahm ich wahr, dass die Aushilfe weiterhin beruhigend auf mich einsprach. Sie gab sich richtig Mühe, mir aus den Flashbacks herauszuhelfen, aber sie schaffte es trotzdem nicht, an mich heranzukommen. Mein Gehirn war auf „Automatik" umgestellt und ich, beziehungsweise meine Vernunft hatten nichts mehr zu melden. Wie fremdgesteuert begann ich mir meine Haut am Armen aufzukratzen. Mir war es egal, ob jemand zusah oder nicht: In diesem Moment sah ich keinen anderen Ausweg.

Daraufhin hielt mir die Aushilfe beide Hände fest und drängte darauf, dass ich mich bitte, bitte zusammenreißen sollte. Halbherzig versuchte ich mich zu befreien. Ich wollte nicht wirklich viel Kraft aufwenden, denn tief in meinem Inneren wusste ich, dass die Nachtwachenaushilfe nur das Beste für mich wollte. Auf gewisse Weise war ich ihr sogar dankbar dafür, dass sie mich festhielt. Allerdings hätte ich das nie offen zugeben gekonnt.

Als ich mich nach einigen Minuten immer noch nicht beruhigen konnte, kam auch noch die Nachtschwester in mein Zimmer. In einer Hand hatte sie ein Schnapsgläschen mit einem Saft und in der anderen einen Igelball.

Zuerst gab sie mir den Saft, der mir dabei helfen sollte, mich abzuregen und zur Ruhe zu kommen, und anschließend zeigte sie mir den Igelball und fragte mich, ob ich schon einmal eine Igelballmassage in Stresssituationen ausprobiert hätte, um mich zu beruhigen. Ich antwortete ihr, dass ich den Igelball als Skill kannte, aber dass er mir so gut wie nie etwas brachte. Und bei solch einer hohen Anspannung, wie ich sie gerade hatte, würde er erst recht nicht helfen. Da war ich mir sicher. Das brauchte ich erst gar nicht auszuprobieren. Doch so leicht ließ die Nachtschwester nicht locker. Sie meinte, dass ich es wenigstens probieren sollte, bevor ich darüber urteilte. Sie gab der Aushilfe den Ball und diese rollte die Stacheln des Balles mit einem sanften Druck über meinen Rücken.

Die ersten Sekunden war das Gefühl, das der Ball auslöste, unangenehm. Es war ein Gefühl, das ich nicht beziehungsweise nicht mehr kannte. Es fühlte sich merkwürdig an. Als ich dann aber genauer hin spürte, merkte ich, dass das Gefühl nicht unangenehm, sondern einfach nur ungewohnt war. Ich war es nicht mehr gewohnt, meinen Körper auch positiv wahrzunehmen. Ich kannte nur Schmerz und der Igelball tat aber gut. Das war „komisch". Es dauerte eine Weile, bis ich das Gefühl genießen und meine Muskeln lockerlassen konnte.

Anfangs durfte ich mich noch frei auf der Station bewegen. Solange ich mich im Sichtkontakt aufhielt, durfte ich überall hin. Doch die Selbstverletzungen häuften sich. In jedem Moment, in dem ich unbeobachtet war, kratzte ich mir die Haut auf, biss mich oder versuchte, mir mit allen möglichen Gegenständen, wie zum Beispiel auseinandergebrochenen Mensch-ärgere-dich-nicht-Figuren oder Tackernadeln die Haut aufzuritzen. Fast täglich musste ich deshalb mindestens eine Verhaltensanalyse schreiben.

Jeden Vormittag kam weiterhin um 11 Uhr das KIT-Team, um mich zu fixieren. Um die Fixierung zu umgehen, musste ich mindestens 1,5 Liter Flüssigkeit innerhalb eines Tages zu mir nehmen, was ich jedoch nie schaffte. Ich trank nicht einmal ein Glas täglich.

Lediglich zu den Tabletten nahm ich ein winziges Schlückchen Wasser zu mir und das auch nur gezwungenermaßen, weil das bei der Tabletteneinnahme Pflicht war.

Ich sah keinen Sinn darin, zu kämpfen und zu trinken. 1,5 Liter waren eine unmögliche Menge für mich, die ich in dieser Zeit nicht schaffen konnte. Also warum abmühen, wenn ich sowieso fixiert werden würde.

Ich will nicht sagen, dass ich mich nach über einer Woche täglicher Fixierung an das Ritual gewöhnt hatte, denn das wäre gelogen, aber es wurde trotzdem irgendwann „normal" für mich.

Ich kämpfte zwar weiterhin täglich gegen das KIT-Team mit Händen und Füßen an, aber ich merkte, wie mich auch bei diesem Kampf zunehmend meine Kräfte verließen.

Mir begann alles egal zu werden. Selbst bei dem Kampf gegen mein eigenes Ich herrschte zurzeit Kampfpause. Ich hatte einfach keine Kraft mehr. Keinen Willen zu kämpfen. Ich hatte mich selbst und mein Leben längst aufgegeben.

Es war, als wenn ich in einer anderen Welt leben würde. Nichts kam mehr von außen an mich heran. Irgendwann war es mir sogar egal, wenn ich bei einer Selbstverletzung erwischt wurde. Es wusste sowieso schon die gesamte Station darüber Bescheid, dass ich ein gestörtes Mädchen war, das sich mit allen möglichen Gegenständen die Haut aufritzte. Also, wieso sollte ich mich verstecken? Den Aufwand konnte ich mir wirklich sparen. Und selbst wenn mir mit Fixierung gedroht wurde, ließ mich das kalt. Dann lag ich eben zwei Stunden gefesselt auf dem Bett. Ja und? War mir doch egal! Ich hatte sowieso nichts zu tun. Ob ich jetzt zwei Stunden apathisch auf einem Stuhl saß und Löcher in die Luft starrte oder fixiert auf dem Bett lag, machte keinen allzu großen Unterschied.

Ich weiß nicht, ob diese „Alles-scheiß-egal"-Einstellung aus den starken Depressionen entstand, die ich zu diesem Zeitpunkt hatte, oder an den ganzen sedierenden Medikamenten, die mir tagtäglich geben wurden. Ich kann es nicht sagen, aber ich vermute, dass es eine Mischung aus beiden war.

Ich kann mich nicht mehr an viele Momente aus dieser schweren, depressiven Zeit erinnern, aber allein die Hälfte dieser Momente, an die ich mich erinnern kann, reichen aus, um mich bis ans Ende meines Lebens für mein Verhalten zu schämen.

Die Medikamente, die ich bekam, machten aus mir einen „anderen" Menschen. Ich tat Dinge, die ich ansonsten nie getan hätte. Ich glaube, mein Gehirn arbeitete in dieser Zeit, wenn überhaupt nur auf Sparflamme, was bei der Einnahme von Valium nicht ungewöhnlich ist. Viele Tage oder eigentlich über 90 Prozent der Erinnerung an diese Zeit, sind lediglich ein weißer Fleck in meinem Gehirn. Sehr viele Momente und Situationen sind wie gelöscht. Ich kann mich nicht mehr daran erinnern.

Ich weiß zum Beispiel noch, dass ich viel geschlafen habe, kann mich aber an kaum einen Besuch meiner Eltern oder Großeltern entsinnen. Obwohl ich mir sicher bin, dass sie gerade in dieser schweren Zeit besonders für mich da waren. Ich weiß von den Besuchen nur, dass sie mir jedes Mal das zu essen mitbrachten, was ich mir wünschte. Meist waren das Laugenbrezel fürs Abendessen oder Süßigkeiten.

22. Abgrundtiefer Selbsthass und seine Folgen

Auch nach einem Monat änderte sich mein „Therapie schädigendes Verhalten", wie die Ärzte und Psychologen es zu sagen pflegten, nicht.

Mittlerweile war ich schon fast zehn Monate in der Psychiatrie und mir ging es immer noch nicht gut. Ganz im Gegenteil: Aktuell ging es mir sogar schlechter als vor der Einweisung. Mein Gewicht war zwar inzwischen einigermaßen stabil bei 48 Kilo, aber das auch nur aufgrund der Glucose-Lösung, die ich täglich bekam. Allein durch Essen hätte ich mein Gewicht nicht gehalten. Dafür aß ich deutlich zu wenig. So konnte es laut meiner Psychologin und behandelnden Ärztin nicht weitergehen. Deshalb erklärten sie mir, dass sie hier jetzt strengere Maßnahmen auffahren würden, um mich zu einer Verhaltensveränderung zu bewegen.

Ab sofort durfte ich mich nicht mehr frei auf Station bewegen. Ich musste den gesamten Tag in meinem Zimmer verbringen. Lediglich zu den drei Hauptmahlzeiten und den zwei Zwischenmahlzeiten durfte ich das Zimmer verlassen. Erst wenn ich drei Tage hintereinander ausreichend getrunken und mich nicht selbst verletzt hatte, durfte ich wieder regelmäßig aus meinem Zimmer heraus.

Das Personal schien tatsächlich die Hoffnung zu haben, dass mich diese Regeländerung dazu motivierte, mein Verhalten zu überdenken und zu ändern. Doch da musste ich sie leider enttäuschen. Ich versuchte es nicht einmal, das Ziel zu erreichen. Stattdessen fand ich mich einfach mit den neuen Regeln ab und akzeptierte sie. Ich wusste, dass ich keine drei Tage ohne Selbstverletzung schaffte, also wieso sollte ich es überhaupt erst versuchen?

Und so schlimm war es nun auch nicht, den ganzen Tag im Zimmer zu verbringen. Da hatte ich wenigstens meine Ruhe. Den Großteil des Tages verschlief ich aufgrund der Beruhigungsmittel sowieso und die restlichen paar Stunden, in denen ich wach war, streifte ich wie ein Tiger im Käfig im Zimmer auf und ab. Das war meiner Meinung nach ein, neben schlafen und Bezugszeit, super Zeitvertreib. O.k. Ich gebe es zu: Es war auch mein einziger Zeitvertreib!

Das Einzige, was mich an den neuen Regeln wirklich störte, war, dass ich so kaum noch Möglichkeiten hatte, mir Gegenstände zur Selbstverletzung zu besorgen, da ich nicht mehr in die Aufenthaltsräume durfte. In meinem Zimmer durfte ich schließlich schon lange keine scharfen, spitzen oder sonstigen Gegenstände haben, mit denen ich mich auf irgendeine Weise auch nur im Entferntesten selbst verletzen könnte. Deshalb war ich auf Scheren, Plastikteile, Reißzwecken, Tackernadeln, etc., die unbeaufsichtigt im Aufenthaltsraum herumlagen, angewiesen. Doch da würde ich jetzt nicht mehr herankommen.

Nachdem ich bei den gemeinsamen Mahlzeiten anfing auf Diebestour zu gehen und Messer und andere scharfe Gegenstände entwendete, um mich damit anschließend auf meinem Zimmer zu ritzen, wurde mir auch noch das gemeinsame Essen in der Gruppe gestrichen. Ich sollte keinerlei Möglichkeiten mehr haben, mir selbst zu schaden oder negativen Einfluss auf die Gruppe auszuwirken. Ab jetzt musste ich alleine in meinem Zimmer essen. Ausschließlich in der Bezugszeit und zu Arztgesprächen durfte ich mit einem Betreuer zusammen mein Zimmer verlassen. Ich war zwar noch nie in einem Jugendknast, aber ich glaube, die Regeln dort unterscheiden sich nur geringfügig bis gar nicht von den Regeln, die ich aktuell hatte.

Aus Sicherheitsgründen wurden mir meine Mahlzeiten auf Papptellern und mit Plastikbesteck in mein Zimmer gebracht. Und selbst bei dem Plastikbesteck wurde penibel darauf geachtet, dass es auch wirklich stumpf war.

Durch das häufige Nadellegen für Infusionen waren meine Arme irgendwann so zerstochen, dass es kaum noch möglich war, eine geeignete Vene zu finden. Deshalb sollte ich die

Flüssigkeit nicht mehr über Infusionen, sondern über eine Magensonde zugeführt bekommen.

Ein Arzt erklärte mir, dass es überhaupt nicht wehtäte, die Magensonde zu legen, wenn ich beim Schieben der Sonde aktiv mitarbeiten würde. Aber ich dachte nicht einmal im Traum daran mitzuarbeiten. Nie und nimmer ließe ich mir ohne Gegenwehr einen Schlauch durch meine Nase bis in den Magen schieben! Ich war ja schließlich nicht verrückt! Doch leider war das wohl die falsche Reaktion auf die versteckte Bitte des Arztes. Denn schon kurz darauf lag ich in der Fixierung.

Allerdings waren lediglich meine Arme und Beine sowie mein Bauch und mein Oberkörper fest am Bett fixiert. Meinen Kopf konnte ich weiterhin frei bewegen. Und solange ich mit meinem Kopf hin und her zappelte, konnte der Arzt den Schlauch der Magensonde nicht in meine Nase schieben. Doch so leicht ließ sich der Arzt leider nicht austricksen.

Er forderte zwei Betreuer auf, den Kopf festzuhalten, und schob dann den Schlauch in meinen Magen. Es schmerzte extrem. Ich weinte und schrie. Der Arzt sagte, ich solle schlucken. Immer wieder schlucken, was ich auch versuchte, aber trotzdem verursachte der Schlauch höllische Schmerzen. Ich spürte jeden Zentimeter, den er in Richtung meines Magens wanderte.

Dann war es endlich geschafft. Der Arzt ließ den Schlauch los und hörte auf zu schieben und auch die Betreuer ließen meinen Kopf los. Mein Hals schmerzte und brannte wie Feuer. Ich spürte den Fremdkörper im Hals. Er fühlte sich ungewohnt fremd und unangenehm an. Ich wollte ihn wieder loswerden. Aber wie? Solange ich in der Fixierung lag, waren mir wortwörtlich die Hände gebunden.

Nachdem der Arzt geprüft hatte, dass die Sonde auch wirklich in den Magen führte und nicht in die Lunge, sondierte er mich. Zuerst mit Tee, dann mit meinem „Lieblingsgetränk" Fresubin©.

Es war ein merkwürdiges ekelhaftes Gefühl, als ich spürte, wie sich mein Magen füllte, obwohl ich weder etwas aß noch etwas trank. Ich fand es erniedrigend, auf diese Art und Weise Kalorien zugeführt zu bekommen. Ich kam mir vor wie ein Mastschwein. Ich ekelte mich vor mir selbst und merkte, wie Wut und Zorn in mir hochkochten.

Noch konnte ich mich nicht wehren und musste die Mast über mich ergehen lassen, aber sobald ich wieder frei wäre, würde ich mich „rächen". Diese, keine Ahnung wie viele hundert unnötigen Kalorien würden keine Sekunde länger, als wirklich nötig in meinem Magen bleiben! Sobald sich die Gelegenheit bot, würde ich auf meine alt bewährte Methode zurückgreifen und diese vielen unnötigen Kalorien aus meinem Körper „entfernen". Meine Toilette war zwar zugeschlossen, aber das sollte mich nicht daran hindern, den Tee und das Fresubin© wieder hervorzuwürgen! Schließlich gab es in meinem Zimmer noch so etwas wie einen Mülleimer und der erfüllte, wenn es sein musste, denselben Zweck wie eine Toilettenschüssel!

Ursprünglich war geplant, dass die Magensonde in nächster Zeit drinnen bleiben sollte. Der Arzt redete nach der Sondierung sogar mehrfach auf mich ein, dass ich bitte, bitte ausnahmsweise auf ihn hören und die Sonde nicht selbstständig entfernen solle. Ansonsten müsse er mir nämlich jeden Tag erneut eine neue Sonde schieben und darauf würde er gerne verzichten. Doch diese Bitte hätte er sich auch sparen können. Denn kaum waren meine Hände wieder frei, war auch die Magensonde draußen. Ich hatte nämlich, im Gegensatz zu den Ansichten des Arztes, keine Lust, diesen störenden Schlauch dauerhaft in meiner Nase zu behalten! Und davon abgesehen würde dieser Schlauch mich zusätzlich noch beim Kotzen hindern.

Nachdem der Arzt und die Betreuer mein Zimmer verlassen hatten, ging ich provokativ zum Mülleimer, beugte mich nach vorne über und kotzte. Glücklicherweise funktionierte das schnelle und gezielte Hervorwürgen von Mageninhalt noch genauso gut wie früher. Ich hatte es nicht verlernt. Und das war auch gut so, denn meine „Tat" blieb selbstverständlich nicht lange unerkannt. Mit empörtem Fluchen stürmte sofort eine Betreuerin in mein Zimmer und wollte mich vom weiteren Erbrechen abhalten. Aber da kam sie leider zu spät. Ich war schon fertig. Die gesamte Flüssigkeit, die ich zuvor eingeflößt bekommen hatte, schwamm bereits im Mülleimer. Das Einzige, was der Betreuerin noch zu sagen blieb, war, dass ich den Mülleimer ausspülen und putzen durfte.

Anschließend verständigte sie den Arzt und berichtete ihn von meiner „Nachbehandlung". Dieser war ohne Frage sehr begeistert von meiner Eigeninitiative und stellte mich vor die Wahl: Entweder ich trank dieselbe Menge Flüssigkeit, die ich soeben ausgekotzt hatte, freiwillig, oder er würde erneut das ganze Prozedere mit Fixierung, Magensonde legen und Sondieren starten. Ich hatte die freie Wahl und konnte selbst entscheiden, welchen Weg ich gehen wollte.

Ich fand allerdings weder das erste noch das zweite Angebot besonders verlockend.

In meinen Augen waren das beides keine schönen Auswahlmöglichkeiten. Ich konnte mich lediglich zwischen Pech und Schwefel entscheiden.

Eine Magensonde zu legen würde wieder Schmerzen verursachen und mir würden erneut hunderte von Kalorien gegen meinen Willen eingeflößt werden UND diesmal müssten diese ekelhaften Kalorien auch noch in mir drinnen bleiben. Das war eindeutig keine angenehme Vorstellung. Darauf konnte ich gut und gerne verzichten.

Würde ich freiwillig trinken, könnte ich der Fixierung und der Magensonde und den damit verbundenen Schmerzen entgehen. Das klang schon einmal gut. Und würde ich zudem noch ausschließlich Wasser trinken, könnte ich mir zusätzlich noch die Kalorien vom Fresubin© sparen. Das war fast schon perfekt! Allerdings gab es bei diesen „freiwillig trinken" ein großes Problem: Wenn ich das Wasser freiwillig trank, gab ich meinem Körper mehr oder weniger freiwillig etwas, was ich ihm eigentlich nicht geben wollte. Das wäre eine riesen Niederlage für mich in meinem unerbittlichen Kampf gegen meinen eigenen Körper. Wollte ich mir diese Niederlage tatsächlich geben? War es das wert?

Ich hatte keine andere Wahl. Mir erneut einen Schlauch durch die Nase schieben zu lassen, kam für mich auf keinen Fall infrage, deshalb musste ich wohl oder übel trinken.

Mit dem Arzt und den Betreuern handelte ich aus, dass ich jetzt, vor ihren Augen, 0,5 Liter trank und den restlichen Liter, über den Tag verteilt in kleineren Etappen trinken würde.

Eine Betreuerin brachte mir eine Flasche Wasser und ein großes Glas dazu. Zwei solcher Gläser ergaben einen halben Liter und den sollte ich jetzt direkt trinken.

Mein gesamter Körper zitterte vor Anspannung. Ich hasste es, meinem Körper etwas Gutes zu tun. Er hatte es nicht verdient, etwas zu trinken zu bekommen! Dafür war er viel zu „schlecht". Alles in mir sträubte sich.

Kurzzeitig überlegte ich sogar, einen Rückzieher zu machen und das Glas einfach zu Boden zu schmeißen. Doch dann wurde mir bewusst, dass nicht ich es war, die sich gerade gegen das Trinken wehrte, sondern die Krankheit in mir. Nicht ich kämpfte gegen die Flüssigkeitsaufnahme an, sondern die Essstörung verbot mir zu trinken. Warum mir das erst jetzt so deutlich bewusst wurde, weiß ich nicht, aber von einer auf die andere Sekunde schien wieder ein neues Feuer in mir entfacht zu sein. Noch war es ganz klein, aber es brannte und das war es, was zählte. Ich wollte die Krankheit in mir besiegen und wieder ein freier Mensch sein.

Mit viel Mühe und Kraftaufwand schaffte ich es, einen Schluck nach dem anderen zu trinken und so innerhalb kürzester Zeit die beiden Gläser zu leeren.

Es war ungewohnt, nach so langer Zeit wieder Flüssigkeit im Mund und im Magen zu haben. Mein Bauch fühlte sich anschließend merkwürdig aufgebläht an und gluckerte ganz komisch. Die 0,5 Liter kamen mir vor wie zwei Liter. Meine Bauchdecke spannte und bei jeder Bewegung fühlte ich die Flüssigkeit in meinem Magen hin und her schwappen.

Mein Magen schien sich erst wieder an die Aufnahme von Flüssigkeit gewöhnen zu müssen. Doch auch wenn dieses Gefühl für mich durchaus unangenehm war und sich immer wieder der Gedanke aufdrängte, dass ich das Wasser eventuell doch besser auskotzen sollte, fühlte es sich auf gewisse Weise irgendwie trotzdem gut an, die zwei Gläser getrunken zu haben. Ich konnte das Gefühl, das ich verspürte, nicht genau zuordnen, aber im Nachhinein glaube ich, dass ich stolz war. Ich war froh, diesen Teufelskreis aus nicht-trinken-wollen oder -können endlich durchbrochen zu haben. Nach einer gefühlten Ewigkeit schien ich wieder einen Schritt in die richtige Richtung geschafft zu haben.

Am Nachmittag kamen meine Eltern zu Besuch. Sie waren sichtlich begeistert und stolz auf mich, als sie von meinem Erfolg hörten. Als „Belohnung" brachten sie mir auf meinen Wunsch hin eine Cola Light mit.

Eigentlich waren Light-Produkte für essgestörte Patienten auf der Station ebenfalls verboten, aber meine Eltern füllten die Cola Light in eine normale Cola-Flasche, sodass es nicht mehr auffiel. Dafür war ich ihnen sehr dankbar. Denn es fiel mir deutlich leichter, etwas zu trinken, das Geschmack hatte, anstatt nur jeden Tag fades, geschmackloses Wasser zu trinken. Und da ich weiterhin Kalorien mied und Kalorien in Getränken als vollkommen unnötige Kalorien betrachtete, war Cola Light eine optimale Lösung.

Ab sofort brachten mir meine Eltern und Großeltern bei jedem ihrer Besuche eine umgefüllte Flasche Cola Light mit, um mich bei meinem „Kampf" gegen die tägliche Mindesttrinkmenge zu unterstützen.

Auch die nächsten Tage schaffte ich es, die vorgegebene Trinkmenge einzuhalten. Ich achtete zwar peinlichst darauf, dass ich ja keinen Schluck zu viel trank, aber ich erreichte trotzdem die vorgeschriebenen 1,5 Liter, und das war das, was für die Betreuer und Ärzte entscheidend war. Den Rest würde ich im Laufe der Zeit auch noch schaffen. Da war ich relativ zuversichtlich. Schließlich ging es von Tag zu Tag ein bisschen mehr bergauf.

Hätte ich es jetzt noch geschafft, mich drei Tage hintereinander nicht selbst zu verletzen, hätte ich mich sogar wieder frei auf Station bewegen dürfen und hätte nicht mehr den gesamten Tag auf mein Zimmer verbringen müssen. Aber das war zumindest momentan noch zu viel verlangt. An manchen Tagen gelang es mir zwar, meinen Körper nicht zu bestrafen, und in seltenen Ausnahmen hielt ich sogar zwei Tage hintereinander dem Selbstverletzungsdruck stand, doch spätestens am dritten Tag wurde ich jedes Mal wieder rückfällig.

Noch konnte ich mir ein Leben ohne Selbstverletzung nicht vorstellen. Mir fehlte schlichtweg das Ventil, meine negativen Emotionen und Aggressionen auf einen anderen, gesünderen Weg herauszulassen.

Mindestens einmal die Woche passierte es weiterhin, dass ich mich so massiv selbstverletzte, dass die Betreuer das KIT-Team verständigten, und ich fixiert wurde. Dann lag ich zwei bis drei Stunden in der Fixierung und wurde mit Tabletten abgeschossen. Im Nachhinein kommt es mir so vor, als wenn ich mich manchmal sogar absichtlich im Sichtkontakt der Betreuer selbst verletzte. Das Fixieren war für mich ebenfalls eine Art von Selbstbestrafung.

Außerdem konnte ich es, so verrückt es klingen mag, nicht ertragen, wenn es mir gut ging. In meinem Leben hatte ich schon so oft die Erfahrung gemacht, dass nach jedem noch so kleinen Glücksmoment meine gerade aufgebaute Welt wieder in Trümmer zerbricht. Das hemmt irgendwann. Ich entwickelte fast schon eine Angst vor Lob und Fortschritten.

Wenn man sich aus seinem Loch nicht herauskämpft, sondern immer am Boden liegen bleibt, dann kann man nicht abstürzen oder zu Boden fallen. Schließlich liegt man ja bereits am Boden.

Was trotz dieser Angst vor Fortschritten und Besserung erstaunlich gut lief, war das Essen. Vermutlich war ich durch die vielen Tabletten so zugedröhnt und neben der Spur, dass ich gar nicht mehr in der Lage war, über Kalorien und Fette nachzudenken.

In der Anfangszeit, nachdem ich nicht mehr jeden Tag die Kalorien von der Glukose-Lösung über Infusion bekam, sackte mein Gewicht kurzzeitig ab, doch es stabilisierte sich recht schnell wieder. Anschließend begann ich sogar, kontinuierlich zuzunehmen. Innerhalb von noch nicht einmal drei Wochen stieg mein Gewicht auf 49 Kilo an und blieb danach auch konstant zwischen 49 und 50 Kilo. Solange es nicht über die 50 Kilo hinausging, konnte ich damit gut leben. Mein Gewicht war derzeit mein kleinstes Problem.

An vielen Tagen aß ich, ohne an Kalorien und das Gewicht der Waage zu denken. Es stellte sich eine Art Gleichgültigkeit zwischen mir und den Nahrungsmitteln ein. Die Essstörung in mir schien eine Pause zu machen. Lediglich an Tagen, an denen ich einen hohen Selbstverletzungsdruck hatte, nutzte ich noch das Kotzen, um meinem Ärger Luft zu machen. Jedoch kotzte ich dann, weil ich Angst hatte, dick und fett zu werden, sondern als Ausdruck meines Selbsthasses.

Die Station, die Betreuer, mein eigenes Ich ... eigentlich mein gesamtes Leben kotzte mich an – deshalb kotzte ich zurück!

Heute bin ich der Meinung, dass es abartig von mir war, vor den Augen der Betreuer in einen Mülleimer zu kotzen, und ich schäme mich dafür. Aber zu dieser Zeit war mir das egal. Es war mir egal, ob jemand zuschaute oder nicht: Hauptsache ich konnte meinen Hass auf alles und jeden zum Ausdruck bringen. So etwas wie ein Schamgefühl besaß ich damals nicht.

Ich glaube, wenn man krank ist, macht man „komische" Sachen, die man ansonsten nie machen würde.

Nach außen hin wirkte es, als ob sich meine psychische Verfassung von Tag zu Tag weiter verbessern würde. Ich schien mich zu stabilisieren. In mir drinnen sah es jedoch immer noch genauso düster wie vor zwei Monaten aus. Tagsüber verdrängte ich alles Belastende, meine negativen Gefühle, mein Selbsthass und meine Suizidgedanken, doch abends, wenn ich alleine im Bett lag und alles um mich herum ruhig wurde, kam all das wieder hoch.

So gut wie jeden Abend schmiedete ich Pläne, wie ich mich am besten unbemerkt umbringen konnte. Ich hatte keine Angst davor, dass mein Herz aufhörte zu schlagen und ich „weg" war. Ganz im Gegenteil: Ich hatte mehr Angst, am nächsten Morgen erneut in dieser Hölle namens Leben aufzuwachen. Der Tod war so etwas wie mein „Freund". Die Erlösung von allen Qualen und Problemen.

Obwohl ich nicht an meine Zukunft glaubte, hatte ich trotzdem panische Zukunftsängste. Ich hatte Angst, den Anforderungen des Lebens nicht standhalten zu können. Ich war mittlerweile schon 11 Monate in der Psychiatrie und eine Entlassung war noch lange nicht in Sicht. Der erste richterliche Beschluss, der sechs Wochen ging, wurde noch mal um sechs Wochen verlängert. Wie sollte das bloß weitergehen? I

ch war erst 17 und hatte trotzdem schon auf ganzer Linie versagt. Ich war lediglich eine Belastung für den Rest der Menschheit. Ich würde allen einen Gefallen tun, wenn ich verschwinden würde. Es war besser, wenn ich ging. Das wusste ich. Deshalb fasste ich erneut den Entschluss: Ich wollte nicht mehr leben. Mithilfe einer Überdosis Tabletten wollte ich mich selbst „einschläfern".

In den kommenden Tagen begann ich erneut, Tabletten zu sammeln. Dadurch, dass ich mich in letzter Zeit so kooperativ zeigte, vertrauten die Betreuer darauf, dass ich die Tabletten, die sie mir gaben, auch tatsächlich schluckte und nicht irgendwo anders verschwinden ließ. Eine Mundraumkontrolle nach der Medikamenteneinnahme wurde schon lange nicht mehr durchgeführt. Deshalb hatte ich leichtes Spiel.

Nach einer Woche hatte ich bereits eine komplette Handvoll Tabletten gesammelt. Ich fand es erschreckend, so anschaulich zu sehen, wie viele Medikamente ich jede Woche in mich reinstopfte. Zumal das noch nicht einmal alle Tabletten waren, die ich täglich bekam. Denn ich ließ nur dann Tabletten in meiner Hosentasche verschwinden, wenn ich tatsächlich hundertprozentig sicher war, dass es niemand bemerkte. Schließlich wollte ich kein Risiko eingehen und meine geplante Aktion gefährden. Also in Wirklichkeit nahm ich ungefähr noch mal 30 Prozent mehr Tabletten wie die Menge, die vor mir lag. Das war doch verrückt!

Immer mehr und mehr wurde mir klar, dass das, was ich hier auf Station führte, kein Leben war. Mein Herz schlug, mein Körper „lebte", aber meine Seele war tot. Selbst ein Schwerverbrecher im Knast hatte mehr Lebensqualität als ich. Je mehr ich darüber nachdachte und mich damit beschäftigte, desto sicherer wurde ich mir, dass ich die richtige Entscheidung getroffen hatte. Nichts konnte mich mehr von meinem Selbstmordplan abbringen. Dieses Mal wollte ich meinen Plan bis zum Ende durchziehen und nicht, wie beim letzten Mal, mich kurz davor selbst verraten oder gar kneifen. Ich musste diesen Schritt jetzt machen. Ich hatte keine andere Wahl. Es war vielleicht meine letzte Chance, in eine bessere Welt zu entfliehen.

Direkt nach der Nachtmedikation schluckte ich eine ganze Handvoll Tabletten. Ich war mir sicher, dass diese Dosis Beruhigungsmittel mehr als tödlich war.

Bereits nach kurzer Zeit wurde mir schwindelig und ich musste mich aufs Bett setzen. Alles um mich herum drehte sich und schien meilenweit entfernt zu sein. Die Geräusche in meiner Umgebung hörten sich merkwürdig hohl an und mir war ganz dusselig im Kopf.

Anscheinend musste ich mehrmals die Augen verdreht haben, denn die Nachtschwester kam in mein Zimmer und fragte mich, ob alles in Ordnung sei. Auch ihre Stimme hörte sich weit entfernt an. Ich sah zwar, dass sie neben mir stand, aber ihre Worte drangen trotzdem nicht zu mir durch.

„Frau Adrian! Geht es Ihnen gut?!", sprach sie mich erneut an. Anhand ihrer Mimik konnte ich erkennen, dass sie offensichtlich sehr laut mit mir reden musste. Aber bei mir im Kopf kam lediglich ein Rauschen an. Ihre Stimme klang seltsam verzerrt und die Worte waren abnormal lang gezogen. Fühlte sich so etwa Sterben an?

Als mich die Nachtschwester zum dritten Mal ansprach und dabei noch zusätzlich an meiner Schulter rüttelte, flüsterte ich „Tabletten". Obwohl ich nur dieses eine Wort sagte, verstand sie sofort, was los war. Unverzüglich verständigte sie den diensthabenden Arzt und maß meinen Puls und Blutdruck. Beide Werte waren deutlich zu niedrig.

Wie in Zeitlupe registrierte ich, dass langsam aber sicher Unruhe auf Station ausbrach. Die Nachtschwester eilte ständig von der einen Ecke meines Zimmers zur anderen. Doch irgendwie interessierte mich das kaum. Ich war auf einmal extrem müde und mein Körper fühlte sich ungewohnt schwer an.

Ich schaffte es kaum noch, meine Augen offen zu halten. Innerhalb von Sekunden schien mein Körper rund hundert Kilo schwerer geworden zu sein. Eine unsichtbare Kraft drückte mich zunehmend tiefer in die Matratze. Sitzen wurde zu einem Ding der Unmöglichkeit. Am liebsten hätte ich die Augen zu gemacht und einfach geschlafen. Doch die Nachtschwester hinderte mich daran.

So schnell wie noch nie kam der Arzt auf Station geeilt. Er fragte mich, welche und wie viele Tabletten ich geschluckt hätte, aber ich war nicht mehr dazu in der Lage, ihm zu antworten. Selbst das Reden fiel mir mittlerweile schwer. Daraufhin meinte er, irgendetwas von Kohle trinken und Tabletten unschädlich machen. Was genau er damit meinte, verstand ich nicht und ehrlich gesagt, war es mir auch relativ egal. Solange ich danach schlafen durfte, würde ich alles machen, was von mir verlangt wurde. Ich sehnte mich noch nie so sehr nach Schlaf wie jetzt gerade.

Glücklicherweise war ich schon so neben mir, dass ich nicht mehr realisierte, was mir da die Nachtschwester zum Trinken brachte. Ansonsten hätte ich nämlich sehr wahrscheinlich die pechschwarze Flüssigkeit verweigert.

Der Arzt erklärte mir, dass ich zwei Gläser von dieser Kohleflüssigkeit trinken müsste und danach dürfte ich schlafen. Ohne großes Wenn und Aber setzte ich das erste Glas an. Die Aussicht auf Schlaf sorgte dafür, dass ich beide Gläser auf Ex austrank.

Noch heute erinnere ich mich an den widerlichen Geschmack der Kohle. Dieses Kohlewasser war eindeutig das Ekelhafteste, was ich je getrunken habe! Es hatte die Konsistenz von Brei mit Brocken und roch nach Holzkohle. Und so schmeckte es auch!

In der Nacht schlief ich so gut, wie lange nicht mehr. Ich wachte noch nicht einmal von dem häufigen Blutdruckmessen auf. Ich schlief tief und fest bis zum nächsten Vormittag um 11 Uhr durch. Und selbst da war ich nach dem Aufwachen noch müde und schwindelig im Kopf.

Als ich beim Aufwachen feststellte, dass mein Plan doch nicht geglückt war und ich immer noch lebte, war ich größtenteils froh. In der Nacht hatte ich viel geträumt. Mir kamen im Traum viele positive Erinnerungen in den Kopf, die ich in letzter Zeit völlig vergessen hatte. Ich begriff, dass nicht mein gesamtes Leben düster, dunkel und schlecht war, sondern es auch Lichtpunkte und Sonnenstunden gab. Die letzten Jahre waren zwar die reinste Katastrophe, aber es gab auch ein Leben vor dieser Katastrophenzeit. Und dieses Leben war schön gewesen. Wenn ich mich anstrengte und kämpfen würde, könnte ich mir vielleicht wieder einen Teil dieses lebenswerten Lebens zurückerkämpfen. Diese Aussicht ließ kurze Zeit wieder die Hoffnung in mir erwachen.

Über das gestrige Ereignis musste ich eine ausführliche Verhaltensanalyse schreiben, die ich im Anschluss Detail für Detail mit meiner Psychologin besprach. Sie wollte alle meine Gedanken und meine Gefühle wissen. Erst traute ich mich nicht, offen mit ihr zu reden, da ich der Meinung war, dass sie mich und vor allem mein Verhalten sowieso nicht verstehen würde.

Doch sie ließ nicht locker. Mit sanftem Druck brachte sie den Schutzwall, den ich um mein Gefühlsleben aufgebaut hatte, zum Bröckeln. Schon vor langer Zeit hatte ich angefangen, eine immer dicker werdende Mauer um meine Gefühle aufzubauen. Niemand sollte sehen, wie es hinter dieser Mauer aussah. Ich wollte für niemanden eine Angriffsfläche bieten oder jemanden Kummer bereiten.

Über Jahre hinweg hatte ich es perfektioniert, nach außen hin neutral bis glücklich zu wirken, obwohl ich innerlich in einem Meer aus meinen eigenen Tränen zu ertrinken drohte. Doch genau dieser Schutzwall fing jetzt an zu bröckeln. Zunehmend größere Stücke brachen aus ihm heraus, bis er irgendwann die Stabilität verlor und endgültig einstürzte. Wie ein Wasserfall strömte alles aus mir heraus. Ich redete ohne Punkt und Komma und erzählte alles, was mich belastete. Ich berichtete von meinen Hassgefühlen gegen mich selbst, den Hass auf mein Leben, von meinen immer wiederkehrenden Suizidgedanken, von meinen unerträglichen Schuldgefühlen und nicht zuletzt von meiner Angst und meinen Bedenken bezüglich meiner eigenen Zukunft. Alles strömte einfach so aus mir heraus. Und von Wort zu Wort merkte ich, wie es mir besser ging. Durch das Reden fiel eine ungeheure Last von mir ab. Ich hatte ganz vergessen, wie gut es tat, seine Gefühle rauszulassen und nicht ständig zu verstecken und herunterzuschlucken.

Geduldig hörte mir meine Psychologin zu und ließ mich ausreden. Lediglich ab und zu stellte sie vereinzelte Zwischenfragen, um mich besser verstehen zu können.

Am Ende des Gespräches versuchte sie, mir auf eine für mich ungewohnte empathische Art und Weise klar zu machen, dass es keine Gründe dafür gäbe, dass ich mich schuldig fühlen müsste. Jeder Mensch auf dieser Erde wäre gleich wertvoll, jeder hätte das Recht zu leben und ich wäre da keine Ausnahme. Momentan steckte ich zwar in einer Krise fest, aber schon sehr bald würde es auch bei mir wieder aufwärtsgehen. Da war sie sich sicher.

Ich war keine Belastung für irgendwen, sondern ich war lediglich ein Mensch, der zurzeit vergessen hat, wie man lebt. Mein Leben war durch die Essstörung leicht aus den Fugen geraten und aktuell war ich nicht mehr dazu in der Lage, mir selbst zu helfen und achtsam mit meinem Körper umzugehen. Deshalb war ich hier in der Klinik. Aber die Klinik würde nicht den Rest meines Lebens auf mich aufpassen und mir zur Seite stehen. Irgendwann wäre ich so stabil, dass ich wieder auf eigenen Beinen stehen könnte und in mein altes Leben zurückkehren konnte.

Zu gerne hätte ich den Worten der Psychologin Glauben geschenkt, doch ich konnte es nicht. Da waren einfach zu viele Zweifel in mir, die mich daran hinderten. Ich glaubte nicht daran, dass ich irgendwann aus meiner Krise herauskommen würde. Und selbst wenn, war es sicherlich nur eine Frage der Zeit, wann ich in das nächste Loch abstürzen würde. Mein Leben war zum Scheitern verdammt!

Gefühlt sitze ich mein gesamtes Leben schon in einem tiefen, dunklen Loch. Jedes Mal, wenn ich mich mit aller Kraft und Mühe nach oben gekämpft hatte und mich

gerade mit einer Hand herausziehen wollte, kam jemand vorbei und trat mir auf die Finger, sodass ich gezwungen war, loszulassen, und erneut auf den kalten Boden des dunklen Loches aufschlug. Egal, was ich machte und versuchte, ich war und blieb in diesem verdammten Loch gefangen!

Am Nachmittag kamen meine Eltern zu Besuch. Selbstverständlich wussten sie bereits von meinem Suizidversuch. Der Arzt hatte sie gestern noch in derselben Nacht angerufen und es ihnen mitgeteilt. Deshalb kam bei unserem Gespräch recht schnell die Frage nach dem „Warum?" auf. Meine Eltern konnten und wollten nicht verstehen, dass ich mir das Leben nehmen wollte. Für sie waren meine Suizidgedanken und mein daraus resultierendes Verhalten unverständlich.

Obwohl ich im Grunde bereits wusste, dass sie auch meine Erklärung nicht verstehen würden, versuchte ich ihnen trotzdem, meine Gedanken hinter meinem suizidalen Handeln verständlich zu machen. Ich probierte ihnen zu erläutern, dass ich mich als Belastung für sie sah und ich dachte, dass es ihnen besser gehen würde, wenn ich nicht mehr da wäre. Schließlich hätten sie dann viel mehr Zeit für sich und für meinen Bruder. Sie müssten mich nicht mehr mehrmals die Woche besuchen kommen und sich keine Sorgen und Gedanken mehr um mich machen. Kurz gesagt: Ihr Wohl erschien mir wertvoller und wichtiger als mein eigenes Leben.

Noch während ich redete, brach meine Mutter in Tränen aus und beteuerte mehrmals, dass das nicht der Fall sei. Sie und der Rest der Familie liebten mich über alles. Ich sei keine Belastung für irgendwen und für sie wäre es schrecklich, wenn es mich nicht mehr gäbe. Dann nahm sie mich ganz feste in den Arm und drückte mich. Ich spürte, wie ihre Tränen auf meine Haare tropften und ich musste ebenfalls weinen.

In diesem Moment spürte ich, dass sie mich wirklich liebte und ich bekam ein schlechtes Gewissen wegen dem Suizidversuch.

In den kommenden Tagen fanden mehrere Gespräche zwischen meiner Psychologin, den Ärzten und meinen Eltern statt. Meine Eltern wollten mich nämlich in eine andere Psychiatrie verlegen lassen. Sie waren der Meinung, dass ich hier auf dieser Station keine Chance mehr hatte, gesund zu werden. Denn dafür war die Situation zwischen mir und den Therapeuten eindeutig schon zu lange festgefahren. Schon eine gefühlte Ewigkeit machte ich keine Fortschritte mehr, und wenn ich dann doch mal einen Schritt nach vorne machte, lag ich spätestens zwei Tage später wieder ganz unten am Boden. So konnte es nicht weitergehen. Das wussten sowohl meine Psychologin, die Ärzte, das Personal als auch meine Eltern. Und sogar ich konnte ausnahmsweise bei diesem Punkt nicht widersprechen.

Ein weiterer Grund, weshalb meine Eltern auf eine schnellstmögliche Verlegung in eine andere Klinik drängten, war, dass sie höchst unzufrieden mit den aktuellen Therapiemaßnahmen meiner behandelnden Ärztin waren. Sie konnten nicht verstehen, dass ich nun bereits seit zwei Monaten in meinem Zimmer eingesperrt war und nicht einmal zu den Mahlzeiten raus durfte. Die einzige frische Luft, die ich in dieser Zeit einatmen durfte, kam durch das gekippte Fenster. Auf das Luftgeschoss durfte ich schließlich ebenfalls schon seit über neun Wochen nicht mehr. Das waren laut meiner Eltern keine menschenwürdigen Zustände mehr.

Jedoch gestaltete sich eine Verlegung in eine andere Klinik deutlich komplizierter, als sie gedacht hatten. Keine psychiatrische Klinik wollte mich in meinem momentanen Zustand aufnehmen. Meine Suizidalität schreckte alle ab.

Ich war eine „Risikopatientin" und so jemanden wollte niemand auf seiner Station haben.

Am Ende fanden meine Eltern allerdings doch eine Klinik, die dazu bereit war, mich trotz meiner „heftigen" Diagnosen aufzunehmen. Jedoch würde ich in dieser Klinik lediglich bis zu meinem 18. Geburtstag, also „nur" noch zwei Monate, bleiben können. Danach müsste ich in eine Erwachsenenpsychiatrie wechseln.

Die Verlegung in die andere Kinder- und Jugendpsychiatrie sollte in zwei Wochen stattfinden. Bis dahin galten weiterhin dieselben Regeln, die auch aktuell für mich galten. Und auch ich machte genauso weiter wie bisher. Es änderte sich durch den Verlegungstermin nichts. Ich verletzte mich weiterhin selbst, wurde regelmäßig fixiert und kotzte fast täglich. Die 12 Monate, die ich inzwischen in M. war, hatten rein gar nichts bei mir bewirkt. Ich war noch genauso krank, wie vor meiner Einweisung. Die Symptome hatten sich zwar etwas geändert, einige krankhafte Verhaltensweisen waren verschwunden, aber dafür waren neue dazu gekommen. Grob zusammengefasst gab es also nichts Positives zu verbuchen. Ich war ein perfektes Beispiel für das, was Therapeuten „therapieresistent" nannten.

Anders als meine Eltern, die auf spontane Wunderheilung in der anderen Klinik hofften, war mir die Verlegung relativ egal. Was sollte schließlich in einer anderen Klinik anders sein? Wenn ich es in zwölf Monaten nicht geschafft hatte, mein Leben in den Griff zu bekommen, würde ich es in zwei Monaten erst recht nicht schaffen!

Eine Woche vor der Verlegung in die andere Klinik passierte noch mal etwas, dass mein Leben beziehungsweise eigentlich eher mein Umgang mit meinem Selbsthass und meinem selbstverletzenden Verhalten zum Negativen veränderte.

Eine Betreuerin machte einen fatalen Fehler. Sie gab mir zum Abendessen anstatt eines Plastiktellers einen normalen Teller aus Porzellan. Das nutzte ich natürlich sofort aus. So eine Chance bot sich schließlich nicht alle Tage.

Um keinen Verdacht zu erwecken, versuchte ich mich so zu verhalten wie sonst auch. Innerlich brodelte die Anspannung in mir und ich hätte am liebsten den Teller sofort zertrümmert und mich mit den Glasscherben geschnitten, aber nach außen hin musste ich so ruhig wie möglich wirken. Wenn ich diese Gelegenheit wirklich ausnutzen wollte, durfte ich nichts tun, was die Aktion in irgendeiner Weise hätte gefährden können.

Voller Ungeduld wartete ich, bis alle Betreuer bei den anderen Patienten im Aufenthaltsraum zum Essen waren und sich niemand mehr im Schwesternzimmer aufhielt. Dann schob ich mein Bett so vor die Tür, dass man von außen nicht mehr so einfach hineinkommen konnte. Das würde mir im Zweifelsfall ein paar eventuell entscheidende Sekunden bringen, falls doch jemand den Teller zerbrechen hören würde. Anschließend nahm ich den Teller, atmete einmal tief durch und warf ihn mit Schwung zu Boden. Ein lautes Klirren ertönte und vor mir lagen ungefähr ein Dutzend Porzellanscherben. Ohne lange zu zögern, krempelte ich mir die Ärmel meines Pullis hoch und begann mit einer Scherbe zuerst meinen linken Handrücken, dann meine beiden Unterarme und zum Schluss meine Oberarme aufzuritzen. Ich konnte meinen eigenen Herzschlag bis in den Hals spüren, aber den Schmerz spürte ich nicht.

Ich schnitt und schnitt. Immer wieder und wieder zog ich die Scherbe über meine Arme. Ich hatte keinerlei Kontrolle mehr darüber, wie tief und wie oft ich schnitt. Ich befand mich in einer Art „Blutrausch" und stand völlig neben mir. Erst als eine nicht gerade kleine Pfütze von Blut vor meinen Füßen entstanden war, realisierte ich, was ich getan hatte. Ich war schockiert. Die Wunden klafften auseinander und das Blut tropfte nicht nur, sondern lief in einem konstanten Fluss meinen Arm hinunter. Ich hatte zwar keine Ahnung von Medizin, aber so viel konnte ich selbst als Laie erkennen: Mindestens 90 Prozent der Schnitte MUSSTEN genäht werden. Was hatte ich bloß getan?

Merkwürdigerweise spürte ich trotz der vielen tiefen Schnitte keinen Schmerz. Es war verrückt: Das viele Blut und die klaffenden Wunden machten mich sogar irgendwie „glücklich". Mein Körper schien von einer Art „Glücksrausch" durchflutet zu werden. Schon seit Langem hatte ich mich nicht mehr so gut, zufrieden und befreit gefühlt wie jetzt.

Ein paar Sekunden schaute ich zu, wie das Blut den Arm entlanglief und zu Boden tropfte und genoss das Gefühl, das der Anblick von den vielen Schnitten auf meinen Armen in mir auslöste. Doch als die Pfütze am Boden zunehmend größer wurde und meine Arme weiterhin stark bluteten, bekam ich Angst. Ich drückte die Klingel, um Hilfe zu holen.

Kurz darauf hörte ich, wie es an der Tür schepperte. Dadurch, dass mein Bett noch vor der Tür stand, kam die Betreuerin, die nach mir schauen wollte, nicht in mein Zimmer. Sie musste erst Verstärkung holen. Mithilfe eines zweiten Betreuers schaffte sie es schließlich, das Bett zur Seite zu schieben.

Mit hochrotem Kopf stürmten beide Betreuer in mein Zimmer. Sie waren wegen der Sache mit dem Bett stinksauer, das konnte ich ihnen ansehen. Allerdings kamen sie nicht mehr dazu, ihrem Ärger Luft zu machen. Ich konnte erkennen, wie sie ihren Blick erst auf die Blutpfütze am Boden richteten und danach schockiert auf meine Arme starrten.

Innerhalb kürzester Zeit brach Hektik auf Station aus. Unverzüglich wurde der diensthabende Arzt alarmiert und zwei Betreuer drückten mir Handtücher auf die Wunden an meinen Armen, um die Blutung zu stillen.

Der Arzt bestätigte, dass die Wunden auf jeden Fall genäht werden mussten. Er rief einen Krankenwagen, der mich ins Krankenhaus zum Nähen fahren sollte und legte mir einen Druckverband an.

Jeder andere Mensch hätte sich in solch einer Situation von der Hektik seiner Umwelt anstecken lassen, aber ich war so ruhig wie lange nicht mehr.

Die Sanitäter vom Rettungswagen kamen mit einer Trage auf Station, auf der ich festgeschnallt wurde. Ich sollte die Fahrt zum Krankenhaus keinesfalls dafür nutzen können, abzuhauen. Außerdem wurde ich zusätzlich noch von einem Betreuer begleitet, der konstant in meiner Nähe blieb. Selbst als ich im Krankenhaus losgebunden wurde, wich er mir nicht von der Seite. Ich fand diesen „Begleitschutz" mehr als übertrieben, denn ich hatte gerade leicht andere Probleme, als darüber nachzudenken, ob und wie ich auf der Fahrt zum Krankenhaus abhauen könnte. Aber mich fragte ja niemand.

Zwei Stunden und 87 Stiche später waren meine Arme wieder zusammengeflickt und ich wurde von denselben Sanitätern, die mich bereits ins Krankenhaus gefahren hatten, abgeholt und zurück auf Station gebracht.

Mittlerweile war das Glücksgefühl, das die Schnitte bei mir ausgelöst hatten, verschwunden. Ich hatte Schmerzen. Um ehrlich zu sein, sogar ziemlich starke Schmerzen. Allerdings hätte ich mich nie getraut, es offen zuzugeben, denn ich wusste, dass ich selbst daran schuld war, dass meine Arme wehtaten. Niemand außer mir konnte etwas dafür, deshalb hatte ich meiner Meinung nach kein Recht darauf, mich zu beschweren. Die Schmerzen waren sozusagen die „Strafe" dafür, dass ich mich so stark selbst verletzt hatte.

In der Nacht wusste ich nicht einmal, wie ich meine Arme auflegen sollte. Egal wie ich meine Arme positionierte, es tat immer weh. Jede noch so kleinste Bewegung löste so heftige

Schmerzen aus, dass ich wieder hellwach war. Es war die reinste Hölle! An Schlafen war kaum zu denken.

Am nächsten Tag musste ich eine Verhaltensanalyse schreiben. Meine Psychologin war geschockt, als sie hörte, mit welcher Brutalität ich mich geschnitten hatte, und mit wie vielen Stichen ich im Anschluss genäht werden musste. Aber im Vergleich zu meinen Eltern war ihre Reaktion trotzdem noch recht harmlos.

Meine Eltern waren mittlerweile einiges von mir gewohnt, doch dass ich wegen Selbstverletzung genäht werden musste, war auch für sie neu.

Für sie war es nicht nachvollziehbar, dass ich mir mit einer Scherbe 40- bis 50-mal oder noch häufiger ins eigene Fleisch schnitt. Allein die Vorstellung, sich selbst Schmerzen zuzufügen, war für sie „verrückt". Sie konnten es nicht verstehen, dass mir die Schnitte nicht wehtaten, sondern mich glücklich machten.

Laut ihnen entstellte ich mich von Selbstverletzung zu Selbstverletzung immer mehr. Allein durch die gestrige Aktion hätte ich mir rund 50 neue Narben zugefügt, die mein Leben lang auf meinen Armen sichtbar bleiben würden. So würde ich ihrer Aussage nach nie einen Job oder einen Partner finden. Doch mir war egal, was sie mir wegen der Narben an den Kopf schmissen oder prophezeiten, es interessierte mich nicht. Denn jede Narbe an meinem Körper hatte eine Bedeutung für mich.

Einerseits hasste ich meinen vernarbten Körper – andererseits möchte ich auch keine Narbe missen. Jede Narbe, die ich mir zufügte, war nämlich eine Erinnerung. Jede Narbe an meinem Körper erzählt eine Geschichte.

Außerdem konnte ich Wunden und Narben an meinem Körper sehen und „greifen". Verletzungen auf der Seele hingegen sind unsichtbar. Also Selbstverletzung war meine Art und Weise, meinen seelischen Schmerz sichtbar zu machen. Denn nichts ist schlimmer wie einen Schmerz zu spüren, den man nicht sehen kann. Jeder, der schon einmal seine Seele verletzt hatte, weiß, wie furchtbar es sich anfühlt, wenn man das Gefühl hat, innerlich zu bluten oder gar zu sterben, aber körperlich komplett gesund ist. Das ist fast unerträglich.

Des Weiteren zeigt mir die Selbstverletzung, dass ich noch lebe. Sobald ich das Blut sehe und später den Schmerz spüre, merke ich, dass ich noch „hier" bin.

Doch all diese Gründe sind für Außenstehende nicht zu verstehen, geschweige denn zu begreifen. Für die meisten Menschen ist es unverständlich, „krank" oder gestört, wenn ein Mensch sich ins eigene Fleisch schneidet. Diese schmerzhafte Erfahrung musste ich jetzt auch bei meinen Eltern machen. Sie konnten es nicht verstehen und werden es auch nie begreifen, wieso ich in bestimmten Situationen die Selbstverletzung brauche, um mich zu spüren.

Die letzte Woche vor der Verlegung verging wie im Flug. Der Tag des Abschieds rückte rasant näher. Und dann war es plötzlich so weit: Jetzt hieß es Tschüs sagen ...

Obwohl ich hier auf der Station überwiegend schlechte Zeiten erlebt hatte, fiel es mir trotzdem schwer, Abschied zu nehmen. In den 12 Monaten, die ich in der Psychiatrie verbrachte, war die Station so etwas wie mein Zuhause und meine Familie geworden. Ich kannte das Personal, die Ärzte, die Therapeuten und nicht zuletzt die Regeln, die hier herrschten. Das gab mir ein Gefühl von Sicherheit. In der neuen Klinik hätte ich all das vorerst nicht. Die Umgebung würde dort neu für mich sein, ich müsste die neuen Regeln erst kennenlernen und die Leute, die dort arbeiteten, würden mir auch alle fremd sein. Das erzeugte Angst.

Gleichzeitig freute ich mich aber auch auf die neue Chance, die ich dort bekommen würde. Niemand kannte mich dort und vielleicht hätte ich dort die Möglichkeit, auf lockerere Regeln und eventuell sogar Ausgang.

Die Situation in dieser Psychiatrie war so festgefahren, dass eine Verlegung eindeutig das Beste für mich war. Es war für mich eine Chance, einen neuen, besseren Neuanfang zu wagen. Diese Gelegenheit musste ich nutzen, wenn ich irgendwann noch mal etwas aus meinem Leben machen wollte!

23. Ein Lichtblick

Für die Verlegung in die andere Klinik wurde ein Krankentransport angemeldet.

Wie beim letzten Mal wurde ich wieder zuerst auf einer Trage fixiert, bevor ich die Station verlassen durfte. Mir sollte keine Möglichkeit der Flucht oder der Gegenwehr erhalten bleiben.

Ohne zu fragen, wie ich mich dabei fühlte oder ob ich überhaupt den Drang verspürte wegzulaufen, wurde ich behandelt wie ein Schwerverbrecher, den man von einem Gefängnis in die nächste Sicherheitsanstalt verlegt. Dass keine Polizei als Aufseher für mich mitfuhr, war alles.

Glücklicherweise durfte meine Mutter bei dem Krankentransport mitfahren und neben mir sitzen. Dadurch war die Situation im Auto nicht ganz so unangenehm. Aber trotzdem fühlte es sich weiterhin merkwürdig und unschön an, angeschnallt auf einer Trage zu liegen, wenn rund um einen herum zum Teil fremde Menschen sitzen.

Selbst meinen Erzfeind würde ich es nicht wünschen, dass er sich irgendwann in solch einer beklemmenden und hilflosen Lage befindet.

Die Psychiatrie, in die ich verlegt werden sollte, war vollkommen anders aufgebaut, als die, in der ich bis jetzt war. Sie lag außerhalb der Stadt und bestand nicht, wie die Klinik in M., aus einem großen Gebäude, sondern aus vielen kleineren Häusern, die quer über das Klinikgelände verteilt waren.

Es gab ein Gebäude für die Klinikschule, eine Verwaltung, ein Haus für Kinder unter 14 Jahren und ein Gebäude für Jugendliche zwischen 14 und 18 Jahren. In diesem Gebäude sollte auch ich untergebracht werden.

Eine Betreuerin nahm uns an der Tür des „Jugendhauses",
wie sie es nannte, in Empfang und erklärte uns, dass
dieses Gebäude sowohl die offene als auch die geschlossene
Jugendstation beinhaltete.

Die Station, auf der wir uns gerade befanden, war die
offene Jugendstation. Sie ging von der Eingangstür bis zu der
Glastür in der Mitte des Flurs. Hinter dieser Glastür begann
dann die geschlossene Station.

Mit einem freudigen „Willkommen bei uns" schloss die
Betreuerin uns die Glastür zu der geschlossenen Station auf
und ließ meine Mutter eintreten und die Sanitäter die Trage
mit mir hineinschieben. Danach schloss sie die Tür wieder
ab und die Sanitäter lösten die Gurte.

**Schon jetzt wusste ich, dass diese Klinik komplett
anders war als die Klinik, die ich bis jetzt kannte. Allein
die Stimmung, die hier herrschte, war schon „anders".
Nichts auf dieser Station erinnerte an Krankenhaus oder
gar Psychiatrie. Alles war viel freundlicher und familiärer.
Ohne dass ich die Regeln der Station kannte, wusste ich
bereits jetzt schon, dass hier vieles, wenn nicht sogar
alles, lockerer und weniger streng sein würde, wie zuvor
in M. Ich fühlte mich direkt wohl.**

**Sofern man sagen kann, dass man sich in einer
psychiatrischen Klinik wohlfühlt.**

Nachdem auch mein restliches Gepäck auf Station gebracht
wurde, zeigte mir die Betreuerin, die uns zuvor schon die Tür
aufgeschlossen hatte, die Station und erklärte mir in groben
Sätzen, was ich zu den einzelnen Räumen wissen musste.

Die Station war deutlich kleiner, als die Stationen, die ich
bis jetzt kannte. Es gab nur einen Aufenthaltsraum, der
zugleich auch als Essensraum genutzt wurde. Im hinteren
Teil des Raumes gab es eine Art Wohnzimmerbereich mit
einem Fernseher, einem großen Sofa und mehreren Regalen
mit Brettspielen und im vorderen Teil stand ein großer Tisch,

an dem die gemeinsamen Mahlzeiten stattfinden würden. Für das Mittagessen und das Abendessen gab es vorgeschriebene Zeiten, an denen alle Patienten gemeinsam am Tisch saßen. Aber frühstücken konnte jeder Patient, wann er wollte. Der Frühstückstisch war jeden Morgen von 7 Uhr bis 9 Uhr durchgängig gedeckt und am Wochenende sogar bis 11 Uhr.

Direkt neben dem Aufenthaltsraum befand sich das Schwesternzimmer. Die Wand zwischen Schwesternzimmer und Aufenthaltsraum war komplett mit einer dicken Glasscheibe durchzogen. So konnten die Betreuer vom Schwesternzimmer aus den gesamten Aufenthaltsraum überblicken und gegebenenfalls bei Problemen unter den Patienten eingreifen.

Außerdem befand sich gegenüber vom Aufenthaltsraum und dem Schwesternzimmer zusätzlich noch ein kleiner Innenhof, auf dem ein Tischkicker und ein Basketballkorb standen. Dieser Innenhof war den gesamten Tag für alle Patienten der geschlossenen Jugendstation frei zugänglich.

Die restlichen Räume der Station waren die Patientenzimmer. Insgesamt gab es fünf davon. Und das Gemeinschaftsbad. Denn, anders wie auf anderen Stationen, hatte hier nicht jedes Patientenzimmer eine eigene Toilette und ein eigenes Bad, sondern die Toiletten und die Duschen befanden sich zentral im Flur.

Die Betreuerin erklärte mir, dass alle Patientenzimmer ohne Ausnahme Doppelzimmer waren. Allerdings würde ich vorerst alleine in meinem Zimmer bleiben, weil mich die Therapeuten und das Personal der Station erst einmal „kennenlernen" wollten.

Nachdem wir unseren Rundgang über die Station beendet hatten, verabschiedete ich mich von meiner Mutter und die Betreuerin zeigte mir endlich mein zukünftiges Zimmer.

Wie nicht anders zu erwarten, lag mein Zimmer direkt neben dem Schwesternzimmer. Als ich es jedoch betrat, war ich trotzdem positiv überrascht. Ursprünglich hatte ich nämlich fest damit gerechnet, dass ich in ein Beobachtungszimmer kommen würde. Doch in diesem Zimmer konnte ich keine gläserne Verbindung zum Schwesternzimmer erkennen.

Verwirrt fragte ich nach, ob es auf dieser Station denn kein Beobachtungszimmer gäbe und ob ich mich nicht ständig im Sichtkontakt des Personals aufhalten müsste. Daraufhin schaute mich die Betreuerin leicht irritiert an, so als ob sie meine Frage nicht ganz verstanden hätte und antworte, dass es im gesamten Kinder- und Jugendbereich dieser Klinik keine Beobachtungszimmer gab.

Schließlich wäre das hier ein Lebensbereich für Kinder und Jugendliche mit seelischen und psychischen Problemen und kein Gefängnis. Niemand würde hier 24 Stunden am Tag überwacht werden. So etwas wie Sichtkontakt oder sogar Dusch- und Toilettenbegleitung gab es nicht. Jeder Patient durfte sich frei auf Station bewegen. Und da würde ich keine Ausnahme darstellen.

Ich wusste nicht, was ich sagen soll. Mit so vielen Freiheiten konnte ich gar nicht mehr umgehen. Auf einer Seite war ich überglücklich, wieder ein halbwegs freier Mensch sein zu dürfen, und auf der anderen Seite wusste ich gar nicht, was ich mit all diesen Freiheiten anfangen sollte.

Auf meinem Zimmer durfte ich alle möglichen persönlichen Gegenstände haben, die ich nicht ohne größeren Aufwand als Waffe gegen mich selbst oder gegen andere verwenden konnte, aber keine Kleidung. Das war eine allgemeine Regel auf den geschlossenen Stationen hier. Deshalb musste ich noch vor dem Mittagessen mit der Betreuerin gemeinsam mein Gepäck sortieren. Anschließend wurde alles, was ich nicht in meinem Zimmer haben durfte, in einem Spind in einer Abstellkammer eingeschlossen.

Ich war erstaunt, was ich alles behalten durfte. Selbst meinen Gürtel durfte ich wieder tragen! Wäre ich durch die Tabletten nicht so sediert gewesen, hätte ich vermutlich vor Glück geweint! Endlich rutschten meine Hosen nicht mehr und ich durfte wieder mit Gleichaltrigen reden! Der dunkelgraue Klinikalltag schien plötzlich wieder Farbe zu bekommen! Ich konnte mein Glück gar nicht begreifen. Und vielleicht wollte ich es auch nicht. Irgendetwas in mir sträubte sich gegen das Glücksgefühl. Ich schaffte es nicht, darauf zu vertrauen, dass wirklich alles so freundlich und positiv auf dieser Station war. Mehrfach ertappte ich mich dabei, dass ich nach dem „Haken" an der Sache suchte. Die Zeit in M. hatte mein Vertrauen in anderen Menschen fast vollkommen zerstört.

Das gemeinsame Mittagessen wurde auf vorgefertigten Tabletts angeliefert. Jeder Patient hatte sein eigenes Tablett. Eine Mitpatientin erklärte mir, dass es nur beim Mittagessen diese Tabletts geben würde. Beim Frühstück und beim Abendessen würden alle Lebensmittel auf den Tisch gestellt werden und jeder konnte sich das nehmen, was er wollte.

Das erste Essen in der Gruppe war befremdlich für mich. Ich fühlte mich von allen anderen Patienten beobachtet. Ich war die „Neue" und dazu war ich noch recht dünn, das gab anscheinend allen anderen am Tisch einen guten Anlass dafür, jeden meiner Handgriffe genau unter die Lupe zu nehmen. Am liebsten wäre ich im Erdboden versunken oder hätte meinen Teller genommen und wäre in meinem Zimmer verschwunden. Aber leider ging das nicht.

Direkt im Anschluss vom Mittagessen hatte ich das erstes Gespräch mit meiner Psychologin. Sie war noch recht jung, aber kam mir von Anfang an sehr sympathisch rüber. Sie befragte mich über meine aktuellen Gedanken und wie die letzte Zeit in der Psychiatrie verlaufen war. Ich war ehrlich und antwortete, dass ich mein Leben und mich selbst hasste, aber zurzeit keine Suizidgedanken hatte. Zumindest keine, die ich umsetzen wollte.

Dann erzählte ich von den vielen Fixierungen und dem Zimmerarrest. Wieso ich so ehrlich und offen mit ihr gesprochen habe, weiß ich nicht. Denn eigentlich ist es nicht meine Art, mit Menschen und erst recht nicht mit Psychologen so offen über meine Gefühle und Gedanken zu reden. Aber bei dieser Psychologin war das anders. Sie strahlte irgendetwas aus, dass mich vertrauen ließ. Ich mochte sie vom ersten Treffen an. Und selbst heute noch muss ich gestehen, dass es die liebevollste und für mich beste Psychologin war, die ich in meiner „Psychiatriekariere" kennenlernen durfte. Und das waren einige Psychologen und Ärzte, die ich in diesen Jahren kennengelernt habe!

Mit einer für mich ungewohnten Gelassenheit hörte sie sich alles an und erklärte mir am Ende des Gespräches, dass sie gerne einen Versuch mit mir starten möchte. Auf die Gefahr hin, dass ich mit den neuen Freiheiten nicht umgehen und in alte Therapie schädigende Verhaltensmuster zurückfallen könnte, wollte sie mir trotzdem so wenige Regeln und Grenzen wie möglich setzen. Von Fixierungen und Sedierungen hielt sie nur im äußersten Notfall etwas. (In den zwei Monaten, in denen ich in dieser Psychiatrie war, wurde ich gerade einmal fixiert!).

In einem neuen Vertrag hielten wir fest, dass ich mich frei auf Station bewegen durfte und, solange ich mich von suizidalen Handlungen distanzieren konnte, sogar Ausgang in Begleitung von meinen Eltern, Großeltern oder, wenn es die Zeit zuließ des Personals der Psychiatrie hatte. Und auch in puncto Essen sollte ich wieder lernen, für mich selbst zu sorgen.

Solange ich mein Gewicht hielt, konnte oder besser gesagt durfte ich selbst entscheiden, was und wie viel ich aß. Würde ich allerdings abnehmen, müsste ich als Konsequenz Fresubin© trinken, um mein Gewicht zu stabilisieren. Außerdem hätte ich zwei Einzelgespräche pro Woche bei ihr, in denen ich selbst entscheiden sollte, was ich in dieser Stunde besprechen wollte. Bei Selbstverletzungen musste ich, wie bereits in der anderen Psychiatrie, weiterhin Verhaltensanalysen schreiben. Wenn ich mich über einen gewissen Zeitraum gut führen würde, dann könnten die

Regeln noch weiter gelockert werden. Zum Beispiel könnte man dann darüber reden, ob ich eventuell einen Tag oder ein Wochenende nach Hause fahren dürfte.

Ich war positiv überrascht. Dass die Regeln hier lockerer waren als in M. hatte ich ja bereits mehrfach erkannt, aber dass ich so viele Freiheiten hatte, damit hatte ich nicht gerechnet. Nicht einmal im Traum hätte ich es gewagt, daran zu denken, dass ich bereits am ersten Tag in der neuen Klinik Ausgang hätte!

Das Einzige, was mir an den neuen Regeln nicht gefiel und auch leicht Angst bereitete, waren die neuen Wiegetermine. Ich war es schließlich gewohnt, jeden Morgen oder spätestens jeden zweiten Tag auf die Waage zu dürfen, aber das war hier nicht möglich. Meine Ärztin war der Meinung, dass zwei Mal wiegen in der Woche das Maximum waren, was mir guttäte. Laut ihr ging kein „normaler" Mensch jeden Tag auf die Waage und ich sollte lernen, an meinen Hosen zu merken, ob ich zu- oder abnahm. Ich sollte mir abgewöhnen, mich und mein Gewicht ständig durch Hilfsmittel kontrollieren zu wollen, und stattdessen ein gesundes, normales Körpergefühl entwickeln.

Klar hatte sie mit dieser Aussage recht und ich konnte sogar nachvollziehen, dass mein Gewichtskontrollwahn nicht normal war. Aber, nur noch montags und freitags auf die Waage zu dürfen, war nun mal eine echte Herausforderung für mich! Natürlich würde es keinen normalen Menschen etwas ausmachen, nicht jeden Tag auf die Waage zu dürfen, und natürlich war den meisten Menschen relativ egal, ob sie jetzt ein Kilo mehr oder ein Kilo weniger wogen. Aber ich war in dieser Beziehung eben NICHT normal!

Mit Tränen in den Augen berichtete ich der Psychologin, dass diese Regel unmöglich für mich war. Ich konnte nicht entscheiden oder fühlen, ob meine Hosen enger oder lockerer sitzen. Wenn ich nicht die Bestätigung von der Waage bekam, dass mein Gewicht gleichblieb, hatte ich IMMER das Gefühl, zugenommen zu haben. Selbst wenn ich weniger wog als die Tage davor.

Ich konnte und wollte mich nicht auf meinen eigenen Körper verlassen und darauf vertrauen, dass er das Gewicht anstrebte, bei dem er sich wohlfühlte und dann aufhörte zuzunehmen. Wer versprach mir denn, dass dieses Gewicht nicht bei 70 Kilo oder noch höher lag? Zweimal in der Woche wiegen war eindeutig zu wenig!

Doch alles Betteln und Flehen half nichts. Die Psychologin blieb hart und meinte auf eine liebevolle eiskalte Weise, dass ich es dann wohl lernen müsste, auf mich und meinen Körper zu vertrauen.

Am Nachmittag, nachdem ich mich wieder über die wenigen Wiegetage abgeregt hatte, durfte ich mit einer Betreuerin 30 Minuten spazieren gehen. Sie zeigte mir die Umgebung und das Klinikgelände. Die Klinik befand sich mitten auf dem Feld. Man konnte zwar in einiger Entfernung die Stadt sehen, aber die Häuser schienen trotzdem noch relativ weit weg zu sein. Rundherum um die Klinik lagen lediglich Wald und Äcker. Von der Stadt aus musste das Klinikgelände aussehen wie ein kleines Dorf, das mitten im Nichts errichtet wurde.

Vor dem Kinder- und dem Therapiegebäude gab es eine Art Bauernhof mit einem Ziegen- und Kleintiergehege und einer Koppel, auf der zwei Pferde standen.

Ich genoss den Spaziergang und die kalte Februarluft. Es ist unglaublich, wie toll sich frische Luft anfühlt, wenn man so lange nicht mehr draußen war! Doch leider ging die Zeit viel zu schnell vorbei und wir mussten wieder zurück auf die geschlossene Station.

Die erste Nacht in dem neuen Zimmer war ungewohnt und ich konnte zunächst nicht einschlafen, weil zu viele Gedanken in meinem Kopf kreisten. So viel, wie ich heute erlebt hatte, hatte ich schon lange nicht mehr erlebt. Aber dann begann die Nachtmedikation zu wirken und mir fielen, trotz des Chaos` in meinem Kopf und den vielen tausend Gedanken die Augen zu.

Am nächsten Morgen wachte ich um 8 Uhr von alleine auf. Erst dachte ich, ich hätte verschlafen, weil es schon so spät war und war verwundert, dass mich niemand geweckt hatte. Aber als ich im Stationszimmer nachfragte, wurde mir erklärt, dass es normal war, dass die Patienten, die nicht in die Klinikschule gingen, so lange schlafen durften. Lediglich die Kinder und Jugendlichen, die in die Schule mussten, wurden um 7 Uhr geweckt. Die anderen durften bis 8.30 Uhr schlafen. Das war für mich Luxus, denn in M. mussten alle, egal, ob Schulgänger oder nicht, um 7 Uhr aufstehen und frühstücken.

Nachdem ich ausgiebig (ohne Begleitung!) geduscht hatte, ging ich zum Frühstück. Ohne dass jemand dabeisaß und kontrollierte, was ich aß, nahm ich mir zwei Brötchen und beschmierte sie mit Margarine und Marmelade. Das machte mich stolz, denn ich hätte auch keine Margarine benutzen, nur ein Brötchen oder gleich gar nichts essen können, ohne dass es jemand gemerkt hätte. Aber nein, ich nutzte es nicht aus, dass mich niemand kontrollierte, sondern übernahm selbst Verantwortung!

Obwohl ich noch nicht einmal 24 Stunden hier war, hatte sich meine Einstellung gegenüber meines eigenen Ichs und meinem Leben geändert. Ich war nicht mehr ganz so depressiv und verspürte auf einmal sogar wieder „Lust", am Leben teilnehmen zu wollen. Wenn ich oder meine Eltern gewusst hätten, dass mir eine Verlegung in eine andere Klinik so guttun würde, hätten sie bereits früher veranlasst, dass ich die Klinik wechsle.

Je mehr ich darüber nachdachte, desto klarer wurde mir, dass ich in M. depressiv werden musste. Wenn man den gesamten Tag alleine im Zimmer sitzt, nie an die frische Luft kommt und noch nicht einmal mit anderen reden darf, ist es doch klar, dass man irgendwann über Suizid nachdenkt! Der Besuch meiner Eltern oder Großeltern war das einzige „Highlight", das ich wochenlang erleben durfte. Zum Schluss durfte ich noch nicht einmal ein Buch für mehr als eine Stunde am Tag haben! Das war kein Leben mehr!

Ich habe in M. lediglich den ganzen Tag vor mich hinvegetiert und gewartet, bis der Tag vorüber ist. Hier in R. hatte ich endlich das Leben wiederentdeckt. Ich konnte mich frei bewegen, mich mit anderen unterhalten, aber auch zurückziehen, wenn es mir zu viel wurde, und das Beste: Ich hatte Ausgang in Begleitung! Innerhalb noch nicht einmal eines Tages hatte ich gelernt, die schönen Seiten des Lebens wieder zu beachten und auszuleben. Es war Wahnsinn, was ein paar kleine, aber entscheidende Änderungen im Setting bezwecken konnten!

Meine Erinnerung an die Vergewaltigung hatte ich in dieser Zeit erfolgreich verdrängt und weggeschlossen. Ich hatte sie in einen hinteren Schrank in meinem Gedächtnis gesperrt und den Schlüssel zu diesem Schrank ebenfalls eingeschlossen, um mich selbst vor meiner eigenen Erinnerung zu schützen. Meine Erinnerung kam mir vor wie ein Film, den ich irgendwann mal im Fernsehen gesehen hatte, aber an den ich mich nicht mehr genau erinnern konnte.

Einzelne Bruchstücke waren zwar da, aber sie berührten mich nicht. Ich hatte kaum noch Flashbacks oder Albträume. Psychologen und Ärzte warnten mich zwar immer wieder davor, dass diese Art von Verdrängung keine Form von Verarbeitung war, und dass mich meine Erinnerung irgendwann wieder einholen und überrollen würde, doch das war mir momentan egal. Ich konnte mit dem Verdrängen gut leben und was irgendwann sein würde, interessierte mich nicht!

In den kommenden Tagen blühte ich immer weiter auf. Ich nahm wieder am „normalen" Leben teil und hatte mein verlorenes Lachen wiedergefunden. Ich erkannte, dass das Leben auch schön sein konnte, und genoss jede Sekunde. Wie bei einem Lichtschalter, den man anknipst, war bei mir mein Wille, gesund zu werden, zurückgekommen. Zwar hatte ich weiterhin große Bedenken bezüglich meiner eigenen Zukunft, aber dennoch wagte ich es bereits jetzt schon, vorsichtig Pläne zu schmieden. Ich war mir sicher, dass ich es mit der richtigen Unterstützung zurück ins Leben schaffen würde.

Ohne großen Kampf oder Rückschläge schaffte ich es, ausreichend zu essen und mein Gewicht zu halten. Manchmal konnte ich inzwischen sogar das Essen genießen und das Thema Kalorien in meinem Kopf ausblenden. Ich versuchte zwar weiterhin, hochkalorische Lebensmittel zu meiden und mich so fettarm wie möglich zu ernähren, aber solange ich mein Gewicht hielt, war das völlig in Ordnung.

An Kotzen oder Kalorien abtrainieren, dachte ich so gut wie gar nicht mehr. Und meine Selbstverletzungen wurden ebenfalls deutlich weniger. Meist verletzte ich mich nur dann, wenn ich nicht glauben konnte, dass all das, was gerade passierte, Realität war. Innerhalb von noch nicht einmal einem Monat hatte ich mein Leben und meine Einstellung gegenüber dem Leben so krass verändert, dass ich ab und zu dachte, ich träume. Dann musste ich mich selbst verletzen, um zu spüren, dass ich noch da war. Dass das alles „echt" war.

Außerdem bestrafte ich mich mit Selbstverletzung, wenn etwas nicht so lief, wie es sollte, wenn ich Fehler machte oder mit meiner Leistung unzufrieden war. Oder ich verletzte mich, wenn ich das Gefühl hatte, dass ich das alles nicht verdient hatte. Dass es mir sozusagen zu gut ging. Dann versuchte ich, ein künstliches Tief bei mir zu erzeugen, um mich wieder auf den Boden zu holen. Meine Angst war es nämlich, dass bald ein Rückfall kommen würde, wenn es mir zu lange zu gut ging. Also, wenn ich mich selbst immer mal wieder von meinem Höhenflug herunterholte, würde es mir meiner Logik nach länger gut gehen.

24. Flucht nach vorne? Oder doch wieder zurück?

Eines Morgens wollte ich mit einer Betreuerin spazieren gehen. Wir standen bereits vor der Tür, als ihr einfiel, dass sie etwas vergessen hatte. Deshalb bat sie mich, vor der Tür zu warten, während sie noch einmal zurück auf Station ging, um das Vergessene zu holen. Doch ich dachte nicht daran, auf sie zu warten. Sobald ich sie nicht mehr sehen konnte, nahm ich meine Beine in die Hand und rannte davon. Wohin war mir egal. Ich hatte kein Ziel. Ich wollte lediglich die frische Luft und dieses draußen sein genießen.

Nach einem ausgedehnten Spaziergang wollte ich alleine zurückkommen. Ich wollte gar nicht stundenlang oder gar Tage auf der Flucht sein. Aber bereits nach wenigen Minuten überkamen mich das schlechte Gewissen und Schuldgefühle. Mir wurde bewusst, dass ich gerade einen großen Fehler begangen hatte, den ich nicht so einfach wieder gut machen konnte. In mir staute sich Druck an. Ich wollte mich selbst verletzen, um mich zu bestrafen. Einen anderen Ausweg sah ich nicht, um meinen Selbsthass loszuwerden. In solchen Situationen setzte immer mein vernünftiges Denken aus. Wenn mein innerlicher Druck einen bestimmten Punkt überschritten hat, dreht sich in meinen Kopf nur noch alles darum, wie ich mich am besten schnellstmöglich verletzen konnte. Dieser Punkt ist so eine Art *Point of no Return*. Ist er überschritten, gibt es kein Zurück mehr. Und dieser Punkt war soeben überschritten!

In meiner Hosentasche befanden sich noch 5 Euro, die mir mein Opa am Vortag gegeben hatte. Diese 5 Euro reichten locker aus, um mir in der benachbarten Stadt eine Packung Rasierklingen zu kaufen.

Die „Stadt", die man von der Klinik aus sehen konnte, war in Wirklichkeit ein kleines Dorf mit nur einem Lebensmittelgeschäft. Glücklicherweise hatte dieses Lebensmittelgeschäft aber auch Rasierklingen, die ich mir kaufen konnte. Als ich die Rasierklingen bezahlte, klopfte mir mein Herz bis in den Hals. Ich war aufgeregt. Allerdings nicht negativ aufgeregt oder ängstlich, sondern ich freute mich irgendwie auf den Schmerz und das fließende Blut. Es tat gut, zu wissen, dass der innerliche Druck und das Verlangen nach Selbstbestrafung gleich ein Ende haben würde. In wenigen Minuten würde es mir wieder „gut" gehen.

Als ich das Geschäft allerdings verließ, entdeckte ich ein Polizeiauto, dass gerade langsam die Straße entlangfuhr. Ich war mir ziemlich sicher, dass das Personal der Psychiatrie mich bereits als vermisst gemeldet hatte und ich gesucht wurde, deshalb versteckte ich mich schnell hinter einem Schutthaufen neben einer Baustelle und wartete, bis das Polizeiauto außer Sichtweite war.

Das „Problem" an der Sache war jedoch, dass mich ein Bauarbeiter bei meinem Sprung hinter den Schutthaufen beobachtet hatte und misstrauisch wurde. Er kam auf mich zu und sprach mich an. Panisch versuchte ich, die Flucht zu ergreifen und rannte los. Er rannte ebenfalls los, holte mich bereits nach wenigen Schritten ein und hielt mich fest. Ich schlug um mich, hatte aber keine Chance. Der Bauarbeiter war ungefähr doppelt so breit wie ich und deutlich stärker.

Ohne dass ich ein Wort sagte oder mich großartig erklären musste, erkannte er sofort, dass ich aus der Psychiatrie abgehauen sein musste. Woran er das erkannte, weiß ich bis heute nicht. Seine Kollegen riefen die Polizei und die fuhr mich zurück in die Klinik. So schnell war also mein kleiner „Ausflug" zu Ende ...

Schon auf der Rückfahrt überkamen mich noch mehr Hassgefühle als bereits zuvor. Wie konnte ich bloß so doof sein und mich erwischen lassen? Ich war so kurz vorm Ziel ... Und jetzt? Jetzt hatte ich alles versaut! Ich war einfach unfähig.

In der Klinik angekommen, wurde ich direkt von einer Betreuerin durchsucht. Natürlich fand sie die Rasierklingen in meiner Hosentasche und nahm sie mir ab. Wäre ich eine Atombombe gewesen, wäre ich spätestens jetzt explodiert! Dass ich mit der Polizei zurück in die Klinik gefahren wurde, war mir noch relativ egal, aber dass mir meine Rasierklingen abgenommen wurden, war eindeutig zu viel! Mein komplettes Denken kreiste um Selbstverletzung und nun hatte ich noch nicht einmal die Chance, diesem Druck Luft zu machen. Da konnte man doch echt durchdrehen!

Obwohl ich auf der Station relativ lautstark versuchte, meinem Ärger Luft zu machen, probierte meine Psychologin trotzdem ein sachliches Gespräch mit mir zu führen. Sicherlich war sie nicht begeistert, dass ich meine Ausgangszeit selbstständig verlängert hatte, aber sie reagierte auch nicht über. Ganz im Gegenteil, sie sagte sogar, dass sie teilweise nachvollziehen könnte, dass ich länger draußen bleiben wollte. Aus diesem Grund sollte ich als Konsequenz für meinen „Ausflug" lediglich zwei Tage Ausgangssperre bekommen. Danach sollte alles wie gehabt weitergehen. Außerdem wollte sie vorübergehend meine Medikation ändern, um den Selbstverletzungsdrang zu verringern. Solange ich so starke Autoaggressionen in mir hatte, sollte die Dosis der Tabletten auf die Maximaldosis erhöht werden.

Auf der einen Seite war ich froh, dass die Psychologin mir helfen wollte und die Tabletten mich ruhigstellten, doch anderseits sorgten diese ganzen sedierenden Medikamente wieder dafür, dass meine Erinnerungen in einen Nebel gehüllt wurden. Ich kann mich an vieles aus dieser Zeit nicht mehr erinnern. Zum Beispiel weiß ich, dass meine Großeltern mindestens einmal in der Woche zu Besuch kamen und wir dann jedes Mal gemeinsam an den Rhein gefahren sind, um Schiffe zu beobachten. Aber an Gespräche, die wir führten, kann ich mich gar nicht erinnern. Dasselbe gilt für die Besuche meiner Eltern. Wenn meine Mutter mir von Situationen erzählt, die ich angeblich mit ihnen erlebt hatte und ich mich nicht daran erinnern kann, macht mich das aggressiv. Es ist ein furchtbares Gefühl, wenn man sich an bestimmte Situationen nicht erinnern kann, obwohl man selbst dabei war. Das ist auch der Hauptgrund, wieso ich nie Alkohol trinke. Weil ich nie mehr etwas aus meinem Leben vergessen möchte!

Trotz der vielen sedierenden Medikamente schaffte ich es dennoch, mich zwei Mal mit Glasscheiben von Tellern so tief zu schneiden, dass ich genäht werden musste. Dann musste ich mit einem Betreuer gemeinsam mit einem Taxi in eine chirurgische Praxis in die Stadt fahren und wurde dort von einem Arzt genäht. Anschließend musste ich eine Verhaltensanalyse schreiben und dann war die Sache gegessen. Weitere Konsequenzen gab es für mich nicht, da meine Psychologin der Auffassung war, dass die Selbstverletzung, Teil meiner Krankheit wäre und solange ich nicht jede Woche genäht werden musste, auch ein Stück weit normal wäre. Außerdem würde ich mich genug selbst bestrafen mit meinen Gedanken, dass ich es schon wieder getan hätte, womit sie recht hatte. Nach jeder Selbstverletzung war ich von mir enttäuscht und fühlte mich als Versagerin. Ich war sauer und wütend auf mich, dass ich es schon wieder getan hatte. Schließlich wollte ich gesund werden und nicht noch tiefer in die Krankheit rutschen.

Diese Psychologin schien die erste Psychologin zu sein, die mich verstand. Sie war auch die erste, die mir erklären konnte, was mit mir nicht stimmte. Zwar wurde mir bereits in M. mehrfach schon der Begriff „Borderline" an den Kopf geschmissen, aber keiner konnte mir erklären, wer oder was dieses Borderline war und was er mit mir machte. Sie aber konnte es. Durch diese Psychologin habe ich vieles gelernt, was ich in dem Moment zwar nicht verstehen konnte, aber was mir im Nachhinein trotzdem weitergeholfen hat.

Allgemein habe ich an diese Psychiatrie sehr viele gute Erinnerungen. Das gesamte Team war freundlich und engagiert. Sobald einer der Betreuer Zeit hatte und das Wetter es zuließ, ging er mit mir oder der Gruppe nach draußen. Besonders am Wochenende saßen wir oft auf der Bank vor dem Gebäude in der Sonne. Es war ein warmer Frühling, sodass wir viel Zeit im Freien verbringen konnten. Mit den anderen Mitpatienten schmiedete ich oft stundenlang Pläne, was wir alles machen wollten, wenn wir wieder „gesund" wären. Ich wollte wieder meine Ausbildung als Erzieherin aufnehmen und irgendwann in einem Heim für schwer erziehbare Kinder und Jugendliche arbeiten und anderen helfen. Doch dazu musste ich erst noch mein selbstverletzendes Verhalten in den Griff bekommen. Außerdem wollte ich nach meiner Entlassung nicht mehr zu Hause einziehen, sondern in eine betreute Wohngruppe. Denn meine Angst war, dass mich zu Hause zu viel an meine Vergangenheit erinnern würde und ich dadurch wieder rückfällig werden könnte.

Doch all das war lediglich Wunschdenken. Nach einem Monat zerplatzte meine Motivation, gesund zu werden, wie eine Seifenblase, die an einen spitzen Gegenstand stößt. Mein Essverhalten ging den Bach oder besser gesagt wortwörtlich die Kanalisation hinunter ...

Ziemlich genau vier Wochen nach der Verlegung begann ich erneut zu kotzen. Mindestens zweimal pro Woche schlug ich mir vorwiegend beim Abendessen dermaßen den Bauch voll, dass ich anschließend kaum noch aufrecht gehen konnte. Ich verschlang alles, was auf dem Tisch stand, und das in Massen.

Ich bin mir relativ sicher, dass alle am Tisch wussten, was ich mit dem Essen machte, allerdings wurde ich kein einziges Mal von Betreuern oder Mitpatienten darauf angesprochen oder daran gehindert. Meine öffentlichen Fressanfälle wurden einfach kommentarlos hingenommen und akzeptiert. Lediglich meine Psychologin erkundigte sich regelmäßig danach, ob ich das Essen nach den Mahlzeiten wieder auskotzte. Ohne zu zögern beantwortete ich ihr diese Frage dann mit „Ja.". Wieso hätte ich auch lügen sollen? Es war auf der gesamten Station ein offenes Geheimnis, das ich kotzte. Jeder wusste es, aber niemand sagte etwas. Und ich war mir sicher, dass die Psychologin genauso gut wie ich wusste, dass es unmöglich war, mich am Kotzen zu hindern. Würde ich nicht kotzen können, würde ich mir eine andere Form der Selbstverletzung suchen.

Es war verrückt: Die Essanfälle schienen zumindest kurzzeitig, die endlose Leere in mir auszufüllen. Wenn ich aß, konnte ich alles um mich herum vergessen. Alle Probleme, Ängste und Sorgen traten in den Hintergrund. Sobald ich anfing, die Lebensmittel in mich hineinzustopfen, war mir alles egal. Ich fühlte keine Traurigkeit, Wut, Verzweiflung oder Leere mehr. Mir ging es dadurch gut. Essen war wie ein Allheilmittel und Trostpflaster für mich. Während der Nahrungsaufnahme gab es nur noch mich und das Essen. Doch danach kam jedes Mal das böse Erwachen über der Kloschüssel.

So sehr ich das Essen auch liebte – ich hasste es, zu kotzen. Ich hasste es mich vor der Toilette zu demütigen, und mir den Finger in den Hals zu stecken. Ich hasste den Geschmack von Galle im Mund und ich hasste die Halsschmerzen, die die Magensäure im Hals verursachte. Aber ich wusste, dass ich diese „Nachteile" in Kauf nehmen musste, wenn ich einen Kurzurlaub von meinen Gedanken und Hassgefühlen haben wollte ...

Nach außen hin sieht Kotzen gar nicht so anstrengend aus, aber in Wirklichkeit ist es wie ein Hochleistungssport. Es ist anstrengend und kostet eine Menge Kraft. Anschließend zittert der gesamte Körper, die Beine fühlen sich an wie Gummi und die Augen tränen. Der Körper ist erschöpft und der Hals brennt, als ob man hochprozentigen Alkohol getrunken hätte. Kotzt man über einen längeren Zeitraum regelmäßig, bildet sich sogar auf dem Handrücken, an der Stelle, die beim „Finger-in-den-Hals-stecken" an die Zähne kommt, Hornhaut. Oft reißen auch die Mundwinkel ein und entzünden sich. Also Bulimie ist kein Spaß, den man mal ausprobiert, weil man abnehmen möchte, sondern hinter Bulimie steckt eine extreme Aggression gegen den eigenen Körper und Drang zur Selbstzerstörung.

Durch das ständige Fressen und Kotzen nahm ich wieder zu, weil oft zu viel Zeit zwischen dem Essen und dem Kotzen verging. Mir kam es vor, als ob die Betreuer manchmal die Essenszeit extra lang ausdehnten, wenn sie merkten, dass ich einen Essanfall hatte. Sie warteten dann besonders lange, bis wir aufstehen durften. Ich hasste das! In diesen Momenten konnte ich spüren, wie sich jede einzelne Kalorie in meinem Magen in eine hässliche Fettzelle umwandelte!

Nach zwei Wochen kam dann die Abrechnung der Waage. Ich wog 51,4 Kilo! Mein Albtraum war wahr geworden! Ich wurde fett! Nahm ich weiter so schnell zu, würde ich bis zu meiner Entlassung nicht mehr durch die Tür passen. Das konnte und durfte nicht wahr sein!

In meinen Kopf begann ein Kampf. Mein gesunder Menschenverstand flüsterte mir zu, dass ich mir keine Sorgen machen sollte. Schließlich würde man nicht von heute auf morgen vom Untergewicht in die Fettleibigkeit rutschen. Doch die Magersucht brachte ihn recht schnell zum Schweigen. Sie war aus ihrem Schlaf erwacht und riss erneut die Kontrolle an sich. Sie ließ mich wieder komplett essgestört denken und handeln.

Den restlichen Morgen verbrachte ich weinend und mit Sport. Pausenlos machte ich Sit-ups und lief im Zimmer auf und ab. Glücklicherweise waren vor einigen Tagen die sedierenden Medikamente heruntergesetzt geworden, denn ansonsten hätte ich die Gewichtszunahme eventuell gar nicht registriert. Gar nicht auszudenken, was dann hätte passiert können! Vermutlich hätte ich dann wirklich irgendwann nicht mehr durch die Tür gepasst!

Der Vorteil an der Medikamentenreduktion war, dass ich wieder mehr vom Leben mitbekam, was jedoch auch zugleich ein Nachteil war. Ich hatte nämlich vollkommen vergessen, wie kompliziert und unberechenbar die Welt war. Ich war mit meinen Gedanken und Gefühlen komplett überfordert. Plötzlich stellte das Leben wieder Anforderungen an mich! Und auch die Stimme der Magersucht wurde ohne die Tabletten wieder lauter. Ich verspürte eine starke Unruhe und musste mich immerzu bewegen. Zwar war mein Bewegungsdrang noch nicht ganz so schlimm wie vor ca. einem Jahr, aber 2,5 Stunden täglich im Zimmer auf und ab laufen war für mich keine Seltenheit. Ich wollte jeden Tag mein Laufpensum vom Vortag überschreiten. War es weniger, fühlte ich mich schlecht und faul. Ich war wieder wie besessen von Bewegung. Mein gesamter Tag richtete sich danach. Mit einiger Übung und nach ein paar blauen Flecken von gestreiften Türrahmen und Bettkanten schaffte ich es sogar, mit einem Buch in der Hand lesend auf und ab zu laufen.

Teilweise nervte mich mein übertriebener Bewegungsdrang selbst und ich wünschte mir die sedierenden Tabletten zumindest ab und zu zurück, um ein bisschen zur Ruhe zu kommen. Aber das ging nicht. Ich hatte eigentlich schon viel zu lange viel zu viele Beruhigungsmittel, die für mein Gewicht gar nicht zulässig waren, geschluckt. Es war höchste Zeit, meinen Organen eine Auszeit zu gönnen, wenn ich nicht wollte, dass meine Leber oder meine Nieren versagen.

Seit dem Schock auf der Waage fiel mein Gewicht rapide ab. Nach einer Woche war ich bereits wieder unter 50 Kilo. Ich änderte nämlich nicht nur meine Bewegungsgewohnheiten, sondern auch mein Essverhalten. Zum Frühstück aß ich nur noch ein Brötchen ohne Margarine, zum Mittagessen nur das Gemüse oder die Kartoffeln und abends eine Scheibe Brot mit Frischkäse und dazu reichlich kalorienarmes Gemüse.

Zu den Zwischenmahlzeiten aß ich gar nicht mehr oder wenn überhaupt nur einen Apfel oder einen kleinen Joghurt.

Die einzigen Mahlzeiten, bei denen ich mir alles gönnte und mich richtig satt aß, waren die, wenn ich einen Essanfall hatte. Dann gönnte ich mir alles, was ich mir sonst verwehrte, doppelt und dreifach. Aus Gier schaufelte ich mir dann alles, was irgendwie essbar war, in mich hinein. Das „Problem" an diesem Schlingen war allerdings, dass ich gar nicht mehr schmeckte, was ich da eigentlich aß. Ich kaute und schluckte, ohne den Geschmack wahrzunehmen. Theoretisch hätte ich also auch Papier essen können. Da hätte ich denselben Geschmack gehabt.

Nach jedem Fressanfall bereute ich es zu tiefst, dass ich schon wieder gekotzt hatte. Ich bedauerte, dass ich es überhaupt je angefangen hatte, mir den Finger in den Hals zu stecken. Wenn ich zuvor gewusst hätte, zu welch einer Sucht sich das Kotzen entwickelt, hätte ich es nie ausprobiert.

Jedoch blieb mir meist nicht lange Zeit, darüber nachzudenken, denn die Stimme der Magersucht mochte es nicht, wenn ich negativ über meine Essstörung dachte. Sie war zurückgekehrt und diktierte erneut als Alleinherrscherin mein Leben. Zu jeder Zeit und an jedem Ort war sie in meinen Gedanken, Gefühlen und meinem Tun vorhanden. Sie verdrängte die Selbstverletzung. Wie immer konnte nämlich nur eine Krankheit stärker sein und meinen Kopf regieren. Die Essstörung löste Borderline ab und drängte die Gedanken und Gefühle von Borderline in den Hintergrund. Komplett verschwanden sie zwar nicht, aber sie wurden deutlich schwächer. Mein Selbstverletzungsdrang sank und mein Bewegungsdrang, und mein Wunsch abzunehmen, wuchsen.

Zwei Wochen nachdem die Magersucht ihre Herrschaft zurückerobert hatte, feierte ich meinen 18. Geburtstag, der zugleich auch mein letzter Tag in der Kinder- und Jugendstation darstellte. An diesem besonderen Tag durfte ich nach dem Mittagessen bis zum Abendessen nach Hause.

Trotzdem konnte ich aber diesen Tag nicht genießen. Um ehrlich zu sein, belegt mein 18. Geburtstag unter den Top 5 meiner miesesten Tage sogar einen der vordersten Plätze. Ich hasse diesen Tag. Ich hatte mir meinen 18. Geburtstag komplett anders gewünscht. In meinen Träumen hatte ich mir jahrelang vorgestellt, dass ich meinen 18. Geburtstag groß feiere mit vielen Freunden, einer großen Party und allem, was dazugehört. Doch davon war ich weit entfernt. Mein 18. Geburtstag war eigentlich ein Tag wie jeder andere. Nichts Besonderes. Ich wachte in der Psychiatrie auf, schaute durch die vergitterten Fenster, mein Geburtstagskuchen am Morgen landete in der Toilette und mittags rührte ich den Kuchen zu Hause erst gar nicht an, weil ich Angst hatte, zuzunehmen. Also es lief alles perfekt! Wenn ich allein die Frage höre: „Wie war dein 18. Geburtstag?" – steigen mir Tränen in die Augen.

Anfangs freute ich mich darauf, dass ich nach so langer Zeit endlich mal wieder nach Hause durfte; aber als ich zu Hause war, wollte ich nur noch zurück in die Psychiatrie. Mein Zuhause kam mir nicht mehr wie mein Zuhause vor. Alles war fremd. Ich kannte die Wohnung nicht mehr. Das war nicht mehr meine Heimat! Das war lediglich eine fremde Wohnung für mich, in der ich zu Besuch war. Selbst beim Kaffeetrinken mit meinen Verwandten fühlte ich mich fremd. Ich gehörte nicht hierher. Ich fühlte mich unwohl. Außerdem kreisten meine kompletten Gedanken um den morgigen Tag, an dem ich in die Erwachsenenpsychiatrie verlegt werden sollte.

In meinem Kopf tummelten sich tausend Fragen. Ich hatte keine Ahnung, wie die Regeln, der Tagesablauf, die Therapien etc. in einer Erwachsenenpsychiatrie abliefen. Schließlich kannte ich bis jetzt nur Kinder- und Jugendpsychiatrien. Ich konnte mir nur denken, dass dort einiges anders ablief als im Kinder- und Jugendbereich. Das machte mir Angst. Ich hasste diese Ungewissheit, nicht zu wissen, was mich erwartete!

25. Verlegung in die Erwachsenenpsychiatrie

In der Nacht konnte ich vor Aufregung kaum schlafen. Die Vorstellung, dass morgen alles anders werden sollte, raubte mir den Schlaf.

Ich hatte Angst davor, was oder besser gesagt, wer mich in der Erwachsenenpsychiatrie erwarten würde. Bis jetzt kannte ich nur Kinder- und Jugendpsychiatrien und hier waren alle Leute „normal". Zwar hatte jeder Jugendliche seine Gründe, wieso er in einer Klinik war, aber es gab niemanden, den ich als vollkommen verrückt oder gar gefährlich abstempeln würde. Das Leben auf Station war eigentlich wie das Leben in einer Großfamilie. Zeitweise wurde sogar so viel herumgealbert, dass man seine Probleme und Sorgen für ein paar Stunden komplett vergessen konnte. Das würde in einer Erwachsenenpsychiatrie bestimmt nicht so sein. Da war ich mir sicher: Dort waren alle anderen Patienten viel älter als ich. Nie würde ich mich mit diesen Leuten so anfreunden können, wie mit meinen Freunden auf der Jugendstation! Außerdem war ich mir relativ sicher, dass in einer geschlossenen Erwachsenenpsychiatrie ganz bestimmt nur komplett verrückte Psychopathen waren. So wie man es im Fernsehen immer sah. In meinen Vorstellungen war die Station, auf die ich morgen verlegt werden sollte, wie eine Station aus einem schlechten Horrorfilm. Ich hatte richtig Angst davor, dort hinzumüssen!

Am nächsten Morgen holte meine Mutter mich schon früh ab.

Mein Gepäck hatte ich bereits am Vorabend gepackt, sodass wir direkt losfahren konnten. In Gedanken versuchte ich mir auf der Fahrt die Verlegung schön zu reden und mir so die Angst zu nehmen. Ich redete mir ein, dass es gut war, dass ich verlegt wurde. Schließlich würde die neue Klinik in der Nachbarstadt von meinem zu Hause liegen. Dadurch könnten mich meine Eltern und Großeltern häufiger besuchen als in den anderen Kliniken oder auch mal spontan vorbeikommen. Aber irgendwie machte das die Situation auch nicht besser. Das unbehagliche Gefühl blieb.

Und als ich den Eingangsbereich der Psychiatrie betrat, wusste ich, dass ich mit diesem unguten Gefühl leider gar nicht ganz so falsch lag.

Bereits im Eingangsbereich konnte ich erkennen, dass der Erwachsenenpsychiatriebereich tatsächlich vollkommen anders war, als der Kinder- und Jugendbereich. Alle Wände waren in sterilem Weiß gehalten. Es gab keine Bilder oder bunten Farben. Außerdem trugen alle Bediensteten Dienstkleidung und mir wurde direkt erklärt, dass das Personal hier nicht mehr „Betreuer" genannt wurde, sondern „Pfleger" und „Schwestern". Anders wie in der Jugendpsychiatrie wurde das Personal nicht mehr mit Herr/Frau und Nachnamen angeredet, sondern mit Pfleger beziehungsweise Schwester und Vornamen.

Schon jetzt fühlte ich mich „falsch" hier. Die Atmosphäre war ja schlimmer als in einem Krankenhaus! Und davon abgesehen war es eine Horrorvorstellung für mich, mit so vielen Männern „eingesperrt" zu sein. Allein die Vorstellung, hierbleiben zu müssen, machte mir Angst! Am liebsten hätte ich mich umgedreht und wäre gegangen, doch leider war das nicht möglich. Mit einem richterlichen Beschluss, den ich immer noch hatte, durfte ich nicht frei über meinen Aufenthaltsort bestimmen.

Auf der Station gab es einen großen Essenssaal, einen Fernsehraum, einen Raucherraum, zwei Beobachtungszimmer, zwei Toiletten- und zwei Duschräume und zahlreiche Patientenzimmer. Alle Räume waren über einen langen Flur verteilt. Die Station war deutlich größer als die Stationen, die ich bis jetzt kannte. Trotzdem gab es aber nicht wesentlich mehr Personal.

Eine Schwester zeigte mir mein Zimmer. Ich kam nicht auf ein Beobachtungszimmer, sondern auf ein Dreibettzimmer, das ich mir mit zwei älteren, leicht verwirrt aussehenden Damen teilen sollte.

Direkt beim Aufnahmegespräch machte mir der Stationsarzt klar, dass es auf dieser Abteilung um Eigenverantwortung gehe. Es sei ihm relativ egal, ob, was und wie viel ich äße und ob ich es in mir behielt. Es läge in meinem Ermessen, mich um meinen Körper zu kümmern und für ihn zu sorgen.

Wenn ich allerdings zu viel Gewicht verlieren würde, sähe er sich dazu gezwungen, mir eine Magensonde legen zu lassen.

Verletzte ich mich selbst, läge es ebenfalls in meiner Verantwortung, die Verletzung zu melden und ärztlich versorgen zu lassen. Außerdem bedeutete Selbstverletzung immer am nächsten Tag ein Gespräch mit den Psychologen und Therapiesperre. So etwas wie Verhaltensanalysen gab es in dieser Einrichtung nicht. Nach einer Woche dürfte ich mit Begleitung in den Ausgang. Wenn das funktionierte, dürfte ich auch recht schnell alleine raus gehen.

Einmal pro Woche wäre Visite und ebenfalls einmal die Woche hätte ich ein Gespräch mit meinem Psychologen. Also mit ihm.

Nach dem Aufnahmegespräch fühlte ich mich auf Station noch unwohler als zuvor schon. Bereits nach der halben Stunde Aufnahmegespräch war der Psychologe auf der Liste, der Menschen, die ich besonders unsympathisch finde, ganz weit oben!

Da ich, zumindest anfangs, noch den Plan hatte, mein Gewicht zu halten, und nicht erneut zurück in das extreme Untergewicht zu rutschen, fragte ich ihn, ob ich vorportioniertes Essen von der Küche geliefert bekommen könnte. Begeistert war er von dieser Idee nicht. Er verzog das Gesicht und runzelte die Stirn, aber einen entscheidenden Grund, weshalb vorportionierte Mahlzeiten nicht möglich wären, fand er nicht. Deshalb sollte ich so bald wie möglich ein Gespräch mit der Küchenleitung bekommen.

Ich mochte die Station nicht. Die Pfleger und Schwestern waren mir unsympathisch und die Ärzte und Psychologen hier hatten meiner Meinung nach ihren Beruf verfehlt. Und die Mitpatienten, nun ja, die waren größtenteils mit Medikamenten so zugedröhnt, dass sie wie halb tote Zombies über Flure streiften und ein Gespräch mit ihnen unmöglich war.

Besonders in den ersten Tagen machte mir deshalb die Langeweile zu schaffen. Auf der Jugendstation wurde immer irgendwelches Programm angeboten. Die Betreuer spielten mit uns tagsüber Brettspiele und abends saßen wir zusammen und alberten herum oder schauten fern, aber hier gab es gar nichts in diese Richtung. Die Pfleger und Schwestern saßen mehr oder weniger den gesamten Tag im Schwesternzimmer und tranken Kaffee und die Patienten, die halbwegs fit im Kopf waren, rauchten am laufenden Band oder saßen im Fernsehraum und machten perverse Witze.

Zeitweise fühlte ich mich auf der Station wie der letzte „normale" Mensch auf Erden. Hätte ich kein festes Ziel vor Augen gehabt, dann hätte mich diese Einsamkeit vermutlich umgebracht oder verrückt werden lassen. Doch der Gedanke und die Hoffnung daran, dass diese Therapie die letzte Station vor einem „normalen" Leben war, gab mir Kraft, diesen „Wahnsinn" durchzustehen. Mir war klar, wenn ich mein Gewicht halten und die restliche Zeit, die mein richterlicher Beschluss noch dauerte, durchhalten würde, hätte ich mein Ziel schon fast erreicht. Wenn alles nach Plan lief, könnte ich im Sommer, also in vier Monaten, vielleicht schon wieder meine Ausbildung aufnehmen!

Auch wenn die aktuelle Lage nicht gerade schön war, verlor ich meine Ziele und Wünsche nicht aus den Augen. Ich war der festen Überzeugung, dass mich keine Psychiatrie, kein Arzt und auch keine Essstörung von

meinem Weg in ein „normales" Leben abbringen oder bremsen könnten.

Glücklicherweise war ich durch die Tabletten nicht mehr ganz so zugedröhnt. Durch die niedrigere Dosis an sedierenden Medikamenten konnte ich endlich wieder klar denken und der dicke Nebel in meinem Kopf, in dem sich in den vergangenen Monaten so viele Gedanken verhangen hatten, lichtete sich. Das hatte allerdings zum Nachteil, dass sich die Tage gefühlt doppelt so lange zogen, weil ich schließlich nicht mehr so viel schlief oder leere Löcher in die Luft starrte. Und zudem wurden die Nächte ohne Schlafmittel in meinem Dreibettzimmer zu Nächten des Grauens! Eine meiner Zimmergenossen schlief nämlich den gesamten Tag über und lief dadurch nachts, weil sie da dann natürlich ausgeschlafen war, pausenlos im Raum auf und ab und redete dabei mit sich selbst. Und die andere Zimmergenossin schnarchte so laut, als würde sie in einer Nacht den gesamten Regenwald abholzen. Das war ebenfalls nicht viel besser. Aber Gott sei Dank sollte innerhalb der nächsten zwei Tage mein Therapieprogramm starten! Dann, so hoffte ich zumindest, hatte ich die Gelegenheit, wenigstens ein paar Stunden aus diesem „Irrenhaus", das war es nun mal leider wirklich, herauszukommen. Wenn ich Glück hatte, lernte ich dort vielleicht auch noch ein paar Leute kennen, mit denen ich mich angemessen unterhalten könnte. Das wäre dann wenigstens ein kleiner Lichtblick in dieser trostlosen Umgebung.

26. Zeit verändert – Verhalten bleiben manchmal gleich

Das erste Wiegen auf Station kam mir vor wie ein schlechter Witz. Nach dem Aufstehen holte mich eine Schwester von meinem Zimmer ab und wir gingen gemeinsam ins Schwesternzimmer. Niemand achtete darauf, ob ich vor dem Wiegen auf Toilette ging, deshalb tat ich es nicht. Schließlich waren das mindestens 200 Gramm mehr auf der Waage, die ich vermutlich gut gebrauchen konnte. Im Schwesternzimmer angekommen, war ich zunächst verwundert, denn ich sah nirgends eine Waage. Doch dann bückte sich die Schwester und zog unter dem Schreibtisch eine uralte Waage heraus. Als ich die Waage sah, bekam ich einen Schock. Diese Waage hatte nämlich tatsächlich noch Zeiger! Sie musste aus dem vorherigen Jahrhundert stammen, zeigte nur ganze Kilo, ohne Grammzahlen an. Und selbst die noch nicht einmal genau! Ich fühlte mich leicht hinters Licht geführt. Das Personal der Station schien wirklich null Ahnung von Essstörungen zu haben. Ihnen war es sogar egal, als ich mit Schlafanzug auf die Waage stieg. Lediglich meine, angeblich 5 Kilo schweren, Schuhe musste ich ausziehen.

Schätzungsweise wog ich so um die 49 Kilo. Es konnten jedoch auch 48 oder 50 Kilo sein. Das konnte man auf dieser Waage nicht so genau erkennen und wer weiß, ob die Waage überhaupt richtig funktionierte.

Nach dem Wiegen hatte ich eine mir unbekannte Grundaggression in mir. Es machte mich verrückt, dass ich nicht genau wusste, wie viel ich wog. Nicht gewogen zu werden war zwar schlimm, aber im Vergleich zum Wiegen auf dieser Waage, wäre es mir deutlich lieber gewesen, nicht gewogen worden zu sein! Durch diese Waage würde ich nie mein reales Gewicht erfahren können. Erst wenn ich fünf Kilo zu oder abnahm, würde sich wahrscheinlich der Zeiger bewegen. Und selbst das war bei dieser Waage nicht sicher!

Dieses Ding war die reinste Katastrophe! Ich wollte mein Gewicht wissen, und zwar auf die hundert Gramm genau!

Durch die beschissene Ungenauigkeit der Waage ging ich sicherheitshalber davon aus, dass ich innerhalb der paar Tage ein bis zwei Kilo zugenommen hatte. Sicher war schließlich sicher und schaden würde es mir bestimmt nicht, wenn ich etwas abnahm. Deshalb reduzierte ich meine Mahlzeitenmenge und aß nicht mehr das komplette vorportionierte Essen. Davon abgesehen, fiel es mir sowieso schwer, an die Fähigkeiten der Leute, die in der Küche mein Essen portionierten, zu glauben. Wenn diese genauso viel Ahnung von Essstörungen hatten, wie das Personal, dann erklärte das auch, wieso ich jeden Tag so viel zu essen bekam. Vermutlich hatten die Mitarbeiter der Küche keine Ahnung von Kalorien und dachten, „das arme magersüchtige Mädchen muss zunehmen" und luden dann einfach mal auf gut Glück das Tablett voll.

Das wiederum würde dann auch erklären, wieso ich allein zum Frühstück zwei Brötchen mit Margarine, Marmelade und Käse, einen Kakao, einen Joghurt und zwei Kekse bekam.

Das konnten nie und nimmer 2000 Kalorien am Tag ergeben. Alleine das Frühstück beinhaltete ja schon fast meinen täglichen Kalorienbedarf! Ich durfte und konnte der Küche nicht mehr glauben, wenn es um Kalorien ging. Ab sofort würde ich wieder selbst die Kalorien zusammenrechnen. Ich wusste schließlich relativ genau die Kalorienzahlen von so gut wie jedem Lebensmittel auswendig.

Noch am selben Tag hatte ich ein Gespräch mit meinem Lieblingspsychologen, den ich inzwischen richtig in mein Herz geschlossen hatte. Direkt nach der Begrüßung sprach ich ihn auf das „Waagen-Problem" an. Jedoch konnte er mich überhaupt nicht verstehen. Laut ihm gäbe es da nämlich gar kein Problem. Es wäre egal, ob ich jetzt ein Kilo mehr oder weniger wog. Das wären alles normale Gewichtsschwankungen. „Schlimm" würde es erst werden, wenn ich drastisch abnehmen würde.

Mir war das Problem mit der Ungenauigkeit der Waage allerdings nicht egal! Deshalb fing ich an zu diskutieren und versuchte ihn mit allen Mitteln klar zu machen, dass ich eine genaue Waage bräuchte, um mein Gewicht zu kontrollieren. Ohne diese Kontrolle könnte ich nämlich nicht mehr essen. Daraufhin meinte der Psychologe, dass ich jetzt aber wohl übertreiben würde. Schließlich wären mein Gewicht und die Zahl auf der Waage nicht der Mittelpunkt meines Lebens. Neben meiner Essstörung gäbe es noch bedeutend wichtigere Dinge in meinem Leben.

Er konnte und wollte mich einfach nicht verstehen. Selbst als ich ihm unter Tränen beichtete, dass die Zahl auf der Waage tatsächlich eines oder wenn nicht sogar der wichtigste Punkt in meinem Leben war, schaute er mich nur ungläubig an. Als ich ihm dann noch erzählte, dass 200 Gramm Gewicht für mich riesig viel waren und 200 Gramm mehr oder weniger auf der Waage über mein Selbstbild, meine Essensmotivation und die Einstellung gegenüber dem aktuellen Tag, entschieden, war ihm anscheinend die Diskussion zu doof. Er meinte, wenn mir eine digitale Waage so extrem wichtig wäre, dann sollte ich mir eine Waage von meiner Mutter mitbringen lassen. Die dürfte ich dann auch auf meinem Zimmer behalten. Jedoch würde ich weiterhin einmal pro Woche auf der Stationswaage im Schwesternzimmer gewogen werden.

Mit diesem Vorschlag konnte ich sehr, sehr gut leben!

Den Rest der Stunde schwiegen wir uns nur noch an, beziehungsweise ich ließ den Psychologen Selbstgespräche führen. Für mich war bereits jetzt schon klar, dass ich mit diesem „Kotzbrocken" nie über meine Probleme oder gar meine Vergangenheit reden würde.

Ich mochte ihn nicht und ich glaube, diese Antisympathie beruhte sogar auf Gegenseitigkeit. So etwas wie Empathie oder Einfühlungsvermögen hatte der Mann anscheinend noch nie gehört. Der krasseste Kommentar, den er mir in der Zeit, in der ich in der Psychiatrie war, an den Kopf geknallt hatte, war, dass ich, wenn ich ein Problem mit warmen

Mahlzeiten hätte, das warme Essen doch einfach kalt werden lassen sollte. Dadurch würde sich seiner Meinung nach das Problem in Luft auflösen.

Der Arzt war für mich ein typischer Psychologe: Er meinte, alles zu wissen, und hatte in Wirklichkeit keine Ahnung von dem, was er erzählte. Man kann keine psychische Störung behandeln, wenn man nicht dazu bereit ist, sich in den Patienten hineinzufühlen. Aber das wissen anscheinend die wenigsten Ärzte und Psychologen ...

Nach jedem Therapiegespräch war ich jedes Mal froh, wenn die Zeit um war, und ich eine Woche Ruhe vor ihm hatte!

Außer den wöchentlichen Arztgesprächen hatte ich jeden Morgen zwei Stunden Ergotherapie, zweimal die Woche Tanztherapie und ebenfalls zweimal in der Woche Massage. Auf die Ergotherapie hätte ich gut und gerne verzichten können und in der Tanztherapie lag ich sowieso 90 Prozent der Zeit in der Hängematte und betrachtete die Decke, aber die Massage fand ich super. Während der 20 Minuten Massage konnte ich alles um mich herum vergessen und einfach mal den Moment genießen. Sobald ich auf der Liege lag, spürte ich, dass sich bereits nach wenigen Minuten alle Muskeln an meinen Körper entspannten. Dieses Gefühl tat gut und schenkte mir jedes Mal neue Kraft, den Klinikalltag zu überstehen.

Mittags hatte ich meistens frei, sodass meine Eltern oder Großeltern zu Besuch kommen konnten. So gut wie jeden Tag kam einer von ihnen in der Besuchszeit von 14 bis 18 Uhr vorbei und lenkte mich von meinen selbstzerstörerischen Gedanken ab. Da ich in den ersten Tagen das Klinikgelände nicht verlassen durfte, setzten wir uns meistens in die Cafeteria der Klinik, um uns dort zu unterhalten.

Meine Stimmung war von morgens bis zum Abendessen auf Topform. Ich lachte, war glücklich und erfreute mich am Leben. Und auch mein Essverhalten war tagsüber relativ normal. Ich aß zwar morgens eher wenig, aber dafür aß ich mittags, wenn meine Familie zu Besuch war, etwas mehr. Also: Es gab von außen gesehen nichts, worüber ich mich hätte beklagen können. Meine Genesung schien in riesigen Schritten voranzugehen. Aber wie gesagt „schien". Denn das alles war nur tagsüber. Abends sah das nämlich ganz anders aus. Nach jedem Abendessen stürzte ich ab.

Den gesamten Tag über lachte ich und dachte, ich sei glücklich, doch sobald die Sonne unterging, wurde mir bewusst, dass nichts davon stimmte …

In Wirklichkeit lachte ich nicht, weil ich glücklich war, sondern weil ich nicht weinen wollte. Ich redete mir so lange ein, dass es mir gut ginge, bis ich es selbst glaubte. Ich baute mir eine Scheinwelt auf, die die traurige Realität überdecken sollte. Hinter dieser Scheinwelt war ich nämlich alles andere als glücklich mit der aktuellen Situation. Ich war unzufrieden mit mir selbst und mit meinem Gewicht. Ich fühlte mich fett und hässlich. Ich wollte keine weiblichen Rundungen haben. Ich hasste meinen Hintern und meine Brüste, die sich durch die Gewichtszunahme gebildet hatten. Überhaupt wollte ich erst gar nicht erwachsen sein. Ich wollte keine Verantwortung für mein Leben und erst recht nicht für mich selbst übernehmen! Ich hatte Angst vor den Pflichten, die mich als erwachsene Person in der Gesellschaft erwarteten. Zwar hatte ich, solange ich noch hier in der Psychiatrie stationär war, eine Art „Schutzwall" um mich herum, der viele Pflichten und Anforderungen von außen abhielt, doch sobald ich entlassen werden würde, wäre dieser Schutzwall weg. Dann müsste ich alleine zusehen, wie ich mein Leben geregelt bekomme. Und dafür fühlte ich mich alles andere als bereit! Nie würde ich all den Anforderungen, die auf mich in der „Außenwelt" einschlagen würden, standhalten! Dafür war ich eindeutig noch nicht stabil genug und würde es meiner Meinung nach auch nie werden. Klar war ein stationärer Aufenthalt in einer Psychiatrie keine Dauerlösung und bestimmt wollte ich nicht den Rest meines Lebens hinter unsichtbaren Gittern verbringen, doch momentan gaben mir die klaren Regeln und Strukturen der Klinik Sicherheit. Inzwischen wusste ich, wie das Leben hier ablief und da ich nun mal Mensch bin, bevorzugte ich lieber das unangenehme Bekannte als das große unheimliche Unbekannte.

Ich hasste mich für diese Gedanken, aber wenn ich wirklich ehrlich zu mir war, konnte ich mir kein Leben ohne Psychiatrie vorstellen.

Tagsüber schaffte ich es perfekt, diese negativen Gedanken und meinen abgrundtiefen Selbsthass und Prass auf mein gesamtes Leben, wenn man das, was ich gerade machte, überhaupt noch Leben nennen konnte, zu verdrängen, doch spätestens nach dem Abendessen holte mich die schwarze Welle der dunklen Gefühle und Gedanken wieder ein. Dann kotzte mich mein gesamtes Dasein einfach nur noch an und ich kotzte rein aus Prinzip zurück!

Jeden Abend hatte ich Fressanfälle bei denen ich alles, was auch nur annähernd essbar aussah, in mich hineinstopfte.

Erst schlug ich mir beim Stationsabendessen den Magen voll und anschließend zog ich mich in mein Zimmer zurück, um dort noch mehr gehortete Süßigkeiten, die ich mir von meiner Familie oder Mitpatienten von draußen mitbringen ließ, in mich hineinzustopfen. Ich aß so lange, bis ich das Gefühl hatte, dass mein Bauch beim nächsten Bissen platzen würde. Erst wenn mein Bauch vor Überfüllung schmerzte und ich nicht mehr aufrecht stehen oder laufen konnte, war ich zufrieden und wankte mit gekrümmtem Oberkörper auf Toilette, um alles wieder auszukotzen. Meistens brauchte ich mir dafür noch nicht einmal den Finger in den Hals zu stecken, denn sobald ich mich nach vorne beugte, kam der Schwall mit Essen bereits heraus.

Das, was ich machte, war krank. Überhaupt war mein ganzes Verhalten krank. Das wusste ich. Aber ich konnte mir auch nicht anders helfen. Ich hatte die Kontrolle über mich und mein Leben verloren. Ich war ein Sklave von Borderline und Essstörung. Diese beiden Monster hatten schon lange die Kontrolle in meinem Kopf und meinem Leben übernommen. Mal mehr und mal weniger quälten sie mich mit ihren Befehlen. Ich hasste sie und wollte sie loswerden, doch gleichzeitig konnte ich sie aus unerklärlichen Gründen auch nicht loslassen.

Das Personal der Station bekam sehr wohl mit, dass ich nach jedem Abendessen auf Toilette verschwand und kotzte, aber darauf angesprochen oder daran gehindert wurde ich nie. Ich wurde lediglich mit verachtenden und tadelnden Blicken angeschaut oder es gab so Andeutungen wie: „Frau Adrian, Sie wissen schon, was Eigenverantwortung bedeutet?!" oder „Jeder Mensch ist für sein Tun selbst verantwortlich und kann selbst entscheiden, was er macht und was er nicht macht."

Das abendliche Kotzen wurde erneut zur Sucht. Ich schaffte es nicht mehr ohne und sah auch ehrlich gesagt keinen ausreichenden Grund dafür, es zu unterlassen. Mein Wille dagegen anzukämpfen war eher halbherzig. Zu viele Vorteile sprachen für das Kotzen.

Wenn ich das Essen in mich hineinstopfte, konnte ich wenigstens ein paar Minuten die Leere in mir füllen. Es tröstete mich und verdrängte, zumindest für kurze Zeit, meine negativen Gedanken und Gefühle. Anschließend überrollten mich zwar gefühlt doppelt so viele negative Gedanken und mich überkam ein extrem schlechtes Gewissen, doch irgendwie war mir das in dem Moment, in dem ich fressen (essen konnte man das nicht mehr nennen) konnte, egal.

Außerdem stand im Aufenthaltsraum immer ein Glas oder ein vergessener Teller herum, den ich zerschlagen und mit dessen Scherben ich mir meine Haut aufschneiden und so meinem Selbsthass Luft machen konnte. Also auf diese Weise gesehen gab es für mich nichts, was in meinen Augen wirklich krass gegen das Kotzen sprach.

Inzwischen hatte ich sogar „gelernt", wie fest ich die Scherben auf meine Haut drücken konnte, dass der Schmerz ausreichte, um meinen Selbsthass zu sänftigen, aber die Schnitte nicht so tief waren, dass sie genäht werden mussten. Allerdings funktionierte dieses „planmäßige Schneiden" leider nur so lange, bis ich in eine Art „Blutrausch" fiel. Denn wenn der Hass oder der innerliche Schmerz zu groß waren oder der Tag zu beschissen, dann hatte ich keine Kontrolle mehr über meine Hand mit der Klinge. An solchen Tagen schnitt ich besessen über meine Arme und Beine. Da hatte ich keine Kontrolle mehr über die Festigkeit und die Häufigkeit, mit der ich die Scherbe über meine Haut zog. In solchen Situationen war ich wie in Trance. Allgemein spürte ich nie Schmerzen, wenn ich mich schnitt. Es war vielmehr ein erleichterndes, schönes Gefühl, wenn ich sah, wie die Klinge meine Haut spaltete. Das Blut beruhigte mich und zeigte mir, dass ich noch lebte. Erst einige Stunden nach der Selbstverletzung spürte ich den kompletten Schmerz, den die Wunden verursachten. Doch auch dieser Schmerz tat meistens „gut". Ich mochte ihn. Er übertrumpfte mit seiner Intensität nämlich meine anderen Gefühle. Jeder, der schon einmal extreme Schmerzen hatte, weiß, dass man unter Schmerzen an nichts anderes als an den Schmerz denken kann. Dieses Gefühl nutzte ich aus.

Lieber füge ich mir selbst schwere Verletzungen zu und spüre den Schmerz, als dass ich gar nichts oder nur innere Leere fühle.

Dreimal wurde ich in den zwei Monaten, die ich in der Erwachsenenpsychiatrie verbrachte, aufgrund von Selbstverletzungen genäht und unzählige Male geklammert. Nach jeder schwereren Selbstverletzung folgte ein Gespräch mit meinem Psychologen, das recht einseitig ausfiel. Er erklärte mir, dass Selbstverletzung nicht gut sei und dass ich mit diesem Verhalten die Therapie boykottierte, und ich saß da und schwieg. Ich konnte ihn nicht leiden und das ließ ich ihn spüren. Anstatt mit ihm zu reden, betrachtete ich lieber die hässlichen Gemälde an seinen Wänden und fragte mich, wie viel Drogen der Künstler wohl genommen hatte, um so merkwürdige Dinge zu malen. Ich kann mich an kein Gespräch mit ihm erinnern, dass länger als 30 Minuten dauerte. Die meisten waren deutlich kürzer.

Nach einer Woche „Klinikarrest" durfte ich das Klinikgelände verlassen. Von einem auf den anderen Tag durfte ich sogar alleine spazieren gehen oder in die Stadt laufen und einkaufen. Es interessierte niemanden, wo ich mich aufhielt oder wie lange ich weg war. Die einzige Regel, die ich hatte, war, dass ich zu den Therapien anwesend und bis spätestens 21 Uhr wieder zurück auf Station war.

Diese, mir unerklärliche, Lockerung kam mir sehr gelegen. So konnte ich endlich wieder meinen Bewegungsdrang vollständig ausleben und meine Essensvorräte selbst einkaufen. Ich verbrachte so gut wie jede freie Sekunde im Freien. Sogar Regen hielt mich nicht davon ab, raus zu gehen. Lieber lief ich bei Regen ziellos durch die Gegend, als untätig unter zugedröhnten, durch Tabletten kommunikationsunfähigen Menschen hinter dicken Klinikmauern eingesperrt zu sein.

Meine Eltern und Großeltern kamen nach wie vor fast jeden Tag zu Besuch und gingen entweder mit mir gemeinsam in die Innenstadt oder holten mich nach Hause. Dadurch, dass die Psychiatrie und mein zu Hause lediglich 10 Fahrminuten voneinander entfernt lagen, lohnte es sich für mich auch mal, für nur eine Stunde nach Hause zu gehen. Wenn ich nachmittags keine Therapie hatte, verbrachte ich sogar die gesamte Zeit zwischen Mittag- und Abendessen zu Hause. Grob zusammengefasst könnte man sagen, dass ich, nachdem ich das Klinikgelände selbstständig verlassen durfte, lediglich noch zu den Mahlzeiten, den Therapien, der Medikamentenausgabe und zum Schlafen in der Klinik war.

Anfangs fühlte es sich fremd an, wieder zu Hause in seinem eigenen Zimmer zu sein, doch nach ein paar Malen gewöhnte ich mich wieder daran und konnte die Heimfahrten genießen. Erst jetzt merkte ich, was ich alles an meinem zu Hause vermisst hatte. Dadurch, dass ich schon so lange weg war, hatte ich ganz vergessen, wie toll es außerhalb eines Klinikgebäudes war. Ich war schon so lange in einer Psychiatrie, dass ich es vollkommen verlernt oder vergessen hatte, wie ein „normales" Leben jenseits der Stationsmauern aussah.

Nach einem Monat durfte ich dann auch mein erstes Wochenende komplett zu Hause verbringen. Selbst wenn ich mich verletzte, Therapien verweigerte, weiter abnahm und täglich kotze, wurde mir mein Heimfahrwochenende nie gestrichen oder gekürzt. Jedes Wochenende holte mich meine Mutter samstagmorgens nach dem Frühstück ab und brachte mich Sonntagabend nach dem Abendessen zurück.

An meine erste Nacht in meinem eigenen Bett kann ich mich noch sehr gut erinnern. Ich kam mir vor wie ein Kleinkind, das das erste Mal in seinem eigenen Zimmer schlief. Alles war so ungewohnt und fremd. Ich war es mittlerweile gewohnt, mit mindestens zwei anderen Personen in einem Zimmer zu schlafen, und immer jemanden in Reichweite zu haben, das hatte ich nun in meinem eigenen Zimmer nicht.

Meine Eltern schliefen im ersten Stock, mein Bruder im zweiten Stock und ich war alleine im Erdgeschoss. Zwar hatte ich ein Nachtlicht in der Steckdose, aber dennoch wirkte im Dunkeln alles unheimlich und merkwürdig befremdlich. Ich fühlte mich unwohl und umso länger ich nicht einschlafen konnte, desto schlimmer wurden die Vorstellungen, was in einer Nacht alles passieren konnte. In meinem Kopf malte ich mir die schlimmsten Horrorszenarien aus. Von einer Vergewaltigung von einem fremden Mann, einer Entführung durch einen Einbrecher bis zu einem Mörder, der plötzlich vor meinem Bett stehen würde, war alles dabei. Egal, wie sehr ich auch versuchte, mir selbst Mut zuzusprechen und mir einzureden, dass diese Vorstellungen lediglich in meinem Kopf existierten und wohl eher nicht der Realität entsprachen, ich schaffte es nicht, meine Angst zu bändigen.

Bei jedem noch so kleinsten Geräusch, und wenn man an einer Hauptstraße wohnt, gibt es einige Geräusche, stand ich senkrecht im Bett und spürte mein Herz bis zum Hals schlagen.

Am nächsten Tag suchte ich deswegen das Gespräch mit meinen Eltern. Denn unter diesen Umständen hatte ich keine Lust, noch eine weitere Nacht alleine in meinem Zimmer zu verbringen. Gemeinsam beschlossen wir, dass ich, solange ich noch „krank" war, in dem leer stehenden Zimmer, neben dem meines Bruders, im zweiten Stock schlafen sollte. So hatte ich die Sicherheit, dass in der Nacht nichts passieren würde und immer einer in Reichweite war und auch meine Eltern konnten besser schlafen, wenn ich näher bei ihnen war. Denn bei dem Gespräch kam heraus, dass auch sie Ängste hatten, wenn ich alleine im Erdgeschoss schlief. Sie fürchteten, dass ich in der Nacht auf schlechte Gedanken kommen und mich selbst verletzen oder Schlimmeres tun könnte. Außerdem hätten sie dadurch zusätzlich noch mein Essverhalten besser unter Kontrolle. Meine Familie wusste nämlich, dass ich inzwischen wieder des Öfteren Essanfälle hatte und kotze.

Anders als dem Klinikpersonal waren ihnen diese Essanfälle jedoch nicht egal, sondern sie wollten mich daran hindern. Abends schlossen sie deshalb die Vorratskammer und den Süßigkeitenschrank ab und ich durfte keine Lebensmittel mit auf mein Zimmer nehmen. Und wenn ich nun über ihnen schlief, hörten sie, wenn ich nachts auf Toilette ging und die Toilettenspülung mehrfach betätigte. Da das Haus so hellhörig war, würde es mindestens mein Bruder beziehungsweise vermutlich alle mitbekommen, wenn ich nachts kotzte oder anderen Unsinn baute.

Überhaupt waren meine Eltern derzeit auf einem ziemlich starken Kontrolltrip. Manchmal hatte ich das Gefühl, das sie jeden meiner Schritte genau überwachten und analysierten. Privatsphäre war bei mir zu Hause Fehlanzeige. Meine Mutter achtete genau darauf, was und wie viel ich wann aß, und mein Vater stand bei jedem meiner Toilettengänge vor der Tür und lauschte, was ich machte.

Sobald ich länger als gewöhnlich auf Toilette war, wurde angeklopft und gefragt, ob alles in Ordnung sei. Des Weiteren wurden aus den gesamten Bädern alle Rasierklingen, Sprühdeos oder sonstige für mich „gefährliche" Gegenstände entfernt. Einerseits nervte mich diese ständige Kontrolle und Überwachung, aber auf der anderen Seite konnte ich meine Eltern verstehen. Ich glaube, ich hätte in ihrer Situation ähnlich gehandelt. Sie wollten mich mit ihrer Kontrolle schließlich nicht ärgern, sondern sie hatten schlichtweg Angst um mich und wollten mich beschützen.

27. Manchmal kommt es anders, als man denkt - gewiss kommt es anders, als man plant

Erstaunlicherweise war ich an den Wochenenden zu Hause ein vollkommen anderer Mensch als in der Klinik. Ich besaß zu Hause viel mehr Selbstkontrolle, die Hemmschwelle zu kotzen oder mich selbst zu verletzen, war deutlich höher und ich kämpfte richtig dafür, mich so „normal wie möglich" zu verhalten. Der Wille, meine Eltern nicht noch zusätzlich mit meinem autoaggressiven Verhalten zu belasten, war anscheinend höher, als mein Selbsthass. Zwar war es jedes Mal aufs Neue eine unwahrscheinliche Herausforderung für mich, 36 Stunden auf jegliche Kontrolle über Kalorien in Form von Kotzen und Hunger oder Selbstverletzung zu verzichten, aber ich schaffte es. Zumindest für die 36 Stunden zu Hause. Sobald ich in der Klinik war, schien ich jedoch alles „verpasste" wieder aufzuholen.

Also die angeblich heile Welt zu Hause war genauso Schein wie mein Wille, mich zurück ins Leben zu kämpfen. Lediglich meinen Eltern zuliebe versuchte ich mich nach außen hin, noch halbwegs stabil zu halten, obwohl ich innerlich der Magersucht, der Bulimie und meinem Selbsthass schon längst wieder hörig geworden war.

Mein Gewicht sank von Tag zu Tag und die Narben an meinen Armen und Beinen schienen sich von Woche zu Woche zu verdoppeln. Mein gesamtes Denken kreiste um Essen, Kalorien und Selbstverletzung. Die Waage war erneut der Mittelpunkt meines Lebens.

Sie war wie ein Gott für mich, der entschied, wie ich den Tag gestalten sollte, was ich aß und wie viel ich mich bewegte. Sie entschied sogar über meine Stimmungslage! Es gab wieder die Tage, da wog ich mich fast stündlich, um mein Gewicht zu kontrollieren, und ich hatte erneut Angst, mich einzucremen oder einen Lippenpflegestift zu verwenden, weil ich fürchtete, das Fett könnte in meine Haut einziehen und es würden sich dadurch Fettpolster bilden. Selbst beim Zähneputzen überlegte ich, wie viele Kalorien wohl ein Klecks Zahnpaste hatte!

Zwischen den Therapien ging ich nicht mehr spazieren, sondern in Lebensmittelgeschäfte, um dort die Kalorienzahlen der Lebensmittel auswendig zu lernen. Über 90 Prozent meiner Freizeit verbrachte ich damit, sämtliche Dosen, Becher, Gläser und sonstige Nahrungsmittel, auf denen die Nährwerte standen, in die Hand zu nehmen, nach der Kalorienzahl zu schauen und sie anschließend wieder ins Regal zu stellen. Was die Verkäufer oder andere Kunden über mich dachten, war mir dabei egal.

Bei den Mahlzeiten in der Klinik aß ich fast gar nichts mehr oder wenn ich doch mal etwas mehr aß, erbrach ich es sofort wieder. Lediglich vor meinen Eltern und Großeltern versuchte ich noch, ein einigermaßen akzeptables Essverhalten an den Tag zu legen. Aber ehrlich gesagt, glaube ich, dass sie sehr wohl wussten, dass mein angebliches normales Essverhalten nicht stimmen konnte. Ich beteuerte zwar immer wieder, dass ich auch in der Klinik normale Portionen aß und so gut wie nie kotzte, aber wie sollte sonst mein Gewicht so rapide absinken?

Ich war fest davon überzeugt, dass ich die gesamte Welt anlügen konnte, ohne dass es jemand merkte. Doch wenn ich heute mit dem ausreichenden Abstand zurückschaue, muss ich feststellen, dass ich selbst die einzige Person war, die ich belügen konnte, ohne dass sie es merkte. Die Einzige, die ich betrog und anlog, war ich selbst ...

Mittlerweile war mein Gewicht innerhalb eines Monats auf 45 Kilo abgesunken und ich dachte gar nicht daran, mit dem Hungern und Kotzen aufzuhören. Schließlich hatte ich ja alles noch unter Kontrolle. Und magersüchtig war ich meiner

Auffassung nach noch lange nicht wieder. Dafür war ich meiner Meinung nach noch viel zu dick.

Aber ich glaube, selbst, wenn ich begriffen hätte, dass ich auf dem falschen Weg wäre, hätte ich die Kurve nicht mehr bekommen. Die Situation in der Psychiatrie war mal wieder zu festgefahren, als dass ich den Teufelskreis hätte durchbrechen können. Die wenigen Regeln, die ich in der Klinik hatte, unterstützten mich nicht. Ganz im Gegenteil: Ich begann den Kampf mit den Essen und meinem Gewicht als eine Art „Spiel" gegen die Ärzte und gegen die Natur zu sehen. Angeblich wäre ein Gewicht von 39 Kilo bei meiner Körpergröße schon tödlich gewesen, aber ich hatte es geschafft, mich auf 35 Kilo herunterzuhungern und zu überleben. Das war schon eine Leistung. Doch wäre es nicht noch viel besser und beeindruckender, wenn ich 34 Kilo hätte? Wo wären die Grenzen des Machbaren? Wann begann mein Körper zu streiken? Wie würden die Ärzte reagieren?

Unendlich viele Fragen, die ich gerne austesten wollte. Ich hatte keine Angst davor zu sterben, oder dass es wehtun könnte oder so, es war einfach wie eine Art Abenteuer für mich. Wie ein Extremsportler, der von immer höheren Klippen springt, wollte ich ebenfalls immer mehr an meine Grenzen gehen. Außerdem hatte das niedrige Gewicht noch einen Vorteil: Je weiter mein Gewicht sank, desto weniger wurden die Selbstverletzungen. Zwar wurden die Schnitte mehr und tiefer, wenn ich mich doch mal selbst verletzte, aber wenigstens kam es nicht mehr täglich, sondern nur noch maximal einmal pro Woche vor.

Mein Psychologe war von meiner neuen Entwicklung und dem Gewichtsverlust überhaupt nicht begeistert. Er meinte, dass Hungern und Kotzen genauso Therapie schädigendes Verhalten sei, wie zuvor das Schneiden. Doch das interessierte mich nicht. Zu gerne hätte ich ihn sogar ausgelacht und gefragt, welche Therapie ich damit schädigen sollte. Aber das kam mir dann doch etwas fies vor und deshalb schwieg ich lieber.

Als mein Gewicht jedoch unter 45 Kilo sank, setzte er mir eine Frist: Entweder ich schaffte es bis nächste Woche zuzunehmen oder, falls mein Gewicht die 44 Kilo unterschreiten sollte, würde ich eine Magensonde bekommen.

Diese Aussage machte mir Angst und ich wollte alles tun, um dieser unangenehmen Prozedur zu entgehen. Allerdings sollte mir das nicht gelingen. Denn schon bei der nächsten Mahlzeit schmiss ich meinen guten Vorsatz zuzunehmen oder wenigstens mein Gewicht zu halten über den Haufen. Sobald ich das Essen sah, wurde mir übel und ich malte mir in Gedanken aus, wie ich alleine durch diese eine Mahlzeit gleich fünf Kilo zunahm.

Alles in meinem Körper wehrte sich gegen die Nahrungsaufnahme und da es in der Klinik anscheinend sowieso niemanden interessierte, ob und wenn ja wie viel ich aß, gab ich der Essstörung nach und hungerte und kotzte einfach weiter wie die Wochen zuvor. Bei jeder Mahlzeit sagte ich mir: „Ist nicht so schlimm. Eine Woche ist noch lang. Da habe ich noch genug Zeit, um zuzunehmen und es bei den anderen Mahlzeiten besser zu machen. Wenn ich morgen mehr esse als heute, dann gleicht sich mein Gewicht wieder aus."

Doch natürlich schaffte ich es auch beim nächsten Mal nicht, es besser zu machen und beim übernächsten Mal auch nicht. Ausschließlich, wenn jemand aus meiner Familie zu Besuch war und mich mit sanftem Druck dazu drängte, etwas zu essen und mich im Anschluss beaufsichtigte, dass ich nicht direkt auf Toilette verschwand, konnte ich etwas essen und in mir behalten.

Was ich in dieser Zeit brauchte, waren strenge Regeln und Druck und Kontrolle von außen. Ich war noch nicht dazu bereit, für mich selbst zu sorgen und selbstständig auf mich aufzupassen. Ich konnte mit dem vielen Freiraum, den mir die Klinik gab, nicht umgehen. Ohne

**klare Regeln und Strukturen fehlte mir der Halt. Ich
fühlte mich verloren und begann abzustürzen.**

Wie nicht anders zu erwarten, schaffte ich es in der Woche
nicht, mein Gewicht zu halten. Ich nahm zwar deutlich
langsamer als in den Wochen zuvor, ab, aber trotzdem
sank mein Gewicht stetig. Nach zwei Wochen hatte ich die
„magische" 44 Kilo Marke unterschritten. Aus Angst vor dem,
was mir blühte, begann ich ab sofort wieder 30 Minuten vor
der eigentlichen Weckzeit aufzustehen und Leitungswasser
zu trinken, um mein Gewicht künstlich in die Höhe zu
puschen. Diesen Trick fand ich nach wie vor genial. So merkte
niemand, dass ich weiter abnahm.

Allerdings hatte ich schon recht schnell dasselbe Problem
wie zuvor bei meiner ersten ambulanten Psychologin, bei der
ich den Trick ebenfalls angewandt hatte: Ich musste jeden
Tag mehr trinken, um weiterhin ein einigermaßen stabiles
Gewicht auf die Waage zu bringen. Bald schon lag meine
Trinkmenge bei einem Liter pro Tag. Da ich nicht wusste, an
welchem Tag genau mich eine Stationsschwester zum Wiegen
holte, musste ich also jeden Morgen in den 30 Minuten ein
Liter Leitungswasser trinken. Das war nicht nur anstrengend,
sondern auf Dauer auch ekelig.

Regelmäßig hatte ich das Gefühl, den Schwestern meinen
gesamten Mageninhalt vor die Füße kotzen zu müssen, so
übel wurde mir durch das viele Wasser. Nach noch nicht
einmal einer Woche musste ich einsehen, dass es so nicht
weiter gehen konnte. Es war unmöglich, diese Prozedur noch
länger durchzuziehen.

Ich war mit der Trinkmenge schon am oberen Limit und
mein Gewicht sank von Tag zu Tag weiter.

Nach gründlicher Überlegung und gedanklicher Auflistung
aller Vor- und Nachteile dieses Entschlusses beschloss ich,
ab dem nächsten Tag vor dem Wiegen nichts mehr zu trinken.
Mein richterlicher Beschluss war inzwischen ausgelaufen
und dementsprechend konnten keine Zwangsmaßnahmen,

sprich Magensonden, Fixierungen, Einweisung etc., mehr gegen meinen Willen durchgeführt werden. Das wiederum bedeutete, dass mich niemand gegen meinen Willen hierbehalten konnte. Das Gericht hatte zwar entschieden, dass ich keine Entscheidungen über meinen Aufenthaltsort und gesundheitserhaltende Maßnahmen selbstständig alleine treffen konnte und mich für diese zwei Punkte entmündigt, doch mein neuer und auch alter Vormund war meine Mutter. Und die würde es bestimmt verstehen, wenn ich mich selbst entlassen wollte, und ihr Einverständnis dafür geben. Da war ich mir zu 1000 Prozent sicher!

Beim folgenden Wiegen wog ich 42,8 Kilo, also deutlich unter den vorgegebenen 44 Kilo, die ich ursprünglich nicht unterschreiten sollte.

Meine kranke Seite freute sich über dieses Gewicht, denn für sie konnte ich nie wenig genug wiegen, doch meine gesunde Seite versuchte mir nun langsam zu signalisieren, dass ich inzwischen ein paar Schritte zu weit in die falsche Richtung gegangen war. Jedoch wurde sie wie üblich von der Magersucht übertönt und „ausgeschaltet".

Direkt nach dem Frühstück, zudem ich wie immer nichts aß, rief mich mein Psychologe zu sich. Er war verwundert, wie ich innerhalb weniger Tage so viel abnehmen konnte, und verlangte nach einer Erklärung. Jedoch antwortete ich ihm lediglich mit Schweigen und einem unterdrückten Grinsen.

Wenn er ein bisschen nachgedacht hätte, dann würde er von selbst darauf kommen. Ich würde ihm mein Geheimnis bestimmt nicht offenbaren. Als er merkte, dass ich nicht mit ihm reden wollte, erklärte er mir, dass ich innerhalb der nächsten Stunde wie angekündigt eine Magensonde gelegt bekäme, und anschließend fünf Mal täglich sondiert werden würde, bis ich wieder über 45 Kilo wiegen würde. Sofort stiegen mir Tränen in die Augen und ich bekam es mit der

Angst zu tun. Am liebsten hätte ich lautstark protestiert oder randaliert, aber ich wusste, dass ich mir jetzt keinen Fehler erlauben durfte. Ich musste ruhig und gelassen agieren, sonst ging mein Plan schief. Mit fester, ruhiger Stimme antwortete ich ihm in klaren Sätzen, dass ich mir keine Magensonde legen lassen würde.

Doch auch der Psychologe blieb unerwartet gelassen und stellte mich vor eine mir unerklärliche Wahl: Er meinte, dass ich mir entweder eine Magensonde legen lasse oder meine Sachen packen und gehen kann. Mit dieser Reaktion hatte ich überhaupt nicht gerechnet. Ich dachte eigentlich, dass es nach meiner Aussage zu einer endloslangen Diskussion kommen würde, und nicht, dass das Gespräch so enden würde. Aber umso besser. Ohne lange zu überlegen, stand ich auf und sagte, dass ich jetzt meine Koffer packen ginge.

28. Die Zeit Zuhause

Da ich nach meiner Spontanentlassung nicht direkt, wie ursprünglich geplant, in eine betreute Wohngruppe ziehen konnte, verbrachte ich die Tage zwischen Psychiatrieentlassung und Aufnahme in einer betreuten Wohngruppe zu Hause bei meiner Familie.

Die wenigen Tage, die ich zu Hause bei meinen Eltern verbrachte, waren sowohl für mich als auch für meine Familie sehr anstrengend, nervenaufreibend und emotional zugleich. Mehr als einmal gerieten wir aneinander und fast täglich gab es Diskussionen übers Essen und die neuen Regeln, die mir meine Eltern für die Zeit zu Hause setzten. Aber gleichzeitig gab es auch jede Menge schöne Momente, in denen ich die Zeit zu Hause und vor allem die Nähe zu meiner Familie richtig genießen konnte. Diese schönen Augenblicke saugte ich förmlich in mir auf und wandelte sie anschließend in neue Lebensenergie um.

So anstrengend und nervenaufreibend die Zeit zu Hause auf der einen Seite war, desto schöner und kraftspendender war sie auf der anderen Seite.

Durch die strengen Regeln und die Konsequenz meiner Eltern schaffte ich es, mein Essverhalten wieder halbwegs unter Kontrolle zu bekommen.

Da meine Mutter mittlerweile alle meine Tricks und Ausreden bezüglich Essen und Größen einer Mahlzeit kannte, hatte ich keine Chance mehr zu mogeln oder mich rauszureden. Ich musste essen. Selbst wenn ich nur eine Scheibe Brot mit Frischkäse, hauchdünn beschmiert oder eine andere Kleinigkeit aß. Mahlzeiten ausfallen lassen oder zu einer Hauptmahlzeit lediglich zwei Karotten essen, gab es nicht mehr.

Ob ich wollte oder nicht, ich musste drei Hauptmahlzeiten und zwei Zwischenmahlzeiten zu mir nehmen. Da blieben alle aus meiner Familie hartnäckig und streng.

Und auch wenn es um das Thema Essanfälle und Kotzen ging, wurde mir keine Möglichkeit gelassen. Nach jeder Mahlzeit musste ich mich mindestens eine Stunde in der Nähe meiner Eltern aufhalten und durfte nicht auf Toilette oder alleine nach draußen. Denn meine Eltern wussten inzwischen sehr wohl, dass ich, wenn ich nach dem Essen sagte „ich gehe spazieren" lediglich bis zur nächsten öffentlichen Toilette lief, um dort meinen Magen zu entleeren.

Also die Regeln, die ich zu Hause hatte, waren um ein Vielfaches strenger, als die Regeln in der Erwachsenenpsychiatrie!

Zu dieser Zeit hasste ich diese vielen strengen, in meinen Augen übertriebenen, Regeln meiner Eltern. Mehrfach verfluchte ich sie für ihr hartnäckiges Durchhaltevermögen. Aber heute weiß ich, dass sie genau richtig gehandelt haben! Ohne diese strenge Überwachung und die klaren Strukturen hätte ich es nämlich nicht geschafft, meinen Absturz zu stoppen. Ich hätte weiter gemacht wie in der Psychiatrie und hätte mich damit vermutlich irgendwann umgebracht ...

Selbst beim Wiegen entwickelte meine Mutter ihre eigene Technik, um mich am Mogeln zu hindern. Zwar wog sie mich weiterhin, wie in der Psychiatrie auch, an zwei Tagen in der Woche, aber anders wie in der Psychiatrie warnte sie mich nicht vor, wann diese Tage sein würden. Willkürlich stellte sie mir einfach, wenn ich morgens nach dem Aufstehen in die Küche kam, die Waage vor die Füße und teilte mir mit, dass heute spontan Wiegetag sei.

So hatte ich nämlich keine Möglichkeit mehr, gezielt vor dem Wiegen zu trinken oder mein Gewicht auf andere Weise künstlich in die Höhe zu treiben. Und täglich literweise Leitungswasser auf gut Glück zu trinken, um für ein eventuelles Wiegen gewappnet zu sein, war mir auf Dauer eindeutig zu anstrengend!

Davon abgesehen wollte ich auch gar nicht mehr tricksen. Denn meine Mutter hatte mir direkt am ersten Tag zu Hause meine eigene Waage weggenommen.

Dadurch war das „öffentliche" Wiegen in ihrer Anwesenheit derzeit meine einzige Möglichkeit, mein aktuelles Gewicht zu erfahren. Und wenn es um mein Gewicht ging, war ich weiterhin ziemlich eigen. Es reicht mir nicht aus, mein Gewicht nur ungefähr zu wissen, sondern ich wollte es auf 100 Gramm genau wissen! Dafür zog ich sogar freiwillig ohne Aufforderung meinen Schlafanzug aus und stellte mich nur in Unterwäsche auf die Waage. Jedes noch so kleine, unnötige Gramm zu viel bedeutete für mich einen nicht erforderlichen Stressfaktor, den ich umgehen konnte. Deshalb war es in meinen Augen vollkommener Schwachsinn, mein Gewicht mit Wasser trinken zu manipulieren. Schließlich wollte ich mein tatsächliches Gewicht wissen und nicht erfahren, wie viel ich mit einem mit Wasser gefüllten Magen wiege.

Durch das regelmäßige Essen und das Weglassen des anschließenden Entledigens auf Toilette (Kotzen), stieg mein Gewicht wieder an. Glücklicherweise nicht explosionsartig, so wie ich es befürchtet hatte, sondern langsam und in kleinen Schritten. Das machte es mir, etwas einfacher mit den kontinuierlich steigenden Zahlen auf der Waage umzugehen. Ich kämpfte zwar trotzdem bei jedem Wiegen mit den Tränen und gegen eine Welle von Selbsthass, aber es blieb erträglich.

Durch die vielen kleinen Fortschritte, die ich in den unterschiedlichen Bereichen zu Hause machte, begann ich wieder neuen Lebenswillen und neue Kampfenergie zu sammeln. Ich war fest davon überzeugt, dass ich es dieses Mal tatsächlich schaffen würde, stabil und gesund zu werden. Dieses Mal würde mir die Krankheit keinen Strich mehr durch die Rechnung machen und mich zum Einknicken bringen! Ich wollte es endlich schaffen, meine Vergangenheit hinter mir zu lassen.

In meinen Vorstellungen malte ich mir schon aus, dass ich spätestens nächsten Sommer erneut meine Ausbildung zur Erzieherin beginnen würde. Schließlich hatte ich es alleine jetzt schon in diesen paar Wochen zu Hause zu unglaublichen Fortschritten gebracht. Und wenn ich in die Wohngruppe zog, würden es bestimmt noch mehr Fortschritte werden. Denn dort arbeiteten Experten, die sich mit Menschen wie mir und mit meinem Krankheitsbild bestens auskannten. Sie waren darin ausgebildet, so Fällen wie mir innerhalb kürzester Zeit wieder auf die Beine zu helfen. So sahen zumindest meine Vorstellung von der Wohngruppe und meine Planung für die nähere Zukunft aus.

Aus jetziger Sicht gesehen, steigerte ich mich in dieser Zeit in eine Art Wunschdenken hinein. Ich verschloss meine Augen vor der Realität und hielt an dem Wunsch und der Vorstellung fest, dass allein der Einzug in eine betreute Wohngruppe mein komplettes Leben umkrempeln und alle meine Probleme lösen würde. Klar hatte ich in den wenigen Tagen zu Hause einen riesen Schritt in die richtige Richtung gemacht, aber es war leider erst der erste Schritt auf einem langen Weg Richtung Genesung und Stabilität. Aber das wollte ich nicht sehen. Genauso wenig, wie ich nicht sehen wollte, dass nicht der Einzug in eine betreute Wohngruppe, das Personal dort oder irgendwelche super ausgebildeten Ärzte, Therapeuten oder Psychologen mich wieder gesund machen würden, sondern alleine ich selbst für den weiteren Verlauf meiner Symptome und meines Lebens verantwortlich war.

Verantwortung abschieben ist immer leichter, als selbst die Verantwortung für sich selbst und sein eigenes Handeln und Tun zu tragen. Aber eine psychische Erkrankung und ein Trauma sind kein gebrochenes Bein, das man eingipst und dann heilt es nach sechs Wochen von alleine wieder zusammen. Eine psychische Erkrankung und ein Trauma brauchen weitaus mehr Zeit, um zu heilen und vor allem

kann man es nicht von „außen" durch irgendwelche medizinischen Eingriffe heilen, sondern man muss sich selbst von „innen" heraus heilen.

Doch das wusste ich damals noch nicht. Oder ich wollte es einfach noch nicht wahrhaben, dass es für meine Diagnose keine Tabletten oder Therapie gab, die zu einer Wunderheilung führen würde.

Überhaupt wollte ich zu dieser Zeit so vieles nicht wahrhaben oder glauben. Meine Wahrnehmung war durch meine Diagnosen so beeinflusst, dass die Realität für mich nicht erkennbar war. Vieles, oder eigentlich so gut wie alles, was ich von Ärzten, Therapeuten oder auch meiner Familie gesagt bekam, spielte ich einfach herunter oder boykottierte es direkt. Zum Beispiel konnte ich zu dieser Zeit überhaupt nicht verstehen, wenn mir gesagt wurde, dass ich mich regelmäßig massiv selbst verletzen würde.

Bei solchen Aussagen fühlte ich mich dann immer falsch behandelt und teilweise machten mich solche Vorwürfe sogar irgendwie aggressiv. Denn erstens stimmte es meiner Ansicht nach überhaupt nicht, dass ich mich so oft massiv selbst verletzte, wie andere behaupteten, und zweitens tat ich es auch nicht regelmäßig. Denn regelmäßig war in meinen Augen täglich, und das tat ich nicht! Gut: An Fünf von sieben Tagen in der Woche war auch nicht besser, ABER es war zumindest mal nicht täglich! Und massive Selbstverletzungen waren in meinen Augen, wenn die Schnitte mit mindestens 50 Stichen genäht wurden; UND das kam, wenn überhaupt, einmal in drei Wochen vor. Also war diese Aussage von Ärzten, dass ich mich regelmäßig (also täglich) massiv (also mit mindestens 50 Stichen genäht) selbst verletzte, schlichtweg aus dem Himmel gegriffen!

Selbstverständlich könnte man sagen, dass diese Aussage Auslegungssache ist und dass ich alles durch eine „rosarote Brille" sah und mir versuchte, die Wahrheit schön zu reden, was auch bedingt stimmt, aber indirekt war dieses

Verleugnen auch teilweise „normal". So wie ein Rennfahrer irgendwann nicht mehr wahrnimmt, dass er mit 300 Sachen auf der Rennstrecke unterwegs ist, weil ihm diese Geschwindigkeit „normal" vorkommt, habe ich mich an die Auswirkungen meiner Selbstverletzung gewöhnt. Wie ein Suchti steigerte ich mich von anfänglichen Kratzern bis hin zu tiefen, auseinanderklaffenden Schnitten, die genäht werden mussten. Hätte ich mich direkt zu Beginn so tief geschnitten, wäre ich vermutlich auch geschockt gewesen, doch so hatte ich Zeit, mich an den Anblick zu „gewöhnen".

Es war für mich ein fast alltäglicher Anblick, meine Arme von innen zu betrachten, sodass es für mich zur Routine wurde. Und irgendwann verlor ich durch diese Routine den Bezug zur Realität. „Oberflächliche" Schnitte, die lediglich geklammert oder einfach nur verbunden werden mussten, Verbrennungen mit Streichhölzern oder mit Deo sowie Schürfwunden galten für mich gar nicht mehr als „richtige" Selbstverletzungen.

Erst wenn mehrere Lagen Verbände durchgeblutet waren, das Blut in einem Fluss Richtung Boden lief, mir leicht schwindelig wurde und ich zuvor die Klinge mindestens 150 Mal über meine Haut gezogen hatte, konnte man meiner Meinung nach von einer „echten" Selbstverletzung reden. Der Rest war in meinen Augen nur ein halbherziger Frustabbau.

Meine Einstellung zu dieser Zeit war: „Nur zehn stumpf geschnittene Rasierklingen sind zehn gut verwendete Rasierklingen!"

Für Außenstehende muss es (wenn überhaupt) nur schwer verständlich sein, wie ein Mensch sich mit einer Rasierklinge so oft in die Haut schneiden kann, dass die Rasierklinge davon stumpf wird. Vermutlich kann ein „normaler" Mensch noch nicht einmal nachvollziehen, wieso sich ein Mensch überhaupt selbst verletzt. In einem „gesund denkendem" Gehirn sträubt sich sehr wahrscheinlich alles gegen die

Vorstellung, sich selbst beabsichtigt Schmerzen zuzufügen. Aber was noch viel, viel schlimmer als dieses „nicht verstehen" der Gründe für die Angehörigen von Betroffenen sein muss, ist zu wissen, dass sich ein geliebter Mensch überhaupt selbst verletzt.

Ich glaube, in vielen Fällen tut eine Selbstverletzung nämlich den Angehörigen von Betroffenen mehr weh, als dem Betroffenen selbst. Denn für Betroffene stellt die Selbstverletzung, das Blut und der damit verbundene Schmerz etwas Positives dar. Es gibt ihnen das Gefühl „frei" zu sein und sich selbst zu spüren. Auf gewisse Weise ist für sie die Selbstverletzung in dieser Situation überlebenswichtig. Doch für Angehörige ist es meistens einfach nur schrecklich ihren Freund/in, Angehörigen, Partner oder ihr Kind so verletzt zu sehen. Für sie ist es nicht fassbar, wieso er/sie sich selbst so etwas antut und in vielen Fällen fühlen sie sich auch mitverantwortlich beziehungsweise schuldig. Schließlich waren sie genau in dem Augenblick, in dem sie gebracht wurden, nicht da. Eventuell wissen sie zwar, dass es so gut wie unmöglich ist, einen Menschen, der den festen Entschluss hat, sich selbst zu schaden, davon abzubringen oder abzuhalten – aber das ändert leider nichts an dem Gefühl, dass man trotzdem als Freund/Partner/Angehöriger in dem Moment versagt hat.

Bis jetzt war es mir eigentlich so relativ egal, was andere Personen oder besser gesagt meine Familie über mich dachte, und was sie fühlten, wenn ich mich selbst verletzte, aber das änderte sich schlagartig, als ich mich zu Hause mehr oder weniger unmittelbar vor meinen Eltern verletzte. So bekam ich nämlich ihre Reaktion auf meinen Selbsthass und meine Autoaggression ungefiltert direkt mit. Und diese Reaktion schockte mich doch ein wenig!

Nie hätte ich gedacht, dass es anderen Menschen so nahe gehen kann, wenn ich mir die Arme aufschneide. Um ehrlich zu sein, hatte ich mir vorher auch noch nie Gedanken darüber gemacht. Schließlich war Selbstverletzung immer als Bestrafung für mich und nicht für andere gedacht ...

In der Zeit, die ich zu Hause verbrachte, verletzte ich mich glücklicherweise nur einmal so tief, dass ich genäht werden musste.

Mein Vater bewahrte noch einigermaßen die Fassung und machte mir einen Druckverband auf die stark blutenden Schnitte. Ich konnte zwar spüren, dass er sich stark anstrengen musste, um nicht in Panik zu geraten und zu weinen, aber er schaffte es. Die Reaktion meiner Mutter hingegen war um einiges heftiger. Ihre Reaktion war für mich beinah noch schmerzhafter mit anzusehen, als die Schnitte an meinen Armen schmerzten. Sie weinte und ließ sich an der Wand zu Boden sinken, wo sie zitternd sitzen blieb. Sie schien vollkommen fertig mit den Nerven. Das war zu viel für sie.

Mir tat es unendlich leid, sie so verzweifelt zu sehen. Zumal ich an ihrem Kummer Schuld hatte!

Nachdem sie sich wieder einigermaßen gefangen hatte, rief sie meine Hausärztin an, die mich in ihrer Praxis nähen sollte.

Während der Versorgung meiner Wunden machte die Ärztin meiner Mutter ununterbrochen Vorwürfe. Sie warf meiner Mutter vor, dass sie daran schuld sei, dass ich genäht werden musste, weil sie nicht genügend auf mich aufgepasst hätte. Überhaupt wäre es fahrlässig von ihr gewesen, mich aus der Psychiatrie zu holen. Ich wäre nicht dazu bereit, zu Hause zu wohnen. Das müsste meine Mutter eigentlich erkennen und so weiter. Am laufenden Band griff sie meine Mutter verbal an. Das belastete mich, weil meine Mutter am allerwenigsten etwas dafürkonnte, dass ich mich geschnitten hatte. Es war meine alleinige Entscheidung, mir die Rasierklingen zu kaufen, die Rasierklingen zu nehmen und damit in meine Haut zu schneiden und nicht ihre. Sie hatte mich nicht dazu gedrängt oder gezwungen.

Am liebsten hätte ich das der Ärztin auch gesagt, aber mir fehlte die Kraft dafür. Die Selbstverletzung und die anschließende Reaktion meiner Eltern laugten mich emotional so aus und griffen mich an, dass ich nicht mehr dazu in der Lage war, etwas zu sagen.

Wenige Tage nach meiner Selbstverletzung zu Hause fuhr ich mit meinen Eltern zu der 250 Kilometer entfernten Wohngruppe, die mitten im tiefsten Sauerland lag. Ich wollte mir mit ihnen gemeinsam die Einrichtung anschauen, um dann im Anschluss zu entscheiden, ob ich tatsächlich dort hinziehen wollte oder nicht. Doch im Endeffekt hatte ich meine Entscheidung zu diesem Zeitpunkt bereits getroffen. Die anfänglichen Zweifel, die ich zu Beginn bezüglich eines Umzuges hatte, waren inzwischen verschwunden. Die Selbstverletzung von vor ein paar Tagen und die Reaktion meiner Eltern gaben mir endgültige Gewissheit: Ich konnte nicht zu Hause bleiben. Das war nicht machbar und erst recht keine Dauerlösung!

Die Fahrt zu der Wohngruppe dauerte 2,5 Stunden und kam mir ewig lang vor. Je näher wir unserem Ziel kamen, desto bergiger wurde die Landschaft. Ich war es gewohnt, in einer flachen Gegend zu leben, deshalb war es für mich ungewohnt, so viele Berge zu sehen. Allerdings schreckten mich diese Berge nicht ab. Lediglich die Vorstellung, dass ich bei jedem Stadtgang einen dieser Berge hinunter und anschließend wieder hochlaufen musste, gab mir zu denken.

Das Haus, in dem sich die Wohngruppe befand, stand nämlich mitten auf einem relativ hohen Hügel Meinem Empfinden nach schon fast einem Gebirgsberg! Die Innenstadt hingegen befand sich unten am Fuß des Berges. Also wenn ich in die Innenstadt zum Einkaufen wollte, bedeutete das, dass ich erst den Berg hinunterlaufen musste, um ihn anschließend mit vollgepackten Taschen wieder hinaufzulaufen.

Die Wohngruppe an sich befand sich inmitten eines großen Mehrfamilienhauses in einem gewöhnlichen Wohngebiet. Insgesamt gab es in diesem Haus acht Apartments. Sieben davon gehörten dem Träger der Wohngruppe und eine Wohnung war fremd vermietet.

In einem der Apartments war das Büro der Leitung des Hauses eingerichtet und in einem anderen hatten die Mitarbeiter ihr Büro und Aufenthaltsraum. Außerdem befand sich in dieser Wohnung zusätzlich noch ein Schlafraum, in dem jede Nacht ein Betreuer schlief. Die Betreuerin, die mir die Wohngruppe zeigte, erklärte mir, dass es in dieser Einrichtung zwar keine Nachtwache gab, aber dafür eine Nachtbereitschaft. Das hieß, dass nicht die ganze Nacht ein Betreuer wach war, sondern sich der diensthabende Betreuer nach 22 Uhr in der Dienstwohnung zum Schlafen hinlegen durfte. Wenn aber Bedarf bestand, konnte und durfte jeder Klient diesen Betreuer zu jeder Zeit wecken.

In den restlichen fünf Apartments wohnten die Klienten des Hauses. Da diese Einrichtung in erster Linie eine für Menschen mit Essstörungen war, lebten hier nur Jugendliche mit Magersucht, Bulimie und Adipositas.

Jeweils zwei bis drei Jugendliche teilten sich immer ein eigenes Apartment. In jeder Wohnung gab es drei Zimmer für Klienten, ein großes gemeinsames Wohnzimmer, eine Küche, ein großes Bad mit Badewanne und ein kleines Gästebad.

Die Küchen in den Wohngruppen waren alle komplett mit Herd, Kühlschrank und allem, was man sonst noch so braucht, eingerichtet. Allerdings waren alle Schränke, in denen sich Lebensmittel befanden, abgeschlossen. Dies sollte verhindern, dass Magersüchtige oder Bulimiekranke Essanfälle bekamen, sich vollstopften und anschließend alles wieder erbrachen. Genauso sollten diese verschlossenen Türen aber auch den Adipositas Betroffenen helfen, dass sie nicht die gesamte Zeit, in der sie unbeobachtet in der

Wohnung waren, vor dem Kühlschrank standen und alle Lebensmittel aufaßen.

Mehrfach betonte die Betreuerin beim Zeigen der Küche, dass diese verschlossenen Schränke keinesfalls eine Strafe oder eine „Überwachungskontrolle" für die Klienten seien, sondern dass ich diese verschlossenen Schränke als eine Art Hilfe sehen solle. Schließlich wären alle Klienten – und ich, hier in dieser Einrichtung, um ein gesundes Essverhalten wieder zu erlernen. Und dafür bräuchte man zumindest in der Anfangszeit strenge Regeln und ein bisschen Kontrolle.

Nichts in dieser Einrichtung würde passieren, weil man mich nicht mochte oder weil man mir einen „reinwürgen" wollte, sondern alles, was es hier an Regeln und Vorschriften gab, war da, um mir zu helfen und mich zu schützen.

Nach ungefähr 30 Minuten war der Rundgang durch das Haus beendet und ich ging mit meinen Eltern noch zu einer Art Abschlussgespräch zu der Leitung des Hauses.

In ihrem Büro erklärte mir die Dame und meinen Eltern noch ein paar weitere Dinge zu der Arbeitsweise und den Regeln der Einrichtung. Jedoch war ich gedanklich schon wieder so erschöpft, dass ich überhaupt nicht mehr aufnahmefähig war. Ich bekam zwar mit, dass jemand mit mir redete, aber die Worte kamen nicht mehr bei mir an. Spätestens nach zwei Sätzen hatte ich den ersten Satz bereits wieder vergessen.

Aber das Wesentliche stand für mich sowieso schon fest: Ich wollte in diese Wohngruppe einziehen. Die Betreuer, die ich bis jetzt kennen gelernt hatte, schienen nett, die Gegend, in der sich das Haus der Wohngruppe befand, fand ich gut, und ganz besonders gefiel mir, dass hier jeder Klient sein eigenes Zimmer und dazu noch in einem anderen Apartment als die Betreuer wohnte. In anderen Wohngruppen war es nämlich eigentlich üblich, dass die Betreuer direkt bei den Jugendlichen wohnten und das fand ich schrecklich. Ich brauchte meine Rückzugsmöglichkeiten und meine Freiheiten. Wenn ich diese nicht hatte, konnte ich unausstehlich werden.

Doch durch die getrennten Apartments war diese Rückzugsmöglichkeit gegeben. Und auch meine Eltern hatten nichts gegen die Wohngruppe einzuwenden. Das bedeutete: Meine Tage zu Hause würden von nun an endgültig gezählt sein!

Kurz zusammengefasst kann man sagen, dass die knapp zwei Monate, die ich schlussendlich zwischen Entlassung aus der Psychiatrie und Aufnahme in der Wohngruppe zu Hause verbrachte, sehr wichtig für meine Entwicklung waren. Ich gewann in dieser Zeit unwahrscheinlich an Stabilität, erkämpfte mir meinen Lebenswillen zurück und erkannte auf schmerzhafte Weise, dass es tatsächlich die richtige Entscheidung war, dass ich in eine betreute Wohngruppe zog.

29. Einzug in die Wohngruppe

Die letzten Tage zu Hause war ich mit Vorbereitungen für den Umzug beschäftigt. Ich kaufte mit meiner Mutter Koffer, Taschen, Hygieneartikel und alles, was ich sonst noch benötigte.

Außerdem verabschiedete ich mich von meinen Verwandten, die ich in den kommenden Wochen wohl erst einmal nicht sehen würde. Denn der frühestmögliche Heimfahrttermin von der Wohngruppe aus, würde frühestens nach drei Wochen nach dem Einzug sein und dann auch nur für ein Wochenende. Aber irgendwie schien ich bereits zu diesem Zeitpunkt schon zu ahnen, dass auch dieses Mal nicht alles nach Plan laufen würde.

Am Tag der Abreise musste ich schon früh aufstehen. Bereits am Vorabend hatte ich mit meinen Eltern gemeinsam das gesamte Auto mit Koffern und Taschen bepackt.

Einerseits freute ich mich, dass es jetzt endlich losging, aber auf der anderen Seite hatte ich auch viele Bedenken und etwas Angst vor den vielen Veränderungen. Ich war zwischen meinen Gefühlen hin und her gerissen. Auf der Autofahrt in die betreute Wohngruppe wechselten sich meine Gefühle im Sekundentakt ab. In einer Sekunde hatte ich das Gefühl vor Vorfreude zu platzen und konnte es gar nicht erwarten, endlich dort zu sein und keine zwei Minuten später hätte ich heulen können und am liebsten meine Eltern angefleht, dass sie doch bitte, bitte umkehren sollten.

Ich wusste nicht mehr, wo mir der Kopf stand. Ich glaube, erst jetzt realisierte ich, was es tatsächlich bedeutete, in die betreute Wohngruppe zu ziehen. Zuvor hatte ich mir zwar jede Menge Gedanken dazu gemacht und mich meiner Meinung nach sehr ausführlich und intensiv mit der Situation auseinandergesetzt, aber jetzt im Auto zu sitzen und diesen endgültigen Schritt zu wagen, war dann doch noch mal etwas anderes.

Es war ein merkwürdiges Gefühl, nicht zu wissen, was auf mich zukommen und was mich erwarten würde. In weniger als vier Stunden würde ich in einer vollkommen fremden Gegend mit vollkommen fremden Menschen unter einem Dach leben und mir mit einer mir unbekannten Person eine Wohnung teilen. Das war verrückt! Ob ich wollte oder nicht würde, ich mit dieser klarkommen müssen.

Ich hasste Veränderungen und ich hasste es, wenn ich nicht wusste, was auf mich zukäme. Das machte mir Angst! Und mit dem Einzug in die Wohngruppe musste ich mich nicht nur an eine Veränderung, sondern an gleich gefühlte 1000 Neuerungen gewöhnen. Ich hatte keine Ahnung, wie ich das ohne Kotzen, Hungern oder Selbstverletzung hinbekommen sollte ...

Gegen 9 Uhr kam ich mit meiner Mutter und meinem Opa in meiner neuen Heimat an. Mein Vater musste arbeiten und konnte leider nicht mitkommen, deshalb kam mein Opa mit.

Da wir noch etwas früh dran waren, beschlossen wir, noch in die Innenstadt zu gehen und dort bei einem Bäcker eine Kleinigkeit zu essen und etwas zu trinken. Eigentlich wollte ich nichts essen, denn ich hatte bereits zu Hause gefrühstückt und keine Lust, mir neben den Kalorien, die ich sowieso schon jeden Tag zu mir nehmen musste, noch zusätzlich unnötige, außerplanmäßige Kalorien reinzustopfen.

Aber um meinen guten Willen zu zeigen, aß ich trotzdem ein halbes belegtes Brötchen. Ich hatte keine Lust, mit meiner Mutter in den letzten gemeinsamen Stunden, die ich mit ihr hatte, zu diskutieren. Und zudem wollte ich ihr beweisen, dass ich wirklich hinter meiner Aussage stand, dass ich gesund werden wollte. Ich musste zwar bei jedem Bissen kämpfen und mich dazu zwingen, die Butter auf dem Brötchen zu lassen und nicht irgendwo an eine Servierte zu schmieren, aber ich schaffte es.

Zu Hause war es mir gelungen, mein Gewicht recht stabil bei 44 Kilo zu halten und ich hoffte, dass das auch in der betreuten Wohngruppe so bleiben würde. In meinen Augen waren zwar 44 Kilo extrem viel und ich sah mich im Spiegel als fett, doch ich wusste, dass 44 Kilo das Mindeste an Gewicht waren, was ich haben musste, um halbwegs gesund zu überleben.

Die Magersucht verlangte weiterhin von mir, dass ich wieder abnahm, doch inzwischen war ich soweit und so stark, dass ich ihr gegensteuern konnte. Ich wollte mein Gewicht halten. Zu diesem Zeitpunkt wollte ich weder zu- noch abnehmen. Die Essstörung war stark, aber mein Wille mithilfe der Wohngruppe gesund zu werden, war stärker!

Nach dem zweiten Frühstück fuhren meine Mutter, mein Opa und ich weiter zur Wohngruppe.

Eine Betreuerin, die später auch meine Bezugsbetreuerin werden sollte, nahm mich in Empfang, und zeigte mir, in welche Wohnung ich ziehen würde. Anschließend half sie mir, meiner Mutter und meinem Opa mein Gepäck in mein Zimmer zu tragen.

Mein Zimmer war ein kleiner Raum, in dem ein Bett, ein Nachttisch, ein Kleiderschrank und ein Regal standen. Es war nicht sonderlich groß, aber reichte völlig aus, um darin zu wohnen.

Zu Beginn meines Einzugs wohnte ich mit einem adipösen Jungen zusammen. Später, nachdem er auszog, wechselten meine Mitbewohner in regelmäßigen Abständen. Keiner meiner Mitbewohner hielt es besonders lange in der Einrichtung aus. Außerdem war der adipöse Junge, mit dem ich die ersten Monate nach meinem Einzug zusammenwohnte, die einzige männliche Klient, mit der ich zusammenwohnte. Die anderen Klienten, mit denen ich mir danach das Apartment teilte, waren alle weiblich.

Anfangs war ich schon etwas erstaunt und verunsichert, als ich hörte, dass ich mit einem Jungen zusammenwohnen sollte, aber das legte sich nach dem Kennenlernen recht schnell. Denn er war sehr nett, deutlich jünger als ich und hatte ein sehr freundliches Auftreten. Nichts an ihm wirkte gefährlich oder bedrohlich für mich.

Außerdem hatte ich zumindest im Moment die Vergewaltigung und die Übergriffe recht gut verdrängt, sodass mein Verhältnis zu Männern einigermaßen normal war. Lediglich bei bestimmten äußeren Merkmalen geriet ich noch in Panik. Zum Beispiel wenn ein Mann, DENEN ähnlichsah, besonders groß war oder große Hände hatte.

Dann stieg immer noch Panik in mir hoch und die Erinnerung tauchte vor meinem inneren Auge in Form von Flashbacks auf. Ansonsten hatte ich vor fremden Männern „nur noch" höllischen Respekt. Dieser Respekt verschwand aber auch nicht, wenn ich die Person länger kannte. Der Respekt wurde lediglich weniger, doch komplett verschwinden tat er nie.

Ich kam mit Männern klar, aber zu 100 Prozent vertrauen oder Nähe zu lassen war auf keinen Fall drinnen! Sobald mir ein Mann zu nahekam, brannten bei mir die Sicherungen durch und ich bekam Beklemmungen und Panik. Doch bei dem Jungen, mit dem ich zusammenwohnen sollte, war das wie gesagt nicht der Fall. Er sollte mir zwar besser nicht zu nahekommen, aber solange er einfach nur da war und mich nicht berührte oder so, war es für mich kein Problem, mit ihm zusammen in einer Wohnung zu wohnen.

Von den Betreuern her waren alle, bis auf einen jungen Mann, weiblich. Das fand ich ebenfalls gut und erleichternd. Denn wären mehr männliche Betreuer unter den Mitarbeitern gewesen, hätte ich vermutlich Reißaus genommen! Einen Mann in meiner Nähe konnte ich noch halbwegs ertragen, aber viel mehr, als einer ging überhaupt nicht für mich!

Nachdem mein gesamtes Gepäck in mein Zimmer geräumt war, verabschiedete ich mich von meiner Mutter und meinem Opa und zog mich in mein Zimmer zurück, um meine Koffer und Taschen auszupacken.

Da es bereits nach 12 Uhr war und somit das Mittagessen in der Wohngruppe schon vorbei war, und ich nicht noch nachträglich etwas alleine zu Mittag essen wollte, hatte ich nun bis 15.30 Uhr „Freizeit", in der ich ungestört alleine in meinem Zimmer erst einmal die ganzen neuen Eindrücke sacken lassen konnte. Um 15.30 Uhr sollte ich dann meine erste Zwischenmahlzeit zu mir nehmen. Dafür würde eine Betreuerin aus der Funktionswohnung (so hieß das Apartment der Betreuer) zu mir kommen und den Essensschrank aufschließen.

Solange ich noch im Untergewicht war, musste ich drei Zwischenmahlzeiten und drei Hauptmahlzeiten zu mir nehmen. Die erste Zwischenmahlzeit um 10.30 Uhr vormittags, die zweite um 15.30 Uhr nachmittags und die dritte um 21 Uhr als Spätmahlzeit. Was ich zu diesen Zwischenmahlzeiten jeweils aß, war mir vorerst selbst überlassen. Die einzige Bedingung, die ich hatte, war, dass ich überhaupt irgendetwas aß.

Dass es jetzt drei anstatt zwei Zwischenmahlzeiten gab, war mir jetzt schon ein Dorn im Auge. Denn drei, anstatt zwei Zwischenmahlzeiten zu haben, bedeutete schließlich, dass ich ab sofort noch mehr Kalorien am Tag essen musste! Und das machte mir Angst. Alleine durch diese kleine Veränderung fürchtete ich, gleich unkontrollierbar zuzunehmen. Es war schrecklich. Die Magersucht war wie ein Bandwurm in meinem Gehirn, den ich einfach nicht loszuwerden schien.

Als ich in die Einrichtung einzog, war das Essen so geregelt, dass jede WG für sich aß. Abends wurde frisch gekocht (zu diesem Zeitpunkt kochten noch die Klienten selbst und entschieden auch eigenständig, was gekocht werden sollte) und zum Frühstück und Mittagessen gab es Brot oder Brötchen mit Belag, und ab und zu einen Salat oder ein bisschen anderem Gemüse dazu.

Für das Frühstück, Mittagessen und die drei Zwischenmahlzeiten wurde zweimal die Woche ein Großeinkauf gemacht. Auf einen Zettel schrieb jeder Klient auf, was er haben wollte und die Betreuer kauften es dann dienstags beziehungsweise freitags ein.

Von den Klienten durfte maximal ein Klient pro Einkauf mit zum Einkaufen gehen. Lightprodukte waren für alle Klienten, auch für die, die Adipositas hatten, verboten, und Süßigkeiten durften maximal zwei Mal pro Woche aufgeschrieben werden. Sobald die Lebensmittel in der WG waren, wurden sie sofort weggeschlossen. Selbst der Kühlschrank besaß ein Schloss. Lebensmittel außerhalb der verschlossenen Schränke aufzubewahren oder gar im Zimmer zu lagern, war strengstens verboten.

Während der knapp drei Jahre, die ich in der Einrichtung wohnte, änderten sich diese Regeln jedoch regelmäßig. Am Ende, kurz vor meinem Auszug, existierte gar keine Regel mehr von diesen anfänglich sehr strengen Regeln. Worüber ich sehr froh war. Denn diese Regeln waren zum Teil echt übertrieben und gewöhnungsbedürftig.

30. Erste Orientierung in der WG

Im Großen und Ganzen fühlte ich mich vom ersten Tag an in der Wohngruppe wohl. Die Regeln waren zwar streng und die abgeschlossenen Schränke leicht gewöhnungsbedürftig, doch bereits nach zwei, drei Tagen begann ich mich auch daran zu gewöhnen.

Die anderen Jugendlichen im Haus waren alle nett und man fühlte sich direkt miteinander verbunden. Dadurch, dass wir alle mehr oder weniger mit derselben Problematik kämpften, gab es so etwas wie ein unsichtbares Band zwischen uns. Ohne größere Probleme konnte man sich in die anderen hineinversetzen und „mitfühlen", wenn jemand am Tisch mit dem Essen kämpfte oder es ihm deswegen nicht gut ging. Das gab einem in manchen Situationen viel Kraft. Allein das Wissen, dass man nicht der einzige Mensch auf der Welt war, der solch eine negative Einstellung zu seinem eigenen Körper und zum Essen hatte, gab einem schon jede Menge Motivation und neue Hoffnung weiterzukämpfen.

Gleichzeitig war jedoch das gemeinsame Essen eine riesen Herausforderung für mich. Besonders bei den Mahlzeiten, die in der Großgruppe stattfanden (also Frühstück und Mittagessen), kämpfte ich regelmäßig bei jedem Bissen. Es war anstrengend mit anderen Essgestörten an einem Tisch zu sitzen und sein eigenes krankhaftes Essverhalten gespiegelt zu bekommen. Deshalb war ich mehr als nur froh, dass ich das schwierigste Essen am Tag, die warme Mahlzeit am Abend, alleine mit meinem adipösen Mitbewohner in der Wohnung einnehmen konnte. Denn zwischen ihm und mir gab es diesen Konkurrenzkampf „wer isst weniger" oder „wer ist langsamer" nicht. Er aß prinzipiell deutlich mehr und deutlich schneller als ich. Ausnahme war, wenn ich einen Essanfall hatte, dann aß ich schneller und mindestens ebenso viel wie er.

Niemand stört sich so sehr am Verhalten eines Essgestörten wie ein Essgestörter selbst. Das Essverhalten, der anderen am Tisch, wird genau unter die Lupe genommen und analysiert und sobald es auch nur eine winzig kleine Anomalität zu entdecken gibt, ist das ein Grund, um innerlich in Rage zu geraten!

Bis auf den Jungen, der mit mir im Apartment wohnte, waren alle anderen Bewohner weiblich. Die jüngste Bewohnerin war gerade einmal 13 Jahre alt und die Älteste war vor ein paar Wochen 23 Jahre alt geworden.

Mit einer Bewohnerin verstand ich mich besonders gut. Sie hatte genau wie ich die drei Diagnosen Borderline, Magersucht und Bulimie. Gemeinsam konnten wir über alles reden. Diese Erfahrung war für mich neu. Noch nie konnte ich so offen über meine Gedanken und Gefühle reden und noch nie hatte ich das Gefühl, dass mich einer WIRKLICH verstand. Dadurch, dass wir beide dieselben Diagnosen hatten, fühlten wir auch ähnlich. Sich darüber auszutauschen und noch nie Gesagtes auszusprechen, ohne dafür verurteilt oder als bekloppt abgestempelt zu werden, tat gut. Jedoch sollten uns diese innige Freundschaft und diese tiefgründigen Gespräche nicht immer guttun. Denn genauso aufbauend, wie solche Freundschaften zwischen Menschen mit derselben Problematik sind, können sie auch in die Tiefe ziehen.

Die erste Woche in der WG durfte ich nur mit Personal raus gehen und die folgenden zwei Wochen nur mit anderen Klienten gemeinsam. Ich sollte mich erst eingewöhnen und das Haus mit den Mitarbeitern und den Klienten kennenlernen, bevor ich auf die Umgebung losgelassen wurde. Außerdem sagten mir die Betreuer, dass sie mich gerne auch etwas näher kennenlernen würden, bevor sie mich alleine nach draußen ließen. Meine Akte war schließlich dick und alles andere als positiv. Ich kannte zwar die Berichte der Kliniken, in denen ich war, nicht, aber ich wusste, dass ich darin als eine Art Monster beschrieben wurde, das unmöglich zu kontrollieren war. Dementsprechend konnte ich die Bedenken und Sorgen der Betreuer verstehen. Ich glaube, wenn ich so einen Klienten, wie mich in meine Einrichtung bekommen würde, hätte ich nicht anders gehandelt.

In der ersten Woche strengte ich mich extrem an, nicht negativ aufzufallen. Ich versuchte mich an die Regeln zu halten, ausreichend zu essen und möglichst wenig selbst zu verletzen, was mir anfangs auch relativ gut gelang. In den ersten sieben Tagen verbrannte ich mich lediglich zwei Mal mit Deo und kotzte nur einmal das Abendessen aus. Ich akzeptierte, dass die Schränke zugeschlossen waren und probierte nicht irgendwelche Schlösser zu knacken, um einen Fressanfall zu schieben.

Ich war stets bemüht, allen Aufgaben und Vorschriften gerecht zu werden. Und nach der ersten Woche war ich sogar ziemlich zufrieden mit meinen Leistungen. Ich hatte mich nicht komplett danebenbenommen, nicht gleich jeden Abend gekotzt und mich auch nicht so tief geschnitten, dass ich zum Nähen ins Krankenhaus musste. Das war gut. Oder besser gesagt: Das war sehr gut! Schließlich kannte ich mich selbst und wusste, dass ich auch ganz anders konnte.

Mit den vielen Veränderungen und Neuerungen umzugehen, fiel mir alles andere als leicht. Ich kämpfte fast täglich mit innerer Anspannung und Selbstverletzungsdruck, aber bis jetzt blieb ich noch standhaft und versuchte, mich über Wasser zu halten. Mit aller Kraft kämpfte ich dafür, halbwegs die Balance zu halten und nicht abzurutschen.

Eine der schwierigsten Sachen zu dieser Zeit war es für mich, nicht zu wissen, wie viel ich wog. Zu Hause hatte ich zwar ebenfalls keine festen Wiegetermine gehabt, aber hier in der WG, war es dann doch noch mal etwas anders mit dem Wiegen. Hier gab es nämlich nicht nur keine feste Wiegetage, sondern auch keine festen Abstände zwischen den Wiegeterminen an sich. Das bedeutete, dass morgens eine Betreuerin zum Wecken ins Zimmer kam und dann hieß es: „Auf die Toilette gehen und anschließend auf die Waage stellen."

Das konnte zweimal die Woche sein oder aber auch nur einmal im Monat. Je nachdem welchen Abstand die Betreuer als sinnvoll erachteten. Das machte mich wahnsinnig! Zu Hause hatte ich zumindest zwei Mal die Woche eine Chance, mein Gewicht zu kontrollieren, das war wenigstens halbwegs „gerecht". Aber hier? Das war meinem Empfinden nach, die reinste Folter.

Jeden Tag hatte ich das Gefühl, weiter zugenommen zu haben. Jeden Tag kamen mir meine Jeans enger und mein Bauchumfang breiter vor. Das hatte die Folge, dass ich mich von Tag zu Tag weniger traute, zu essen, und die Magersucht in mir an Kraft gewann. Obwohl ich kaum noch etwas aß und mein Gewicht wieder langsam nach unten sank, hatte ich das Gefühl, trotzdem von Tag zu Tag fetter zu werden. Der Kreislauf nach unten hatte sich wieder zu drehen begonnen. Noch wollte ich es nicht ganz wahrhaben und versuchte dagegen anzukämpfen. Doch irgendwie ahnte ich schon, dass mir bald die Kraft zum Kämpfen ausgehen würde.

Das schönste Erlebnis in der ersten Woche war für mich meine erste Begegnung mit der Feldenkrais-Lehrerin des Hauses. Einmal die Woche, jeden Donnerstag, kam sie in die Wohngruppe, um mit den Klienten, die sich zuvor in eine Liste eingetragen hatten, eine Einzelstunde abzuhalten.

Bevor ich in die WG kam, hatte ich von Feldenkrais noch nie etwas gehört, und dementsprechend keine Ahnung, was Feldenkrais überhaupt war. Von Erzählungen durch andere Klienten wusste ich, dass Feldenkrais so ähnlich wie Physiotherapie, aber trotzdem irgendwie vollkommen anders sein sollte.

Also eine genaue Beschreibung von dem, was mich in der Einzelstunde erwartete, hatte ich anfangs nicht. Deshalb ging ich zunächst etwas skeptisch und misstrauisch an die

Sache heran. Doch bereits nach der Begrüßung wechselten diese Skepsis und das Misstrauen in Neugierde und noch einmal ein paar Minuten später, in Vertrauen, Begeisterung und Wohlbefinden.

Ich weiß nicht, wie genau es dieser Frau gelang, mich so schnell zur Ruhe und zum Entspannen zu bringen, aber sie schaffte es. Und sie schaffte es auch immer wieder. Selbst in Situationen, in denen ich komplett angespannt und verspannt war, brauchte sie nur wenige Sekunden, um mich wieder locker zu machen.

Diese Frau vollbrachte einfach Magisches. Allein dadurch, dass sie ihre Hände auf einen Körperteil von mir legte und diese langsam und vorsichtig hin und her bewegte, gelang es ihr, mein komplettes Körperempfinden zu verändern. Wenn ich mich nach der Feldenkrais-Stunde bewegte, fühlte sich mein Körper jedes Mal vollkommen anders an. Es war, als ob ich dann über dem Boden schweben würde.

Alles war warm und leicht und ich fühlte mich ungewohnt wohl und zufrieden in meinem Körper. Dieses Gefühl hielt dann auch ungefähr bis zu zwei Stunden nach der Therapie noch an.

Am liebsten mochte ich es, wenn sie ihre warmen Hände auf meinen Bauch legte. Denn anschließend fühlte sich mein Bauch zumindest kurzzeitig nicht mehr dick und fett wie bei einer Schwangerschaft an, sondern flach und manchmal sogar leicht eingefallen. So wie er in Wirklichkeit war.

Kurz gesagt: Diese Frau war einfach genial! Sie schaffte jede Woche Unmögliches. Ich mochte sie von Anfang an und besonders in Krisensituationen half sie mir mehr, als die meisten Psychologen.

Ihre Hände waren schlichtweg nicht von dieser Welt. Sie waren immer warm, selbst im tiefsten Winter, und wenn sie mich berührte, strömte eine angenehme Wärme in meinen Körper über und ich wurde sofort ruhig. Nie im Leben hätte ich zuvor gedacht, dass ein paar „normale" Hände und ein paar klitzekleine sanfte Bewegungen so etwas Großartiges vollbringen konnten.

Des Weiteren war Frau W. nicht nur die beste Feldenkrais-Lehrerin, die ich kannte, sondern zusätzlich auch eine super Gesprächspartnerin.

In der einen Therapiestunde redeten wir häufig, die erste halbe Stunde einfach nur über die aktuelle Lage in der WG, meine Fortschritte oder Rückschritte, meine Bedenken und Sorgen oder wir träumten uns gemeinsam meine neue Zukunft zusammen. Mit ihr konnte ich über wirklich alles reden. Ich brauchte keine Angst zu haben, von ihr verurteilt oder getadelt zu werden. Ihr war es im Prinzip nämlich egal, welche Regeln man brach, oder was man verbrochen hatte, sondern der Grund dahinter interessierte sie. Manche Fragen von ihr waren schmerzhaft, aber gleichzeitig brachten sie auch Klarheit. Sie war Meisterin darin, jemanden so zu lenken, dass man selbst seinen eigenen Problemen in die Augen sah, und den Kampf mit diesen Problemen aufnahm. Sie sagte nicht die Lösung, sondern man kam jedes Mals selbst darauf. Obwohl sie nie etwas mit Psychologie oder so gelernt hatte, war sie trotzdem in meinen Augen die beste Psychologin, die ich kennengelernt habe. Und auch andere Klienten sagten, dass Frau W. mehr Geheimnisse und verbotene Dinge von uns Bewohnern wusste, als alle Betreuer zusammen.

31. Es geht wieder bergab

Nachdem ich mich in der ersten Woche gut geführt und nichts großartig zuschulden kommen lassen hatte, wurden in der zweiten Woche die Regeln bezüglich meines Ausgangs gelockert. Ab sofort durfte ich jetzt auch mit anderen Klienten gemeinsam in die Innenstadt gehen und war nicht länger auf das Wohlwollen eines Betreuers angewiesen, der mich nach draußen begleitete.

Fast täglich ging ich nun mit dem Mädchen, das dieselben Diagnosen wie ich hatte, in den Ausgang. Zwischen uns hatte sich inzwischen eine feste Freundschaft gebildet und wir verbrachten so gut wie jede freie Minute zusammen. Das Problem an unserer Freundschaft war jedoch, dass wir uns mittlerweile schon so nahestanden, dass wir uns voneinander beziehungsweise von den Gefühlen des anderen nicht mehr abgrenzen konnten und uns zum Teil gegenseitig nach unten zogen. Dadurch, dass wir uns so gut verstanden, war es für uns schwer, zuzusehen, wenn es der anderen nicht gut ging. Eigentlich wollten wir uns in solchen Situationen dann gegenseitig helfen, doch wir beide besaßen nicht die nötige Stabilität dazu. Anstatt uns gegenseitig aufzubauen, zogen wir uns in den meisten Fällen nur noch weiter in die Tiefe.

So kam es auch, dass wir bereits bei einem unserer ersten gemeinsamen Ausgänge zusammen in den Drogeriemarkt gingen, um uns Rasierklingen zu kaufen.

Und auch die nächsten Ausgänge wurden nicht unbedingt besser. Meine neue Freundin hatte nämlich momentan eine bulimische Phase, in der sie jeden Tag Essanfälle hatte. Fast täglich gingen wir deshalb in den Lebensmittelmarkt, wo sie riesige Menge an Essen einkaufte.

Anfangs gelang es mir noch halbwegs, mich abzugrenzen und stark zu bleiben, aber irgendwann schaffte ich es nicht mehr und kaufte mir auch eigene Lebensmittel für einen Fressanfall ein. Die Verlockung alles und so viel wie man möchte essen zu können, ohne dadurch zuzunehmen, war leider zu groß. Zumal ich sowieso aktuell das Gefühl hatte, jeden Tag weiter zuzunehmen, obwohl ich kaum noch etwas aß.

Langsam, aber sicher verabschiedete ich mich von meinen guten Vorsätzen und kehrte zu den alten Gewohnheiten zurück, die ich ursprünglich nie wiedersehen wollte.

Zu Beginn hatte ich noch den festen Plan, maximal zwei Mal pro Woche nach dem Abendessen einen Fressanfall zu schieben und zu kotzen, doch dieser Plan löste sich recht schnell in Wohlgefallen auf. Aus einmal Kotzen wurde zweimal Kotzen, aus zweimal, dreimal und aus dreimal, viermal und so weiter. Aus einer anfangs einmalig gedachten Sache wurde schneller, als ich mich versehen konnte, wieder eine feste Gewohnheit.

Schneller, als ich je gedacht hätte, steckte ich wieder in diesem verdammten Teufelsstrudel abwärts fest und verlor die Kontrolle über mich und mein Essverhalten. Selbst wenn ich versuchte, auf meine Fressereien und das anschließende Kotzen zu verzichten, schaffte ich es nicht mehr. Bereits nach dem ersten Bissen vom Abendessen war mir meistens schon klar, dass diese Mahlzeit auch wieder in der Toilette enden würde.

Ich war einfach zu schwach, um auf Essen, insbesondere auf Schokolade, Chips, Gummibärchen und Co., zu verzichten. Je mehr ich mir versagte, diese Lebensmittel zu essen, desto größer wurde mein Verlangen und Heißhunger darauf. Momentan war ich nicht dazu in der Lage, diesem Druck und dem intensiven Verlangen standzuhalten und stark zu sein.

Und um ehrlich zu sein, hatte ich auch keine Lust mehr darauf. Ich hatte keine Lust mehr zu hungern und zu verzichten! Stattdessen wollte ich mich viel lieber satt essen und meinen Magen mit Essen vollstopfen, um damit die endlose Leere in mir zumindest zeitweise zu füllen. Die

Bulimie gab mir wenigstens ein bis zwei Stunden am Tag das Gefühl „ausgefüllt" zu sein.

Die 90 Minuten, die ich mir jeden Abend den Bauch vollschlug, waren für mich die schönsten 90 Minuten am Tag. In diesen 1,5 Stunden konnte ich alles um mich herum vergessen und alle Gefühle ausblenden. Erst das anschließende Kotzen und Erniedrigen vor der Kloschüssel holte mich dann jedes Mal auf schmerzhafte Weise mit einem festen Schlag auf den Boden der Tatsachen zurück. Doch dieses unschöne Ende blendete ich gekonnt aus. Die Freude darüber, alles essen zu können, ohne zuzunehmen, und das unbeschwerte Gefühl, das mir das Essen brachte, überwog die negativen Gefühle, die das Kotzen erzeugte. Und dazu noch eine Freundin zu haben, die die Sache genauso sah wie ich, war natürlich „perfekt". Gegenseitig konnten wir uns offen über alles austauschen, beratschlagen, welche Lebensmittel gut auszukotzen waren, und von welchen Lebensmitteln man bei einem Fressanfall besser die Finger lassen sollte oder welche Hilfsmittel bei einer „Magenspülung" die effektivsten waren.

Für uns war es „normal", über solche Themen zu reden und wir verspürten keinerlei Scham dabei. Schließlich war es für uns eine Art normales Hobby, Fressanfälle zu schieben und uns im Anschluss den Finger in den Hals zu stecken, bis der gesamte Mageninhalt in der Toilette war. So wie andere Leute in ihrer Freizeit Bergsteigen gingen, lebten wir eben unsere Bulimie aus.

Manchmal diskutierten wir sogar darüber, ob Bulimie überhaupt eine Krankheit war. Denn in unseren Augen war es eigentlich eher eine Therapie. Wenn wir kotzten, verletzten wir uns nicht selbst. Zumindest nicht mit einer Rasierklinge. Zusätzlich war Bulimie eine perfekte Möglichkeit zu essen, was man wollte, ohne dabei ein schlechtes Gewissen wegen der Kalorien zu bekommen oder zuzunehmen. So gut wie jedes Model hatte Bulimie-Erfahrungen. Also wieso sollte Bulimie so schlecht sein?

Gewiss hatte das häufige Übergeben Nebenwirkungen, aber welches Medikament besaß keine Nebenwirkungen?

Für uns war es unverständlich, wieso wir es unterlassen sollten, was uns half.

Bulimie war eine Freundin für uns, die uns in schweren Zeiten beistand und Halt und Besserung versprach.

Gleichzeitig wussten wir jedoch natürlich auch, dass unser Verhalten und unsere Denkweise nicht normal, sondern krank waren. Die positiven Effekte der Bulimie herauszuziehen und sich daran festzuhalten, war lediglich ein Versuch, unsere Diagnose und die damit verbundenen Probleme zu leugnen. Wir verschlossen die Augen vor der Realität und versuchten uns die Krankheit schön zu reden.

Auch heute noch ist mein Denken über die Essstörung mehr oder weniger ambivalent. Ich weiß, dass es krank und ungesund ist, sich erst zu überfressen und danach den Finger in den Hals zu stecken. Eigentlich möchte ich auch nicht mehr kotzen. Aber in manchen Situationen „vergesse" ich das. Da höre ich auf die Stimme in meinem Kopf, die mir mit Nachdruck den Vorschlag macht, in die Bulimie zurück zu flüchten.

Ab und zu sehe ich keinen anderen Weg, um meinen Frust abzulassen, meinen Selbsthass zum Ausdruck zu bringen oder meine Probleme kurzzeitig in den Hintergrund zu drängen. Wenn mich mein Leben ankotzt, kotze ich leider weiterhin in gewissen Situationen immer noch zurück. Zwar nur noch äußerst selten, aber ich mache es noch.

Kotzen gibt mir persönlich einfach etwas, was mir kein anderes Medikament und kein Therapeut geben kann. Anschließend hasse ich mich zwar dafür, aber in dem Moment brauche ich die Bulimie einfach, wenn ich keine andere Lösung sehe, als in alte Verhaltensmuster zurückzufallen. Und auch an dieser Station in meinem Leben schien ich alt bekannte Verhaltensmuster lieber den neuen unbekannten

Verhaltensmustern vorzuziehen. Aufgrund der äußeren Umstände schaffte ich es nicht mehr, den Weg in Richtung Genesung weiterzugehen. Immer mehr und mehr verlor ich den Halt unter meinen Füßen und rutschte weiter ab.

Wieso genau ich aufhörte, zu kämpfen, und erneut alles, was ich mir aufgebaut hatte, mit vollem Karacho in Höchstgeschwindigkeit zerstörte, kann ich nicht genau sagen, dafür gab es mehr als einen Grund. Es kamen zu viele unglückliche Umstände zusammen und ich besaß nicht die nötige Widerstandskraft, um stark zu bleiben. Vielleicht fehlte mir auch etwas der Wille dazu weiterzukämpfen. Wie gesagt: Es ist einfacher, in alte Verhaltensmuster zu flüchten, als neue zu erlernen. Alt bekannte Sachen sind vertraut und Neues ist „unheimlich".

32. Herzlich willkommen zurück, liebe Bulimie! Ich hätte gut und gerne auf dich verzichten können ...

An meinen ersten, gezielt geplanten Essanfall in der WG kann ich mich noch gut erinnern. Er war in der ersten Woche, nachdem ich Ausgang mit Mitklienten bekommen hatte. Ich war mit meiner neuen Freundin in der Innenstadt, um mit ihr gemeinsam für ihren nächsten Fressanfall am Abend einzukaufen. Allerdings schaute ich ihr heute beim Einkaufen nicht nur zu oder stand daneben und studierte die Nährwertangaben auf irgendwelchen Lebensmitteln, die ich eventuell irgendwann mal essen könnte, sondern lud mir selbst massenweise Schokolade, Chips und andere Süßwaren in den Einkaufswagen.

Ich steigerte mich fast schon in eine Art unkontrollierbaren Kaufrausch hinein. Erst als der Einkaufswagen randvoll war, wurde mir bewusst, dass ich den Einkauf auch irgendwie in meiner Tasche verstauen und den Berg zur WG hochschleppen musste und ich begann wieder langsam die Beherrschung zurückzugewinnen und hörte auf, weiteres Essen einzuladen.

Allein der Gedanke daran, mir am Abend nach dem Abendessen diese ganzen, hauptsächlich süßen und/oder fettigen, Lebensmittel zu gönnen, versetzte mich in eine Art Rauschzustand und durchflutete meinen Körper nur so mit Endorphinen.

Die Gedanken an das anschließende Kotzen verdrängte ich bei dieser Freude so gut wie vollständig.

Auf dem Rückweg zur Wohngruppe überlegten meine Freundin, die sich ebenfalls eine nicht ganz unbeträchtliche Menge an Lebensmitteln gekauft hatte, und ich gemeinsam, wie wir unsere Essensvorräte am besten unbemerkt an den Betreuern vorbeischmuggeln sollten. Denn würden uns die

Betreuer mit den vollen Taschen erwischen, würden sie uns alle Lebensmittel abnehmen und der Plan mit dem Essen und Kotzen wäre dahin. Das wollten wir auf keinen Fall riskieren!

Deshalb einigten wir uns darauf, erst die Lebensmittel ins Haus zu schleusen, unter unseren Betten zu verstecken und uns danach bei den Betreuern in der Dienstwohnung zurückzumelden. So konnten die Betreuer gegebenenfalls unsere Taschen kontrollieren, ohne dass sie etwas Verräterisches finden würden und wir waren auf der sicheren Seite.

Nachdem uns dieser Schritt des Planes erfolgreich geglückt war, hieß es warten.

Die Zeit zwischen zweiter Zwischenmahlzeit und Abendessen war mir bis zu diesem Tag noch nie so lange vorgekommen. Fast schon im Minutentakt starrte ich auf meine Armbanduhr, um zu schauen, wie lange es noch dauerte, bis ich die ganzen Süßigkeiten, die Schokolade, die Minikuchen und die anderen Leckereien in meinem Zimmer endlich aufreißen und verschlingen konnte. Ich konnte es kaum erwarten, endlich mit meinem Fressanfall beginnen zu dürfen.

Als dann um 18 Uhr das Abendessen auf den Tisch gestellt wurde, nahm ich mir sofort und ohne Diskussionen als Erste eine extra große Portion von dem Milchreis, was die Betreuerin, die heute Abend bei uns in der Wohnung Essensaufsicht hatte, sehr freute.

Denn im Normalfall diskutierte ich immer ewig hin und her, bis ich mir wenigstens eine kleine Probierportion auf den Teller nahm. Doch heute verzichtete ich aus Zeitgründen auf diese Diskussion.

Noch schien die Betreuerin nicht zu merken, dass ich meine Gründe hatte, wieso ich ausnahmsweise nicht diskutierte, und mir ohne Widerworte eine mehr als anständige Portion auf den Teller schippte. Doch als ich den Milchreis innerhalb kürzester Zeit förmlich in mich hineinstopfte und mir noch mal eine genauso große Portion nachnahm, wurde sie skeptisch. An ihrem Gesichtsausdruck konnte ich erkennen, dass sie meinen Plan durchschaut hatte.

Mit strengem Blicken versuchte sie mir mitzuteilen, dass sie das, was ich gerade tat, nicht gut fand, und mich davon abbringen wollte, noch eine dritte Portion nachzunehmen. Jedoch vergeblich. Ich ließ mich von niemanden und nichts beirren und war froh, dass sie mich lediglich mit Blicken darauf hinwies, mein Verhalten zu überdenken und nicht mit Worten.

Nach dem Abendessen räumte ich so schnell wie noch nie den Essenstisch ab und räumte zusätzlich noch in Rekordzeit die Spülmaschine ein. Ich wollte auf keinen Fall mehr Zeit als wirklich nötig verlieren. Denn je mehr Zeit verstrich, desto mehr Kalorien konnte mein Körper später aus dem Essen in meinem Magen herausziehen und in Fettzellen verwandeln. Und das war schlecht! Deshalb verschwand ich auch unverzüglich, nachdem alle Aufgaben erledigt und alles weggeräumt war, auf mein Zimmer, um mich dort den restlichen Süßigkeiten hinzugeben.

Bereits jetzt schon hatte ich vollkommen die Kontrolle über mich und mein Handeln verloren. Wie von einer fremden Macht besessen, stopfte ich eine Tafel Schokolade nach der anderen in mich hinein. Von dem Geschmack der Lebensmittel bekam ich überhaupt nichts mehr mit. Es war einfach nur noch ein Mund aufmachen, Essen hineinstopfen, zweimal kauen und schnellstmöglich mit reichlich Wasser nach unten spülen.

Ich verschlang so viel an Masse, dass mein Magen regelmäßig so voll war, dass nichts mehr hineinging. Mehrmals musste ich deswegen eine Pause einlegen, um auf Toilette zu rennen, um wieder neuen Platz für weiteres Essen zu schaffen.

Über eine Stunde war ich alleine mit Essen und Kotzen beschäftigt. Und damit meine ich nicht den unangenehmen Teil, bei dem ich meinen Magen bis auf den letzten Krümel ausspülte. Sondern lediglich den Part, in dem ich unaufhörlich alles Essbare, was sich in meiner Reichweite

350

befand, in mich hineinstopfte und verschlang. Erst als ich nichts mehr Essbares auf meinem Zimmer hatte, verschwand ich für längere Zeit auf Toilette, um meinen Magen endgültig zu leeren.

In dieser Phase wurde mir dann auch bewusst, was ich da eigentlich gerade getan hatte, und mich überkam langsam ein schlechtes Gewissen. Jedoch hatte ich dafür noch keine Zeit. Erst musste ich die ganzen Kalorien wieder loswerden, bevor ich mich selbst für meine mangelnde Selbstkontrolle und meine Unfähigkeit bestrafen konnte.

Fast 30 Minuten lang hing ich kopfüber über der Kloschüssel und steckte mir unaufhörlich den Finger in den Hals. Gott sei Dank, hatte ich das schnelle und möglichst geräuscharme Kotzen trotz der längeren Pause zu Hause nicht verlernt! Ich wusste noch, wie es funktionierte.

Und damit auch wirklich niemand Verdacht schöpfte, weil andauernd die Toilettenspülung betätigt wurde oder doch verräterische Geräusche zu hören waren, stellte ich zusätzlich die Dusche an. So hoffte ich, dass mein Mitbewohner nichts von meinem Fehlverhalten mitbekommen würde. Jedoch war dieses Hoffen vergeblich.

Mein Mitbewohner war zwar knapp zwei Jahre jünger als ich und kannte sich mit Bulimie nicht aus, aber er konnte sehr wohl eins und eins zusammenzählen. Anhand seiner Reaktionen merkte ich, dass er es mit 100-prozentiger Sicherheit jedes Mal checkte, wenn ich irgendetwas im Schilde führte.

Allerdings verpetzte er mich nie bei den Betreuern, worüber ich ihm sehr dankbar war. Egal, ob ich Lebensmittel in die Wohnung schmuggelte, kotzte, nachts die Wohnung verließ, Light-Produkte aß oder sonst etwas, er hielt immer dicht. Lediglich wenn er mitbekam, dass ich mich selbst verletzte, rief er unverzüglich die Betreuer an und verriet mich. Doch das konnte ich ihm nicht verübeln. Ich hätte vermutlich genauso gehandelt, wenn er sich verletzt hätte.

Noch während ich damit beschäftigt war, die Unmengen an Süßigkeiten in die Kanalisation zu befördern, klopfte es an die Badezimmertür. Eine Betreuerin stand vor der Tür und wollte wissen, ob alles in Ordnung bei mir sei. Erschrocken schaltete ich wie aus Reflex die Dusche aus und enttarnte mich dabei dummerweise selbst, dass ich nicht unter der Dusche stand, sondern etwas anderes tat. Als ich dann mit zögerlicher Stimme antwortete, dass alles gut sei, kam sofort die Frage, ob ich kotzen würde.

Da ich noch nie eine besonders gute Lügnerin war und mir bewusst war, dass die Betreuerin sowieso bereits die Wahrheit wusste, versuchte ich es gar nicht erst mit lügen. Daraufhin probierte mich die Betreuerin vom weiteren Kotzen abzubringen und meinte, dass ich doch bitte aus dem Bad kommen sollte, weil sie gerne mit mir reden wolle.

Allerdings konnte ich die Tür nicht öffnen. Selbst, wenn ich wollte. Solange auch nur ein Bissen Essen in meinen Magen war, konnte ich nicht aufhören zu kotzen. Das würde ich nicht durchhalten. Ich würde durchdrehen und aggressiv werden. Außerdem war mir klar: Solange ich die Tür verschlossen ließ, konnte mich niemand daran hindern, das Essen weiter hervorzuwürgen.

Meine Entscheidung stand fest: Ich ließ mich nicht abbringen und wollte meinen Plan bis zum Ende durchziehen! Aus diesem Grund schaltete ich erneut die Dusche an und widmete mich wieder der Kloschüssel. Erst nachdem nur noch Galle hervorkam, hörte ich auf, mir den Finger weiter in den Hals zu stecken, und ließ mich erschöpft an der warmen Heizung zu Boden sinken.

Ich fühlte mich so schlecht, wie lange nicht mehr. Mein gesamter Körper zitterte, mein Hals schmerzte, meine Mundwinkel waren eingerissen und in Gedanken machte ich mich zusätzlich noch selbst nieder.

Ich war wütend und enttäuscht von mir, weil ich es nicht geschafft hatte, stark zu bleiben und schon in der zweiten Woche in der WG in alte Verhaltensmuster zurückfiel. Ich fühlte mich als absolute Versagerin und was noch viel schlimmer war: Die Betreuer wussten auch schon Bescheid, wie „krank" und unfähig ich war. Innerhalb der letzten zwei Stunden hatte ich gegen sämtliche Regeln und Vorschriften verstoßen, einen Fehler nach dem anderen gemacht und mich zudem noch alles andere als angemessen gegenüber der Betreuerin vor der Badezimmertür, die mir eigentlich helfen wollte, verhalten. Was konnte ich überhaupt?

Sicherlich war ich jetzt dank meinem tollen Verhalten bei den Betreuern untendurch! Niemand würde mehr mit mir reden, denn wer würde sich schon freiwillig mit so einem hoffnungslosen Fall wie mir beschäftigen wollen? Ich hatte alle enttäuscht und hatte es nicht verdient, beachtet oder gar geliebt zu werten. Egal, wo ich mich aufhielt, ich war immer das schwarze Schaf, das alles kaputt machte.

Mir reichte es nicht aus, dass die Situation an sich schon bescheiden genug war, nein, ich musste mich in Gedanken selbst noch weiter niedermachen!

Mein Selbsthass ließ die Realität um mich herum verblassen und das Einzige, was ich noch wahrnahm, war mein extremer Hass und meine Wut auf mich selbst und meine Unfähigkeit. In mir brodelte ein Vulkan, der ausbrechen wollte und der Druck in meinem Innern stieg bis aufs Unermessliche. Ich war über den Punkt hinaus, in dem ich noch eine Notbremse hätte ziehen können.

Vom Selbsthass gelenkt, suchte ich in meinem Kulturbeutel meine gekauften Rasierklingen heraus, setzte mich erneut auf den Boden, legte ein Handtuch über den Schoß und zerschnitt wie wahnsinnig die Haut an meinem Unterarm.

Ich beendete die Selbstverletzung erst, als ich zwischen dem vielen Blut, das meinem Arm in einem kleinen Fluss herunterlief, keinen freien Platz mehr fand, um die Klinge ein weiteres Mal anzusetzen.

Ohne eine Miene zu verziehen, wickelte ich unter leichtem Zugdruck das Handtuch fest um meinen Unterarm, um die Blutung einzudämmen und nicht mein Blut auf dem gesamten Badezimmerboden zu verteilen.

Auch ohne, dass ich Medizin studiert hatte, wusste ich, dass einige Schnitte sehr wahrscheinlich genäht werden mussten. Also stand mehr oder weniger jetzt schon fest, dass ich wohl oder übel recht zeitnah zu den Betreuern gehen und Hilfe holen musste.

Ich hatte es mal wieder geschafft: Aus einer bescheidenen Situation hatte ich eine noch beschissenere Situation geschaffen ...

Ich war noch nicht einmal drei Wochen in der Einrichtung und musste schon zum Nähen ins Krankenhaus! So eine Absturzkarriere konnte auch nur ich hinlegen. Wie sollte ich das bloß den Betreuern erklären?

33. Senkrechter Sturzflug

Nach reichlicher Überlegung kam ich zu dem Entschluss, dass ich es eventuell am besten mit der Wahrheit versuchen sollte. Denn mit großer Sicherheit ließen sich die Betreuer nicht mit der Aussage, dass der Mixer in der Küche außer Rand und Band geraten war und ich mich dadurch verletzt hatte, abspeisen.

Da ich keine Lust hatte, mit dem blutigen Handtuch durch das Treppenhaus zu laufen, rief ich die diensthabenden Betreuer über das Telefon der WG an und teilte ihnen offen und direkt mit, was ich getan hatte. Anschließend schloss ich mich wieder im Bad ein, um zu verhindern, dass mein Mitbewohner etwas mitbekam. Doch natürlich wusste er bereits Bescheid, was Sache war. Er war ja schließlich nicht doof.

Kurze Zeit nach dem Anruf kam eine Betreuerin zu mir und versorgte meine Wunden notdürftig mit einem Druckverband und erklärte mir, dass wir nun gemeinsam ins örtliche Krankenhaus fahren würden, um meine Verletzungen versorgen zu lassen.

Ohne Kommentar ließ ich alles über mich ergehen und war in dem Moment einfach nur froh, dass ich erstens nicht alleine gelassen wurde, und zweitens keine Vorwürfe oder direkte Konsequenzen wegen meines selbstzerstörerischen Verhaltens an den Kopf geknallt bekam.

Anfangs fuhr immer ein Betreuer mit mir zum Nähen, doch als ich begann, mich häufiger zu verletzen, wurde das abgeschafft. Stattdessen wurde jedes Mal ein Rettungswagen gerufen, der mich ins Krankenhaus fuhr und nach der Behandlung musste ich alleine mit dem Taxi zurück in die WG fahren. Die Begründung hierfür war, dass die Prozedur mit dem Nähen so unangenehm wie möglich gestaltet werden und ich nicht für mein selbstschädigendes Verhalten durch die Begleitung eines Betreuers bestätigt werden sollte.

Als noch ein Betreuer von der WG beim Nähen mit dabei war, waren die Ärzte immer freundlich und nett, doch als ich später durch den Rettungsdienst ins Krankenhaus gebracht wurde, kamen von den Ärzten zunehmend mehr unpassende Kommentare bezüglich meiner Selbstverletzungen.

Sie nähten mich zum Teil ohne Betäubung, behaupteten, dass ich mich zum Spaß selbst verletzte oder um ihnen extra Arbeit zu machen und dass Selbstverletzung lediglich Aufmerksamkeitssuche sei. Als diese, fast schon, Beleidigungen nichts mehr brachten, kam es sogar des Öfteren vor, dass ein Arzt mich zur Krisenintervention in die Psychiatrie einwies, weil er mich „bestrafen" wollte.

Diese regelmäßigen Einweisungen nervten sowohl mich als auch die Betreuer der WG und das Personal der Psychiatrie. Denn in der Klinik sah man keinen Bedarf darin, mich dort zu behalten. Selbstverletzung war ein Teil der Symptomatik meiner Diagnosen und somit bis zu einem gewissen Grad nichts Außergewöhnliches. Solange ich nicht akut suizidal war oder aus eigenem Willen eine stationäre Therapie anstrebte, sahen die Ärzte in der psychiatrischen Klinik keinen Grund, mich dazubehalten. Meistens durfte ich deshalb noch am selben Abend oder in seltenen Ausnahmefällen am nächsten Morgen nach dem Frühstück, mit einem Taxi zurück in die Wohngruppe fahren.

Die Betreuer der Wohngruppe hingegen reagierten auf meine regelmäßigen Selbstverletzungen alle gleich. Sie ließen sich von meinen Autoaggressionen nicht beeindrucken und blieben gefühlsmäßig neutral.

Am nächsten Tag wurde mit mir über den Auslöser gesprochen und den Grund, wieso ich es am Vortag nicht geschafft hatte, mich vorzeitig beim Personal zu melden oder Skills anzuwenden und das war alles. Ich bekam weder Konsequenzen noch Strafen oder mehr Aufmerksamkeit für mein selbstschädigendes Verhalten. Diese Reaktion der Betreuer fand ich gut.

Ich bekam zwar von ihnen zu hören, dass sie keinesfalls begeistert von meinem Stressabbau waren und Selbstverletzung der falsche Weg war, um Druck loszuwerden, aber gleichzeitig hielten sie mir auch vor Augen, dass es meine Verantwortung war, wie ich mich verhielt. Es lag in meiner Verantwortung, ob ich mir Klingen kaufte, um mich zu schneiden, und nicht in ihrer, womit sie meiner Meinung nach ebenfalls recht hatten. Es war meine alleinige Entscheidung, ob ich zur Klinge griff oder nicht. Dafür konnte ich niemand anderem außer mir selbst die Schuld geben.

Mit anderen Klienten dufte überhaupt nicht über Selbstverletzungen, Trigger oder sonst irgendwelche Krankheitsthemen gesprochen werden. Jedoch hielten meine Freundin und ich uns an diese Regel genauso, wie wir uns daranhielten, nicht über Gewicht, Kalorien, Essanfälle oder Kotzen zu reden ...

Doch das nur als kleinen Exkurs vom eigentlichen Thema.

Die kommenden Tage nach meinem ersten Ausrutscher kam ein Absturz nach dem anderen. Von Tag zu Tag rutschte ich wieder tiefer in das Loch, aus dem ich mich erst vor kurzen mit viel Mühe und aller Kraft herausgekämpft hatte.

Den größten Teil des Tages verbrachte ich schlafend im Bett oder vor dem Fernseher. Um etwas anderes zu tun, fehlten mir die Kraft und die Motivation. Fast jeder Abend endete entweder über der Kloschüssel oder mit der Rasierklinge in der Hand.

Ich spürte, dass sich mein Zustand rasant verschlechterte, und merkte, dass ich den Boden unter mir verlor, aber schaffte es nicht, dagegen anzukämpfen. Die Lawine, die mich unaufhörlich in die Tiefe zog, war endgültig ins Rollen gekommen. In meinem Leben ging es nun nicht nur stufenartig wieder abwärts, sondern im senkrechten Sturzflug.

Hilflos musste ich zusehen, wie ich ein weiteres Mal in dem Loch ohne Boden verschwand.

In dieser Zeit kam ich auch das erste Mal richtig mit „Pro Ana" in Kontakt. Im Internet suchte ich gezielt nach Seiten, die sich mit dem Thema beschäftigten.

„Ana" ist die Magersucht. Sie wird auf solchen, meist geheimen und eigentlich verbotenen Pro-Ana-Internetseiten, als gute Freundin dargestellt, die klare Regeln aufstellt und den Mitgliedern der Seite so beim Abnehmen „hilft". Doch so harmlos, wie das im ersten Moment klingen mag, sind diese Pro-Ana-Foren nicht! Wenn man nämlich auf den „richtigen" Ana-Seiten Mitglied ist, also nicht auf denen, die man beim normalen googeln findet, kann das sehr gefährlich bis hin zu tödlich werden! Denn in diesen Foren wird die Magersucht als etwas Positives beschrieben, das erstrebenswert ist UND das ist Magersucht sicherlich nicht!

In den Foren geht es darum, wer am wenigsten isst, wer das niedrigste Gewicht hat und am meisten Sport getrieben hat. Es wird sich darüber ausgetauscht, wie man am schnellsten Gewicht verliert und wie man beim Wiegen vor Betreuern, Psychologen oder Psychiatriepersonal am unauffälligsten auf der Waage tricksen kann. Kurz gesagt: Der gesamte Chatverlauf handelt eigentlich davon, wie man sich am besten zu Tode hungern kann. Je weniger Gewicht man besitzt, desto mehr Ansehen genießt man in solchen Foren.

Zudem gibt es noch die Hauptadministratorin „Ana". Sie gibt klare Regeln vor, an die sich alle Gruppenmitglieder halten müssen, wenn sie nicht fliegen wollen. Ein Verstoß gegen die Regeln bedeutet eine Sperrung des Mitgliedes für einen gewissen Zeitraum beziehungsweise bei wiederholtem oder schwerwiegendem Verstoß, zum Beispiel zwei Tage hintereinander eine Gewichtszunahme, sofortigen Ausschluss aus der Gruppe. Diese Regeln sind zum Beispiel, dass man nie zu dünn ist, nie zu wenig isst, man nichts essen darf, was größer als die eigene Handfläche ist und dass man sich nach jeder Mahlzeit schuldig fühlen muss. Außerdem muss man jeden Tag online sein und täglich sein Gewicht, seine gegessene Kalorienmenge und seine durch Sport verbrauchte Kalorienmenge im Chat veröffentlichen.

Das oberste und zugleich wichtigste Gebot in solchen Foren ist, dass man dazu bereit ist, sein gesamtes Leben „Ana" also der Anorexia nervosa, der Magersucht, zu widmen. Tritt man solch einer Pro-Ana-Seite bei, erklärt man sich mit allen Regeln und Vorschriften einverstanden und steht auch hinter der Aussage, dass zu dünn sein, wichtiger ist, als gesund zu sein. Wobei man vielleicht noch erwähnen sollte, dass „Ana" gar kein Mensch, sondern nur ein „Hirngespinst" ist. Sie sitzt in den Köpfen jeder magersüchtigen Person und befielt, was er oder sie zu tun beziehungsweise zu lassen hat.

Die Gedanken der Magersucht werden durch Ana lediglich auf diesen Internetseiten vermenschlicht. Jeder Magersüchtige hat also mehr oder weniger eine eigene Ana im Kopf, die die Gedanken beeinflusst. Und auf Pro-Ana-Seiten treffen sich mehrere Magersüchtige, um sich zusammenzuschließen, über diese Gedanken an die Magersucht auszutauschen, und sich gemeinsam darin zu bestärken, dass Magersucht etwas Schönes ist. Ana, also die Magersucht mit ihren essgestörten Gedanken, ihren Symptomen und ihren Begleiterscheinungen wird auf diesen Seiten angehimmelt.

Ich glaube, dass bereits jetzt schon, durch diese kurze Beschreibung relativ klar sein dürfte, dass es alles andere als gesund und genesungsfördernd ist, als Magersüchtige auf solch einer Seite Mitglied zu sein. Wie auch schon angedeutet, sind diese Seiten aufgrund ihres Gefahrenpotenzials eigentlich auch illegal und verboten. Aber wenn man wirklich will und weiß, wie man es anstellt, findet man massenweise solcher Seiten im Internet. Und leider wusste ich das zu diesem Zeitpunkt.

Im Nachhinein muss ich gestehen, dass diese Mitgliedschaft auf solch einer Pro-Ana-Seite so ziemlich das Fatalste war, was mir passieren konnte, aber in der Situation nahm ich diese Gefahr überhaupt nicht wahr. Ganz im Gegenteil: Ich fühlte mich in der Gruppe wohl und hatte das Gefühl, endlich Leute gefunden zu haben, die mich und meine Probleme verstanden. Dass diese Leute mich auf meinem Weg ins Verderben und Richtung Hungertod bestärkten und wir uns als Gemeinschaft gegenseitig in den Selbstmord trieben mit unseren Gewichtsduellen, wollte ich nicht wahrhaben. Für mich zählte nur das positive Wir-Gefühl der Gemeinschaft und für den Rest war ich blind.

Auch meine Selbstverletzungen nahmen in diesem Zeitrahmen nochmals massiv zu. Spätestens am Tag, nachdem die letzten Fäden gezogen waren, schnitt ich mich erneut, sodass ich wieder genäht werden musste. Ich schaffte es keine zwei Wochen ohne Schneiden durchzuhalten. Von den Verbrennungen mit Deo oder Streichhölzern und Kopf gegen die Wand schlagen ganz abgesehen. Aus Scherz (oder ernst ...) meinte mein Hausarzt inzwischen zu mir, dass ich sein Stammgast geworden wäre. Kein anderer Patient von ihm käme so oft zu ihm, wie ich.

Mein Leben bestand ausschließlich aus Fressen, Kotzen, Selbstverletzung, Selbsthass und Schlafen.

Die einzigen Lichtblicke für mich waren, wenn meine Eltern oder Großeltern zu Besuch kamen. Sie schafften es, mich für ein paar Stunden abzulenken, aus meinem Trott herauszuholen, und ab und zu zum Lachen zu bringen. Doch spätestens, wenn sie abends wieder ins Auto stiegen, um nach Hause zu fahren, begann ich schon mit meinem nächsten Fressanfall oder holte meine Rasierklingen aus ihrem Versteck heraus, um mich zu schneiden.

Mit Vollgas raste ich wieder in Richtung der Untergewichts- und Borderlinehölle.

Was andere Leute über mich oder mein Verhalten dachten, war mir egal. Ich machte kein Geheimnis mehr daraus, wenn

360

ich beim Abendessen einen Fressanfall schob, zum Kotzen ins Bad ging, oder mir erneut die Arme aufgeschnitten hatte und zwecks Nähen ins Krankenhaus musste. Wenn ich kein eigenes Essen mehr für Fressanfälle hatte, ging ich einfach in die Küche und hebelte mit einer Gabel die verschlossenen Schränke auf, um an das Essen dort zu kommen.

So etwas wie ein Schamgefühl besaß ich nicht mehr. Alles, was ich machte oder was mir gesagt wurde, hakte ich unter „scheißegal" ab. Mich interessierte niemand mehr und von den Gefühlen her würde ich mich fast schon als „tot" oder „eiskalt" bezeichnen.

Mit unterschiedlichen Taktiken versuchten mich die Betreuer wieder auf einen gesunden Weg zurückzuholen, doch auch das ging mir salopp gesagt am Hintern vorbei. Dem Mengenplan, den ich gemeinsam mit der Ökotrophologin erarbeitete, um zu wissen, was und wie viel ich zu den Mahlzeiten essen musste, um eine gesunde Portion zu erreichen und mein Gewicht zu halten, schenkte ich schon nach wenigen Tagen keine Beachtung mehr.

Ursprünglich sollte dieser Plan für mich und die Betreuer eine Richtlinie sein, wie ich es mit den sechs Mahlzeiten am Tag zuverlässig schaffen konnte, auf ausgewogene 2000 Kalorien zu kommen. Bei jeder Mahlzeit standen mehrere Wahlmöglichkeiten, was ich zu dieser Mahlzeit essen konnte, und welche Portionsgröße bei diesem Lebensmittel angemessen war. So hatte ich zum Beispiel beim Frühstück die Wahl, ob ich ein Brötchen mit Belag, zwei Brote mit Belag oder 40 Gramm Müsli mit Milch und einem Stück Obst dazu essen wollte.

Und bei der warmen Mahlzeit am Abend stand dann auch eine genaue Gewichtsangabe von Reis, Nudeln und Kartoffeln, die mir die Betreuer auf den Teller geben sollten. Also die Idee, die hinter diesem Plan steckte, war relativ gut überlegt und schlüssig, doch an der planmäßigen Umsetzung haperte es wie schon so oft.

Dadurch, dass die meisten Betreuer keinerlei Ahnung von Kalorien und Nährwerten hatten, konnte ich sie von vorne bis hinten belügen und so über 50 Prozent der eigentlich vorgeschriebenen Kalorien einsparen. Auf dem Mengenplan stand zum Beispiel zu den Zwischenmahlzeiten „ein Joghurt". Gemeint war damit ein Becher mit mindestens 150 Gramm (ca. 150 Kalorien). Jedoch stand die Größe des Bechers nicht dabei, deshalb nahm ich mir einen kleinen Fruchtzwerg mit gerade Mal 52 Kalorien. Manche Betreuer konnte ich sogar so austricksen, dass sie sich damit zufriedengaben, dass ich mir eine Gemüsebrühe zum Mittagessen (ca. 4 Kalorien pro 100 ml) zubereitete. Wenn ich behauptete, dass es mir schwer fiel, etwas Warmes zu essen, bekam ich sogar ein Lob dafür, dass ich mir freiwillig eine warme Gemüsebrühe zubereitete!

Doch mit der Zeit lernten auch die Betreuer dazu und kamen hinter meine Tricks. Da musste ich mir dann andere Sachen einfallen lassen. Aber an Ideen, wie man bei Kalorien und Mengenangaben tricksen kann, mangelt es essgestörten Personen nie!

Ca. zwei Monate nach meinem Einzug in der WG kamen die Betreuer plötzlich auf eine, in ihren Augen, grandiose Idee. Aus personellen und zeitlichen Gründen sollten wir Klienten nicht mehr in unseren Apartments unter uns essen, sondern alle zusammen in einer großen Gruppe.

Diese Änderung bedeutete für mich den endgültigen Absturz bezüglich Essen.

Ich fand es schrecklich, mit allen anderen an einem Tisch zu sitzen. Dadurch, dass nun mehrere Mädchen mit Magersucht gemeinsam ihre Mahlzeiten zu sich nahmen, entstand unter uns ein regelrechter Konkurrenzkampf. Jeder schaute immer bei den anderen auf den Teller, um zu kontrollieren, was, wie viel und wie der andere aß.

Keiner wollte mehr essen als die anderen und keiner von uns wollte als Erstes fertig sein. Die Stimmung bei den Mahlzeiten glich der Stimmung auf einer Beerdigung. Keiner sagte etwas und man spürte die Anspannung in der Luft. Es war unangenehm und selbst die Betreuer sagten fast täglich, dass die Atmosphäre beim Essen eiskalt und düster sei, aber trotzdem wurde das gemeinsame Essen in der Großgruppe beibehalten. Schließlich sollten wir lernen, uns von den anderen Klienten abzugrenzen und uns nicht beeinflussen zu lassen. Aber das war leichter gesagt, als getan. Denn Essgestörte lassen sich von anderen Essgestörten sehr leicht, eventuell auch zu leicht, beeinflussen. Sobald einer von uns am Tisch einen Fressanfall schob oder das Essen komplett verweigerte, zog er mindestens einen am Tisch mit hinein.

34. Kompletter Einbruch

Die Wochen vergingen wie im Flug und nichts änderte sich. Ich hungerte tagsüber, kotze am Abend und verletzte mich regelmäßig selbst. Langsam und kontinuierlich rutschte ich wieder Richtung unter die 40-Kilo-Marke. Über jedes Gramm weniger auf der Waage freute ich mich.

Suizidal war ich zwar nicht, zumindest nicht direkt, aber ich legte es bewusst darauf an, durch mein Untergewicht zu sterben. Es war mir egal, was passierte. Ich fühlte nichts mehr und es interessierte mich auch nicht mehr, was um mich herum passierte. Mein Körper hatte wieder auf „Überlebensmodus" umgeschaltet und alles, was er nicht zum Überleben brauchte abgeschaltet. Zum Beispiel meine Gefühle ...

Für mich war es inzwischen zur Normalität geworden, dass ich morgens nach dem Aufstehen erst einmal zusammenklappte und kurzzeitig auf dem Boden lag, weil mein Kreislauf zu schwach war, um direkt in Gang zu kommen. Ich kannte es gar nicht mehr anders, als dass ich morgens erst einmal zwei, drei Minuten regungslos am Boden liegen musste, bis sich das Karussell in meinem Kopf wieder beruhig hat.

Das war „Alltag" für mich und anstatt mir Sorgen darüber zu machen, akzeptierte ich es und richtete meinen Tagesablauf so ein, dass das morgendliche Umkippen mit hineinpasste. Da ich wusste, wann die Betreuer zum Wecken kamen, stellte ich meinen Wecker schlauerweise einfach 30 Minuten früher.

So konnte ich aufstehen, umkippen, wieder aufstehen und mich hinsetzen, ohne dass ein Betreuer etwas von meinem Morgenritual mitbekam. Wenn der Betreuer nämlich in die Wohnung kam, war mein Kreislauf schon halbwegs im Gang und ich saß einigermaßen lebendig und ansprechbar im Wohnzimmer auf dem Sofa.

Obwohl jede Bewegung für mich durch die mangelnde Nahrungsaufnahme zur gefühlten Höchstleistung wurde, mein Kreislauf auch tagsüber alles andere als stabil war und ich am liebsten den gesamten Tag schlafend im Bett verbracht hätte, zwang ich mich trotzdem spätestens jeden zweiten Tag weiterhin dazu, in die Stadt zu gehen und einzukaufen.

Für das „normale" Leben fehlte mir die Kraft und die Energie, aber wenn es um meine Essstörung ging, verlieh mir die Bulimie unglaubliche Kräfte. Wie bereits geschrieben, war mir alles gleichgültig; mit einer Ausnahme: Wenn ich keine Lebensmittel für meinen abendlichen Fressanfall hatte, ging für mich meine Welt unter. In dieser Beziehung war ich wie ein Junkie. Auch wenn nichts mehr ging; Suchtmittel besorgen schaffte ich noch.

Mit 38 Kilo kam schließlich ein Einbruch, der mir womöglich das Leben rettete ...

Eines Morgens war ich so müde und kaputt, weil ich bis spät in die Nacht gekotzt hatte, dass ich meinen klingelnden Wecker im Halbschlaf ausschaltete, mich rumdrehte und wieder ins Land der Träume abtauchte. Ich wachte erst auf, als ich hörte, wie ein Betreuer die Wohnungstür aufschloss. Aus Schreck darüber, verschlafen zu haben, sprang ich mit einem Satz aus dem Bett, was mein Kreislauf selbstverständlich nicht mitmachte. Ich sah schwarz und spürte kurz danach nur noch den harten Aufprall auf dem Fußboden.

Das Nächste, an das ich mich erinnern kann, ist, dass eine Betreuerin neben mir stand und mich irritiert fragte, was los sei. Verunsichert und gleichzeitig mit felsenfester Überzeugung versuchte ich ihr klar zu machen, dass diese Synkope nichts Dramatisches sei und dass es mir gut ginge.

Dabei verriet ich mich jedoch aus Versehen selbst, indem ich erzählte, dass mir das jeden Morgen passierte und ich mir eher Gedanken machen würde, wenn ich eines Morgens ohne umzukippen aufstand.

Als die Betreuerin das hörte, meinte sie, dass mein gesundheitlicher Zustand nun absolut nicht mehr tragbar für die Einrichtung wäre. Ich müsste ins Krankenhaus, um durchgecheckt zu werden, und wieder zu Kräften zu kommen. Insgeheim hatte ich schon mit solch einer Aussage gerechnet und ich wusste, dass ich keine ausreichenden Argumente hatte, um in der WG bleiben zu dürfen, aber trotzdem traf mich diese Aussage wie ein Faustschlag. Gewiss war ich krank und mein Zustand war schlecht, aber so schlecht, dass ich gleich ins Krankenhaus musste? Nein, das konnte nicht sein!

Die Betreuerin half mir noch ein paar Sachen für einen mehrtägigen Krankenhausaufenthalt in meine Reisetasche zu packen. Anschließend rief sie einen Rettungswagen, der mich ins Krankenhaus fahren sollte.

Das Erste, wonach mich der Arzt im Krankenhaus fragte, bevor er überhaupt irgendetwas anderes wissen wollte, war mein Gewicht. Ich wusste zwar, dass ich aktuell eindeutig unter 40 Kilo wiegen musste, beim letzten Wiegen vor einer Woche waren es 39,1 Kilo, antwortete aber trotzdem „43 Kilo".

Verwundert und mit hochgezogenen Augenbrauen musterte mich der Arzt und meinte, dass ich auf keinen Fall 43 Kilo haben würde und zur Kontrolle bitte auf die Waage steigen solle.

Zunächst weigerte ich mich, weil mir bewusst war, dass ich mit meinem aktuellen Gewicht sicherlich nicht wieder zurück in die WG durfte. Ich hatte keine Lust, im Krankenhaus zu bleiben und im Anschluss womöglich noch in die Psychiatrie zu müssen. Hartnäckig hielt ich daran fest, dass es mir gut ginge; ich mein Leben und mein Gewicht im Griff hatte, dass das heute Morgen ein klitzekleiner, unbedenklicher Schwächeanfall war und ich auf keinen Fall einen Arzt brauchte. Ich warf dem Arzt sogar vor, dass er sich, anstatt mit mir zu beschäftigen, lieber um echte Notfälle kümmern solle. Jedoch juckte das den Arzt recht wenig. Er blieb standhaft und hatte den längeren Atem. Und zudem saß er zusätzlich noch am längeren Hebel. Ich hatte verloren. Es machte keinen Sinn mehr zu diskutieren.

Mit Kleidung wog ich 38,5 Kilo. Am nächsten Morgen waren es nüchtern und in Unterhose nur noch 37,5 Kilo.

Bevor ich auf die Station kam, maß der Arzt noch meinen Blutdruck und Puls, die beide bedenklich niedrig waren.

Zur weiteren Abklärung meines Gesundheitszustandes sollte ich auf Anweisung des Arztes ein paar Tage stationär bleiben. In dieser Zeit sollten noch weitere Untersuchungen und Tests gemacht werden.

Glücklicherweise kam ich auf ein Einzelzimmer, in dem ich meine Ruhe hatte. Und zu meinem Glück hatte dieses Einzelzimmer sogar noch ein eigenes kleines Bad! Also könnte ich, falls mich die Ärzte versuchen würden zu mästen, problemlos das Essen in der Toilette beseitigen. Das war wirklich Glück! Allerdings hatte ich nicht damit gerechnet, dass ich zum Gewichtsaufbau Glucose-Infusionen verordnet bekommen würde.

Ich hatte kaum mein Zimmer bezogen, als eine Schwester mit einer Infusion in einem Infusionsständer kam, und mir erklärte, dass ich aufgrund meiner schlechten Blutwerte eine Infusion bekommen sollte. Angeblich sollte diese Infusion lediglich Flüssigkeit und ein paar Elektrolyte enthalten, aber belügen ließ ich mich nicht!

Schließlich konnte ich lesen und auf der Infusion stand „Glucose-Lösung" und daneben standen sogar noch die Kalorienangaben, also von wegen harmloses Wasser mit ein paar Elektrolyten! Um mich hinters Licht zu führen, mussten sich die Ärzte andere Sachen einfallen lassen. So leicht war ich nicht auszutricksen.

Sobald die Schwester mein Zimmer verlassen und die Tür hinter sich geschlossen hatte, stellte ich die Infusion direkt wieder ab. Auf diese sinnlosen, übertrieben vielen Kalorien konnte ich nämlich gut und gerne verzichten!

Die Schwestern der Station kamen jedoch sehr schnell dahinter, dass die Infusion jedes Mal, wenn sie zur Kontrolle in mein Zimmer kamen, erneut abgedreht war, und meldeten das dem Arzt, der mir die Infusionen verordnet hatte. Der kam dann ebenfalls recht schnell in mein Zimmer und erklärte mir auf ziemlich drastische Weise, dass ich gerade dabei war Suizid zu begehen.

Er hielt mir vor Augen, dass ich noch so jung war und so viel aus meinem Leben machen konnte, wenn ich wollte. Und wenn ich sterben wollte, dann würde er das gewiss nicht unterstützen. Er war der festen Überzeugung, dass ich es verdient hatte zu leben und mir endlich mal selbst in den Ar*** treten solle, um etwas aus meinem Leben zu machen. Davon abgesehen würde solch eine junge Frau mit so viel Potenzial auf seiner Station gewiss nicht sterben. Dafür würde er höchstpersönlich sorgen, denn Todesfälle auf Station machten seiner Meinung nach immer so viel Arbeit.

In dem Moment war ich von den Aussagen des Arztes und vor allem von seiner Wortwahl relativ verblüfft. Noch nie zuvor war ein Mensch so ehrlich zu mir gewesen und hatte so „hart" mit mir gesprochen. Aber irgendwie interessierten mich diese Aussagen trotzdem nicht. Ich wollte nicht kämpfen und erst recht wollte ich nicht zunehmen! Zumindest nicht in der Situation. Später kamen mir die Worte des Arztes jedoch immer mal wieder in den Sinn und ich glaube, dass er mit seiner offenen und direkten Art vielleicht doch etwas in meinem Schädel und den negativen Denkmustern bewirkt hat. Auf gewisse Weise hat er sicherlich dazu beigetragen, dass ich noch lebe.

Hundertprozentig war er nicht die alles entscheidende Person, die mich zurück auf dem Weg Richtung Leben geführt hat, aber er war zu hundert Prozent ein Teil des großen Ganzen, was mich über all die Jahre am Leben hielt.

Nach dem Gespräch mit dem Arzt kamen in engmaschigen, regelmäßigen Abständen Schwestern in mein Zimmer, um zu kontrollieren, ob die Infusion noch am Laufen war und gegebenenfalls wieder anzustellen. Dementsprechend brachte es mir nicht mehr viel, die Infusion ständig abzustellen. Denn spätestens in der Nacht, wenn ich schlief, würde das ekelhafte Zuckerwasser in meine Blutbahn tropfen und sich dort unverzüglich in ekelerregende, schwabblige Fettzellen verwandeln.

Also war es im Prinzip egal, ob ich die Infusionen ohne Abstellen in mich hineinlaufen ließ, oder alle paar Minuten abstellte und von den Schwestern nur wenige Minuten später wieder angestellt bekam. Die verordneten zwei 500 ml Flaschen Glucose-Lösungen pro Tag würden so oder so in meinen Blutkreislauf gelangen.

Aber so leicht wollte ich mich dann doch nicht geschlagen geben. Dafür war die Magersucht eindeutig zu stark und der essgestörte Teil in meinem Gehirn zu einfallsreich.

Bereits am zweiten Tag kam ich auf die schlaue Idee, mit dem Infusionsständer auf Toilette zu gehen, dort die Infusion ab zustöpseln, ins Waschbecken laufen zu lassen, anschließend wieder anzuschließen und mich klammheimlich zufrieden zurück ins Bett zu legen.

Anfangs funktionierte das perfekt und niemand bemerkte meinen Trick. Aber als dann routinemäßig mein Blutzucker gemessen wurde, flog ich auf. Mein Blutzucker war trotz der Infusionen deutlich unterhalb des Normalwertes. Das konnte bei diesen Infusionen nicht möglich sein. Entweder war das Blutzuckermessgerät kaputt oder der Zucker aus der Infusion war irgendwo anders gelandet. Und da ersteres eher unwahrscheinlich war, konfrontierten mich die Schwestern und der Arzt mit ihrem zweiten Verdacht, der in ihren Augen gar kein Verdacht mehr, sondern deutliche Gewissheit war.

Als Konsequenz für mein Verhalten bekam ich ab sofort das Verbot, meine Zimmertür zu ließen. So konnten nämlich die Schwestern jederzeit in mein Zimmer schauen und kontrollieren, ob ich auch tatsächlich im Bett lag oder sonst irgendeinen Unsinn trieb. Das hatte jedoch wieder die Konsequenz, dass wenn ich merkte, dass gerade keine

Schwester im Schwesternzimmer war, ich mir den kompletten Zugang selbst zog.

Ich trieb mit meinem Verhalten die Schwestern der Station schier in den Wahnsinn, was mir auch leidtat. Schließlich wollte ich es allen recht machen und das tat ich gerade nicht. Ich wollte, dass mir geholfen wird, aber im Moment war ich dabei, alle helfenden Hände, die mir gereicht wurden, wegzustoßen und abzuwehren. Ich wusste selbst nicht, was ich wollte.

Ich wollte nicht sterben, sondern ich wollte gesund werden, aber ich wollte nicht zunehmen und auch nicht essen und erst recht wollte ich keine Infusionen. Ich wollte, dass mir jemand zuhört, aber ich wollte nicht reden, weil das, was ich zu sagen hatte, nicht in Worte zu fassen war.

Kurz gesagt: Es war extrem kompliziert, so, wie über 90 Prozent in meinem Leben.

Was mir in dieser Zeit sehr gut tat, war, dass der Arzt der Station sehr empathisch war, was bei Ärzten eine äußerst seltene „Krankheit" ist und eigentlich nicht gerne gesehen wird. Er nahm sich fast täglich Zeit, um persönlich nach mir zu sehen und ein paar Sätze mit mir zu wechseln. Mit sanftem Druck versuchte er, mich zurück zum Essen zu führen, und bediente sich dabei Druckmitteln, aber keinesfalls Zwangsmaßnahmen. Überhaupt waren so gut wie alle Mitarbeiter der Station ungewöhnlich freundlich und hilfsbereit mir gegenüber.

Solch eine Freundlichkeit und Verständnis gegenüber meiner Krankheit habe ich im weiteren Verlauf meiner Klinikkarriere nie wieder erlebt. Manchmal wurde mir sogar entgegengekommen, wenn ich sagte, dass ich es hasse, Glucose-Lösung zugeführt zu bekommen, um zuzunehmen, weil ich bei Infusionen noch nicht einmal Geschmack oder ein Sättigungsgefühl hatte. Dann brachte mir eine Schwester Apfelsaft mit Traubenzucker oder einen Keks zum Essen als Alternative. Doch leider änderte auch das nichts daran, dass ich weiterhin unglaubliche Angst hatte, zuzunehmen. Selbst, wenn mir gut zugeredet und Mut gemacht wurde, schaffte ich es meistens nicht, etwas zu essen beziehungsweise das Essen in mir zu behalten. Mein Magen schien sich gegen alles, was ihm zugeführt wurde, unverzüglich zu wehren und es „entfernen" zu wollen. Gewiss war das nicht mein Magen an sich, der „kaputt" war, sondern meine Psyche, die mich zum Erbrechen brachte und das Gefühl verursachte, aber im Endeffekt war es sowieso egal, wer „schuld" hatte, denn es lag an mir: Ich war es, die zu schwach war, gegen die Essstörung und das Untergewicht anzukämpfen.

Nach einer Woche hatte ich genau 300 Gramm abgenommen.

Zwar war inzwischen der Wille zu essen wieder in mir entfacht, aber ich war leider zu schwach, um ihn in die Tat umzusetzen. Die Essstörung war zu gewalttätig und auch der Arzt sah sich mittlerweile machtlos und musste sich eingestehen, dass er mir nicht helfen konnte. Was jedoch nicht bedeutete, dass mir niemand helfen konnte. Er schlug mir vor, in eine Spezialklinik, sprich Psychiatrie, zu gehen.

Als er mir das sagte, kam ich ins Nachdenken. Selbstverständlich hatte ich keine Freude daran, mich erneut stationär in psychiatrische Behandlung zu begeben. Schließlich hatte ich mir nach der letzten Entlassung geschworen, es nie mehr so weit kommen zu lassen, dass ich ein weiteres Mal in eine Klinikmusste. Aber auf der anderen Seite wusste ich, dass ich es leider ohne Klinik nicht schaffen würde, der Essstörung zu entkommen. Das, was ich aktuell als mein Leben bezeichnete, war schlichtweg eine reine Katastrophe. Würde ich jetzt nicht handeln, wäre es lediglich eine Frage der Zeit, bis mein Körper komplett streikte und seinen Dienst einstellen würde. Jetzt konnte ich das Ruder noch herumreißen; wenn ich tot wäre, konnte ich das nicht mehr. Bis jetzt hatte ich Glück gehabt und war nur umgekippt, aufgrund, meines Untergewichts und auch beim Schneiden mit der Rasierklinge hatte ich noch keine Bänder, Sehnen oder lebenswichtige Adern erwischt. Doch wie lange würde das noch gut gehen?

Zusätzlich würde sich, wenn ich weiter kotze, noch die Gefahr, dass ich bleibende Schäden in Form von Herzrhythmusstörungen bekäme, deutlich erhöhen und ich könnte nie wieder Sport treiben. Das wäre ein Albtraum für mich! Denn selbst in stark untergewichtigen Phasen hatte ich noch das Ziel, irgendwann wieder Sport zu treiben. Sport war schon mein Leben lang sehr wichtig für mich. Also, wenn ich mein Leben nicht einfach wegschmeißen wollte, musste ich handeln, und zwar schnell, bevor es zu spät war. Alleine schaffte ich es nicht mehr, etwas zu ändern. Ich benötigte dringendst Hilfe von außen und vielleicht war eine Einweisung in die Psychiatrie der erste Schritt zur Lösung. Was hatte ich zu verlieren? Ich konnte nur noch gewinnen.

Selbst in den schlimmsten Zeiten meiner Krankheit gab es immer noch ein Fünkchen Hoffnung, das mich weiterkämpfen ließ. Auch wenn alles um mich herum in Trümmern lag, gab es immer noch eine unsichtbare Kraft, die mich noch oben hielt. Manchmal war ich selbst das und manchmal waren das andere, fremde Leute, Ärzte oder Psychologen. Wären diese Menschen nicht gewesen, hätte ich es nicht so oft geschafft zu überleben. Mehr als einmal bin ich in meinem Leben dem Tod von der Schippe gesprungen. Hätte ich einen Schutzengel, würde dieser sicherlich unter einem schweren Burn-out leiden.

35. Einweisung in die Psychiatrie

Am nächsten Tag stand ich in Begleitung meiner Bezugsbetreuerin aus der WG mit gepackten Koffern und einer Einweisung zur stationären Therapie vor der Klinik.

Zum Zeitpunkt der Einweisung in die Psychiatrie war es Mitte November.

Der Arzt, der das Aufnahmegespräch führte, wollte von mir wissen, ob ich freiwillig hergekommen war oder von den Betreuern der Wohngruppe gedrängt wurde. Anschließend erklärte er mir, dass wenn ich aufgenommen werden würde, ich mich an die Regeln der Station und Vereinbarungen, die ich mit meinem behandelnden Psychologen treffen würde, halten müsste. Wäre ich nicht dazu bereit, wäre ein Aufenthalt auf dieser Station sinnlos. Nur wenn ich dazu bereit wäre, mein Verhalten zu ändern und mitzuarbeiten, hatte ich eine Chance, von der Therapie zu profitieren.

Ob ich wirklich dazu bereit war, wusste ich zu diesem Zeitpunkt nicht. Aber ich wusste, dass es meine einzige Chance war, es wenigstens zu versuchen. Deshalb willigte ich in diese erste Therapievereinbarungen ein.

Ich kam auf die geschlossene Akutstation und sollte aufgrund der aktuellen Lage vorerst im Beobachtungszimmer mein Bett haben.

Wie auch in der Kinder- und Jugendstation wurde mein Koffer durchsucht und mir wurden alle spitzen und gläsernen Gegenstände aus Selbstschutz abgenommen. Allerdings kam niemand auf die Idee, dass Sprühdeo mindestens genauso gefährlich wie eine Nagelschere werden konnte. Deshalb durfte ich es zu meiner Erleichterung behalten. So hatte ich wenigstens etwas in der Hinterhand, wenn mir hier alles zu viel werden würde. Schließlich schadete es nie, einen Notfallplan zu haben, wenn Plan A, also auf Selbstverletzung und Kotzen komplett zu verzichten, scheiterte.

Das Personal auf der Station war durchweg nett und alle waren freundlich, nur die Patienten, die hier lebten, machten mir zum Teil etwas Angst. Besonders wenn einer von ihnen ausrastete, verzog ich mich schnell auf mein Zimmer, weil ich Angst bekam und die Aggressivität Flashbacks bei mir auslöste. Ansonsten hatte ich kaum Albträume oder Flashbacks. Vermutlich war mein Kopf zu sehr mit Kalorien, Essen und Gewicht vollgestopft, sodass die Erinnerung an meine Vergangenheit gar keinen Platz mehr hatte und irgendwo in die hinterste Ecke gedrängt wurde.

Die Psychologin, der ich zugewiesen wurde, war ebenfalls freundlich und verständnisvoll, aber gleichzeitig auch streng und konsequent. Bereits einen Tag nach der Aufnahme traf sie mit mir schriftliche Vereinbarungen, in denen aufgelistet war, was ich durfte, was nicht, und was bei Problemverhalten wie Selbstverletzung, Erbrechen oder Essensverweigerung passierte.

Diese Vereinbarungen waren äußerst streng und es gab kaum Lücken, die ich hätte ausnutzen können, um die Vorschriften zu umgehen. Doch das war genau das, was ich momentan brauchte, um aus meinem Loch herauszukommen.

Denn in der Wohngruppe war das Setting deutlich lockerer und mit mehr Freiheiten gewesen und das hatte mir offensichtlich nicht gutgetan. Ich konnte mit so viel Freiraum und Selbstbestimmung noch nicht umgehen. Stattdessen brauchte ich strenge Regeln, klare Strukturen und zum Teil auch eine engmaschige Kontrolle. Dementsprechend war es wirklich der beste Weg, dass ich mich noch einmal in eine stationäre Behandlung begeben hatte.

Das Essen auf Station konnten sich normalerweise alle Patienten selbst auswählen. Einmal die Woche wurden hierfür Essenskarten für Frühstück, Mittagessen und Abendessen ausgefüllt. Auf diesen Essenskarten konnte man ankreuzen, was und wie viel man essen wollte.

Zum Frühstück und Abendessen konnte man zwischen mehreren unterschiedlichen Brotsorten und Belägen und dazugehörigen Beilagen wählen und zum Mittagessen gab es jeden Tag ebenfalls drei unterschiedliche Gerichte zum Auswählen. Diese individuell nach Geschmack zusammengestellten Essen wurden dann zu den Mahlzeiten von einem Küchenhelfer auf einem Essenswagen auf Station gebracht und von den Pflegern und Schwestern verteilt.

Dadurch, dass die Mahlzeiten bereits auf Tabletts angerichtet und mit Namen versehen waren, bekam jeder Patient das, was er sich zuvor ausgesucht und bestellt hatte.

An den ersten zwei Tagen hatte das Personal meine Kärtchen angekreuzt und somit beschlossen, was ich essen sollte. Wobei ich bereits bei der ersten Mahlzeit herausfand, dass es im Prinzip niemanden interessierte, was und wie viel ich aß. Deshalb nahm ich ab der zweiten Mahlzeit mein Tablett mit in mein Zimmer, setzte mich mit dem Rücken zum Beobachtungsfenster, wartete, bis niemand auf mich achtete, nahm das Essen vom Teller und spülte es die Toilette herunter.

Damit es nicht sofort auffiel, dass ich das Essen irgendwo anders und nicht in meinem Magen gelandet war, achtete ich extra darauf, dass ich nicht die komplette Mahlzeit verschwinden ließ. Ich ließ immer noch gezielt einen Teil des Essens auf dem Teller liegen. So wirkte es glaubhafter. Denn kein magersüchtiger Mensch verspeiste zum Frühstück freiwillig zwei Brötchen plus zwei Scheiben Brot, ohne dass es von ihm verlangt wurde. Doch im Grunde genommen war selbst das zu viel Aufwand, denn es interessierte in den ersten Tagen wirklich niemand, was ich mit dem Essen auf meinem Teller machte. Doch das sollte sich nach der Besprechung des Therapievertrages drastisch ändern.

In ihm stand nämlich, dass ich ab dem nächsten Tag „hochkalorische Kost" bekommen sollte. Wie viele Kalorien diese „hochkalorische Kost" beinhaltete, durfte ich nicht wissen und ganz ehrlich, ich wollte es auch nicht wissen!

Es waren auf jeden Fall weit über 2500 Kalorien. Zu jeder Mahlzeit bekam ich zusätzlich noch eine 200 ml Flasche Fresubin©. Das allein waren schon 1200 Kalorien, die ich pro Tag trinken sollte!

Der einzige Lichtblick, den ich in dem Therapievertrag bezüglich Essen hatte, war, dass, wenn ich an ausreichend Gewicht zunähme und die Therapeutin das Gefühl hätte, dass ich es alleine schaffte, weiter zuzunehmen, diese Regeln recht zügig gelockert werden würden und ich „Wunschkost" bekäme. Das hieß, dass ich dann gemeinsam mit einer Ernährungsberaterin besprechen und festlegen dürfte, was und wie viel ich zu den Mahlzeiten essen wollte. Bis es jedoch so weit sein würde, sollte mir die Küche diese Verantwortung über die Nahrungsmittelauswahl und die Portionsgröße abnehmen. Ich durfte mir lediglich aussuchen, was ich zu den Zwischenmahlzeiten essen wollte.

Sofort witterte ich in dieser Auswahl eine Chance, Kalorien einzusparen und erklärte, dass ich zu den Zwischenmahlzeiten gerne nur etwas Obst haben wollte. Allerdings war das Personal der Küche schlauer, als ich dachte. Ich bekam zwar mein Obst, das ich bestellt hatte, aber dazu gab es jedes Mal noch einen Sahnepudding, Milchreis, Kuchen oder sonstige Süßigkeit mit vielen Kalorien.

Das Personal der Station und die Therapeuten konnte ich, wenn es um das Thema Kalorien ging, leicht hinters Licht führen. Doch mit der Küche über Kalorien zu diskutieren, war sinnlos. Die Ernährungsberaterin, die sich mit meinem Essensplan beschäftigte, kannte sich fast genauso gut mit Kalorien aus wie ich.

Wie und wann ich meine Mahlzeiten einzunehmen hatte, war in dem Vertrag ebenfalls schriftlich festgehalten. Für die Hauptmahlzeiten hatte ich maximal 40 Minuten Zeit und für die Zwischenmahlzeiten 20 Minuten.

Während des Essens sollte ich an dem Tisch vor dem Schwesternzimmer sitzen, so, dass die Pfleger und Schwestern mich im Blick hatten. Ich sollte alles, was ich auf dem Teller hatte, aufessen, jedoch würde es am Ende niemand kontrollieren, ob der Teller tatsächlich leer war. Niemand würde mich dazu zwingen oder mich darauf hinweisen, dass ich alles aufzuessen habe. Das läge in meiner Eigenverantwortung. Schließlich sollte ich auch hier in der Psychiatrie weiterhin ein selbstständig entscheidender Mensch bleiben und die Regeln sollten mir lediglich einen Rahmen geben, der mir half, gesund zu werden. Die Schritte und Arbeit an sich musste ich selbst übernehmen. Da konnten mir die Ärzte und Therapeuten der Klinik angeblich laut ihrer eigenen Aussage nicht helfen.

Nach dem Essen sollte ich noch mindestens eine Stunde weiter am Tisch vorm Schwesternzimmer sitzen bleiben, sodass ich nicht direkt in Versuchung geriet, das zuvor Gegessene auszukotzen. Doch auch hier sollte ich Eigenverantwortung übernehmen, selbstständig auf die Uhr schauen und entscheiden, wann ich wieder aufstehen durfte, beziehungsweise wollte.

Langsam, aber sicher hasste ich dieses Wort „Eigenverantwortung". Ich konnte keine Verantwortung übernehmen und erst recht nicht für mich selbst! Sonst wäre ich ja auch nicht in dieser Klinik hier gelandet, aber das war der Therapeutin anscheinend egal. Anstatt mir zu helfen und mich zu unterstützen, indem sie mir Verantwortung abnahm, der den Vertrag lockerte, konfrontierte sie mich mit den Konsequenzen, die auf mich zukommen würden, wenn ich es nicht schaffte, diese Eigenverantwortung zu übernehmen.

Gelang es mir nicht, mindestens 500 Gramm pro Woche an Gewicht zuzunehmen oder nahm gar an Gewicht ab, würde ich auf die Innere Station im benachbarten Krankenhaus verlegt und zwangsernährt werden. Dort würde ich sediert und mit einer Magensonde sondiert werden. Also sehr erstrebenswerte Aussichten, die ich auf keinen Fall in der Realität erleben wollte!

Gewogen wurde ich jeden Montag und jeden Freitag vor dem Frühstück. Wobei das Gewicht am Freitag nicht relevant war. Dieses „Zwischenwiegen" war eine Hilfestellung für mich, damit ich sah, ob ich genug aß oder noch mehr essen musste, um am Montag das Zielgewicht zu erreichen. Ziel war es jeden Montag, mindestens 500 Gramm mehr als am Montag zuvor zu haben.

Selbstverletzungen waren selbstverständlich verboten. In meiner Vereinbarung war geregelt, dass ich mich beim Personal melden sollte, wenn ich merkte, dass meine Stimmung kippte. Und zwar BEVOR ich mich selbst verletzte und nicht, wenn es eh schon zu spät war.

Würde ich mich trotz alledem selbst verletzen, hatte ich diese Verletzung sofort zu melden, versorgen zu lassen und im Anschluss eine Verhaltensanalyse zu schreiben.

Ausgang hatte ich vorerst keinen. Nicht einmal mit meiner Familie oder mit Personal. Solange mein Gewicht so niedrig war, wäre das Infektionsrisiko durch die Kälte draußen zu hoch. Frühestens mit 40 Kilo dürfte ich das Haus das erste Mal verlassen. Zurzeit wog ich jedoch gerade Mal 37,2 Kilo. Also das würde sehr wahrscheinlich sowieso noch ein paar Wochen oder Monate dauern.

36. Wer kämpft, kann verlieren – wer nicht kämpft, hat schon verloren

Nach dem Gespräch musste ich erst einmal realisieren, was der Vertrag alles bedeutete. Ich hatte Angst, diesen ganzen schwierigen Anforderungen nicht standzuhalten. Gleichzeitig wusste ich aber auch, dass ich indirekt keine andere Wahl hatte, als mich daran zu halten. Die Vorstellung, zwangssondiert zu werden, war zu schrecklich, als dass ich hätte ausprobieren wollen, ob die Ärzte tatsächlich ernst machten und mich in einen Dämmerschlaf versetzten, mästeten und erst wieder aufwachen ließen, wenn ich annähernd Normalgewicht hätte. Ich musste kämpfen, ob ich wollte oder nicht! Es lag an mir, wie mein Leben weiterging. Ich hatte den Stift, der meine Lebensgeschichte schrieb, selbst in der Hand, da hatte meine Therapeutin recht.

Die ersten Tage waren die schwierigsten. Jede Mahlzeit stellte einen erneuten Kampf dar. Ich versuchte, ausreichend zu essen und es danach auch in mir zu behalten, aber die Magersucht kämpfte gegen jeden Bissen an. Sobald ich etwas aß, wurde mir direkt übel, und ich hatte das Gefühl, allein durch einmal ins Brot beißen gleich zwei Kilo zuzunehmen.

Nach dem Essen fühlte sich mein Bauch regelmäßig so voll und aufgebläht an, als hätte ich mindestens das Dreifache von dem, was ich eigentlich gegessen hatte, in meinem Magen. Ich war es nicht mehr gewohnt, ein Sättigungsgefühl zu verspüren und fand es einfach nur ekelig. Und auch mein Magen hätte nach den Mahlzeiten am liebsten das getan, worauf ich ihn trainiert hatte: Nämlich die Nahrung so schnell wie möglich wieder loswerden. Zeitweise war mir nach dem Essen so übel, dass ich fürchtete, gleich auf den Fußboden zu kotzen. Doch trotzdem ließ ich mich davon nicht beirren und kämpfte mit unglaublicher Kraft gegen meine Essstörung an.

Mit Erfolg! Obwohl ich in der ersten Woche kein einziges Mal das Fresubin© anrührte und auch die vorportionierten Mahlzeiten nur teilweise aufaß, nahm ich 800 Gramm zu!

Für die Magersucht in mir war diese Gewichtszunahme eine Demütigung. Sie schrie mich an, dass ich aufhören sollte zu essen, weil ich ansonsten fett und schwabbelig werden würde, aber ich ignorierte sie und stellte sie mit einem ganz simplen Trick ruhig. Ich sagte mir: Wenn ich wirklich zu viel zunehme, weiß ich immer noch, wie ich wieder abnehmen kann. In Abnehmen bin ich schließlich unschlagbar!

Keine 48 Stunden nach diesem positiven Erlebnis, kam es jedoch zu meinem ersten Einbruch in der Psychiatrie. Innerhalb von Sekunden schien grundlos jegliche Farbe aus meiner Gedankenwelt zu weichen und alles schwarz zu sein. Alles schien gegen mich zu laufen und ich fiel in alte Verhaltensmuster zurück und verletzte mich mit meinem Sprühdeo selbst.

Als die Schwester beim Wiegen meine Brandmale entdeckte, nahm sie mir alle Sprühdeos weg, gab mir eine Verhaltensanalyse in die Hand und fragte mich, ob diese Selbstverletzung wirklich sein musste. Allerdings erwartete sie darauf anscheinend keine Antwort, denn direkt nachdem sie diese Frage gestellt hatte, verließ sie mein Zimmer, um der Therapeutin Bescheid zu geben.

Bei der Besprechung der Verhaltensanalyse ließ ich meine Psychologin zur Abwechslung mal wieder Selbstgespräche führen. Ich hatte keine Lust, mit ihr über meine Gedanken und Gefühle zu reden, weil ich wusste, dass sie mich sowieso nicht verstehen würde.

Sie versuchte sich zwar in mich hineinzuversetzen und gab sich auch Mühe dabei, aber trotzdem wusste ich, dass sie mich und mein Verhalten nicht verstand. Das war noch nicht einmal ihr Fehler, denn niemand, der Borderline oder Essstörung nicht schon einmal selbst hatte, konnte mir das Gefühl geben, dass er oder sie mich verstand. Jeder Nicht-Betroffene konnte, wenn überhaupt, nur erahnen, wie es mir ging. Und dieses Erahnen ist ein ganz anderes Gefühl, als verstanden zu werden. In vielen Situationen tut es gewiss gut zu hören: „Ich verstehe dich." Aber wenn es um das Thema

Selbstverletzung und Selbsthass ging, machte mich diese Aussage von Nicht-Betroffenen einfach nur aggressiv. Denn niemand wusste, wie es mir in solchen Momenten ging.

Und da meine Therapeutin zuvor schon so schlaue Aussagen wie: „Sie fühlen und sehen sich im Spiegel als dick? Dann schauen Sie einfach in keinen Spiegel rein!" brachte, wusste ich genau, dass sie nicht verstehen würde, wie extrem mein Selbsthass und wie eingeschränkt mein Denken vor einer Selbstverletzung war. Also wäre das eine sinnlose Diskussion gewesen, die weder mir noch ihr etwas gebracht hätte.

Während meiner „kranken-Phasen" bekam ich sehr viele freundlich gemeinte Tipps von Nicht-Betroffenen, die meistens sehr, sehr lieb und aufmunternd gemeint waren; mir jedoch rein gar nichts brachten.

„Geh Spiegeln aus dem Weg, wenn du dein Spiegelbild nicht sehen kannst" ist genauso unmöglich wie: „Versuche dich nicht den gesamten Tag mit Essen und Kalorien zu beschäftigen". Das geht nicht!

Die gesamte Welt ist voll von Spiegeln und Essen. In jedem Bad, in das man kommt, hängt ein Spiegel, genauso wie in fast jedem Hausflur. Selbst auf der Straße ist man nicht vor ihnen sicher. In jedem Kaufhaus und so gut wie jedem Geschäft befindet sich mindestens ein Spiegel. Man kann ihnen nicht ausweichen.

Genauso wie man Essen nicht aus dem Weg gehen kann. Morgens fängt es mit dem Frühstück an, dann kommt zwei Stunden später die erste Zwischenmahlzeit, danach Mittagessen, dann, am Nachmittag, die zweite Zwischenmahlzeit, abends das Abendessen und vorm zum Bett gehen die Spätmahlzeit. Mein gesamter Tagesablauf ist sozusagen voll mit Essen! Und selbst in den Pausen zwischen den Mahlzeiten wird man ständig mit Lebensmitteln konfrontiert. Egal, ob in den Werbepausen im Fernsehen, der Bäcker vorm Fenster oder den Frühstücksbroten der

Betreuer; meine „Suchtmittel" verfolgten mich schier. Ich konnte nicht entkommen.

Aber ich glaube, erst wenn man ein Problem mit Spiegeln und Essen hat, merkt man, wie oft man auf Spiegel und Lebensmittel trifft. Als Nicht-Betroffener nimmt man wahrscheinlich nur einen Bruchteil der Begegnung mit diesen Sachen bewusst wahr. Den Rest beachtet ein gesunder Mensch überhaupt nicht.

Jeder Drogensüchtige, genauso wie jeder Alkoholiker, kann Drogen und Alkohol meiden, aber ein Essgestörter kann seine „Droge" nicht meiden. Er muss sich jederzeit und überall damit auseinandersetzten. Auf Essen kann man nicht verzichten und meiden ist auch keine Lösung, wenn man nicht verhungern will. Ein Essgestörter muss sozusagen lernen, seine Droge „gesund" zu dosieren.

Die nächsten Tage verliefen wieder besser. Von Tag zu Tag fiel es mir leichter, regelmäßig und ausreichend zu essen.

Meine Essstörung entwickelte sich wortwörtlich zurück. Ich mied die Nahrungsaufnahme nicht mehr komplett und verbot mir nicht mehr alle Lebensmittel, sondern unterteilte die Nahrungsmittel wieder in „sichere" Lebensmittel, die ich ohne Bedenken essen konnte und „verbotene" Lebensmittel.

Wie zu Beginn meiner Essstörung zählten zum Beispiel Äpfel, Karotten, Tomaten, Gurken und Salat ohne Dressing zu den sicheren und somit erlaubten Lebensmitteln. Denn sie enthielten kaum Fett und nur wenig Kalorien. Von ihnen konnte ich so viel verzehren, wie ich wollte, ohne dabei ein schlechtes Gewissen zu bekommen. Von diesen „erlaubten" Lebensmitteln musste ich auch immer etwas auf Vorrat in meinem Zimmer haben. Fast täglich gab ich deshalb Mitpatienten, die Ausgang hatten und raus gingen, den Auftrag, mir etwas von diesen Lebensmitteln mitzubringen. Hatte ich keine dieser Lebensmittel auf meinem Zimmer, um zwischendurch davon zu naschen, fühlte ich mich unsicher und mir fehlte etwas.

Anders war es bei den verbotenen Lebensmitteln. Diese wollte ich nur äußerst ungern länger als nötig auf meinem Zimmer haben, denn sie machten mir Angst und lösten Unbehagen in mir aus. Zu ihnen zählten alle Nahrungsmittel, die viel Fett, Zucker und eine hohe Kalorienzahl beinhalteten. Wie zum Beispiel Sahnepudding, Kuchen, Kekse und ganz schlimm: Fresubin©!

Allerdings erlaubte ich mir, pro Tag eine „Kalorienbombe" zu essen. Ansonsten wäre es nämlich sehr schwer geworden, das vorgegebene Mindestgewicht zu erreichen, und außerdem beugte ich mit dieser einen Süßigkeit pro Tag, relativ zuverlässig dem gefährlichen abendlichen Heißhunger vor.

Die Lebensmittel, die ich von der Küche auf meinem Tablett geliefert bekam, teilte ich ebenfalls in diese zwei Gruppen ein. Denn durch dieses System begann ich langsam wieder Vertrauen zum Essen zu gewinnen und fühlte mich sicher.

So kam es auch, dass ich anfing, jeden Tag das Gleiche zu den Hauptmahlzeiten zu essen. Zum Frühstück war das ein Brötchen mit Erdbeermarmelade. Es musste Erdbeermarmelade sein! Eine andere Sorte war ausgeschlossen, genauso wie es nicht erlaubt war, die Marmelade wegzulassen! Und dann aß ich einen 0,1 % Fett Naturjoghurt.

Zum Mittagessen aß ich prinzipiell jeden Tag exakt die Hälfte der Portion – egal, was es war und wie viele Kalorien die Mahlzeit hatte. Und zum Abendessen gönnte ich mir 1,5 Scheiben Vollkornbrot mit Kräuterfrischkäse, zwei Scheiben Putenbrust und einen 150 Gramm Fruchtjoghurt mit 3,5 % Fett in der Geschmacksrichtung Himbeere. Auch hier musste es Himbeere sein und durfte keine andere Sorte sein. Obst, das auf den Tabletts mitgeliefert wurde, aß ich jedes Mal komplett. Egal, welche Sorte oder wie viele Stücke es waren.

Ich hatte jeden Tag genaue Essensvorgaben im Kopf, an die ich mich halten musste. Dieses Verhalten war schon fast zwanghaft. Ich schaffte es kaum noch, etwas anders, was nicht auf meinem Plan stand, zu essen. So gut wie alles, war in meinem Kopf exakt vorgegeben. Wurde etwas von der Küche nicht oder in einer falschen Geschmacksrichtung geliefert, war das eine Katastrophe für mich!

In solchen Situationen spürte ich, wie ich innerlich unruhig und leicht panisch wurde, weil weglassen ging ebenso wenig, wie das „Falsche" zu essen. In meinem Kopf kreiste nämlich der Gedanke, dass wenn ich dieses Lebensmittel weglöß, ich unendlich viel abnehme und es dadurch nicht mehr schaffe, mein Gewicht zu halten und wenn ich das „Falsche" aß, ich unendlich viel zunehme und fett werde. Diese Gedanken waren zwar absurd, aber zu dieser Zeit bestimmten sie mein Handeln.

Wie bei anderen Zwangskrankheiten hatte ich Angst, diese selbst aufgezwängte Routine zu ändern, weil ich fürchtete, dass dann etwas Schlimmes, Unberechenbares passieren könnte.

Selbst bei der Art und der Reihenfolge des Essens besaß ich meine eigenen, für mich verpflichtenden Rituale. Zum Beispiel konnte ich eine Mahlzeit, die aus zwei oder mehreren Komponenten bestand, nur getrennt essen.

Im Klartext hieß das, dass ich bei einem Brötchen mit Wurst oder Käse erst den Belag aß, und im Anschluss das „nackte" Brötchen. Beides gleichzeitig in den Mund zu nehmen, ging nicht. Genauso, wie ich beim Mittagessen nicht alle Komponenten quer durcheinander oder gar gleichzeitig essen konnte. Ich aß jedes Mal zuerst das Fleisch, danach das Gemüse und zum Schluss die Beilage. Nur, wenn es sich absolut nicht vermeiden ließ, zum Beispiel bei Margarine oder Frischkäse auf einem Brot oder Nudeln mit Soße, nahm ich zwangsläufig zwei unterschiedliche Komponenten gleichzeitig in den Mund. Dieses Verhalten weise ich sogar zeitweise heute noch auf.

Ich weiß zwar, dass diese Essweise essgestört ist, aber das ist mir egal. Es ist ein Teil meiner Persönlichkeit und außerdem habe/hatte ich eine Essstörung und dann darf ich jawohl auch essgestört essen!

Ein weiterer Zwang, den ich zu dieser Zeit entwickelte und ebenfalls heute noch nicht vollständig ablegen kann, ist das Stufenzählen beim Treppenlaufen. Egal, ob ich eine Treppe täglich mehrmals hochgehe oder ob ich eine Treppe das erste Mal emporsteige, ich muss jedes Mal jede einzelne Stufe zählen. Aber nur beim Hochlaufen. Beim Runtergehen sind mir die Stufenzahlen egal. Selbst bei mir zu Hause zähle ich noch regelmäßig die Stufen, obwohl ich genau weiß, dass es 20 Stufen sind.

Wieso ich diese vielen unterschiedlichen Zwänge genau jetzt entwickelte und woraus sie entstanden, weiß ich nicht genau. Manchmal scheint es mir, als wären sie „einfach so" über Nacht da gewesen. Ich überlegte sie mir nicht gezielt, aber auf gewisse Weise gaben sie mir das Gefühl von Halt und Sicherheit. Das Ausüben dieser Rituale und regelmäßigen Abläufe brachte wieder Struktur in mein Leben und das Chaos um mich herum begann sich zu ordnen. Vielleicht war das der Grund, wieso ich plötzlich alles durchplante und fast schon Panik bekam, wenn etwas nicht nach diesem Plan lief. Aber vielleicht waren sie auch nur ein Teil meiner Erkrankung.

Im Prinzip tut das sowieso nichts zur Sache, denn Fazit ist, dass diese Zwänge mir das gaben, was ich aktuell brauchte. Nämlich Routine, Sicherheit, Rituale und Halt.

Selbst heute noch habe ich ein ganz bestimmtes Ritual, wenn ich das Gefühl habe, dass mir gerade der Boden unter den Füßen weggerissen wird, ich den Halt verliere und gerade etwas brauche, an dem ich mich „festhalten" kann. Schon seit mehreren Jahren mache ich mir in solchen Situationen zu Hause eine warme Wärmflasche, die ich dann auf Schritt und Tritt mit mir im Haus herumtrage. Diese Wärmflasche wärmt mich und lässt mich innerlich zur Ruhe kommen. Ich habe etwas, woran ich mich „festhalten" kann und das gibt mir Sicherheit. Dieses Bedürfnis, immer etwas in der Hand haben zu wollen, woran man sich festhalten kann, ist ursprünglich ein kleinkindliches Bedürfnis. Deshalb tragen viele Kleinkinder oft ihr Schnuffeltuch oder ein Kuscheltier mit sich herum. Doch im Laufe der Entwicklung und des Erwachsenwerdens entwickelt sich dieses Bedürfnis, sich an etwas festzuhalten, im Normalfall zurück; doch nicht so bei den meisten Borderlinern. Aus Gesprächen mit einer Menge anderer Betroffenen habe ich erfahren, dass dieser „Zwang", sich an etwas festzuhalten, damit man nicht den Halt verliert, wohl typisch für die Diagnose sein soll.

37. Neue (alte) Strukturen

Die Tage vergingen und durch das regelmäßige Essen und meine selbst erschaffenen Strukturen stabilisierte sich mit dem Gewicht auch langsam mein Zustand. Von Tag zu Tag wurde meine Stimmung besser und ich fand wieder Freude am Leben. Und mit meinem Gewicht war ich zufrieden. Ich nahm weiterhin konstant und ausreichend zu, aber nicht so viel, dass ich hätte Panik bekommen können.

Das Einzige, was mich in dieser Zeit bezüglich meines Gewichts beunruhigte, war, wenn mein Gewicht eines Tages über 40 Kilo steigen würde. Denn für mich lagen zwischen 39,9 Kilo und 40 Kilo Welten unterschied! In Wirklichkeit sind es zwar gerade Mal 100 Gramm, aber im Kopf waren diese 100 Gramm mindestens so schlimm wie 5 Kilo! Eine Vier anstatt einer Drei als vorderste Zahl auf der Waage zu sehen, war in meinem Kopf ein halber Weltuntergang.

Noch schaffte ich es, mein Gewicht einigermaßen zu akzeptieren und hinzunehmen. Noch hatte ich ja auch „nur" 38, 6 Kilo. Aber ob das bei 40 Kilo noch genauso bleiben würde, wusste ich nicht.

Vom Verstand her wusste ich sehr wohl, dass das auf der Waage nur stinknormale Zahlen waren, die nichts über meinen Wert und meine Persönlichkeit aussagten und erst recht nicht die Macht besitzen sollten, meine Gedanken oder mein Leben zu kontrollieren, doch das auf der Gefühlsebene umzusetzen, war unmöglich für mich.

Für mich, und für jeden anderen Essgestörten vermutlich auch, bedeuten diese „harmlosen" Zahlen auf der Waage nämlich alles. Mein (Unter-)Gewicht war für mich so wichtig und bedeutsam, wie für andere die Luft zum Atmen.

Warum ich so sehr an der dreißiger Marke hing und fast schon Panik hatte, auch nur annähernd in den Normalgewichtsbereich zu rutschen, ist schwer zu erklären und vermutlich noch schwieriger zu verstehen, aber ich versuche es trotzdem:

Damals wie heute hasse ich die Frage, wenn jemand von mir wissen will, wer ich bin. Auf diese Frage weiß ich nie eine Antwort, weil ich selbst nicht weiß, wer ich bin. Ich weiß, dass ich die Person bin, die ich sehe, wenn ich in den Spiegel schaue. Also bin ich mein Spiegelbild. Aber wer ist das im Spiegel? Ich! Wer ist ich? Was ist ich? Viel zu viele Fragen, die ich nicht eindeutig beantworten kann und die mich stundenlang zum Grübeln, jedoch nie zu einem Ergebnis bringen.

Solange ich Untergewicht habe, kann ich allerdings sagen: „Ich bin ... und ich bin magersüchtig." Also ich kann mich über meine Diagnose definieren. Aber was soll ich sagen, wenn ich Normalgewicht habe? Wenn ich nicht mehr magersüchtig bin, was bin ich dann? Vielleicht ein Niemand oder ein Nichts? Das ist kompliziert. Wer bin ich? ICH BIN MAGERSÜCHTIG. Die Magersucht ist sozusagen ein Teil meiner Persönlichkeit. Verliere ich sie, verliere ich auch meine Identität.

So zumindest meine Vorstellung.

Außerdem hatte ich, solange ich krank war, immer eine Ausrede, wieso ich etwas nicht konnte. Zu jeder Zeit konnte ich sagen: „Das kann ich nicht, weil ich krank bin." Wenn ich jedoch gesund wäre, würde das nicht mehr gehen. Dann musste ich ohne Ausnahme allen Anforderungen des Lebens standhalten und Verantwortung übernehmen. Zwei Dinge, die mir große Angst machten! Ich befürchtete nämlich, diesen Anforderungen und der vielen Verantwortung nicht standzuhalten und massenweise Fehler zu begehen.

Für die meisten Menschen wäre das kein größeres Problem. Sie würden es einfach versuchen und wenigstens ausprobieren, bevor sie sagten, dass sie das nicht konnten, aber ich war da anders. Für mich bedeutete jeder Fehler oder Rückschritt eine mittelprächtige Katastrophe, die mich unter Umständen sogar komplett aus der Bahn werfen konnte. Da machte mein Perfektionismus nicht mit.

Also zusammengefasst: Solange ich Untergewicht habe, bin ich wer und habe eine Entschuldigung dafür, warum ich nicht perfekt bin. Je mehr Gewicht, desto höhere Erwartungen und mehr Verantwortung, die ich nicht übernehmen kann und will.

Doch das war noch nicht alles. Denn drittens bedeutete ein höheres Gewicht zwangsläufig auch ein weiblicheres Aussehen. Ich wollte aber nicht hübsch sein und erst recht nicht weiblich oder gar attraktiv aussehen! Weibliche Kurven waren ein absolutes No-Go für mich. Ich wollte nie wieder von einem Mann angeschaut werden!

Und zu guter Letzt bedeutete die Essstörung für mich auch eine gewisse Form von Sicherheit. Durch sie konnte ich mein Gewicht und Körper kontrollieren. Diese Kontrolle war mir seit den Vorfällen mit den Übergriffen extrem wichtig geworden. Wenn ich schon nichts in meinem Leben kontrollieren konnte, dann wollte ich wenigstens mich selbst und meinen Körper kontrollieren können. Das gab mir das Gefühl, wenigstens eine Sache in meinen Leben selbst bestimmen zu können. Außerdem war diese extreme Selbstkontrolle und das Abverlangen von fast schon überdurchschnittlichen Leistungen von meinem Körper eine Möglichkeit für mich, meinen Selbsthass in Schach zu halten, und mich zumindest annähernd „wertvoll" und „zu etwas fähig" zu fühlen. Dadurch wurde für mich das Leben in meinem verhassten Körper wenigstens halbwegs erträglich.

Diesen, nicht leicht außer Kraft zu setzenden, Ängsten und Befürchtungen, die in meinen Augen gegen eine weitere Gewichtszunahme sprachen, standen jedoch mindestens genauso viele positive Argumente gegenüber, die für eine weitere Gewichtszunahme standen. Zum Beispiel würde ich bei 40 Kilo endlich Ausgang bekommen und an die frische Luft dürfen. Außerdem hätte ich dann auch wieder viel mehr Energie und Kraft und würde nicht nach jeder kleinen Aktivität direkt müde und erschöpft sein. Das waren mindestens so gute Aussichten und Argumente, wie die, die gegen eine Gewichtszunahme sprachen.

Ein Teil in mir hatte den festen Willen, gesund zu werden und wollte dafür mit aller Kraft kämpfen und ein anderer Teil von mir hatte Angst davor, gesund zu werden und machte sich Sorgen. Er wollte die alten, vertrauten Verhaltensmuster beibehalten und sich nicht ändern.
Ich stand mitten zwischen diesen beiden kämpfenden Streithähnen in meinem Kopf und wusste nicht, auf wen ich hören sollte.

Nächtelang zerbrach ich mir den Kopf darüber und überlegte, welchen Weg ich gehen sollte. Ich schrieb mir sogar eine Pro-Contra-Liste deswegen!

Es wäre ein Leichtes gewesen, wenn ich einfach eines Morgens aufgewacht und „plötzlich" gesund gewesen wäre. Wenn das zwanghafte Kalorienzählen, ständig an Nährwerte denken, andauernd über das eigene Gewicht Sorgen zu machen, der extreme Selbsthass und Selbstverletzungsdruck und meine ganzen anderen Probleme sich über Nacht auf unergründliche Weise in Luft auflösen würden. Aber leider war diese Art von Heilung nur ein Wunschdenken. Die Realität sah etwas anders aus.

Bildlich gesehen stand ich momentan an einer Weggabelung, von der zwei Wege abgingen. Der eine Weg ging Richtung Genesung und der andere Weg führte zurück in die Essstörung. Der Weg Richtung Genesung war lang und beschwerlich. Es lagen viele Steine im Weg und es gab eine Menge Stolperfallen. Der Weg Richtung Essstörung zurück, hingegen ging bequem bergab und war komplett eben. Er war deutlich einfacher und schneller zu begehen als der Weg Richtung Genesung. Jedoch wusste ich, dass er irgendwann an einem steilen Abgrund enden würde, an dem ich in die Tiefe stürzte. Deshalb entschied ich mich nach gründlicher

Abwägung beider Wege für den beschwerlichen Weg, der zurück ins Leben führte!

So sehr ich auch an meiner Krankheit hing; der Wunsch „normal" zu sein, alles Essen zu können, ohne mich schuldig zu fühlen oder an die Kalorien zu denken, war immer in mir vorhanden.

In großen und zügigen Schritten ging ich den Weg, den ich bereits zum Zeitpunkt der Einweisung angetreten hatte, weiter. Das Essen fiel mir von Tag zu Tag leichter und meine Selbstverletzungen wurden ebenfalls stetig weniger. Alles lief bestens und ich war auf einem sehr guten Weg, endlich den Ausstieg aus der Essstörung zu schaffen und den Teufelskreis zu durchbrechen. Die 40 Kilomarke hatte ich zwar noch nicht überschritten, aber ich war kurz davor. In Gedanken plante ich schon, wohin ich bei meinem ersten Ausgang gehen würde.

Dann kam jedoch der nächste Rückschlag. Ich schaffte es in einer Woche nicht, die angestrebten 500 Gramm zuzunehmen. Wieso ich so wenig zunahm, konnte ich mir selbst nicht erklären, schließlich aß ich genauso viel wie die Wochen davor. Aber Tatsache war, dass die Waage trotzdem nur 100 Gramm mehr als letzte Woche anzeigte. Und das war eindeutig zu wenig!

Ich bekam dafür die „Gelbe Karte". Würde ich es nochmals nicht schaffen, die abgesprochenen 500 Gramm pro Woche zuzunehmen, bekäme ich die „Rote Karte". Die „Rote Karte" bedeutete, dass ich ins Krankenhaus verlegt werden und eine Magensonde bekommen würde.

Ich war geknickt. Wieso hatte ich es nicht geschafft die 500 Gramm zuzunehmen?

Teils freute es mich natürlich, dass ich nicht weiter zugenommen hatte, aber der Hauptanteil meiner Gefühle war ausnahmsweise wirklich traurig darüber, das Ziel nicht erreicht zu haben.

Meine Regeln mit den „sicheren" Lebensmitteln schienen nicht mehr zu greifen. Ich musste mir eine andere Strategie überlegen, um weiter Gewicht aufzubauen. Ich brauchte mehr Kalorien, um meinem Körper „Stoff" zum Zunehmen zu geben. Aber wonach sollte ich mich richten, wenn mein altes Prinzip ausgedient hatte? Einfach essen, worauf ich Lust hatte und davon so viel ich wollte, traute ich mich nicht. Dafür hatte ich zu große Angst, die Kontrolle zu verlieren und zu schnell zuzunehmen. Ich wollte aber weiterhin die Kontrolle über meine Nahrungsmittelzufuhr und somit auch hoffentlich über mein Gewicht behalten. Ich wollte langsam und kontinuierlich zunehmen und nicht 3 Kilo oder mehr pro Woche.

Unter Berücksichtigung dieser Dinge überlegte ich mir einen neuen Essensplan und hatte dafür schon recht schnell eine gute Idee.

Ab sofort wollte ich mich wieder an einer festgelegten Kalorienzahl orientieren. Wie zuvor in der Kinder- und Jugendpsychiatrie wollte ich jeden Tag eine bestimmte Kalorienmenge zu mir nehmen, umso mehr oder weniger gleichmäßig und konstant mein Gewicht zu erhöhen. Dieses System hatte bereits vor knapp einem Jahr super funktioniert, also hoffte ich, dass es auch dieses Mal funktionieren würde. Außerdem hatte dieses System den Vorteil, dass sich mein Körper irgendwann an die vorgegebene Kalorienzahl gewöhnte, wenn er merkte, dass er jeden Tag ausreichend Kalorien bekam, um zu überleben und es keine Hungerzeiten mehr gab, und ich davon nicht mehr zunehmen würde. Das hieße, ich könnte in regelmäßigen Abständen meine tägliche Kalorienzahl erhöhen, was wiederum bedeutete, dass ich regelmäßig mehr essen könnte. Das war schlichtweg perfekt! Denn was gab es schon Schöneres als essen?

Vor anderen Menschen behauptete ich zwar (genauso, wie viele anderen Magersüchtigen ebenfalls), dass mich Essen anekelte und ich prinzipiell NIE Appetit oder Hunger verspürte, aber das war gelogen. In Wirklichkeit gab es für mich nichts Schöneres als das Essen an sich! Ich redete mir lediglich so lange ein, dass ich Essen nicht mochte, bis ich es selbst glaubte. Genauso wie ich eigentlich pausenlos Hunger hatte, aber es gar nicht mehr bewusst wahrnahm. Dadurch, dass ich ununterbrochen Appetit verspürte, war Hunger ein normales Gefühl für mich, das immer da war und dem ich deswegen keine größere Beachtung mehr schenkte. Aber tief im Inneren sehnte ich mich unwahrscheinlich danach, mich endlich mal wieder satt essen zu dürfen, ohne anschließend kotzen zu müssen oder ein schlechtes Gewissen zu haben.

Für den Anfang wollte ich 1600 Kalorien am Tag essen.

Dadurch, dass ich mich nun nicht mehr an „sicheren" und „unsicheren" Lebensmitteln orientierte, sondern an der Kalorienzahl, waren ab nun wieder alle Lebensmittel für mich erlaubt. Einzige Voraussetzung war, dass auf diesen Lebensmitteln die genaue Kalorienzahl stand, beziehungsweise mir bekannt war oder in mindestens einer meiner drei Kalorientabellen stand. Wobei ich jedoch nicht den Kalorienzahlen auf der Verpackung oder meiner Kalorientabelle vertraute, sondern immer noch sicherheitshalber 20 bis 40 Kalorien dazu addierte. Schließlich könnte es ja sein, dass die Hersteller des Produktes sich irrten oder mehr Inhalt als auf der Verpackung angegeben in dem Produkt waren. Deshalb ging ich lieber auf Nummer sicher. Außerdem wog ich zusätzlich noch so gut wie alles, was ich aß, mindestens zweimal mit einer Küchenwaage, die ich in der Stationsküche fand, ab. Selbst eine Karotte wurde von mir erst abgewogen, um die entsprechende Kalorienzahl zu ermitteln, bevor ich in sie biss.

Alles, was ich im Laufe des Tages aß, schrieb ich peinlichst genau in einer Art Tagebuch nieder. Jeder Bissen wurde genau mit Menge und Kalorienzahl dokumentiert. Ziel war es, am Ende jedes Tages auf genau 1600 Kalorien zu kommen. Es durften nicht mehr und nicht weniger

sein. Die Abweichung durfte nicht einmal zehn Kalorien betragen.

Dieses ständige Kalorienzählen wurde innerhalb weniger Tage zu einem handfesten Zwang. Ich konnte nur noch Lebensmittel essen, von denen ich die exakte Kalorienzahl wusste. Dadurch fielen viele Lebensmittel weg, die ich zuvor gerne gegessen hatte. Vor allem warme Speisen. Denn woher sollte ich wissen, ob und wenn ja, wie viel Öl in der Soße oder im Gemüse war oder ob im Essen Sahne enthalten war? Selbst angemachten Salat konnte ich nicht mehr verzehren, da ich nicht wusste, welche Zutaten in dem Dressing enthalten waren.

Heute sehe ich diese Sorgen und Gedanken, die ich mir damals um die Lebensmittelzusammensetzungen machte, als völlig unnötig an, doch damals sah ich das anders. Fast mein gesamtes Denken kreiste um Kalorien und Nahrungsmittelbestandteile. Gewiss brachte mein neues System mit den Kalorienzählen ein paar Nachteile und Probleme, die ich bei dem alten System mit den erlaubten und verbotenen Lebensmitteln nicht hatte, aber im Endeffekt war es trotzdem die bessere Lösung. So nahm ich genauso so langsam und kontrolliert zu, wie ich es wollte. Also ich besaß die Kontrolle über meinen Körper und mein Gewicht, die ich haben wollte. Das waren mir die paar Nachteile bei der Lebensmittelauswahl eindeutig wert!

38. Weihnachten in der Psychiatrie

Dann wurde es Weihnachten ... Eines der bescheuertsten Weihnachten überhaupt!

Ursprünglich wollten meine Eltern am ersten Weihnachtsfeiertag nach O. kommen, um mich zu besuchen. Dann hätte ich nur Heiligabend alleine, 250 Kilometer von zu Hause und meiner Familie entfernt, verbringen müssen. Doch wie immer kam es anders. An dem Tag, an dem meine Eltern kommen wollten, hatte es in der Nacht nämlich stark geschneit, sodass selbst die Autobahnen zugeschneit waren und es überall Stau gab. Daraufhin mussten sie ihren geplanten Besuch absagen und auf einen späteren Tag verschieben. Als mir meine Mutter das am Telefon sagte, brach für mich eine Welt zusammen. In meinem gesamten Leben hatte ich mich noch nie so einsam wie an diesem Weihnachten gefühlt.

Die meisten meiner Mitpatienten duften über die Festtage nach Hause und die restlichen, die noch auf Station waren, hatte allen Besuch. Somit war ich die Einzige auf Station, die noch alleine war.

An diesem Tag verspürte ich das erste Mal seit Längerem wieder diese unerträgliche innere Leere in mir, die gestopft werden wollte. Alles um mich herum schien plötzlich wieder farblos und düster zu werden und keinen Sinn mehr zu ergeben. Mein Denken geriet in alte Muster zurück und ich sah keinen Grund, dagegen anzukämpfen. Bereits kurz nach dem Anruf stopfte ich mich mit allen Lebensmitteln, die ich finden konnte, voll.

Ich plünderte meinen gesamten Süßigkeitenvorrat, den ich seit Beginn der Einweisung gesammelt hatte. Ursprünglich wollte ich diese Süßigkeiten für den Tag aufheben, an dem mir Kalorien gleichgültig sein würden, weil ich mein Zielgewicht erreicht hätte, aber gerade war mir dieses Vorhaben egal. Überhaupt schmiss ich alle meine guten Vorsätze über Bord. Im Augenblick war es mir sogar gleichgültig, dass ich im

Beobachtungszimmer war und das Personal in mein Zimmer blicken konnte. Es war Heiligabend, ich war alleine und musste meine innere Leere füllen UND Unmengen zu essen, war dafür nun mal der einfachste und schnellste Weg!

Nach meinem Fressanfall verschwand ich auf Toilette, schaltete die Dusche an und kotzte mir die Seele aus dem Leib. Dabei ging ich alles andere als zimperlich mit mir um. Ich schlug mir fast schon die Finger in den Hals, sodass ich davon anschließend fürchterliche Halsschmerzen hatte.

Als ich nach dem Kotzen zurück ins Zimmer kam, wartete dort bereits eine tadelnd guckende Schwester auf mich.

In der Eile hatte ich ganz vergessen, die leeren Verpackungen auf meinem Bett in den Mülleimer zu werfen. Diesen Müll hatte sie wahrscheinlich entdeckt und da sie nicht dumm war, wusste sie anscheinend direkt, was Sache war und hat sich in mein Zimmer gesetzt, um auf mich zu warten und mit mir zu reden.

Ich schämte mich so für meinen Rückfall! Die Schwester versuchte zwar beruhigend auf mich einzureden und mir zu erklären, dass Rückschritte bei einer Heilung völlig normal wären, aber das baute mich auch nicht wirklich auf. Ich war von mir enttäuscht, dass ich so leicht und so schnell kampflos gegen die Essstörung aufgegeben hatte, und fühlte mich als Versagerin. Schließlich wollte ich gesund werden und nicht bei dem kleinsten Tiefschlag direkt wieder in die Krankheit rutschen!

Stimmungs- und gefühlsmäßig ging es mir jetzt noch schlechter als vor dem Fressanfall.

Auch nachdem die Schwester mein Zimmer verlassen hatte, ging es mir kein bisschen besser.

Ich spürte, wie ich gedanklich in eine andere Welt abdriftete. In meinem Kopf spielten sich Bilder ab, wie ich mir den Magen vollstopfte und kotzte, wie ich mir die Arme aufschnitt, wie ich in der Psychiatrie in den Mülleimer kotzte und wie es mir vor meinem allerersten Klinikaufenthalt ging. Mit diesen Erinnerungen kam auch mein extremer Hass auf mich und mein bescheuertes Leben zurück und der Druck, mich selbst zu verletzen, stieg. Ich schaffte es nicht mehr, diese Bilder abzustellen oder aus dem Gedankenkarussell auszusteigen, sodass recht zügig das passierte, was passieren musste.

Wortlos holte ich mir aus der Stationsküche eine Tasse, verschwand im Bad, zerschlug die Tasse an den Fliesen und schnitt mir mit den Scherben beide Arme auf. Dabei verlor ich mal wieder jegliche Kontrolle über mein Handeln. Ich sah zwar, dass ich stark blutete, konnte jedoch nicht mit dem Schneiden aufhören. Die Tiefe, die ich in meinen Arm hineinschnitt, war mir nicht mehr bewusst. Ich drückte die Scherbe einfach so feste es ging auf meine Haut und zog durch.

Ich war wie in einer Art Trance, in der ich keinen Schmerz wahrnahm. Vom Ansehen der Wunde her konnte ich erkennen, dass die klaffenden Schnitte eigentlich höllisch wehtun sollten, doch ich spürte rein gar nichts ...

Nachdem ich mich wieder einigermaßen gefangen hatte, drückte ich die Klingel und wartete, bis jemand kam. Als dann eine Schwester an die Badezimmer klopfte und fragte, ob alles in Ordnung sei, öffnete ich reumütig und beschämt die Tür und zeigte ihr, was ich getan hatte. Jetzt war es aus mit der angenehmen Ruhe auf Station.

Die Schwester rief eine weitere Schwester, die einen Verbandskasten holte und ein Pfleger gab dem diensthabenden Arzt Bescheid, der ebenfalls deutlich zügiger als normal auf Station geeilt kam. Dieser Arzt stellte dann das fest, was alle Beteiligten sowieso, auch ohne Medizinstudium, schon wussten: Die Schnitte mussten genäht werden.

Mit einem Rollstuhl wurde ich in das benachbarte Krankenhaus gefahren. Dort wurde ich in der Chirurgie genäht.

Der Arzt, der meine Arme zusammenflickte, war selbstverständlich alles andere als begeistert, als er meine zerschnittenen Arme sah, aber dennoch ließ er, anders wie gewisse andere Ärzte – keine unpassenden Kommentare los. Allgemein schienen die Ärzte in diesem Krankenhaus deutlich mehr Erfahrung und Verständnis mit Borderline-Patienten zu haben, als die Ärzte in dem Krankenhaus aus der Stadt, in der die Wohngruppe war. Alle waren durchgehend freundlich zu mir und versuchten, mir Mut zu machen, dass die nächsten Tage bestimmt besser als der heutige Tag werden würden.

Nach dem Nähen brachte mich ein Pfleger zurück auf Station und ich musste eine ausführliche Verhaltensanalyse zu meinem selbstschädigenden Verhalten und meine Beweggründe dafür schreiben. Diese Verhaltensanalyse sollte ich nach den Feiertagen mit meiner Psychologin in einem Therapiegespräch besprechen.

Am zweiten Weihnachtsfeiertag kamen endlich meine Eltern zu Besuch und mit ihnen mein Bruder.

Über seinen Besuch freute ich mich besonders, denn ihn hatte ich seit meinem Auszug zu Hause nicht mehr gesehen. Seitdem ich krank war, war unser Verhältnis ziemlich zerrüttet und wir hatten kaum noch Kontakt.

Er musste wegen mir und meiner Krankheit oft zurückstecken, und selbst wenn ich nicht zu Hause anwesend war, waren ich und meine Diagnose oft Thema. Das nervte ihn und zudem wusste er wahrscheinlich auch nicht, wie er mit mir umgehen sollte. Deshalb gab es zwischen uns jahrelang fast eine komplette Funkstille, in der wir nur das Nötigste miteinander sprachen. Jedoch gab ich die Hoffnung, dass wir uns irgendwann wieder annäherten, unser Verhältnis sich besserte und wir wieder „richtige" Geschwister werden, nie auf!

Ich genoss den Besuch meiner Familie. Er war eine willkommene Abwechslung in dem sonst so tristen Klinikalltag und ich fühlte mich nicht mehr so einsam.

Die größte Freude an diesem Tag war für mich, dass ich ausnahmsweise, weil Weihnachten war, zwei Stunden in Begleitung meiner Eltern und meines Bruders nach draußen an die frische Luft durfte, obwohl ich noch nicht die vorgegebenen 40 Kilo erreicht hatte. Mir fehlten noch 400 Gramm, aber als „Weihnachtsgeschenk" des diensthabenden Arztes durfte ich trotzdem ein bisschen nach draußen. Allerdings sagte mir der Arzt gleich, dass dieser Ausgang eine einmalige Sache sei, und ab morgen wieder die alte Regel, also Ausgang erst mit 40 Kilo, gelten würde. Ich war ihm aber dennoch dankbar für dieses tolle „Geschenk"! Und davon abgesehen, würde es sehr wahrscheinlich sowieso nur noch maximal eine Woche dauern, bis ich die 40 Kilo erreicht hätte und „legal" jeden Tag raus dürfte.

In den zwei Stunden Ausgang ging ich erst mit meiner Familie ein Stückchen spazieren und anschließend gingen wir zum Mittagessen in eine Pizzeria.

Zu gerne hätte ich mir in dieser Pizzeria eine eigene kleine Pizza bestellt oder wenigstens ein Stück von der Pizza meiner Eltern probiert, aber da ich nicht wusste, wie viele Kalorien in diesem Essen vorhanden waren, war das ausgeschlossen. Nicht einmal einen kleinen Salat konnte ich mir bestellen.

Meine Eltern verstanden zwar nicht, wieso ich nicht einmal eine Ausnahme machen und etwas essen konnte, wo nicht draufstand, wie viele Kalorien enthalten waren, aber sie akzeptierten glücklicherweise trotzdem, dass ich lediglich nur eine Cola Light trinken wollte. Vermutlich lag das auch daran, dass niemand von uns Lust hatte, an Weihnachten einen Streit anzufangen.

Innerhalb der nächsten Woche überschritt ich die 40 Kilomarke. Über die Festtage hatte ich genau 500 Gramm zugenommen und wog somit jetzt 40,1 Kilo.

Da ich genau 500 Gramm zugenommen hatte, fürchtete ich, in den folgenden sieben Tagen mit meiner aktuellen Kalorienzahl es nicht mehr zu schaffen, die vorgegeben 500 Gramm Zunahme zu erreichen. Deshalb beschloss ich, pro Tag 100 Kalorien mehr zu essen. Also 1900 Kalorien. So würde ich laut meinen Berechnungen weiter langsam und kontrolliert zunehmen und müsste keine Angst haben, wegen einer zu geringen Zunahme eine Rote Karte zu bekommen.

Mit Erreichen der 40 Kilo durfte ich nun jeden Tag 30 Minuten mit Begleitung vom Personal in den Ausgang gehen, was ich natürlich jeden Tag in Anspruch nahm! Es ist nämlich unglaublich, wie viele Glückshormone es auslöst, wenn man nach so langer Zeit wieder das Haus verlassen darf! Außer der Ausnahme an Weihnachten war ich mittlerweile knapp sechs Wochen „eingesperrt".

Silvester verschlief ich, da ich erstens sowieso keine Gelegenheit hatte, auf die Straße zu dürfen und zweitens von den Schlaftabletten, die ich bekam, so fest schlief, dass ich nicht einmal durch das laute Geböller aufwachte. Außerdem machte ich mir eh nichts daraus, dass ein neues Jahr begann. Für mich änderte sich in der Nacht von 31. Dezember auf 1. Januar rein gar nichts. Nur das Datum war ein anderes, aber mehr auch nicht.

39. Stabilität mit Gewissenskonflikten

Seitdem ich Ausgang hatte, aß ich so gut wie gar nichts mehr von dem, was auf meinem Essenstablett stand. Ich kaufte mir alles selber. Die einzigen Lebensmittel, die ich von der Küche geschickt bekam und die ich noch anrührte, waren Obst, Joghurts, Marmelade, Putenbrust und andere Nahrungsmittel, auf denen die genaue Kalorienmenge vermerkt war, oder deren Kalorienzahl ich mit Hilfe von Ernährungstabellen exakt aufschlüsseln konnte.

Dieses zwanghafte Kalorienzählen ging bald sogar soweit, dass ich morgens kein normales Brötchen und abends kein normales Brot mehr aß, sondern mir im Ausgang selbst eigenes Brot und Brötchen kaufte, auf denen die Kalorienzahl vermerkt war. Denn andere Brötchen zu essen, auf denen keine Kalorienangaben standen, war mir eindeutig zu vage!

Die Sorte dieser abgepackten Brote und Brötchen war mir hierbei egal. Ich wählte die Sorten nicht nach meinem Geschmack aus, sondern anhand der möglichst niedrigen Kalorienzahl.

Auch mein Mittagessen kaufte ich mir selbst. Fast jeden Mittag machte ich mir in der Stationsküche ein Dosenessen warm. Denn auf Dosenessen standen so gut wie immer Nährwertangaben oder spätestens im Internet konnte ich diese in Erfahrung bringen; das konnte ich bei den Mahlzeiten aus der Klinikküche nicht. Deshalb ließ ich das Klinikessen fast ausnahmslos unangerührt wieder zurück in die Küche gehen. Nur wenn es Kartoffeln ohne Soße gab, nahm ich diese vom Tablett, wog sie mir ab und aß sie später kalt zum Abendessen.

Anfangs sprachen mich meine Psychologin und das Personal der Station noch öfter auf meine „neuen Essgewohnheiten" an und fragten nach dem Grund, wieso ich das Klinikessen nicht essen wollte, aber nachdem ich gefühlte 1000 Mal erklärt hatte, dass mir das Klinikessen

einfach nicht schmeckte; akzeptierten sie ohne weiteres Nachfragen meine besondere Vorliebe für Dosenessen.

Den eigentlichen Grund für meinen ungewöhnlichen Essgeschmack verriet ich niemanden. Das war meiner Meinung nach besser so, weil meine Psychologin von meiner Zunehmstrategie sicherlich nicht begeistert gewesen wäre!

So glaubte sie mir, dass mir die Mahlzeiten aus der Dose tatsächlich besser schmeckten und sie erlaubte mir, meine selbst eingekauften Lebensmittel weiter zu essen.

Vorausgesetzt, ich nahm weiterhin zu. Ansonsten müsste ich wieder das vorportionierte Essen aus der Klinikküche essen. Außerdem durfte ich zusätzlich noch als weiteren Schritt meiner Verselbstständigung ohne Aufsicht auf meinem Zimmer essen und musste nicht mehr während und nach den Mahlzeiten im Sichtkontakt der Pfleger und Schwestern bleiben.

Dass ich alles, was ich aß, abwog, bevor ich es verzehrte, wusste außer mir und meiner Zimmerkollegin niemand. Von einem weiteren Mitpatienten hatte ich mir aus dem Ausgang eine Küchenwaage mitbringen lassen, die ich in der obersten Schublade von meinem Nachttisch versteckt hatte. Wenn ich etwas abwiegen wollte, drehte ich mich mit meinem Rücken zum Beobachtungsfenster, sodass aus dem Schwesternzimmer niemand sehen konnte, was ich fabrizierte und meine Zimmerkollegin verpetzte mich nicht. Da brauchte ich keine Angst zu haben. Sie fand es zum Teil sogar witzig, wie ich das Personal der Station an der Nase herumführte.

Da mein Gewicht sich in den nächsten Wochen weiterhin zuverlässig aufbaute und meine Stimmung ebenfalls stabil war, bekam ich schon bald Ausgang mit Mitpatienten und kurz danach Ausgang alleine. Zu diesem Zeitpunkt war es Anfang Februar.

Mittlerweile wog ich knapp 43 Kilo und aß täglich 2100 Kalorien, wovon ich jedoch auch nicht mehr allzu viel zunahm. Mein Körper hatte sich bereits an diese Kalorienzahl gewöhnt. Eigentlich hätte ich deshalb meine tägliche Kalorienmenge erhöhen müssen, um weiter mindestens 500 Gramm pro Woche zuzunehmen, was ich jedoch nicht wollte. Ich war mit meinem aktuellen Gewicht zufrieden und wollte es erst einmal halten.

Vielleicht würde ich nach ein paar Wochen weiter zunehmen wollen, aber vielleicht auch nicht. Das wollte ich spontan nach diesen paar Wochen entscheiden. Fakt war lediglich, dass ich erst einmal etwas Ruhe haben wollte, um mich an mein neues Gewicht und die Veränderungen an meinem Körper durch die Gewichtszunahme zu gewöhnen und mich damit anzufreunden.

Bei meinem nächsten Therapiegespräch versuchte ich, meiner Psychologin diesen Wunsch nach einer Zunehm-Pause nahezubringen. Zu meinem Erstaunen konnte sie diesen Wunsch sogar verstehen, doch trotzdem ging sie nicht näher darauf ein. Laut ihrer Aussage wäre mein Gewicht noch viel zu niedrig, um über solch eine Pause reden zu können. Frühestens mit 45 Kilo könnte man vielleicht einmal überlegen, eine Woche auszuprobieren, ob ich es schaffte, mein Gewicht zu halten.

Bei meinem derzeitigen Gewicht wäre die Gefahr, dass, ich anstatt mein Gewicht zu halten, direkt wieder abnehmen würde, zu groß. Ich müsste nur ein paar schlechte Tage haben, an denen es mir nicht gelang, ausreichend zu essen, und dann wäre mein Gewicht wieder unter 40 Kilo und somit im lebensgefährlichen Bereich. Das wäre zu riskant. Ich musste erst einen ausreichenden Puffer aufbauen, um solche „Experimente" ausprobieren zu können.

Auf der einen Seite verstand ich die Argumente der Psychologin und wusste, dass sie recht hatte, aber dem gegenüber stand meine Angst, weiterhin zuzunehmen. Mit meinem momentanen Gewicht fühlte ich mich einigermaßen wohl, würde ich weiter in derselben Geschwindigkeit wie die letzten Wochen zunehmen, könnte es sein, dass ich mich schon bald nicht mehr damit anfreunden könnte und erneut abnehmen würde. Das war mindestens genauso Scheiße! Ich hasste diese schnelle, erzwungene Gewichtszunahme in Kliniken und die „doofen" Psychologen, die nur an die Zahlen auf der Waage und nicht an die Psyche der Patienten dachten!

Klar, musste man in Kliniken schneller zunehmen, weil man schließlich nicht jahrelang stationär bleiben wollte, aber was brachte es mir, wenn ich damit nicht zurechtkam und nach der Entlassung unverzüglich wieder anfangen würde abzunehmen?

Jeder Körper verändert sich bei einer Gewichtszunahme. Man bekommt mehr Busen, einen pralleren Hintern und vor allem einen dicken Bauch. Wenn man zunimmt, setzt sich das „Fett" nämlich immer zuallererst am Bauch an und verteilt sich erst nach einer gewissen Zeit am restlichen Körper. Deshalb ist es EIGENTLICH auch besser, langsam zuzunehmen. Besonders für Magersüchtige!

Denn da hat man Zeit, sich mit den neuen Zahlen auf der Waage und den damit zustande kommenden Veränderungen am Körper auseinanderzusetzen und anzufreunden (sofern das möglich ist). Aber das war den meisten Ärzten und Psychologen egal. Für sie zählten nur die passenden Zahlen auf der Waage. Ob der Kopf und das Denken der essgestörten Patienten hinter den schnell steigenden Zahlen hinterherkamen oder nicht, war Nebensache. Hauptsache auf den Entlassungspapieren stand: „Der Patient konnte mit Normalgewicht entlassen werden."

In meinen Augen war dieses Denken von den studierten Medizinern vollkommener Schwachsinn. Das Wichtigste bei der Heilung einer Essstörung waren nicht die Zahlen auf der Waage, sondern das Umdenken des Patienten im Kopf! Wenn man immer noch das essgestörte Denken bei der Entlassung im Kopf hat und von der Panik, dass man sein Leben lang weiter so schnell zunimmt wie in der Klinik, verfolgt wird, kann man im Grunde darauf wetten, dass die Person spätestens ein Monat nach ihrer Entlassung zurück in die Essstörung rutscht und wieder alles dafür tut, um an Gewicht zu verlieren. Aber ich war ja „nur" magersüchtig und hatte somit laut den Ärzten keine Ahnung von Essen, Ernährung und Psychologie. Und die Erfahrungen, die ich in den letzten Kliniken gesammelt hatte, waren natürlich auch nichts wert. Wenn sich jemand mit der Erkrankung und dem Denken einer essgestörten Person auskannte, dann waren das selbstverständlich nur Ärzte, Psychologen und Psychiater, die dieses Thema an der Uni bei einer Vorlesung hatten und eventuell noch den ein oder anderen Bericht dazu gelesen haben! Ich als Betroffene hatte also somit keine Ahnung davon. Wieso sollte man dementsprechend auf mich und meine Einschätzungen hören?

Womit meine Psychologin allerdings nicht rechnete, war, dass ich etwas schlauer war als sie! Wenn sie mich nicht dabei unterstützte, dass ich meine 43 Kilo vorerst halten durfte, dann musste ich eben anders zu meinem Ziel kommen. Schließlich hatte ich in 2,5 Monaten fast ganze sechs Kilo zugenommen. Da hatte ich mir eine Pause mehr als verdient! Außerdem wusste ich jawohl selbst am besten, was gut für mich war und was nicht, schließlich ging es ja um mich und ich will mich jetzt nicht aus den Fenster lehnen, aber ich glaube, dass ich selbst mich, meine Gedanken und meine Gefühle wohl am besten kennen dürfte!

Immer heißt es: Ich soll Eigenverantwortung übernehmen. Will ich dann aber selbstständig eine Entscheidung treffen, heißt es, dass ich das nicht kann.

Finde den Fehler!

Mitte Januar wurde ich vom Beobachtungszimmer endlich auf ein normales Dreibettzimmer verlegt, weil ich kein lebensgefährliches Untergewicht mehr hatte und mich kaum noch selbst verletzte.

Seit dem Ausrutscher an Weihnachten hatte ich meinen Selbstverletzungsdruck einigermaßen unter Kontrolle und mich kein einziges Mal mehr geschnitten. Das Einzige, womit ich mich noch ab und zu selbst verletzte, wenn der Druck zu hoch wurde, war, dass ich mit meinem Kopf gegen die Wand schlug. Aber selbst das kam in den letzten Wochen nur noch äußerst selten vor, sodass meine Psychologin der Meinung war, dass ich nun stabil genug wäre, um in einem normalen Zimmer ohne Beobachtungsscheibe zu wohnen, worüber ich sehr erfreut war.

Überhaupt ging es mir mittlerweile wieder richtig gut. Meine Psyche war stabil, ich hatte ein akzeptables Gewicht erreicht und ich hatte mein Lachen und meine Lebensfreude zurückgewonnen. Also: Wenn jetzt nicht irgendetwas komplett Unvorhergesehenes oder extrem Dramatisches passieren würde, hätte ich den Absprung von meiner Krankheit und meiner negativen Vergangenheit dieses Mal tatsächlich geschafft! Und genau danach sah es momentan aus!

Ich hatte so viel Selbstvertrauen wie noch nie! Mit den Betreuern der WG plante ich sogar, im Sommer erneut mit einer Ausbildung anzufangen.

Zukunftsängste oder Angst davor, nach meiner Entlassung rückfällig zu werden, hatte ich kaum. Ich hatte das Gefühl, wenn ich etwas wirklich schaffen will, dann schaffe ich das auch. Meine Willenskraft war enorm. Ich musste sie nur zielgerichtet in die richtige Richtung einsetzen. Allein mein Überlebenswille war von seiner Größe und Stärke her enorm. Selbst als ich nicht mehr leben wollte, kämpfte er in mir weiter, ohne dass ich es merkte. Ohne meine unendliche Willensstärke hätte ich es gar nicht geschafft, aus meinem dunklen, tiefen Loch herauszukommen. Ich war wie ein Stehaufmännchen, das man nicht dauerhaft runterdrücken konnte, weil es ständig wieder aufstehen wollte. Dieses Wissen über diese besondere Fähigkeit, die in mir schlummerte, verlieh mir eine unwahrscheinliche Stärke!

In dem neuen Zimmer, in das ich verlegt wurde, hatte ich einen entscheidenden Vorteil gegenüber dem Beobachtungszimmer: Es gab kein Fenster mehr, durch das mich das Personal beobachten konnte. Das war super.

So konnte ich nämlich vor dem Wiegen früher aufstehen und im Bad Wasser trinken, um mehr Gewicht auf der Waage zu haben. Das wiederum bedeutete, dass ich mein Ziel, mein Gewicht zu halten, durchsetzen konnte, ohne dass meine Psychologin oder das Personal etwas bemerkte. Das war perfekt! So hatte ich zwei Fliegen mit einer Klappe geschlagen.

Und noch viel besser war, dass ich sogar die Tage wusste, an denen ich gewogen wurde. So musste ich nicht, wie in der Wohngruppe oder in den anderen Psychiatrien, täglich auf Glück trinken, sondern lediglich montags und freitags. Das war praktisch und erleichterte die Sache ungemein.

Jedoch blieb ein Problem trotzdem vorhanden: Wenn ich mein Gewicht auf der Waage konstant steigen lassen wollte, musste ich jede Woche ungefähr 500 ml (das entspricht in etwa 500 Gramm) mehr trinken. Das war bei einer Startmenge von 500 ml nach zwei Wochen bereits ein ganzer Liter!

Die zwei Mitpatientinnen, die mit mir auf dem Zimmer lagen, waren beide nett. Mit einer von ihnen verstand ich mich besonders gut. Sie war stark übergewichtig und regte sich bei den Mahlzeiten immer über die Diätkost auf, die sie von ihrem Arzt zum Abnehmen verordnet bekommen hatte.

Sie behauptete, dass diese doofen Light-Produkte überhaupt nicht schmeckten und dass ich viel besseres Essen als sie bekäme. Ich wiederum sah das ganz anders. Ich beneidete nämlich sie um die vielen Light-Produkte und die Lebensmittel, auf denen überall Kalorienzahlen draufstanden. Deshalb machten wir häufig kurzen Prozess und tauschten einfach unsere Tabletts. So hatte jeder von uns das, was er wollte und wir beide waren zufrieden.

Da ich in letzter Zeit meine tägliche Kalorienzahl nicht mehr erhöht hatte, blieb mein Gewicht ziemlich konstant bei 43 Kilo. Damit ich aber auf der Waage weiterhin den Glauben aufrechterhielt, dass ich artig weiter zunahm, musste ich nun von Woche zu Woche mehr trinken. Nach vier Wochen war ich bereits bei drei Litern!

Eine halbe Stunde vor dem Wiegen zum Trinken aufzustehen reichte somit längst nicht mehr aus. Ich musste mindestens 1,5 Stunden früher aufstehen, um die Menge zu schaffen.

Wenn ich dann auf der Waage stand, hatte ich jedes Mal das Gefühl, dass mein Bauch gleich platzen würde. Er war randvoll und bei jeder Bewegung fürchtete ich, dass das Wasser gleich wieder herauskommen könnte. Ich musste mich extrem zusammenreißen, die viele Flüssigkeit in mir zu behalten.

So viel in so kurzer Zeit zu trinken, war eine riesige Herausforderung, die ich auch nur erreichen konnte, weil ich meinen Körper darauf trainiert hatte. Heute, ohne Training, würde ich wahrscheinlich maximal die Hälfte in der Zeit trinken können, ohne mich übergeben zu müssen.

Bei jedem Gang zur Waage betete ich, dass ich mich nicht bücken oder irgendwie anders bewegen müsste, weil das zu hundert Prozent schief gegangen wäre. Mit den drei Litern Flüssigkeit war mein Magen bis zum Maximum gefüllt. Noch mehr Flüssigkeit hinein zu bekommen war unmöglich. Aber genau das müsste ich schaffen, wenn ich nächste Woche mein vorgegebenes Gewicht erreichen wollte. Schaffte ich es nicht, würde ich wohl oder übel auffliegen.

Ich stand zwischen den Stühlen: Real an Gewicht zunehmen, also durch Essen, wollte ich nicht, 3,5 Liter vor dem Wiegen trinken war unmöglich und auffliegen und zugeben, dass ich beim Wiegen schummelte, war ebenfalls keine Option für mich. Aber dennoch brauchte ich eine Lösung für mein Problem, und zwar schnell!

Nach reichlicher Überlegung kam ich auf genau eine umsetzbare Lösung, die für mich infrage kam, und zudem noch alle meine Probleme auf einmal löste: Ich wollte mich aus der Klinik entlassen lassen und zurück in die betreute Wohngruppe ziehen!

Diese Idee fand ich sogar so gut, dass mein Entschluss, diesen Plan in die Tat umzusetzen, direkt feststand.

Ich war der festen Überzeugung, dass es mir inzwischen so gut ging und ich so weit gefestigt war, dass ich es auch außerhalb der Klinik ohne größere Selbstverletzungen schaffte und mein Gewicht stabil halten konnte. In den letzten Wochen hatte ich hier so eine positive Entwicklung hingelegt, dass ich da meiner Meinung nach nichts zu befürchten brauchte.

Das einzig Negative war, meine zwanghafte Art, Kalorien zu zählen. Diese nervige Angewohnheit sollte mir noch eine Weile erhalten bleiben.

40. Wieder zurück in der Wohngruppe

Bereits am nächsten Morgen wurde ich von einer Betreuerin der Wohngruppe aus der Psychiatrie abgeholt.

In der Wohngruppe hatte sich in der Zeit, in der ich weg war, einiges geändert. In manchen Wohnungen waren die Lebensmittelschränke nicht mehr abgeschlossen (bei mir in der Wohnung sollten sie aber noch eine Weile verschlossen bleiben) und mein Mitbewohner war ausgezogen. Das hieß, ich wohnte momentan alleine in dem großen Apartment.

Und auch in puncto Essen hatte sich einiges getan. Es kochten nicht mehr die Klienten in den einzelnen Wohnungen jeweils für sich, sondern die Betreuer, und zwar auch nicht mehr am Abend, sondern mittags. Gegessen wurde dann jeden Mittag um 13.30 Uhr mit allen Klienten zusammen an einem großen Tisch.

Diejenigen von uns, die inzwischen weit genug genesen waren, und es über einen längeren Zeitraum schafften, ihr Gewicht stabil zu halten, kamen in die „Verselbstständigung". Das hieß, sie bekamen ihr „Rohkostgeld", die 36,40 Euro, die jedem Klienten wöchentlich für den Einkauf von Lebensmitteln zur Verfügung standen, ausgezahlt und mussten damit selbst wirtschaften.

Sie durften alleine, ohne Begleitung der Betreuer, einkaufen und kochen. Lediglich zu den gemeinsamen Mahlzeiten mussten sie anwesend sein und „zeigen", was sie sich zu dieser Mahlzeit zubereitet hatten. Was und wie viel sie aßen, durften oder mussten sie hierbei selbst entscheiden. Die Betreuer mischten sich bei ihnen in die Essensangelegenheiten nicht mehr ein. Schließlich müssten wir alle spätestens, wenn wir aus der betreuten Wohngruppe ausgezogen wären, selbstständig einschätzen können, was und wie viel sie zu sich nehmen mussten, um ein gesundes Gewicht aufrecht zu erhalten.

Diese „Verselbstständigung" unter Aufsicht der Betreuer war also der erste Schritt in ein eigenes, selbstbestimmtes Leben nach der Wohngruppe.

Die restlichen Klienten, die noch nicht so stabil waren, dass sie in die Verselbstständigung konnten, bekamen ihr Essen von den Betreuern gekocht und mussten essen, was auf den Tisch kam. Gegebenenfalls wurde die Größe der Mahlzeiten bei manchen Klienten sogar von den Betreuern vorportioniert, um eine Richtlinie für eine angemessene Portion zu geben. Zu dieser Klientengruppe gehörte auch ich derzeit noch.

Bereits nach wenigen Tagen hatte ich mich wieder in der Wohngruppe eingelebt und mit den neuen Regeln vertraut gemacht.

Alle waren überrascht, wie gut es mir ging. Keiner hatte damit gerechnet, dass ich mich so stark in den paar Monaten, in denen ich in der Psychiatrie war, entwickelt hatte.

Meine gute Stimmung hielt weiterhin an und ich bemühte mich, mich bei den Mahlzeiten von meiner besten Seite zu zeigen, was nicht immer einfach war.

Frühstück, Abendessen und Zwischenmahlzeiten waren das kleinere Problem. Das Hauptproblem war das warme Mittagessen. Dadurch, dass ich nicht beim Kochen dabei war, wusste ich nicht, was in dem Essen für Zutaten waren, und dementsprechend nicht, wie viele Kalorien es hatte und die Betreuer, die das Essen gekocht hatten, brauchte ich erst gar nicht danach zu fragen. Die verrieten nichts.

Wenn einer von uns Klienten nachfragte, bekamen wir, wenn überhaupt, nur die Antwort: Nur Gutes, Gesundes und eine Menge Liebe.

Nur eine Zutat konnte man relativ zuverlässig erkennen, wenn sie beinhaltet war. Selbst wenn man das Essen noch nicht probiert hatte, konnte man meistens schon anhand der hellen Farbe der Soße erkennen, dass da vermutlich Sahne mit im Spiel war. Und das war zum Leidwesen von uns Magersüchtigen leider fast immer der Fall. Selbst wenn das Mittagessen ausnahmsweise mal kalorienarm wirkte, gab es dann spätestens zum Nachtisch eine ordentliche Kalorienbombe, um eine ausreichende Kalorienzahl zum Zunehmen zu erreichen.

Zeitweise fühlte man sich als Magersüchtiger in der Wohngruppe wie ein Mastschwein. Dadurch, dass viele der Betreuer keinerlei Ahnung von Kalorien hatten, hielten sie sich an das Prinzip „viel hilft viel". So kam es durchaus vor, dass eine von ihnen vorportionierte Mittagsportion um die 1200 Kalorien beinhaltete.

Was sie natürlich nicht wahrnahmen, weil sie nicht wussten, wie viele Kalorien die Speisen auf dem Teller hatten.

An die von den Betreuern vorportionierten Portionen hielt sich von den Essgestörten niemand. Wir sollten zwar alles aufessen, doch reinprügeln konnten die Betreuer den Inhalt des Tellers nicht. Außerdem war es um einiges effektiver, nur eine halbe Portion zu essen und dafür im Magen zu behalten, anstatt die ganze Portion und die dann anschließend wieder auszukotzen. Das mussten selbst die Betreuer einsehen.

Ich selbst aß nur die Bestandteile auf meinem Teller, von denen ich die Kalorienzahl entweder wusste oder zumindest ziemlich genau einschätzen konnte. Das Gewicht der einzelnen Lebensmittel musste ich hierbei schätzen, da die Betreuer garantiert nicht tolerierten, wenn ich alles abwog, bevor ich es verzehrte. So behielt ich einen guten Überblick über meine täglich gegessene Kalorienzahl und fühlte mich weiterhin sicher beim Essen.

An einer Pinnwand im Flur wurden die Essenspläne für die laufende Woche ausgehängt, sodass jeder wusste, was es zu essen gab. Die meisten Klienten hatten Angst vor den Gerichten und sagten schon am Montag: „Oh Gott! Am Donnerstag gibt es überbackenen Auflauf. Das schaffe ich nie!" Aber ich machte mir dieses Wissen zunutze und suchte im Internet nach den Rezepten, um die Kalorienzahl der Bestandteile des Auflaufes herauszufinden. Dadurch, dass immer die Internetseite, von der das Rezept rausgezogen war, mit auf dem Zettel stand, war das relativ einfach. So hatte ich den Vorteil, dass ich die ungefähren Kalorienzahlen wusste und wenigstens Teile der Mahlzeit mit einigermaßen guten Gewissen essen konnte. Meistens schaffte ich es so sogar, knapp die Hälfte der Portion zu verspeisen.

Allgemein war es für mich eine erstaunliche Entdeckung, wie viel man essen konnte, ohne massiv zuzunehmen, wenn sich der Körper an eine gewisse Kalorienzahl gewöhnt hatte! Mittlerweile aß ich 2400 Kalorien am Tag, ohne dass mein Gewicht sich großartig veränderte. Ich nahm zwar zwischen 200 und 500 Gramm pro Woche konstant zu, aber das war ja erwünscht. Ich wollte mich mit Schneckentempo weiterhin Richtung 48 Kilo kämpfen. 48 Kilo waren mein derzeitiges Traumgewicht.

Um meine Fortschritte im Auge zu behalten und mein Gewicht weiterhin zu kontrollieren, hatte ich mir extra dafür eine Waage gekauft und auf mein Zimmer geschmuggelt. Das war zwar eigentlich verboten, aber wie hätte ich sonst jeden Morgen mein Gewicht kontrollieren können, um rechtzeitig gegenzusteuern, wenn ich zu schnell zu- beziehungsweise abnahm?

Gefühlsmäßig ging es mir gut und auch ansonsten war ich von meinem Essverhalten und meiner Psyche her recht stabil, aber trotzdem war ich vor vereinzelten Rückfällen nicht sicher. Es kam zwar deutlich seltener vor, dass ich einen Essanfall hatte und kotze, aber hin und wieder passierte es dennoch.

Dadurch, dass ich alleine in der Wohnung wohnte und somit niemand mitbekam, was ich tat, fehlte mir in dieser Richtung eine Hemmschwelle. Vor meinem Klinikaufenthalt war die Anwesenheit anderer Personen zwar auch kein Grund für mich, das Kotzen zu unterlassen, doch mittlerweile war diese Hemmschwelle, es nicht vor anderen Leuten tun zu wollen, wieder da. Inzwischen löste allein der Gedanke daran, dass jemand etwas von meinen Fressorgien mitbekommen könnte, wieder ein Schamgefühl in mir aus.

Die Gründe, wieso ich die Schränke aufknackte und alles aufaß, waren in dieser Zeit so verschieden, wie die Abstände, in denen ich kotzte.

Manchmal war es Langeweile oder Einsamkeit, manchmal war es Wutabbau, also selbstverletzende Gründe, und manchmal war es, um die Leere in mir zu stopfen. Aber meistens war es schlichtweg Hunger. Ich hatte gar nicht beabsichtigt, einen Fressanfall zu schieben, sondern wollte mir nur einen Joghurt, eine Scheibe Brot oder sonstige Kleinigkeit holen. Ich hatte gar nicht vor gleich den ganzen Schrank zu plündern. Wenn ich den Schrank jedoch geknackt hatte, dachte ich mir, dass es sich nicht lohnt, den Schrank wegen solch einer Kleinigkeit aufgebrochen zu haben, und ich aß noch mehr. Warum, wieso und weshalb, war mir dabei meist selbst nicht so klar. Zumal ich anschließend wieder von Schuldgefühlen und einem schlechten Gewissen geplagt wurde.

Als dieses „rein aus Lust und Laune, ohne Grund, Frust, Langeweile-Fressen" drohte, überhand zu gewinnen, machte ich einen entscheidenden Schritt in die richtige Richtung. Das erste Mal seit längerer Zeit schaffte ich es, mir Hilfe und Unterstützung zu holen. In einem Gespräch mit meiner Bezugsbetreuerin analysierten wir gemeinsam das Problem und überlegten uns eine Lösung.

Meine Bezugsbetreuerin machte mir das Angebot, dass wir es eventuell ausprobieren sollten, die Schränke in meiner Wohnung offenzulassen. Dann hätte ich das Problem mit dem Aufbrechen nicht mehr und somit vielleicht auch nicht mehr den Gedanken, dass ich gleich alles essen müsste. Anfangs war ich von dieser Idee nicht so überzeugt, doch als wir es ausprobierten, half es tatsächlich! Seitdem die Schränke nicht mehr verschlossen waren, hatte ich höchstens noch einmal im Monat einen Fressanfall. Das war ein riesen Fortschritt!

Dadurch, dass ich nun in die Küche gehen und mir einfach etwas nehmen konnte, wenn ich Hunger hatte, wurde das Aufbrechen der Lebensmittelschränke für mich uninteressant.

Außerdem hatte ich dadurch den Vorteil, dass ich jetzt auch keine Lebensmittel mehr auf meinem Zimmer verstecken musste. Denn in meinem Zimmer hatte ich neuerdings sogenannte „Lückenfüller" versteckt. Das waren Lebensmittel, die ich abends essen konnte, wenn ich meine angestrebte Kalorienzahl noch nicht erreicht hatte. Aber dadurch, dass jetzt alle Lebensmittelschränke offenstanden, brauchte ich das nicht mehr. Da musste ich mir nicht mehr selbst irgendwelche Süßigkeiten kaufen, mit denen ich auf meine selbstfestgesteckte Kalorienzahl kam, sondern konnte mir die nötigen Lebensmittel aus den Schränken nehmen. Das war eine deutliche Entlastung für mich. Vor allem finanziell!

Nachdem ich knapp einen Monat nach der Entlassung aus der Klinik auch in der Wohngruppe stabil geblieben war und mir nichts Negatives zuschulden kommen lassen hatte, durfte ich das erste Mal seit meinem Einzug im letzten Jahr September für einen Besuch nach Hause fahren. Dieses Ereignis war für mich riesig und die Vorfreude war enorm. Das erste Mal seit knapp einem halben Jahr durfte ich zehn komplette Tage in meine Heimat! Das war wie Ostern und Weihnachten auf einmal!

Die ersten Tage zu Hause fühlte ich mich leicht fremd in meinem Elternhaus, aber dieses unangenehme Gefühl legte sich bereits nach den ersten zwei Nächten und ich fühlte mich wieder heimisch.

In den zehn Tagen bei meinen Eltern unternahmen wir viel. Damals nahm ich es nicht bewusst wahr, aber heute im Nachhinein sehe ich selbst, dass ich damals sehr unruhig war. Selbst heute noch erzählen mir meine Eltern, dass ich zu dieser Zeit nicht immer einfach war. Ich wollte ständig etwas unternehmen und unterwegs sein. Wenn meine Mutter mitteilte, dass wir in 30 Minuten gehen würden, stand ich schon nach 5 Minuten fertig angezogen vor der Haustür und drängelte. Ich schaffte es keine 10 Minuten, mich alleine zu beschäftigen. Ich brauchte ein ununterbrochenes Unterhaltungsprogramm von früh bis spät.

Wieso ich so dermaßen unruhig war und ständig etwas erleben wollte, hatte zwei Gründe: Der erste war, dass ich keine Ruhe haben wollte, weil das zwangsläufig Zeit zum Nachdenken bedeutete und das wollte ich nicht. Denn solange ich abgelenkt war, brauchte ich keine Angst zu haben, dass meine Gedanken in negative Kreise abrutschten. Und der zweite Grund war, dass wir in der Wohngruppe nur sehr selten größere Unternehmungen machten. Ich konnte nur in die kleine, unspektakuläre Innenstadt der Ortschaft laufen oder wir gingen ab und zu von der Gruppe her Eis essen oder ins Kino. Die restlichen Tage waren stinklangweilig. Dementsprechend nutzte ich es zu Hause aus, jeden Tag etwas anderes unternehmen und erleben zu können. Ich wollte sozusagen an diesen Tagen das nachholen, was ich all die letzten Wochen, Monate und Jahre verpasst hatte.

Zusätzlich wollte ich nach dem Besuch zu Hause stundenweise ein Praktikum im nahe gelegenen Kindergarten beginnen. Da hätte ich dann vermutlich auch nicht mehr großartig viel Zeit, um für längere Zeit nach Hause zu fahren. Also musste ich meiner Ansicht nach diesen einen Besuch bis ins Kleinste auskosten.

Dass ich bei den Mahlzeiten sämtliche Lebensmittel abwog, bevor ich sie verspeiste, konnte ich vor meiner Mutter nicht lange geheim halten. Sie merkte es bereits am ersten Abend.

Allerdings hielt sie mich davon nicht ab, sondern teilte mir lediglich mit, dass sie das nicht gut fand, was ich da machte. Wobei ich gleich dazu sagen muss, dass ich zu Hause vor meinen Eltern nur Süßigkeiten, Obst und Gemüse abwog. Bei warmen Mahlzeiten und anderen Speisen schätzte ich das ungefähre Gewicht. Ansonsten hätte nämlich meine Mutter das Abwiegen von Lebensmitteln bestimmt nicht mehr toleriert und mir wahrscheinlich auch die Waage abgenommen. Denn das wäre in ihren Augen zu krankhaft gewesen. So hielt sich mein essgestörtes Verhalten noch halbwegs im Rahmen und so schlimm war es auch nicht, dass sie das mit dem Abwiegen wusste.

Was ich aber auf jeden Fall versuchte vor ihnen geheim zu halten, war, dass ich alles, was ich verzehrte, genau protokollierte. Das war mein persönliches Geheimnis, dass niemand außer mir und meinen Großeltern wissen durfte.

Denn ich war mir sicher, dass niemand außer ihnen das eigentliche Prinzip dieser peinlichst genau geführten Essenslisten verstehen würde. Alle würden sofort denken, dass dieses Verhalten essgestört sei, und ich es zum Abnehmen nutzen würde. Doch das war falsch! Mein Essenstagebuch diente dafür, mein Gewicht stabil zu halten und nicht um es zu reduzieren. Es war eine Hilfe für mich, dass ich meine nötige Kalorienzahl am Tag erreichte, weil, wenn ich rein nach Hungergefühl essen würde, würde ich vermutlich nicht einmal die Hälfte von dem essen, was ich zurzeit verzehrte.

Aber das wollten „normale" Menschen nicht verstehen. Für sie war dieses Verhalten krank und somit direkt negativ und schädlich. Nur meine Großeltern sahen das anders. Egal, was ich machte, sie sagten mir immer: „Solange es dir guttut, und hilft und du dich damit wohlfühlst, ist alles in Ordnung. Besser du schreibst die Kalorien auf und hältst dein Gewicht stabil, als dass du keine Kalorien zählst, und abnimmst."

Leider vergingen die zehn Tage zu Hause wie im Flug und ich musste schneller, als ich wollte wieder in die 250 Kilometer entfernte Wohngruppe zurückfahren.

Ein Trost war aber, dass ich ab sofort öfter nach Hause konnte. Solange ich noch nicht meine berufliche Ausbildung angefangen hatte, durfte ich jeden Monat ein verlängertes Wochenende in meiner Heimat verbringen. Außerdem freute ich mich auch ein bisschen auf die Rückfahrt. Denn in der nächsten Woche durfte ich mein Praktikum im Kindergarten beginnen!

Dadurch, dass ich in den letzten sechs Wochen nach der Klinikentlassung ausreichend Stabilität gezeigt hatte, und nur einmal zum Nähen ins Krankenhaus musste, durfte ich endlich den ersten Schritt Richtung „normales" selbstständiges Leben gehen.

Anfangen sollte ich zunächst mit einem Vormittag in der Woche Praktikum, was später auf mehrere Vormittage und schließlich, bis zum Sommer, auf ganze Tage gesteigert werden sollte. Ziel war es, dass ich es bis zum Ausbildungsbeginn fünf volle Tage schaffte, im Kindergarten zu arbeiten. Bis dahin sollte ich mich langsam an die neue, ungewohnte, aber dennoch feste Tagesstruktur gewöhnen.

Während der Ausbildung hätte ich im ersten Schuljahr 2,5 Tage Schule und zwei Tage Praktikum im Kindergarten. Das Praktikum wollte ich in derselben Einrichtung, in der ich jetzt schon aushalf, absolvieren.

Die Arbeit im Kindergarten bereitete mir vom ersten Tag an große Freude. Ich wurde dort so akzeptiert, wie ich war, und wurde so behandelt, wie alle anderen auch. Das war ein schönes Gefühl. Meine Diagnose spielte keine Rolle. Ich war in erster Linie Mensch und nicht Borderlinerin oder Essgestörte.

Für die Kinder war ich wie jeder andere, ganz „normal" und von den Erziehern bekam ich ebenfalls Anerkennung. Ich war jedes Mal aufs Neue stolz, wenn ich von ihnen gelobt wurde. Dieses Lob war mir damals wie heute enorm wichtig. Ohne Lob und Anerkennung bekomme ich nämlich recht schnell das Gefühl, dass das, was ich mache, nicht gut genug ist.

Schneller als ich gegensteuern kann, fühle ich mich dann schlecht und werde von Selbstzweifeln geplagt und meine Gedanken rutschen in selbstzerstörerische Kreise ab. Dadurch, dass ich kaum Selbstvertrauen und noch weniger Selbstwertgefühl besitze, kann ich mir diese Bestätigung nicht selbst geben und bin somit auf das Wohlwollen anderer angewiesen. Und genau das schienen die Erzieherinnen zu merken. Es verging kein Tag, an den ich nicht mindestens einmal ein positives Feedback über meine Arbeit bekam.

Für mich zählte noch nie, ob ich selbst mit mir und meinen Leistungen zufrieden war, sondern immer, was andere zu mir und meinen Leistungen sagten.

Mein Praktikum in dieser Einrichtung zu absolvieren, war ein echter Glücksgriff. In der Zeit, in der ich dort arbeitete, fand ich unwahrscheinlich viel Halt und lernte sogar ein bisschen, selbst stolz auf mich zu sein.

Meinen 19. Geburtstag am 19. April konnte ich nach Jahren, fern von zu Hause, endlich mal wieder zuhause feiern. Zu dieser Zeit wog ich um die 45 Kilo.

In den letzten Wochen schwankte mein Gewicht relativ konstant zwischen 44,5 und 46 Kilo, womit ich durchaus zufrieden war. Ich fühlte mich damit einigermaßen wohl und hatte vor, bis zum Sommer mein Gewicht noch auf stabile 46 Kilo zu erhöhen. Von der Kalorienzahl war ich inzwischen auf 2400 Kalorien pro Tag hochgegangen. Zumindest war das die Kalorienzahl, mit der ich rechnete. Aber dabei musste man bedenken, dass ich alle Kalorienzahlen großzügig aufrundete und bei Nahrungsmitteln, auf denen die Kalorienzahlen pro Stück angegeben waren, sicherheitshalber 20 bis 30 Kalorien hinzuaddierte. Denn ich traute diesen Kalorienangaben nicht und wollte lieber auf Nummer sicher gehen.

Dementsprechend waren es wahrscheinlich in der Realität nur um die 2000 bis 2100 Kalorien, die ich täglich zu mir nahm. Docht eigentlich tat das auch nichts zur Sache. Fakt war: Ich hielt mein Gewicht stabil, aß regelmäßig und ausreichend und fühlte mich dabei noch wohl!

Ich liebte meinen Körper zwar keinesfalls, aber wir hatten uns miteinander inzwischen auf eine Art Waffenstillstand geeinigt.

Mein 19. Geburtstag ist mir auch heute noch sehr gut in Erinnerung. Für mich war es ein wunderbarer Tag. Ich konnte seit einer gefühlten Ewigkeit meinen „Ehrentag" wieder in Freiheit feiern und hatte nicht den Druck im Hinterkopf, dass ich abends zurück in die Psychiatrie musste.

Am Nachmittag gab es Kaffee und Kuchen mit meiner Familie und für mich eine Brezel, weil ich mir noch nicht zutraute, ein Stück Kuchen zu essen. Dafür war die Stimme der Magersucht in meinem Kopf leider noch zu groß. Die Stimme war zwar in letzter Zeit deutlich leiser und zurückhaltender geworden und tauchte nur noch äußerst selten auf, aber wenn es um Kuchen und Teilchen ging, war sie weiterhin unüberhörbar. Sie prophezeite mir, wenn ich auch nur ein Stück Kuchen verspeisen würde, hätte ich morgen bestimmt zwei Kilo mehr auf der Waage UND das wollte ich nicht riskieren!

Wenn auf dem Kuchen die genaue Kalorienzahl pro Stück gestanden hätte, wäre das wahrscheinlich etwas anderes gewesen, aber so war mir eine normale Brezel deutlich lieber und sicherer. Von der wusste ich die Kalorienzahl und zudem zählten Brezel und Laugengebäck auch den Lebensmitteln, denen ich vertraute. In der Kinder- und Jugendpsychiatrie hatte ich fast jeden Abend eine Brezel gegessen und nicht zugenommen, also brauchte ich da nichts zu befürchten.

Wieso ich mich nicht traute, Kuchen zu essen, war mir selbst ein Rätsel. Schließlich wollte ich ja zunehmen, also wäre es rein theoretisch nicht schlimm gewesen, wenn ich am nächsten Tag etwas mehr Gewicht auf der Waage gehabt hätte, aber irgendwie war es das doch.

Warum? Keine Ahnung. Denn im Grunde genommen war es eigentlich egal, ob ich jetzt an einem Tag ein Kilo zunahm oder in einer Woche. Das Ergebnis war rein statistisch dasselbe, aber trotzdem fühlte es sich anders an. Ich wollte zunehmen und anderseits wiederum nicht. Es war merkwürdig. Ich glaube, ich hatte einfach Angst davor, gesund zu werden. Ich konnte mir kein Leben ohne Kalorienzählen vorstellen. Obwohl es mich oft nervte und ich zu gerne damit aufgehört hätte, konnte ich es mir nicht wegdenken. Meine Gefühle und Gedanken gegenüber der Essstörung waren völlig ambivalent. Ich blickte da inzwischen selbst nicht mehr durch.

Es ist komplett normal, dass das Gewicht von Tag zu Tag schwankt. Das sollte ich in der Zwischenzeit bereits gelernt und begriffen haben. Gewichtsschwankungen von bis zu einem Kilo pro Tag sind völlig normal und noch im Rahmen, nichtsdestotrotz war alles über 300 Gramm Gewichtsschwankung immer noch jedes Mal eine mittlere Katastrophe für mich! Mein Wunsch war es, dass wenn ich jeden Tag dieselbe Kalorienzahl aß, ich jeden Tag genau dasselbe Gewicht wie am Vortag hätte, was wiederum völlig unmöglich war!

Mir fiel es schwer, die Kontrolle über meinen Körper abzugeben und darauf zu vertrauen, dass er das tat, was richtig für ihn war. Ich wollte genau kontrollieren und festlegen, wie viel er pro Tag zunehmen durfte, obwohl ich wusste, dass das ein Ding der Unmöglichkeit darstellte.

Zum Abendessen gab es Raclette. Für mich selbstverständlich ohne Käse. Ich mochte Raclette, weil man da genau die Kalorienzahl, die man zu sich nahm, bestimmen konnte. Ich konnte selbst die Zutaten aussuchen, die ich braten wollte, und hatte dadurch die volle Kontrolle über die Kalorien, die ich zu mir nahm.

Woran ich mich ebenfalls an diesen Tag noch gut erinnern kann, ist, dass ich an meinem Geburtstag endlich wieder die Wärme des Frühlings spüren konnte, ohne dabei zu frieren. Die letzten Jahre hatte ich die Wärme der Sonne durch mein starkes Untergewicht gar nicht mehr wahrnehmen können. Selbst im Hochsommer trug ich mehrere Kleidungsschichten, um mich warmzuhalten. Doch das hatte jetzt endlich ein Ende! Überhaupt gab es an meinem 19. Geburtstag so viele schöne Momente, die sich in meiner Erinnerung festgesetzt haben. Dieser Tag war für mich einer der wundervollsten

Tage, seitdem ich krank war. Alles war perfekt und ich sprühte nur so vor Lebensfreude. Das Einzige, was noch verbesserungsfähig gewesen wäre, war, dass sich auch an diesem Tag meine kompletten Gedanken fast ausschließlich um Essen und Kalorien drehten.

Auch wenn ich in dieser Zeit nach außen hin gesund wirkte (schließlich aß ich ausreichend und hatte ein stabiles Gewicht), war ich trotzdem noch sehr essgestört. Besonders mein Denken wurde noch von der Krankheit gesteuert. Doch das nahm ich damals nicht wahr oder wollte es nicht sehen.

Die Tage und Wochen vergingen und ich blieb weiterhin stabil. Zu schlimmeren Selbstverletzungen, die chirurgisch versorgt werden mussten, kam es maximal einmal im Monat und mein Gewicht stieg langsam an.

Jeden Monat durfte ich für ein verlängertes Wochenende nach Hause fahren. Dadurch, dass ich von montags bis mittwochs, vormittags im Kindergarten arbeitete, holte mich meine Mutter meistens mittwochs direkt nach dem Praktikum mit ihrem Auto ab und wir fuhren gemeinsam nach Hause. Dort blieb ich dann im Normalfall bis Sonntagabend, weil für mich ja am Montagmorgen wieder eine neue Praktikumswoche begann.

Die Zeit zu Hause war für mich jedes Mal sehr schön. Der Abstand zwischen mir und meiner Familie tat uns gut. Wenn wir uns sahen, gab es so gut wie nie Streit. Das wäre, wenn ich zu Hause wohnen geblieben wäre, sicherlich nicht der Fall gewesen.

Das Praktikum im Kindergarten lief ebenfalls bilderbuchmäßig. Anfang Juni arbeitete ich bereits drei volle Tage und die Betreuer der WG vertrauten mir bezüglich des Essens so weit, dass ich mittags zum Mittagessen nicht mehr in die WG kommen musste, sondern mit den Kindern im Kindergarten essen durfte.

In der Frühstückspause brachte jedes Kind und jeder Erzieher sein Essen von zu Hause mit. In den meisten Fällen nahm ich mir zu dieser Mahlzeit etwas „gesundes", also Obst, etwas Gemüse oder Knäckebrot mit Frischkäse mit.

Das Mittagessen wurde dann von einem Caterer geliefert. Die Kinder bekamen das Essen in großen Schüsseln auf den Tisch gestellt und konnten sich davon selbst nehmen und das Essen vom Personal blieb in den Menagen in der Küche stehen.

So wurde gesichert, dass die Kinder den Erzieherinnen und umgekehrt nichts wegaßen und genügend Essen für alle vorhanden war. Gegessen wurde allerdings wieder gemeinsam mit allen, an ein- und demselben Tisch.

Dass das Essen vom Personal in der Küche stand, hatte für mich den Vorteil, dass ich mir meine Mahlzeit beim Holen direkt abwiegen konnte. Somit wusste ich genau, wie viel Kalorien mein Mittagessen hatte.

Kartoffeln, Nudeln und Reis waren beim Abwiegen und Schätzen der Kalorien nie ein Problem für mich und wenn es Fleisch und Soßen gab, mied ich diese von Anfang an komplett, um das Problem zu umgehen. Beim Gemüse kam es dann immer darauf an, ob es nur gedünstet war oder gebraten. War es gedünstet, hieß das für mich, dass ich es ebenfalls essen durfte. Und wenn es etwas ganz anderes gab, von dem ich die Kalorien unmöglich einschätzen konnte, oder was meiner Meinung nach zu fettig oder zu kalorienreich war, brachte ich mir mein eigenes Mittagessen von der WG mit. Durch den Essensplan, der in der Küche aushing, wusste ich glücklicherweise eine Woche im Voraus, was es zu essen gab, und konnte mich darauf vorbereiten.

Den Betreuern in der Wohngruppe erzählte ich, dass ich jeden Tag, ohne Ausnahme, das warme Essen in der Kita mitaß und davon alle Komponenten wenigstens probierte. Daran hatten sie auch keine Zweifel, weil mein Gewicht nach dieser Lockerung der Regel trotzdem weiter konstant blieb.

Hätte ich allerdings nur das gegessen, was ich zum Frühstück und Abendessen in der Wohngruppe plus den gesamten Tag über von 7.30 Uhr bis 17.00 Uhr im Kindergarten aß, hätte ich sehr wahrscheinlich ziemlich schnell an Gewicht verloren. Denn dabei kam ich höchstens auf 1400 Kalorien, also mindestens 1000 Kalorien zu wenig. Deshalb musste ich abends noch etwas zu mir nehmen. Doch anstatt Brot oder irgendetwas „Normales" zu nehmen, verzehrte ich fast ausschließlich Süßigkeiten, Obst oder Gemüse, um die nötigen Kalorien aufzufüllen.

Dadurch, dass Obst und Gemüse verhältnismäßig wenige Nährwerte haben, aß ich davon Massen, um auf die nötigen Kalorien zu kommen. So kam es nicht selten vor, dass ich an einem Abend innerhalb von etwas über einer Stunde ein ganzes Kilo Karotten verspeiste. Das klingt im ersten Moment viel, hat jedoch nur knapp 300 Kalorien.

Ich brauchte einfach dieses Gefühl, einen vollen, fast schon übervollen Magen zu haben. Den gesamten Tag aß ich nur das Nötigste, um mir abends den Bauch vollzuschlagen.

Es war fast wie bei einem Fressanfall, nur das anschließende Kotzen fehlte. Ich erlaubte mir Dinge und vor allem Mengen zu essen, die eigentlich viel zu viele Kalorien hatten, aber da ich den gesamten Tag über beinah schon hungerte, konnte und durfte ich mir diese Mengen kalorienmäßig erlauben.

Ein normales Essverhalten war das allerdings keinesfalls. Den Tag über Kalorien einsparen, um abends Unmenge zu verspeisen, war krank, das war selbst mir ohne Zweifel bewusst. Aber ich brauchte abends dieses Gefühl, das mein Bauch fast platzte. Es machte mich zufrieden und löste eine Welle von Glücksgefühlen aus und zudem blieben dadurch auch meine „richtigen" Essanfälle mit anschließendem Kotzen aus. Ob das jedoch alleine an meinen „gesunden Essanfällen" lag, weiß ich nicht genau. Vielleicht lag es auch ein bisschen daran, dass es kaum noch Lebensmittel gab, die ich mir verbot, zu essen. Da ich mich an einer maximalen Kalorienzahl orientierte, konnte ich, solange noch ausreichend Kalorien zur Verfügung standen, alles essen, wonach ich mich gerade sehnte. Und bei 2400 Kalorien kann man so einiges verspeisen! Besonders, wenn man wie ich, hauptsächlich Nahrungsmittel wählt, die wenig Kalorien haben.

An den Tagen, an denen ich kein Praktikum hatte, und an Wochenenden, war es bedeutend schwieriger für mich, bis zum Abend ausreichend Kalorien einzusparen. Ich musste alle Mahlzeiten und Zwischenmahlzeiten vor den wachsamen Augen der Betreuer einnehmen. Das erschwerte die Sache. Allerdings aß ich vor meinen Mitbewohnern und dem Personal prinzipiell nie besonders viel, sodass es häufig nicht so dolle auffiel, wenn ich an manchen Tagen etwas weniger Hunger zu haben schien und wenn doch ein Kommentar der Betreuer über meine geringe Essensmenge kam, brachte ich das Argument, dass mein Gewicht auf der Waage konstant blieb. Somit waren die Aussagen der Betreuer entkräftet.

Eigentlich hätte ich wesentlich größere Portionen am Tisch zu mir nehmen können, als ich es tat. Doch aus irgendwelchen Gründen hatte ich Hemmungen davor, vor anderen Leuten zu essen. Selbst zu Hause im Beisein meiner Familie brachte ich kaum einen Bissen hinunter. Wenn ich alleine war, war das alles kein Problem, aber vor anderen Leuten schämte ich mich. So kam es oftmals vor, dass ich zum Mittagessen nur vier Kartoffeln aß, danach in mein Zimmer ging und dort noch eine halbe Tafel Schokolade verzehrte. Auch wenn eine Kartoffel wesentlich weniger an Kalorien hatte, als die Schokolade, zog ich es dennoch vor, die Schokolade ohne Zuschauer alleine in meinem Zimmer zu essen.

Zusammengefasst: Mein Hauptproblem beim Essen war derzeit, dass ich weit über die Hälfte der Kalorien zwischendurch, anstatt bei den Hauptmahlzeiten zu mir nahm. Außerdem zog ich es vor, lieber ein Kilo Karotten, anstatt ein Brötchen mit Belag zu essen.

41. Ausbildungsbeginn im September

Es wurde Sommer und meine Ausbildung begann. Bis dahin gab es keine größeren Zwischenfälle oder Veränderungen. Ich bekam lediglich eine neue Mitbewohnerin in mein Apartment zugeteilt. Sie war ein paar Jahre jünger als ich, aber dennoch verstanden wir uns super. Spätestens, wenn es darum ging, die Betreuer in den Wahnsinn zu treiben, waren wir Klienten uns immer alle einig.

Das Praktikum fing am ersten September an. Das waren zwei Wochen bevor ich die Ausbildung in der Berufsschule startete. In den Schulferien, also bis dahin, musste ich fünf Tage die Woche in der Einrichtung arbeiten, was für mich keine größere Umstellung darstellte, da ich schon Wochen davor regelmäßig ganze Tage dort gearbeitet hatte.

Ich war froh, dass ich wenigstens die Leute hier bereits kannte. Vor dem ersten Schultag und den ganzen fremden Leuten dort hatte ich nämlich höllische Angst. Ich hasste neue Situationen, vor allem, wenn ich nicht wusste, was genau auf mich zukam. Gleichzeitig freute ich mich jedoch auch auf den Ausbildungsbeginn, weil ich nun endlich wieder eine Beschäftigung hatte, die meinem Leben einen Sinn gab.

Die Ausbildung war für mich ein riesiger Schritt in Richtung normales Leben, das ich mir so sehr wünschte. Zusätzlich war die Ausbildung fast der einzige Grund, warum ich mein Gewicht von 48 Kilo akzeptierte. Am liebsten hätte ich wieder abgenommen. Egal, was man mir sagte, ich hatte ständig das Gefühl, zu dick zu sein. Der Drang, abzunehmen und weniger zu essen, war ununterbrochen da.

Doch dank meiner Ziele im Leben, hatte ich diesen Drang glücklicherweise ziemlich gut unter Kontrolle. Ich schaffte es, mir zu sagen, dass ich das Gewicht brauchte, um ein normales Leben zu führen, und mein momentanes Gewicht noch nicht einmal annähernd Normalgewicht war. Ich hatte weiterhin mehrere Kilo Untergewicht. Wenn ich jetzt wieder an Gewicht verlieren würde, könnte ich meine Ausbildung nicht mehr machen, weil mein Körper dann zu schwach und ich zu schnell erschöpft wäre. So konnte ich die Stimme der Magersucht in meinem Kopf gut in Schach halten.

Die Ausbildung war sozusagen ein Hauptansporn für mich, um weiterzukämpfen. Des Weiteren überlegte ich mir, seit ich das Praktikum absolvierte, zweimal, ob ich mich schneiden solle. Es sah nie gut aus, wenn ich mit Verband zur Arbeit kam. Verleugnen konnte ich die Krankheit Borderline nicht, weil meine Hände ebenfalls, wie mein gesamter Körper, mit Narben übersät waren. Trotzdem machte es noch einen Unterschied, ob ich frische Verletzungen hatte oder „nur" Narben. Den Kindern war das recht egal, denn sie verstanden nicht, um was es ging. Aber die Erzieherinnen und vor allem die Eltern machten sich ihre Gedanken dazu, wenn ich mit Verband kam und diese Gedanken waren sicherlich nicht positiv!

Diese „Angst" im Hinterkopf führte dazu, dass ich mich in dieser Zeit eindeutig seltener verletzte, und es in den meisten Fällen rechtzeitig schaffte, mich bei den Betreuern zu melden und Hilfe einzufordern. Schaffte ich das nicht und es kam doch zu selbstverletzendem Verhalten, dann ausnahmslos nur an Stellen, wo niemand die Verletzung sehen konnte. Zum Beispiel an Beinen oder am Dekolleté und meist auch „nur" mit Deo.

In der Nacht vor dem ersten Schultag konnte ich vor Aufregung kaum schlafen. Ich wälzte mich eine gefühlte Ewigkeit im Bett umher und konnte das Gedankenkarussell in meinem Kopf einfach nicht abschalten, was wiederum zu einer enormen inneren Anspannung bei mir führte. Ich musste mich extrem zusammenreißen, dass ich mich nicht selbst verletzte, was mir aber leider nur zum Teil gelang. Ich schaffte es zwar, dem Ruf der Rasierklinge zu widerstehen, aber dafür verbrannte ich mir meine Oberschenkel mit Deo.

Als ich am kommenden Tag in der Schule saß, fühlte ich mich völlig unwohl. Es war ein warmer Tag und alle meine Mitschüler saßen mit kurzen Ärmeln im Klassensaal. Nur ich hatte lange Ärmel an.

Ständig zupfte ich an diesen Ärmeln herum, dass ja keiner zu weit nach oben rutschte und den Blick auf die Narben freigab. Meine Mitschüler und Lehrer sollten auf keinen Fall von meinem „dunklen Geheimnis" erfahren und erst recht nicht am ersten Tag! Das wäre ein Horror gewesen! Schließlich wollte ich, dass alle mit mir „normal" umgingen und mich nicht irgendwie anders behandelten.

Dummerweise schienen sich schon alle in der Klasse, von irgendwoher untereinander zu kennen, und unterhielten sich bereits nach wenigen Minuten angeregt, sodass ich das Gefühl hatte, dass ich die Einzige war, die niemanden kannte.

Ich fühlte mich völlig fremd unter all den Menschen und wäre am liebsten in einem Loch im Erdboden verschwunden oder hätte mich unsichtbar gezaubert, um dieser Situation zu entkommen. Ich hatte das Gefühl, dass mich alle anstarrten und genau beobachteten, was ich tat. Vermutlich war das zwar überhaupt nicht der Fall, aber trotzdem hatte ich panische Angst davor, etwas Falsches zu sagen oder mich falsch zu verhalten. Es war einfach schrecklich!

Keine Ahnung wieso, aber in solchen Situationen redete ich mir ein, dass ich eine Art Stempel auf meinem Kopf trug, auf dem „Verrückt, geisteskrank, Borderline" stand. Ich dachte, dass man mir auf 100 Kilometer Entfernung ansah, dass ich nicht normal war und mich deshalb alle mieden. Gewiss entsprach das nicht der Realität, aber ich redete es mir ein und glaubte somit daran.

Vermutlich sind da all die negativen Vorurteile, die es gegen die Diagnose Borderline gibt, nicht ganz unschuldig daran.

Glücklicherweise kam in der ersten Pause dann ein anderes Mädchen auf mich zu, das ebenfalls noch niemand anderen aus der Klasse zu kennen schien.

Wir unterhielten uns eine Weile und dabei kam heraus, dass ihre Mutter bei mir in der Wohngruppe als Betreuerin gearbeitet hatte. Dadurch wusste sie auch, dass ich Borderline hatte, aber das interessierte sie nicht. Sie verurteilte mich kein einziges Mal deswegen. Ganz im Gegenteil, sie fand es großartig, dass ich trotz meiner Diagnose meinen Weg gehen wollte. Auch heute noch sind wir gut befreundet und treffen uns regelmäßig. Ich glaube, wenn sie nicht in meiner Klasse gewesen wäre, und mich angesprochen hätte, wäre ich schon den zweiten Tag nicht mehr in die Schule gekommen.

Nachdem die ersten Schultage vorbei waren und ich mich nicht mehr ganz so unwohl fühlte, getraute ich mich im Beisein meiner neuen Schulfreundin auch, vorsichtig auf die anderen Mitschüler zuzugehen und ein paar Worte zu wechseln. Dabei musste ich erstaunt feststellen, dass niemand aus der Klasse mich mied und ich von allen vollständig akzeptiert wurde. Für die meisten Menschen ist das jetzt nichts Besonderes, aber für mich schon. Ich kann mich schließlich selbst nicht leiden, also wieso sollten mich dann andere leiden können?

Ich persönlich sah mich nicht als liebenswert oder wertvoll an, und wenn ich dann das Gegenteil meiner eigenen Einstellung zu meiner Persönlichkeit rückgemeldet bekam, sorgte das meist für große Verwirrung im Kopf.

Die Ausbildung bereitete mir große Freude und ich ging jeden Morgen hoch motiviert in die Schule beziehungsweise ins Praktikum. Doch bereits nach der zweiten Woche Schule behielt mich mein Klassenlehrer nach dem Unterricht noch in der Klasse, weil er mit mir reden wollte. Ohne, dass er einen Grund für das Gespräch nannte, wusste ich schon direkt, um was es ging. Vermutlich hatte jemand meine Narben entdeckt. Ich versuchte sie zwar immer unter langen

Ärmeln zu verstecken, doch meine Hände waren genauso von Narben gezeichnet. Außerdem blieb es leider nicht aus, dass einer der Ärmel mal hochrutschte. Besonders beim Aufzeigen mit der Hand, nachdem der Lehrer eine Frage gestellt hatte, verrutschte der Stoff gerne nach oben. Das konnte ich leider nicht verhindern.

Bereits nach den ersten Sätzen des Gesprächs stellte sich meine Vorahnung als richtig heraus. Mein Klassenlehrer war von einigen seiner Kollegen und auch ein paar meiner Mitschüler angesprochen worden, dass ich Narben an Händen und Armen hätte und verdammt dünn sei. Dementsprechend würde man sich leichte Sorgen um mich machen.

Ich erklärte ihm, dass alles o.k. sei und dass ich in einer speziellen Einrichtung für Essgestörte lebte und zusätzlich auch noch in Behandlung war. Das beruhigte ihn ein wenig, allerdings riet er mir trotzdem dazu, eventuell einmal bei der Schulsozialarbeiterin vorbeizuschauen, was ich dann auch einige Male machte.

Die Schulsozialarbeiterin war sehr nett und half mir, der Klasse zu erklären, dass ich trotz meiner Narben ein ganz normaler Mensch war, der ganz normal behandelt werden wollte. Sie hielt in der Klasse sogar einen Vortrag über das Thema Borderline (ohne dabei speziell meinen Namen zu nennen) und erklärte, wieso Menschen sich selbst verletzten, welche Gründe es dafür gab und ganz wichtig: Dass Selbstverletzung bei Borderline keine Aufmerksamkeitssuche ist und Borderline-Betroffene genauso Menschen sind, wie alle anderen Menschen auf dieser Erde auch, und man keine Angst haben muss, sich normal mit ihnen zu unterhalten.

Dafür war ich ihr sehr dankbar, denn seit diesem Vortrag war das Verhältnis zwischen mir und der Klasse wieder besser. Zwischen dem Gespräch mit dem Lehrer und dem Vortrag von der Sozialarbeiterin merkte ich nämlich, dass viele aus der Klasse mir aus dem Weg gingen. Keiner von ihnen schien so recht zu wissen, wie er mit mir umgehen sollte. Das war ein unangenehmes Gefühl.

Nur meine Freundin verhielt sich in dieser Zeit noch „normal"
mir gegenüber. Für sie war ich von der ersten Sekunde an,
einfach nur Mensch und daran änderte meine Diagnose rein
gar nichts. Das fand ich schön.

**Mit Beginn der ersten Klausurphase brach mein stabiler
Zustand ein.**

Schon bevor die ersten Arbeiten geschrieben wurden,
machte ich mir selbst einen immensen Leistungsdruck. Ich
wollte nicht nur gut sein, sondern die Klassenbeste. Meine
gesamte Freizeit verbrachte ich deshalb mit Lernen. Doch im
Anschluss war ich meistens trotzdem frustriert, weil es auch
mit dem vielen Lernen nicht so funktionierte, wie ich es mir
gerne wünschte.

Ich hatte jetzt seit über zwei Jahren nichts mehr für die
Schule getan und das merkte ich natürlich. Besonders
in Mathe und Englisch hatte ich vieles vergessen und
musste mir diesen vergessenen Stoff wieder neu aneignen.
Doch während ich damit beschäftigt war, die alten Lücken
aufzuholen, durfte ich dabei gleichzeitig nicht den neuen,
aktuellen Unterrichtsstoff vernachlässigen. Denn der wollte
ebenfalls gelernt und verstanden werden.

Das war echt heftig! Aber vermutlich hätte ich das alles noch
geschafft, wenn mir, da nicht mein eigener Perfektionismus
im Weg gewesen wäre.

Dadurch, dass ich mich ausschließlich mit den Noten 1 und
2 zufriedengab und bereits ein 3 eine schlechte Note für mich
war, steckte ich mir Ziele, die schlichtweg nicht zu erreichen
waren. Ich machte mir selbst einen enormen Leistungsdruck
und baute mir damit unnötigen Stress auf, der weder mir
noch meiner Psyche guttaten.

Schon vor den ersten Ferien begann ich aufgrund dessen
mich wieder häufiger selbst zu verletzen und zu kotzen.

Anfangs versuchte ich zwar noch, mein Gewicht einigermaßen stabil zu halten, um nicht komplett abzurutschen, doch selbst das gelang mir nicht wirklich.

Da ich mich seit Ausbildungsbeginn deutlich mehr bewegte und das Denken ebenfalls einige Kalorien verbrauchte, hätte ich eigentlich meine tägliche Kalorienzufuhr erhöhen müssen, was ich jedoch nicht schaffte. Denn Essen stellte für mich immer noch eine Art Belohnung dar. Wenn mein Kopf oder mein Körper gute Arbeit leisteten, durfte ich essen. Doch momentan war ich weder mit meinen körperlichen noch mit meinen geistigen Leistungen auch nur annähernd zufrieden. Dementsprechend war es für mich bereits eine Herausforderung, meine alte Kalorienzahl einzuhalten. Noch mehr zu essen war unmöglich. Dafür fehlte mir die Motivation.

Außerdem hatte ich das Problem, dass ich aufgrund meiner Ausbildung fast den gesamten Tag unterwegs war und nur zum Frühstück und Abendessen beziehungsweise an den Wochenenden zum Essen in der WG war. Dadurch fehlte mir bei vielen Mahlzeiten die strenge Aufsicht der Betreuer. UND das tat mir momentan ebenfalls alles andere als gut!

Langsam, aber sicher rutschte ich wieder unbemerkt in Richtung anorektisches Essverhalten ab. Allerdings merkte das zunächst kaum jemand, denn erstens ging mein Gewicht nur langsam bergab und zweitens behauptete ich, vor den Betreuern steif und fest, dass ich nie eine Mahlzeit ausfallen ließ, sondern immer im Kindergarten oder mit Freunden in der Stadt irgendwo etwas gegessen hatte. In Wirklichkeit waren das jedoch alles Ausreden dafür, um nicht mit den anderen am Tisch essen zu müssen.

Mittlerweile war meine Angst vor dem warmen Mittagessen mit seiner unbekannten Kalorienzahl zu einer regelrechten Panik angestiegen. Ich tat alles dafür, um es zu vermeiden. Selbst im Kindergarten rührte ich das warme Essen nicht mehr an. Stattdessen aß ich lieber gar nichts und hob mir meine überbleibenden Kalorien für nach dem Abendessen auf und aß vor dem zu Bett gehen noch eine Tafel Schokolade, ein Kilo Karotten, eine Tüte Chips oder sonst etwas, wovon ich die genaue Kalorienzahl wusste.

Im Laufe der Zeit entwickelte es sich für mich immer mehr zum Ritual, dass ich unter der Woche nur noch frühstückte und den restlichen Tag bis zum Abendessen hungerte. Das gab mir das Gefühl, meinen Körper kontrollieren zu können, aber gleichzeitig mir selbst dabei nicht wesentlich zu schaden. Jeden Tag, den ich, von morgens bis abends, ohne etwas zu essen, durchhielt, machte mich stolz und erleichterte mir am Abend auf meine nötigen Kalorien zu kommen. Schließlich hatte ich den gesamten Tag über gehungert. Das war gut und dafür durfte ich mich belohnen.

In dieser Zeit war mir nicht klar, dass dieses Verhalten sehr wohl stark anorektisch war. Ich persönlich sah mich nämlich als gesund an. Denn ich aß ja. Zwar nur morgens und abends, doch trotzdem kam ich jeden Tag auf meine 2400 Kalorien! Vorausgesetzt, ich behielt sie in mir und kotzte sie nicht direkt wieder aus, was in letzter Zeit aufgrund des Stresses leider wieder vermehrt vorkam.

Wie man anhand meines veränderten Essverhaltens eventuell schon erahnen kann, waren die Wochenenden für mich der reinste Horror! Ich hasste jeden Samstag und jeden Sonntag! Denn da wurde ich gezwungen, regelmäßig „richtiges" Essen zu mir zu nehmen. Also nicht nur Obst, Gemüse und Süßigkeiten, sondern alles.

Meistens hielt ich diesen strengen Essensplan nicht länger als bis zum Mittagessen durch. Danach verbrachte ich den restlichen Tag kopfüber über der Kloschüssel bis zum Abendessen und danach bis zum zu Bett gehen.

Auch meine Selbstverletzungen wurden wieder häufiger und vor allem extremer. Ich war zwar noch nicht ganz wieder Stammgast in der Notaufnahme zum Nähen, aber ich war auf dem besten Weg dorthin.

42. Plötzlicher Einsturz

Mitte November kam dann der endgültige Absturz.

Nichts ging mehr. Ich war mit allem überfordert und mal wieder am meisten mit mir selbst und meinen eigenen Gefühlen.

Schon seit Tagen war ich völlig fertig mit den Nerven, verletzte mich andauernd selbst und war fast ausschließlich am Weinen. Aber trotzdem versuchte ich noch mit aller Kraft nach außen hin die Fassade des glücklichen Mädchens, das mit allen Problemen ohne Weiteres fertig wurde, aufrechtzuerhalten. Doch diese Fassade begann inzwischen auch vor anderen Leuten langsam zu bröckeln. Ich konnte meinen schlechten Zustand nicht mehr verleugnen.

Die Betreuer der WG hatte, nun schon eine ganze Weile zugeschaut, wie es mit meiner psychischen Verfassung stetig weiter bergab ging. Jetzt sahen sie sich gezwungen zu handeln.

In einem längeren Gespräch wurde mir vor Augen geführt, dass ich offensichtlich zurzeit noch nicht in der Lage war, den Druck einer beruflichen Ausbildung standzuhalten, und aufgrund dessen besser meine Ausbildung abbrechen und auf einen späteren Zeitpunkt verschieben sollte. Was ich allerdings zunächst nicht wollte, weil meine Ausbildung derzeit das Einzige war, was mir noch Halt gab. Würde mir dieser letzte Halt jetzt auch noch genommen werden, fürchtete ich, noch tiefer als bereits jetzt schon abzustürzen.

Doch alle Diskussionen waren sinnlos. Nach einem weiteren Gespräch am Folgetag stand fest: Ich musste meine Ausbildung abbrechen. Ich hatte keine andere Wahl, wenn mit meiner Gesundheit am Herzen lag.

Der Vorschlag der Betreuer war, dass ich es im nächsten Jahr nochmals versuchen sollte. Vielleicht wäre ich bis dahin stabiler. Aktuell war ich auf jeden Fall nicht dazu in der Lage, meine Ausbildung weiter fortzuführen.

Vor dem nächsten Schultag graute es mir. An diesem Tag musste ich nämlich meinem Klassenlehrer Bescheid geben, dass ich abbrechen wollte. Ich hatte Angst davor, was er dazu sagen würde und wie später die Klasse auf meinen Entschluss reagierte. Von meinen Mitschülern wusste schließlich niemand, wie es mir in den letzten Wochen ergangen war. Vermutlich würden sie meine Entscheidung nicht nachvollziehen können.

In der letzten Schulstunde war es dann soweit. Wir hatten Klassenlehrerunterricht und nach der Stunde wollte ich dem Lehrer meine Abmeldung für die Schule abgeben. Meinen Mitschülern hatte ich immer noch nichts von meinem Abbruch gesagt und wollte es auch in dieser Stunde nicht öffentlich vor allen bekannt geben, da ich keine Lust hatte, Fragen bezüglich meiner Beweggründe zu beantworten und nicht mitbekommen wollte, wie hinter meinen Rücken über mich getuschelt wurde. Das wollte ich in den kommenden Tagen meinen Lehrer übernehmen lassen. Lediglich meiner besten Freundin hatte ich von meiner Abmeldung und meinen Gründen dafür erzählt. Sie stand mir bei dem Gespräch mit dem Lehrer nach dem Unterricht auch dankenswerterweise unterstützend zur Seite.

Der Lehrer verstand meine Gründe, wieso ich die Ausbildung abbrechen musste, sagte jedoch gleichzeitig dazu, dass er es schade fand, weil ich eigentlich eine sehr gute Schülerin war. Allerdings hätte er ebenfalls erkannt, dass ich besonders in den letzten Wochen sowohl von meiner Konzentration, als auch mit meiner Leistung stark einsackte. Dementsprechend sagte er zum Schluss, dass meine eigene Gesundheit wichtiger war, als die Ausbildung zu schaffen.

Außerdem verstand er, dass ich meine Entscheidung nicht öffentlich vor der Klasse bekannt geben wollte.

Nach dem Gespräch war ich erleichtert. Es war nur halb so schwer gewesen, wie ich zuvor gedacht hatte. Jetzt hatte ich nur noch das Gespräch im Kindergarten vor mir, das leider nicht so unkompliziert ablaufen sollte.

Direkt nach der Schule ging ich in den Kindergarten zu meiner Ausbildungsleiterin, um mit ihr zu reden. Sie war von meinem Entschluss alles andere als begeistert. Einerseits verstand sie zwar meine Gründe, wieso ich abbrach, anderseits entstanden durch meinen sofortigen Abbruch für die Einrichtung eine Menge Probleme. Der Kindergarten hatte fest damit gerechnet, dass ich dort ein komplettes Jahr mithalf und mich somit fest in den Arbeitsplan mit eingerechnet. Nun würde ich aber nicht mehr kommen. Das sorgte dafür, dass der Personalplan nicht mehr aufging.

Mir tat es extrem leid, dass ich solche Probleme verursachte, aber ich konnte nichts mehr daran ändern. Es war zu spät.

So richtig realisierte ich erst, was der Ausbildungsabbruch bedeutete, als ich wieder alleine in meinem Zimmer in der Wohngruppe war. Ich fühlte mich so schlecht wie lange nicht mehr. Ich war eine Versagerin auf ganzer Linie und eine Welle von Selbsthass, Schuldgefühlen und Verzweiflung überrollte mich. Erneut griff ich zur Klinge, um mich für meine Unfähigkeit zu bestrafen.

Mit der Ausbildung wurde mir, wie von mir befürchtet, der letzte Halt genommen und ich stürzte ein weiteres Mal in die unendlichen Tiefen der Depression. Als ich noch meine Ausbildung hatte, schaffte ich es wenigstens, mich mit dem kleinen Finger am Rand festzuhalten. Damit war es jedoch jetzt endgültig vorbei.

Mit meinem Gewicht ging es weiter bergab. Ich versuchte nicht einmal mehr, mein Gewicht zu halten. Das Kalorienzählen gab ich auf und aß jeden Tag nur noch das, was von mir verlangt wurde. Nicht mehr und nicht weniger. Aber kein Tag über 2000 Kalorien.

Dadurch nahm ich zwar nicht rasend schnell ab, doch trotzdem sank mein Gewicht langsam und kontinuierlich. Pro Woche verlor ich so um die 300 Gramm. Das mag im ersten Moment nicht viel klingen, doch auf den gesamten Monat gesehen, waren das 1,2 Kilo. Zudem fing ich zusätzlich wieder an, fast täglich zu kotzen, was sich natürlich ebenfalls auf mein Gewicht niederschlug und es noch weiter nach unten drückte.

Um mich von den negativen Gefühlen abzulenken und mich ein bisschen vor mir selbst zu erholen, fuhr ich im Dezember für drei Wochen nach Hause. Ich wollte Weihnachten und Silvester endlich mal wieder zu Hause bei meiner Familie verbringen.

Zu Hause war ich abgelenkt und konnte Kraft tanken. Außerdem normalisierte sich dort mein Essverhalten. Die ersten zwei Tage behielt ich das krankhafte Essverhalten aus der WG noch bei, doch am dritten Tag sprach mich meine Mutter relativ direkt darauf an und brachte mich mit ihren Aussagen zum Nachdenken.

Wollte ich mich wirklich wieder auf 35 Kilo oder weniger herunter hungern oder wollte ich leben? Wer gab mir die Sicherheit, dass ich das Gewicht noch mal überlebte? Wollte ich erneut diese ekelhafte innere Kälte spüren und ununterbrochen frieren? Nein! Das wollte ich eindeutig nicht! Ich wollte nicht, dass sich meine Familie Sorgen um mich machen musste. Ich wollte, dass sie endlich mal stolz auf mich waren! Kurz gesagt: Ich wollte leben und gesund sein!

Doch dafür musste ich schnellstmöglich mein Verhalten ändern. Mit meinem momentanen Essverhalten war ich nämlich unverkennbar auf dem falschen Weg.

Tatsächlich schien das Gespräch mit meiner Mutter etwas bei mir bewirkt zu haben. Bereits bei der nächsten Mahlzeit zwang ich mich dazu, eine normale Portion zu essen. Zwar zählte ich ab nun wieder die Kalorien, die ich zu mir nahm, aber ich aß und dadurch fing sich mein Gewicht und das war es, was zählte: Ich nahm nicht weiter ab, sondern hielt mein Gewicht.

Das Weihnachten in diesem Jahr war das schönste seit Langem. Es gab weder Streit noch Zoff und ich hatte das Gefühl, dass ich mich langsam aus dem Loch, in das ich gefallen war, heraus hangelte. Schritt für Schritt kämpfte ich mich zurück zu dem Punkt, an dem ich war, bevor der Druck durch die Ausbildung zu groß wurde. Meine Stimmung besserte sich von Tag zu Tag und der Druck, mir selbst Schaden zuzufügen, verschwand.

Inzwischen konnte ich einsehen, dass es die richtige Entscheidung war, die Ausbildung abzubrechen. Der Druck war noch zu groß für mich. Ich musste erst mit mir selbst klarkommen, bevor ich eine Ausbildung schaffen konnte und dazu gehörte in erster Linie, von der Psyche stabil zu sein und genügend Gewicht zu haben. Was beides auf gewisse Weise zusammengehörte. Aus Erfahrung wusste ich nämlich, je weniger Gewicht ich hatte, desto leichter konnten mich Kleinigkeiten aus der Bahn werfen. Hatte ich jedoch ein ausreichendes und stabiles Gewicht, war auch meine Psyche deutlich belastbarer. Deshalb war mein angestrebtes Gewicht für nächstes Jahr mindestens 50 Kilo.

Der Wille zuzunehmen war da. Jetzt fehlte nur noch der Weg dahin und der sollte steiniger werden als gedacht.

43. Die unendlichen Tiefen der Vergangenheit

Zwischen Weihnachten und Silvester brach meine Welt erneut komplett zusammen. Das bisschen Boden, was ich mir in den letzten zwei Wochen zurückerkämpft hatte, brach weg und mit ihm eigentlich alles, was ich jemals erreicht hatte. Es war eine Katastrophe. Von heute auf morgen wendete sich mein Leben um 180 Grad. Und zwar nicht zum Positiven!

Ich war abends mit einer alten Schulfreundin aus meiner Realschulzeit im Eiscafé in der Innenstadt verabredet. Wir verbrachten ein paar schöne Stunden zusammen und unterhielten uns über alte Zeiten. Meine Stimmung war sehr gut und meine Freundin machte mit Mut, dass es in meinem Leben jetzt endlich bergauf gehen würde. Schließlich war ich in den letzten Jahren durch genügend Täler gegangen.

Zu diesem Zeitpunkt gab ich ihr in diesem Punkt noch recht. Ich war der festen Überzeugung, dass ich aktuell auf dem besten Weg war, mein Leben wieder in den Griff zu bekommen. Doch keine 10 Minuten, nachdem wir uns voneinander verabschiedet hatten, sollte ich eines Besseren belehrt werden.

Es war bereits dunkel, als ich mich auf den Heimweg machte. Aber da ich maximal 15 Minuten zu laufen und inzwischen kein Problem mehr mit Dunkelheit hatte, machte ich mir keine größeren Gedanken darum.

Als ich jedoch kurz vor meinem Ziel um eine Straßenecke bog, geschah das Unfassbare. Nichts ahnend lief ich um die Ecke, als plötzlich zwei von DENEN auf der anderen Straßenseite standen. Ich war geschockt und konnte mich nicht mehr bewegen. Ich wollte fliehen, doch meine Beine bewegten sich keinen Millimeter. DIE kamen lachend auf mich zu und ich bekam Panik. SIE begannen mich zu beschimpfen und fassten mich an. Das wollte ich nicht, aber ich konnte mich nicht wehren. Mein Körper war wie gelähmt. SIE zogen mich ins Gebüsch und berührten mich überall und ich ließ alles über mich ergehen, ohne ein Wort zu sagen. Ich war wie gefesselt vor Angst. Alte Erinnerungen stiegen in mir auf und sorgten für neue Wunden.

Eine dumme, zufällige Begegnung nach Jahren hatte alles, was ich mir bis hierhin wiederaufgebaut hatte, zerstört ...

Nachdem DIE mich endlich in Ruhe ließen und lachend gegangen waren, stand ich vor einem Schutthaufen, der sich mal Leben nannte. Die Angst, die Schmerzen, einfach die komplette Erinnerung, die ich so lange verdrängt hatte, war wieder präsent in meinem Kopf.

Das schadenfrohe Lachen von DENEN werde ich wohl nie vergessen.

Ich war so geschockt und nervlich kaputt, dass ich nicht einmal mehr weinte. Ich spürte gar nichts. Ich fühlte mich innerlich tot. Nichts machte mehr Sinn. Wie sollte es weitergehen? Mit jemandem reden traute ich mich nicht. Am liebsten wollte ich alles so schnell wie möglich vergessen oder ungeschehen machen.

Nachdem ich mich einigermaßen gefangen hatte, ging ich nach Hause und tat so, als ob nichts passiert wäre. Ich versuchte, ein perfektes Spiel zu spielen und mir nichts anmerken zu lassen.

Meine Mutter spürte zwar, dass irgendetwas anders war, aber ich beruhigte sie und behauptete, dass alles so sei wie immer. Dass tat ich so lange, bis sie mir glaubte.

Die restlichen zwei Tage zu Hause gelang es mir, dieses Schauspiel erfolgreich fortzusetzen. Zumindest tagsüber.

Nachts weinte ich, hatte Albträume und Flashbacks. Aber am Tag lachte ich und tat, als sei ich glücklich.

Ich versuchte alles zu verdrängen, was mir auch gut gelang, solang ich abgelenkt war. Nur mein Essverhalten spiegelte unverkennbar meine Anspannung wieder.

Seit dem Vorfall aß ich so gut wie gar nichts mehr. Selbst wenn ich Hunger hatte, war mein Appetit spätestens verschwunden, wenn ich das Essen auf dem Teller hatte. Ich brachte kaum noch einen Bissen herunter und schaffte es nicht, dagegen anzukämpfen. Dafür reichte meine Kraft nicht aus. Meine gesamte Kraft setzte ich nämlich dazu ein, anderen vorzuspielen, dass ich glücklich sei. Ein Spiel, das mich innerlich kaputtmachte. Je mehr ich versuchte, glücklich zu wirken, desto schlechter fühlte ich mich in Wirklichkeit.

Als ich dann zurück in der Wohngruppe war, brach ich unter diesem Druck zusammen. Mir gelang es nicht mehr, meine Vergangenheit zu verdrängen. Es war so schlimm wie noch nie. Nachts konnte ich trotz Nachtlicht, das das gesamte Zimmer ausleuchtete, nicht schlafen. Ich hatte Panik. Selbst wenn es abends zu dämmern begann, machte mir das schon Angst. Meine Flashbacks wirkten teilweise so real, dass ich den Bezug zur Realität vollständig verlor und das Gefühl hatte, wieder komplett in der Situation zu sein. Ich war fast ununterbrochen am Zittern vor Angst und Anspannung. Selbst in der Wohnung hatte ich Angst, dass ES erneut passieren könnte. Das Haus zu verlassen war unmöglich.

Wenn ich in einem Raum war, mussten die Türen in dem Zimmer immer geschlossen sein und ich musste freien Blick auf sie haben, sodass ich sofort sah, wenn jemand den Raum betrat. In Räumen, in denen ich die Türen abschließen konnte, wie zum Beispiel in meinem Zimmer, tat ich das auch.

Doch das Schlimmste war: Ich hatte panische Angst vor Männern! Vor allen Männern!

Bei mir auf dem Stockwerk wohnten in dem Appartement nebenan neuerdings zwei Jungs. Wenn ich alleine ihre Stimmen hörte, bekam ich Panik. Sofort begann mein Herz zu rasen und Flashbacks spielten sich in meinem Kopf ab.

Bei fremden Männern waren meine Reaktionen und meine Angst sogar noch schlimmer. Selbst vor dem männlichen Betreuer, den ich bereits seit meinem Einzug vor 1,5 Jahren kannte, hatte ich Respekt. Dadurch, dass ich ihn schon so lange kannte, hatte ich zwar nicht direkt Angst vor ihm, doch trotzdem traute ich ihm nicht. Er durfte meine Wohnung zwar betreten, aber dennoch musste er einen Mindestabstand von mindestens zwei Metern einhalten. Ansonsten bekam ich vor ihm ebenfalls Panik.

Ich lebte in ständiger Angst und aß so gut wie gar nichts mehr. Mein Körper war in ununterbrochener Alarmbereitschaft. Die Versuche der Betreuer, mir meine Angst zu nehmen, blieben alle ohne jeglichen Erfolg. Zumal niemand wusste, woher meine plötzlichen Panikattacken kamen. Nur ich wusste den Auslöser. Allerdings erahnten meine Mitmenschen bereits, was geschehen sein musste.

Nach fast einer Woche hatte sich mein Zustand kein bisschen gebessert. Ganz im Gegenteil: Immer häufiger verletzte ich mich jetzt selbst und dachte zeitweise sogar wieder über Selbstmord nach.

Die ununterbrochene Angst und die häufigen Flashbacks machten mich verrückt. Nachts konnte ich vor Angst nicht schlafen und tagsüber war es ebenfalls nicht viel besser. Jedes noch so kleine Geräusch ließ mich zusammenzucken. Ich hatte keine Kraft mehr. Ich wollte, dass all das vorbei wäre. Meine Ruhe haben. Niemanden sehen, hören und vor allem nichts mehr fühlen und denken! Einfach tot sein ...

Meine Selbstverletzungen meldete ich inzwischen auch nicht mehr sofort dem Personal, weil ich fürchtete, ins Krankenhaus zu müssen und dort von einem männlichen Arzt behandelt zu werden.

Da ich keine Rasierklingen mehr besaß und keine neuen kaufen konnte, weil ich das Haus nicht verließ, musste ich bei meinen Selbstverletzungen gezwungenermaßen auf meine

Nagelschere zurückgreifen. Damit konnte ich mich zwar nicht so tief schneiden, aber es war besser als gar nichts. Von der Tiefe her hätte es außerdem trotzdem genäht oder zumindest geklammert gehört. Deshalb gefiel es den Betreuern ganz und gar nicht, dass ich meine frischen Verletzungen mit einem Druckverband selbst versorgte und erst am nächsten Tag oder noch später vorzeigte. Aber verhindern konnten sie es nicht.

So langsam wussten die Betreuer nicht mehr weiter. Die Situation in der Wohngruppe war festgefahren und ein Ende oder eine Besserung meines Zustandes war nicht in Sicht. Deshalb wurde beschlossen, dass ich zunächst zu einer stationären Behandlung in die Psychiatrie sollte. Da ich selbst mittlerweile auch kein Licht mehr sah, stimmte ich dieser Maßnahme ohne große Widerrede zu. Schlimmer werden konnte es schließlich nicht.

Die Fahrt in die Klinik und die anschließende Aufnahme waren die Hölle. Ich hatte fast ununterbrochen Flashbacks und von dem Aufnahmegespräch bekam ich, so gut wie gar nichts mit vor Angst, weil ein männlicher Arzt das Gespräch führte, da zurzeit keine Ärztin auf der Station arbeitete. Die Psychologin, der ich bei meinem letzten Aufenthalt zugewiesen worden war, arbeitete mittlerweile nämlich auf einer anderen Station.

Seit meinem letzten Klinikaufenthalt vor knapp einem Jahr hatte sich anscheinend personell so einiges geändert.

Ich war beim Aufnahmegespräch vor Angst kaum fähig, überhaupt einen einzigen vollständigen Satz herauszubringen. Ununterbrochen zitterte ich und weinte, sodass meine Betreuerin aus der WG größtenteils das Gespräch führte. Meine Antworten bestanden lediglich aus „ja" und „Nein".

Nach dem Aufnahmegespräch stand fest, dass ich auf die geschlossene Akutstation sollte.

Ich war froh, als ich endlich in mein Zimmer durfte. Auch wenn es das Beobachtungszimmer war.

Um ehrlich zu sein, war es mir momentan sogar ganz recht, dass ich im Beobachtungszimmer lag. Ich war dort alleine und hatte somit meine Ruhe. Außerdem konnte ich durch das Fenster an der Wand zu jeder Zeit die Pfleger und Schwestern der Station sehen und sie sahen mich. Das gab mir Sicherheit.

Außer meinem behandelnden Arzt, der gleichzeitig mein Psychologe war, durfte keine männliche Person mein Zimmer betreten. Nicht einmal ein Pfleger durfte hereinkommen. Das fand ich ebenfalls gut.

Damit ich bei den Mahlzeiten wenigstens etwas herunterbekam, wurde bei mir „Wunschkost" angeordnet. Das hieß, dass ein bis zwei Mal die Woche eine Ernährungsberaterin bei mir vorbeikam, mit der ich absprach, was ich die Woche essen wollte. Zu den Mahlzeiten konnte ich mir alles wünschen, was ich gerne aß.

Des Weiteren einigten wir uns gemeinsam darauf, dass meine Mahlzeiten pro Tag eine Kalorienzahl von 1800 Kalorien beinhalten sollten. So musste ich selbst keine Kalorien mehr zählen und befürchten, zu viel oder zu wenig zu mir zu nehmen. Zudem hatte das noch den Vorteil, dass ich durch diese abgesprochene Kalorienzahl auch Speisen essen konnte, auf denen keine Nährwertangaben verzeichnet waren.

Wobei Kalorien und Kalorienzählen derzeit meine kleinsten Probleme waren. Kalorien waren mir momentan, genauso wie mein Gewicht, relativ egal. Sobald ich Essen sah, wurde mir übel, gleichgültig, ob die Lebensmittel wenig oder viele Kalorien hatten. Das Einzige, was mir tatsächlich bei diesem Problem etwas half, war meine Wunschkost. In dieser Beziehung war ich meinem behandelnden Arzt sehr dankbar, dass er diese „Sonderbehandlung" bezüglich des Essens für mich in die Wege geleitet hatte.

Die kommenden Tage liefen alle gleich ab. Ich bekam stark sedierende Medikamente, die mich sehr müde machten, sodass ich einen großen Teil des Tages verschlief. Die restliche Zeit, die ich wach war, litt ich weiterhin unter Angstzuständen und Flashbacks.

Wenn ich duschen wollte, sagte ich einer Schwester Bescheid, dass sie sich vor die Badtür stellte und Wache stand. So hatte ich keine Angst, dass ein fremder Mann ins Bad kommen könnte, wenn ich unter der Dusche stand. Das war zwar sehr unwahrscheinlich, weil die Badtür abgeschlossen war, doch momentan fürchtete ich mich vor allem und jeden.

Die sedierenden Medikamente, die ich bekam, machten mich zwar ruhiger und linderten meinen Selbstverletzungsdruck, doch an meiner unaufhörlichen Angst änderten sie leider nichts.

Mein Psychologe kam fast jeden Tag zu mir, um mit mir zu reden. Dabei achtete er jedes Mal darauf, genügend Abstand zu mir zu halten, damit ich mich nicht bedrängt fühlte. Überhaupt ging er relativ vorsichtig und behutsam mit mir um. Er meinte, dass er mir meine Angst nicht aktiv nehmen könne. Ich müsste selbst wieder lernen, Vertrauen zu schaffen und vertrauen zu können und dafür bräuchte ich Zeit. Und dieser Zeit wollte er mir lassen.

Wenn ich mich einigermaßen stabilisiert hätte, sollte ich eine längere Therapie auf der offenen psychiatrischen Station machen, doch bis ich soweit war, sollte ich noch eine Weile auf der geschlossenen Station bleiben.

Das erste Ziel war es jetzt erst einmal, dass ich lernte, einen Unterschied zwischen Männern zu machen. Vor Ärzten und Pflegern sollte ich keine Angst mehr haben. Ich sollte sie von „normalen Männern" unterscheiden. Ich sollte mir selbst sagen: „Ärzte und Pfleger wollen mir nur helfen. Sie tun mir nicht weh und von ihnen brauche ich nichts zu befürchten."

Das war allerdings leichter und schneller gesagt, als es mein Kopf umsetzen konnte. Meine Angst änderte sich nicht. Mann war für meinen Kopf gleich Mann. Egal, welchen Beruf er ausübte oder ob er einen Arztkittel trug. Lediglich die Angst vor meinem Psychologen wurde nach der ersten Woche etwas schwächer. Dadurch, dass er so gut wie jeden Tag bei mir vorbeischaute und nie etwas Schlimmes passierte, nahm ich ihn nicht mehr als ganz so bedrohlich wahr. Was jedoch keinesfalls bedeutete, dass ich ihm vertraute!

Über den Auslöser, der mich in meine momentane Situation gebracht hatte, schwieg ich weiterhin. Ich wollte mit niemandem darüber reden. Nicht mit Ärzten, nicht mit Therapeuten und auch nicht mit meiner Familie oder mit Freunden. Beziehungsweise eigentlich wollte ich schon darüber reden, aber traute mich nicht! Ich befürchtete, Vorwürfe zu hören, dass ich eventuell doch daran schuld sei oder dass mir nicht geglaubt wird. Alles unberechtigte Bedenken. Das sehe ich heute zumindest so. In dieser Zeit ließ ich jedoch die Worte der Täter zu meiner Wahrheit werden. Ich glaubte ihnen, dass ich DARAN schuld war und dass mir sowieso niemand glauben würde, wenn ich es jemanden erzählte.

Es ist anstrengend und belastend, so ein großes Geheimnis in sich zu tragen, von dem man nur selbst und die Täter wissen. Man hat das Bedürfnis, darüber zu reden und es „rauszuschreien", aber dagegen steht die Angst und die Scham, die beide viel größer und stärker sind.

Nach circa zwei Wochen hatte sich mein Körper an die neue Medikamentendosis gewöhnt und ich schlief nicht mehr so viel. Das hatte zur Folge, dass ich tagsüber zeitmäßig noch mehr Angst und Flashbacks hatte. Es war noch kein bisschen besser geworden.

Besonders schlimm waren die Nächte. Es gab keine Nacht, in der ich nicht mindestens zwei Mal einen Albtraum hatte. Meistens war ich kaum eingeschlafen und dann kam schon der erste Albtraum und ließ mich wieder hochschrecken. In ganz schlimmen Nächten wachte ich deshalb bis zu fünf Mal auf! Sobald es draußen anfing zu dämmern, fürchtete ich mich schon vor der Nacht.

Nächte waren der pure Horror! Ich hasste die Dunkelheit mit ihren dunklen Schatten!

Rein theoretisch bekam ich so starke Schlafmittel, dass ich die gesamte Nacht ohne Aufwachen hätte durchschlafen müssen, doch meine Albträume waren stärker ...

Dadurch, dass ich mich an die Medikation gewöhnt hatte und nicht mehr so müde war, stieg der Druck, mich selbst zu verletzten, ebenfalls an. Als er gar nicht mehr auszuhalten war, nahm ich eine Tasse vom Tablett des Abendessens, das mir immer ins Zimmer gebracht wurde, ging ins Bad und zerschlug sie. Mit den daraus entstandenen Scherben schnitt ich mir dann beide Unterarme auf.

Nachdem ich mich wieder einigermaßen gefangen hatte und klar denken konnte, drückte ich die Notfallklingel und wartete, bis eine Schwester kam.

Wie nicht anders zu erwarten, musste ich genäht werden ...

Notgedrungen musste ich also mein sicheres Zimmer verlassen, um in die mir bereits bekannte Chirurgie im Nebenhaus zu gehen. Das war das erste Mal, dass ich seit der Aufnahme vor zwei Wochen das Zimmer verließ.

Außerhalb des Zimmers war meine Panik noch größer. Ich hatte das Gefühl, dass jederzeit etwas passieren könnte. Ich hatte null Kontrolle mehr über die Situation und keinerlei Überblick mehr über die Räumlichkeiten. Im mein Zimmer konnte nur jemand (sprich die Bedrohung) durch die Tür kommen, doch außerhalb des Zimmers konnte sie von überall herkommen. Ich hatte keinen geschützten Rahmen und damit nicht genug. Zu allem Überfluss hatte heute Abend nur ein männlicher Chirurg Dienst, der mich nähen sollte! Schlimmer konnte es gar nicht laufen!

Ich bekam bereits Panik, als der Arzt zur Tür hereinkam und nun sollte er mich nähen? Das bedeutete, er musste mich zwangsläufig berühren!

Am liebsten hätte ich um mich geschlagen und wäre geflohen.

Da half auch das gute Zureden von meinem Psychologen, der glücklicherweise zufällig auf den psychiatrischen Stationen Nachtdienst hatte und der Schwester, die mich begleitete, nichts.

Im Normalfall blieb kein Personal und erst recht kein Psychologe oder Arzt der psychiatrischen Station bei der Wundversorgung dabei, doch bei mir wurde heute aufgrund der problematischen Umstände eine Ausnahme gemacht. Wäre das nicht der Fall gewesen, hätte ich vermutlich tatsächlich die Flucht ergriffen. Doch auch so weigerte ich mich noch mit Händen und Füßen, den Arzt an mich herankommen zu lassen.

Erst als ich von meinem Psychologen eine Tablette bekam, die mich beruhigte und schläfrig machte und die Schwester mir ununterbrochen die Hand hielt, um mich zu beruhigen, konnte ich zulassen, dass der Chirurg an mich herantrat und die Wunden versorgte. Denn jetzt bekam ich durch die Beruhigungstablette so gut wie nichts mehr mit.

Auch die kommenden Tage hatte ich zunehmend häufiger den Druck, mich selbst zu verletzen. Jedoch achteten die Schwestern und Pfleger der Station relativ genau darauf, mir keine spitzen Gegenstände und Dinge aus Glas beziehungsweise Porzellan auf mein Zimmer zu geben. Deshalb blieb es bei „Kopf gegen die Wand schlagen" und „Haut aufkratzen". Trotzdem musste ich für jede Verletzung, selbst wenn es in meinen Augen keine richtigen Verletzungen waren, weil kein Arzt einschreiten musste, eine Verhaltensanalyse schreiben.

Das ging mir ziemlich auf die Nerven, weil man theoretisch die vorherige Verhaltensanalyse durch den Kopierer hätte ziehen können. Es war sowieso fast immer alles identisch, was ich da reinschrieb.

Ich bekam zwar Medikamente, die laut Aussage der Ärzte den Druck der Selbstverletzung lindern sollten, aber davon spürte ich kaum etwas. Davon abgesehen glaubte ich auch nicht daran, dass es überhaupt irgendwelche Tabletten gibt, die einen daran hindern, sich selbst Schaden zuzufügen. Gewiss gibt es Medikamente, die einen so stark sedieren, dass man nicht mehr in der Lage ist, sich etwas anzutun, doch wenn diese nachlassen, verletzt man sich meist doch. Dementsprechend lösen diese Medikamente meiner Ansicht nach den Druck nicht, sondern verschieben ihn lediglich. So sind zumindest meine persönlichen Erfahrungen.

Das einzige Mittel, was eine Selbstverletzung wirklich dauerhaft unterdrücken kann, ist meiner Meinung nach, der eigene Wille, es nicht zu tun. Ist er nicht da, ist auch alles andere sinnlos. Außerdem können Skills helfen. Wenn man sie beherrscht und gut und zuverlässig anwenden kann, sind sie oftmals wirkungsvoller als Tabletten.

Ich hatte bereits bei meinem ersten Psychiatrieaufenthalt ein Teil von der DBT-Therapie, in der sehr viel mit Skills gearbeitet wird, und an einigen Gruppen, in denen Skills gelehrt werden, teilgenommen, aber bis jetzt ohne größeren Erfolg. Ich kannte inzwischen einige Skills, wandte sie auch teilweise an, aber sie halfen mir nicht. Deshalb verwendete ich sie meistens erst gar nicht, was natürlich falsch war. Denn Skills anzuwenden, ist nicht etwas, was man von heute auf morgen beherrscht, sondern es erfordert eine Menge Übung, seine Anspannung gezielt mit diesen besonderen Fertigkeiten nach unten zu regulieren.

Und wenn ich schon von Anfang an mit der Einstellung heranging, dass mir Skills sowieso nicht helfen würden, nahm ich ihnen bereits an diesen Punkt schon jegliche Wirkung, ohne, dass ich überhaupt irgendeinen Skill ausprobiert hatte.

Vielleicht hatte ich bis dato auch einfach nur jedes Mal die falschen Skills ausgewählt, weil jedem Borderliner andere Skills helfen, und dadurch keinen Erfolg gehabt, doch im Endeffekt tat das jetzt auch nichts zur Sache. Denn das Erlernen und gezielte Einsetzen von stress- und anspannungsregulierenden Fähigkeiten MUSSTE ich lernen, wenn ich meine Anspannung, meinen Selbstverletzungsdruck und meine Angst in den Griff bekommen wollte. Daran führte laut Aussage sämtlicher Psychologen, Ärzte, Pfleger und Schwestern kein Weg dran vorbei.

Aus diesem Grund sollte ich schnellstmöglich an der Skill-Gruppe des Hauses teilnehmen. Bis ich allerdings so weit war, dass ich dort halbwegs ohne Angst hingehen konnte, war es noch ein weiter Weg.

Selbst nach drei Wochen Klinikaufenthalt verließ ich mein Zimmer nicht und hatte weiterhin starke Angstzustände und Flashbacks. Außer dass mein Psychologe in mein Zimmer durfte und ich, solange er ausreichend Abstand hielt, ohne Angst mit ihm reden konnte, hatte sich rein gar nichts gebessert.

Da es mir ebenfalls schwerfiel, den Schwestern auf Station zu vertrauen, und ich nie wusste, mit welcher ich reden sollte, bekam ich zu meiner Erleichterung zwei Bezugsschwestern zugeteilt, die sich, wenn sie Dienst hatten, mit mir beschäftigten. Mit ihnen konnte ich reden und zudem sollten sie mit mir gemeinsam daran arbeiten, dass ich mein Zimmer verlassen konnte und später das Haus. Mit ihrer Unterstützung sollte ich mich meinen Ängsten stellen und lernen, dass nichts passiert. Des Weiteren sollten wir an dem Parallelziel arbeiten, dass ich es schaffte, in Begleitung einer der Bezugsschwestern an der Skills-Gruppe teilzunehmen, um neue Fertigkeiten zu erlernen, wie ich mit meiner Anspannung und meinem Druck umgehen konnte.

Bis ich das alles schaffte, würde wahrscheinlich noch einige Zeit vergehen und es würde sicherlich noch einige Nerven kosten, aber ich musste jetzt langsam anfangen, mich meinen Ängsten zu stellen.

44. Harter Kampf zurück ins Leben

Ich hatte Angst, mich meinen Ängsten zu stellen, aber gleichzeitig wusste ich, dass ich es früher oder später machen musste, wenn ich wieder ein einigermaßen normales Leben führen wollte. Es führte kein Weg daran vorbei. Den ersten Schritt hierfür tat ich von ganz alleine. Ohne, dass mir jemand etwas sagte oder mich dazu drängte.

Ich hatte, wie eigentlich jeden Tag, einen schlechten Tag mit vielen Panikattacken und Flashbacks. Zuvor hatte ich noch nie mit jemandem über das, was ich bei Flashbacks sah, und deren Auslöser, warum sie momentan so präsent waren, gesprochen. Ich konnte nicht darüber reden. Selbst wenn ich gewollt hätte. Sobald ich etwas sagen wollte, fand ich keine Worte mehr. Doch ich konnte schreiben.

Über Gedanken und Gefühle zu reden, funktionierte noch nie besonders gut bei mir, aber beim Schreiben fand ich jedes Mal recht schnell die richtigen Worte.

Ich schrieb und schrieb. Ohne Pause. Vier ganze Seiten voll und es fühlte sich gut an. Es war ein erleichterndes Gefühl. Endlich, nach all den Jahren, konnte ich mir alles von der Seele schreiben. Ich schrieb von den jahrelangen Vergewaltigungen und Misshandlungen und auch von dem Ereignis letzte Weihnacht.

Nachdem ich damit fertig war, klopfte ich an die Scheibe zum Schwesternzimmer, sodass eine Schwester zu mir kam. Ihr gab ich den Brief und sagte, dass sie diesen Brief meinem Psychologen geben soll. Er dürfte ihn jedoch niemand anderem zeigen, weil es mir wichtig war, dass nur er diesen Brief las und kein anderer. Ich wollte nicht, dass jeder auf Station genauestens Bescheid wusste, was ich alles erlebt hatte. Sie wussten schon genug. Das reichte. Außerdem war es mir wichtig, dass er mit mir nicht über den Inhalt des Briefes sprechen sollte. Dafür war ich noch nicht bereit. Für mich war es bereits ein Riesenschritt, all das aufzuschreiben. Darüber reden konnte und wollte ich noch nicht. Dafür bräuchte ich noch Zeit, falls ich überhaupt irgendwann darüber reden wollen würde!

Kurz nachdem ich den Brief abgegeben hatte, bereute ich schon mein Tun. Ich zweifelte, ob es das Richtige war, und befürchtete, dass mich der Psychologe zwingen würde, darüber zu reden oder eine Anzeige zu machen.

Was ich beides auf keinen Fall wollte! Vor allem keine Anzeige. Ich wollte die Täter nie wiedersehen! Und erst recht nicht vor Gericht! Ich wollte nicht dem gesamten Gerichtssaal in allen Einzelheiten erzählen, was mir passiert war und mich dafür rechtfertigen müssen, wieso ich mich nicht gewehrt oder schon früher eine Anzeige aufgegeben hatte. Außerdem, was wäre, wenn DIE einen Freispruch bekämen? Nein, vor einer Anzeige hatte ich zu große Angst!

Vielleicht brach der Psychologe aber auch mein Verbot und zeigte trotz meines ausdrücklichen Wunsches, den Brief nicht zu zeigen, den Text seinen Kollegen? Ich wusste es nicht. Und das machte mich wahnsinnig! In meinem Kopf spielte sich ein Horrorszenario nach dem anderen ab und ich wurde von Minute zu Minute unruhiger und hasste mich immer mehr dafür, dass ich den Brief der Schwester gegeben hatte.

Nach einer gefühlten Ewigkeit, in der sich nichts tat, und in der ich am Rande eines Nervenzusammenbruchs stand, kam dann endlich die Erleichterung. Es klopfte an der Tür und der Psychologe trat ein.

Er lobte mich zuallererst, dass ich so mutig war, den Brief zu schreiben, und versicherte mir, dass niemand außer ihm den Brief lesen würde. Außerdem bedankte er sich für mein Vertrauen. Anschließend meinte er, dass er mich durch den Brief besser verstehen und mir damit besser helfen könnte und er versicherte mir gefühlte 100 Mal, dass ich auf keinen Fall an den Übergriffen schuld sei.

Zu gerne hätte ich ihm diese Aussage geglaubt, doch es gelang mir nicht. Vom Verstand her wusste ich genau, dass er die Wahrheit sagte und es nicht meine Schuld war, aber es fühlte sich trotzdem so an. Da konnte man mir noch so oft jemand sagen, dass ich unschuldig war, es änderte an meinen Gefühlen rein gar nichts.

Am folgenden Tag gab es für mich die nächste große Herausforderung: Ich sollte in Begleitung mein Zimmer verlassen.

Ab sofort wurden mir meine Medikamente bei der Medikamentenausgabe nicht mehr ins Zimmer gebracht, sondern ich musste sie mir selbst abholen. Wenn die Menschenschlange vor dem Schwesternzimmer sich aufgelöst hatte, kam eine Schwester zu mir und begleitete mich zur Medikamentenausgabe. Das waren zwar nur circa fünf Meter über den Flur, aber für mich war das bereits eine Herausforderung, die sich gewaschen hat. Ich musste den Schutz meines Zimmers verlassen und mich auf den Stationsflur begeben.

Vor den Pflegern hatte ich kaum noch Angst. Mittlerweile schaffte ich es, Pfleger und Ärzte in meinen Kopf von anderen Männern zu trennen. Sie wollten mir helfen und von ihnen hatte ich nichts zu befürchten. Doch vor meinen männlichen Mitpatienten fürchtete ich mich weiterhin. Ich hatte Angst, dass sie mich anfassten oder sogar noch mehr wollten. Da half selbst die Begleitung von einer Schwester nicht viel. Genauso wenig wie die zahlreichen Wiederholungen halfen. Meine Angst blieb dieselbe. Ich war jedes Mal froh und erleichtert, wenn ich zurück in meinem sicheren Zimmer war.

Ich widersprach zwar nicht, wenn ich das Zimmer verlassen musste, aber gerne tat ich es nicht!

Als dieses kurzzeitige Zimmerverlassen für die Medikamentenausgabe nach drei Tagen ohne Zwischenfälle funktionierte, kamen die nächsten zwei Schritte, die mehr oder weniger fast gleichzeitig passierten:

Als Erstes sollte ich in Begleitung meiner Bezugsschwester für einen kleinen Spaziergang das Haus verlassen und am kommenden Tag sollte ich nachmittags in Begleitung die Skills-Gruppe besuchen.

In meinen Gedanken malte ich mir die schrecklichsten Bilder aus, was alles passieren könnte, wenn ich das Haus verließ. In Wirklichkeit kam es jedoch ganz anders. In dem Moment, in dem ich vor der Tür stand, fühlte ich mich so wohl und befreit wie lange nicht mehr. Es war Ende Februar und ich hatte nun schon fünf Wochen nur in meinem Zimmer in der Psychiatrie gesessen. In dieser Zeit hatte ich ganz vergessen, wie angenehm es sich anfühlt, die Kälte des Winters auf der Haut zu spüren.

Selbstverständlich hatte ich auch im Freien noch Ängste und Befürchtungen, doch sie waren deutlich geringer als auf Station. Im Freien konnte ich nämlich weitaus größere Flächen als in einem Gebäude überblicken und somit genau sehen, wenn mir jemand zu nahekam.

Gemeinsam mit meiner Bezugsschwester ging ich eine kleine Runde um die einzelnen Klinikgebäude. Dabei klebte ich wie eine Klette an ihrer Seite, denn in ihrer Gegenwart fühlte ich mich sicher. Wenn uns Männer entgegenkamen, umrundete ich sie mit einem weiten Bogen und versteckte mich hinter meiner Bezugsschwester.

Trotz der neuen Umgebung und der ungewohnten Situation hatte ich zu jeder Zeit weniger Angst, als auf der engen Station. Hier konnte ich den Sicherheitsabstand zwischen mir und den fremden Menschen selbst bestimmen. Anders wie auf den engen Gängen der Station. Das gefiel mir.

Nach dem Spaziergang war mein Kopf wie durchgelüftet. Dank des kalten Windes und des kühlen Gefühls auf der Haut fühlte ich mich das erste Mal seit Langem wieder richtig wohl in meinem Körper. Die Kälte hatte gutgetan und der

Spaziergang war nicht einmal halb so schlimm gewesen, wie ich befürchtet hatte. Solange eine Schwester neben mir stand, war alles super.

Ich hatte durch das Spazierengehen einen neuen, wichtigen Skill entdeckt, der später noch zu meinem wichtigsten Skill überhaupt werden sollte.

Ab diesen Tag ging ich, sofern es die Zeit und die Personalverfügbarkeit erlaubte, jeden Tag mit einer Schwester für 10 Minuten spazieren oder zumindest an die frische Luft.

Am nächsten Tag sollte ich in Begleitung einer Schwester an der Skill-Gruppe teilnehmen. Das gestaltete sich nicht so einfach wie der Spaziergang am Vortag.

Bereits als ich den Raum betrat, machte sich Panik in mir breit. So viele fremde Menschen und zum größten Teil noch Männer dazu. Damit hatte ich nicht gerechnet! Zu gerne hätte ich mich sofort umgedreht und unverzüglich die Flucht ergriffen. Doch das ließ die Schwester, die mich begleitete, nicht zu. Ziel war es, mindestens die Hälfte der 45 Minuten, die die Gruppe dauerte, auszuhalten. Das hieß mindestens 20 Minuten Dauerpanik!

Zu allem Überfluss musste ich mich auch noch zu den anderen Teilnehmern mit an einen Tisch setzen. Das hieß, nun war noch nicht einmal mehr mein Mindestabstand gegeben! Ich wollte nicht mehr. So nah es ging, rutschte ich an die mir bekannte Schwester heran und so weit wie möglich von meiner anderen Nachbarin weg.

Innerlich bebte ich vor Anspannung und war sehr unruhig. Die 20 Minuten in dem Raum kamen mir wie Stunden vor. Ohne dass ich es wirklich realisierte, begann ich mir schon nach den ersten Minuten vor Anspannung unter dem Tisch die Arme aufzukratzen. Was in der Gruppe beredet wurde, konnte ich nicht sagen. Ich bekam nichts mit, da ich die gesamte Zeit über damit beschäftigt war, nicht komplett in Panik zu verfallen. Mit aller Kraft versuchte ich meine Tränen zurückzuhalten, was mir jedoch nur bedingt gelang. Ständig rollten vereinzelte Tränen über meine Wangen und mein Körper zitterte so, als ob ich Schüttelfrost hätte. Es war schrecklich.

Nachdem die Zeit endlich um war, konnte ich es gar nicht erwarten, den Raum zu verlassen und in mein sicheres Zimmer zurückzukehren. Ich rannte fast schon zurück auf Station.

In meinem Zimmer angekommen, brach der Staudamm der Tränen und ich bekam einen Weinkrampf. Ich war völlig fertig. Die Gruppe war der pure Horror für mich gewesen! Vor meinem inneren Auge spielten sich pausenlos Flashbacks ab. Ständig hatte ich Angst, dass mir irgendein Mann aus der Gruppe zu nahekam. Da half es auch nichts, dass so viele Leute im Raum waren. Ganz im Gegenteil: Je mehr Menschen sich im Raum befanden, umso größer wurde meine Angst. Auch jetzt in meinem Zimmer fiel es mir noch schwer, wieder klar zu denken. Ich konnte mich nur sehr langsam beruhigen.

Vom Kopf her wusste ich, dass ich keine Angst zu haben brauchte und mir nichts passieren würde. Doch meine Gefühle sagten das Gegenteil. Egal, wie sehr ich mich anstrengte, gegen meine Angst anzukämpfen, sie waren jedes Mal stärker.

Da mein Gewicht trotz Wunschkost und festgesetzter Kalorienzahl weniger wurde und ich inzwischen nur noch 43 Kilo wog, sollte ich Fresubin© trinken.

Normalerweise hasste ich dieses widerliche Zeug und würde es niemals freiwillig zu mir nehmen, aber in dieser Situation tat ich es. Ich schaffte es einfach nicht, genügend zu essen, und ich wollte auch nicht abnehmen, denn jedes Kilo, was ich verlor, war ein Schritt in die falsche Richtung. Ich wollte schließlich gesund werden und nicht noch weiter in meiner Entwicklung zurückfallen.

Selbst in dieser schlimmen Zeit verlor ich meine Ziele nicht aus den Augen. Die momentane Angst und die Erinnerungen an meine Vergangenheit erschwerten mir aktuell zwar das Weiterkommen; aber trotzdem konnten sie mir noch nicht meinen (Über-)Lebenswillen, Lebensmut und Optimismus nehmen.

Die kommenden zwei Wochen kämpfte ich unerbittlich weiter. Ich wollte die Angst in mir endlich besiegen. Jedoch blieb dieser Kampf leider ziemlich erfolglos. Die Angst verschwand nicht und auch sonst änderte sich nicht viel an meinem Zustand. Mein Psychologe behauptete zwar, kleine Fortschritte zu sehen, doch ich sah keine Veränderung. Die Angst bestimmte noch immer meinen gesamten Tagesablauf.

Zwar besuchte ich inzwischen zweimal die Woche mit Begleitung die Skills-Gruppe und das sogar die kompletten 45 Minuten lang, aber ich stand dort weiterhin höllische Ängste aus und hatte pausenlos Flashbacks. Nach jedem Treffen war ich unverändert nervlich komplett ausgelaugt. Des Weiteren traute ich mich noch immer nicht, alleine auf den Gang der Station zu gehen oder alleine zu duschen, wenn keine Schwester vor der Badtür Wache stand. Also, um es kurz zu halten: Nach meiner eigenen Auffassung hatte sich, trotz dass ich täglich kämpfte, und es immer wieder und wieder versuchte, kaum etwas geändert.

Das Einzige, was meist reibungslos funktionierte, war der tägliche Spaziergang mit einer Schwester. Diese Spaziergänge gaben mir Kraft und sorgten oft dafür, dass ich wenigstens ein paar Minuten meine gefühlten tausend Probleme vergessen konnte. Jedoch funktionierte dieser positive Effekt nur so lange, wie nicht allzu viele Menschen unterwegs waren und ich nicht in Geschäfte ging, ansonsten bekam ich auch bei einem Spaziergang Panik.

Aus Frust über die kaum vorhandenen Fortschritte und die ununterbrochene Angst mit den Flashbacks, verletzte ich mich zudem auch wieder gehäuft selbst. Allerdings waren die

Selbstverletzungen nie so schlimm, dass sie genäht werden mussten, da ich mir meist nur die Haut blutig kratzte oder mit meinem Kopf beziehungsweise Handgelenk gegen die Fliesenwand im Bad schlug, bis ich einen blauen Fleck oder eine Beule hatte.

Durch das Fresubin© blieb mein Gewicht stabil bei 43 Kilo. So weit, so gut, allerdings ernährte ich mich fast ausschließlich von Fresubin©, was eigentlich nicht der Sinn der Sache war. Deshalb teilte mir mein Psychologe mit, dass ich versuchen sollte, „normal" zu essen. Ich durfte nur noch drei Flaschen Fresubin© pro Woche haben. Das stellte für mich ein Problem dar. Denn mir fiel es allgemein schon schwer zu essen, und wenn ich dabei noch nicht einmal richtig Hunger hatte, war es gleich doppelt so schwer. Dementsprechend war das Trinken von Fresubin© für mich eine leichte Alternative zum Essen, an die ich mich mittlerweile schon gewöhnt hatte. Nun sollte mir diese Alternative genommen werden. Das hieß, der Kampf zwischen mir und dem Essen würde erneut entfacht werden.

Hinzu kam, dass mir der Psychologen zeitgleich noch mitteilte, dass er der Meinung war, dass ich dazu bereit wäre, den nächsten Schritt Richtung Verlegung auf die offene Station zu gehen. Ich sah das zwar komplett anders, aber meine Meinung war hierbei, wie schon so oft, nicht gefragt.

Ich sollte heute noch aus dem Beobachtungszimmer in ein normales Zweibettzimmer verlegt werden, weil es auf der offenen Station ebenfalls kein Beobachtungszimmer geben würde. Außerdem sollte ich ab sofort lernen, zu tolerieren, dass männliche Pfleger in mein Zimmer kamen.

Die letzte Veränderung war die, welche für mich am unproblematischsten zu akzeptieren war. In der Zwischenzeit hatte ich vollständig gelernt, Ärzte und Pfleger nicht als Männer, sondern als Ärzte und Pfleger wahrzunehmen. Also als neutrale Personen.

Der Umzug in ein normales Zimmer hingegen bereitete mir da eher Probleme. Ich stand dort nicht mehr unter der ständigen Aufsicht des Personals, dadurch würde es mir an Sicherheit fehlen. Obwohl ich auch in diesem Zimmer eine Notfallklingel hatte, mit der ich im Notfall ein Pfleger oder eine Schwester rufen könnte, und diese sehr wahrscheinlich dann recht zügig kommen würden, fühlte ich mich trotzdem verlassen und alleingelassen in dem neuen Zimmer. Das machte mir Angst. Jederzeit könnte ein Mann zu mir hereinkommen und mich anfassen und niemand würde es merken. Zwar war dieses Szenario äußerst unwahrscheinlich, doch ich bekam den Gedanken, dass es dennoch passieren könnte, nicht mehr aus dem Kopf. Er hatte sich wie eine Zecke festgesetzt und mein Gehirn kam gegen diesen Gedanken nicht mehr an.

Die Nächte waren in dem neuen Zimmer besonders schlimm. Ich hatte wieder deutlich häufiger Albträume und Flashbacks. Der einzige Trost war, dass wenn ich die Klingel betätigte, sofort jemand vom Pflegepersonal zur Stelle war. Dadurch steigerte ich mich in meine Panikattacken nicht so weit hinein, sondern konnte mich recht zügig wieder beruhigen.

Für die Medikamentenausgabe wurde ich weiterhin von einer Schwester oder einem Pfleger am Zimmer abgeholt und wieder zurückbegleitet.

Zu meiner Erleichterung gewöhnte ich mich, entgegen meiner Befürchtung, erstaunlich schnell an die neue Situation. Ich lernte, dass mir auch in diesem Zimmer nichts passierte, und wenn ich Hilfe benötigte, immer jemand zur Stelle war. Bereits nach einer Woche hatte ich mich in dem neuen Zimmer eingelebt und fühlte mich dort sicher.

Hinzu kam, dass meine Medikation erneut geändert wurde, und diesmal die Tabletten mir gefühlt tatsächlich etwas brachten. Ich war tagsüber deutlich entspannter und verspürte nur noch einen geringen Selbstverletzungsdruck.

Und auch das Essen fiel mir zunehmend leichter. Ich sprach mit der Ernährungsberaterin einen festen Essensplan ab, an den ich mich hielt, und verzichtete vollständig auf Fresubin©.

Wenn es einen Tag nicht so gut mit dem Essen funktionierte, versuchte ich mich davon nicht herunterziehen zu lassen, sondern dachte an den kommenden Tag, an dem es voraussichtlich wieder besser laufen würde.

Für eine kurze Dauer flammte mein Lebenswillen auf und ich begann, in so gut wie jedem Bereich Fortschritte zu machen. Mein Ziel war es, so schnell wie möglich ein normales Leben, ohne Klinik zu führen. Ich hatte keine Lust mehr, mir von meiner Vergangenheit mein jetziges Leben zerstören zu lassen.

Und tatsächlich machte ich in den kommenden Tagen noch weitere Fortschritte. Der Umzug in das normale Zimmer hatte bei mir einen enormen Ehrgeiz ausgelöst. Obwohl ich anfangs felsenfest davon überzeugt war, dass ich es niemals schaffte, in dem normalen Zimmer zu wohnen!

Mir gelang es, ohne Wache vor der Tür zu duschen, und ich verletzte mich wesentlich weniger selbst, sondern holte mir in Drucksituationen selbstständig Hilfe. Meine Angst nahm zwar nur geringfügig ab und ich bekam ebenfalls noch mehrmals täglich Flashbacks, doch auch in diesem Punkt hatte ich mich weiterentwickelt. Inzwischen kannte ich nämlich Techniken, wie ich mit meiner Angst und mit den Flashbacks umgehen konnte und zudem konnte ich zusätzlich noch die Auslöser für ein Flashback benennen. Das war bereits ein riesen Erfolg!

Und dann kam der Tag, an dem ich das erste Mal alleine aus meinem Zimmer ging.

Es kostete mich große Überwindung und ich fühlte mich extrem unsicher, aber ich tat es. Ohne groß zu überlegen, verließ ich mein Zimmer und stellte mich der Angst. Mit angehaltener Luft lief ich zum Schwesternzimmer, um mir dort eine frische Flasche Wasser zu holen.

Als ich dort ankam, staunten die Pfleger und Schwester nicht schlecht. Direkt wurde ich von ihnen mit Lob überschüttet und in meinem Verhalten bestärkt.

Innerlich musste ich mit viel Mühe dagegen ankämpfen, nicht so schnell wie möglich zurück in mein sicheres Zimmer zu fliehen und die Tür hinter mir zu schließen. Aber nach außen hin versuchte ich tapfer und standfest zu wirken.

Nachdem ich eine frische Flasche Wasser erhalten hatte, wollte ich jedoch trotzdem auf schnellstem Weg zurück in mein Zimmer. Dummerweise kamen mir dann auf dem Rückweg noch zwei männliche Mitpatienten entgegen. Mit größtmöglichem Abstand versuchte ich mich an ihnen vorbeizudrücken und betete, dass sie mich bitte, bitte auf keinen Fall ansprechen würden. Das hätte nämlich in einem Nervenzusammenbruch meinerseits geendet. Glücklicherweise gingen sie aber, ohne ein Wort zu sagen, an mir vorbei.

Im Zimmer angekommen, ließ ich mich erschöpft und weinend auf mein Bett fallen.

Eigentlich hätte ich stolz auf mich sein sollen, aber das war ich nicht. Der Gang über die Station hatte mich riesen Überwindung gekostet und ich hatte ununterbrochen Angst UND das frustrierte mich!

Obwohl ich genau wusste, dass dem nicht so sein würde, hatte ich mir anscheinend falsche Hoffnungen gemacht und geglaubt, dass es mir leichter fallen würde, über Station zu laufen. Ich dachte, dass ich mein Zimmer mit so einer Selbstverständlichkeit verlassen könnte, wie jeder andere Patient hier auf Station. Ohne Angst und ohne Panik. Das war jedoch nur Wunschdenken und irgendwie wusste ich das sogar bereits im Voraus, doch trotzdem saß die Enttäuschung jetzt bei mir tief. Ich konnte und wollte nicht wahrhaben, dass mein Wunschdenken und die Realität zwei völlig unterschiedliche paar Schuhe waren.

Die folgenden Tage holte ich mir tagsüber meine Medikamente selbst ab. Nur die Nachtmedikation bekam ich noch auf mein Zimmer gebracht, weil ich mich nach Einbruch der Dunkelheit nicht mehr aus dem Zimmer getraute.

Tagsüber gab es zu 90 Prozent einen klaren Auslöser für meine Angstattacken oder meine Flashbacks. Diese konnten zum Beispiel sein, wenn mir ein Mann auf dem Gang begegnete, auf dem Flur geschrien wurde, ich in der Skills-Gruppe mit anderen Menschen in einem geschlossenen Raum saß, wenn ich anfing, zu grübeln oder Ähnliches. Doch sobald es draußen zu dämmern begann, stieg meine Angst ohne Grund an und ich bekam Flashbacks. Mit der Dämmerung kamen jeden Abend die unangenehmen Gefühle und Gedanken zurück.

Solange es hell war, war alles in Ordnung, doch mit der Dunkelheit kamen die Flashbacks und die panische Ängstlichkeit zurück.

Ich hasste das Gefühl, ständig auf der Hut sein zu müssen und bei jedem klitzekleinen Geräusch in Panik zu verfallen und am meisten verabscheute ich diese verdammten Bilder in meinem Kopf! Ich wollte, dass sie verschwanden. Sie machten mir das Leben zur Hölle und nahmen mir all meine Kraft und Lebensmut. Wenn die Bilder besonders präsent waren, schlug ich meinen Kopf oftmals mit voller Wucht gegen die Wand, um die Bilder zu vertreiben, und meine Gedanken wieder ins Hier und Jetzt zu bringen. Wenn ich dabei allerdings erwischt wurde, musste ich eine Verhaltensanalyse wegen selbstverletzendem Verhalten schreiben.

Zehn Wochen nach meiner Einweisung, Mitte März, sollte ich auf die offene Station der Psychiatrie verlegt werden.

Angeblich hätte ich laut Aussage meines Psychologen jetzt die nötige Stabilität erreicht, um dieser Veränderung etwas entgegenzuhalten. Ich war da jedoch nicht ganz seiner Meinung. Wenn es nach mir gegangen wäre, hätte ich gesagt, dass ich noch nicht einmal 50 Prozent der dafür nötigen Stabilität besaß.

Ich holte mir zwar die Medikamente selbst am Schwesternzimmer ab und besorgte mir meine neuen Wasserflaschen selbst, aber wohl oder gar sicher fühlte ich mich auf dem Stationsflur noch lange nicht. Ich verließ mein Zimmer nur, wenn ich es unbedingt musste. In die Skills-Gruppe wurde ich ebenfalls noch begleitet, weil ich es noch nicht schaffte, in einem geschlossenen Raum mit fremden Menschen ohne Bezugsperson zu sitzen. Wenn mich jemand in der Skills-Gruppe oder auf dem Stationsgang ansprach, verfiel ich weiterhin in Panik und ergriff die Flucht. Aber nichtsdestotrotz zählte allein die Einschätzung der Ärzte und nicht meine. Und die Ärzte waren der Überzeugung, dass ich dazu bereit wäre, auf die offene Station umzuziehen.

Dieser Umzug bedeutete für mich einerseits ein riesen Schritt in Richtung Genesung, aber andererseits war er auch eine große Veränderung, die mir Angst machte.

Ich hasste Veränderungen und konnte mit ihnen nur schlecht bis gar nicht umgehen. Das hatte ich in den letzten Jahren oft genug bewiesen! Ich brauchte ein stabiles Umfeld mit klaren Regeln. Das gab mir Sicherheit und Halt. Wenn sich in diesem, für mich berechenbaren, Umfeld etwas änderte, hatte ich das Gefühl, dass mir der Boden unter den Füßen weggenommen wird und ich mich wieder neu orientieren musste. Und genau das bedeutete der Wechsel von der geschlossenen Station auf die offene für mich! Chaos, Verwirrtheit, Orientierungslosigkeit und Hilflosigkeit waren also vorprogrammiert.

45. Alles scheint gut zu werden

Auf der anderen Station arbeiteten andere Pfleger und Schwestern, die ich nicht kannte und die mich nicht kannten. Des Weiteren bekam ich eine neue Psychologin zugewiesen, die lediglich meine Akte gelesen hatte und allein dadurch schon meinte, alles über mich zu wissen, ohne wirklich Ahnung zu haben. Ich kannte sie nicht und sie kannte nur meine Akte. Dennoch sollte ich ihr, vom ersten Tag an, vertrauen und mit ihr über meine Probleme reden. Und auch an meine neuen Zimmergenossen musste ich mich direkt gewöhnen.

Hinzu kamen noch die neuen Regeln der Station und die neue Umgebung. Unter anderem war die größte Veränderung auf dieser Station, dass die Mahlzeiten nicht mehr auf den Zimmern verteilt wurden, sondern alle Patienten der Station zusammen in einem großen Speisesaal aßen.

Das hieß, ich müsste nun mit allen anderen Patienten gemeinsam an einen Tisch sitzen und essen. Und bei den Mahlzeiten war noch nicht einmal ein Pfleger oder eine Schwester anwesend! Das Personal teilte lediglich die Tabletts mit dem Essen aus und anschließend verschwanden sie wieder ins Schwesternzimmer, weil sie in der Zeit, in der es Essen gab, Pause hatten. Schon allein diese Umstellung konnte nicht funktionieren! Nie und nimmer würde ich es schaffen, mit allen anderen Patienten im Speisesaal zu essen!

Falls ich es wirklich schaffen sollte, mich an den Tisch zu setzten, was ich bereits bezweifelte, weil ich vermutlich ununterbrochen Flashbacks und Angst hätte und panisch zurück in den Schutz des Zimmers rennen würde, könnte ich 100 prozentig nichts zu mir nehmen. Ich würde vermutlich in meine eigene Welt der Flashbacks versinken und pausenlos die schrecklichen Bilder in meinem Kopf sehen. An Essen war da erst gar nicht zu denken!

Die zweite große Veränderung war, dass ich auf dieser Station zusätzlich auch deutlich mehr Therapien hatte, als auf der geschlossenen Station. Ich sollte zweimal die

Woche zur Ergo gehen und ebenfalls zweimal die Woche die Gruppentherapie der Station besuchen. In beiden Fällen musste ich mit anderen in einem geschlossenen Raum sitzen. Das war eine Horrorvorstellung. Allein der Gedanke daran löste bereits Panik in mir aus.

Und die dritte, nicht weniger problematische, große Veränderung war, dass es auf dieser Station keine Toiletten und Duschen auf dem Zimmer gab, sondern nur in extra Räumen am Ende des Flurs. Falls ich also duschen wollte oder auf Toilette musste, musste ich den kompletten Gang entlang gehen und das mehrmals täglich.

Ohne groß die Vor- und Nachteile des Umzugs abzuwägen, war mir bereits jetzt schon klar, dass ich diesen Herausforderungen nicht gewachsen war! Diese vielen Veränderungen konnten nicht gut gehen! Ich wollte nicht umziehen!

Aber auf meine Einschätzung wollte mein Psychologe nicht hören. Er sagte lediglich, dass er an mich glauben würde, und ich es einfach auf mich zukommen lassen sollte.

Am nächsten Tag packte ich gezwungenermaßen nach dem Frühstück meine Sachen zusammen und eine Schwester brachte mich auf die andere Station.

Ich kam in ein Dreibettzimmer zu zwei Frauen, die von Anfang an sympathisch und freundlich wirkten, was sich in späteren Gesprächen auch bewahrheitete.

Bevor ich mich jedoch näher mit ihnen unterhalten konnte, zeigte mir zuallererst eine Schwester die Station und erklärte mir die wichtigsten Regeln zum Tagesablauf. Diese Schwester sollte auch meine neue Bezugsschwester sein. Denn wie bereits auf der geschlossenen Station sollte ich auch hier auf der Station zwei feste Ansprechpartner haben. Mit ihnen sollte ich in nächster Zeit auch gemeinsam trainieren, dass ich mich wieder in Geschäfte hineintraute. Hierfür würden wir später noch regelmäßige Trainingstermine festlegen.

Ziel war es, dass ich es spätestens in drei Wochen schaffte, alleine in den Ausgang zu gehen. An der Skills-Gruppe sollte ich bereits jetzt schon ohne Begleitung teilnehmen.

Nach dem Mittagessen, das ich „ausnahmsweise" ausfallen ließ, hatte ich mein erstes Gespräch mit der neuen Psychologin.

Sie erklärte mir, dass ich ab nun jede Woche zwei Gespräche á 45 Minuten bei ihr hätte. Die Termine hierfür würde ich immer montags vom Personal übergeben bekommen.

Das war mehr Gesprächszeit als auf der geschlossenen Station. Dort hatte man nämlich nur bei Bedarf Gespräche mit seinem behandelnden Psychologen. Meist war das pro Woche einmal, für 20 Minuten, und ansonsten fanden zwischen Patient und behandelnden Psychologen nur kurze Tür-und-Angel-Gespräche von fünf bis zehn Minuten statt. Dass ich jetzt regelmäßige Gespräche mit einer festen Dauer hatte, fand ich gut. So konnte ich mich darauf vorbereiten und wusste genau, wann ich Zeit zum Reden hatte.

Allgemein lief das gesamte erste Gespräch mit ihr besser, als ich je gedacht hätte.

Im Normalfall konnte ich die meisten Psychologen nicht leiden. Diese Leute meinten nämlich oft, dass sie die Weisheit mit Löffeln gefressen hätten und alles wüssten, was in Wirklichkeit überhaupt nicht stimmte. Oder sie verstanden es nicht, wenn man über bestimmte Themen nicht reden wollte, und bohrten dann noch schön in der Wunde herum.

Ich hatte schon jede Menge schlechte Erfahrung mit vielen neuen Psychologen gemacht, die es sich bereits beim ersten Treffen mit mir verscherzten. Aber diese Psychologin schien anderes zu sein. Das spürte ich jetzt, nach diesem einen Treffen schon. Sie dachte erst nach, bevor sie etwas sagte, und versuchte sich in mich hineinzuversetzen. Dadurch hatten wir eine Basis, auf der man eine gute therapeutische Beziehung aufbauen konnte.

Gemeinsam stellten wir Regeln auf, an die ich mich halten musste. Diese Regeln stellten wir tatsächlich gemeinsam auf und nicht nur sie allein! Viele Psychologen meinen mit „gemeinsam Regeln aufstellen", dass sie diese festlegen und der Patient sich daranhalten muss. Doch dem war wie gesagt nicht so.

Die erste Regel beschäftigte sich mit dem Thema Selbstverletzung. Sobald ich mich einmal so schwer selbst verletzte, dass ein Chirurg oder Internist die Wundversorgung übernehmen musste, bekäme ich eine Gelbe Karte. Beim zweiten Mal gäbe es eine orangefarbene Karte und beim dritten Mal würde ich die Rote Karte bekommen. Die Rote Karte bedeutete, dass ich noch am selben Tag entlassen werden würde und eine Therapie-Sperre von drei Wochen bekäme. Nach Ablauf dieser drei Wochen könnte ich, falls ich das wollte, erneut aufgenommen werden.

Ebenfalls eine Gelbe Karte gab es, wenn ich eine Selbstverletzung nicht meldete oder mein Gewicht unter 42 Kilo sank. Wobei wir bei der zweiten Regel waren. Ich wurde einmal die Woche gewogen. Aktuell hatte ich 43 Kilo. Dieses Gewicht sollte ich mindestens halten. Besser war es natürlich, wenn ich noch etwas zunahm. Sobald mein Gewicht unter 42 Kilo sinken würde, gab es für jede Woche, in der ich unter der 42 Kilo Marke lag, eine Karte.

Diese Regel fand ich zuerst etwas doof, weil ich einmal die Woche wiegen eindeutig zu wenig fand. Doch daraufhin erklärte mir die Psychologin, dass die Waage im Gemeinschaftsbad für alle Patienten offenstand. Dort durfte ich mich alleine wiegen. Womit wir auch schon bei Regel drei waren. Ich durfte mich zwar jederzeit alleine wiegen, aber ich sollte trotzdem nicht jeden Tag auf die Waage steigen.

Da diesen Punkt jedoch niemand kontrollieren konnte, war für mich allerdings jetzt schon klar, dass ich mich an diese Regel auf keinen Fall halten würde. Wenn ich die Chance hatte, mich jeden Morgen zu wiegen, dann würde ich das zweifelsfrei auch nutzen!

So konnte ich einerseits sicher sein, dass mein Gewicht nicht unter 42 Kilo sank und andererseits konnte ich dadurch kontrollieren, dass ich auch nicht zunahm. Weil zunehmen wollte ich momentan ebenfalls nicht mehr. Ich wollte mein Gewicht halten. Mein ursprüngliches Ziel, auf 50 Kilo zu kommen, war mir momentan egal. Bei meinem aktuellen Gewicht konnte ich mir nämlich sicher sein, dass ich kaum weibliche Rundungen besaß, die Männer als sexy hätten wahrnehmen können, und das gefiel mir. Ich wollte nicht nach „Frau" aussehen.

Weitere Regeln waren, dass ich zu allen Gruppentherapien der Station und zur Ergotherapie gehen musste. Zumindest sollte ich dort pünktlich erscheinen. Wie lange ich es letztendlich dort aushielt, blieb vorerst mir selbst überlassen. Wenn die Angst zu groß wurde, durfte ich zurück auf Station gehen. Bedingung war lediglich, dass ich mich nach meiner Rückkehr auf Station bei dem Personal zurückmeldete und eine langsame Steigerung der Minutenzahl, die ich in den einzelnen Therapiegruppen aushielt, erkennbar war. Diese Regel fand ich in Ordnung. Denn so durfte ich selbst entscheiden, wann ich die Gruppe verließ, und war nicht dazu gezwungen, eine bestimmte Zeit auszuhalten. Das nahm mir persönlich eine Menge Druck weg. Und auch bei den Mahlzeiten überlegten wir uns gemeinsam Richtlinien, die mir das Eingewöhnen erleichtern sollten.

Ich durfte zwar nicht alleine auf meinem Zimmer essen, was mir persönlich am liebsten gewesen wäre, aber ich durfte 20 Minuten später zum Essen gehen. In dieser Zeit hatten bereits fast alle Patienten aufgegessen und den Speisesaal verlassen. Meistens saßen um diese Uhrzeit dann nur noch drei oder vier Personen am Tisch. So hatte ich die Entlastung, dass ich nicht in der kompletten Großgruppe essen musste, aber gleichzeitig noch die Herausforderung, dass ich nicht alleine in dem großen Raum war. Im Laufe der Zeit sollte ich mich dann immer näher an die reguläre Essenszeit herantasten, bis ich irgendwann mit allen anderen Patienten pünktlich zu den Mahlzeiten gehen konnte.

Diese Regel war zwar bereits ein gewaltiges Entgegenkommen von seitens meiner Psychologin, aber trotzdem löste die Vorstellung mit anderen, fremden Menschen in einem Speisesaal zu essen, selbst wenn es weniger als eine Handvoll waren, deutliches Unbehagen in mir aus. Allein der Speisesaal an sich war für mich bereits eine Herausforderung. Er war unübersichtlich und besaß keine geschlossenen Türen. Schon allein deshalb mochte ich ihn nicht. Hinzu kamen dann noch die fremden, für mich nicht einzuschätzenden Menschen, die an dem Tisch saßen. Bis ich so weit wäre, dass ich das alles ohne Panikattacken und Flashbacks überstand, war es zweifelsfrei noch ein langer, steiniger Weg mit vielen Stolperfallen!

Nach diesen paar Hauptregeln wurde mir noch im Schnelldurchlauf erklärt, dass ich weiterhin meine Medikamente selbst abholen musste. Auch die Nachtmedikation. Beim Duschen keine Schwester mehr vor der Tür Wache stehen würde und ich zu den Therapien ebenfalls nicht mehr begleitet wurde. Ausgang hatte ich momentan nur in Begleitung, mit dem baldigen Ziel, innerhalb der nächsten paar Wochen alleine raus zu gehen. Außerdem musste ich bei Selbstverletzungen wie gewohnt eine Verhaltensanalyse schreiben.

Des Weiteren sollte ich jeden Morgen ein Tagesprotokoll und ein Spannungsbarometer ausgeteilt bekommen, die ich beide den Tag über auszufüllen hatte. Auf dem Spannungsbarometer war eine Leiste, die von 0 bis 100 ging und eine Leiste mit der Uhrzeit. Auf diesem Blatt musste ich alle 30 Minuten eintragen, wie hoch meine Anspannung war.

Im Tagesprotokoll musste ich jeden Tag ein positives Ereignis eintragen, was nicht immer einfach war, meine Stimmung, meine Freude und meinen Selbstverletzungsdruck auf einer Skala von 0 bis 10 in drei, jeweils dafür vorgesehene Kästchen einfügen und aufschreiben, wie viel ich mich den Tag über bewegt hatte. Außerdem sollte ich noch auf der Rückseite ein Protokoll über mögliche Flashbacks und Angstzustände und deren Auslöser führen.

Am Abend wurden diese zwei Protokolle mit einer Schwester oder einem Pfleger der Station vor der Nachtübergabe in einem kurzen Gespräch besprochen und ausgewertet.

Das waren alle Regeln, an die ich mich während meines Aufenthaltes halten musste. Mit einer Unterschrift erklärte ich mich mit dem Therapievertrag einverstanden und verpflichtete mich damit, mich an diese Regeln und Pflichten zu halten. Im Gegenzug dazu erklärte sich meine Psychologin mit einer Unterschrift dazu bereit, auch ihre Absprachen und Verpflichtungen einzuhalten.

Vorerst sollte ich sechs bis acht Wochen stationär auf dieser Station bleiben. Anschließend würde ich für einen gewissen Zeitraum entlassen werden, um nach Ablauf dieser Zeit erneut für sechs bis acht Wochen aufgenommen zu werden. Diese Therapieform nannte sich „Intervalltherapie".

Die ersten Tage waren die schwierigsten. Alles war neu für mich und die Anforderungen an mich waren deutlich höher als die auf der geschlossenen Station. Trotzdem bemühte ich mich, ihnen zu entsprechen. Schließlich war ich, auch wenn es häufig danach aussah, nicht der Typ Mensch, der aufgab, bevor er es überhaupt probiert hatte. Ich dachte zwar oft daran, aufzugeben und alles hinzuschmeißen; doch schlussendlich kämpfte ich mit voller Kraft weiter.

Das Schwierigste war für mich die Teilnahme an den Therapien. Ich war zwar zu Beginn immer anwesend, hielt jedoch nicht länger als fünf Minuten durch. Ich bekam Panik in dem Raum mit so vielen Männern und in meinem Kopf spielten sich pausenlos Flashbacks ab. Mein Herz raste und ich hatte Schweißausbrüche. Ich hatte das Gefühl, dass sich DAS von damals wieder abspielte, falls ich den Raum nicht sofort verließe. Deshalb rannte ich raus und ging zurück zur Station, wo ich meist am gesamten Körper zitternd und weinend ankam.

Alleine schaffte ich es meistens kaum, mich aus diesen heftigen Flashbacks herauszuholen. Ich hatte keinen Skill, der so stark war, dass er mir hätte, in solch einer extremen Angstsituation helfen können. Der einzige Skill, der es ab und zu schaffte, mich wieder auf ein annähernd normales Spannungsniveau runterzuholen, war ein Spaziergang an der frischen Luft. Doch das war nicht jedes Mal möglich, da die Pfleger und Schwestern zu den Therapiezeiten häufig anderweitig beschäftigt waren. Deshalb nahm ich in solchen Situationen so gut wie immer Bedarfsmedikation. Mithilfe des Beruhigungsmittels kam ich langsam zur Ruhe, die Bilder in meinem Kopf verblassten und ich konnte wieder klar denken. Alleine war mir das so gut wie unmöglich.

Auch das Essen im Speisesaal fiel mir nicht gerade leicht. Ich nahm kaum noch Essen zu mir. Mir ging es von der Psyche so schlecht, dass ich keinen Appetit mehr hatte. Die Flashbacks und Angstzustände zerrten so sehr an meinen Kräften, dass keine Kraft mehr übrig blieb, um das Essen in mich hineinzuzwingen. Ich ernährte mich fast ausschließlich von Joghurts, Obst und Gemüse. Darunter litt natürlich mein Gewicht und bereits nach einer Woche war ich unter den vorgeschriebenen 42 Kilo. Nur wusste das niemand außer mir. Da ich mich jeden Morgen heimlich auf die Waage stellte, wusste nur ich mein aktuelles Gewicht und konnte an dem Tag, an dem ich später von dem Personal gewogen wurde, noch ausreichen Wasser trinken. So blieb mein Gewicht auf der Waage stabil, obwohl ich abnahm und niemand – außer mir – bemerkte, dass ich das festgesetzte Gewicht bereits um mehrere hundert Gramm unterschritten hatte. Das ersparte mir auf einfache Art und Weise eine Menge Probleme.

Mit meiner Psychologin kam ich sehr gut zurecht. Sie gehörte zu den wenigen Psychologen, die ich gut leiden konnte. In den Sitzungen sprachen wir über das, was mich gerade belastete und nicht über die Vergangenheit. Ich versuchte mit ihr Methoden zu erlernen, um mich vor den Flashbacks zu schützen, beziehungsweise mich wieder alleine aus diesem Zustand herauszuholen. Diese Versuche blieben aber, und sind es bis heute noch, erfolglos. Wenn die Flashbacks kommen, ist es zu spät. Sie sind so stark, dass es mir nicht gelingt, an etwas anderes zu denken. Mittlerweile habe ich allerdings meine eigene Methode gefunden, um damit umzugehen. Bei mir hilft am besten Sport oder spazieren gehen. Das wusste ich zu diesem Zeitpunkt bereits. Sport durfte ich jedoch aufgrund meines Gewichtes nicht treiben und spazieren gehen konnte ich nur, wenn einer vom Personal Zeit hatte, und das war, wie oben beschrieben, leider nicht immer der Fall. Deshalb machte meine Psychologin nach etwas über einer Woche den Vorschlag, dass ich zweimal pro Tag 15 Minuten alleine Ausgang bekäme. Wenn das ohne Probleme funktionierte, konnte man die Zeit und die Häufigkeit steigern. Ich war mit diesem Vorschlag einverstanden. Konnte mir aber noch nicht ganz vorstellen, dass ich es tatsächlich schaffte, alleine raus zu gehen. Trotzdem wollte ich es versuchen.

Das erste Mal, als ich die Station alleine verließ, fühlte ich mich noch unbehaglich und etwas ängstlich. Das legte sich aber, sobald ich losgelaufen war.

In einem schnellen Schritt lief ich die Runde, die ich sonst immer mit einer Schwester oder einem Pfleger gelaufen war. Sobald ich lief, nahm ich nichts anderes um mich herum wahr. Ich hätte am Ende des Spaziergangs nicht sagen können, wer oder was mir alles begegnet war. Es gab nur den Weg und mich. Mein Kopf war völlig gedankenlos. Ich hatte keinerlei Angst mehr und keine Flashbacks. Ich war wie in meiner eigenen Welt und diese war zur Abwechslung mal positiv und schön.

Das Laufen tat gut. Oft stellte ich mir bildlich vor, dass ich beim Spazierengehen vor all meinen Problemen und Sorgen weglief. Ich ließ sie gedanklich hinter mir und das funktionierte.

Ich war schon immer der Typ Mensch, der vor seinen Problemen lieber wegläuft, anstatt sich mit ihnen auseinanderzusetzen. Da das Spazierengehen auch ohne Begleitung funktionierte, hatte ich dadurch den idealen Skill gefunden. Wenn ich lief, fühlte ich mich frei.

Leider wurden meine Flashbacks trotzdem nicht seltener. Nur wenn ich in meinem Zimmer war oder spazieren ging, war ich von ihnen befreit. Allerdings konnte ich nicht den gesamten Tag spazieren gehen oder im Zimmer sitzen. Das war schließlich keine Dauerlösung.

Mittlerweile fühlte ich mich dadurch ziemlich hoffnungslos. Ich war inzwischen fast drei Wochen auf der offenen Station und insgesamt drei Monate in der Psychiatrie und bekam mein Leben immer noch nicht geregelt. Klar hatte ich bereits Fortschritte gemacht, aber diese Fortschritte konnte ich nicht wirklich sehen. Ich sah nicht das, was ich bereits erreicht hatte, sondern nur das, was noch alles vor mir lag. Und das war noch eine ganze Menge. Von einem normalen Leben war ich noch meilenweit entfernt. Das machte mich unzufrieden und die Spirale des Selbsthasses begann sich wieder fester um mich zu ziehen.

Ich fühlte mich wie an Ketten gelegt und festgekettet. Die Kette war hierbei meine Angst und meine Erinnerungen aus der Vergangenheit, die sich wie Fesseln um meine Füße gelegt hatte. Sie hinderte mich an jedem Schritt, den ich machen wollte. Egal, wie sehr ich mich wehrte, mir gelang es nicht, mich davon zu befreien. Es war wie in einem Albtraum, aus dem ich nicht aufwachte!

Weitere Tage vergingen und nichts änderte sich. Die Oberärztin hatte in der Zwischenzeit ein Antiepileptikum angesetzt, das in manchen Fällen Flashbacks lindern sollte. Jedoch würde es bis zu acht Wochen dauern, bis es Wirkung zeigen würde. Dieses Medikament war meine letzte Hoffnung.

Während der Therapiestunden übte ich bis dahin weiterhin mit meiner Psychologin Übungen wie „innerer sicherer Ort", eine Übung, die mir helfen solle, Flashbacks zu verhindern und alleine wieder aus ihnen herauszukommen. Allerdings gelang mir diese Übung nur, wenn ich aktuell keine Angst oder Flashbacks hatte. War ich bereits in einem Flashback gefangen, konnte ich sie nicht mehr anwenden. Dafür waren die Bilder in meinem Kopf zu stark.

Normalerweise stellt man sich bei der Übung gedanklich einen Ort vor, an dem man sich sicher fühlt und wo niemand hinkommt. Dieser Ort kann in der Realität existieren oder nur erfunden sein. Jedoch gab es für mich keinen sicheren Ort. Egal, welchen Ort ich mir versuchte vorzustellen und wo ich mich zeitweise sicher fühlte, kamen jedes Mal trotzdem die Flashbacks durch. Dann gelang es mir nicht mehr, an etwas anderes zu denken. Es gab auch noch andere Übungen, wie die „Tresorübung", bei der man die schlechten Erinnerungen gedanklich in einen Tresor einschließt und den Schlüssel wegwirft. Aber auch das gelang mir nicht. Die schlechten Erinnerungen sprengten das Schloss auf. Deshalb war meine letzte Hoffnung das neue Medikament, das ich bekam. Würde es nicht dafür sorgen, dass die Flashbacks zumindest schwächer wurden, würde ich dafür sorgen, dass sie aufhörten. Aber dann würden nicht nur die Flashbacks aufhören, sondern mein gesamtes Leben.

Es gab derzeit nur zwei Dinge, die es zuverlässig schafften, mich ohne Beruhigungsmittel oder selbstverletzendem Verhalten aus einem Flashback herausholten. Das Erste war das Spazierengehen und die Vorstellung dabei, vor den

Problemen, der Erinnerung und der Angst davonzulaufen, und das Zweite war eine Igelballmassage.

Allerdings funktionierte das mit der Igelballmassage nur, wenn eine zweite Person den Igelball mit Druck über meinen Rücken, Arme und Beine rollte. Dabei spürte ich meinen Körper und ich konzentrierte mich auf das angenehme Gefühl des Igelballs. Dieses Gefühl holte mich in das Hier und Jetzt zurück und ich entkam den Fesseln des Flashbacks. Ich registrierte, dass es nur in meinen Gedanken existierte und nicht gerade, im Moment geschah.

Das Problem an diesem Skill war, dass ich dafür eine weitere Person brauchte und die Massage nicht von allen Schwestern zuließ. Ich musste zu dieser Person Vertrauen haben, was mir persönlich schwerfiel. Ich vertraue nur sehr wenigen und denen auch nur bis zu einem gewissen Grad. 100 Prozent vertraute ich niemanden. Noch nicht einmal mir selbst.

Ein weiteres Problem war, dass meine Psychologin diesen Skill nicht wirklich als solchen ansah. Sie war der Meinung, dass ich lernen sollte, ohne Hilfe durch eine weitere Person von meinen negativen Gedanken loszukommen. Das wussten viele Schwestern, deshalb sagten sie meistens zu mir, wenn ich sie nach einer Igelballmassage fragte, dass ich selbst den Igelball über meine Arme und Beine rollen sollte. Das war aber nicht dasselbe.

Wenn ich den Igelball nämlich eigenständig über meine Arme und Beine kugelte, war das ein anderes Gefühl, als wenn es eine andere Person tat. Dieses Gefühl, wenn ich selbst den Igelball über meine Haut rollte, half mir nur bei einer geringen Anspannung. Bei einem Flashback war die selbst durchgeführte Igelballmassage wirkungslos. Doch das glaubte mir meine Psychologin nicht. Stattdessen gab sie mir als „Trost" und Unterstützung meines zweiten Skills dreimal am Tag 30 Minuten Ausgang alleine. Wenn das gut funktionierte, könnte ich sogar nach einer Erhöhung dieser Zeit fragen.

Ich nutzte jeden Tag die volle Ausgangszeit. Gerade nach Gruppentherapien oder Ergo, bei denen ich weiterhin Angst und Flashbacks hatte und nicht länger als fünf Minuten der Therapiesitzung aushielt, ging ich, nachdem ich wieder einigermaßen klar denken konnte und nicht mehr direkt in dem Flashback drinnen war, an die frische Luft, um mich abzureagieren.

Ich war jedes Mal aufs Neue enttäuscht von mir, dass ich es nicht länger als fünf Minuten in der Therapie aushielt. Es gab einfach keinen Fortschritt in dieser Richtung. Genauso wenig gab es einen Fortschritt bei dem gemeinsamen Essen.

Ich aß zwar inzwischen wieder etwas mehr und ausgewogener, sodass ich mein Gewicht erneut auf 42 Kilo aufgebaut hatte und das auch hielt, aber dafür ging ich erst dann zum Essen, wenn sich niemand mehr im Speisesaal befand. Damit brach ich zwar eine der Regeln, die ich mit meiner Therapeutin aufgestellt und im Therapievertrag festgehalten hatte, doch was sie nicht wusste, konnte sie nicht bemängeln. Außerdem schaffte ich es anders nicht, ausreichend zu essen. Wenn andere Personen, insbesondere Männer, noch am Essenstisch saßen, war meine Angst viel zu groß, als dass ich mich dazu gesetzt, und mit ihnen gemeinsam an einen Tisch gegessen hätte. Allgemein vermied ich jeglichen Kontakt zu anderen Menschen, so gut es ging. Lediglich mit meinen zwei Zimmergenossen führte ich längere Gespräche oder erzählte mal etwas.

46. Stabil sieht anders aus, aber ab und zu gewinnt man aus einer bescheidenen Situation doch etwas Gutes

An einem Tag ging es mir besonders schlecht. Ich hatte Gruppentherapie gehabt und war, wie immer, nach fünf Minuten panisch aus der Tür gestürmt. Und wie fast jedes Mal hatte ich es auch dieses Mal nicht geschafft, mich ohne die Einnahme eines Beruhigungsmittels zu beruhigen. Doch trotzdem war es dieses Mal etwas anders.

Normalerweise schlug meine Bedarfsmedikation recht schnell bei mir an und sorgte spätestens nach 30 bis 40 Minuten dafür, dass ich aufhörte zu zittern, und die Bilder in einem Kopf verschwanden. Aber heute blieb diese Wirkung aus. Ich zitterte zwar nicht mehr ganz so stark und die Bilder waren ebenfalls schwächer geworden, doch die negativen Gedanken und die Angst waren immer noch präsent. Sie schienen heute einfach kein Ende nehmen zu wollen. Ich fühlte mich ihnen machtlos ausgeliefert.

Bereits in den letzten Tagen hatte ich mich mehrmals selbst verletzt. Ich hatte mir einige Hautstellen blutig gekratzt und mit dem Kopf mehrfach gegen die Wand geschlagen, weil auch da schon die Bilder extrem penetrant und aufdringlich waren. Ich besaß inzwischen nicht mehr die Kraft und die Geduld, mit Skills gegen die Flashbacks anzukämpfen. Selbstverletzung war der schnellere und vor allem leichtere Weg aus diesem unangenehmen Zustand heraus. Deshalb wählte ich auch an diesem Tag wieder diesen Weg.

Ich wollte nicht kämpfen. Mir war alles vollkommen egal. Ich spürte nichts mehr. Nur die negativen Bilder waren in meinem Kopf. Ich hasste diese Erinnerung, ich hasste meinen Körper, ich hasste mein Leben. Überhaupt hasste ich alles. Ich wollte nicht mehr stark sein. Für heute gab ich den Kampf auf ...

Ich meldete mich beim Personal ab und behauptete, dass ich spazieren gehen wollte, doch in Wirklichkeit ging ich in einen Drogeriemarkt.

Im Normalfall tat ich das nicht ohne Begleitung, weil meine Angst mit Männern auf so engem Raum, ohne großartige Fluchtmöglichkeiten, zusammen zu sein und die Unübersichtlichkeit zwischen den Regalen, Panik in mir hochsteigen ließen. Aber in diesem Moment war mir das egal. Ich nahm gar nichts mehr wahr. Keine Angst und auch keine anderen Gefühle. Nur endlose Leere und den starken Druck, mich zu schneiden. Ich wollte mich selbst wieder spüren und sehen, dass ich noch lebte. Dass nicht alles um mich herum ein Traum war und vielleicht auch mit der Hoffnung, dass alles ein Albtraum sei, und der Schmerz mich endlich aufwachen ließ.

Wie in Trance kaufte ich mir Rasierklingen, ging zurück in die Klinik, nahm mir zwei Handtücher und verschwand, ohne dass mich jemand bemerkte, im Badezimmer.

Dort setzte ich mich auf den Badewannenrand und nahm die erste Rasierklinge in die Hand.

Ich spürte, wie mein Herz vor Anspannung raste.

Mit aller Kraft zog ich die Rasierklinge über meinen Arm. Als diese stumpf war, nahm ich die nächste und danach noch eine. Immer so weiter, bis alle zehn Rasierklingen verbraucht waren.

Erleichtert, befreit und komplett ruhig betrachtete ich mein „Werk". Meine beiden kompletten Arme, vom Handgelenk bis zur Schulter und beide Handrücken waren von Schnitten übersät. Viele von ihnen klafften weit auseinander. Doch der Anblick ließ mich kühl. Ich spürte nichts. Nicht einmal Schmerz. Völlig tiefenentspannt schaute ich zu, wie das Blut in einem kleinen Fluss meine Arme herunterlief und sich auf dem Boden eine Pfütze bildete.

Während einer Selbstverletzung war es mir völlig egal, dass ich mit meinen Schnitten Nervenbahnen, wichtige Blutgefäße, Sehnen oder Bänder zerschneiden könnte. Ich spürte es nicht und selbst wenn, wäre es mir vermutlich egal gewesen. Von mir aus hätte ich dabei auch sterben können. Das interessierte mich genauso wenig. Wenn ich tot wäre, dann wäre ich wenigstens die verdammte Angst, meine Flashbacks und meine ganzen haufenweise anderen Probleme los ...

Ich weiß nicht mehr, wie lange ich einfach nur dort saß und dem Blutfluss zusah, wie er gleichmäßig meine Arme hinunterfloss. Irgendwann riss ich mich auf jeden Fall etwas wehleidig aus dieser Starre heraus und drückte die Klingel.

Als daraufhin ein Pfleger an die Tür klopfte und fragte, ob alles in Ordnung sei, antworte ich: „Nicht wirklich ...“ Dann warnte ich ihn vor und sagte, dass er nicht erschrecken soll, und öffnete die Tür.

Als er meine Arme sah, brach unverzüglich Hektik auf Station aus. Laut fluchend rief er nach seinen Kollegen und einem Arzt.

Mit einem Druckverband wurde versucht, die Blutung zu stoppen, was aber nicht viel brachte. Selbst als der Verband schon mehrere Zentimeter dick über meine Arme gewickelt war, blutete es noch so durch, als wenn nur eine Lage Verband um die Wunden gewesen wäre.

Ohne dass der Arzt der Psychiatrie einen Blick auf die Wunden geworfen hatte, überwies er mich sofort an die Ärzte der Chirurgie. Und auch der diensthabende Chirurg löste den Verband nicht, um auf die Wunden zu blicken. Er meinte direkt, dass ich auf jeden Fall einige größere Adern verletzt hätte, die so schnell wie möglich genäht gehörten. Da es jedoch unmöglich wäre, die vielen Schnitte alle einzeln zu betäuben, wollte er mir eine Vollnarkose geben und mich mit einem weiteren Kollegen zusammen mit in den OP nehmen. Dort würden dann er auf der einen Seite und sein Kollege auf der anderen Seite beide gleichzeitig meine Arme wieder zusammenflicken.

Erst am nächsten Tag wurde mir so richtig bewusst, wie tief ich geschnitten hatte und wie gefährlich die Schnitte waren.

Ich hatte eine Sehne angeschnitten, mehrere Nerven verletzt und wurde mit knapp 100 Stichen genäht.

Heute hat sich das glücklicherweise alles wieder weitestgehend erholt. Nur wenn ich über meinen linken Arm streiche, kribbelt dieser unangenehm. Aber damit kann ich leben. Denn es hätte bedeutend schlimmer kommen können.

Am Tag der Selbstverletzung hatte ich allerdings nicht mitbekommen, wie schwer die Verletzungen waren. Die Einsicht und der Schock über meine Tat kamen erst bei dem Gespräch mit meiner Psychologin, dass ich am nächsten Morgen führen musste. Seitdem habe ich mich nie mehr so schwer verletzt. Das Entsetzen, das ich mit meinem Handeln ausgelöst hatte, und die Schmerzen, die ich auch mehrere Tage danach noch hatte, waren mir eine Lehre gewesen.

Vor dem Gespräch mit der Psychologin gingen mir tausend Gedanken durch den Kopf. Ich fürchtete, dass ich nun wegen der Selbstverletzung keinen Ausgang mehr hätte und sie von mir enttäuscht wäre. Was ich ihr nicht hätte verübeln können. Ich war schließlich selbst von mir enttäuscht, dass der gestrige Tag so geendet hatte. Doch meine Befürchtungen bewahrheiteten sich in keiner Weise. Ich musste lediglich eine Verhaltensanalyse schreiben und sonst blieb alles beim Alten. Ich hatte weiterhin Ausgang alleine und auch sonst gab es für mich keine weiteren Konsequenzen. Das empfand ich als erleichternd.

Anschließend redete ich mit meiner Psychologin kurz über den Auslöser der Selbstverletzung. Sie meinte, dass sie nicht näher darauf eingehen wollte. Schließlich war es passiert und man konnte es nicht mehr ändern. Klar war es nicht gut, dass ich mich verletzt hatte, aber es war nun mal geschehen. Man konnte nur daran arbeiten, dass ich mir das nächste Mal früher Hilfe holen, und anders handeln würde, bevor es zu spät sein würde.

Deshalb sollte ich nach dem Gespräch mit einer Schwester gemeinsam eine vorgedruckte Liste durchgehen, auf der viele verschiedene Skills aufgelistet waren. Meine Aufgabe war es, neue Skills zu finden, die mir bei Flashbacks und Anspannung helfen könnten. Diese sollte ich dann mit Signalfarben auf ein Blatt Papier schreiben und das Paper so in meinem Zimmer aufhängen, dass ich es jederzeit sehen konnte.

Auf dieser Liste fand ich einen altbekannten Skill von mir wieder, dem ich in letzter Zeit jedoch, warum auch immer, keine größere Beachtung mehr geschenkt hatte: die Wärmflasche.

In der Kinder- und Jugendpsychiatrie hatte ich oft eine Wärmflasche mit mir umhergetragen, weil ich sehr häufig fror, und mir ununterbrochen kalt war. Die Wärme der Wärmflasche wärmte mich dann auf und beruhigte mich nebenbei noch. Sie erzeugte mit ihrer Wärme ein wohlig warmes Gefühl, das mir Sicherheit gab. Wenn es mir nicht gut ging, legte ich mir eine warme Wärmflasche auf den Bauch und ich fühlte mich gleich durch die Wärme etwas wohler in meiner Haut und begann ruhiger zu werden.

Als ich das der Schwester sagte, versprach sie mir, ihr Möglichstes zu tun, um mir eine Wärmflasche zu besorgen.

Dieser Skill half mir zwar nicht bei Flashbacks und hoher Anspannung, aber wenn ich die Wärmflasche früh genug anwendete, konnte die angenehme Wärme zumindest verhindern, dass die Anspannung weiter stieg. Dabei gab es nur ein größeres Problem, das mir später auch zum Verhängnis wurde: Ich hatte mir, vor längerer Zeit, ein Handtuch über meinen Bauch gelegt und kochendes Wasser darüber geschüttet, sodass meine komplette Haut am Bauch verbrannt war. Die Verbrennung heilte, allerdings blieben viele Narben zurück. Mein ganzer Bauch ist von Brandmalen übersät und diese Haut ist äußerst empfindlich. Besonders gegen Hitze. Selbst nach warmen Duschen leuchteten die Male zu dieser Zeit noch feuerrot. So also auch, wenn ich die Wärmflasche darauflegte. Hinzu kam, dass ich ziemlich Hitze unempfindlich bin. Gerade dann, wenn ich angespannt bin, reagiere ich auf äußere Reize erst verspätet. Dementsprechend kann es passieren, dass ich mich, wenn ich unter Anspannung stehe, schnell mal überschätze und mir selbst unbewusst Schmerzen (zum Beispiel durch Hitze) zufüge, das aber erst Stunden später wahrnehme.

Das Wasser für die Wärmflasche machte ich im Wasserkocher warm. Dabei achtete ich allerdings genau darauf, dass das eingefüllte Wasser lediglich dampfte und nicht kochte. Denn mein Ziel war es ja, mich von der Anspannung runter zu bringen und nicht, mich durch Verbrühen selbst zu verletzen.

Jedoch täuschte ich mich trotzdem mit der Temperatur der Wärmflasche. Ich nahm die Wärme auf meinem Bauch als angenehm wahr, doch in Wirklichkeit war es viel zu heiß. Ich spürte es nicht, wie ich die empfindliche Haut auf meinem Bauch erneut verbrannte. Erst als am Abend die Brandmale auf meinem Bauch noch immer feuerrot leuchteten und sich einzelne Stellen zu schuppen begannen, wurde mir bewusst, was ich getan hatte.

Jedoch sah ich diesen „Unfall" nicht als Selbstverletzung an. Schließlich hatte ich mich nicht beabsichtigt verbrannt, sondern aus Versehen, weil ich mich mit der Hitze der Wärmflasche verschätzt hatte. Doch meine Psychologin sah das leider anders.

Beim Wiegen bemerkte die Schwester, dass ich frische Verbrennungen am Bauch hatte, und meldete das meiner behandelnden Psychologin, woraufhin es zu einem Krisengespräch kam.

Mehrfach versuchte ich ihr zu erklären, dass meine Verletzung keine Absicht war und somit keine Selbstverletzung, aber sie glaubte mir nicht. Da eine Ärztin die Verbrennungen begutachten sollte und mir daraufhin eine Salbe zum Eincremen gab, bekam ich die zweite Gelbe Karte. Die Erste hatte ich nach dem Schneiden vor einer Woche erhalten. Nun hatte ich also innerhalb einer Woche zwei Karten bekommen. Doch dabei sollte es nicht bleiben. Da ich die angebliche Selbstverletzung nicht gemeldet hatte, bekam ich eine weitere Karte. Das war die dritte und somit Rote Karte, die die sofortige Entlassung bedeutete.

Ich war geschockt, weil ich keine Ahnung hatte, wie es weitergehen würde. Ich konnte mir kein Leben außerhalb der Klinikmauern vorstellen. Ich bekam mein Leben noch nicht einmal innerhalb einer Psychiatrie halbwegs auf die Reihe und jetzt sollte ich entlassen werden? Zwar würde ich in drei Wochen erneut aufgenommen werden, doch bis dahin war es noch eine Weile. Drei Wochen konnten lang sein. Ich war verzweifelt.

Wie konnte es überhaupt so weit kommen? Ich hatte gerade einmal vier Wochen auf der offenen Station ausgehalten. Ich war ein Versager! Das war mal wieder ein eindeutiger Beweis dafür, dass ich nichts im Leben auf die Reihe bekam und nicht dazu fähig war, mich an Vereinbarungen und Regeln zu halten! So sehr ich es auch versuchte, mir gelang es nie länger als ein paar Wochen, die Vereinbarungen einzuhalten. Ich war schlichtweg nicht vertragsfähig. Ein Versager eben!

Ich brach die Regeln ja nicht einmal aus Böswilligkeit oder weil ich mich nicht daranhalten wollte. Im Gegenteil: Ich versuchte es mit aller Kraft, doch mir gelang es nicht. Ohne dass ich es wollte, suchte ich jedes Mal meine Lücken. Ganz unbewusst. Und regte mich anschließend dann über mich selbst auf.

Bereits am nächsten Tag sollte ich entlassen werden und auf den Tag genau drei Wochen später, würde ich erneut aufgenommen werden.

Wenigstens konnte ich mich auch zu dieser Zeit zu 100 Prozent auf meine Familie verlassen. Sie standen auch nach dem Rauswurf aus der Klinik hinter mir und gaben mir Kraft. Allerdings konnte ich nur zwei von den drei Wochen Zwischenentlassung zu Hause, beziehungsweise bei meinen Großeltern, verbringen, weil meine Mutter mich erst in einer Woche abholen konnte.

Ich rechnete damit, dass ich deshalb die erste Woche in der Wohngruppe verbringen würde. Danach würde mich meine Mutter abholen, ich würde ein Tag bei meinen Eltern bleiben und anschließend würden sie mich weiter zu meinen Großeltern in den Schwarzwald fahren, die zurzeit dort in ihrer Zweitwohnung lebten. Dort wollte ich dann die restlichen zwei Wochen bis zur erneuten Aufnahme verbringen.

Die zwei Wochen Zwischenentlassung wollte ich gezielt bei meinen Großeltern in Schwarzwald verbringen, weil ich bei ihnen deutlich mehr Ruhe und weniger Hektik als zu Hause hatte. So konnte ich mich erholen und neue Kraft für den nächsten Klinikaufenthalt schöpfen.

Jedoch wurde mir am Abend vor meiner Entlassung von der Wohngruppe mitgeteilt, dass ich die eine Woche, bevor mich meine Mutter abholte, nicht in der Einrichtung verbringen durfte.

Der Leitung war das Risiko, mich unbeaufsichtigt in dem Appartement wohnen zu lassen, zu hoch. Sie war der Meinung, dass ich aktuell eine engere Betreuung mit mehr Kontrolle und Aufsicht benötigte, die in diesem Haus so nicht möglich war. Deshalb sollte ich die Zeit zur Überbrückung in einer anderen Einrichtung, die ebenfalls zum selben Sozialwerk gehörte, verbringen.

Dort wohnten die Betreuer unmittelbar mit in der Wohnung und es gab nicht nur eine Nachtbereitschaft, sondern eine feste Nachtwache. Das hieß, dass nachts ein Betreuer nicht dort schlief und nur bei Bedarf geweckt wurde, sondern dass der Betreuer die komplette Nacht wach war. So konnte in regelmäßigen Abständen nachgeschaut werden, was ich machte und wie es mir ging. Das war sicherer.

Ich fand diesen Beschluss alles andere als schön, aber musste mich zwangsweise damit anfreunden. Widerspruch war sinnlos.

Die Einrichtung, in die ich sollte, war eine Einrichtung für Erwachsene und nicht, wie meine eigentliche Wohngruppe, in der ich wohnte, eine Einrichtung für Jugendliche und junge Erwachsene.

Ich bewohnte dort das „Krisenzimmer". Das war ein kleiner Raum mit Bett, Schreibtisch und Kleiderschrank und angebundenem Badezimmer.

Das Zimmer befand sich mitten auf dem Hauptflur. Ging ich aus der Tür heraus, stand ich auf dem Flur, auf dem sich das Betreuerzimmer befand. Auf dem Flur gab es noch zwei weitere Türen, die in zwei verschiedene Wohnungen führten. In einer Wohnung wohnten mehrere Frauen, in der anderen mehrere Männer. Wenn ich mein Zimmer verlassen wollte, konnte ich in die Wohnung, in der die Frauen wohnten, gehen. Dort durfte ich fernsehen und mich, wenn ich wollte, mit den Bewohnern unterhalten. Wenn ich meine Ruhe haben wollte, ging ich zurück in mein Zimmer.

Da diese Wohngruppe nicht speziell für Menschen mit Essstörungen ausgelegt war, kaufte dort eigentlich jede Woche ein Bewohner die benötigten Lebensmittel nach einem vorgefertigten Einkaufszettel ein und jeder konnte sich zu bestimmten Zeiten, in denen die Küche aufgeschlossen wurde, eigenständig ein Brot oder etwas anderes zubereiten. Falls jemand etwas Spezielles an Lebensmitteln haben wollte, musste er es selbst kaufen. Feste Essenszeiten gab es nur mittags. Morgens wurde die Küche zum Frühstück zwei Stunden aufgeschlossen, zum Abendessen und nachmittags zum Kaffee jeweils 30 Minuten. So konnte jeder der Bewohner selbst entscheiden, wann oder ob er überhaupt etwas zu den einzelnen Mahlzeiten aß. Nur das Mittagessen fand gemeinsam in der Großgruppe statt.

Da die Zeit zum Kochen mittags fehlte, gab es jeden Tag Fertiggerichte aus dem Backofen. Es gab gefühlte 100 verschiedene Gerichte, aus denen die Bewohner auswählen konnten. Für mich wurde jedoch in Bezug auf Essen die eine oder andere Ausnahme gemacht und andere Regeln aufgestellt.

Ich musste mindestens drei Hauptmahlzeiten am Tag essen und zwei Zwischenmahlzeiten. Die Zeiten hierfür durfte ich mir selbst einteilen. Außerdem wurden mir keinerlei Vorschriften bezüglich Menge oder Kalorien gemacht. Da die Betreuer der Einrichtung kein Geheimnis daraus machten, dass sie null Ahnung von Essstörungen, Kalorien und Nährwerten hatten, mischten sie sich in dieser Angelegenheit nicht bei mir ein. Ich sollte selbst Verantwortung dafür übernehmen. Als ersten Schritt hierfür durfte ich mit einer Betreuerin zusammen einkaufen gehen und mir meine eigenen Lebensmittel, die ich essen wollte, aussuchen. Diese Lebensmittel wurden dann auch extra im Kühlschrank der Betreuer im Dienstzimmer gelagert, damit sie mir niemand wegessen konnte.

Bei dem Einkauf suchte ich mir gezielt Lebensmittel aus, von denen ich die Kalorienzahl wusste oder auf der Verpackung ablesen konnte.

Ich wählte hauptsächlich Nahrungsmittel mit wenigen Kalorien aus. Denn die kommenden Tage müsste ich ohne Waage auskommen und in dieser Zeit sollte mein Gewicht nicht explodieren. Ich wollte mein Gewicht von 42 Kilo halten. Deshalb hieß es, lieber zu wenig, als zu viel zu essen.

Erstaunlicherweise vergingen die Tage in der Einrichtung recht schnell, obwohl ich kaum Beschäftigung hatte.

Durch das Antiepileptikum, das als Nebenwirkung müde und schläfrig machte, schlief ich fast den gesamten Tag. Aber gegen die Flashbacks half es trotzdem nicht. Sie blieben unverändert. Wobei es mir bezüglich der Flashbacks und meiner Angst in der Wohngruppe schon deutlich besser ging, als in der Psychiatrie. Eventuell lag das daran, dass ich hier die Chance hatte, Situationen, die mir Angst machten und Flashbacks auslösten, zum Beispiel Gruppentherapien, aus dem Weg zu gehen.

Außerdem fühlte ich mich in der Gegenwart der Betreuer sicher und es war fast zu jeder Zeit ein Betreuer in Reichweite, falls meine Stimmung doch mal kippte.

Mein Tagesablauf war täglich derselbe. Ich schlief morgens bis neun Uhr aus, frühstückte, fuhr eventuell mit einer Betreuerin in die Stadt, um Erledigungen zu machen, aß Zwischenmahlzeit und Mittagessen, schaute fern, aß wieder Zwischenmahlzeit, schaute weiter fern, aß zu Abend und um spätestens neun Uhr abends ging ich schlafen. Zwischendurch legte ich mich zusätzlich mehrmals zum Ausruhen hin, und wenn ich Glück hatte, hatte ab und zu auch eine Betreuerin Zeit, um mit mir spazieren zu gehen.

Nach einer Woche, die mir deutlich kürzer vorkam, holte mich meine Mutter ab.

Durch die stark sedierenden Medikamente, die ich bekam, war mein Gehirn wie benebelt und ich nahm meine Umwelt kaum wahr. Zeitgefühl war für mich ebenfalls ein Fremdwort. Wenn ich die Hälfte von dem, was um mich herum passierte, registrierte, war das schon viel! Ich war vollkommen zugedröhnt, aber ich nahm das überhaupt nicht wahr. Für mich war dieser Zustand „normal". Auch wenn meine Eltern mir fast täglich sagten, dass ich durch die Tabletten völlig neben der Spur sei, hätte ich von mir selbst aus nie behauptet, dass die Tablettendosis zu hoch und ich so zugedröhnt war, dass ich nicht mehr wusste, wo hinten und vorne war. Erst als die Dosis mehrere Monate später heruntergesetzt wurde, wurde mir das bewusst. Erst da merkte ich, wie mich die Medikamente beeinflusst hatten.

Heute kann ich mich nur noch an wenige Einzelheiten dieser Zeit erinnern. Diese schwere Zeit mit der großen Angst und den vielen Flashbacks, die fast neun Monate andauerte, kommt mir heute wie maximal drei Monate vor, weil viele Erinnerungen von einem dicken Tablettennebel verschleiert werden.

Die Tabletten haben mich damals zu einem anderen Menschen gemacht. Ein Mensch, der nichts von seiner Umwelt mitbekam und kaum etwas selbstständig dachte. UND eine eventuell ganz interessante Info: Viele dieser Medikamente hatten in den Nebenwirkungen „Verstärkung selbstschädigender Verhaltensweisen" und „Entstehung/ Verschlimmerung suizidaler Gedanken" stehen. Aber selbstverständlich standen diese Nebenwirkungen nur in der Packungsbeilage, weil auf dem Beilagenzettel noch ein bisschen Freiraum war und man nicht wollte, dass das Papier an dieser Stelle weiß blieb.

Die zwei Wochen bei meinen Großeltern beeinflussten meine Psyche auf sehr positive Art und Weise. Ich fühlte mich in ihrer Gegenwart sicher und geborgen.

In den zwei Wochen bei ihnen schaffte ich es, mehr Fortschritte zu machen, als in den letzten vier Wochen auf der offenen Station.

Vermutlich lag das unter anderem daran, dass ich mich in der Umgebung im Schwarzwald wohlfühlte. Ich war viel mit meinen Großeltern an der frischen Luft spazieren und auch sonst waren wir viel draußen. Das tat gut und ich schaffte es, neue Kraft tanken.

Normalerweise konnte ich Nähe nur schlecht aushalten, aber aktuell brauchte ich diese Nähe zu meiner Familie.

Ich hatte kaum Flashbacks und Angstzustände, weil ich mich in Anwesenheit meiner Großeltern sicher genug fühlte. Ich wusste, dass sie mich zu jeder Zeit beschützen und mich niemals alleine lassen würden. Sie gehörten zu den wenigen Menschen, denen ich vertraute. In ihrer Begleitung konnte ich sogar in einem geschlossenen Raum mit fremden Menschen sitzen. Ich hatte zwar weiterhin einen Mindestabstand, den ich vor fremden Männer einhalten musste, und rückte ganz nah an meinem Opa heran, doch ich konnte es aushalten.

Dieses Sicherheitsgefühl, das insbesondere mein Opa für mich ausstrahlte, verlieh mir magische Kräfte.

Selbst nachts konnte ich besser schlafen und hatte kaum noch Albträume.

Die Zeit im Schwarzwald weckte neuen Lebensmut in mir und ich schaffte es, mein Leben nicht ausschließlich als Albtraum zu sehen, sondern sah auch wieder die schönen Momente.

Leider vergingen die zwei Wochen wie im Flug und schneller, als ich es haben wollte, war die Zeit vorbei und der Tag der Wiederaufnahme in der Klinik stand vor der Tür.

Allerdings sah ich diesem zweiten stationären Therapieversuch inzwischen ziemlich zuversichtlich entgegen. Ich hatte in den letzten drei Wochen neuen Lebenswillen gefasst und war davon überzeugt, mein Leben schon bald wieder in den Griff zu bekommen. Jedoch sollte das dann letztendlich doch nicht so einfach werden, wie es momentan den Anschein machte.

Ich sollte erst nochmals nach ganz unten in ein tiefes Loch fallen, bis es in meinem Leben endlich wieder richtig bergauf ging.

47. Zweiter Anlauf – erneute Aufnahme auf der offenen Station

Manchmal muss man ganz tief sinken, um wieder aus dem Tief heraus zu kommen. Wie tief, wusste ich zu dieser Zeit noch nicht.

Nachdem die drei Wochen vorbei waren, holte mich meine Mutter bei meinen Großeltern im Schwarzwald ab und fuhr mich zurück in die Klinik.

Bis zum Aufnahmegespräch dachte ich noch, dass ich meine Angst nun einigermaßen unter Kontrolle hätte und dieser Aufenthalt somit unter deutlich besseren Sternen stand, aber bereits nach wenigen Stunden wurde ich eines Besseren belehrt.

Beim gemeinsamen Mittagessen kam es zu einem erneuten Einbruch bei mir. Ich versuchte mich zu überwinden, mich mit den anderen Patienten zusammen an den Tisch zu setzen und zu essen, doch bereits als ich den vollen Essenssaal sah, bekam ich Panik. Es waren viel zu viele fremde Männer in dem Saal und meine Füße wollten mir nicht gehorchen. Es ging nicht. Vor Enttäuschung, Angst und Wut auf mich selbst flüchtete ich weinend auf mein Zimmer und ließ mich auf mein Bett fallen.

In meinem Kopf spielten sich Flashbacks ab und die panische Angst war erneut da. Die letzten Wochen ging es mir so gut und nun war ich noch nicht einmal einen Tag in der Klinik und schon fing alles wieder von vorne an. Das konnte doch nicht wahr sein!

Nach dem misslungenen Mittagessen hatte ich das erste Therapiegespräch mit meiner Psychologin.

Sie war nicht gerade verwundert, als ich ihr von meiner Panikattacke beim Mittagessen erzählte. Sie erklärte mir, dass das „normal" wäre und ich mir deshalb keine Gedanken machen bräuchte. Das würde sich in den nächsten Tagen sicherlich von alleine legen. Ich solle aufhören, so hohe Ansprüche an mich und meine Psyche zu stellen und mich stattdessen auch mit kleinen Fortschritten zufriedengeben. Dann wäre das Leben nämlich nur halb so schwer und „schwarz", wie ich immer dachte.

Zu gerne hätte ich ihr das geglaubt, doch irgendwie konnte ich das zurzeit noch nicht.

Die Regeln für den Aufenthalt blieben die gleichen wie beim letzten Aufenthalt und es wurde ebenfalls wieder eine Behandlungsdauer von vier bis sechs Wochen festgelegt.

Da ich nur Zwischenentlassen war, hatte ich weiterhin Ausgang alleine. Ich durfte zweimal pro Tag eine komplette Stunde raus. Das war genau die Zeit, die ich benötigte, um den nahe gelegenen See zu umrunden. Also perfekt. Ich nutzte jeden Tag die volle Ausgangszeit.

Nach einer Woche waren dann tatsächlich, so wie es die Psychologin bei dem ersten Gespräch prophezeit hatte, doch kleine Fortschritte gegenüber dem letzten Aufenthalt zu sehen.

Nach den ersten drei Tagen hatte ich mich soweit eingelebt und an die Situation gewöhnt, dass ich es schon schaffte, 15 Minuten anstatt 30 Minuten später zum Essen zu gehen. Somit saß ich nicht mehr alleine am Tisch, sondern mit ungefähr einem Drittel meiner Mitpatienten. Das war zwar jedes Mal aufs Neue ein harter Kampf für mich, mich dazu zu überwinden, aber ich schaffte es. Und ja, es machte mich auch ein bisschen stolz, dass es mir erfolgreich gelang, gegen meine Angst und meine Flashbacks anzukämpfen!

Allgemein fühlte ich mich bei diesem Aufenthalt etwas sicherer als bei meinem letzten. Vom zweiten Tag an konnte ich direkt ohne Panik über den Gang laufen, und wenn mir ein Mann entgegenkam, machte mir das ebenfalls nicht mehr viel aus. Zumindest solange ich ihm ausweichen konnte.

Wenn bei der Ergotherapie eine reine Frauengruppe war und kein Mann mit im Raum saß, konnte ich von Anfang an die komplette Therapiezeit durchhalten und ansonsten schaffte ich wenigstens 20 Minuten, also die Hälfte. Auf meine Mitpatientinnen ging ich deutlich offener zu und führte zum Teil auch etwas längere Gespräche. Manchmal setzte ich mich abends sogar in den Fernsehraum dazu und schaute mit zwei oder drei Frauen einen Spielfilm. Das einzige Problem, dass sich nach wie vor nicht geändert hatte, war mein Problem mit der Stationsgruppe. Da bekam ich weiterhin nach der ersten Minute Panik und stürmte nach spätestens zehn Minuten aus dem Raum. In dieser Gruppe waren mir eindeutig noch zu viele Menschen auf zu engem Raum!

Eigentlich hätte ich also mehr als einen Grund gehabt, mich über die vielen Fortschritte zu freuen, aber wie schon zu oft war ich trotzdem nicht zufrieden mit mir. Ich war enttäuscht, dass ich weiterhin noch so viele Baustellen hatte und immer noch nicht an meinem Ziel war.

Mittlerweile war es Ende Mai und ich hatte seit Januar gerade mal so viele Fortschritte gemacht, wie andere Patienten in zwei Wochen schafften.

Ich wollte, dass alles wieder so wie früher wird, wo ich nicht so schlimme Angstzustände und Flashbacks hatte, UND ZWAR JETZT! Ich hatte keine Lust, für jeden Schritt wochenlang kämpfen zu müssen. Einen Schritt nach vorne zu gehen, zwei zurück, einen nach vorne. Und im Endeffekt doch nur auf der Stelle zu treten oder wenn überhaupt im Schneckentempo voranzukommen. Durch diese Selbstvorwürfe setzte ich mich selbst unter immensen Druck, was wiederum dazu führte, dass ich mich schlecht fühlte und irgendetwas brauchte, womit ich meinen Selbsthass und Prass auf mein Leben Luft machen konnte.

Ich begann wieder häufiger, mich selbst zu verletzen. Wie schon so oft schlug ich regelmäßig mein Handgelenk oder Kopf gegen Steinwände, um mich zu spüren. Außerdem kotze ich, um meinen Selbsthass zum Ausdruck zu bringen.

Allerdings hatte ich dieses Mal keine Fressanfälle, bevor ich kotzte, sondern aß für mich normale Portionen und übergab mich dann. Das Essen war bei dieser Art von Bulimie, die ich derzeit auslebte, nämlich nebensächlich. Mir ging es rein darum, den Finger in den Hals zu rammen und dadurch den Schmerz in meinem Rachen zu spüren.

Anfangs bekamen die Schwestern und Pfleger der Station nichts von meinem selbstzerstörerischen Verhalten mit. Bei meinem Gewicht auf der Waage trickste ich mit vielen Getränken, die ich kurz vorher zu mir nahm, und wegen der blauen Flecken und Schwellungen überlegte ich mir ständig neue Ausreden.

Doch dadurch, dass ich kein eigenes Bad mehr auf meinem Zimmer hatte, sondern es auf der Station nur ein Gemeinschaftsbad gab, flog ich mit dem Kotzen irgendwann auf. Eine Mitpatientin erwischte mich und verriet mich an das Personal. Das hatte zur Folge, dass ich ab diesem Zeitpunkt auch für jedes Mal Kotzen eine Verhaltensanalyse schreiben musste. Jedoch hinderte mich diese Verhaltensanalyse nicht wesentlich daran, dass ich weiterkotze. Es war schlichtweg einfach nur nervig, andauernd die sieben Seiten Verhaltensanalyse wegen jedem mal Kotzen auszufüllen. Zumal ich oftmals den genauen Auslöser, wieso ich mir den Finger jetzt in den Hals gesteckt hatte, gar nicht wusste. Ich hatte selten Gedanken dabei. Das Kotzen war eher wie eine Art „Reflex", welchen ich anwendete, wenn mich alles ankotzte.

Nachdem drei Wochen der vereinbarten Therapiezeit um waren, meinte meine Psychologin, dass ich nächste Woche entlassen werden würde, weil der erste Therapieintervall nun abgeschlossen wäre.

Diese Nachricht traf mich wie aus dem Nichts heraus, wie eine Faust ins Gesicht. Ich fühlte mich keinesfalls stabil genug, um in die Wohngruppe zurückzukehren. Ich hatte zwar deutlich seltener Flashbacks und weniger Angst, aber sie waren trotzdem noch präsent und machten mir mit ihrer

Anwesenheit das Leben schwer. Des Weiteren hatte ich mich besonders in den letzten Wochen wieder gehäuft selbst verletzt und kotzte mindestens an drei Tagen die Woche. Das war meiner Meinung nach kein gutes Fundament für eine Entlassung.

Doch als meine Therapeutin mir die Gründe für die spontan schnelle Entlassung nannte, konnte ich ihr nicht widersprechen. Sie hatte in allen Punkten zweifelsfrei recht.

Sie meinte, dass ich zurzeit keine Fortschritte mehr machte, sondern eher Rückschritte. Meine Entwicklung war gestoppt und deshalb müsste man etwas verändern. Diese Veränderung wäre eine Entlassung für drei Monate. In diesen drei Monaten sollte ich das, was ich gelernt hatte, in der WG anwenden, und mich weiter stabilisieren. Danach würde ich zu einer erneuten stationären Aufnahme in die Klinik kommen. Bei diesem zweiten Intervall könnte man dann überlegen, ob ich bis dahin stabil genug wäre, um an meinem Trauma zu arbeiten, und somit das eigentliche Problem in meinem Leben angehen. Voraussetzung war, dass ich in der Zwischenzeit hart an mir arbeitete, stabil blieb, mein Gewicht beständig hielt und mich in den nächsten drei Monaten nicht so schwer verletzte, dass ein Chirurg oder ein Internist eingreifen musste.

Diese Anforderungen waren eine Herausforderung für mich, aber sie waren nicht unmöglich zu erreichen. Dadurch, dass ich wusste, dass ich eine Traumatherapie machen musste, wenn ich Frieden mit meiner Vergangenheit schließen wollte, wollte ich es versuchen.

In der letzten Woche, in der ich noch stationär war, sollte das Antiepileptikum, das ich wegen der Flashbacks bekam, ausgeschlichen werden, weil es keine Wirkung zeigte. Ich wurde davon lediglich schlapp und müde, doch in Bezug auf Flashbacks brachte es mir nichts. Ich hatte davon nur Nebenwirkungen.

48. Erneute Entlassung

Nach Ablauf der Woche wurde ich entlassen. Zu diesem Zeitpunkt hatte ich ein Gewicht von 40,7 Kilo, was jedoch niemand, außer mir wusste, da ich vor dem Wiegen weiterhin regelmäßig Wasser trank.

Einerseits war ich überglücklich, endlich entlassen worden zu sein, und wieder machen zu können, was ich wollte, anderseits machte mir die neu gewonnene Freiheit auch etwas Angst.

Auf der Rückfahrt zur WG erlebte ich deshalb ein Wechselbad der Gefühle.

Ich war nervös und gleichzeitig gespannt, was sich in der Zeit, in der ich weg war, alles geändert hatte.

Die größte Veränderung war es wohl, dass in der Zeit, in der ich in der Klinik war, zwei weitere Jungs in eine der Wohnungen eingezogen waren. Ich lernte sie beim gemeinsamen Abendessen kennen. Sie waren zwar nett, aber dennoch hatte ich die ersten paar Tage ziemlich Angst vor ihnen.

In der WG musste ich ab sofort jeden Tag mit allen anderen Klienten gemeinsam an einem Tisch sitzen und essen. Ich konnte nicht mehr wie in der Klinik einfach ein paar Minuten später kommen und warten, bis schon die Hälfte der Leute weg war. Das hieß, ich musste die unangenehme Situation am Tisch von Anfang bis Ende aushalten. Eigentlich. Allerdings war bereits nach den ersten zwei Mahlzeiten klar, dass ich das von der Psyche her nicht durchhielt. Deshalb bekam ich von den Betreuern die Erlaubnis, früher aufzustehen. So musste ich nicht warten, bis alle am Tisch aufgegessen hatten, sondern durfte gehen, sobald ich mit Essen fertig war. Das sollte mir die ersten Wochen der Wiedereingewöhnung erleichtern.

Die meiste Zeit des Tages verbrachte ich in meinem Zimmer. Ich schloss die Tür ab, verkroch mich in meinem Bett und versank in Depressionen und Selbstmitleid. Ich wollte niemanden sehen und niemanden hören. Wenn ich es schaffte, mich aufzuraffen, ging ich spazieren und ergriff sozusagen die Flucht vor mir selbst. Bei meinen Spaziergängen hatte ich ein Schritttempo, das eher an Walking als an Spazierengehen erinnerte.

Auch nach Wochen waren und blieben die gemeinsamen Mahlzeiten in der WG die Hölle für mich. Ich saß jedes Mal zitternd am Tisch, hatte Angst und Flashbacks und musste trotzdem etwas essen, wenn ich aufstehen wollte. Nach jeder Mahlzeit hasste ich mein Leben mehr.

Wie auf einer Rolltreppe, die stetig im gleichmäßigen Tempo nach unten sank, ging es auch in meinem Leben konstant in Tiefe.

Mein Gewicht sank von Tag zu Tag. Ich hatte keinen Hunger mehr und aß so gut wie gar nichts mehr. Ich bekam einfach keinen Bissen hinunter. Im Grunde genommen war es mir auch egal, ob ich etwas aß oder nicht. Ich hatte mich mal wieder selbst und mein Leben aufgegeben und wartete nur noch auf den Tod.

Ich rutschte erneut in die Magersucht und versuchte, mir das Essen abzugewöhnen. Kalorien waren mir inzwischen egal. Ich aß alles, aber davon nur sehr wenig. Um meiner Essstörung entgegenzuwirken und dafür zu sorgen, dass ich nicht weiter abnahm, portionierten mir die Betreuer alle Hauptmahlzeiten vor, was mich jedoch nur wenig interessierte. Wenn ich zur Abwechslung mal einen guten Tag hatte und viel aß, war es die Hälfte von der Portion. Meistens war es aber nicht einmal ein Viertel. Zu den Zwischenmahlzeiten aß ich häufig Obst oder Gemüse. Nur wenn ein Betreuer darauf bestand, dass ich etwas „Richtiges" zu mir nehmen sollte, aß ich etwas anderes. Allerdings hatte das auch nicht viel mehr Kalorien. Ich suchte mir meine Lücken und vermied jede unnötige Kalorie.

Ein Zielgewicht, auf das ich kommen wollte, hatte ich nicht. Ich wollte so wenig wie möglich wiegen. Ich hasste meinen Körper und wenn ich abnahm, wurde er weniger. Das war positiv. Ich wollte verschwinden. Nicht mehr da sein. Tot sein.

Ich sah das Abnehmen als Spiel an.
Was konnte ich meinem Körper abverlangen? Wie weit konnte ich gehen? Wo waren die Grenzen? Was passierte, wenn ich darüber hinaus gehen würde? Klar wusste ich, dass ich irgendwann verhungern würde, aber das war mir egal. Ich empfand den Tod nicht als schlimm, sondern als Erlösung von meinem besch***** Leben. Davon abgesehen, war mein Leben sozusagen mein „Spieleinsatz" ... verlor ich das Spiel, war ich wortwörtlich „Game over".**

Damit die Betreuer mir keinen Strich durch die Rechnung machten und mein Spiel vorzeitig beendeten, trank ich vor jedem Wiegen Wasser. Zum Schluss trank ich fast drei Liter und versteckte zusätzlich noch Gewichte in meiner Unterwäsche.

Trotzdem bekamen sie selbstverständlich mit, dass ich zunehmend weniger wurde, und sprachen mich darauf an. Jedoch kam niemand an mich ran. Ich machte dicht. Ich befand mich in meiner eigenen Welt. In der Welt der Magersucht.

Da ich offensichtlich immer dünner wurde und anscheinend zu keiner Mitarbeit bereit war, bekam ich meinen Ausgang eingeschränkt. Ich durfte nur noch 15 Minuten am Tag raus. Allerdings hinderte mich das nicht daran, weiter abzunehmen. Ich fand es zwar doof, nicht mehr stundenlang spazieren rennen zu können, aber mehr auch nicht.

Die Betreuer und vor allem meine Familie mussten hilflos zusehen, wie ich zunehmend weniger wurde und mein Leben mit Vollgas gegen die Wand fuhr. Nur ich schien davon nichts mitzubekommen und raste weiter in Richtung Suizid.

Zu Selbstverletzungen kam es nur noch selten. Wenn, dann schlug ich meinen Kopf gegen die Wand, um die schrecklichen Bilder aus meinen Gedanken zu bekommen. Aber das passierte im Vergleich zu früher, so gut wie gar nicht mehr. Auf Schneiden mit Rasierklingen verzichtete ich sogar komplett. Dadurch, dass die Essstörung so extrem war, wurde die Borderline-Erkrankung stark in den Hintergrund gedrängt.

Ich hatte kaum noch Druck, mich selbst zu verletzen. Solange ich mein Essverhalten unter Kontrolle hatte, brauchte ich das Schneiden nicht.

Ich lebte alleine für meine Essstörung.

Wenn sich zu viele Lebensmittel in meiner Nähe befanden, bekam ich Panik und befürchtete, dass sich meine Hände selbstständig machen würden und ich die Kontrolle über mich selbst verlieren und alles auf einmal essen würde. Um dem zu entgehen, „vernichtete" ich die Lebensmittel. Ich versuchte mir meistens einzureden, dass ich keinen Essanfall brauchte und ich es auch ohne schaffen würde, doch das gelang mir nicht.

Waren zu viele Lebensmittel vorrätig, bekam ich früher oder später einen Essanfall, der unvermeidbar mit anschließendem Kotzen endete. Schließlich wollte ich durch die vielen Kalorien nicht zunehmen.

Mein Körper war ausgehungert und kämpfte um sein Überleben. Die Fressanfälle waren sozusagen sein Versuch, sein eigenes Überleben zu sichern. Mein natürlicher Lebenswille kämpfte gegen das Verhungern an und ich kämpfte gegen meinen Körper und seinen Überlebenswillen.

Ich sah Essanfälle immer als eine Schwäche von mir an und fühlte mich nach einem Fressanfall als Versager, weil ich es nicht geschafft hatte, stark zu bleiben.

Aber die Essanfälle hatten auch ihre guten Seiten für mich: Erstens waren die „gefährlichen" Lebensmittel weg und konnten mich somit nicht mehr in Versuchung führen, und zweitens war mir danach meistens so schlecht, dass ich den restlichen Tag keinen Bissen mehr herunterbekam.

Bereits nach zwei Wochen in der Wohngruppe wog ich nur noch 39,4 Kilo. Ich war stolz auf mich. Mein Plan, zu verschwinden, funktionierte besser, als ich dachte.

Ein positiver Nebeneffekt, den das niedrige Gewicht inzwischen mit sich brachte, war, dass meine Angst weniger wurde. Je weniger Gewicht ich hatte, desto weniger Gedanken waren in meinem Kopf und desto weniger nahm ich meine Gefühle wahr. Das bedeutete, die Flashbacks ließen ebenfalls nach und auch die Angst in der Nacht wurde geringer.

Durch das Untergewicht der Magersucht gelang es mir, meine Erinnerungen etwas in den Hintergrund zu drängen. Ich hatte zwar noch immer Flashbacks und Panik, wenn ich mit den Jungs aus der WG in einem Raum war, jedoch wurde selbst das zunehmend weniger.

Allerdings wurde ich durch das niedrige Gewicht leider auch zunehmend träger. Ich verschlief fast den gesamten Tag. Jede Bewegung wurde zur Anstrengung. Durch das wenige Essen und das starke Untergewicht fehlte mir die Antriebskraft. Außerdem wurde mir alles egal. Nichts interessierte mich mehr. Ich hatte keine Kraft mehr, mich mit irgendwelchen Themen auseinanderzusetzen. Geschweige denn, mit jemandem zu diskutieren. Selbst mein Gewicht interessierte mich irgendwann nicht mehr. Obwohl ich eine, genauer gesagt, inzwischen drei Waagen auf meinem Zimmer hatte, nutzte ich sie nicht mehr.

Vor einem Monat wäre es für mich noch unvorstellbar gewesen, überhaupt einen Tag ohne Waage auszuhalten, und nun war mir mein Gewicht gleichgültig ...

Selbst mein Körper stellte seinen Überlebenskampf ein. Sobald ich etwas aß, wurde mir übel. Auch wenn es nur ein oder zwei Gabeln waren. Wenn ich dann noch weiter aß, musste ich mich übergeben. Ganz, ohne den Finger in den Hals zu stecken. Ich konnte einfach nicht mehr. Mein Leben war für mich schon abgeschlossen.

Die schlimmste Nebenwirkung, die durch das Untergewicht auftrat, war das Frieren. Die Magersucht hatte schon länger wieder ihren Kältemantel um mich gelegt, aber als mein Gewicht unter 40 Kilo sank, war es kaum noch auszuhalten. Ich trug 24 Stunden am Tag eine Wärmflasche mit mir herum und mehrere Schichten Kleidung übereinander. Doch die Kälte drang überall hindurch. Sie kam von innen heraus. Das war schrecklich!

Auf Hitze hingegen reagierte ich kaum noch. Ich trank heißen Tee, den ich als warm wahrnahm, und musste anschließend feststellen, dass er viel zu heiß war und ich mir den Mund daran verbrannt hatte. Genauso wie ich in meinen Augen lauwarm duschte und danach mein gesamter Körper feuerrot war durch das heiße Wasser.

Die Betreuer machten sich langsam aber sicher Sorgen um mich und wollten mir helfen. Sie machten mir den Vorschlag in eine Klinik zu gehen, was ich jedoch lautstark verweigerte. Obwohl ich genau wusste, dass dem nicht so war, behauptete ich, dass ich mein Leben und mein Gewicht so gut wie noch nie im Griff hatte. Ich leugnete, dass ich krank war oder gar Hilfe bräuchte. Selbst von meinen Eltern ließ ich mir nichts sagen. Ich wollte es einfach nicht wahrhaben, dass ich kurz vorm Exitus stand und auf psychiatrische Hilfe angewiesen war. Ich sah das alles als nicht so schlimm an, wie meine Mitmenschen immer behaupteten. Das „bisschen"

Untergewicht war in meinen Augen kein Grund, um stationär in eine Klinik zu gehen.

Da ich ständig fror und auch ansonsten von den Vitalparametern außerhalb des grünen Bereichs lag, maßen die Betreuer regelmäßig meine Körpertemperatur und meinen Blutdruck. Beides war natürlich viel zu niedrig. Mein Körper schaffte es nicht mehr, einen normalen Kreislauf und eine normale Körpertemperatur aufrecht zu erhalten. Ich war ständig unterkühlt und hatte einen Blutdruck, mit dem jeder andere Mensch vermutlich schon längst umgekippt wäre. Trotzdem war ich der Ansicht, dass ich noch mindestens zwei bis drei Kilo mehr abnehmen konnte. Zumindest bis zu dem Tag, an dem sich plötzlich alles änderte. Denn an diesem einen besagten Tag änderte sich meine komplette Einstellung zum Leben und zu meiner Krankheit.

49. Kampf ums Überleben

Es war erneut der Fall, dass ich jeden Morgen nach dem Aufstehen umkippte, weil mein Kreislauf nicht mehr mitspielte. Aber dieser Tag war anders.

Das Karussell in meinem Kopf hörte gar nicht mehr auf, sich zu drehen, und auch sonst fühlte ich mich ungewohnt schwach. Mir gelang es kaum, mich aus eigener Kraft auf den Beinen zu halten. Deshalb legte ich mich direkt nach dem Aufstehen wieder zurück ins Bett.

Mein Herz raste, obwohl ich mich nicht wirklich angestrengt hatte, und mir war kalt und heiß zu gleich. Ich hatte das Gefühl, es wäre der tiefste Winter und ich wäre nur mit einem T-Shirt bekleidet im Freien, aber gleichzeitig war ich nass vor Schweiß.

Zu diesem Zeitpunkt hatte ich eine Körpertemperatur von lediglich 34 Grad Celsius und mein Körper musste sich extrem anstrengen, um wenigstens die lebenswichtigen Funktionen aufrecht zu erhalten.

Auch im Laufe des Tages normalisierte sich mein Kreislauf nicht. Das erste Mal bekam ich deshalb wirklich Angst. Angst davor zu sterben. Mit einem Schlag wurde mir klar: Wenn ich nun das Ruder nicht radikal herumreißen würde, würde mein Kreislauf vermutlich nicht mehr lange mitmachen. Ich wog, ohne zuvor Wasser zu trinken, nur noch 36 Kilo. Das war lebensgefährlich! Bereits unter 40 Kilo war es bei meiner Größe lebensgefährlich. Also es grenzte mehr oder weniger an ein Wunder, dass ich überhaupt noch atmete!

In letzter Zeit hatte ich mein Leben gehasst und sogar gewünscht, morgens nicht mehr aufzuwachen, doch jetzt war es anders. Ich kann keinen genauen Grund nennen, warum das plötzlich so war. Aber: Ich wollte leben!

Ich wollte mich nicht einfach so geschlagen geben. Zumindest nicht kampflos. Ich wollte ein normales Leben, also musste ich darum kämpfen. Wenn ich kämpfen würde, könnte es zwar auch passieren, dass ich verlor, aber würde ich erst gar nicht anfangen zu kämpfen, dann hätte ich bereits verloren. Und das, was ich gerade machte, war schlichtweg nur feige! Ich hatte nicht den Mumm, meiner Vergangenheit ins Gesicht zu blicken und an den Problemen zu arbeiten und flüchtete mich deshalb in die Essstörung, um mich damit aus dem Staub zu machen oder ganz direkt gesagt: umzubringen. Das war das Feigste, was ich tun konnte. Ich musste endlich aufstehen und meiner Vergangenheit, meiner Angst, meiner Essstörung und erst recht den Typen, die mir mein Leben zerstört hatten, den Mittelfinger zeigen und sagen: „Ihr könnt mich mal. Mich bekommt ihr nicht klein!" Oder zumindest musste ich das versuchen und aufhören, mich selbst zu zerstören.

Ich wollte allen um mich herum und vor allem mir selbst beweisen, dass ich doch kein Versager war und ich es schaffen könnte, mein Leben auf die Reihe zu bekommen. Und damit musste ich anfangen, bevor es zu spät war!
Also: Jetzt!!!! In diesem Augenblick.

Woher dieser Geistesblitz kam und woher ich die Motivation nahm, mich und mein Leben um 180 Grad drehen zu wollen, kann ich nur erahnen. Ich denke, dass sie größtenteils aus meinem Inneren herauskam, aber, ein nicht unbedingt geringer Teil, kam sicherlich auch von seitens meiner Familie. Sie liebte mich auch dann, wenn ich selbst dazu nicht mehr in der Lage war. Ich dachte zwar immer, dass mich niemand vermissen würde, wenn ich weg wäre, doch meine Familie bewies mir das Gegenteil. Besonders meine Mutter und mein Opa zeigten mir, dass ich sie schwer verletzen würde, wenn ich plötzlich nicht mehr da wäre. Meine Mutter weinte in letzter Zeit oft, wenn sie mich sah, und sagte mir, dass sie Angst um mich hätte. Das wollte ich nicht. Ich wollte nicht, dass jemand wegen mir weinte oder verletzt war. Erst recht niemand aus meiner Familie. Ich liebte sie. Jede einzelne Person davon. Es gab zwar häufig Streit und manchmal hasste ich sie und wünschte mir, ich hätte keine Familie, aber trotzdem hätte ich es keinen Tag ausgehalten, wenn sie mich verlassen hätten. Das war typisch für die Diagnose Borderline. Ich hasste oft die Menschen, die ich am meisten liebte. Und leider zeigte ich diesen Hass auch gerne, wenn ich wütend war ... Doch trotz allem hielt meine Familie zu jeder Zeit zu mir. Selbst wenn ich schrie und sie beschimpfte, liebten sie mich weiter. Diese Menschen wollte ich nicht verletzen oder verlieren. Ich konnte es nicht ertragen, wenn sie weinten. Vor allem, wenn es wegen mir war. Ich musste kämpfen. Das war ich ihnen schuldig. Ich hatte sie oft genug enttäuscht, jetzt musste ich sie zur Abwechslung stolz machen.

Ich wollte mich um 180 Grad drehen und zum Frontalangriff starten.

Aus eigener Kraft schaffte ich es aber nicht aus der Krankheit heraus. Ich benötigte Unterstützung dafür.

Am Abend beriet ich mich deswegen mit einer Betreuerin und beichtete ihr, dass ich vor dem Wiegen Wasser trank, um mehr Gewicht auf die Waage zu bringen, und dass mein Kreislauf jeden Morgen verrücktspielte. Außerdem erzählte ich ihr von meiner Angst zu sterben, und dass ich Panik hatte, dass es bereits zu spät war, um das Ruder noch herumzureißen.

Ich war komplett offen und ehrlich zu ihr. Das Einzige, was ich vor ihr verschwieg, war mein momentanes Gewicht. Das behielt ich lieber für mich, da ich fürchtete, dass dadurch auffliegen könnte, dass ich eine eigene Waage besaß und auf meinem Zimmer versteckte. Außerdem wollte ich sie mit den niedrigen Zahlen nicht noch zusätzlich schocken. Sie sah auch so schon leicht blass um die Nase aus.

Während des gesamten Gespräches liefen mir kalte, salzige Tränen die Wangen herunter. Ich fühlte mich wie ein Kleinkind. Doch das war mir momentan egal. Es ist ein schreckliches Gefühl, wenn man spürt, dass der eigene Körper schlappmacht. Wenn man bei vollem Bewusstsein mitbekommt, dass einem die Beine unter dem Gewicht des eigenen Körpers drohen zusammenzubrechen. Wenn man weiß, dass man dem Tod näher als dem Leben ist. Dieses Gefühl wünsche ich niemanden.

Nach dem Gespräch fühlte ich mich erleichtert und ein bisschen besser. Meine Bezugsbetreuerin hätte mir vermutlich jetzt erst einmal eine Moralpredigt gehalten und mir gesagt: „So gehen wir nicht miteinander um!" Doch diese Betreuerin verzichtete dankenswerterweise darauf. Sie erklärte mir lediglich, dass ich unter diesen Umständen auf keinen Fall in der Wohngruppe bleiben könnte. Das wäre zu gefährlich. Ich müsste zur Überwachung ins Krankenhaus. Sie ließ mir die Wahl, ob ich noch heute Abend gehen oder bis zum nächsten Morgen warten wollte.

Ohne groß zu überlegen, entschied ich mich dafür, sofort ins Krankenhaus zu gehen und mich einweisen zu lassen, weil ich fürchtete, dass ich es mir über Nacht eventuell anders überlegen könnte oder den morgigen Tag erst gar nicht erleben würde.

Ich wusste, dass nun ein harter Kampf vor mir lag. Ich musste es wieder schaffen, zu essen und zuzunehmen. Die Magersucht in mir fände das sicherlich nicht gut. Sie würde bestimmt nicht gehen, ohne um ihr Überleben gekämpft zu haben. Das würde hart und anstrengend werden, sie im Schach zu halten, aber ich musste es versuchen. Ich hatte keine anderen Optionen, wenn ich überleben wollte.

Trotz der vielen Befürchtungen und Ängste, die ich vor meinem kommenden Weg hatte, fühlte ich mich erleichtert, dass ich es gewagt hatte, den Betreuern die Wahrheit zu sagen, und somit den ersten Schritt gemacht hatte. Wenn ich schreibe, ich „freute" mich auf das Krankenhaus, ist das der falsche Ausdruck, denn Freude war es nicht direkt. Aber es war dennoch ein positives, erleichterndes Gefühl, endlich Hilfe zu bekommen und jemanden an der Hand zu haben, der im übertragenden Sinne sagt: „Ich nehm dich an der Hand, pass auf dich auf und geb dir die Unterstützung, die du gerade brauchst." Und das hatte ich in einer Klinik.

Mit Unterstützung der Betreuerin packte ich die Koffer. Ich schaffte es kaum noch, die Treppen nach unten alleine zu überwinden. Meine Beine fühlten sich an, als ob sie aus Wackelpudding wären. Ich hatte das Gefühl, dass sie zu schwach waren, um mich zu tragen. Das war kein schönes Gefühl, doch es bestärkte mich darin, dass ich die richtige Entscheidung getroffen hatte, indem ich stationär ins Krankenhaus ging.

In der ersten Nacht im Krankenhaus kam ich auf die Überwachungsstation. Ich wurde verkabelt und an einen Überwachungsmonitor angeschlossen, der meinen Blutdruck und Herzschlag dauerüberwachte. Mein Puls und Blutdruck waren deutlich zu niedrig. Ich hatte die meiste Zeit einen Puls zwischen 50 und 55 und einen Blutdruck von 70/40. Der Arzt, der mich aufnahm, meinte, dass ich mit diesen Werten schon fast scheintot wäre.

Er machte mir eindringlich klar, dass es höchste Zeit war, dass ich wieder anfing zu essen, wenn ich nicht unter der Erde liegen wollte. Außerdem erklärte er mir, dass ich nur so lange im Krankenhaus bleiben würde, bis sich mein Zustand stabilisiert hätte. Anschließend wollte er mich in die Psychiatrie, in der ich bereits mehrfach war und die dem Krankenhaus angeschlossen war, einweisen. Genaueres hierzu würde er morgen, auf der Station, mit mir besprechen. Nicht in der Nacht.

Die Nacht war schrecklich. Ich war fast ununterbrochen am Weinen und konnte es nicht fassen, wie weit es wieder gekommen war.

Mir ging es körperlich so schlecht wie noch nie. An Schlafen war gar nicht zu denken. Zu viele negative Gedanken hielten mich davon ab, auch nur ein Auge zuzumachen. Hinzu kam, dass sich alle 15 Minuten die Manschette zum Blutdruckmessen aufpumpte und anschließend der Monitor piepte, weil mein Blutdruck zu niedrig war und er Alarm schlug. An meinem anderen Arm hatte ich eine Infusionsnadel, über die Kochsalzlösung in mein Blut tropfte. Diese Nadel tat zwar nicht direkt weh, aber da der Zugang in meine Ellenbeuge gestochen war, wusste ich nicht, wie ich den Arm hinlegen sollte, damit die Position wenigstens halbwegs angenehm für mich war.

Glücklicherweise hatte ich es geschafft, den Arzt am Abend dazu zu überreden, dass er nur eine Kochsalzlösung anschloss und keine Glucose-Lösung, wie er es anfangs vorhatte. Sonst wäre ich hier noch komplett durchgedreht. Die Situation war nämlich auch so schon mehr als bescheiden genug. Zumal ich von der Infusion auf Toilette musste, aber aufgrund meines instabilen Kreislaufs nicht aufstehen durfte und auf einen Topf gehen musste. Wäre ich nicht so schwach gewesen, wäre ich am liebsten aufgestanden und gegangen, aber so musste ich bleiben. Ich fühlte mich plötzlich extrem hilflos und dieses Gefühl war für mich demütigend.

Am frühen Morgen wurde ich von dem Überwachungszimmer auf eine normale Station verlegt. Dort wurde ich als Erstes gewogen. Ich sollte von dem Bett auf einen Stuhl steigen, der auf einer Waage befestigt war. Der Stuhl stand direkt neben meinem Bett. Ich hätte also nur aufstehen und mich hinsetzen müssen. Das hört sich einfach an, war es für mich jedoch nicht. Ich setzte mich im Bett auf, als auch schon das Karussell in meinem Kopf mit seiner Achterbahnfahrt anfing. Mir sackte der Blutdruck weg und es dauerte eine gefühlte Ewigkeit, bis sich der Schwindel wieder legte. In Wirklichkeit waren es wahrscheinlich nur ein oder zwei Minuten, aber mir kam es ewig vor. Nachdem sich nicht mehr alles um mich herumdrehte, half mir eine Schwester beim Aufstehen. Ihre Unterstützung war für mich sehr unangenehm. Ich wollte keine Hilfe. Schließlich war ich ja noch keine alte Oma, die so klapprig war, dass sie gestützt werden musste. Doch dieses Mal musste ich mir wohl oder übel helfen lassen. Meine Beine wollten mich heute nämlich einfach nicht tragen. Sie knickten unter mir weg. Das gefiel mir ganz und gar nicht, so auf Hilfe von außen angewiesen zu sein.

Ich wog 35,7 Kilo. Also noch 300 Gramm weniger, als ich gerechnet hatte.

Ich war froh, als ich wieder im Bett lag. Diese kurze Bewegung hatte mich mehr geschafft, als ich erwartet hatte.

Vor dem Frühstück bekam ich einen ekelig schmeckenden Saft, der mir die Übelkeit nach dem Essen nehmen sollte. Danach gab es Frühstück.

Ich bekam ein Tablett mit zwei Brötchen, 20 Gramm Butter, Käse und Wurst. Dazu einen Tee. Mir kamen die Tränen. Ich wollte essen, aber alles in mir wehrte sich. Ich hatte Angst, davon unkontrollierbar zuzunehmen und fett zu werden. Mein Ziel war es, mindestens einen Teil davon zu essen, aber meine Hände wollten mir nicht gehorchen. Nach 20 Minuten stand das Frühstück noch immer unangerührt vor mir. Die Magersucht war offensichtlich doch stärker, als ich gedacht hatte. Ich war am Verzweifeln. Das konnte doch nicht wahr sein! Warum gelang es mir nicht einmal dann zu essen, wenn es um mein Überleben ging.

Nach einer halben Stunde kam eine Schwester in mein Zimmer, um das Tablett abzuräumen. Als sie bemerkte, dass ich nichts von dem Essen angerührt hatte, schaute sie mich verwundert an und fragte mich, ob ich keinen Hunger hätte und essen wollte. Schließlich hatte ich mich bei der Aufnahme doch dazu bereit erklärt, ausreichend zu essen.

Daraufhin berichtete ich ihr mit Tränen in den Augen, dass ich essen wollte, aber nicht konnte, weil meine Hände mir nicht gehorchen wollten.

Noch mehr verwundert als zuvor und leicht ungläubig blickte sie mich an. Wie nicht anders zu erwarten, konnte sie das Gedanken- und Gefühlsleben einer essgestörten Person nicht einmal ansatzweise nachvollziehen. Trotzdem machte sie mir das Angebot, dass sie in der Stationsküche schauen konnte, ob sie dort noch etwas anderes als Brötchen und Butter zu essen fand. Denn es wäre wichtig, dass ich etwas zu mir nahm. Ansonsten wäre sie dazu gezwungen, dem Arzt Bescheid zu geben, dass ich die Mahlzeiten verweigerte und das hätte zur Folge, dass ich eine Magensonde bekäme.

Mir war klar, dass ich essen musste, wenn ich das umgehen wollte. So hatte ich noch die Chance, selbst zu beeinflussen, was und wie viel ich aß und somit auch wie schnell ich zunahm. Mit einer Magensonde hingegen hatten die Ärzte diese Kontrolle und das wollte ich nicht. Deshalb versuchte ich mich mit aller Kraft dazu zu überwinden, wenigstens einen Pudding zu essen, was mir dann auch gelang. Das war zwar nicht viel, aber es war wenigstens ein Anfang. Also besser als gar nichts.

Nach dem Frühstück war es ein merkwürdig ungewohntes Gefühl, etwas im Magen zu haben. Einerseits hätte ich den Pudding am liebsten wieder herrausgekotzt, aber auf der anderen Seite machte es mich ein bisschen stolz, dass ich etwas gegessen hatte. Ich war auf dem richtigen Weg. Jedoch war das positive Gefühl wesentlich schwächer als das negative. Bis der Stolz die negativen Gedanken der Magersucht und das Völlegefühl übertrumpfen würde, würde es wohl noch eine ganze Weile dauern.

Am Vormittag hatte ich ein Gespräch mit dem Oberarzt der Station. Er kam in mein Zimmer, nahm einen Stuhl, setzte sich damit neben mein Bett und schaute mich einfach nur an. Ich wusste nicht, was ich sagen sollte und versuchte seinem Blick auszuweichen.

Dann meinte er: „Was mache ich nur mit dir?" Ich war verwundert über die Frage und wusste nicht, was ich antworten sollte. Denn er war der Arzt und nicht ich! Aber er schien gar nicht mit einer Antwort zu rechnen, weil er ohne Unterbrechung fortfuhr. Er erzählte mir, dass das Leben viele positive Seiten hätte, auch wenn wir in schlechten Zeiten meist nur das Negative sehen. Ich wäre noch jung und könnte so viel in meinem Leben erreichen, wenn ich kämpfen würde. Ich sollte mein Leben nicht einfach so wegschmeißen. Mein Zustand wäre nicht der Beste und falls ich nicht mitarbeiten würde, würde ich für immer die Chance, mein Leben zu ändern, verspielen.

Ich dachte über die Worte, die mich zum Weinen brachten, nach. In dieser Zeit war ich so nah am Wasser gebaut, dass es mich selbst schon nervte. Geht es mir nicht gut, bin ich extrem sensibel. Das war auch in dieser Zeit der Fall.

Ich erklärte dem Arzt, dass ich auf keinen Fall sterben wollte. Ich hatte einen so starken Lebenswillen wie noch nie. Ich hatte Ziele und Pläne für die Zukunft, die ich verwirklichen wollte und dafür wollte ich kämpfen. Ich machte ihm aber gleichzeitig klar, dass ich durch Essen zunehmen wollte und keinesfalls durch Glucose-Infusionen oder Fresubin©.

Der Arzt erklärte mir, dass er das vorerst akzeptierte, aber dass es für mich dennoch klare Regeln gäbe, an die ich mich zu halten hätte. Ansonsten gäbe es Konsequenzen für mich.

Ich sollte noch am selben Tag ein Gespräch mit der mir bekannten Ernährungsberaterin haben. Mit ihr würde ich das Essen für die kommenden Tage besprechen und eine feste Kalorienzahl ausmachen. Ich hatte wieder Wunschkost und durfte mir somit mein Essen frei wählen. Ziel war, dass ich genügend aß und zunahm. Wie viel ich zunahm, war egal. Hauptsache eine Steigerung war erkennbar. Gezwungen wurde ich zum Essen nicht. Es war meine Eigenverantwortung, was und welche Mengen ich aß. Nahm ich jedoch ab, hieß das Zwangsernährung durch Magensonde.

Ich durfte nicht alleine das Bett verlassen. Falls ich auf Toilette musste, sollte ich klingeln und eine Schwester würde mich stützen. Dasselbe galt für morgens und abends, wenn ich mich waschen, Zähne putzen und umziehen wollte.

Der Überwachungsmonitor sollte noch zwei weitere Tage an mir angeschlossen bleiben und in den nächsten Tagen hatte ich einige Untersuchungen vor mir, um herauszufinden, ob das Untergewicht bereits bleibende Schäden verursacht hatte.

Sobald sich mein Zustand stabilisiert hätte und die Untersuchungen abgeschlossen waren, sollte ich auf die geschlossene psychiatrische Station verlegt werden.

Außerdem sollte ich, solange ich nicht ausreichend trank, weiterhin 1,5 Liter Kochsalzlösung pro Tag per Infusion bekommen. Diese Regeln waren keine Richtlinien für mich, sondern verpflichtend.

Ich weiß nicht wieso, aber ich mochte den Oberarzt. Er war sehr streng, ließ nicht mit sich diskutieren, sagte, was er dachte, war dabei nicht selten sarkastisch, aber dennoch ging er freundlich und wertschätzend mit mir um. Obwohl er selbst zugab, dass er wenig bis gar keine Ahnung von Essstörungen hatte und dem Wort Borderline bis jetzt nur auf einem Blatt Papier begegnet war, verhielt er sich instinktiv richtig.

Bereits nach dem Mittagessen sollte die Ernährungsberaterin für das erste Gespräch vorbeikommen. Doch davor musste ich zunächst das Mittagessen meistern.

Es gab Germknödel mit Vanillesoße. Eigentlich eines meiner Lieblingsessen. Ich liebte Süßspeisen. Das Problem daran war allerdings, dass Süßspeisen meist sehr viele Kalorien hatten. Besonders Germknödel mit Vanillesoße war eine Kalorienbombe. Deshalb tat sich, nachdem ich mein Mittagessen sah, direkt ein innerer Konflikt in mir auf. Einerseits wollte ich essen, weil ich wusste, dass ich das

Gericht gerne mochte und weil ich zunehmen musste, wenn ich keine Sonde wollte und auf der anderen Seite hatte ich Angst vor den vielen Kalorien.

Ich befürchtete, durch den Germknödel bis morgen zwei Kilo mehr auf der Waage zu haben, was theoretisch nicht schlimm gewesen wäre, aber praktisch die Magersucht in mir zum Toben brachte. Sie war mit ihren Gedanken fast schon unbesiegbar. Aber für heute siegte die Vernunft.

Nach fast 40 Minuten hatte ich ungefähr die Hälfte der Portion in mich hineingezwungen und konnte zeitweise einige Bissen sogar genießen. Diese Mahlzeit war seit Langem wieder die erste Mahlzeit, bei der ich die Lebensmittel bewusst schmeckte. Allein das war schon ein riesiger Erfolg für mich!

Das Gespräch mit der Ernährungsberaterin verlief gut. Ich machte mit ihr vorerst eine Kalorienzahl von 1400 Kalorien aus. Bei dieser Kalorienzahl musste ich nicht befürchten, dass ich zu schnell zunahm und die Portionen wären ebenfalls nicht so groß.

Ich hatte pro Tag drei Hauptmahlzeiten und zwei Zwischenmahlzeiten. Ich besprach, was ich mir zutraute, zu essen und was ich noch nicht schaffte zu essen. Zum Beispiel wählte ich anstatt Butter oder Margarine Frischkäse. Zu dem bestellte ich viel Obst, Gemüse und Joghurts, da es mir leichter fiel, diese Sachen zu essen, anstatt zum Beispiel einem Kuchen oder Schokolade.

Gleichzeitig wählten wir aber auch gezielt Lebensmittel aus, die noch schwierig für mich waren. Jede Woche sollte ich ein bis zwei solcher für mich schwierigen Lebensmitteln zu den Mahlzeiten dazubekommen. Schließlich war es Ziel, meine Liste mit den Lebensmitteln, die ich mich getraute zu essen, zu erweitern und die Liste der „gefährlichen" Lebensmittel zu reduzieren. Ich sollte lernen, dass die Welt nicht gleich untergeht oder die Waage explodiert, falls ich mal ein Stück Kuchen oder Schokolade aß. In kleinen Schritten sollte ich lernen, mir etwas zu gönnen. Deshalb sollten vorerst nur geringe Mengen meiner, für mich „verbotenen" Lebensmitteln auf dem Tablett liegen.

Für das warme Mittagessen, das weiterhin die schwierigste Mahlzeit am Tag war, fanden wir ebenfalls eine super Lösung. Ich bestellte das, was ich gerne aß. Egal, wie hoch die Kalorienzahl war. Wenn die Kalorienzahl in meinen Augen zu hoch war, sollte ich von dieser Mahlzeit nur eine halbe Portion bekommen. So konnte ich das auswählen, worauf ich Appetit hatte, ohne Angst vor zu vielen Kalorien zu haben. Eigentlich musste ich mir also gar keine Gedanken oder Sorgen bezüglich der Kalorien machen, da sich die Küche allgemein beim Erstellen meiner Mahlzeiten an der täglich festgesetzten Kalorienzahl orientierte.

Laut der Ernährungsberaterin müsste ich „nur" vertrauen beim Essen aufhören zu denken, denn das übernahm jetzt sie für mich. Doch genau da lag das Problem. Wenn es um Essen und Kalorien ging, konnte ich nicht vertrauen, und es fiel mir schwer, Kontrolle abzugeben. Wobei ich mit dieser Ernährungsberaterin ein recht gutes Verhältnis hatte. Über die Zeit und die Gespräche, die wir miteinander über mich, meine Essstörung und mein Essverhalten führten, entwickelte sich gegen Ende hin tatsächlich so etwas wie eine Vertrauensbasis zwischen uns.

50. Es bewegt sich etwas in meinem Leben

Die kommenden Tage waren die reinste Achterbahnfahrt für mich. Meine Stimmung schwankte stark und überschlug sich dabei nicht selten. In einem Moment konnte ich lachen und zehn Sekunden später lag ich weinend unter der Zudecke. Diese Turbulenzen trieben mich in den Wahnsinn.

Die letzten Wochen in der Wohngruppe hatte ich gar keine Gefühle mehr wahrgenommen und fühlte nur endlose, kalte Leere in mir und jetzt hatte ich kaum angefangen wieder regelmäßig zu essen und schon begann wieder die Achterbahnfahrt mit meinen Gefühlen.

Mit meiner Psyche ging es nun langsam bergauf, aber körperlich ging es mir weiterhin schlecht. Ich war ununterbrochen müde und verschlief aufgrund von Erschöpfung fast den gesamten Tag.

Das Schlimmste für mich war es in dieser Zeit, dass ich auf die Hilfe anderer angewiesen war. Ich schaffte es nicht aus eigener Kraft, auf meinen Beinen zu stehen und zu laufen. Ich versuchte es zwar zweimal alleine im Zimmer, doch das ging beide Male mächtig schief. Ich landete jedes Mal unfreiwillig mit einem Schlag auf dem Boden. Meine Beine waren zu schwach, um mich nicht tragen. Sie brachen unter meinem Gewicht willenlos zusammen.

In diesen Momenten realisierte ich, was ich meinem Körper die letzten Jahre über angetan hatte. Er musste jahrelang einstecken und hatte alles ohne Widerworte über sich ergehen lassen. Nun rächte er sich dafür, indem er streikte. Das war frustrierend und teilweise schämte ich mich dafür, dass ich bei jedem Schritt Hilfe benötigte.

Heute sehe ich es als gut an, dass mir mein Körper in dieser Zeit so krass und auf extreme Weise gezeigt hatte, was ich ihm mit meinem Hungern antat. Hätte er das nicht getan, wäre ich vermutlich inzwischen unter der Erde, weil ich weiter gehungert hätte. Die Zeit im

Krankenhaus öffnete mir meine Augen und sorgte dafür, dass ich mein Denken und mein Verhalten endlich änderte. Die Erfahrungen im Krankenhaus haben mein Leben nachhaltig geprägt.

Von Mahlzeit zu Mahlzeit gelang mir das Essen besser. Mein Lebenswille wurde zunehmend stärker. Mir kam es vor, als ob er die Essstörung von Tag zu Tag weiter zurückdrängte und schrumpfen ließ. Im Gegenzug dazu schienen mein Selbstbewusstsein und meine Willenskraft weiter zu wachsen.

Ich hatte wieder feste Pläne und Ziele im Leben. Ich wollte lernen, mit meiner Krankheit zu leben. Ich wusste, dass ich sehr wahrscheinlich niemals vollständig gesund werden würde. Dafür war ich bereits zu lange zu krank. Aber ich könnte lernen, mit der Krankheit umzugehen und mit ihr zu leben.

Das war mein oberstes Ziel. Genauso, wie ich wieder sportlich aktiv werden wollte. Früher hatte mir der Sport so viel gegeben. Er war alles für mich.

Durch die Essstörung musste ich ihn jedoch aufgeben. Aber wenn ich genügend Gewicht hätte, könnte ich endlich, nach 4,5 Jahren, wieder damit anfangen! Das war eine Motivation für mich. Sport war nämlich bereits früher schon ein großer Halt für mich gewesen.

Ich mochte es, mich vollkommen auszupowern, und meine Aggressionen dabei rauszulassen. Das anschließende Gefühl der körperlichen Erschöpfung nahm ich jedes Mal als angenehm und positiv wahr.

Erst nach all den Jahren merkte ich, welche Lücken das Sportverbot in mein Leben gerissen hatte und was mir dadurch fehlte.

Zweifellos hatte ich in den letzten Jahren mehrfach schon das Ziel gehabt, gesund zu werden, und dachte jedes Mal, dass ich jetzt endlich den Absprung von der Essstörung geschafft hätte, aber flog nach kurzer Zeit

trotzdem wieder auf die Schnauze. Doch dieses Mal war es etwas anders. Etwas ganz Bestimmtes war noch zusätzlich da, was mir sagte, dass es ab nun nur noch einen Weg für mich gab. Nämlich kerzengrade nach oben!

Bei meinen letzten Versuchen aus der Essstörung zu entkommen und mit Borderline zu leben, besaß ich zwar den Willen gesund zu werden, aber an der Umsetzung und Verwirklichung dieses Zieles haperte es. Beziehungsweise auf dem Weg nach oben kam jedes Mal ein Schicksalsschlag oder ein anderes Ereignis dazwischen, das mich erneut aus der Bahn warf. Hinzu kam, dass ich mich bis jetzt zu sehr auf die Hilfe anderer verlassen hatte. Ich kämpfte zwar gegen meine Probleme an, aber verließ mich gleichzeitig darauf, dass andere mir den größten Teil der Arbeit und des Kampfes abnahmen. Das war jedoch die falsche Einstellung! Keine Klinik der Welt konnte mich aus meiner Krankheit herausholen, meine Probleme verschwinden lassen und mich heilen. Nur ich selbst konnte das. Kliniken, Ärzte und Therapeuten können mir Hilfestellungen bei meinem Kampf geben und mich unterstützen, aber kämpfen musste ich alleine. Das wurde mir jedoch erst jetzt so richtig bewusst.

Mein erstes großes Ziel war es, zunächst auf die psychiatrische Station verlegt zu werden. Dafür musste ich allerdings noch ein bisschen zunehmen und zu Kräften kommen.

Dadurch, dass auf der normalen Station im Krankenhaus niemand kontrollierte, was oder wie viel ich aß, lag es in meiner Eigenverantwortung, die für mich vorgeschriebenen Mahlzeiten zu essen. Ich war selbst dafür verantwortlich, ob ich mich an die Kalorienzahl hielt oder nicht. Das bedeutete für mich besonders in der Anfangszeit einen täglichen Konflikt zwischen den Gedanken der Essstörung und meiner Vernunft. Aber von Tag zu Tag funktionierte diese Eigenverantwortung zunehmend besser und mit der Zeit wurde es für mich selbstverständlich, dass ich zu gewissen Uhrzeiten zu essen hatte. Genauso wie es für mich zur Selbstverständlichkeit wurde, dass ich nur noch das aß, was mir wirklich schmeckte und nicht nur nach der Kalorienzahl entschied, ob mir dieses Lebensmittel gefälligst zu schmecken hatte, obwohl ich es eigentlich nicht mochte.

In den letzten Jahren war Nahrungsaufnahme für mich nur ein Mittel zum Zweck. Die Mahlzeiten mussten irgendwie in meinen Körper gelangen. Egal wie. Ich aß schnell, um es möglichst schnell hinter mich zu bringen und schmeckte kaum, was ich aß. Außerdem aß ich häufig Lebensmittel, die mir gar nicht schmeckten, und das auch nur, weil sie wenige Kalorien hatten und gleichzeitig schnell den Magen füllten. Wie zum Beispiel Magerquark. Ich hasse dieses Zeug. Aß es jedoch, da es schnell und lange sättigte und dabei kaum Kalorien besaß. Das änderte sich nun ebenfalls. Ich verzehrte ausschließlich nur noch Lebensmittel, die ich mochte.

Ich genoss es, das zu essen, was mir schmeckte und mir dabei keine Sorgen, um Kalorien zu machen. Manchmal ist es eben doch ein schönes Gefühl, wenn man Verantwortung einfach mal abgeben kann. So wie ich zurzeit die Verantwortung über die Kalorien an die Ernährungsberaterin abgab.

Essen wurde für mich wieder zu einem schönen Erlebnis. Ich war sogar manchmal davor etwas aufgeregt. Das klingt vermutlich für Außenstehende verrückt, aber es war tatsächlich so. Ich bekam regelmäßig Herzklopfen, wenn ich den Essenswagen auf dem Flur hörte und die Schwestern die Tabletts austeilten. Mir begann Essen Spaß zu machen. Ich empfand es als ein schönes Gefühl, etwas im Mund zu haben und zu schmecken und auch das unangenehme Gefühl nach dem Essen wurde zunehmend weniger. Zu Beginn war es noch anstrengend für mich, das Sättigungsgefühl nach dem Essen auszuhalten, weil ich seit Monaten nichts anderes als das Hungergefühl kannte, aber das legte sich ebenfalls.

Heute hasse ich inzwischen das Hungergefühl! Das Sättigungsgefühl mag ich zwar trotzdem noch nicht besonders und es ist weiterhin unangenehm für mich, aber ich kann es akzeptieren, anders als das Hungergefühl. Meine Psyche scheint durch die langen Phasen der Magersucht in diese Richtung echt einen Knacks abbekommen zu haben. Sobald ich ein bisschen Appetit verspüre, muss ich etwas essen, weil ich fast schon Panik vor dem Hungergefühl habe!

Trotz der fünf Mahlzeiten am Tag stieg mein Gewicht, entgegen meiner Befürchtung, nur langsam. Damit war ich zufrieden. Es tat zwar weh, jeden Tag zu sehen, wie das Gewicht auf der Waage stieg, aber ich musste es Wohl oder übel aushalten. Ich sagte mir, dass das sein muss, wenn ich leben will.

Ich ließ den Satz „Leben hat Gewicht" zu meinem Lebensmotto werden. So konnte ich die Gewichtszunahme einigermaßen akzeptieren.

Der Oberarzt war mit meinen Fortschritten zufrieden und lobte mich oft. Er sagte mir sogar mehrmals, dass er nicht damit gerechnet hatte, dass ich den Absprung aus der Krankheit schaffen würde. Ich hätte ihm aber das Gegenteil bewiesen. Wenn er das sagte, mussten wir immer beide grinsen.

Nach einer Woche hatte ich 600 Gramm zugenommen und durch die Infusionen und die regelmäßigen Mahlzeiten hatte sich mein Kreislauf ebenfalls weitestgehend stabilisiert. Ich konnte wieder alleine laufen, ohne dass mich eine Person stützte. Allerdings musste ich mich noch an der Stange an der Wand festhalten. Durch das viele Liegen hatte meine Beinmuskulatur stark abgebaut, sodass ich mich noch unsicher fühlte, wenn ich lief. Alles, was über 3 Minuten Gehzeit entfernt war, war für mich eine weite Strecke. Jeder Schritt war eine Anstrengung. Der Arzt war jedoch zuversichtlich, dass sich die Muskeln rasch aufbauten, wenn ich mich wieder mehr bewegte.

Die ganzen Untersuchungen waren nach der ersten Woche ebenfalls alle abgeschlossen. Gott sei Dank hatte das starke Untergewicht noch keine bleibenden Schäden verursacht. Allerdings hatte ich mehr Glück als Verstand, dass ich das Gewicht überlebt hatte!

Als mir das mein Arzt bei der Visite mitteilte, war ich überglücklich. Seit langer Zeit war ich froh zu leben. Ich genoss jeden Tag und hatte ein Auge für das Positive zurückgewonnen. Von negativen Ereignissen ließ ich mich nicht mehr so schnell herunterziehen oder gar aus der Bahn werfen, wie ich es in den letzten Jahren tat. Obwohl meine momentane Situation sicherlich nicht die schönste und angenehmste war, war ich dennoch glücklich.

Ich sollte noch so lange im Krankenhaus auf der Station bleiben, bis ich 37 Kilo erreicht hatte. Anschließend sollte ich zur eigentlichen Therapie weiter auf die psychiatrische Station verlegt werden. Bis dahin verging noch fast eine ganze weitere Woche.

12 Tage nach meiner Einlieferung wurde ich dann endlich verlegt, worüber ich äußerst froh war. In der Zwischenzeit fiel mir nämlich so langsam die Krankenhausdecke auf den Kopf. Ich konnte nichts machen und lag den gesamten Tag im Bett. Den größten Teil des Tages verschlief ich zwar, weil ich ununterbrochen müde und erschöpft war, aber die Zeit, in der ich wach war, war extrem langweilig. Die einzigen Abwechslungen, die ich hatte, waren die Mahlzeiten, die Visite und der Besuch der Ernährungsberaterin. Nicht einmal einen Fernseher gab es in meinem Zimmer und bewegen durfte ich mich nicht mehr als nötig. Nur wenn ich auf Toilette musste, durfte ich aufstehen. Ansonsten hatte ich strickte Bettruhe.

Das würde auf der psychiatrischen Station anders sein. Dort könnte ich mich zumindest auf der Station frei bewegen und abends fernsehen. Vielleicht dürfte ich, wenn ich gut mitarbeitete und ausreichend aß, sogar schon bald die

Station für einen kleinen Spaziergang verlassen oder mich in den Klinikgarten setzen. Das wäre dann natürlich noch schöner.

Angst vor den Männern auf der Station hatte ich nur noch geringfügig. Seitdem ich im Krankenhaus lag, hatte ich kaum noch Flashbacks. Nachts hatte ich noch ab und zu Albträume oder kleinere Angstattacken, aber nichts im Gegensatz zu dem letzten Aufenthalt. Mir war es erneut gelungen, die schrecklichen Erinnerungen und die damit verbundenen Gefühle weit in den Hintergrund zu drängen. Und mit dieser Verdrängung lebte ich ganz gut.

Manche Ärzte sind der Meinung, dass ein Trauma wie meines, IMMER mit einer Traumatherapie aufgearbeitet werden musste. Auch meine letzten Psychologen waren fast durchweg der Meinung, dass ich mit meiner Verdrängung nicht leben könnte. Deshalb sollte ich auch die stationäre Intervalltherapie auf der offenen Station machen. Anfangs ließ ich mich von diesen Aussagen, dass Verdrängung nicht gut wäre, sehr beeinflussen, und erklärte mich gegen meinen Willen dazu bereit, an meinem Trauma zu arbeiten. Was jedoch das Falscheste war, was ich tun konnte.

Denn sobald es an mein Trauma ging, zog es mir den Boden unter den Füßen weg und ich stürzte in ein Loch. Traumatherapie oder allgemein an dem Trauma zu arbeiten, war Gift für mich und meine psychische Verfassung.

Ich gehörte nämlich zu den wenigen Menschen, bei denen das Prinzip der Traumatherapie das Gegenteil bewirkte. Für mich war der Weg der Verdrängung, (den mir mein Körper bereits oft genug vorgeschlagen hatte!) der richtige.

Doch das merkte ich erst bei meinem gefühlten zwanzigsten Klinikaufenthalt. Weil erst da traf ich einen Psychologen, der mir sagte, dass Verdrängung und nicht darüber reden wollen meine Art war, mit Traumata umzugehen. Er fand es absurd, meine natürlichen Verarbeitungsmethoden zu unterbrechen und dadurch für ein erneutes oder eine Verschlimmerung des alten Traumas zu sorgen. Deshalb lehrte er Techniken, die Verdrängung und Wegschieben von gewissen Gedanken unterstützte.

Doch das nur am Rande.

Ich hatte also wieder die schreckliche Erinnerung und die Bilder der Tat aus meinen Gedanken verbannt und mir ging es gut damit. Ich wusste, die Erinnerung war noch da, aber sie war hinter einer dicken Tür weggesperrt, und stand dadurch nicht mehr in meinem Lebensmittelpunkt. Das war auch der Grund, wieso ich keine Panik mehr vor fremden Männern hatte und sogar wieder in einem geschlossenen Raum sein konnte, indem sich fremde Männer befanden. Ich war zwar trotzdem noch sehr vorsichtig in Kontakt mit Männern und achtete darauf, dass sie mir nicht zu nahekamen, aber die Angst oder Panik vor ihnen war fast vollständig verschwunden.

Manchmal muss man erst in ein ganz tiefes, schwarzes Loch fallen, um wieder die schönen Seiten im Leben zu sehen und aus dem Loch herauszuklettern. Nach jedem Tief kommt auch wieder ein Hoch. Es kann nur einige Zeit dauern – aber es kommt!

51. Ab jetzt geht es steil bergauf

Direkt nach meiner Verlegung auf die geschlossene Station der Psychiatrie hatte ich ein längeres Gespräch mit meinem behandelnden Arzt, der wie fast immer gleichzeitig auch mein Psychologe war.

Da, ständig neue Psychologen kommen und alte gehen, zumindest auf der geschlossenen Station, wurde ich wieder einem anderen Psychologen als bei meinem vorherigen Aufenthalt zugeteilt, was ich persönlich schade fand. Denn wechselnde Ärzte und Psychologen bedeuteten jedes Mal, wieder neues Vertrauen aufzubauen. Bei bereits bekannten Psychologen kannte man sich untereinander und man wusste genau, wie man den anderen einschätzen konnte und wie er seine Aussagen meinte. Doch das war auf dieser Station durch die vielen Wechsel leider nicht möglich.

Die einzigen Ärzte, die alle zugleich auch Psychologen beziehungsweise Psychiater waren und die ich seit meinem ersten Aufenthalt vor knapp zwei Jahren kannte, waren der Oberarzt der Station und die Chefärztin der Psychiatrie. Diese Positionen wechselten nicht ständig.

Bereits vor Beginn des Gespräches stand fest, dass ich direkt in ein normales Patientenzimmer kommen sollte, und nicht wie bei den letzten Aufenthalten zuerst ins Beobachtungszimmer, was ich direkt gut fand.

Im Verlauf des Gespräches handelten der Psychologe und ich einen Vertrag aus, an den ich mich während meines Aufenthaltes zu halten hatte. In vielen Punkten ähnelte dieser Vertrag den vorherigen Verträgen, die ich bereits bei den letzten Aufenthalten schon hatte. Zum Beispiel blieb die Regel mit der Selbstverletzung und der gelben und orangefarbenen Karte, die ich dafür bekam, identisch. Genauso wie ich weiterhin nach jeder Selbstverletzung eine Verhaltensanalyse schreiben musste. Ebenfalls gleich blieb, dass ich täglich ein Spannungsprotokoll und ein Tagesprotokoll führen sollte. Außerdem sollte ich zusätzlich dazu noch ein Trinkprotokoll führen, da ich die doofe Angewohnheit hatte, deutlich zu wenig zu trinken, und das laut Aussage des Psychologen sowohl Therapie schädigend als auch selbstverletzend sei. Das Trinkprotokoll bestand aus einer Tabelle mit drei Spalten. In die erste Spalte sollte ich die Uhrzeit eintragen, zu der ich etwas getrunken hatte, in die zweite die Menge und in die dritte das Getränk. Die Mindesttrinkmenge pro Tag betrug 1,5 Liter. Sollte ich diese nicht einhalten, gab es eine Gelbe Karte.

Zudem vereinbarten wir noch eine Mindestmenge an Gewicht, die ich pro Woche zunehmen sollte. Der Psychologe schlug hierfür 700 Gramm pro Woche vor. Das fand ich deutlich zu viel. Ich wusste zwar, dass das die eigentliche Durchschnittsmenge war, die ein Essgestörter in einer Psychiatrie pro Woche zunehmen musste, aber ich fand es dennoch zu viel und konnte meinen Widerspruch bezüglich der, in meinen Augen -, zu schnellen Gewichtszunahme sogar begründen.

Theoretisch war es egal, ob ich in acht oder in zwölf Wochen mein Zielgewicht erreichte. Zunehmen musste ich das fehlende Gewicht so oder so. Da musste ich dem Psychologen recht geben. ABER das Problem war, wenn ich zu schnell zunahm, kam mein Kopf nicht hinterher. Mein Körper, beziehungsweise meine Figur veränderte sich so schnell und die Zahlen auf der Waage stiegen so rasant an, dass ich kaum Zeit hatte, mich an die Veränderungen zu gewöhnen. Das wollte ich verhindern. Weil mit diesen schnellen Zunahmen hatte ich mehr als genug schlechte Erfahrungen gemacht. 700 Gramm pro Woche zuzunehmen, brachte einen schnell ans Ziel, doch es nahm einen auch schnell die Motivation, gegen die Essstörung anzukämpfen. Wenn die Zahlen nämlich unaufhörlich anstiegen, bekam ich Angst, die Kontrolle zu verlieren und fett zu werden. Dadurch fing ich erneut an, gegen die Gewichtszunahme anzukämpfen, und wollte nicht mehr zunehmen. Also kurz gesagt: Eine Gewichtszunahme von über 500 Gramm war für mich vollkommen kontraproduktiv.

Bei dieser Begründung konnte nicht einmal mein Psychologe etwas einwenden. Nach einigem Hin und Her zwischen seinen und meinen Vorstellungen, was ich zunehmen wollte und was er mindestens verlangte, einigten wir uns auf eine Mindestzunahme von 400 Gramm pro Woche. Damit konnte er leben und ich auch.

Die Dauer meines Aufenthaltes sollte sechs Wochen betragen. Das hieß, dass ich bei der Entlassung mindestens 2,4 Kilo mehr auf die Waage bringen würde.

Um mir das Essen zu erleichtern, sollte ich unverändert weiterhin Wunschkost bekommen und wöchentlich Gespräche mit der Ernährungsberaterin haben.

Damit mein Gewicht weiter in die Höhe ging, sollte meine tägliche Kalorienzahl regelmäßig in langsamen Schritten erhöht werden. Erst auf 1600 Kalorien und später auf 1800 Kalorien. Wann die Kalorienzahl erhöht werden würde, wollte mein Psychologe festlegen. Allerdings bräuchte ich nicht zu fürchten, dass er das heimlich hinter meinem Rücken tat, sondern er wollte mir die Kalorienerhöhung, Minimum 24 Stunden vorher bekannt geben, sodass ich nicht ins kalte Wasser geworfen wurde, weil ich nichts wusste.

Ausgang hatte ich vorerst nur in Begleitung. Eine zeitliche Begrenzung hierfür gab es nicht. Wenn eine Schwester oder ein Pfleger Zeit hatte, konnte ich mit ihm eine kleine Runde drehen. Meist hatte das Personal jedoch nicht viel länger als 20 Minuten Zeit. Hinzu kam, dass ich sowieso nicht viel und vor allem nicht schnell laufen durfte, damit ich nicht zu viele Kalorien verbrauchte. Das war anfangs ziemlich ungewohnt und etwas nervig für mich, da ich es gewohnt war, in einem zügigen Schritt zu laufen. Trotzdem ließ ich mich lieber alle 15 Meter von einem Pfleger oder einer Schwester ausbremsen, als gar nicht raus zu kommen.

Die ersten Spaziergänge waren für mich übertrieben anstrengend, da meine Beinmuskulatur durch die Bettruhe noch sehr schwach war. Bei jedem Schritt fühlten sich meine Beine an, als ob sie Tonnen wiegen würde. Glücklicherweise bauten sich die Muskeln jedoch genauso schnell wieder auf, wie sie sich abgebaut hatten. Dadurch normalisierte sich die Muskelmasse in meinen Beinen nach ca. zwei Wochen wieder und meine Beine kamen mir nicht mehr tonnenschwer vor.

In dieser Zeit verspürte ich auch mal wieder meinen starken Bewegungsdrang. Fast ununterbrochen lief ich im Zimmer oder auf dem Gang auf und ab, weil ich ständig eine innere Unruhe in mir verspürte. Verstärkt wurde diese Unruhe nochmals, als der Psychologe meine Dosis der beruhigenden Medikamente heruntersetzte. Er war der Meinung, dass ich in meinem jungen Alter nicht mit Tabletten so abgeschossen werden sollte, dass ich vom Leben kaum etwas mehr mitbekam und den gesamten Tag verschlief.

Durch die niedrigere Tablettendosis wurde ich zwar wacher, aber leider auch deutlich unruhiger und angespannter. Doch glücklicherweise legten sich diese unangenehmen Gefühle bereits nach den ersten Tagen und ich begann, es als schön und angenehm wahrzunehmen, dass ich nun weniger müde war und wieder mehr von meiner Umwelt mitbekam.

Mit meinem Gewicht kam ich erstaunlich gut klar. Ich nahm langsam zu, lag aber trotzdem leicht über dem Mindestgewicht, das ich wöchentlich zunehmen sollte.

Anders wie die Male zuvor, hatte ich dieses Mal nicht das Gefühl, die Kontrolle zu verlieren. Ganz im Gegenteil: Ich war der Meinung, dass ich aktuell sogar die Kontrolle über mein Gewicht behielt, obwohl ich zunahm!

Zuvor hatte ich immer kontrolliert gegessen, um abzunehmen beziehungsweise mein Gewicht zu halten, und nun kehrte ich die Sache einfach um. Ich war es, die die Kontrolle darüber hatte, was und wie viel ich aß. Dadurch konnte ich bestimmen, ob und wie viel ich zunahm. Aß ich mehr, stieg mein Gewicht. Aß ich weniger, stagnierte es oder ich verlor an Gewicht. Das war genauso logisch, wie zuvor die Magersucht mit ihren Regeln. So hatte ich das Zunehmen noch nie gesehen. Denn meistens wurde mir die Kontrolle über das Essen entzogen, sodass ich essen musste, was mir vorgesetzt wurde, und ich das Aufessen musste oder ich hatte eine Mindestzunahme pro Woche an Gewicht, mit der ich nicht klarkam. Wenn ich zu schnell zunahm, kam schneller das Gefühl auf, die Kontrolle zu verlieren. Doch das blieb mir dieses Mal dankenswerterweise durch meinen netten Psychologen, der auf meine Diskussion einging, erspart.

Das Nervige an meiner Gewichtszunahme waren lediglich die bescheuerten Gewichtsschwankungen. Heute kann ich sie mittlerweile einigermaßen akzeptieren. Aber am Anfang war das noch schwer. Besonders, wenn ich an einem Tag fast gar nichts gegessen hatte und ich am nächsten Tag trotzdem plötzlich ein Kilo mehr wog. Da fühlte ich mich von meinem Körper hintergangen und belogen und hätte ihm am liebsten wieder die Nahrung entzogen. Es dauerte eine Weile, bis ich bei solchen unbegründeten Gewichtszunahmen ruhig und entspannt bleib und nicht unüberlegt, grundlos an die Decke ging. Dabei ist bei solch einer hohen Gewichtszunahme, die im Übrigen nur äußerst selten in einem so hohen Bereich vorkommt), sehr gut möglich, dass man am nächsten Tag direkt wieder ein Kilo weniger hat. In den seltensten Fällen bleibt solch eine hohe Gewichtszunahme von einen auf den anderen Tag tatsächlich konstant erhalten.

In den nächsten Wochen machte ich größere Fortschritte, als ich es das gesamte letzte Jahr über gemacht hatte. Ich war endlich, nach all den dunklen, anstrengenden Zeiten, wieder glücklich.

Seitdem die Medikamente heruntergesetzt wurden, fühlte ich mich nochmals besser. Ich war nicht mehr so müde und viel fitter. Erst jetzt wurde mir klar, wie ich die letzten Monate mit Medikamenten abgeschossen wurde. Solange man eine hohe Tablettendosis bekommt, spürt man als Betroffener meist gar nicht, wie sehr man durch die Tabletten neben der Spur läuft. Erst wenn die Dosis heruntergesetzt wird, wird das einem bewusst. Plötzlich nimmt man viel mehr aus seiner Umgebung wahr und man fühlt sich glücklicher, weil man das Leben um einen herum mitbekommt. Nimmt man zu stark sedierende Medikamente, dann lebt man in seiner eigenen Welt und nimmt die Welt um einen herum kaum wahr. Außerdem hat man keine Gefühle mehr. Man hat eine „Egal-Stimmung". Alles ist einem egal. Nichts interessiert einen, man hat zu nichts Lust und keine Motivation, etwas zu tun. Und das ist für den Genesungsprozess nicht unbedingt förderlich.

Durch das gleichzeitige Heruntersetzen der Medikamente und die Zunahme an Gewicht, kamen meine Gefühle mit einem Schlag zurück. Oft war ich vollkommen überfordert mit ihnen. Ständig erlebte ich eine Achterbahnfahrt der Emotionen und hatte starke Gefühlsschwankungen. In einem Moment konnte ich lachen und keine fünf Minuten später weinte ich und konnte nicht sagen warum. Aber so anstrengend die Gefühle waren und so oft ich sie verfluchte, ich war trotzdem glücklich, dass ich etwas fühlte! Die innere Leere und Kälte verspürte ich nur noch selten. Genauso, wie es kaum zu Selbstverletzungen kam. Wenn überhaupt, schlug ich mit dem Kopf oder der Hand gegen die Wand. Aber an Schneiden oder andere Selbstverletzungen dachte ich zurzeit nicht einmal!

Alle Ärzte, Pfleger, Schwestern und auch die Betreuer und Klienten der Wohngruppe waren beeindruckt von meiner Entwicklung. Niemand hatte damit gerechnet, dass ich in so kurzer Zeit solche Sprünge machte. Nicht einmal ich.

Die restlichen Wochen in der Klinik verliefen ohne Zwischenfälle. Ich bekam keine Gelbe Karte und musste nur wenige Verhaltensanalysen schreiben.

Meine Stimmung wurde ebenfalls stabiler und ich lernte, mit den Stimmungsschwankungen umzugehen. Die Gespräche mit meinem Psychologen halfen mir, mich selbst und meine Erkrankung besser zu verstehen. Ich gewann unwahrscheinlich an Selbstvertrauen. Nur das Selbstbewusstsein und das Selbstwertgefühl blieben weiterhin sehr niedrig. Ich hatte immer noch das Gefühl, nicht liebenswürdig und wertvoll zu sein. Das ist selbst heute noch so. Aber irgendwann gewöhnt man sich auch daran und findet seinen Weg, damit umzugehen. Es gibt einfach gewisse Dinge im Leben, die man nicht ändern kann und mit denen man leben muss. Entweder regt man sich tagtäglich darüber auf, oder man findet einen Weg, damit umzugehen. Ich habe mich für Letzteres entschieden.

Durch meine positive Stimmung konnte ich wieder lachen. Richtig lachen. Also ich lachte nicht mehr nur dann, wenn ich eigentlich weinen wollte. Oftmals war Lachen für mich nämlich eine Art Selbstschutz, der meine wahren Gefühle und meine Trauer verbergen sollte. Doch damit war nun Schluss. Ich lachte ab jetzt, weil ich glücklich war und darüber war ich ebenfalls wieder glücklich.

Ich war glücklich, weil ich glücklich war. Ich fand das Leben schön und war heilfroh darüber, dass meine Selbstmordversuche gescheitert waren und ich das lebensgefährliche Untergewicht überlebt hatte.

Es kam sogar so weit, dass ich mich freute, wenn ich zugenommen hatte. Das passierte allerdings nur, wenn ich nicht zu viel an Gewicht zunahm. Alles bis 500 Gramm pro Woche war noch im Rahmen. Zumindest vorerst. Nach der Entlassung wollte ich zunächst mein Gewicht zwei Wochen halten und anschließend mein Gewicht weiter aufbauen. Mein Ziel war, wie bereits früher schon, irgendwann 50 Kilo zu wiegen. Damit konnte ich mich abfinden.

50 Kilo waren zwar immer noch im Bereich des Untergewichts, aber wesentlich mehr, als ich momentan wog.

Jedes Gramm, das ich zunahm, brachte mich meinen Zielen näher. Meinem Ziel Sport zu treiben, eine Ausbildung zu beginnen, in der Wohngruppe selbst kochen zu dürfen, mein Wunschgewicht zu erreichen, irgendwann in eine eigene Wohnung zu ziehen, ein eigenes Leben aufzubauen. Einfach ein normales Leben führen!

Obwohl es mir so gut ging, wie lange nicht mehr, war in meinem Kopf trotzdem die Befürchtung, dass ich bereits morgen erneut in ein tiefes, dunkles Loch stürzen könnte. Ich hatte das Gefühl, dass es mir nicht gut gehen darf, und dass ich im nächsten Augenblick dafür bestraft werden würde. Für mich war es nach all den Schicksalsschlägen in meinem Leben schwer, den Zustand des Glücks zu ertragen. Manchmal passiert es sogar, dass ich mich bestrafe, weil es mir gut geht und ich der Meinung bin, dass ich das nicht verdient habe. Erst langsam lernte ich und lerne selbst noch heute, dass es mir gut gehen darf und ich nicht direkt nach jedem guten Tag vom Schicksal erneut einen Tiefschlag verpasst bekomme.

52. Senkrechtstart

Entlassen wurde ich aus der Klinik nach sechs Wochen, mit einem Gewicht, das knapp über 40 Kilo lag.

An dem Tag, an dem ich die Grenze von 39,9 Kilo auf 40 Kilo schaffte, fühlte ich mich wahnsinnig stolz. Es waren zwar lediglich 100 Gramm von 39,9 Kilo auf 40, aber für mich war es ein riesiger Erfolg. Die drei war weg und die vier war da! Mein Gewicht war dadurch nicht mehr im Bereich der Lebensgefahr und ich hatte somit mein erstes Ziel erreicht!

Es ist ein schönes Gefühl, zu sehen, dass man auch etwas zustande bringt und nicht ein kompletter Versager ist, als der ich mich fühlte.

Ich hoffte, dass meine Stimmung und mein Kampfgeist auch in der Wohngruppe so positiv und stark blieben, und ich dort nicht wieder meine Ziele aus den Augen verlieren würde, denn ich hatte leichte Bedenken bezüglich der Umstellung von Psychiatrie zur Wohngruppe.

In der Psychiatrie wurde mir zwar ebenfalls gesagt, dass ich viel Eigenverantwortung hätte, was auch stimmte, aber in der Wohngruppe war, dass dann doch noch mal eine andere Nummer. Dort hatte ich nämlich bedeutend mehr Freiheiten, musste mehr Entscheidungen selbst treffen, und war somit deutlich häufiger auf mich alleine gestellt. Ich hatte niemanden mehr, der mich auf Schritt und Tritt kontrollierte, der mir mein Essen vorportionierte oder der mir sagte, dass wenn ich nicht mindestens soundsovielhundert Gramm pro Woche zunehme, gibt es Konsequenzen". Ab sofort müsste ich für alles selbst Verantwortung übernehmen. Ich müsste mir eigenständig meine Portionsgrößen einteilen und somit alleine entscheiden, wie viele Kalorien mein Körper benötigte, um ausreichend zuzunehmen, und wenn meine Stimmung kippte, musste ich mich von meinem eigenen Antrieb aus bei den Betreuern melden und um Unterstützung bitten.

Dadurch, dass ich ab jetzt wieder in einem eigenen Apartment wohnte, und die Betreuer sich zwar im Haus, aber in einer komplett anderen Wohnung befanden, war ich deutlich mehr auf mich alleine gestellt, als auf der Station der Psychiatrie, wo eigentlich immer ein Pfleger oder eine Schwester in der Nähe war. Diese „Ruhe" und die neuen Freiheiten konnten gewiss schön sein, aber leider bargen sie auch gleichzeitig eine Menge Gefahren. Und das machte mir Angst.

Ich fürchtete, diesen ganzen Anforderungen nicht standzuhalten. In den letzten zwei Monaten hatte ich so viel in so kurzer Zeit erreicht, dass ich mir nicht wieder in ein paar Tagen zunichtemachen wollte, deshalb sprach ich direkt nach meiner Ankunft in der WG mit meiner Bezugsbetreuerin, die die Sache ähnlich wie ich sah. Auch sie war der Meinung, dass ich derzeit noch strengere Regeln und ein engeres Setting brauchte, um stabil zu bleiben.

Während des Gespräches einigten wir uns darauf, dass vorerst für mich strenge Regeln mit wenigen Freiheiten herrschten, die aber recht zügig nach und nach gelockert werden sollten.

Zum Beispiel sollte ich die erste Woche, wie es in der Klinik bis zum Ende meines Aufenthalts der Fall war, nur Ausgang in Begleitung eines Betreuers haben. Die Woche danach durfte ich mit Mitbewohnern raus gehen und wenn das gut funktionierte, durfte ich zwei Wochen später auch alleine raus gehen.

Um mein Gewicht im Auge zu behalten, sollte ich in den nächsten zwei bis drei Monaten mindestens einmal die Woche gewogen werden. So konnte man mögliche Gewichtsabstürze direkt erkennen und unverzüglich entgegenwirken. Des Weiteren sollte ich als kleinen Ansporn, um weiter zuzunehmen, einen Gewichtsverstärkerplan bekommen. Die Verstärker hierfür durfte ich mir selbst raussuchen. Zum Beispiel war ein Verstärker „Essen in einem Restaurant", Besuch meiner

Großeltern im Schwarzwald und mein wichtigstes Ziel: wieder Sport! Mit 45 Kilo durfte ich endlich mit Judo anfangen! Also „nur" noch fünf Kilo. Für Außenstehende klingt das vermutlich nicht viel, aber für mich war es noch weit, weit entfernt. Um es in Gewicht auszudrücken mindestens noch 12 Wochen Zunahme. Wahrscheinlich sogar noch länger.

Die ersten zwei Tage versuchte ich „normal" zu Essen und nicht an Kalorien zu denken, was mir erstaunlicherweise einigermaßen gelang. Allerdings dachte ich, ich würde Unmengen an Essen verzehren, doch in Wirklichkeit war es deutlich zu wenig. Das bewies mir die Waage. In zwei Tagen hatte ich 400 Gramm abgenommen und war nun erneut unter der 40 Kilomarke. Das hieß, ich war gezwungen, etwas an meinem Essverhalten zu ändern. Anscheinend konnte ich mich noch nicht auf mein Empfinden für eine normale Portion verlassen und mit meinem natürlichen Hunger- und Sättigungsgefühl brauchte ich es erst gar nicht zu probieren. Das hatte ich durch die Essstörung so durcheinandergebracht, dass ich derzeit gar nicht darauf einging, weil es eh verrücktspielte. Deshalb brauchte ich eine andere, sichere Lösung.

In der Psychiatrie hatte ich täglich 2000 Kalorien zu mir genommen. Mit dieser Kalorienzahl nahm ich kontinuierlich langsam zu. Meist waren es 500 bis 600 Gramm pro Woche. So viel wollte ich nicht mehr pro Woche zunehmen. Mein aktuelles Ziel war es, langsamer, maximal 400 Gramm pro Woche, zuzunehmen beziehungsweise zunächst mein Gewicht zu halten. 200 Gramm wöchentliche Zunahme wären deshalb ideal gewesen. Um diesen Gewichtsanstieg zu gewährleisten, wollte ich erneut das Kalorienzählen anfangen. So konnte ich sicher sein, dass ich genug aß und mein Gewicht sich so entwickelte, wie ich es wollte. Ich brauchte diese Kontrolle. Auf andere Empfindungen von mir konnte ich mich schließlich nicht mehr verlassen. Aus diesem Grund begann ich, wie früher auch schon, alles, was ich verzehrte, fein säuberlich aufzuschreiben und falls möglich, vor dem Verzehr abzuwiegen.

Bei den Hauptmahlzeiten musste ich nach wie vor die ungefähre Kalorienzahl schätzen. Jedoch hatte ich inzwischen den Vorteil, dass mir, anders wie vor dem Psychiatrieaufenthalt, nicht mehr die Betreuer meine Mahlzeit vorportionierten, sondern ich mir selbst das nehmen konnte, was ich essen wollte.

Außerdem umging ich beim Frühstück und Abendessen dieses „Schätzproblem", indem ich lediglich die Lebensmittel aß, auf denen eine genaue Kalorienzahl pro Portion standen. So hatte ich eine relativ exakte Kontrolle über die Kalorienzahl, die ich täglich zu mir nahm. Und zu den Zwischenmahlzeiten dufte ich sowieso essen, was ich wollte.

Mittlerweile war das mit den Zwischenmahlzeiten so geregelt, dass nur noch einmal die Woche eingekauft wurde und jeder Klient für diese Woche nur noch maximal 10 Euro ausgeben durfte. Wollte man mehr haben, musste man es von seinem eigenen Taschengeld bezahlen und selbst einkaufen.

Ich kaufte fast jede Woche zusätzlich Lebensmittel, meist Süßigkeiten, für meine Zwischenmahlzeiten ein. Zu den Hauptmahlzeiten aß ich nämlich weiterhin eindeutig zu wenig. Das hätte niemals zum Zunehmen gereicht. Vermutlich hätte ich allein damit nicht einmal mein Gewicht gehalten. Aber ich getraute mich weiterhin nicht, vor den anderen in der Gruppe eine „normale" Portion zu essen. Ich befürchtete, dass mich irgendjemand darauf ansprach, wie viel ich plötzlich aß und ich wollte nicht als Vielfraß gelten. Bei jeder Mahlzeit hatte ich das Gefühl, dass mich alle beobachteten und genau darauf achteten, was und welche Mengen ich aß. Vermutlich war das nur Einbildung, das sagten mir auch die Betreuer, aber es kam mir trotzdem so vor, als wenn es tatsächlich so wäre. Davon abgesehen, aß ich auch viel lieber 1000 Kleinigkeiten anstatt eine Portion richtiges Mittagessen.

Warmes Essen war für mich noch immer die schwierigste Mahlzeit am Tag, weil es unleugbar „richtiges" Essen war und ich zudem nicht die genauen Zutaten wusste.

Essen gehörte für mich mittlerweile zu den schönsten Dingen im Leben. Dadurch, dass ich es mir so lange verboten hatte, wollte ich jetzt alles nachholen, was ich verpasst hatte. Hätte ich nicht so viel Angst vor den Kalorien gehabt, hätte ich vermutlich den gesamten Tag mit Essen verbracht.

Verbotene Lebensmittel gab es für mich gar nicht mehr. Ich aß alles. Das hatte den Vorteil, dass ich dadurch keinen Heißhunger mehr auf bestimmte Lebensmittel bekam. Was wiederum zur Folge hatte, dass meine Fressanfälle mit anschließendem Kotzen ausblieben.

Überhaupt lief alles perfekt. Auch mehrere Wochen nach der Klinikentlassung entwickelte sich mein Gewicht ins Positive und meine Stimmung blieb stabil. Selbstverletzungsdruck oder extremen Selbsthass verspürte ich kaum noch. Das erste Mal, seitdem ich denken kann, war ich zufrieden mit mir und meiner Entwicklung.

Als ich wieder alleine das Haus der Wohngruppe verlassen durfte, ging ich viel spazieren. Ich genoss die Zeit im Freien. Oft blieb ich stundenlang weg und lief ziellos über die Felder und die nahe gelegenen Hügel. Auf einen dieser Hügel ging ich besonders gerne. Von dort aus konnte man über die gesamte Stadt blicken. Das war ein schöner Anblick. Aber ich mochte diesen Hügel nicht nur wegen seines Ausblicks, sondern auch, weil er so steil war. Jedes Mal versuchte ich ihn schneller zu besteigen und wenn ich oben ankam, war ich immer völlig außer Puste. Das war ein tolles Gefühl. So konnte ich meinen Körper auf angenehme Art und Weise spüren und Leistung abverlangen. Allgemein war ich wieder in einem sehr schnellen Schritt unterwegs. Ich hasste es, langsam zu laufen. Je schneller ich lief, desto befreiender fühlte es sich an. Beim Laufen konnte ich alles vergessen; vor allen Problemen, Sorgen und Gedanken davonlaufen. Das tat gut. Denn wenn ich nicht lief, kreisten meine Gedanken leider noch sehr oft um Essen und Kalorien. Nicht selten nervten mich diese vielen Gedanken inzwischen selbst. Fast ununterbrochen überlegte ich mir was, wie viel und wann ich etwas essen wollte. Bereits abends überlegte ich mir, was ich am darauffolgenden Tag essen wollte. Wenn es dann das, was ich geplant hatte, nicht gab, war das jedes Mal eine halbe Katastrophe für mich. Wenn plötzlich das Brot, das ich immer aß, leer war und ich eine andere Sorte essen musste oder nicht der Belag da war, für den ich die Kalorien berechnet hatte, stand ich vor einem Problem. Ganz schlimm wurde es, wenn es ohne Vorankündigung ein anderes Mittagessen gab. Da bekam ich Schweißausbrüche und in meinem Kopf begann es zu rattern: Kann ich mir das erlauben? Hat das womöglich mehr Kalorien oder Fett? Wie viel darf ich davon essen? Das waren nur einige Gedanken, die mir in solchen Situationen durch den Kopf schossen.

Ebenfalls unmöglich war es für mich zu dieser Zeit, etwas „außer der Reihe" zu essen. Also etwas, dass ich am Vortag nicht in meine Planung miteinbezogen hatte. Das hieß, wenn mir eine Freundin ein Keks anbot, konnte ich den nicht annehmen, weil er nicht in meiner Liste für den heutigen Tag aufgeführt war und ich ihn somit nicht essen durfte. Diese „Hirngespinste" gingen sogar so weit, dass ich beim Kochen nicht einmal probieren wollte, weil ich Angst hatte, dass durch die vielen Kalorien auf dem Löffel meine Kalorienrechnung komplett verfälscht wäre. Dieser Zwang nervte mich zum Teil selbst. Mindestens an vier Tagen in der Woche war ich von meinem ewigen Kalorienzählen, ständigen Aufschreiben und zwanghaften Abwiegen selbst angepisst, aber trotzdem traute ich mich nicht, diese Kontrolle abzugeben. Wie bei einem Zwang fürchtete ich, dass wenn ich etwas aß, das nicht auf meinem Plan stand, etwas Schlimmes passieren könnte.

Um mich zu trösten, versprach ich mir dann immer selbst, dass ich ab dem Tag, an dem ich 50 Kilo erreicht hätte, dieses penible Kalorienzählen nicht mehr bräuchte. Dann wäre es nämlich egal, ob ich einen Tag etwas mehr oder weniger aß. Solange mein Gewicht zwischen 49 und 51 Kilo schwankte, bräuchte ich mir bezüglich Essen, Mengen und Kalorien keine Sorgen zu machen.

Einerseits glaubte ich fest daran, dass ich es mit 50 Kilo tatsächlich schaffen würde, das Kalorienzählen endlich aufzugeben, anderseits wusste ich genau, dass das nicht so einfach funktionieren würde, wie ich es mir aktuell versuchte einzureden. Schließlich schaffte ich es zurzeit nicht einmal einen Tag ohne Rechnen. Wie sollte ich dann komplett darauf verzichten? Was sich so lange in einem Kopf festgesetzt hatte, bekam man so leicht nicht mehr raus. UND erst recht nicht über Nacht, so wie ich es plante. Mittlerweile war ich schon fast sechs Jahre essgestört. Das war eine lange Zeit, in der sich die Angst vor Fett, Kalorien und Gewicht in meinem Gehirn verankern konnten. Und mit Erreichen der 50 Kilo Marke sollte ich das alles einfach so aufgeben und vergessen? Damit rechnete ich nicht wirklich, doch ich hoffte es mit ganzer Kraft, weil mich meine Essstörung derzeit extrem nervte.

Mehr als 50 Prozent meiner gesamten Gedanken am Tag drehten sich um Essen beziehungsweise ums nicht Essen. Ab und zu kam es mir so vor, als wenn ich nicht einmal einen Film schauen oder ein Buch lesen konnte, ohne dass meine Gedanken spätesten nach zehn Minuten wieder beim Thema Essen festklebten. Regelmäßig schienen sich meine Gedanken selbstständig zu machen und mir vorzuschreiben, was ich zu denken hatte und nicht umgekehrt, so wie es eigentlich sein sollte. Ich wollte nicht an Essen und Kalorien denken, doch meine Gedanken interessierte das nicht. Es war ein ewiger Kreislauf.

In Vokabeln lernen in der Schule war ich nie besonders gut, aber Kalorienzahlen von Lebensmitteln hatte ich schnell im Kopf. Selbst heute noch sind fast alle Zahlen sofort abrufbar. In meinem Kopf ist eine äußerst umfangreiche Kalorientabelle, in der so gut wie jedes Lebensmittel verzeichnet ist.

Glücklicherweise wurde von Woche zu Woche der gesunde Anteil in meinem Kopf stärker und drängte die aufdringlichen Gedanken der Magersucht in den Hintergrund. Außerdem merkte ich, je weniger ich mich über die nervigen Gedanken der Essstörung aufregte und je weniger Beachtung ich ihnen schenkte, desto schneller verschwanden sie wieder.

Ich hatte das erste Mal das Gefühl, dass ich wirklich Verantwortung für mich und mein Handeln übernahm. Ich sorgte das erste Mal für meinen Körper und kümmerte mich um ihn. Wir waren zwar keine Freunde, aber wir hatten uns auf einen Waffenstillstand geeinigt. Und das Schönste war: Ich WOLLTE diese Verantwortung für mich und meinen Körper sogar übernehmen. Früher hatte mir das große Angst gemacht und ich wollte es nie. Ich habe die Verantwortung für mich und andere ständig auf andere abgeschoben. Ich wollte nicht erwachsen sein. Ich wollte und brauchte das Gefühl, dass jemand anderes für mich sorgte und auf mich aufpasste. Ich fühlte mich den Aufgaben nicht gewachsen. Ich wollte Kind sein. Wollte, dass jemand auf mich aufpasst und mich beschützt.

Nun hatte sich das jedoch geändert. Ich wollte selbstständig werden. Für mich selbst sorgen und auch die Verantwortung übernehmen. Ich wollte auf eigenen Beinen stehen. Ich hatte keine Angst mehr hinzufallen, weil ich wusste, dass Fehler normal waren und ich begriff, dass ein Sturz zu Boden nichts Schlimmes war, solange man dadurch nicht den Mut verlor, es erneut zu probieren. Das war ein riesen Fortschritt, der in meiner Entwicklung sehr bedeutsam war.

53. Schritt für Schritt in Richtung Normalität und Selbstständigkeit

In der Wohngruppe war ich mittlerweile die Einzige, die noch Zwischenmahlzeiten unter Aufsicht zu sich nehmen musste. Da die Wohngruppe inzwischen nicht mehr ausschließlich Essgestörte aufnahm, sondern auch Jugendliche mit anderen Problemen, waren nur noch drei Jugendliche mit dem Problem Magersucht in der Einrichtung. Die anderen beiden hatten jedoch ihr Gewicht so weit im Griff, dass sie selbst entscheiden durften, ob und wann sie was zur Zwischenmahlzeit zu sich nahmen. Das wollte ich auch, deshalb besprach ich das mit meiner Bezugsbetreuerin, die sich auf diesen Versuch einließ. Ab sofort durfte ich meine Zwischenmahlzeiten alle alleine aussuchen und ohne Aufsicht von Betreuern zu mir nehmen.

Klar, war besonders in der Anfangszeit der Gedanke in meinem Kopf, dass wenn jetzt niemand mehr darauf achtete, ob und was ich zwischendurch aß, ich gar nichts mehr essen könnte, da es sowieso niemand merken würde. Aber diesen Gedanken gab ich kein einziges Mal nach. Ich wollte für mich sorgen und ich wollte es schaffen. Mir war klar, dass ich die Zwischenmahlzeiten brauchte, wenn ich auf meine Kalorienmenge kommen wollte. Würde ich sie weglassen, würde ich abnehmen. Und das wollte ich auf keinen Fall. Ich wollte allen beweisen, dass ich es doch schaffte, mein Leben in den Griff zu bekommen!

Vor allem den Ärzten, die mich bereits vor Jahren schon aufgegeben hatten, wollte ich zeigen, dass ich es schaffte!

Erstaunlicherweise klappten die Zwischenmahlzeiten ohne Aufsicht sogar besser als mit. Seitdem kein Betreuer mehr anwesend war, gelang es mir, mehr kalorienreiche Lebensmittel zu essen und nicht nur tonnenweise Obst und Gemüse. Ich aß nun zu den Zwischenmahlzeiten lieber ein Eis, ein belegtes Brot oder sonst etwas „Richtiges" anstatt zwei Äpfel und fünf Karotten oder sonstigen kalorienarmen

Lebensmittel. Das war mal wieder ein Beweis dafür, dass ich es hasste, wenn mir jemand beim Essen zuschaute.

Jeder Fortschritt, den ich machte, machte stolz, aber gleichzeitig löste jedes Kilo mehr auf der Waage auch eine ungewohnte Angst aus. Ich hatte Angst davor, gesund zu werden.

Einerseits freute ich mich darüber, dass ich auf dem besten Weg Richtung Normalgewicht war, auf der anderen Seite fürchtete ich mich davor, gesund zu sein beziehungsweise gesund zu wirken. Schließlich war ich nicht umsonst essgestört geworden. Es hatte seine Gründe. Die Magersucht und die Bulimie hatten mir in einer sehr schweren Zeit in meinem Leben das gegeben, was ich brauchte und jetzt sollte ich sie einfach so „wegwerfen"?

Ich kannte ihre Regeln, ihre Gesetze und die Welt der Essstörung war berechenbar und einfach strukturiert, also vollkommen anderes, als die komplizierte reale Welt da draußen. War ich für diesen Schritt wirklich bereit? Wollte ich meine sichere, vertraute Welt wahrhaftig gegen dieses Chaos dort draußen eintauschen? Ich wusste es nicht.

Außerdem hatte ich das Gefühl, dass mich manche Menschen nur beachteten, weil ich essgestört war. Sie machten sich Sorgen um mich, weil ich zu wenig aß. Hätte ich nun aber Normalgewicht, wäre ich lediglich eine von vielen und würde in der Masse untergehen. Zeitweise hatte ich das Gefühl, dass ich nur beachtet wurde und Aufmerksamkeit bekam, weil ich krank war. Dementsprechend fürchtete ich, dass sich alle von mir abwenden würden, wenn ich gesund werden würde. Das löste Verlassensängste bei mir aus. Überhaupt machte mir so vieles Angst zu dieser Zeit.

Doch diesen ganzen Ängsten und Befürchtungen stand mein Wille, gesund zu werden, gegenüber. Dieser Wille war Gott sei Dank stärker und schaffte es, meine Ängste in Schach zu halten. Sie waren dadurch zwar nicht komplett weg, aber sie hielten sich wenigstens in einem aushaltbaren Rahmen.

Meine Gedanken und Gefühle widersprachen sich ständig selbst und sorgten dabei für ordentlich Verwirrung in meinem Kopf. Ich wollte gesund sein, aber gleichzeitig auch wieder nicht. Doch dieses Chaos hielt mich trotzdem nicht davon ab, weiter zuzunehmen.

Entgegen meinen Befürchtungen musste ich schon recht bald feststellen, dass sich keiner meiner Mitmenschen von mir abwandte, weil ich wieder mehr wog und dicker und somit auch gesünder wurde. Ganz im Gegenteil: Immer häufiger wurde ich für meine positive Wandlung gelobt und bekam Anerkennung. Zu Beginn fühlte sich dieses positive Feedback noch etwas merkwürdig an, weil ich es nicht mehr gewohnt war, so viel Lob zu bekommen. Jedoch gewöhnte ich mich recht bald an dieses merkwürdige Gefühl und konnte es genießen und die positiven Worte annehmen.

Ich schaffte es endlich, mein Leben in die richtigen Bahnen zu lenken. Dabei wurde ich sogar noch mehr bestärkt und bekam mehr Anerkennung als zuvor durch meine Essstörung. Das zeigte mir, dass ich unverkennbar auf dem richtigen Weg war und dass ich weitermachen musste.

Da das mit den Zwischenmahlzeiten sehr gut alleine funktionierte und ich trotzdem weiterhin an Gewicht zulegte, durfte ich mit 43 Kilo das, was ich mir bereits lange wünschte: Ich durfte Rohkost-Geld bekommen.

Ich selbst hätte mich nie getraut, danach zu fragen. Zumindest nicht bei meinem aktuellen Gewicht. Doch meine Bezugsbetreuerin bot mir bei einem Entwicklungsgespräch von sich aus an, dass ich den nächsten großen Schritt

Richtung Eigenverantwortung und Selbstständigkeit machen durfte und da konnte ich nicht Nein sagen!

Ab sofort bekam ich wöchentlich das „Rohkost-Geld" (das sind 36,40 Euro, die jeder Klient zur wöchentlichen Essensverpflegung in einer Einrichtung zur Verfügung gestellt bekommt) bar ausgezahlt und durfte mir damit mein Essen selbst kaufen. Das hieß, ich musste mir alleine einen Einkaufszettel schreiben, eigenständig Rezepte raussuchen und selbstständig schauen, dass ich die Woche über mit dem Geld hinkam. Dementsprechend lag es nun in meiner Verantwortung, was ich mir kochte und wie groß die Portionen sein würden.

Zur Sicherheit sollte ich jedoch die ersten Monate die Hauptmahlzeiten gemeinsam mit den anderen Klienten in der Gruppe einnehmen, damit die Betreuer weiterhin überblicken konnten, was und wie viel aß. Würde ich abnehmen oder jeden Mittag nur gedünstetes Gemüse oder Salat essen, würde ich das Rohkost-Geld sofort gestrichen bekommen und müsste wieder das essen, was die Betreuer für die Gruppe kochten. Es war also ein Experiment, das ich selbst beeinflussen konnte.

Ich war mächtig stolz auf mich, dass ich es in der kurzen Zeit soweit geschafft hatte, und wollte auf jeden Fall in der Verselbstständigung bleiben. Ich fand es schön, jeden Tag das essen zu können, worauf ich Appetit hatte und nicht täglich das essen zu müssen, was mir von den Betreuern vorgesetzt wurde. Außerdem war nun endlich das Schätzen von Mengen und Kalorien hinfällig. Ab jetzt konnte ich mein Essen nämlich vor dem Kochen abwiegen und wusste genau, welche Zutaten enthalten waren. Somit hatte ich die penible Kontrolle über die Kalorien. Hinzu kam, dass ich vollkommen fettfrei kochen konnte. Ich musste kein ekelhaftes Öl mehr zum Anbraten verwenden, sondern konnte alles im Mineralwasser anbraten. Trotzdem musste ich dabei natürlich aufpassen, dass ich nicht in Verführung kam, zu wenig und zu kalorienarm zu essen. Diese Verführung war durch die Verselbstständigung auf jeden Fall gegeben und sie war leider auch sehr stark. Die Gedanken der Magersucht waren in meinem Kopf zwar inzwischen ziemlich weit nach hinten verdrängt worden, aber sie waren noch da. Manchmal, besonders in solchen Situationen, wollten sie sich zurück in den Vordergrund drängen. Vielleicht, um mir zu zeigen, dass sie noch da waren, oder weil sie erneut meine Gedanken übernehmen wollte. Doch das ließ ich nicht zu. Ich schickte sie jedes Mal wieder in den Untergrund zurück, wo sie gerade herkamen, und verschloss die Tür hinter ihnen mit einem dicken Schloss, in der Hoffnung, dass sie nicht mehr – nie wieder – herauskamen. Genauso wie ich DAS verdrängte. Die Erinnerung und die Angst waren zwar noch da, doch ich ließ ihnen nicht mehr die Kraft, die Kontrolle über meine Gedanken oder gar mein Leben zu übernehmen. Die Gedanken und Gefühle, die DAMIT verbunden sind, habe ich in eine Kiste gesperrt, diese abgeschlossen und versiegelt und ganz tief in meinem Unterbewusstsein vergraben. Wenn ich irgendwann die Kraft und den Mut finde, diese Kiste zu öffnen, werde ich das tun. Allerdings war ich zu diesem Zeitpunkt noch nicht stark und mutig genug dazu. Ich war von der Psyche her stabil, aber wenn etwas kam, was mich traf, kam ich sehr schnell ins Wanken und es drohte mich aus der Bahn zu werfen. Ich war also stabil, jedoch nicht gefestigt.

Es war ein tolles Gefühl, so viel erreicht zu haben, und ich schaffte es trotz der Gefahren und vielen Verlockungen auch in der Verselbstständigung weiter zuzunehmen. Das Einzige, was mich an der gesamten Sache weiterhin total nervte, war das ewige Kalorienzählen. Es ärgerte mich selbst, dass ich kein Bissen aß, ohne ihn zuvor abgewogen zu haben. Ob es andere störte, war mir relativ egal. Aber das es mich selbst nervte, machte mich aggressiv und löste sogar teilweise Selbsthass aus! Ich wollte normal werden und normale Leute wiegen nicht jeden Bissen ab!

Selbst wenn ich versuchte, etwas ohne abzuwiegen zu essen, schaffte ich es nur selten. Außerdem begann dann das Rattern in meinem Kopf. Ich musste das Gewicht und somit die Kalorienzahl schätzen und sofort aufschreiben. Ich hatte regelrecht Panik davor, meine tägliche Kalorienzahl zu überschreiten. In meinem Kopf waren Horrorvorstellungen, was dadurch passieren konnte. Gleichzeitig freute ich mich jedoch, wenn ich von einer gewissen Kalorienzahl nicht mehr zunahm und ich diese erhöhen durfte. Das waren 100 Kalorien, die ich dann mehr am Tag zu mir nehmen durfte und 100 Kalorien waren in meinen Augen viel! Das war umgerechnet ein Schokoriegel, den ich mehr essen durfte. Also eine riesen Freude. Essen war nämlich noch immer ein schönes, aufregendes Erlebnis für mich.

Zu den Hauptmahlzeiten aß ich weiterhin recht kalorienarm und eher geringere Mengen. Ich zog es unverändert weiter vor, den Hauptteil der Kalorien durch Süßigkeiten, Obst und Gemüse zu den Zwischenmahlzeiten zu mir zu nehmen.

Die einzige Ausnahme, die ich beim Kalorienzählen und Abwiegen machte, war bei einem Fressanfall. Da war es mir egal, wie viele Kalorien die einzelnen Lebensmittel hatten und wie viel ich davon aß. Da war das Einzige, was für mich zählte, so schnell wie möglich alles Essbare, was sich in meiner Umgebung befand, zu verschlingen und es anschließend wieder über der Toilette hervorzuwürgen. Das passierte jedoch, wie bereits oben geschrieben, nur noch äußerst selten.

Meist waren die Gründe für diese seltenen Essanfälle sehr verschieden. Manchmal waren es selbstverletzende Gründe, mal weil ich alleine war und Langeweile hatte, oder weil einfach zu viel Essen in meiner Nähe war. Ganz schlimm war es, wenn die beiden letzten Gründe zusammenkamen. Dann war ein Fressanfall mit anschließendem Kotzen so gut wie unausweichlich. Alleinsein, Langeweile und noch zu viel

546

Essen in der Wohnung zu haben, war eine ganz schlechte Kombination. In manchen Fällen nutzte ich einen Fressanfall auch als „Zeitvertreib" oder wollte rein aus Neugierde ausprobieren, ob ich es noch konnte. Jedoch war niemals mehr Hunger ein Auslöser für einen Fressanfall! Diese Zeiten waren nun endlich vorbei!

Zu anderen Selbstverletzungen kam es ebenfalls nur noch sehr selten. Zumindest zu den großen, bei denen ein Chirurg eingreifen musste. Zu kleineren, wie Kopf oder Hände gegen die Wand schlagen, selbst beißen, Haut blutig kratzen und Ähnliches kam es meist zwei bis drei Mal pro Woche. Es gab jedoch auch Wochen, in denen ich es komplett ohne schaffte. Wobei ich persönlich diese „Kleinigkeiten" nicht mehr unter der Kategorie Selbstverletzung einordnete.

Von den Medikamenten, die ich zu diesem Zeitpunkt noch bekam, fühlte ich mich gut eingestellt.

54. Trick 99 – Umlenken von Verhaltensweisen

Mit 45 Kilo ging mir das Kalorienzählen noch immer auf die Nerven und ich wollte unbedingt etwas daran ändern. Ich hatte mir zwar das Ziel gesetzt, bei dem Erreichen von 50 Kilo komplett damit aufzuhören, aber bis dahin war es noch eine ganze Weile. Außerdem war ich mir sehr sicher, dass ich auch bei 50 Kilo nicht mit Kalorienzählen aufhören würde. Ich schaffte es jetzt nicht und was sollten 50 Kilo daran ändern? Dachte ich tatsächlich, dass ich mit 50 Kilo aufwachen würde und ein komplett normales Essverhalten hätte? Das war wohl eher ein Wunschdenken. Wenn ich es jetzt nicht schaffte, würde ich es ebenso wenig in ein paar Wochen schaffen. Man kann nicht einfach das ablegen, was schon Jahre im Kopf verankert ist, und bereits Ausmaße wie eine Sucht hat. Vermutlich werde ich das Kalorienzählen niemals komplett aus meinem Kopf verbannen können. Dafür war ich bereits zu lange essgestört. Aber ich kann es in den Hintergrund drängen. Genauso, wie ich es mit dem Trauma gemacht habe. Beides ist noch da, aber nicht mehr so stark, dass es mein gesamtes Denken einnimmt. Manche Sachen kann man einfach nicht vergessen, aber man kann lernen, einen Weg zu finden, um mit ihnen klar zu kommen und zu leben.

Mir war bewusst, falls ich wirklich etwas ändern wollte, musste ich jetzt damit anfangen. Wenn ich es ewig vor mir herschiebe, würde sich nie etwas ändern. Ich sage zwar, dass ich damit aufhöre, wenn ich 50 Kilo erreicht habe. Doch wahrscheinlich sage ich, wenn ich die 50 Kilo erreicht habe, dass ich nur noch zwei Wochen die Kalorien zähle. Nach zwei Wochen sage ich dann, dass ich vorsichtshalber doch noch weiter Kalorien zähle und dann immer so weiter. Ich würde nie damit aufhören.
Soweit kannte ich mich inzwischen!

Dass es nicht einfach würde, das aufzugeben, was mir monatelang Sicherheit gegeben und mein komplettes Denken eingenommen hatte, war mir von Anfang an klar. Genauso, wie ich wusste, dass es nicht von einen auf den anderen Tag funktionieren würde. Deshalb machte ich mir in dieser Richtung erst gar keine falschen Hoffnungen.

Ich brauchte etwas, dass mir ebenfalls das Gefühl von Sicherheit und Kontrolle vermittelte, jedoch nicht, wie das Kalorienzählen, meine gesamten Gedanken einschränkte. Ich wollte nicht mehr ständig an Essen und Nährwerte denken. Doch auf mein natürliches Hunger- und Sättigungsgefühl konnte und wollte ich mich genauso wenig verlassen. So viel Kontrolle wollte ich noch nicht wieder an meinen Körper zurückgeben. Dafür fehlte zwischen uns noch das Vertrauen. Also brauchte ich etwas, was das Kalorienzählen ersetzte. Etwas, dass weniger penetrant in meiner Gedankenwelt war, aber mir gleichzeitig noch Kontrolle und Richtlinien gab.

Nach einigem Hin-und-her-Überlegen kam ich auf die Idee, mir einen eigenen Mengenplan zu entwerfen, der alle meine Vorstellungen und Wünsche berücksichtigte.

Die Gesamtkalorienzahl dieses Mengenplanes sollte zwischen 2000 und 2200 Kalorien liegen und somit meiner aktuellen Kalorienzahl angepasst sein. Der Hauptsinn dieses Mengenplanes war es jedoch, dass ich mich nicht mehr an der Kalorienzahl an sich orientierte, sondern an die Mengen, die auf dem Plan standen.

Dieses Prinzip mag jetzt für Unwissende vielleicht etwas kompliziert klingen, aber ist es eigentlich überhaupt nicht. Das Einzige, was an diesen Plan etwas kompliziert und kniffelig ist, ist das Erstellen des Planes. Aber mehr auch nicht.

Um den Plan zu erstellen, setzte ich mir für jede Mahlzeit eine gewisse Kalorienmenge, an die ich mich halten wollte. Dann rechnete ich aus, wie ich auf diese Menge ungefähr komme. Ich musste nicht exakt auf vorgeplante Kalorienzahlen kommen, sondern nur ungefähr. Zum Beispiel sollte mein Mittagessen ungefähr 500 bis 600 Kalorien haben. Hatte es weniger, sollte ich noch eine Kleinigkeit zusätzlich dazu essen, um auf die vorgeschriebenen Kalorien zu kommen. Das konnten zum Beispiel ein Schokoriegel, ein paar Gummibärchen, ein Stück Obst oder Ähnliches sein. Hätte es hingegen mehr als 600 Kalorien, wäre das rein theoretisch egal, da mehr Kalorien immer erlaubt sind. Doch wahrscheinlich würde das bei mir entweder nie der Fall sein oder ich würde die überschüssigen Kalorien bei einer anderen Mahlzeit einsparen. Mehr als wirklich nötig zu essen, sorgte bei mir nämlich nach wie vor für einen größeren Gewissenskonflikt.

Beim Frühstück und Abendessen sah der Mengenplan so aus, dass ich mir für die jeweilige Mahlzeit mehrere unterschiedliche Wahlmöglichkeiten ausdachte. Ziel war es, beim Frühstück auf mindestens 300 Kalorien zu kommen und beim Abendessen auf 400 Kalorien. Die Wahlmöglichkeiten an sich waren bei beiden Mahlzeiten dieselben.

Der einzige Unterschied war nur, dass beim Abendessen noch mindestens 100 bis 150 Kalorien an Obst oder Gemüse zusätzlich dazu kamen, um die nötige Kalorienmenge zu erreichen. Eine mögliche Auswahlmöglichkeit war zum Beispiel ein Brötchen, beziehungsweise zwei Scheiben Brot, mit Margarine und Belag plus einen großen Apfel. Hierbei war es egal, was für eine Brötchen- beziehungsweise Brotsorte oder welchen Belag ich wählte. Schließlich wollte ich nicht mehr auf die Kalorienzahl achten, sondern das auswählen, worauf ich Appetit hatte. Kalorien wären durch den Mengenplan ab sofort Nebensachen.

Nur noch die Menge sollte ab jetzt für mich zählen. Außerdem war es mir sehr wichtig, dass die Mengen normalen Maßen entsprachen und nicht meiner Essstörung angepasst waren. Also Brötchen MIT Margarine und als Beilage nur drei Karotten anstatt ein halbes Kilo.

Zu den Zwischenmahlzeiten wollte ich ca. 700 Kalorien zu mir nehmen. Diese setzten sich zusammen aus: vormittags 200 Kalorien, nachmittags 300 Kalorien und abends 200

Kalorien. Zu der ersten und dritten Zwischenmahlzeit hatte ich mir feste Essensvorgaben gesetzt, denen ich selbst heute noch ab und zu treu geblieben bin.

Vormittags sollten die 200 Kalorien rein aus Süßigkeiten bestehen. Das war mir persönlich sehr wichtig, denn wenn ich vormittags nichts Süßes zu mir nahm, bekam ich später, meist am Abend, Heißhunger auf Schokolade, Chips und Co. Und DAS war nie gut, weil Heißhunger sehr häufig zu Fressanfälle führte. Gönnte ich mir allerdings jeden Vormittag etwas davon, kam es erst gar nicht zu solchen Heißhungerattacken und die Fressanfälle bleiben somit ebenfalls aus. Eine einfache Lösung, die eine Menge Frust und Ärger ersparte.

Die Spätmahlzeit am Abend war hingegen wieder gesund und sollte für die Nacht sättigen. Sie bestand entweder aus 250 Gramm Joghurt oder einem 150 Gramm Joghurt und 100 Gramm Apfelmus. Der Fettgehalt der Joghurts sollte mindestens 3,5 Prozent Fett enthalten. Diese Joghurts und auch das Apfelmus stellte ich ins Gefrierfach und fror sie ein. So hatte ich länger an ihnen und sie waren nicht so schnell leer. Es dauert wesentlich länger, einen gefrorenen Joghurt zu kratzen, als einen Joghurt aus dem Kühlschrank auszulöffeln. Das verlängerte die Essenszeit, die zur schönsten Zeit des ganzen Tages zählte. Und zudem hatte ich mit diesem Joghurt-Kratzeis ein Ritual erschaffen, das meinem Gehirn signalisierte: Nach dem Joghurt ist Schluss mit Essen und Schlafenszeit.

An diesen Mengenplan wollte ich mich ab sofort halten und somit nur noch bei den ersten beiden Zwischenmahlzeiten Kalorien zählen.

Lediglich bei Chips, Flips und Popcorn „erlaubte" ich mir weiterhin, die Menge vor dem Verzehr abzuwiegen, weil mir hierfür noch ein gesundes Maß dieser Lebensmittel fehlte. Deshalb hielt ich mich an die Mengenangaben, die auf der

Verpackung standen. Aus demselben Grund wog ich auch weiterhin vor dem Kochen die Menge von Nudeln, Reis und Kartoffeln, die ich ins Wasser schmiss, ab. Aber die restlichen Lebensmittel wollte ich nicht mehr auf die Waage legen und Kalorien zählen wollte ich schon zweimal nicht mehr!

Doch bereits nach den ersten Tagen musste ich feststellen, dass es leider doch nicht so einfach war, wie ich hoffte. Die Idee durch den Mengenplan auf Kalorienzählen und Lebensmittelabwiegen verzichten zu können, funktionierte nur teilweise.

Dennoch waren trotzdem einige große Erfolge zu verzeichnen:

Seitdem ich den Mengenplan hatte, schrieb ich nicht mehr auf, was und wie viel ich aß und wenn mir jemand zwischendurch einen Keks, einen Schokoriegel oder sonst etwas anbot, lehnte ich nicht mehr ab, sondern gönnte es mir. Hinzu kam, dass ich spontaner wurde. Ich plante nicht mehr Tage im Voraus, was ich wann aß, sondern entschied mich spontan. Je nachdem auf was ich Appetit hatte. Genauso schaffte ich es, ab sofort, ohne lange nachzudenken, mal eine Kugel Eis zu essen, obwohl ich nicht wusste, wie viele Kalorien diese Kugel enthielt. Das funktionierte also alles gut.

Der Rest hingegen war noch etwas schwieriger. Mir fiel es trotz des Mengenplans noch schwer, eine Brötchen- oder Brotsorte oder auch den Belag nach Geschmack auszuwählen. Ich achtete noch sehr auf Kalorien. Ich hatte eine gewisse Kaloriengrenze im Kopf, die bei der Auswahl nicht überschritten werden sollte. Zum Beispiel durfte ein Brötchen nicht mehr als 160 Kalorien pro Stück enthalten. Ausnahme war, wenn es Brötchen vom Bäcker waren. Enthielt jedoch ein Aufbackbrötchen mehr als 160 Kalorien pro Stück, kaufte ich es erst gar nicht. Lieber aß ich zu einem Brötchen, das weniger Kalorien hatte, noch zusätzlich etwas dazu, anstatt mir ein Brötchen mit mehr Kalorien zu gönnen. Eigentlich bescheuert, da die Kalorienzahl am Ende dieselbe war. Egal, ob ich ein Brötchen mit wenig Kalorien plus etwas zusätzlich dazu aß oder ob ich gleich das Brötchen mit den mehr Kalorien aß ... Aber so war ich nun mal.

In dieser Beziehung verstand und verstehe ich mich auch heute noch, selbst nicht. Ich glaube, dieser Kalorientick bei manchen Lebensmitteln ist eine „Macke" von mir, die mich mein Leben lang begleiten wird. Zum Beispiel würde ich auch keinen Joghurt essen, der mehr als 260 Kalorien auf 250 Gramm hat. Das ist etwas, wo in meinem Gehirn eine Sperre reingeht und sich alles bei mir wehrt. Das geht nicht.

Ansonsten zählte ich durch den Mengenplan keine Kalorien mehr. Zumindest nicht mehr auf jede einzelne Kalorie genau. Jedoch überschlug ich mehrfach am Tag die ungefähre Menge der Kalorien, die ich bereits verzehrt hatte. Das konnte ich noch nicht weglassen. Dennoch hatte ich dank dem Mengenplan einen riesen Teilerfolg erreicht, der mir das Leben bereits deutlich vereinfachte! Das war eindeutig besser als gar nichts.

Von Tag zu Tag gelang es mir besser, das ständige Denken an Kalorien und Nährwerte in den Hintergrund zu drängen. Ganz abstellen konnte ich es jedoch nicht. Es nahm immer noch einen gewissen Teil meiner Gedanken ein und ich achtete bei der Auswahl der Lebensmittel weiterhin sehr auf Nährwertangaben. Allerdings war dieser Teil, den das Kaloriendenken in meinem Gehirn noch einnahm, nicht einmal halb so groß, wie er noch vor wenigen Wochen war.

Ich fand es erstaunlich, wie viele andere, schöne Gedanken im Kopf sind, wenn sich nicht alles um Lebensmittel und Nährwertangaben dreht. Ich hatte im Kopf wieder Platz für andere Dinge. Wie zum Beispiel für Fantasie. Ich begann wieder mit dem Schreiben. Anfangs schrieb ich nur Kurzgeschichten, doch bald darauf fing ich an, dieses Buch zu schreiben. Ich hatte so viel in den

letzten Jahren erlebt und erfahren, dass ich anderen mit meinen Erfahrungen helfen wollte.

Auch mein Verhalten beim Lebensmitteleinkauf veränderte sich. Ich benötigte im Geschäft keine halbe Stunde mehr, um einen Artikel zu kaufen, da ich nicht mehr die Kalorienzahl der verschiedenen Hersteller verglich. Ich nahm das billigste oder das, was ich geschmacklich am besten fand, und kaufte es.

Ehrlicherweise muss ich aber gestehen, dass ich selbst heute, genauso wie damals, trotzdem noch auf die Nährwertangaben schaue. Aber ich schaue sie nur an und akzeptiere sie. Es ist nicht mehr so, dass ich das Produkt vom Hersteller mit den wenigsten Kalorien wähle.

Ich achtete ab diesem Zeitpunkt eher auf den Preis anstatt auf die Kalorien.

Mit meinem Gewicht war es ähnlich. Ich stieg jeden Morgen auf die Waage, sah das Gewicht und akzeptierte es. Es waren für mich Zahlen. Sie ließen mich gefühlsmäßig kalt. Sie waren nicht mehr mein Lebensmittelpunkt. Hatte ich abgenommen, wusste ich, dass ich an diesem Tag etwas mehr essen muss; hatte ich zugenommen, wusste ich, dass ich genug gegessen hatte und ich somit meinem Zielgewicht nähergekommen bin. Das hieß, das konnte ich tun, solange diese Zahlen im Rahmen waren.

Abnehmen empfand ich nie als schlimm. Ich versuchte zwar, das freudige Gefühl zu unterdrücken und mir einzureden, dass das nicht gut war. Jedoch konnte ich mir meistens ein kleines Grinsen nicht verkneifen. Es freute mich. Aber ich achtete darauf, dass die Freude nicht zu groß wurde und die Gedanken, alles Zugenommene wieder herunter zu hungern, nicht die überhand nahmen. In den meisten Fällen gelang es mir auch direkt am Folgetag, dass mein Gewicht wieder anstieg.

Nahm ich langsam zu, freute ich mich einerseits, dass ich meinem Zielgewicht näherkam, und fühlte mich gut dabei, anderseits stieg aber die Angst nach dem Erreichen des Zielgewichtes nicht aufhören zu können mit dem Zunehmen.

Nahm ich mehr als 500 Gramm pro Tag zu, traf mich das wie ein Faustschlag, den ich allerdings genauso ignorierte, wie die Stimme der Magersucht, die in mir sagte, dass ich schleunigst wieder abnehmen sollte, falls ich nicht als fett enden will. Doch mein Wille, gesund zu werden, verdrängte meist recht zügig diese negativen Gedanken und Gefühle. Mir half es jeden Morgen, mir selbst zu sagen, dass das Zunehmen sein muss, wenn ich gesund werden und ein normales Leben führen wollte. Ganz nach dem Motto: „Leben hat Gewicht!"

Was mir ebenfalls half, war zu sehen, wie es mir körperlich zunehmend besser ging. Ich konnte meinem Körper wieder Leistung abverlangen. Ohne dass ich befürchten musste, dass er jeden Moment zusammenbricht. Ich war wesentlich wacher, fröhlicher und aktiver als ich mit dem starken Untergewicht war. Hinzu kam, dass ich bedeutend mehr Freiheiten hatte und mich allgemein wohler fühlte. Ich durfte sogar wieder mit Sport anfangen. Erst als ich das erste Mal wieder im Judo war, begriff ich, dass mir Sport so wahnsinnig gefehlt hatte. Es gab die ganze Zeit ein Loch in mir, das mich in die Verzweiflung trieb. Ich versuchte es mit Hunger, Essanfällen oder Selbstverletzung zu stopfen, was nur für kurze Zeit hielt. Dann brach das Loch wieder auf, klaffte auseinander und versuchte mich in seine Tiefe zu ziehen. Jetzt wusste ich, wie ich dieses Loch in meinem Leben dauerhaft stopfen konnte: mit Sport. Sport erleichterte mir Vieles:

Mir fiel es leichter zu essen, weil ich wusste, dass ich die Kohlenhydrate benötigte, um beim Sport gute Leistung zu bringen. Mich störte das zunehmende Gewicht nicht mehr, weil ich wusste, dass ich nun Muskeln aufbaute und nicht Fett. Muskeln waren gut, da sie schwerer als Fett waren. Da ich meinem Körper Leistung abverlangen konnte, ließ es sich wesentlich leichter ertragen in ihm und mit ihm zu leben. Es gab sogar Momente nach dem Sport, in denen ich mich sogar wohl in ihm fühlte. Ich akzeptierte meinen Körper. Außerdem wurde Sport zu meinem größten Skill. Wenn ich mich vollkommen auspowerte, bis ich völlig erschöpft war, hatte es denselben Effekt wie das Schneiden. Nur dass die Wirkung von Sport länger anhielt.

Auch die Betreuer nahmen wahr, dass der Sport mir viel gab. Ich war wesentlich ausgeglichener und besaß mehr Selbstvertrauen. Der Sport ließ mich regelrecht aufblühen. Da machte es mir nicht einmal mehr etwas aus, dass ich die 50 Kilo erreicht hatte. Ich fühlte mich zwar zu fett, aber so viel abnehmen, bis ich mich wohlfühlte, konnte ich gar nicht. Schließlich hatte ich mich noch mit 35 Kilo zu fett gefühlt. Das ist mir mittlerweile klar. In solchen Momenten denke ich mir: „Lieber mehr Gewicht, als tot." Ich kann mit meinem momentanen Gewicht viel mehr unternehmen und habe mehr Kraft. Mit dem Anstieg des Gewichtes verzogen sich die Gedanken ums Essen und den Kalorien zunehmend aus meinem Kopf. Essen war nicht mehr mein Lebensmittelpunkt und die Essstörung nicht mehr meine beste Freundin. Ich habe nun „richtige" Freunde, mit denen ich reden und lachen kann und die mich zu jeder Zeit unterstützen.

55. Mein Leben heute

Heute habe ich mein Leben einigermaßen unter Kontrolle. Ich habe Phasen, in denen es mir gut geht, ich mich kaum selbst verletze und ausreichend esse, um mein Gewicht zu halten, aber dann gibt es leider auch Phasen, in denen ich in alte Verhaltensmuster zurückfalle, mich häufiger selbst verletze, es nicht schaffe, mein Gewicht zu halten oder Essanfälle habe und mich anschließend über der Kloschüssel auskotze.

Diese schlechten Phasen sind für mich, besonders wenn sie länger andauern, immer wieder heftige Rückschläge, von denen ich mich allerdings nicht unterkriegen lasse. Ich habe in meinem Leben schon so viel erreicht und bin durch so viele Tiefen gegangen, dass ich den Rest auch noch schaffen werde. Da lasse ich mich nicht von ein paar schlechten Tagen gleich wieder komplett aus der Bahn werfen!

Mit dem Erreichen der 50 Kilomarke schaffte ich es tatsächlich, das Kalorienzählen weitestgehend zu unterlassen. Direkt an dem Tag, an dem ich das Gewicht erreicht hatte, löste ich meine Vereinbarung mit mir selbst ein.

Die ersten Tage erwischte ich mich zwar noch des Öfteren dabei, wie ich die gegessenen Kalorien in meinem Kopf zusammenrechnete, aber nach einigen Tagen legte sich das.

An vielen Tagen esse ich inzwischen einfach, ohne an Kalorien zu denken, und habe am Ende vom Tag keine Ahnung, wie viele Kalorien ich zu mir genommen habe. An anderen Tagen gelingt mir das leider noch nicht. Ich schreibe zwar nie auf, was und wie viel ich esse, doch trotzdem rechne ich an manchen Tagen noch die Kalorien, die ich zu mir genommen habe, im Kopf zusammen. Jedoch habe ich keine bestimmte Kalorienmenge mehr, die ich am Tag höchstens zu mir nehmen darf.

Kalorien sind mir mittlerweile relativ egal geworden. So kam es sogar, dass ich inzwischen über 60 Kilo wiege. Das ist weit mehr, als das, was ich jemals wiegen wollte! Aber ich komme damit klar.

Anfangs war es noch sehr, sehr schwer für mich, mein Gewicht zu akzeptieren. Besonders, als es über 60 Kilo stieg. Ich fühlte mich dick – nein: fett! So als ob ich 200 Kilo wiegen würde. Überall an meinem Körper sah ich Fettpolster, auch wenn die niemand anderes außer mir sah. Jeden Morgen hatte ich Tränen in den Augen, wenn ich die Zahlen auf der Waage sah. Trotzdem habe ich nicht wieder abgenommen, sondern mein Gewicht gehalten, weil es mir damit körperlich besser geht. Ich kann endlich mein Leben leben. Wenn ich sage, ich bin mit meinem Gewicht zufrieden, wäre das gelogen, ABER ich akzeptiere es. Es sind für mich Zahlen. Wichtige Zahlen, die weiterhin eine Rolle in meinem Leben spielen, jedoch nicht länger die Überhand haben. Sie spielen eine Rolle, aber nicht mehr die Hauptrolle.

Jeden Tag lerne ich aufs Neue, dass das Leben auch schön sein kann und jeder Tag lebenswert ist. Das gibt mir Kraft und ich bin froh, dass ich noch lebe.

Ich weiß, dass ich sehr wahrscheinlich nie ganz gesund werde. Selbst, wenn ich inzwischen Normalgewicht habe, kreist mein Denken oft noch in essgestörten Bahnen. Wenn ich zum Beispiel etwas zu Essen sehe, ist mein erster Gedanke die Kalorienzahl, die noch fest in meinem Kopf verankert ist. Noch immer habe ich Angst vor Lebensmitteln mit vielen Kalorien, Angst vorm Zunehmen; fühle mich, sobald ich etwas gegessen habe, fett, sehe mich im Spiegel viel dicker als ich wirklich bin und, und, und. Jeden Bissen muss ich vor meiner Krankheit rechtfertigen und gegen den innerlichen Drang ankämpfen, zu kotzen oder wieder abnehmen zu wollen. Und auch Borderline wird nie ganz aus meinem Leben verschwinden. Jeder Tag ist eine Gratwanderung zwischen allen möglichen Gefühlen. Ich kann lachen, heulen, toben, wütend sein, ängstlich, verzweifelt, überglücklich, frustriert und das alles innerhalb einer Stunde! Außerdem kann ich mich mit einer geliebten Person heftig streiten, diese anschreien, verfluchen und plötzlich sage ich zu ihr: „Ich hab dich lieb ... kannst du mich bitte umarmen?" Ich hasse nicht selten die Menschen, die ich am meisten liebe. Des Weiteren denke ich leider noch sehr häufig in „schwarz-weiß". Wobei ich inzwischen relativ rasch merke, dass ich in „falsche" Denkmuster verfalle, und dank einiger Übung glücklicherweise dem relativ schnell entgegenwirken kann. Trotzdem kann es noch passieren, dass eine Kleinigkeit, wie zum Beispiel ein Streit, mich komplett aus der Bahn wirft und ich in selbstschädigende Verhaltensmuster rutsche.

Jeder Tag stellt weiterhin ein unendliches Gedanken- und Gefühlschaos in meinem Kopf dar. Es ist nicht leicht für mich, einen „normalen" Alltag zu meistern. Aber ich habe gelernt, damit zu leben und damit umzugehen. Dadurch, dass meine Gefühle tagtäglich Achterbahn fahren, ist es inzwischen für mich „normal" geworden und ich komme damit klar.

Mein Spiegelbild und ich sind keine Freunde (und werden es wohl auch nie werden), allerdings nähern wir uns langsam an. Es ist längst nicht mehr so schlimm, wie noch vor ein paar Jahren. Damals hätte ich am liebsten jeden Spiegel in meiner Umgebung zertrümmert, weil ich das Mädchen im Spiegel hasste. Ich konnte sie auf den Tod nicht ausstehen und wollte, dass sie verschwindet. Doch mittlerweile kommen wir miteinander klar. Zwangsläufig muss ich das ja auch, schließlich habe ich nur diesen einen Körper.

Während der vielen und langjährigen Klinikaufenthalte habe ich viel über mich und meine Krankheit gelernt. Ich habe Methoden und Strategien gelernt, mit der Krankheit umzugehen. Doch eines ist mir nach all den Jahren bewusst geworden: Kliniken können bei der Genesung Hilfestellungen geben. Einem mit Rat und Tat beiseitestehen. Aber helfen muss man sich selbst. Wenn ich, wie zu manchen Zeiten, nicht gesund werden will, kann die Klinik noch so gut sein und ich mache dann keine Fortschritte. Der Wille, gesund werden zu wollen, ist das Wichtigste bei einer Therapie. Allerdings habe ich auch gelernt, dass viele Ärzte und Therapeuten oft der Meinung sind, dass sie alles besser wissen, aber in Wirklichkeit doch keine Ahnung haben. Denn wie es in einem Menschen aussieht, weiß nur der jeweilige Mensch selbst. Deshalb finde ich es schwachsinnig, wenn ein Therapeut, der noch nie größere Probleme in seinem Leben hatte, zu einer traumatisierten Person sagt: „Ich verstehe dich!" Oder eine übergewichtige Person zu einer magersüchtigen Person sagt: „Ich verstehe, dass Sie Angst haben, fett zu werden." So etwas geht nicht! Genauso wenig, wie Tabletten oder irgendwelche Beruhigungsmittel Probleme lösen!!! Allerdings hat sich das offensichtlich noch nicht bis in jede Klinik rumgesprochen.

In meinem Leben musste ich leider schon oft lernen, dass das Leben und vor allem das Schicksal, alles andere als fair ist. Aber mittlerweile habe ich begriffen, dass es an mir selbst liegt, was ich daraus mache.

Ich habe endlich wieder Ziele im Leben. Seit knapp zwei Jahren wohne ich in einer eigenen Wohnung, habe einen eigenen Hund, den ich beim THW als Rettungshund ausbilde, und im Sommer schließe ich meine Ausbildung zur Sozialassistentin ab und will mich anschließend als Autorin selbstständig machen. Und nebenbei habe ich noch meine Biografie geschrieben!

Ich weiß, dass auch mein weiterer Lebensweg vermutlich immer wieder Ma mit Steinen übersät sein wird, aber ich weiß auch, dass ich es immer wieder schaffen werde! Ich lasse mein Leben nicht mehr von meiner Krankheit oder irgendwelchen anderen Idioten, die mich gerne am Boden sehen wollen, bestimmen! Das habe ich lange genug zugelassen! Jetzt will ich mein Leben endlich selbst in die Hand nehmen! Und das werde ich auch mit der Unterstützung meiner Familie und Freunden schaffen.

Und wenn es mir Mal nicht gut geht, muntert mich mein chaotischer Hund auf. Er gibt mir mit seiner verrückten Art Halt und ist der beste Therapeut, den man sich wünschen kann. Selbst mitten in der Nacht hört er mir zu. Er lässt mich IMMER ausreden, akzeptiert mich so, wie ich bin und das aller beste: Ich bin mir zu 100 Prozent sicher, dass er NICHTS weitererzählt.

Auch wenn ich oft auf dem Boden gelegen habe, aufgestanden bin und direkt wieder mit voller Wucht auf dem Boden gelandet bin: Ich bin nicht liegen geblieben, sondern jedes Mal erneut aufgestanden! Und wenn ich doch Mal länger da lag, dann nur, um mich auszuruhen und mit neuer Kraft ein weiteres Mal aufzustehen. Aufgeben war für mich nie eine Option! Und wird es für mich auch nie sein! Ich kämpfe, solange ich lebe!

56. Schlussworte

Jeder Borderline-Betroffene muss seinen Weg finden, mit der Diagnose leben zu lernen. Ein Standardrezept dafür gibt es nicht. Genauso wenig wie Tabletten, die Borderline heilen. Ich habe meinen Weg inzwischen gefunden. Ein wichtiger, eventuell sogar der wichtigste Schritt überhaupt, war, dass ich mich und meine Gedanken und Gefühle akzeptiert habe und aufgehört habe, dagegen anzukämpfen. Das ist nicht leicht. Besonders, wenn ich gerade wieder innerlich explodiere wegen einer Kleinigkeit oder plötzlich, ohne Vorwarnung meine Heulkrämpfe bekomme. Doch ich wachse jeden Tag.

Ich habe dieses Buch geschrieben, um mit diesem dunklen Teil in meinem Leben abschließen zu können, und um zu verstehen, was damals mit mir geschah. Das Schreiben hilft mir, mich selbst und meine Krankheit besser zu begreifen. Dadurch sind mir einige Zusammenhänge klar geworden. Außerdem hilft mir das Schreiben, mein Leben zu ordnen. Es zeigt mir, dass ich schon durch so viele tiefe Täler in meinem Leben gehen musste und es trotzdem jedes Mal irgendwie wieder herausgeschafft habe. Das gibt mir weitere Lebenskraft.

Nach diesem Buch ist das Geschehene für mich endgültig Vergangenheit. Nach all den Jahren konnte ich endlich damit abschließen. Das Schreiben befreit mich von meiner Last und zeigt mir, dass jetzt die Zukunft anfängt.

Ganz zum Schluss möchte ich noch sagen, dass ich mich selbst und andere Borderliner nicht als „krank" ansehe. Sondern wir sind lediglich „anders". Dadurch, dass wir unsere Gefühle „anders" (extremer) wahrnehmen, verhalten wir uns in gewissen Situationen nicht so, wie andere Menschen (Nicht-

Betroffene) es erwarten würden. Aber „krank" oder „verrückt" sind wir dadurch nicht. Sondern einfach nur anders.

Des Weiteren finde ich das Wort „Borderliner" eigentlich auch nicht sooo toll ... Ich habe es in meinem Buch nur aufgrund des besseren Verständnisses benutzt. Denn ich finde, ich bin kein „Borderliner", sondern in erster Linie „Mensch". Ein Mensch wie jeder andere auch. Der Unterschied ist, dass ich anders denke und fühle, als es Nicht-Betroffene tun. Aber trotzdem bin und bleibe ich weiterhin Mensch. Dementsprechend bin ich der Meinung, dass es nicht Borderliner, sondern Mensch mit der Diagnose Borderline oder Borderline-Betroffener heißen sollte. Schließlich heißt es ja auch „Mensch mit Behinderung" oder „Mensch mit Handicap" und nicht „Behinderter".

Danksagung

Ich bin meiner Familie, insbesondere meiner Mutter und meinem Opa sehr dankbar, dass sie zu jeder Zeit hinter mir standen und an mich geglaubt haben. Selbst dann, als ich selbst nicht mehr an mich glauben konnte. Dass sie mich auch dann lieben, wenn ich mich selbst nicht lieben kann. Meine Familie hat mir in den schlimmsten Zeiten Halt gegeben und das, obwohl ich sie mit Füßen getreten habe. Ich wollte mir nicht helfen lassen, belog sie, wo ich nur konnte, und war mit meiner Krankheit eine wahre Belastung. Trotzdem hat sich zu keiner Zeit meine Familie von mir abgewandt. Ohne ihre Unterstützung hätte ich es nicht geschafft. Danke!

Denkt daran, wenn ich Euch wieder zu anstrengend bin, ihr könnt den Raum verlassen und gehen, das kann ich nicht! Ich muss 24 Stunden am Tag, 7 Tage die Woche mit mir aushalten.

Ein ganz dicker Dank geht auch an Richard, der die gesamte Zeit den Kontakt zu mir gehalten hat und mich so akzeptiert, wie ich bin. Danke!

Des Weiteren bedanke ich mich bei Frau Windmüller, die Frau mit den magischen Händen. Mit Ihnen konnte ich immer offen und ehrlich reden.

Bei Uli Langenbach, der all meine Texte gelesen hat und seine Meinung dazu gesagt hat.

Bei Frau Rummler-Sackhoff, meiner Bezugsbetreuerin in der WG, die ich oft gedanklich zum Mond geschossen habe, aber jedes Mal kurz darauf hinterhergeflogen bin, um sie zurückzuholen – und auch an alle anderen Betreuer. Danke! Überhaupt an alle Menschen, die mich auf meinem Weg unterstützt haben. Danke!

Über die Autorin

Mein Name ist Laura Adrian, ich habe bis jetzt schon 24 Jahre mit mir selbst (ohne größeren Schaden!) überlebt und wohne in einem kleinen, schiefen Haus , das irgendwann mal als Scheune gebaut wurde.

Mein Geld verdiene ich derzeit mit Integration (ich integriere Buchstaben in Wörter und Wörter in Sätze). Gelernt habe ich vieles (insgesamt drei Ausbildungen angefangen), aber nichts zu Ende gebracht. Dementsprechend habe ich nach meinem dritten Versuch meinen Plan erst eine Ausbildung abzuschließen und mich danach selbstständig zu machen, über den Haufen geschmissen und bin den direkten Weg gegangen.

Wer jetzt allerdings denkt, ich wäre zu „doof" um eine Ausbildung zu bestehen, den muss ich an dieser Stelle leider enttäuschen...

Ich habe nämlich nicht wegen meinem Einserzeugnis die Ausbildungen abgebrochen, sondern wegen meiner Diagnosen. Denn ich bin kein „normaler" Mensch, sondern lebe mit der Diagnosen Borderline und war jahrelang stark essgestört.

Ja, richtig, ich hab mich auf ein lebensbedrohliches Gewicht heruntergehungert und mir die Arme aufgeschnitten. Also: Ja, die Narben an meinen Armen sind echt und nicht nur aufgemalt oder tätowiert :-)

Und nein, wenn wir gerade bei dem Thema sind, ich habe auch nicht abgenommen, weil ich so dünn wie ein Model sein wollte, sondern ich hatte dafür andere Gründe...

Aber jetzt Schluss mit meiner Vergangenheit und ab in die Gegenwart: Wie bereits erwähnt, bin ich 24 Jahre alt (habe in meinem bisherigen Leben jedoch schon mehr erlebt, als so mancher 100-jähriger...). Mein Geld verdiene ich hauptsächlich als freiberufliche Autorin (ja, das ist ein Beruf und ja, das ist „echte" Arbeit!). In meiner Freizeit bin ich ehrenamtlich im THW tätig.

Bisher erschienen:

Nur die Hölle könnte schlimmer sein

Barfuß durch die Scherben der Vergangenheit

Endstation gesund!?

Die Kunst, ein Stachelschwein zu umarmen

(K)ein Leben mit Borderline und Essstörungen

Zersplitterte Seele